谨以此文集

纪念浙江大学马克思主义理论研究所

成立30周年

【1991—2021】

传承·发展·创新

浙江大学马克思主义理论研究所
成立30周年纪念文集

刘同舫／马建青 主编

·杭州·

图书在版编目（CIP）数据

传承·发展·创新：浙江大学马克思主义理论研究所成立30周年纪念文集 / 刘同舫，马建青主编. —杭州：浙江大学出版社，2022.8
ISBN 978-7-308-22863-3

Ⅰ. ①传… Ⅱ. ①刘… ②马… Ⅲ. ①社会科学—文集 Ⅳ. ①C53

中国版本图书馆 CIP 数据核字（2022）第 133031 号

传承·发展·创新
——浙江大学马克思主义理论研究所成立 30 周年纪念文集
刘同舫　马建青　主编

责任编辑	李海燕
责任校对	孙秀丽
封面设计	黄伊宁
出版发行	浙江大学出版社 （杭州市天目山路 148 号　邮政编码 310007） （网址：http://www.zjupress.com）
排　　版	杭州好友排版工作室
印　　刷	杭州宏雅印刷有限公司
开　　本	710mm×1000mm　1/16
印　　张	38.25
字　　数	728 千
版 印 次	2022 年 8 月第 1 版　2022 年 8 月第 1 次印刷
书　　号	ISBN 978-7-308-22863-3
定　　价	120.00 元

浙江大学出版社市场运营中心联系方式：(0571) 88925591；http://zjdxcbs.tmall.com

序

当年，作为浙江大学探索高校思想政治教育如何以更好、更有针对性的理论研究来提升其实效性的一个尝试，学校党委和行政领导决定以思想政治理论课教师为主体，整合学校其他相关部门的骨干教师力量，成立浙江大学马克思主义理论研究所。岁月荏苒，不知不觉中已经整整30年过去了。当得知马克思主义学院决定出一本30周年纪念文集时，我个人非常认同这一举措。因为通过回望马克思主义理论研究所30年走过的历程以及取得的成就，可以激励我们更好地走向未来。

虽然我本人学的是化工专业，但作为学校的党委书记，我又是学校思想政治理论课的第一责任人。正是基于这一缘由，经学校党委会集体讨论，我被任命为研究所的第一任所长。任职期间，在学校党委的领导下，通过诸位同志的共同努力，使研究所在成立5周年的时候便跻身为学校的“文科十强研究所”。这是我颇感欣慰的事。

记得当时为了更好地做好这项工作，我和研究所的诸多同志进行了一系列的专题调研。在走访教育部相关部门以及其他高校的过程中我们发现，在很长一段时间里，高校思想政治理论课的教学不是沦为改革开放形势的简单图解，就是走向了僵化的灌输说教。一些院校在思政课改革的过程中，又出现了将其变成对西方社会思潮如存在主义、意志主义、新自由主义等的简单介绍的错误做法。为此，我们形成了一个共识：浙江大学马克思主义理论研究所应该为改变这一不尽如人意的现状做一些切实的努力。

通过广泛的调研、认真的思索和不同意见的争论，尤其是受到杰出的马克思主义理论家、教育家冯契教授的启发，我们最终以研究所学术委员会的名义确立了研究所的使命——“引导学生塑造真善美的理想人格”。为了更好地完成这一使命，我们特别强调了如下两个实现路径：其一，“化理论为德性”。思想政治理论课无疑也是一种知识传导课，但其采取的知识传授形式却有别于任何其他专业课的知识传授，因为思政课的所有观点、理论和学说归根结底是以自然观、社会历史观、人生观形式表现出来的世界观。所以，它将直接引领青年学生对人生意义的体认，并以此来指导他们的行动。譬如，通过中国近现代史纲要课，我们如果能够将爱国主义的理论有效地转化为学生的德性，这样，中华民族的伟大复兴便有了一个坚实的价值观支撑。其二，“化理论为方法”。作为世界观和方法论的统一，思政课的理论本身兼具方法论意蕴。“化理论为方法”要求我们必须深入发掘政治理论课诸多具体结论背后的方法论含义。譬如，通过马克思主义基本原理课，如果我们能够有效地将人的社会本质这一理论转化为学生安身立命的方法，那么青年学生自我人生实践的追求无疑可以避免诸如利己主义、个人主义的偏颇和失误。

国无德不兴，人无德不立。习近平总书记明确要求把立德树人作为社会主义教育的根本任务。要完成好这一根本任务，思想政治理论课的教学必须坚持“化理论为德性，化理论为方法”。这是我任职浙江大学马克思主义理论研究所第一任所长的一点心得体会。今天趁刘同舫、马建青两位主编邀请我作序之机写出来和诸位同志及读者分享。其中很可能有片面抑或不对的地方，恳请专家及读者诸君批评指正。

梁树德

2022 年 3 月 25 日于浙大求是村

目　录

［纪念集专题之一］

研究所成立30周年公开发表论文撷英

[纪念集专题之二]

研究所成立30周年公开出版著述选辑

[纪念集专题之三]

纪念研究所成立30周年应征论文选登

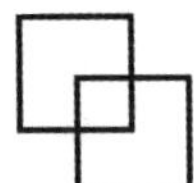

[纪念集专题之一]

研究所成立30周年公开发表论文撷英

提高主体素质，正确发挥主观能动性

吴金水

党中央最近指出全党同志和各级干部都要认真学习马克思主义哲学。这是党的思想理论建设和干部队伍建设的根本措施，具有重大的现实意义和深远的历史意义。认识论在马克思主义哲学中占有十分重要的地位，它从根本上说，就是正确处理主观与客观的矛盾，在实践的基础上达到主观与客观的具体的、历史的统一。主体与客体作为认识论中的一对主要矛盾，可以从很多角度去分析研究，如果对认识中的主体及其能动性做点分析研究，对更好地发挥主体在认识和改造客观世界中的能动作用将是很有意义的。

一、主体与客体

在认识过程中存在主体与客体。这里说的主体是指有思维能力、从事社会实践活动的人，而客体则是指进入主体实践范围的客观事物。可见，主体与客体在构成现实的认识关系中，主体是认识者，处在主动一方，而客体则是作为主体的认识对象而存在的，是被认识者。因此，主体与客体之间是认识与被认识的关系，不同于物质与意识之间本原与派生的关系。显而易见，物质与意识是决定和被决定的关系，而主体与客体之间并非单向的决定和被决定的关系，而是互相联系、互相作用的。认识所以发生，就是主体与客体通过实践活动相互作用的结果。

那么，主体与客体之间到底是什么关系呢？简言之，它们是辩证统一的关系。主要表现在主体在认识中的能动性和客体对主体的制约性。

所谓主体的能动性，是和承认实践在认识中的作用相联系的，因为主体对客体的能动作用，是通过实践去实现的。这种能动作用一般表现在：第一，主体的主动性。列宁在《哲学笔记》中写道："世界不会满足人，人决心以自己的行动来改变世界。"[①]这就清楚表明了主体在客观世界面前所取的主动态度，人类社会发展的全部历史都充分说明了这一点。当然，不同的主体，由于主客观的种种原因，主动性发挥的程度是有区别的，但这仅仅是程度的差异，就有无主动性这点

① 列宁.哲学笔记[M].北京：人民出版社，1974：229.

而言，对任何人来说都是肯定的，否则认识的活动便不可能发生。第二，主体的目的性。人们的社会实践就是主体借助一定的手段，有意识有目的地改造客体的物质活动。马克思在《资本论》中说了一段很精彩的话，形象地说明了主体活动的目的性。他说，蜘蛛的活动与织工的活动相似，蜜蜂建筑蜂房的本领使人间的许多建筑师感到惭愧。但是，最蹩脚的建筑师从开始就比最灵巧的蜜蜂高明的地方，是他在用蜂蜡建筑蜂房以前，已经在自己的头脑中形成一定的目标或蓝图，并制订了实现这一目标的措施和步骤。[①] 这种主体活动的目的性也正说明人的活动和动物的活动的根本区别所在。第三，主体的创造性。在认识过程中，主体对客体作了一系列的创造性的改造制作。马克思说："观念的东西不外是移入人的头脑并在人的头脑中改造过的物质的东西而已。"[②]这句话既是唯物的，又是辩证的，它强调了客观事物在人们头脑里的反映，不是简单地照镜子一般，而是改造过的。这正是主体创造性的表现。

辩证唯物主义肯定主体对客体的能动作用是以承认客观物质世界的优先地位为前提的，否则，就有滑到唯心主义的危险。作为主体认识和实践的对象——客体，终究是物质世界的一部分。因此，就客体的物质属性而言，仍然是不以主体的主观意志为转移的客观实在。所以辩证唯物主义者既要反对否认主观能动性的机械唯物主义，又要反对片面宣扬主观能动性不受客体制约的唯心主义。

二、正确发挥主体在认识中的能动作用

我们不仅要认识世界，关键还要改造世界。客观物质世界是无限的，又都是可以认识的。人类历史的发展就是从不知到知，从低级到高级，从必然王国到自由王国的循序渐进的过程。之所以如此，正是因为有了人。世间的一切，人是最宝贵的，其宝贵之处就在于人有主观能动性。因此，在一切认识过程中要充分发挥符合实际的正确的意识作用，以达到改造世界的预期目的，把客观事物推向前进。

关于发挥主体的能动性问题，我们并不陌生。但是，如何唯物而又辩证地处理好主体能动性和客体对主体的制约性的关系，并不是一件很容易的事情。在这个问题上以往的经验教训是不少的。如果主观能动作用发挥得恰到好处，就有助于取得正确的认识，使我们的工作有所成就。反之，如果主观能动性没有得到正确的发挥，就必然有碍于取得正确的认识，给我们工作造成失误和危害。其实，任何群体或个体主观能动性总是存在的。只是它有积极的主观能动性和消

① 马克思恩格斯全集：第23卷[M].北京：人民出版社，1972：202.

② 马克思恩格斯选集：第2卷[M].北京：人民出版社，1974：217.

极的主观能动性之分。所谓积极的主观能动性，就是能推动人类历史前进，为社会进步取得效益的主观能动性。反之，对人类历史前进起阻碍作用，对社会起负效益的主观能动性就是消极的主观能动性。从我党所走过的历程来看，革命战争年代，在以毛泽东同志为首的党中央正确领导下，置身极其复杂的革命形势和条件非常恶劣的情况下，中国共产党人遵循着一切从实际出发，实事求是，又不失时机地充分发挥共产党人正确的主观能动性，以大无畏的精神，艰苦卓绝，长期奋斗，取得了国内革命战争、抗日战争和解放战争的彻底胜利，大大地推进中国社会的进步。当然，回顾历史我们也必须清醒地看到，在发挥主观能动性方面有过严重失误，主观脱离客观，脱离实际。在"大跃进"年代里，唯意志论盛行，什么"人有多大胆、地有多大产""不怕做不到，只怕想不到"，等等。它给我们社会主义事业带来了严重的危害。"文化大革命"中，更是唯心主义泛滥，形而上学猖獗。当然，对林彪、"四人帮"一伙应有别论，他们是为自己的政治野心所驱动。但是，从认识论的角度看仍然是主观脱离客观、理论脱离实际的问题，是发挥消极的主观能动性的结果。

一个阶级、一个政党如何正确发挥主体在认识过程中的能动作用，对事业的成败是显而易见的。作为一个个人，尤其是负有一定责任的干部来说也是如此。一般来说，我们绝大多数党的干部工作是积极负责、热情很高的，也做出了不少成绩。可是，有时即使工作热情很高，也制订了详细的工作计划与实施方案，但当计划执行完了时，总感到未能收到预期效果，成效甚少，甚至事与愿违。造成这种状况，当然原因是多方面的，不过一个很重要的原因就是缺乏深入的调查研究。譬如说对基层群众想的是什么？有哪些热点问题？这些热点问题产生的由来和发展趋势又是怎样等一系列问题缺乏调查研究，更缺乏量的分析。一句话，主观脱离客观，我们的想法不符合基本群众的实际。所以尽管我们主观有积极工作的热情，也就是说主体有较高的能动性，然而由于对现实的群众缺乏正确的认识，作为主体的能动性就不得不受到群众现实思想状况的制约。

综合上述，无论作为群众主体的我们党来说或者作为个体主体的每个人来说，在发挥主体的能动性方面都有成功的经验和失败的教训，然而这毕竟已成过去，问题在于通过总结经验教训，上升到理性认识，用来指导今后的工作。

当前，我们国家处在一个新的发展时期，党提出建设有中国特色的社会主义任务还非常艰巨，在我们前进的道路上存在着一个很大的必然王国有待于我们去认识。国际形势的新变化，国内改革开放进一步深入，都要求我们党更好地把马克思主义基本原理和中国革命与建设的实际密切结合起来，充分发挥出主体的能动作用，把建设有中国特色的社会主义事业不断推向前进。

在领导中国社会主义建设事业中，我们党作为群体主体而存在，是起着决定作用的，但是群体主体毕竟是由个体主体组成的，个体主体的素质必然制约着群体主体的素质。随着革命和建设的发展，"四化"事业的需要，近年来大批中青年干部走上领导岗位，而且有不少已经作出显著的成绩，这是我们事业兴旺发达的表现。但是，我们也必须清醒地看到，由于历史的、主客观的种种原因，中青年干部中不少人对马克思主义理论比较生疏，根基不深，这是一个严重的问题。毛泽东同志在抗日战争时期说过，"在担负主要责任的观点上说，如果我们党有一百个至二百个系统地而不是零碎地、实际地而不是空洞地学会了马克思列宁主义的同志，就会大大地提高我们党的战斗力量，并加速我们战胜日本帝国主义的工作"[①]。这一段话不仅说明理论指导实践的巨大作用，而且主要说明了领导干部具备必要的理论素质的极端重要性。因此，对于新走上领导岗位的中青年干部来说，通过学习马克思主义理论，提高认识能力，以适应四化建设的需要，确实已经到了刻不容缓的时候了。

三、提高主体素质的途径

提高主体素质的途径是多方面的。但总的说来不外乎两个方面：一是提高主体的认识能力；二是加强主体的思想品德修养。对共产党员而言就是要加强党性修养。具体地说，我认为主要有如下几方面。

第一，提高马克思主义理论素养，认真改造世界观，增强主体的认识能力。

马克思主义是人类迄今为止最科学最完整的世界观和方法论，是我们党的思想理论基础，是社会主义事业的根本保证。共产党作为一个政党，如果放弃马克思主义，就失去了它存在的意义。同样，作为一个共产党员，如不认真学习掌握马克思主义基本理论，就等于失去了他的灵魂，就不能做一个合格的共产党员。另一方面，理论总是要倾听实践呼声的，当前的实践比任何时候都需要理论，呼唤着理论。我国国内十年改革已然取得了光辉的成就，但改革已经到了关键时刻，形势也不容乐观，困难还很多；目前国际形势令人瞩目，国际共产主义运动出现曲折，社会主义向何处去，成为人们关注的焦点。在这样国内外形势下，我们共产党人一定要认清形势，坚定信念，保持理论上的清醒，这比以往任何时候都显得更为重要。可见，事业的需要，形势的所迫，都要求我们全党同志，尤其是党的各级领导干部，认真学习掌握马克思主义理论，用来指导建设有中国特色的社会主义的伟大实践。

学习马克思主义理论的目的全在于应用。正如毛泽东同志指出，要用马列主义这个矢，射中国革命这个的。因此，学习理论以指导工作实践这是不言而喻

① 毛泽东选集(合订本)[M].北京：人民出版社，1976：750.

的，这里不再赘述。值得指出的是，改造客观世界的同时要改造主观世界，这是学习马克思主义重要的方法和途径，它既是立场观点问题，又是方法论问题。所以我们必须在理论与实践上把它搞清楚。人们在改造客观世界的实践中，实践把主体与客体紧密联系起来，一方面使主体客体化，精神变物质，即主体的精神力量外化为物质力量，从而使主体看到改造客观世界中自己的“影子”；另一方面使客体主体化，改造客观世界的同时改造主观世界，即客观世界内化为主体的精神力量。也就是说，在实践中主客体之间相互渗透，相互转化，从而提高主体的素质。改造主观世界。对共产党员来说，是一个增强党性锻炼的问题。当前大批中青年干部走上领导岗位，学习马克思主义理论不仅是为了指导工作，而且是为了增强党性、提高自身素质，两者之间相辅相成，绝对不能偏废。这也是我们干部队伍建设中的重要理论与实践问题。

第二，坚持实事求是的思想路线，在实践的基础上，实现主观与客观的统一。

实事求是是我们党思想路线的哲学基础，是无产阶级党性的表现，因而是我们党的生命线和一切工作的指导原则。唯物主义要求我们实事求是，一切从实际出发，对于这一点，我们必须有个全面的科学的理解。在认识过程中，要坚持观察的客观性，反对主观地看问题；要坚持观察的全面性，反对片面地看问题；要坚持观察的深刻性，反对表面地看问题。总而言之，就是要从客观存在的实际出发，把握事物联系和发展的本质和规律。这也就是我们所说的实事求是。毛泽东同志曾经说过：“‘实事’就是客观存在的一切事物，‘是’就是客观事物的内部联系，即规律性，‘求’就是我们去研究。我们要从国内外、省内外、县内外、区内外的实际情况出发，从其中引出其固有的而不是臆造的规律性，即找出周围事物的内部联系，作为我们行动的向导。”①

主观与客观的统一，是我们认识一切事物的基本准则。主观与客观的统一是通过实践这个环节来实现的。认识过程中，主体与客体相互作用的过程，就是主体通过实践从而取得对客体认识的过程。主体要获得对客体的正确反映，就必须处理好认识与实践的关系。辩证唯物主义认为，实践是认识的基础，这是因为实践是认识的来源、认识的目的、认识发展的动力及检验认识的标准。所以，认识（理论）与实践这对范畴中，实践是第一位的。然而，在强调实践的基础作用的同时，又要十分注意理论的指导作用。实践和认识是相辅相成的，特别是反映了客观事物本质的规律性理论认识对实践有着巨大的指导作用。这方面是绝对不能忽视的。

坚持实事求是，实现主观与客观的统一并非一件易事。作为一个共产党员，

---

① 毛泽东选集(合订本)[M].北京：人民出版社，1976：499.

首先要把实事求是的科学性、革命性弄清楚，这样才有助于我们在政治上树立坚定的信念。此外，在认识与实践中，要坚持无产阶级党性，敢于实事求是，经过认识、实践、再认识、再实践多次反复来检验认识的正确性，不断提高自己的认识能力，从而达到主观与客观的具体的历史的统一。

第三，在认识过程中，必须树立群众观点，贯彻群众路线。

历史唯物主义认为，人民群众是历史的创造者。群众观点是历史唯物主义的一个基本观点。群众路线是无产阶级政党的根本的工作路线、根本的领导作风和工作方法。因此，树立群众观点、贯彻群众路线对于共产党员，尤其负有领导责任的各级干部来说是个十分重要的问题。

正是基于人民群众是历史的创造者这个原理，无产阶级政党确立了群众观点。具体说，就是相信人民群众自己解放自己的观点，全心全意为人民服务的观点，一切对人民负责的观点，虚心向人民群众学习的观点。全心全意为人民服务是我们共产党的根本宗旨，是群众观点的核心内容。我们党是人民利益的代表者，是人民意志的执行者。党的各级领导干部和全体共产党员，只有勤勤恳恳为人民工作的义务，而没有在政治上、生活上谋取私利搞特殊化的权利。但是，我们也要清醒地看到，我党执政四十多年，尤其是改革开放以来，出现了许多新情况，面临着许多新问题。正如邓小平同志指出，我们党正面临着执政与改革开放的双重考验。事实已经证明，这些年来少数的领导干部忘记了为人民服务的根本宗旨，以权谋私，搞特殊化，严重脱离群众，损害党的威信和形象。他们正朝着由公仆向主人的方向转化，这是无比危险的境地。对此，要引起全党同志高度的警惕。

如果说群众观点是解决思想认识问题，那么群众路线就是解决工作实践问题。群众观点和群众路线是辩证统一的。我们党的群众路线概括地说就是“一切为了群众，一切依靠群众；从群众中来，到群众中去”。这条群众路线是我党在长期革命斗争实践中经过高度的理论概括而成的，是毛泽东思想活的灵魂的一个基本方面，是我们的根本的领导方法和工作方法。群众路线的内容是多方面的，但是反对主观主义和官僚主义是最主要的。主观主义和官僚主义从思想体系上说是一致的，即都是唯心主义，它们脱离群众、脱离实际，给工作造成极大的危害，我们必须坚决反对。此外，在提到群众路线的时候，人们往往只是认为这是处理领导与群众的关系问题，其实它还表现在其他方面，例如在领导班子建设中也同样有个坚持群众路线的问题。民主集中制和集体领导原则，是党的群众路线在党的组织、领导集体内部的运用和贯彻。实行民主集中制，依靠党的组织和领导一班人的集体智慧，对重大问题进行集体讨论共同做出决定，这是防止主观主义、官僚主义，实现正确领导的组织保证。因此，贯彻民主集中制原则，实行集体领导不是可有可无的一般工作方法问题，而是关系到我们党的根本的领导方法和工作方法问题。

第四，扩大知识面，提高主体综合认识能力。

提高主体素质，不仅要学习掌握马克思主义的基本原理，而且应学习并弄懂自然科学与其他社会科学的一般知识，这对一个领导者来说是十分重要的。当今世界科学技术的飞速发展，给社会生活带来日新月异的变化。在我国，十年改革开放取得了丰硕成果，但是开放以后，我们也明显感到我国的科技水平、管理水平及生产力的发展与发达国家相比差距很大。这一事实说明，我们党要领导全国人民实现四化赶上发达国家的发展水平，任务还十分艰巨。要完成这个历史任务需要几代人的努力。当前，首先应立足于建立一支成千上万的符合革命化、知识化、专业化、年轻化要求的干部队伍。对于干部"四化"要求，要全面理解，首先是革命化，而知识化、年轻化和专业化也是不能偏废的，对于干部"四化"要求是一个有机的整体，是针对我们党所面临的任务和干部队伍的实际状况提出来的。作为新走上领导岗位的中青年干部来说，既要认真学习马克思主义理论，补好这门必修课，又要积极采取多渠道、多方式学习了解其他方面的知识，拓宽知识面，提高综合认识能力。

综上所述，在认识客观世界的过程中，作为认识的主体来说是能发挥能动作用的，但是这种能动作用又受到客体(客观事物)的制约。因此，要创造条件，深化主体认识的唯一的办法就是提高主体的素质、增强主体的认识能力。

[本文选自《浙江大学学报》(社会科学版)1991 年第 2 期]

[作者简介] 吴金水，曾任浙江大学党委宣传部部长、副书记，浙江省高校工委副书记；浙江大学马克思主义理论研究所成立之初为党建理论学科负责人。邮编：杭州　玉泉　310028

商品经济条件下的高校德育三论[①]

梁树德　郑元康　张应杭

1984年,中共十二届三中全会提出发展有计划的商品经济。时至今日,谁也不会否认商品经济对当今中国社会发展的推进作用,但同样不可否认的是商品经济所固有的谋利本性与道德的冲突这已是一个多少有些无奈的事实。所以,在"德治"语境下,道德的有效培植,尤其是对高校学生进行切实有效的道德教化问题就必然地引起全社会广泛的关注。其实,从一定意义上,这一问题也可被归结为:当代中国如何走出商品经济与道德的冲突圈,从而有效地进行包括高校德育在内的道德建设。透过时下道德建设问题上道德功利主义(或称现实主义)和道德理想主义见仁见智的争论,我们以为对这个问题作如下三方面的思考是有意义的。

一、借鉴语义分析的方法,增强道德判断能力

语义分析方法是当代西方伦理学非常注重的一种方法。这种方法固然有其过于注重道德语言的逻辑形式之片面性,但我们认为这种方法对道德语言的分析及其基本的界定是有意义的,因为这种方法至少使我们的道德判断可以避免因理解方面的歧义而陷于迷离之中。

我们的调查表明,在当前中国人的道德意识中,人性自私的问题是最引起困惑和疑虑的问题之一。一些人甚至宣称:"商品经济就是以人性自私为理论前提的。"但是,正如罗素指出的那样:"'自私'是一个含糊的概念。"因而他认为必须对"自私"的含义进行逻辑语义分析,否则问题的讨论就是没有意义的。[②] 显然,罗素的说法是对的。"自私"在不同的意义上使用时,其含义是不同的,为此人们对其善恶的评价当然也不尽一致:其一,从人的自然本能需求上理解"自私",那么自私在这里的含义通常指凡人都有的求生欲望,都有趋利避害的本能等。这是一种真实而自然的存在。如果在这个意义上谴责自私心,那么,的确正如爱尔

---

① 本文系1992年度浙江大学文科资助项目"商品经济时代的大学生理想人格塑造"的阶段成果。

② 转引自夏瑜主编.西方现代哲学家人生问题论述选编(上)[M].成都:四川人民出版社,1990:261.

维修所抱怨的那样:"对人的自私心引起的后果发脾气,这意味着抱怨春天的狂风、夏日的炎烈、秋天的阴雨和冬天的严寒。"①因为"自私"在这里是生命现象一种自然的客观存在。从这个意义上可以认为,被我们一些人热衷谈论着的英国社会生物学家道金斯提出的人皆受"自私的基因"操纵的论点,也有某种生物学的根据。其二,从人的生存和发展需要上理解"自私",那么自私通常又可以理解为,自我不仅要从自然界,从社会获得衣、食、住、行等生活资料,而且在此前提下还有消费的自我需要。这种所谓的自私也无可非议,因为这是一种人类普遍具有的生存与发展需要。其三,从伦理道德的社会关系中理解自私,那么,自私则是一种伦理态度和原则,亦可称之为"利己主义"或"唯我主义"。这种自私的追求有两个最基本的特征:一是以自我为中心,谋取和扩展个人私利,漠视或逃避对他人和社会所应履行的责任和义务;二是以自我为目的,把别人作为手段。这就犹如18世纪法国哲学家霍尔巴赫声称的那样:"爱别人,就是爱那些使我们自己幸福的手段。"②从这样一个意义上来理解自私,那么由于它和人的社会本质相悖,是对人的社会性的一种否定,因而才是我们伦理学理论所必须批判和摈弃的。

显然,如果我们不区分"自私"的不同含义,便统而言之对自私做出善或恶的评价,只会把问题变得更复杂,从而使问题的解决无所适从。是否可以这样说,在马克思主义的历史唯物主义对人的本质问题给予了科学的阐释之后,在历史和现实中的人们对人性自私的问题之所以还表现出那么多的困惑和迷惘,之所以还有那么多截然相反的结论,很重要的一个原因正是对"自私"概念语义理解上的含糊所致。

其实,不仅"自私"概念的语义分析是必要的,其他的诸如"利己""自爱""个人主义""集体主义"等范畴同样也有一个语义分析的问题。所以我们认为,借鉴语义分析的方法这是现时代道德建设过程中增强当代中国人道德判断能力,重建自我道德理想的一个重要的逻辑前提。

二、在人的自由全面发展中寻求道德善恶的标准

我们的理论界对道德善恶的标准有多种看法,其中最有代表性的观点是认为:凡是利他主义的行为就是"善",凡是利己主义的行为就是"恶"。但这个标准必然遇到如下一个困难,这就是:历史进步与道德评价往往不一致。这正如恩格斯谈及资本主义社会的发展时所指出的那样,"卑劣的贪欲是文明时代从它存在

① 北京大学哲学系外国哲学史教研室编.十八世纪法国哲学[M].北京:商务印书馆:1979:632.

② 北京大学哲学系外国哲学史教研室编.十八世纪法国哲学[M].北京:商务印书馆:1979:650.

的第一日起至今日的动力"[①]。显然,"卑劣的贪欲"是道德上利己主义的"恶",但同时却又是历史进步的动力。这典型地反映了历史进步和道德评价的背离。在现时代,正如我们已看到的那样,在当前商品经济的条件下,也大量出现道德评价和社会进步的背离现象。因而,以是否促进社会进步作为道德善恶的标准,在道德生活实践中依然会带给我们困惑和疑虑。

其实,道德标准的真正揭示是和道德本质的认识联系在一起的,道德产生于协调人们相互关系的需要,但这只是表象性的东西。进一步分析就可以发现,人们之间的社会关系之所以要协调乃是源于人类自身自由生存和全面发展的需要。而这正是道德的真正本质所在。可见,道德便和人类一切其他物质的精神的活动及其产物一样,乃是源于人的自由全面发展的需要。从这样一个基本立足点出发,道德善恶的标准自然也应该界定为人性的自由全面发展。所以,我们认为,时下一些道德理想主义者对五六十年代道德风尚充满伤感主义的怀恋是缺乏理论根据的。因为他们在重温过去路不拾遗的良好社会风气时,却忘记了曾经有过的人性扭曲的剧痛:丈夫出卖妻子、儿子告发父亲、上山下乡的千万知青不复再来的青春以及政治挂帅、视一切美好感情如洪水猛兽……那个时代的许多中国人不仅丧失了道德良心,也丧失了做人的基本权利。这难道不正是道德上的"恶"吗?

也只有以人的自由全面发展作为现时代道德评价的根本标准,当代中国也才可能消解历史进步与道德沦丧的所谓二律背反,从而使我们更好地认同我们所处的这个历史阶段。因此,对当今中国商品经济的思考起点应当立足于这样一个不该有质疑的基本前提下:正如走社会主义道路是近现代中国的必然选择一样,发展社会主义商品经济,走社会主义商品经济道路同样是当代中国的必然选择。

当然,历史与现实的考察也表明,商品经济与道德是有冲突的。马克思在分析资本主义的商品经济时曾这样指出过:"在它已经取得了统治的地方,把一切封建的、宗法的、田园诗般的关系都破坏了……它使人和人之间除了赤裸裸的利害关系,除了冷酷无情的现金交易,就再也没有任何别的联系了。"[②]虽然,我们正从事的商品经济活动与资本主义的原始积累过程中的商品经济有本质的不同,但是我们依然能感受到商品经济的某些共性。但即便是如此,我们也依然不认可对当今中国的道德现状作堕落或恶的简单评价。因为这是当今中国在谋取社会进步,从而也是实现道德进步所必然付出的某种代价,是我们实现人的自由

① 马克思恩格斯选集:第4卷[M].北京:人民出版社,1972:173.
② 马克思恩格斯选集:第1卷[M].北京:人民出版社,1972:235.

全面发展这一最大的善的目标过程中所必然承受的某种代价。

因此，与理论界较为普遍的道德滑坡说迥然相异，我们认为，即便是从道德的善恶上来评价，我们置身的现时代依然是积极向上的。在价值观建构的过程中，对现时代商品经济的发展现状作积极的社会价值论认同是重要的。我们理解，这是商品经济条件下，我们道德建设的现实出发点。

三、超越“个人本位”和“社会本位”的两极对立，确立真正的集体主义原则

个人与社会的关系问题是道德规范要解决的最基本的关系问题。从人的社会本位存在而言，我们都是个人与社会的辩证统一。这种辩证统一关系表现为个人与社会是相互依存的关系：一方面，个人是社会的个人，社会之外不存在真实的个人。马克思曾经多次指出过这一点，在他看来，在孤立的、单个人的状态下是绝不可能产生出人类的，只有在集体中，人才能发挥出属于人的力量。所以，社会性才是人的本性。爱因斯坦就曾经说过：“个人之所以成为个人，以及他的存在之所以有意义，与其说是靠着他个人的力量，不如说是由于他是伟大人类社会的一个成员，从生到死，社会都支配着他的物质生活和精神生活。”[①]另一方面，社会又是个人组成的社会，离开了现实的人，也就没有人类社会。人类社会是以共同的物质生产活动为基础而相互联系的有组织的个人集合体，是人们诸种社会关系交互作用的产物。正如人们不能设想存在没有蜜蜂的蜂群那样，也无法设想离开了个人的社会。因为离开了具体的人，社会就只能是一个空洞和虚假的概念。可见，现实社会是无数个人的集合体，社会形态是无数个人活动的里程碑，社会的物质财富、精神财富归根到底是由许许多多个人的劳动来创造的。

因此，在个人与社会的关系问题上，我们在承认个人正当利益追求的同时，必须明确反对个人本位主义的道德追求。我们认为在当今道德实践领域里一些人为个人主义正名的行为，无论其看起来有多么的“时尚”，其实都是自我人生的一种不善的追求。但另一方面，我们也反对一些人为反对日趋“时尚”的个人主义而主张的社会本位主义的追求。因为社会本位主义是作为自我个体的对立物而存在的，是对生命个体的一种“异化”，因而也是道德上的不善。

在扬弃了个人本位主义和社会本位主义的两极对立之后，我们理解，在商品经济的现时代，当代中国人迫切需要确立一种真正的集体主义原则。这种真正的集体主义原则在个人与社会的关系问题上，强调一种互利原则。或者说这是

① 爱因斯坦文集：第3卷[M].北京：商务印书馆，1976：35.

一种真实的集体主义，这种集体主义表现为个体与社会集体在利益上的共享互利。具体地说，这个“互利”指的是集体中的每一个成员都能从集体利益中实现自己的个人利益和价值追求，而个人为了实现这个追求又必然同时维护集体的利益。这样，集体主义原则所蕴含的互利原则就意味着在每个成员的道德意识和道德心理中，因为依附在某个集体就会滋生一种依托感和充实感，就能获得一种自我实现的力量，能指望在集体中满足自身能力所不可能的愿望和要求，并在为集体谋利益的同时，获得自我的价值和尊严。

特别值得指出的是，我们以往也承认个人利益的合理性，也强调国家、集体、个人三者兼顾。但事实上却做不到这一点，而总是以种种借口和理由抹杀个人利益。究其根本原因也还是因为我们忽视了集体主义所蕴含的互利原则，那种离开互利原则的集体主义当然有足够的“理由”忽视个人利益的存在。然而，没有互利原则的保障，集体主义终究要失去其现实的基础。其实，当代中国人在商品经济条件下，对集体主义的困惑往往是一种对利益关系上的互利原则失落之后的困惑。因此，要走出困惑，就要找回互利原则，即重新倡导列宁“我为人人，人人为我”[①]的思想。

在改革开放和发展社会主义商品经济的现时代，倡导这样一种内蕴互利原则在其之中的真正的集体主义原则尤其具有重要的理论和实践意义。因为社会主义商品经济的运作如果离开了利益的谋取那无疑是天方夜谭。我们把内蕴着互利原则于其之中的集体主义称之为真正的集体主义，正是对商品经济活动中谋利行为的积极肯定。正是从这个意义上我们认为，弘扬这样一种集体主义原则是我们道德建设在现时代最切合实际的一种价值选择目标。它对我们的高校德育有着重要的理论和方法启迪。

［本文选自《理论教学与研究》1992 年第 4 期］

［作者简介］梁树德，研究员，曾任浙江大学党委书记等职，系浙江大学马克思主义理论研究所首任所长；郑元康，教授，曾任浙江大学马列教研室主任、浙江大学党委宣传部部长、浙江大学马克思主义理论研究所常务副所长等职；张应杭，教授，曾任浙江大学马克思主义理论研究所副所长。邮编：浙江 杭州 310058

① 列宁全集：第 31 卷［M］. 北京：人民出版社，1972：104.

高校思想教育课程建设的实践与思考

陈金海

一、课程沿革的扼要回顾

高等学校开设思想教育课程，已有整整十年的历史。十年中，它的发展大致经历了如下三个基本阶段。

第一阶段，课程创建于20世纪80年代初期。一些高校针对当时学生的思想实际，试开了思想教育课(当时称为“德育课”)，引导学生确立正确的政治方向，提高思想政治觉悟，为加强新时期学生思想教育工作提供了新经验。许多院校德育教研室及其思想教育课程的建设都差不多是在这一时期的前后起步的。

第二阶段，确立课程地位于20世纪80年代中期。思想教育课程的创建既然是高校德育实践的需要，它就必然地随着实践的发展而发展。1984年10月，教育部针对当时各地区各高校开设思想教育课的实际情况，提出了“积极建设、稳步发展”的建设课程的指导方针，作出了《关于普通高校开设共产主义思想品德课的若干规定》，并同时颁布了教学大纲，各高校进一步加强了对课程的领导，课程地位从此得到确立。

第三阶段，初步发展于20世纪80年代后期。思想教育课程作为适应新时期对大学生进行思想政治教育的重要途径和形式，经过各级各类高等院校的积极探索和努力实践，在理论准备、资料积累、师资培训等方面都取得了很大进展，也对思想政治教育专业的学科建设直接或间接地作出了贡献。

进入20世纪90年代，随着经受国际风云变幻的严峻考验，全党重视思想政治工作出现了新的转机，许多学校把思想教育课程作为新兴学科和重点课程加以扶持。

二、课程性质、任务的特殊规定

首先，对课程性质的界定，事关课程的发展方向。思想教育课程顾名思义，它不是单纯的知识传授课，也不是一般的理论学习课。从本质上说，它是以马克思主义理论为指导，针对大学生思想发展过程中的实际，综合运用有关学科的知识，对大学生进行形势政策教育、民主法制教育、合格大学生教育、革命人生观教育和社会主义道德品质教育的思想政治教育课程,属综合性的应用学科。

其次,对课程任务的界定,事关课程的实现程度。一般认为思想教育课程的任务是:根据社会主义大学培养目标中德的基本要求,按照思想政治教育的规律,向大学生系统地讲授思想政治道德等有关知识,回答大学生在形势政策、民主法制、求学做人、理想道德等方面普遍关心和迫切要求解决的问题,引导大学生在社会生活和学习实践中坚持社会主义的政治方向,坚持德智体全面发展,提高对各种错误思想的识别能力和抵制能力,提高树立为人民服务的人生观、培养社会主义道德品质的自觉性。

总之,思想教育课是介于马克思主义理论课与日常思想政治工作之间的一组全新的课程,在培养和造就社会主义事业的接班人和建设者的高等教育中,三者都有对学生进行德育的共同任务,但三者却各自有着自己的特殊使命和职责。

三、课程特点的辩证认识

总结十年来思想教育课程教学的体会,笔者认为,思想教育课程具有以下一些显著特点。

第一,思想性与知识性的统一,核心是知识性要为思想性服务。课程的思想性就是坚持用马克思主义,特别是用建设有中国特色社会主义的理论教育学生,坚持正确的政治方向,坚持向学生灌输无产阶级思想意识。知识性则指的是应用有关学科的知识,使教学更具有感染力、吸引力和说服力。

第二,理论性与实践性的统一,核心是实践第一的马克思主义原则。思想教育的课程有着自身的理论体系,尽管它目前仍处在探索和发展的初级阶段,但至少在向学生阐述和揭示某一思想观点时,应避免任何轻率的结论和理论上的随意性,因为缺乏理论思维的教学是没有力量的教学。而如果我们的教学仅仅停留在理论的推演,甚至“理论一大套,实际做不到或实际不对号”的水平上,那显然是违背本课程的开课宗旨的。

第三,系统性与针对性的统一。思想教育课程应当有自己的学科体系,我们所给学生的理论知识不应当是片面的、孤立的,而应当用联系的、发展的、全面的观点和阶级分析的方法回答学生提出的各种思想认识问题。由于大学生在不同时期、不同专业乃至不同个体都具有不同的思想基础、不同的心理特征和个性特征,要真正获得良好的教学效果,必须十分强调教学的针对性。如果我们的教学无法拨动学生的心弦,回避学生实际生活中的思想性困惑,那么再系统的逻辑推演都将失去它教育的实际意义。

第四,稳定性与灵活性的统一。思想教育课程应当有相对稳定的教学大纲、教材内容体系和教学计划等。但是,学生的思想是不断发展变化的,我们的课程教学显然要针对学生思想的现实变化，在内容安排上进行适当的调整。

显然，上述四个方面的特点之间也是互相联系的。要真正把握这四对矛盾的辩证关系并不是一件很容易的事，这需要我们在实践中不断地加以探索，不断地深化对其认识的深度。

四、课程建设的基本经验

根据浙江大学十年来的实践探索，就课程建设本身而言，笔者认为，有以下一些基本经验。

第一，教学内容上坚持必修课与选修课相结合。我校已开必修课两门："大学生思想修养（含人生哲理）"和"法律基础"，这两门必修课均已纳入课表，学生必须跟班修学而不能只申请通过考试以获得学分。同时为了拓宽思想教育的路子，适应不同层次学生的需要，先后开出"大学生心理健康""文学与人生"等10多门选修课，这些选修课以某一学科知识为载体，有的是糅合了多门学科的知识，有意识地寓思想教育于其中，两者互相结合、互相补充，往往能收到较好的教育效果，而且也有助于教师的专业发展。

第二，教材配套上坚持基本教科书与德育电教片、思想修养课外读物相结合。我们先后更新并出版了《共产主义思想品德》《大学生思想修养》《人生哲理》《法律基础教程》《形势与政策基础教程》等教材，还与电教新闻中心合作拍摄了德育电教片《学生魂》《人生漫语》《天山行》等，同时先后编辑出版了大学生思想修养课外读物《给儿子的信》《青春万岁》《学习的学习》《缪斯之缘》《世界文学名著鉴析》《愿生活充满爱》《大学生法纪选读》等，都受到学生的欢迎。

第三，方式上采取教师讲课、学生讨论、课外作业和适当的社会参观相结合。我们体会到，组织课堂讨论（或演讲）是思想教育课的一个重要教学环节，它有助于调动学生自我教育的积极性。为了使教学能够针对学生的思想实际，教师除了与学生进行面对面的交谈外，还通过设计作业、批阅作业的环节来获得学生的思想信息。我们感到，这是师生进行书面思想交流、促进教学相长的好形式。为了使我们的课堂教学获得感性认识的必要支持，我们还适当地组织学生进行专题的社会调查和参观访问。如结合法律课的教学，组织参观监狱、参加审判大会和模拟法庭等；又如结合形势教育，组织学生参观改革搞得比较好的附近工厂和农村，都收到很好的教学效果。

第四，教师队伍坚持专职与兼职相结合。本课程的教学属学生思想政治教育范畴，专职与兼职相结合的教师队伍有利于教学目的的实现，这是由这两支队伍各自的优势能够产生互补效应的特点决定的。两者通过集体备课、观摩教学和教学法研讨等活动，互相学习，取长补短，产生良好的互补效应，既能突出教学的针对性,使课程充满生机和活力,又能加强教学的科学性,使教学更具有说服力。

第五,工作格局上努力形成教学、科研和日常学生思想工作相结合。十年来,我们通过召开校内思想政治教育学术研讨会,推荐参加省、区乃至全国有关思想教育学术研讨会,申报各级思政科研项目等活动,组织专、兼职教师在搞好日常教学和思想工作的同时,积极开展科学研究,鼓励每位教师出成果以促教学、促工作。实践证明,要提高课程的教学质量,要推进思想政治教育科学化的历史进程,要建设一支专家型的德育师资队伍,努力形成并坚持教学、科研和日常工作相结合的工作格局是行之有效的途径。

五、课程发展的基本思路

第一,要对十年来课程建设的实践进行认真的总结和正确的评价,以便从深化学校综合改革上,从学校培养目标对德育的要求上,从"两手抓""两手都要硬"的历史教训中,从加强改进学生思想政治工作的措施、途径和方法上,进一步统一对思想教育课程意义和作用的认识。随着社会主义市场经济的建立,本课程的建设不仅没有存在丝毫可以取消的客观依据,相反,倒是提供了积极改革、主动适应、全面提高、继续前进的极好机会。

第二,要认真分析市场经济对大学生的影响,在课程设置和教学内容上进行大胆的改革。市场经济对大学生的思想影响具有双重效应。积极方面的影响是必然带来竞争意识、创新观念、效益观念、权利义务观念、平等观念、合理个人利益观念等方面的增强,这些要通过教学予以充分肯定。消极方面的影响,诸如损公肥己思想、利己主义思想、"金钱至上"观念等,要通过教学予以坚决抵制。只有这样,才能使思想教育课程更好地为培养社会主义建设人才服务。

第三,教学内容的设置要贯彻"少而精"的原则。除了"大学生思想修养"与"人生哲理"可以合为一门课,"形势与政策"改为专题讲座外,还要处理好与中学"青少年修养""科学人生观"等课程的衔接,处理好与大学马克思主义理论课的分工以及本系列课程自身的相互关系,避免一些不必要的重复。

第四,教师队伍的建设要推向结构比较合理、有一定学术专长的新发展阶段。思想教育课程的师资队伍与本课程的建设在过去的十年中是从无到有同步发展的。课程的改革要获得长足的进展,队伍的建设必须有个大的提高。当前,部分专、兼职德育教师思想不稳定、工作不安心的情况是亟待改变的。

总之,经过十年的建设,高校思想教育课程成绩是基本的,必须充分肯定。但也要看到,在建立社会主义市场经济的新形势下,所面临的改革任务是十分繁重的。回顾过去,展望未来,我们完全有理由相信,在党中央的领导下,经过艰难曲折创建起来的高校思想教育课程，在新的形势下，经过深化改革，一定会在培养社会主义建设人才中发挥更好的作用，获得新的发展。

[本文选自《煤炭高等教育》1993 年第 4 期]

[作者简介] 陈金海，副教授，曾任浙江大学德育教研室主任。邮编：浙江 杭州 310058

德育科学化与人格理论初探

朱深潮

由于德育在学校培养社会主义建设者和接班人的过程中起着导向、动力和保证的作用，加强和改进德育也就成了学校的重要任务。回顾德育过去已经取得的巨大成绩，展望未来的灿烂前景，审视当前的大好形势，越来越多的德育工作者已经认识到：加强和改进德育的关键在于德育的科学化，实践已经证明低水平的简单重复不可能达到加强和改进德育的目的。

所谓德育的科学化，其基本含义就是：探索并揭示中国学生思想品德形成发展的规律，善于运用促进学生优良思想品德形成发展的有效途径和方法，适时地帮助学生健康发展，提高德育的实际效果。

一、面对问题的思考

（一）德育效果欠佳

加强和改进德育是教育界多年来的奋斗目标，领导部门和各个学校作出了艰苦的努力，取得了一定的成效，有的学校也作出了出色的成绩。但是必须承认，从总体上看德育效果欠佳，未能适应学生健康发展的需要，不能适应培养社会主义建设者和接班人的需要。集中表现如下。

1. 即时反应：不少学生对德育不感兴趣，存在着较强的逆反心理，对教育者提倡的内容和要求，不少学生不愿听，听不进，更多的学生听了也不认真去做，行为规范的引导作用不明显，因而对学生全面发展应起的导向、动力和保证作用显得软弱无力。

2. 滞后反应：学生毕业离校以后，好多人对学校德育的印象淡薄，基本观点不明确、不牢固，不少重要观念不科学或不正确；有一部分人的人格发展不健康，在复杂的社会生活中不善于待人处事，因而生活不愉快，工作不适应，影响了作用的发挥；甚至有的人因正确德育观的缺失而使其人生出现了不应有的挫折或失败。

（二）德育规律未明

在“加强德育”这个课题上，一个直观的总体印象是，领导已经重视了，不断地强调甚至被提到了“首位”，学校的德育工作者也尽了极大的努力，可是效果仍然不能令人满意。这就提醒我们需要冷静分析，找出原因。首先，我们要看一看我们的德育是否遵循了德育规律。显然，任何实践活动都必须（自觉或不自觉地）遵循其自身的规律，否则，效果就注定不佳甚至失败。德育是一种复杂的教育实践活动，因此，德育要完成自身的任务，使学生形成良好的思想品德，就必须遵循社会主义条件下大学生思想品德形成与发展的规律。然而，对于这种规律的内容，我们德育工作者至今尚未全部探明。

比如：

1. 良好的思想品德是什么？政治、思想、道德品质的关系是怎样的？是一种多层次的结构系统，还是相对独立要素的组合堆叠？

2. 良好的思想品德是怎样形成、发展的？德育的任务应是促使学生良好思想品德的形成和发展，而不是单纯地解释行为。以往，我们往往比较关注：有了科学的世界观和正确的人生观，有了良好的思想品德，就会产生有益于集体和社会的行为，但是却较少地研究那种我们希望出现的良好思想品德如何才能在学生身上形成，它的发展又有什么规律性。

3. 德育过程的机制是什么？亦就是德育工作者影响学生的主要环节及其制约因素是什么？我们欲求提高德育效果应当加强什么因素或消除什么障碍？

总之，反思我们的德育，尚缺少深入思想品德形成与发展的过程中去探寻规律，因而导致对塑造学生良好思想品德的“工艺过程”处于某种随意状态甚至盲目状态，出现了“老办法不灵，新办法不明”的感叹。因此，探索更符规律的德育理论的任务，就历史地落到当今德育工作者的身上了。

二、人格理论的探索

要探索学生思想品德形成与发展的规律，首先要回答一个大问题：一个人的政治、思想、品德等要素形成的整体结构是什么？当然，表达这个概念的答案也许不只是一个，但有一点是可以肯定的，那就是：它是一种包含“政治、思想和品德”在内的更高层次的有机结构系统。正如一个人的手脚、躯体和头所组成的活生生的系统用“身体”的概念来表达那样，笔者认为，运用“人格”概念来表达人的政治、思想和品德等要素形成的高层次的结构系统是颇为妥切的。

人格，是多个学科研究中均涉及的一个概念，已经形成了多种的含义和定义。本文旨在应用人格理论来研究人的个体综合素质的形成发展规律，故将“人格”明确定义如下：“人格就是一个人特有本质的存在状态，是这个人的精神形象。它反映为个体以相对稳定的特有的行为和态度为主要特征的综合素质。”

本文在借鉴现有人格理论主要观点的基础上，将人格发展理论的主要观点初步归纳和设定如下。

(一)人格是一个多层次的复杂的结构系统

1. 人格的基本结构(一级系统)

①人格的内部要素

a. 基础层——人的需要(包括人的本能和高级需要)

b. 特质层(人格的内核)——多要素相互作用的复杂结构,它对行为的性质和状况起决定性作用。

c. 中介层——情感和意志(能直接影响行为和态度)

②人格的外部特征

a. 特征层——行为和态度(能被他人直接感知的人格外部特征)

2. 人格的内核(二级系统及其三级系统)

①人格内核的基础——自我意识(影响人格发展状况)

a. 自我认识(包括自我感觉、自我观察、自我分析和自我判断等)

b. 自我期待与自我体验(包括自我理想、自信与自卑、自尊与自贱、自重与自嫌等)

c. 自我调节(包括自我发动与自我制止两种调节功能)

d. 自我评价

②人格内核的核心——观念体系(就是通常所说的"思想",它影响人格的质量)

a. 道德观

b. 审美观

c. 人生价值观(包括荣辱观、苦乐观、生死观等)

d. 政治观

e. ……

③人格内核的调控要素

a. 信息状况(包括知识结构、自身体验与重要信息刺激等状况)

b. 思维状况(包括思维能力和思维方式的状况)

3. 人格结构的一般概念

①人格形象:个体由内在的需要发动,由人格的内核(关键是观念体系)支配,经过情感和意志的调控,产生为能被他人直接感知的行为和态度,使他人形成该个体的精神印象。这种印象的积累和综合就形成了该个体的人格形象。

②人格评判:个体表现出来的能被他人直接感知的行为和态度是该个体人格结构的外部特征,也是他人判断和评价其人格(包括人格内核的观念体系)的依据。不表现为行为和态度的人格特质可以说是虚幻的,是无法评价的。

（二）人格发展阶段的假设

人格的发展设定为是“生物型”的，也就是说人格的发展如同生物生长一样，是一个先发育而后发展的有机的综合发展过程。

1. 发育过程

由人格要素的“胚芽”出现到人格各要素的完整出现的过程。综合心理学和社会心理学等相关学科的研究成果以后可以发现，人的需要和自我意识的发展阶段性，与人的观念体系的形成，有着一定的对应关系。为了便于理解，经过简化以图 1 表示如下（以曲线表示要素总的发展趋势），即按人格内部要素出现的先后与多少，正常的人格发育可分为 5 个阶段（见图 1 中下右），不同的阶段有不同的外部（行为和态度）表现，形成不同的人格特征。

发育阶段 1：个体有了需要（主要是生存和安全的需要），出现了满足这种需要的情感和意志，并产生满足这种需要的行为。

发育阶段 2：个体的需要有了发展。出现了初级的自我意识（主要是自我认识活动），出现了初级的道德观（如不能拿别人的东西等），情感和意志也有了相应的发展。

发育阶段 3：个体的需要有了进一步的发展，自我意识的发展使个体关心他人对自己的评价，并且具有一定的自我评价能力，在道德观继续发展的同时，开始形成审美观，情感和意志继续发展。

发育阶段 4：自我意识的发展形成了一定的自我期待与自我体验，思考的独立性和主动性明显增强，开始思考人生价值，情感和意志进一步发展。

发育阶段 5：个体需要的进一步发展，出现了初步的自我实现愿望，自我意识的更进一步发展出现了自我调节活动，追求理想的自我，在道德观和人生价值观继续发展的基础上，开始形成政治观，情感和意志进一步发展，显得较为稳定。

这时的年龄，按心理发展的一般状况粗略判断，通常相当于少年后期到青年早期这段时间。

至此，人格各要素发育完全了，而人格层次的高低则取决于在此基础上的发展过程。

2. 发展过程

人格要素完整出现以后，各要素的不同发展程度就形成了各种不同的结构状态，并且与此相对应有不同的行为和态度表现，形成了人格按层次发展的阶段性特征。这种阶段的划分和表达还有待进一步研究。目前国外已有的人格阶段理论主要有柯尔伯格（L. Kohlberg）的三种水平 6 个阶段理论：

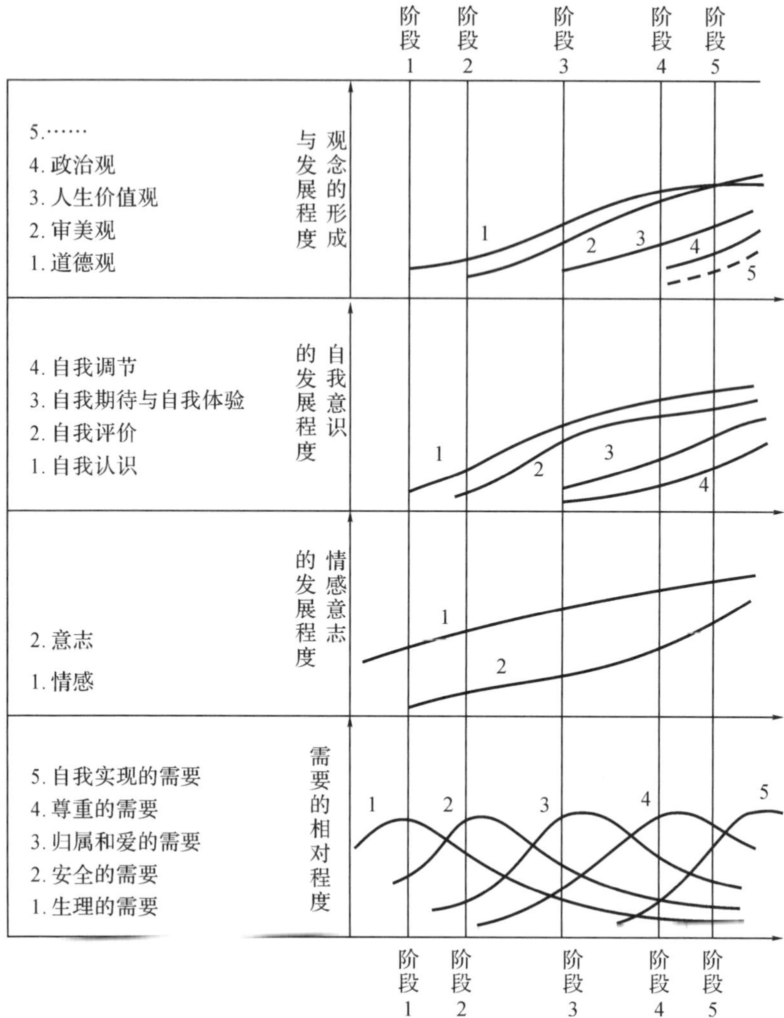

图1 人格内部要素(正常)发育阶段示意

(1)前世俗水平

阶段1:惩罚与服从定向。以自我为中心,为了避免受惩罚和服从权威而选择行为。

因此"不要被抓住"就成为个体行为的主要准则,在他认为无人知晓的场所,会发生错误行为。

阶段2:朴素的利己主义定向。认为每个人都在追求自己的利益,遵守规则的意识增强,但其目的是满足自己的直接利益,认为公正的就是正确的。

(2)世俗水平

阶段3:“好孩子”或“好公民”定向。重视遵守和执行行为规则,其目的是争取做自己和他人认为的好人。重视与人和谐相处。

阶段4:维护权威和社会秩序定向。懂得社会角色和规则都是由社会制度决定的,能较自觉地遵守法纪和履行社会义务。

(3)后世俗水平

阶段5:社会契约定向。将法律和义务建立在对社会总体利益的理性思考基础之上,自觉遵守道德和行使法定权利。

阶段6:普遍的道德原则定向。自觉践行普遍的道德原则,即使当法律与这些道德原则相冲突时,也能按普遍的道德原则行事。

此外还有洛文杰(Loevinger)的阶段论,分为:冲动阶段,自我保护阶段,服从阶段,自觉服从阶段,自觉阶段,个性化阶段,自主阶段和综合阶段。

值得指出的是阶段论强调人格发展具有顺序性和递进性,强调人格是由低阶段向更高阶段逐级发展的,不能超阶段而跳跃发展。

3. 发展层次

不同发展阶段的人格状态,以其相对应的行为和态度作用于他人和社会,产生不同的社会意义和社会价值,因而有不同的评价。根据人格评价的不同而分出不同的人格层次,正常人格的发展由低层次向高层次逐级提升。通常表达为:非健康人格→普通人格→健康人格→完美人格。

此外,从自律性层次表达的有:依附人格(他律人格)→独立人格(自律人格)。从道德水准表达的有:低俗人格→正直人格→高尚人格→伟大人格,等等。

(三)人格发展的导向是理想人格设计

理想人格,就是道德和精神境界较高、发展完善的人格范式和典型。它是一定社会或一定阶级关于做人的最高标准,它是一种人格的理想目标。

个体在朝着理想人格的努力过程中,在现实生活中所能达到的高于普通人格的人格状态,称之为“健康人格”,它是通向理想人格的中介,是人格协调发展较高的阶段和较高的层次。

理想人格设计,就是帮助个体明确何谓理想人格,确立人格的理想目标,并引导个体按照这个目标积极塑造自己,使人格达到较高发展程度的健康人格。

(四)人格教育与人格塑造的任务

人格的正常发展必须是各要素的协调发展。人格的协调发展才能使人格向更高一个阶段递进和更高一个层次提升。为使学生的人格能协调发展,应对学生进行人格教育和人格塑造。

人格发展的受阻,是由于人格要素中的某个要素或某几个要素的状况过弱或发展太慢，制约了人格的整体发展。因此，这个或这几个制约人格整体发展的因素，就是这个时期促进该个体人格发展的关键因素。显然，这种关键因素各个人是各不相同的，由此可见，调查分析并正确判断教育对象的人格发展现状，就成为人格教育的必要前提。

人格教育的任务，就是从促进个体人格诸因素的协调发展入手，使某个或某些制约人格发展的人格要素得到更好发展，进而使其人格结构得到发展或优化，以使该个体的人格发展递进一个阶段或提升一个层次。如此螺旋式“重复”上升。

（五）人格发展的主导因素是主体的能动作用

根据本文的上述设定，人格内核的基础是自我意识。青少年心理发展的重要标志就是自我意识的迅速发展，表现出来的一个重要特点是追求和塑造自己良好形象的主动性明显增强，集中地形成了青少年自我进取、自我追求和自我发展的主动精神。这个规律性的反映，对个体人格的发展内在地起到能动作用。因此，青少年是人格教育和人格塑造的一个最佳时期。

环境对个体的影响和教育作用是巨大的，但并不是决定性的。因为环境的影响归根结蒂还要通过个体的接受起作用。这种接受程度的大小，主要取决于环境影响与自我追求的意向相一致的程度。外界某些因素的影响作用有时对某些人显得比较明显，一种是个体尚年幼无知。此外，主要是因为这些个体主观上有这种追求或感兴趣，加上原有的认识与之比较一致，或者内容新奇，出现了较强的“心理感应”。随着个体心理发展的逐步成熟，思维能力的增强和知识积累的增多，亦即人格的逐步发展，个体分析是非真伪的能力逐步提高，因而对外界事物的筛选性增强，亦即个体的人格独立性增强，受外界环境不良影响的程度将逐步减小。正因为如此，在社会环境变得越来越复杂的当今，塑造健康人格的重要意义更显得突出。

三、人格塑造的优化

从特定的意义上说，德育的任务就是塑造学生的健康人格。所以，从工作的内容和性质看，虽然以往的德育还没有系统运用人格理论，但实际上已经不自觉地做了不少有关人格教育和人格塑造的工作。今后的任务主要是要更自觉地运用人格理论作指导，以期做到人格教育和人格塑造的综合优化，提高德育的实效。为此，本文有针对性地强调几点。

（一）人格教育的总体设计

人格发展贯穿于人的一生，幼儿、青少年时期尤为重要。但人处于不同年龄阶段，人格发展有其不同的特点，只有按照这些不同的特点作出系统的总体设计，以良好习惯养成为重点，进行合理的安排，才能不失时机地促进人格发展。

（二）研究、总结人格测试和分析判断的方法

及时把握对象的人格发展状况，使人格教育和人格塑造能针对对象的人格发展实际所处的阶段，为此必须总结和研究人格测试和分析判断的方法。

此外，还应注意人格发展的契机，比如受到奖励或处罚，患重病，家庭发生变故，受到名人影响，面临升学、恋爱、就业等。当个体正在经受顺利或挫折、成功或失败的心理冲突时，往往有可能成为人格发展的转折点。

（三）完善理想人格设计，明确各种层次学生的人格理想

比如，大学生的理想人格应当是：具有“自爱、自立、自信、自律、自强”精神，积极进取；尊重科学，追求真理；能正确处理个人与他人和社会的关系，先公后私，先人后己，善于与人相处和合作共事，具有强烈的事业心和责任感，在任何情况下都能独立自主地正确判断是非，按照社会主义道德规范作出行为选择，以维护人民的利益；具有开拓创新精神和竞争意识，情感的表达与交流良好，襟怀坦白，乐观坚毅，胜不骄，败不馁。

应当广泛应用具体榜样的事迹，使之形成具体的人格形象，促使学生进行对比并参照、学习。

（四）优化塑造过程

1. 理顺情绪，激发进取精神，克服逆反心理

①端正生活态度。研究表明，一个人对生活的过分消极和过分积极的态度，都会扭曲其对社会现实的认识，并进而影响个体心理发展。因此，必须使学生能以现实的态度来对待生活。教育者应设法去减少过分积极者的天真和过分消极者的厌世嫉俗情绪。

②激发自我意识，倡导“自爱、自立、自信、自律、自强”精神。

③关心并引导自我发展，使那种提高自己、发展自己的基本需要得到必要的和适度的满足。

④提升学生自我人格发展的关注度。根据美国学者的研究，大学生毕业后的成就大小与他的人格发展状况密切相关。从理论揭示的角度唤起大学生对自己人格发展的自觉重视。

2. 完善并强化人格教育的力量

①完善并优化促进人格发展的课程教学，强化理性的引导和指导。用马克思主义科学理论促使正确观点的形成。重点是个人与集体、社会的关系的辩证统一观。

②不断地运用“新的”信息，使认知发生变化，以打破个体原有的心理平衡和

思维平衡，促进其矛盾运动，思考并处理各种冲突。因为过久的平衡就是发展的停滞，要继续发展就必须打破这种平衡，通过矛盾运动促使其发展以形成新的平衡。

③强化思维训练，倡导科学的思维方式，形成科学的思维习惯。因为任何观念的发展和提高，都与形成新的思维结构状况有关。人格发展每递进一个阶段或提升一个层次，都是与思维结构的优化直接相关，而不仅仅是人格要素量的增减。

由于人格的性质和方向取决于观念体系的状况，而观念体系的状况主要是由信息状况和思维状况调控的，因此，这一部分的内容将是人格教育和人格塑造的关键所在，值得深入探讨。

④按照人格发展理论，针对学生所处的人格发展阶段，加强促进人格发展的指导和引导。广泛开展“心理咨询”，加强个别的针对性指导。心理咨询的优越性：一是学生主动要求；二是有的放矢具有针对性。

⑤积极运用美育、体育、智育及文化娱乐活动作为载体，强化综合培育。

3. 强化集体陶冶

研究表明，集体生活的状况对学生人格发展的影响是巨大的。因此重视班级集体和寝室集体及社团集体的建设十分重要。

①创造良好的生活环境和优良的学习气氛，并从中加深理解和体验个人与集体、个人发展与集体发展的辩证关系。

②在集体中形成对照比较→选择→反馈（或体验）的互动模式，促进互助互勉，加速发展。

③加强倾听技能和共情技能的训练，提高正确处理人际关系的能力。

4. 强化行为训练

行为，是人格的外部特征，是评价人格的主要依据，而行为的产生与持续、重复，与其他人格要素有着复杂的联系。从微观机理上说，行为主要取决于观念的驱动加上情感和意志的调控作用。因此，要实践知行统一，增强和优化观念是很重要的，但观念驱动下的行为意向要变成行为实践，并能持续或重复，情感和意志的作用则非常重要。另外，从宏观发展过程考察，人格形成发展还有一个规律性的现象，即行为习惯→道德品质→思想观念→政治品质→行为习惯→……这就是说，人不仅在观念尚未形成或观念尚较淡薄的幼少年时期，进行良好的养成教育，养成文明的习惯能促进人格的发展，而且在人格发展的各个阶段，行为的践行都能有效地促进观念的发展和行为特征的稳定，古语称“积善成德”是有道理的。

应当指出，这种行为训练，除了注意增强行为的动力之外，增强并保持适度的外界压力也是不可缺少的，适度的外界压力也是意志促使知向行转化的条件，并且已被大量的实践所证明。所以，行为训练和行为管理，亦应是人格教育和人格塑造的重要环节。

（五）运用人格再造的契机——爱情的升华

不仅因为莫里哀曾经指出过："爱情是一位伟大的导师，它教我们重新做人。"而且实践表明，爱情生活对人格发展和人格塑造具有重大影响，名符其实地可以称之为"人格再造的契机"。

1. 妥善运用恋爱时对美的追求，引导对真善美的不懈追求，追求美的形象、美的生活、完美的人格。

2. 妥善运用恋爱生活强烈的"自我提升性"，引导严格要求自己，扬长克短，进行自我形象的重塑。

3. 妥善运用恋爱生活中追求完美的强烈的互相参照、互相影响的改造作用，促进双方人格发展和人格塑造。

（六）考核评价机制

对个体的考核评价，应以实际的行为表现和业绩为主要依据，以对社会作出的贡献大小为尺度，并兑现政策给予相应的利益（物质的和精神的），而对那种损人利己的行为则给予制约或惩罚。通过这种政策的调控作用，建立激励机制和制约机制，鼓励并强化那种为国家、为社会多作贡献的行为，并使物质利益的兑现与我们教育所倡导的相一致。

四、德育科学化的新思路

（一）德育的科学化需要人格理论

1. 德育的任务就是塑造学生的健康人格。

2. 有志的青年学生要想今后有所成就，使自己的生活过得有意义，就必须努力塑造自己的健康人格。

3. 我国建立社会主义市场经济体制的新形势和全方位开放的复杂的社会环境，越来越迫切地呼唤健康人格，要求每一个公民不仅要有良好的人格适应，更要求在复杂的社会环境中能独立自主地保持自己的健康人格。

4. 我们提倡爱国主义精神，加强民族自信心和自尊心，换一种说法就是讲"国格"。讲国格必须先讲人格，公民有了良好的人格，国家才会有良好的国格。

（二）运用人格理论可以促进德育的科学化

1. 运用"人格"来表达个体的综合素质，具有简明性。

由于"人格"的内涵丰富，通过科学的界定和恰当的表述，它可以明确表达包括“思想”“道德”“品质”“人生价值观”“人生观”等概念，并且还包括这些概念单独表达不完整的更为综合的那层意思，更具有概括性、综合性和简明性。

2. 运用人格理论，有利于进一步揭示和把握其有机结构及各要素间的辩证统一关系，有利于揭示和把握人格的发展变化规律，为探索建构更为科学的德育新理论体系，为更有效地塑造健康人格，提高德育的实际效果，提供了广阔的舞台。

3. 运用“人格”概念，有利于妥善处理德育中的继承传统与发展现代性，坚持民族性与借鉴吸收全人类文明成果的关系。从文化的角度考察，人格是文化的某种积淀。由于文化发展必须要在继承优良传统的基础上才能向现代化发展，同时又必须植根于本民族文化的基础上，善于借鉴和吸收外来文化的成果才能发展。因此，文化的这种特点就决定了人格也同样具有这种特点，而这正是德育力求解决而尚未妥善解决的难点。

4. “人格”概念具有较明显的学科性，因而具有较好的国际交流性，有利于德育做到面向世界、面向未来、面向现代化。鉴于我国的“思想政治教育”和德育内涵的特殊性，境外、国外的学者往往不了解或难以理解，给学术交流和学术研讨带来很大困难。事实上，尽管各学科、各学者对人格概念的界定各有差别，但把它作为学科的基础概念这一点，已经获得了公认，进行交流和研讨就较为容易，可为我国的德育由封闭走向开放创造更有利的学术条件。

教育的实践必将会证明：德育的科学化需要人格理论，运用人格理论可以促进德育的科学化。我们深信：“人类总得不断地总结经验，有所发现，有所发明，有所创造，有所前进。”德育的科学化也需要在不断的探索中求得实现。探索是艰辛的，也可能是曲折的，但是成功毕竟属于那些勇敢而不懈的探索者！

［本文部分内容选自浙江大学出版社1995年出版的《人格与人格塑造》一书］

［作者简介］朱深潮，副教授，曾任浙江大学党委宣传部副部长，兼德育教研室主任，浙江大学党委副书记，浙江省高等学校思想政治教育研究会副会长兼秘书长等职。邮编：杭州 玉泉 310028

论社会全面进步

万　斌　郁建兴

随着改革开放的深入推进，社会主义市场经济体制的逐步确立，社会生活诸领域的发展呈现出某些不协调性，引起了全社会的普遍关心和议论。怎样更好地确立起社会发展的目标以及推动这些目标的实现，协调好经济增长与社会发展、社会发展与人的发展等方面的关系，是时代向我们提出的紧迫课题。为此，树立和增强社会全面进步意识，对于建设有中国特色社会主义事业的全面发展，无疑有着十分重要的意义。

一、重视社会全面进步是当代新发展观的体现

社会的存在既然是一种系统的、整体的存在，社会的发展就应该是一种全面的发展和进步。所谓社会的全面发展，就是指社会结构诸要素之间、社会与人之间的协调发展、共同发展。

追求社会发展和进步的全面性是人类永恒的主题。历史上出现过的种种关于社会理想状态的设计，正是这一主题的具体化。社会理想论的绵延不绝，既反映了人类业已创造的历史存在着不合目的性、不合理想性的一面，同时也表明了试图超越现实历史的努力本身已构成为历史发展的重要动力，现实历史的发展正在逐渐地实现着人类的理想。现实历史与社会理想之间的这种辩证关系，为我们今天强调重视社会全面进步提供了必要性和可能性。

我们今天强调重视社会全面进步，其时代背景在于已有的发展观、进步观造成了严重的后果。近现代以来，因受早发展效应的影响，西方工业化国家的发展模式长期被人们奉为经典。从这种模式出发，经济增长被视为发展、进步的同义词，财富积累被当作了唯一目标，或者像公平、稳定、民主与自主也被列为发展的目标，但是这些目标被认为会随着财富增长而“所有好事情一起发生”。

对这种单纯注重经济增长指标和资金、技术等物质要素的发展观的怀疑来自两个方面。

其一是西方发展模式固有缺陷不断暴露，现代化在带来巨大物质财富的同时，也带来了诸如农村萎缩、社会动荡、两极分化、价值失落、文化精神断裂等严

重后果。现实历史发展无情地驳倒了“所有好事情一起发生”的神话[①]。社会问题、人的心灵问题的严重性，成为人文主义思潮在现代西方日益勃兴的根本历史背景。[②] 现代西方人文主义思潮的主题之一，就是批判西方社会发展、进步的片面性。弗洛伊德从文化与文明的发展日益同人的需要相对立的事实中，提出了“社会神经症”概念，他断言整个社会都患了病。韦伯、卢卡奇、法兰克福学派诸著作家们，或通过深广厚实的历史研究，或通过精微细致的逻辑分析，指出了西方社会现代化过程中人文精神的退场、丧失、耗尽等。人文主义思潮的社会批判揭示出了这样一个事实：“破绽百出、引人误解的会计制度记录下来的财富增长，越来越难以使人相信。”[③]“以物质文明为指向的客观幸福论已成乌托邦了。”[④]在联合国教科文组织 1984 年 11 月巴黎会议上，主持人指出“多方面发展的新认识来自当前世界性的危机——不仅是经济上的危机，而且是人的价值的危机”。包括人在内的社会全面危机，这可视为对西方增长主义发展观、进步观所造成后果的一个诊断。

其二是战后某些发展中国家以国民生产总值增长为基本目标的发展战略受挫，也为人们省察经济增长主义发展观、进步观提供了事实依据。战后一系列新独立的贫穷国家追求经济增长的迫切愿望，使发展研究应运而生，成为国际社会科学研究的新兴学科。由于受“西方中心主义”意识形态的影响，发展研究尽管以第三世界发展中国家为主要对象，但却是西方主流社会科学的衍生物，其基本倾向是，力图把新独立的民族国家的发展引上“西化”的轨道。这种主流派的发展理论或称“经典现代化理论”曾很快遭到拉丁美洲激进派观点如依附理论、世界体系理论的猛烈批判，但正如当代许多思想家都已揭示了的那样，权力位置与话语系统之间存在着一致性。第三世界的欠发达状态不能很快地得到改变，因而激进派的批判始终是作为主流派观点的补充而出现的，它只能从西方假定为普遍主义的位置上寻找出非西方的特殊性。我国学者罗荣渠教授曾对此评论道：“70 年代初兴起的激进的发展理论只是引发了关于现代化和西方古典发展

---

① 亨廷顿曾批评了“所有好事情一起发生”的相容性假设，但他认为这一假设只是不适用于后发展国家，对于西方社会来说则是事实。可参看他的《发展的目标》一文，收入《现代化理论与历史经验的再探讨》，上海译文出版社 1993 年版。

② 应该指出，反现代化（因现代化在西方首先发生，所以这里指的是西方式现代化）思潮伴随着现代化的出现就出现了。但是，随着西方现代化的负面后果日益明显，西方人对现代化“越来越不快乐，越来越不满意”（参见艾恺. 世界范围内的反现代化思潮[M]. 贵阳：贵州人民出版社，1991：213），因而才有了人文主义思潮日益勃兴。

③ F. 佩鲁. 新发展观[M]. 张宁，丰子义，译. 北京：华夏出版社，1987：4.

④ V. 弗兰克尔语. 转引自哲学研究[J]，1994(2).

理论的争论,而不可能结束这场争论。"[①]西方主流派发展理论在第三世界发展中国家的现代化进程中起着实际的指导作用。

西方古典发展理论"权力位置"的真正动摇来自于一些发展中国家的发展战略受挫。由于忽视社会体制、政治制度、文化传统等因素,这些国家的发展后劲显得不足。在有的国家还出现了经济增长的成果被少数人独占的现象,增长效益为其日益扩大的社会不公所抵消。典型的例子如巴西,在六七十年代,巴西经济迅速起飞,但是在高经济增长率下,人民生活并没有普遍得到改善,"巴西的经济很好,巴西的人民生活很苦"。因此作为社会不公、两极分化、动荡冲突的结果,巴西经济迅速垮台,"经济新星"变成了"经济彗星"。

于是,对增长和发展、进步与全面进步概念的澄清,成为了一种新发展观的起点。法国学者弗朗索瓦·佩鲁指出:"人民大众需要的是,对英国古典经济学家的遗产及其不肖子孙新古典主义的前提和后果进行彻底的重新审查。"[②]人们开始意识到,经济增长不等于社会进步。经济增长除了正增长外,还可能出现零增长、负增长,即"有增长而无发展"。历史经验已为我们提供了深刻的教训。

那么,什么是超出经济增长理解的当代新发展概念?在此,我们简要指出一些重要的观点。

英国学者杜德利·西尔斯在1969年发表的《发展的含义》一文中说:"调查一国发展的情况应提出的问题是贫困状况怎么样?失业状况怎么样?不平等现象又是怎样?如果这三方面都已不是很严重了,那么就这个国家而言,无疑已处于一个发展的阶段。倘若这三个中心问题中的一个或两个更加严重,特别是三方面都更为恶化,那么把这种结局称作'发展'就是一件怪事,即使人均收入业已大幅度提高。……一个没有包含减少贫困、失业和不平等现象诸目标的'计划',难以被认为是'发展计划'。"[③]1979年,西尔斯修正了这一观点,主张将"真正的独立""自力更生""文化力量"纳入发展的含义,他说:"'发展'现在意味着减少对一个或几个大国的文化依附——即在学校中扩大本国语的使用范围,在电视上播出更多的本地或邻国摄制的节目,增加在本国获取高级学位的比例,等等。"[④]同时,他还指出,不仅发展中国家需要发展,所有的国家都需要它,它是共同的世界性问题。

美国学者塞缪尔·亨廷顿在《发展的目标》一文中认为,发展应包括五项目

---

① 塞缪尔·亨廷顿,等.现代化:理论与历史经验的再探讨[M].上海:上海译文出版社,1993:"编者的话".

② F.佩鲁.新发展观[M].张宁,丰子义,译.北京:华夏出版社,1987:4.

③ 塞缪尔·亨廷顿,等.现代化:理论与历史经验的再探讨[M].上海:上海译文出版社,1993:50-51.

④ 塞缪尔·亨廷顿,等.现代化:理论与历史经验的再探讨[M].上海:上海译文出版社,1993:72.

标：富裕、公平、稳定、民主与自主。[①]

美国学者阿尔蒙德主张："政治经济增长、发展、现代化、进步，不管如何称呼，都包含着由四个因素支配的积极和向前发展的运动"，这四个因素是政府能力（或权力）、人民参政情况（或民主化）、增长（或财富）和分配（或福利）。"[②]

弗朗索瓦·佩鲁指出"新发展是'整体的'、'综合的'和'内在的'"。在不断重申的增长与发展的差别中，佩鲁强调的是"为了一切人和完整人"的发展目标，而不是财富。[③]

德裔美国学者埃利希·弗洛姆认为"社会的进步只能出现在经济的、社会—政治的和文化的同时变化之中，仅仅是一个领域的进步，绝不可能导致整个社会的发展变化"。而且，只注重一个领域的变化而忽视其他领域的变化，"正是人类进步的最大障碍之一"。[④]

作为一个例子，我们在此还要提及一下"社会进步指数"这一概念。社会进步指数作为社会、政治和文化现象的综合标准，它的提出本身就体现了一种新发展观。法国学者罗兰·柯兰提出这一指数应考虑六大方面，即技术系统、经济系统、政治系统、家庭系统、个人社会化系统、思想与哲学宗教系统。而一种更具代表性的社会进步指数体系由 11 个分类中的 44 个社会指标组成，这个分类是教育、健康状况、妇女地位、国防力量、经济、人口、地理、政治稳定、参政、文化差异、福利等。[⑤]

从上可见，重视社会协调发展、全面发展是当代的一个全球性的潮流。主张社会多方面、多目标、多因素的综合发展，主张发展是把经济、技术、社会、政治、文化、道德等融为一体的进步，主张以人为中心的综合发展观取代以商品为中心的经济发展观，已日益成为一种具有普遍性的认识，并且对许多国家的高层政治经济决策产生过直接的影响。虽然上述论者在对这一全面性、综合性的理解上不尽准确，对传统发展模式、发展观的批判也没有从社会制度层面进行，但是，新发展观对物质主义、技术主义的拒斥和对社会全面进步的重视，则是显而易见的。这种发展观的深化及其所带来的社会现实领域中的深刻变化，既表明了前述的社会理想具有的动力作用，也表明了在当代实现社会的全面进步、全面发展

---

① 塞缪尔·亨廷顿，等. 现代化：理论与历史经验的再探讨[M]. 上海：上海译文出版社，1993：331-335.

② 塞缪尔·亨廷顿，等. 现代化：理论与历史经验的再探讨[M]. 上海：上海译文出版社，1993：361-362.

③ F. 佩鲁. 新发展观[M]. 张宁，丰子义，译. 北京：华夏出版社，1987：2.

④ 弗洛姆. 健全的社会[M]. 蒋重跃，等译. 北京：中国文联出版公司，1988：3，275.

⑤ 艾斯特斯. 各国社会进程[M]. 何天祥，等译. 北京：华夏出版社，1989：24-27.

已具备了现实的可能性。

二、社会全面进步是社会主义运动的一面旗帜

社会主义运动的兴起，把人类历史上关于社会理想状态的设计和追求推进到了一个新的阶段。

从思想史角度看，近现代意义上的社会主义运动的兴起，它不只是表现为对一种政治经济制度的反抗，而同时也是对一种文明和文化形式的反抗，它显示出了社会主义者试图超越社会既定秩序、创造人类新文明的努力。作为这种反抗和超越的思想资源的，就是关于社会全面进步、全面发展的价值理想。从“乌托邦”“太阳城”到“实业制度”“和谐社会”的种种社会蓝图设计，都无不把社会的和谐、协调、全面发展写在自己的旗帜上。

值得指出的是，在马克思主义产生以前的全部社会主义思想家，他们的社会蓝图设计都是超历史的道德理想的产物，因而尽管其为社会发展提供了重要的价值资源，但是他们对资本主义文明的批判是非历史的，他们设计的理想社会也始终停留于“应该”的彼岸，而无法走向现实世界。后人把这些思想家的社会理想论称之为“空想社会主义”，正是出于对其超历史性质的批评。马克思主义的诞生，使社会主义从空想变为了科学。马克思主义的社会主义以“科学社会主义”行名，并不是说科学社会主义如第二国际时期考茨基们理解的那样，是关于社会历史的“客观的”“科学的”哲学，而是说马克思主义的社会主义价值理想得到了科学的论证。马克思从不讳言社会主义所具有的理想性、价值性、超越性意义，对社会全面进步的追求是他的理论和实践活动的重要组成部分。但是马克思并不把确保社会全面进步的社会主义社会视为某个超历史的道德理想的实现，而是看成为历史发展的一个具体阶段，它是工业资本主义充分发展的结果。简言之，马克思主义的社会理想论取得了唯物主义历史观的本体基础，理想论、价值观与历史观之间是内在统一的。下面我们来约略展开这一点。

首先，马克思主义认为社会全面进步范畴是对社会历史发展规律的反映。一部人类社会的发展史，就是一部社会从片面发展不断走向全面发展的历史。在最初的社会形态里，人与自然对象性关系的狭隘性和个人社会关系的贫乏性，使得“无论个人还是社会，都不能想象会有自由而充分的发展”[①]。虽然当时由于社会分工的狭小，个人的活动“显得比较全面”，但这只是一种“原始的丰富”，是一种有限的完整性。到了商品经济社会形态中，社会劳动分工的细化和深化，导致了人的“原始丰富”的解体。个人受到物化的社会关系的摆布，处于物的统治

---

① 马克思恩格斯全集：第46卷(上册)[M].北京：人民出版社，1979：109.

之下。但是“这种物化的联系比单个人之间没有联系要好，或者比只是以自然血缘关系和统治服从关系为基础的地方性联系要好”。[①] 在这一社会形态中，“才形成普遍的物质变换，全面的关系，多方面的需求以及全面的能力的体系”[②]。当然，商品经济社会形态中所实现的社会发展的全面性是有限的，它只是人类奔向自由王国的一个历史阶段。只有在下一个社会形态，即共产主义的自由人联合体中，个人才不再作为阶级的成员，并摆脱地域和民族的局限，成为真正的“个人”，它存在于丰富的社会关系之中，同物质生产、精神生产发生实际联系，并以这种全面的生产来形成自己丰富的本质。可见，社会全面进步之作为社会理想，是社会发展的客观规律性的要求，而且它本身正逐步实现于社会的发展运动过程之中。

其次，马克思主义又把社会全面进步当作一个价值论范畴，它作为一种否定性的辩证法，一种批判的武器、衡量的尺度，作为一座横向坐标而横亘于马克思厚重的历史和经济学分析中。前述马克思从社会发展的客观规律性角度对资本主义生产方式进行了肯定和批判。事实上，这一肯定和批判也是从价值论角度进行的。正是由于商品经济社会形态是实现了比最初的社会形态里更全面的发展，并为下一个阶段“创造条件”[③]，因而商品经济充分发展之资本主义生产方式才得到马克思如此之多的肯定。也正是由于物化的社会关系仍然体现着主客体关系的颠倒，马克思展开了扬弃和超越这种生产方式的必然性论证。异化理论、拜物教理论、剩余价值理论，依次递进地揭示了资本主义条件下主客体关系的颠倒，也即现实世界对作为目的本身的人的否定性关系。马克思指出：“在资本主义体系内部，一切提高社会劳动生产力的方法都是靠牺牲工人个人来实现的；一切发展生产的手段都变成统治和剥削生产者的手段，都使工人畸形发展，成为局部的人……因此，在一极是财富的积累，同时在另一极是贫困、劳动折磨、受奴役、无知、粗野和道德堕落的积累。”[④]这即是说，资本主义文明的发展是极为片面的，甚至是畸形的，其根源在于“资本主义体系”本身。

从上我们看到，马克思主义的历史观与价值观是内在统一的，马克思主义证明了社会全面进步不仅仅是一个纯粹的道德理想，而且也是历史现实自身的运动。工业资本主义、商品经济的发展为社会全面进步的实现提供了可能性，因为它不仅造就了社会全面发展的客观物质基础，而且也提出了对全面的社会发展、

① 马克思恩格斯全集：第46卷（上册）[M]. 北京：人民出版社，1979：108.

② 马克思恩格斯全集：第46卷（上册）[M]. 北京：人民出版社，1979：104.

③ 马克思恩格斯全集：第46卷（上册）[M]. 北京：人民出版社，1979：104.

④ 马克思恩格斯全集：第23卷[M]. 北京：人民出版社，1972：707-708.

人的发展的要求。恩格斯在评论托马斯·莫尔的乌托邦思想时说过:“纯粹善良的愿望,‘正义’的要求……托·莫尔早在三百五十年以前就已经提出了这个要求,始终没有实现。为什么现在就应该实现呢?……事实上,大工业把这个要求,不是作为正义的要求,而是作为生产的必要性提出来了。”[①]而这同时也就为超越资本主义、实现社会主义提供了历史必然性,因为资本主义不可能满足这一要求。

如此说来,社会主义、共产主义作为马克思主义的社会理想,社会的全面发展、全面进步无疑是其中的基本规定。在《共产党宣言》中,马克思恩格斯给共产主义下过一个定义:“在那里,每个人的自由发展是一切人的自由发展的条件。”[②]在《资本论》中马克思也说,社会主义是“以每个人的全面而自由发展为基本原型的社会形式”[③]。马克思还对社会主义经济形态作过这样的概括:“在保证社会劳动生产力极高度发展的同时又保证人类最全面的发展的这样一种经济形态。”[④]可见,社会进步必须是全面的,社会主义、共产主义是全面性社会。这是马克思主义的一条基本原理。

马克思主义社会全面进步观的提出,实现了社会理想论发展史上的一场革命。它既批判了把资本主义文明当作人类发展“至善”的资产阶级观点,又指出留恋那种“原始的丰富”的浪漫主义观点“是可笑的”,没有超出与资产阶级观点的对立。[⑤] 无疑,马克思主义的社会全面进步观,是科学的社会理想论。如果说,社会全面进步一直以来都是社会主义运动的旗帜,那么,在马克思主义赋予了这一社会理想以科学含义后,我们更应让这面旗帜高高飘扬。

三、邓小平理论是推动中国社会全面进步的纲领

如前所述,马克思主义的社会理想论是以科学理性、历史理性充作本体论基础的。对确保社会全面进步的社会主义社会理想何以可能的问题,马恩是这样回答的:工业化大生产带来的高度发达的生产力是社会主义的前提和条件;社会主义革命必须在西欧几个主要国家同时发生和同时胜利,这是社会主义存活的

---

① 马克思恩格斯全集:第 20 卷[M].北京:人民出版社,1971:679.

② 马克思恩格斯选集:第 1 卷[M].北京:人民出版社,1979:273.有必要申明的是,正如马克思说过的:“人们的社会历史始终只是他们的个体发展的历史。”(马克思恩格斯全集:第 27 卷[M].北京:人民出版社,1972:478)因而本文在互换意义上使用“社会全面发展”与“人的全面发展”二词,并以人的全面发展为社会全面发展的最高规定。

③ 马克思恩格斯全集:第 23 卷[M].北京:人民出版社,1972:649.

④ 马克思恩格斯全集:第 19 卷[M].北京:人民出版社,1963:130.

⑤ 马克思恩格斯全集:第 46 卷(上册)[M].北京:人民出版社,1979:109.

保证。

但是,理论上的逻辑论证不能限制现实生活的发展。社会主义革命首先在俄国这样一个经济文化比较落后的国家发生,而且又是一个国家单独举行革命。这既是巨大的历史飞跃,同时又使社会主义处于艰难的困境之中,由此引起的争论贯穿于以后的社会主义发展史。战时共产主义政策失败后,列宁毅然实行了向新经济政策的战略转变,继续探索俄国社会主义发展道路。列宁晚年关于社会主义建设的新构想,其实质在于探索一条经济文化落后国家实现工业化和现代化、实现民族振兴的非资本主义道路,以解决由社会主义革命发生的时空位差所带来的理想与现实、目的与手段之间的紧张关系。可惜,由于列宁的早逝,这一探索没有能够在俄国结出应有的果实。

中国选择马克思主义,走社会主义道路,这是历史的结论。但是,中国当时的生产力发展水平比俄国还要落后,并不具备马克思、恩格斯反复强调的高度发达的资本主义生产力,中国社会主义革命的时代背景和科学社会主义理论提出的历史背景,甚至和十月革命的历史背景都有很大的不同。坚持马克思主义的科学理性、历史理性与坚持社会主义价值理想的共同要求,使实现现代化与超越现代化的已有模式成为中国社会主义历史发展的双重主题。“社会主义现代化”概念的提出,正是双重主题的体现。我们要实现现代化,以取得社会主义的物质前提,并实现国家振兴、主权独立等民族目标;我们要实现的现代化不是一般意义的现代化,而是社会主义的现代化。因此,社会主义与现代化互为目的与手段,既是双重选择又是双向选择。① 认识到这样的历史背景,我们可以更好地理解毛泽东社会主义现代化思想所具有的理想性、超越性特点。毛泽东提出“社会主义现代化”“社会主义工业化”“中国工业化道路”诸概念,表明了他所构建的现代化与社会发展目标模式,不是一个只关乎经济增长的模式,而是一个追求社会全面进步、全面发展的模式。具体而言,他追求的是生产关系与生产力的和谐发展,人从自然中获得解放的同时,迎来从社会关系中的解放;他期望在物质财富增长的同时人们的精神境界日日崇高,社会既发达又崇高,人人既红又专。这一目标模式,无疑体现着与马克思主义社会全面进步观,乃至全部社会主义思想史的连续性。②

同样,认识到这样的历史背景,我们可以更好地理解毛泽东社会主义现代化

① 对此观点较为详细的论述,参看郁建兴等.社会主义现代化思想新探[J].上海社会科学院学术季刊,1995(2).

② 尽管如此,我们不能把毛泽东视之为空想社会主义者。从总体上看,毛泽东对马克思主义的历史观是认同并予以坚持的。参看郁建兴.论毛泽东的现代化观[J].浙江大学学报(社会科学版),1993(4).

思想中的缺失。在毛泽东领导下，中国向社会现代化迈出了一大步，但是仍未能达到理想的胜境。究考其思想上的根源可以看到，毛泽东的局限性在于，他对经济发展和社会发展进程的普遍性认识不足；对现代化独特道路的意识形态意义的过多关切，使他有时把意识形态充当了一种凌驾于生产力尺度之上，用来审视经济发展的外在尺度。任何意义上的偏离，都被视之为资本主义而加以反对，从而泛化了资本主义概念。他在反资本主义的同时，也舍弃了作为人类共同财富的现代化的许多合理因素。其结果是，现代化与社会发展的普遍意义被有意无意地弱化，社会主义在相当程度上被设定为一种道德理想追求，经济建设、现代化建设这一主题时常在坚持纯洁道德理想的旗帜下被冲淡甚至打断。社会主义革命发生后凸现的理想与现实、目的与手段的紧张关系没有得到有效的消除，有时甚至更加突出了。

邓小平建设有中国特色社会主义理论，作为对中国这样经济文化比较落后的国家如何建设社会主义、如何巩固和发展社会主义的一系列基本问题的全面解答，实质上是提出了中国社会的新发展纲领。党的十四大把这一新纲领概括为九条，即：社会主义发展道路、发展阶段、根本任务、发展动力、外部条件、政治保证、战略步骤、领导力量和依靠力量、祖国统一等。这九个方面构成了一个完整的体系，既回答了什么是社会主义，即目标、形态问题，又回答了如何建设社会主义，即道路、原则问题。这一理论是当代中国的马克思主义，是中国社会发展的指南。在这一理论中，社会全面进步的高远目标得到了科学的论证，其实现的有效手段、途径、道路、方式方法得到了全面的规范。

一方面，邓小平同志一再指出，我们的信念理想就是搞共产主义。“我们干的是社会主义事业，最终目的是实现共产主义”，对于这一点，我们“任何时候都不要忽略”。① 具有共产主义的理想，既是我们工作的真正优势，也为我们指明了一切工作的根本取向。经济和社会的协调发展、综合发展，社会和人的共同进步，是建设有中国特色社会主义事业的题中之义。

比如关于经济发展的问题。邓小平同志提出了保持“适当速度”的思想，认为“经济过热就容易出毛病”；提出了经济发展具有多种动力的思想，认为在经济因素之外，政治、思想文化因素也不能低估，不能搞“单打一”；提出经济发展的社会性质问题，一再强调公有制占主体和按劳分配占主体，是我们必须坚持的社会主义根本原则；提出了“改革、发展、稳定”辩证统一的思想，强调深化改革，保持社会稳定对于经济发展的重要意义，等等。可见，经济发展与社会发展相关联，经济发展应当促进社会发展的思想，一直是邓小平同志所强调的。

---

① 邓小平文选：第3卷[M]. 北京：人民出版社，1993：110.

比如关于社会主义民主政治和精神文明建设的问题。邓小平同志指出了社会主义民主政治建设、精神文明建设对于经济发展的重要意义。他多次说过："为了实现四个现代化，必须发扬社会主义民主和加强社会主义法制。""不加强精神文明的建设，物质文明的建设也要受破坏，走弯路。"[①]更为重要的是，邓小平同志把社会主义民主政治建设、精神文明建设纳入到了我们社会发展的总体目标、总体布局之中。他说："没有民主就没有社会主义。"[②]"经济建设这一手我们搞得相当有成绩，形势喜人，这是我们国家的成功。但风气如果坏下去，经济搞成功又有什么意义？"[③]

民主政治建设、精神文明建设的战略地位表明，我们的社会主义现代化建设是一项宏大的系统工程，包括社会主义市场经济、社会主义民主政治和社会主义精神文明的全面建设。也因此，我们的经济和社会发展的检验标准，是一个全面、综合的标准。邓小平同志提出，要以是否有利于发展社会主义社会的生产力，是否有利于增强社会主义国家的综合国力，是否有利于提高人民的生活水平为标准。两个文明都搞好了，才是有中国特色的社会主义。"三有利"综合标准的提出表明，邓小平同志是坚决反对只以经济增长作为唯一标准的认识和做法的。

比如关于发展的主体问题。我们的现代化建设是为什么人的？这对于邓小平同志来说是极为重要的问题。他说，我们干的是社会主义事业，"社会主义财富属于人民，社会主义的致富是全民共同致富。……我们的政策是不使社会导致两极分化，就是说，不会导致富的越富，贫的越贫。坦率地说，我们不会容许产生新的资产阶级"[④]。"如果我们的政策导致两极分化，我们就失败了；如果产生了什么新的资产阶级，那我们就真是走了邪路了。"[⑤]可见，在邓小平同志那里，广大人民群众是社会发展的主体，广大人民群众主体价值的实现，是社会发展的最高目标。他的政治设计、政策选择，是融进了这一目的精神、理想追求的：我们为什么要把发展生产力当作压倒一切的根本任务，因为"社会主义发展生产力，成果是属于人民的"[⑥]。对社会发展与人的发展一致性的追求，构成了邓小平社会发展观中极富超越性的部分。概括地说，邓小平的社会发展观、进步观是一个全面的发展观、进步观，理想性、超越性是其显明的特点。

---

① 邓小平文选：第2卷[M].北京：人民出版社，1983：187.
② 邓小平文选：第3卷[M].北京：人民出版社，1993：144.
③ 邓小平文选：第3卷[M].北京：人民出版社，1993：154.
④ 邓小平文选：第3卷[M].北京：人民出版社，1993：172.
⑤ 邓小平文选：第3卷[M].北京：人民出版社，1993：111.
⑥ 邓小平文选：第3卷[M].北京：人民出版社，1993：255.

另一方面，邓小平的社会全面进步观还包含了对实现手段、途径、道路、方式方法的规范，即包含了对社会全面进步“何以可能”问题的解答。

邓小平同志首先指出了解答“何以可能”问题的重要性。他说：“社会主义是一个很好的名词，但是如果搞不好，不能正确理解，不能采取正确的政策，那就体现不出社会主义的本质。”[①]这即是说，目的规范手段，而手段的有效性对于目的也是至关重要的，缺乏适当的手段，目的就无法实现。

那么，社会全面进步何以可能呢？邓小平同志强调了解放和发展生产力对经济建设所具有的基础性意义。他要求全党全国人民“一心一意搞建设”，坚持以经济建设为大局，为中心，“扭住不放”，甚至要“顽固一点”。这既是对马克思主义基本原理的坚持，因为“马克思主义最注重发展生产力”[②]，也是对我国社会主义建设经验教训和社会主要矛盾进行科学分析得出的最重要的结论。多少年来我们吃的一个大亏，就是忽视发展生产力。而“我们的生产力发展水平很低，远远不能满足人民和国家的需要，这就是我们目前时期的主要矛盾，解决这个主要矛盾就是我们的中心任务”。[③] 生产力不发展，经济建设不搞上去，我们的社会主义就是“不合格的”，社会全面进步当然也就无从谈起。

同时，邓小平同志对经济建设中心地位、基础地位的强调，并没有导致经济增长主义的发展观、进步观，他十分注意全面建设社会主义的问题。对社会发展全面性、超越性的追求，构成了邓小平同志一系列“两手抓”思想的深层根据。经济发展为社会发展和人的发展提供必要的物质基础，但是经济发展不会自动导致社会和人的一致发展、全面发展，因此必须坚持“两手抓、两手都要硬”，要一手抓物质文明，一手抓精神文明；一手抓建设，一手抓法制；一手抓改革开放，一手抓打击经济犯罪；等等。“两手抓”的思想为邓小平同志一再强调和发挥表明，他设计、选择的手段、途径、道路、方式方法都是受社会全面进步目标所规范和引领的，经济建设、民主政治建设、精神文明建设的战略地位之所以要始终不渝地坚持，是因为它们都是实现社会全面进步的目标所必不可少的。[④]

由上可见，邓小平同志对社会全面进步的追求，是以实现手段的有效性来确

---

① 邓小平文选：第 2 卷[M]. 北京：人民出版社，1983：313.

② 邓小平文选：第 3 卷[M]. 北京：人民出版社，1993：63.

③ 邓小平文选：第 2 卷[M]. 北京：人民出版社，1983：182.

④ 如果把邓小平以经济建设为中心的思想理解为以物质财富为发展目的的功利主义观点无疑是十分错误的。马克思说过：“如果抛掉狭隘的资产阶级形式，那么，财富岂不正是在普遍交换中造成的个人的需要、才能、享用、生产力等等的普遍性吗？财富岂不正是人对自然力——既是通常所谓的自然力，又是人本身的自然力——统治的充分发挥吗？财富岂不正是人的创造天赋的绝对发挥吗？”（马克思恩格斯全集：第 46 卷（上册）[M]. 北京：人民出版社，1979：486.）同样地，邓小平强调经济建设的中心地位，是从人与社会全面进步的内在关联中展开的。

保的。就他追求社会发展目标的全面性而言，邓小平理论与马克思主义、列宁主义、毛泽东思想有着直接的相承关系；就他在制度设计、政策选择层面确立起了目的与手段、理想与现实的内在关联而言，邓小平理论的创新意义又是显见的。正是在这一理论指引下，人类追求已久的社会主义价值理想真正具有了走向现实世界的可能性。邓小平的社会全面进步观无疑实现了社会理想论发展史上的又一次飞跃，它是推动中国社会全面进步的纲领。

四、余论

社会主义制度在中国的确立，为社会和人的共同发展、全面发展提供了制度保证。社会生产的目的不再是片面的经济增长，而是为了满足人民群众日益增长的物质文化生活需要；劳动者与劳动资料、个人利益与社会利益、劳动活动与自主活动之间的协调关系开始生成；等等。这一切都表明了，社会主义中国的发展正呈现着以往的社会制度下所不曾有过的全面性。

同时，中国正处于社会主义的初级阶段。经济文化落后依然是我们的国情，现代化依然是我们未竟的事业。在当前由计划经济体制向市场经济体制转轨的过程中，西方社会现代化历程中出现的种种问题和矛盾，某种程度上又重新出现于中国社会中。这样，要达到成熟的社会主义，实现文明的协调发展，社会的全面进步，还必须走漫长的路。树立和增强社会全面进步意识，也就有着十分现实的历史语境。

当前，全党全国人民都在认真学习邓小平建设有中国特色社会主义理论。这一理论作为当代中国全面建设社会主义的根本方法论，其全面性、体系性应当引起我们高度的重视。我们要自觉树立和增强社会全面进步的意识，并以此来指导、规范社会主义现代化建设事业。就当前来说我们要特别注意反对和防止这样一些错误倾向。

比如只从对物质文明建设、经济建设所具有的促进作用中来强调精神文明建设、民主政治建设的重要性。从这种倾向出发，精神文明建设、民主政治建设始终只具有工具性意义，与物质文明建设、经济建设构不成统一的奋斗目标。这种倾向所代表的发展观，实质上是一种稍作修补的经济增长主义发展观，其物质主义、功利主义内涵是十分明显的。

比如过于强调社会片面发展的必然性，提出“先片面再全面”，全面发展是将来才能谈论的事情。在这种倾向看来，社会发展从片面而全面是一个普遍规律，我国社会发展中出现一些不协调方面，是必然的也是合理的，不必认真对待。这种倾向从根本上否定了人的价值活动与社会历史的同一性，否定了人在社会历史发展中的主体作用，把社会规律等同于自然规律。没有人的价值选择、追求与创造，没有人们将全面发展的取向落实于现实工作中，全面发展的社会是不会自动到来的。

比如把经济因素当作社会发展的唯一动力，搞“单打一”；比如把社会发展检验标准仅仅归结为国民生产总值甚至仅仅归结为货币拥有量，等等。这些错误倾向已经和正在给我们的社会主义现代化建设事业造成严重的危害。反对这些错误倾向，是我们树立和增强社会全面进步意识、推动社会全面进步事业的必要组成部分。

最近发表的《中共中央关于制定国民经济和社会发展“九五”计划和 2010 年远景目标的建议》说，今后十五年经济和社会发展必须贯彻的重要方针之一，就是“把物质文明和精神文明作为统一的奋斗目标，始终不渝地坚持两手抓、两手都要硬”；要“把社会全面发展放在重要战略地位，实现经济与社会相互协调和可持续发展”。我们的目标已经明确，我们的道路已经开辟。我们的社会主义现代化建设必将写下全面发展、全面进步的精彩篇章。而在这化理想为现实的艰难征途中，我们是必须也能够大有作为的。

[本文选自《浙江大学学报》(社会科学版)1995 年第 4 期]

[作者简介] 万斌，教授，浙江大学马克思主义学院博士生导师，系浙江大学马克思主义理论研究所第二任所长，曾任浙江省社科院院长、浙江省社科联副主席等职；郁建兴，哲学博士，曾任浙江大学马克思主义理论研究所教授、博士生导师，后任浙江大学党委书记、公共管理学院院长，现为浙江工商大学党委书记、校长。邮编：浙江 杭州 310018

坚持效率与公平兼顾,实现快速与健康并存
——兼论公平与效率的辩证关系

宇正香

公平与效率的关系问题,长期以来一直是人们讨论的热门话题。之所以久“热”而不衰,是因为它不仅是一个重要的理论问题,而且是一个重大的现实问题。公众对这一问题的看法如何,直接影响他对现实的分配制度的认同与接受程度,影响到他的劳动积极性;而政治家对这一问题的看法如何,则直接涉及到他的施政方案,涉及具体的收入分配制度。因此,求得对该问题的合理认识,意义非同一般。本文试图采用辩证唯物主义的分析方法,对具体问题进行具体分析,从宏观与微观的结合上阐述公平与效率之间的具体关系,不妥之处,敬请赐教。

一

在当今的学术界,关于公平与效率关系的论述很多。在众多的论述中,出现了两种截然不同的观点。一种观点认为,公平与效率之间是互相对立、互相排斥的,两者此消彼长,不可兼得;而另一种观点则认为,公平与效率之间相辅相成,互为条件,必须同时兼顾,缺不一可。

为什么对同一问题的看法会出现两种完全不同的结论?主要原因之一是人们对“公平”概念本身的认识存在着明显的差异。前者认为,公平主要是指结果平等,即缩小贫富差距,实现共同富裕。而后者则认为,公平主要是指起点平等,即机会和规则平等。对讨论客体本身的看法不同,必然导致产生不同的结论。

其实,不论是“共同富裕”的结果平等,还是“机会规则平等”的起点平等,都只是公平的一个部分。严格地讲,社会主义市场经济条件下的“公平”应有广义与狭义之分。狭义上的公平,是指分配结果的相对平等,即共同富裕。这是人们对公平最直观的和最普遍的理解。目前国人怨声较多的“分配不公”中的“公”字,即带有此种含义。在常见的“效率优先,兼顾公平”“在国民收入的初次分配中强调效率,在再分配中强调公平”“市场竞争机制解决效率问题,政府分配机制

解决公平问题”等表述中的“公平”一词,也都是指分配结果的相对平等。尤其是西方经济学者在谈到公平(平等)时,更是把它与收入分配的均等混为一谈,国际上普遍采用的计算和衡量收入平等的方法的洛伦茨曲线,就是以收入平均化为尺度的。广义上的公平,其外延比“共同富裕”要大得多。它不仅包含着分配结果的相对平等,而且包括起点的公平,“主要是指一定社会中人们之间利益和权利分配的合理化”。① 这种公平的内涵,至少包括这样三个方面:第一,在宪法和法律的范围内,人人拥有占有生产经营条件和就职、就业、就学等权利及谋求个人的生存和发展、获取物质和精神满足的机会,可统称为机会平等;第二,人人必须无条件地遵纪守法,平等地承担各种税赋及其他方面的社会义务,可统称为规则平等;第三,共同富裕的分配原则,即结果平等。以上三方面内容,是一个有机统一的整体,犹如三块基石,共同支撑起社会主义市场经济条件下“公平”的大厦,缺一不可。将公平简单地理解为共同富裕,片面追求公平至上,必然导致平均主义大锅饭的分配原则,这显然是不足取的;而将共同富裕排斥在公平之外,认为公平就是起点平等,更是不足取的。这种公平与资本主义的公平毫无二致,其结果必然违背社会主义的基本原则,导致两极分化。社会主义的公平应该是起点公平与结果公平的统一,是目标与手段的统一。

二

由于公平本身有广义与狭义之分,有起点公平与结果公平之别,因而它与效率的关系就不能一概而论,而应具体问题具体分析。

(一)结果的公平与效率之间的关系

就结果的公平而言,它与效率之间的关系在微观领域与宏观领域也各不相同,应进行具体的分析,不能笼统地下结论。

1. 从微观领域来看,结果的公平与效率一般是相互对立、此消彼长的关系

首先,结果的公平损害效率。在微观领域里,实行结果公平的分配原则,从根本上抹杀了劳动者在劳动实绩上的差别,使劳动者的劳动报酬与劳动贡献完全脱节,造成“干多干少一个样,干好干坏一个样,干与不干一个样”的平均主义结局,这无疑会严重挫伤那些干得多、干得好和认真干的劳动者的生产积极性、创造性和进取精神,助长懒汉思想,滋生怠惰之风。这势必会损害效率的提高。

① 顾海良,刘英骥.社会主义市场经济100题[M].北京:北京经济学院出版社,1993:6.

我国改革开放前的实践已充分证明了这一点。

其次,效率造成结果的不公平。在市场经济条件下,效率来自于竞争。竞争的力量是巨大的,它犹如一根无形的鞭子,不停地抽打着每一位商品生产者和经营者去奋力拼搏,以便在激烈的竞争中占有一席之地。正是由于这种激烈的竞争,才产生了经济的高效率,推动了整个社会经济的发展。然而,竞争的结果则是残酷无情的,优胜劣汰是不以人的意志为转移的客观规律。在竞争中获胜者自然得到较多的收入,而失败者的收入必然要减少。而且,竞争的初次成败对以后的竞争成败与否会产生重要的影响。很可能会出现胜者继续保持胜者优势收入越来越多的良性循环和败者无力回天收入越来越少的恶性循环。这两种循环一旦出现,会使得社会财富越来越向少数人手中集中,从而造成收入差距的扩大,甚至会出现两极分化。美国等资本主义国家经济发展的事实,也充分证明了这一点。

2. 从宏观领域来看,结果的公平与效率是相辅相成、相互促进的关系

首先,结果的公平为效率提供前提条件。在宏观领域内,一方面,只有分配结果的相对公平,才能维持社会劳动力的再生产,为市场竞争提供源源不断的产业后备军,为效率的提高提供必备的人力资源,从而使效率成为可能。另一方面,只有实现一定程度的结果公平,才能维护社会秩序,避免社会冲突,为经济高效运行提供稳定的社会环境。历史经验证明,没有一定程度的结果公平,要持久地维持社会秩序的稳定是不可能的。在一个秩序混乱的国家里,是无效率可言的。

其次,效率为结果的公平提供物质基础。在宏观领域里,实现结果公平的重要途径之一是社会保障制度,而国家的社会保障基金的主要来源是税收。要增加社会保障基金,必须增加税收。如何增加税收?供给学派的思想值得参考。他们认为,税收总额的提高有两个基本途径,一是提高税率,二是增加税基(即增加国民收入)。税率的提高有一个极限。拉弗曲线表明,在税率禁区内,税率每提高一个单位,国民收入相应地降低一个单位,从而税收也降低一个单位。因此,不能依靠无限制地提高税率来增加税收。在税率适度的前提下,增加税收的最好办法是增加税基。而税基的增加,依赖于各经济主体效率的提高。只有各经济主体效率不断提高,才能为社会提供更多的财富,使共同富裕成为现实。没有效率,共同富裕就会成为无源之水、无米之炊。

(二)起点的公平与效率之间的关系

就起点的公平而言,一般地讲,它与效率之间是相互统一、相互促进的关系。

1. 起点的公平必然促进效率

实践证明,效率的提高取决于生产过程中各要素的有机组合。而各要素中,

最根本、最重要、起决定作用的要素是人的要素。人的积极性、创造性和进取精神是一切效率的源泉。而这种积极性、创造性和进取精神,从根本上来说,来自于市场公平竞争机制。如果不能给劳动者以各种平等的权利和均等的机会,不能做到法律和规则面前人人平等,不仅会严重挫伤劳动者的积极性和创造性,而且还可能诱发社会的不稳定因素,损害经济效率。反过来说,只有给广大劳动者以各种平等的权利和均等的机会,只有真正实行法律面前人人平等,才能调动每一个劳动者的积极性和创造性,实现人力资源和物力资源的最佳配置,从而促进效率的提高。因此,起点的公平是效率的源泉和动力,任何不公平的机制必然造成对效率的破坏。

2. 效率有助于推动起点的公平

只有效率的不断提高,才能创造出更多的就职、就业、就学机会,为实现起点的公平提供物质条件。同时,只有效率的不断提高,为社会创造更为发达的物质文明,才能为推动人们遵纪守法、履行社会义务等精神文明创造条件。

当然,任何事物都是一分为二的。世界上没有绝对的是或绝对的非。不论是结果的公平还是起点的公平,它们与效率之间的关系都是有条件的。因为公平是一个历史概念。在不同的社会生产力发展水平下,在不同的经济体制中,公平与效率的关系也就不同。在存在商品生产和商品交换条件下,微观领域内的结果公平会损害效率,但在生产力极端落后的原始社会,结果的公平却会促进效率。因为在食物极其有限的条件下,硬要实行按劳分配,必然造成一部分人饿死,但人的生存本能决定人们是不会甘愿被饿死的,一旦人们为了生存的需要而进行厮杀和争斗时,效率也就无从谈起。同样,在市场经济条件下,起点的公平促进效率,而在我国原来的计划经济体制下,起点的公平却未必都能带来经济的高效率。例如我们原来的"两个岗位五个人站,两个人的活五个人干"的就业政策,带来了严重的人浮于事现象,是造成当时经济运行低效率的原因之一。

因此,对于公平与效率的关系,我们必须进行具体的历史的分析,不能不分青红皂白,妄做结论。

三

公平与效率问题,是古今中外任何一位统治者都无法回避的一大现实问题。但凡有所作为的政治家,对之无不予以高度重视。特别是在当代,如何处理公平与效率的关系问题,更成为每一位统治者的头等大事。它不仅关系到一个国家经济增长的速度,而且关系到经济增长的质量,关系到人心的向背、社会的稳定,关系到社会制度的性质。

我国作为一个社会主义国家，更应该认真处理好公平与效率之间的关系，既不可顾此失彼，也不可厚此薄彼。实践证明，顾此失彼的结果，往往会导致此彼皆失。因为没有效率的公平，只能助长懒汉作风，导致共同贫穷，最终也不能真正实现社会公平；而没有公平的效率，则会产生贫富悬殊，造成两极分化，最终也会反过来损害效率。而厚此薄彼的结果，往往也会造成此彼皆薄。“效率优先，兼顾公平”或“公平优先，兼顾效率”之说，从总体上来看都有不妥之处。前者容易导致降低社会主义市场经济的最终目标，将社会主义市场经济混同于资本主义市场经济，最终会导致危害效率；后者则容易造成新的平均主义大锅饭现象，降低经济的效率，最终会导致损害公平。

事实上，“效率优先，兼顾公平”和“公平优先，兼顾效率”的消极作用，已逐渐在我国暴露出来。一方面，在市场竞争激烈的地方，特别是在一些“三资”企业和乡镇企业中，出现了许多与社会主义制度根本不相容的不公平现象，如对工人生病、受伤没有必要的保障措施，大量使用童工，绝对延长工人的劳动时间，等等。这些现象虽不具普遍性，但也绝不是极个别现象。公众舆论对之呼吁不断，但至今仍没得到合理解决。究其原因，主要是一些主管部门坚持“效率优先，兼顾公平”的指导思想，认为效率是第一位的，公平是第二位的，公平必须服从效率。在目前注重效率的时期，只能牺牲或部分牺牲某些公平了。另一方面，在国有大中型企业中，在国家机关里，在公办学校等单位中，平均主义大锅饭现象，论资排辈现象，办事扯皮拖拉低效率现象仍较普遍。改革的口号喊了一年又一年，改革的措施出了一台又一台，但问题并没得到根本的解决，改革的步子迈得十分艰难。原因固然很多，但主要原因之一是有些主管部门认为社会主义应坚持“公平优先，兼顾效率”的原则，认为在社会主义性质的企业和部门中，应坚持公平第一，效率第二，效率服从公平。于是，为了保证社会主义公平，就不得不在一定程度上牺牲效率。

在公平与效率的关系问题上，我们要坚持两者的统一。要按照江泽民同志在十四大报告中所强调的那样，“兼顾效率与公平”。要坚持在提高效率的前提下保障公平，在实现公平的基础上促进效率。这是社会主义市场经济发展的内在要求，是社会主义制度优越性的本质体现。

如何才能兼顾公平与效率，实现两者的有机统一？由于公平本身有结果公平与起点公平之分，而结果公平与效率的关系在微观领域和宏观领域又截然不同，因此处理两者关系也应分别不同层次，采取不同的措施。

（一）就结果的公平与效率而言，在微观领域与宏观领域应分别不同情况，区别对待

1. 在微观领域里，由于结果的公平与效率基本是相互矛盾的关系，往往是鱼与熊掌不可兼得，因此，两者必取其一。那么，我们到底是要效率还是要公平？新中国成立后30多年的教训告诉我们，在微观领域里，在国民收入的初次分配中，必须坚持效率原则。“如果不管贡献大小、技术高低、能力强弱、劳动轻重，工资都是四五十块钱，表面上看来大家都是平等的，但实际上是不符合按劳分配原则的，这怎么能调动人们的积极性。”[①]劳动者的积极性调动不起来，生产力就得不到一定的发展，结果的公平只能是共同贫穷，这是人们所不愿接受的。要贯彻效率原则，必须从根本上破除平均主义大锅饭的分配制度，真正实行按劳分配原则，实行多劳多得，奖罚分明。同时，要允许一部分人通过辛勤劳动和合法经营先富起来，要保护他们的合法收入，允许差别存在。在现阶段，在微观领域中，既要实现高效率，又要不出现收入的差别，是不切合实际的。

2. 在宏观领域里，由于结果公平与效率是相互促进的关系，因此在国民收入的再分配中，必须坚持公平原则，以弥补按效率原则进行初次分配所造成的贫富悬殊的局限，逐步实现共同富裕。要贯彻公平原则，缩小贫富差距，方法措施很多，从我国目前的实际情况来看，主要应该从以下三个方面入手。

首先，坚决取缔非法收入。实行改革开放，特别是确立社会主义市场经济体制目标以来，由于我们对市场经济在认识上不充分，在管理上制度不健全，措施不得力，造成了令公众切齿痛恨的非法收入的出现。从新闻媒体披露的消息来看，非法收入的渠道很多，既有钻制度不健全的空子投机倒把、倒买倒卖的，也有坑蒙拐骗、偷税漏税的；既有借工作之便贪污受贿、敲诈勒索群众的，也有盗窃抢劫公私财产的……非法收入的危害十分严重，“如果我们党不严重注意，不坚决刹住这股风，那么，我们的党和国家确实要发生会不会‘改变面貌’的问题，这不是危言耸听”[②]。为此，必须加强法制建设，规范市场管理，堵塞各种漏洞，打击各种经济犯罪，从根本上取缔非法收入。

其次，适当限制过高收入。这里所说的过高收入，是指通过诚实劳动和合法经营带来的高收入，例如重大发明者或特殊贡献者获得的高收入；承包人、承租人、私营企业主及个体劳动者通过合法经营获得的高收入；由于落实政策而获得的高收入；由于接受巨额遗产或馈赠而得到的高收入等等。这类收入是合法的收入，应该受到法律保护。但目前这类收入数额过大，与普通劳动者的收入过于

---

① 邓小平文选：第2卷[M]. 北京：人民出版社，1994：30-31.

② 邓小平文选：第2卷[M]. 北京：人民出版社，1994：403.

悬殊，有的相差数百倍甚至千倍，已引起了社会的普遍不满，如果不对之进行适当的限制必然会导致两极分化，造成社会的不安定，因此，“对一部分先富裕起来的个人，也要有一些限制，例如征收所得税”[①]。有些市场经济搞得比较成功的国家的经验证明，对个人收入征收超额累进所得税是缩小贫富差距的有力杠杆。人们的收入越多，交纳所得税的比例就越高，这样就使个人的收入积聚受到较大的限制。我国虽然已经制定了有关法律，但有法不依、执法不严、违法不究的问题始终存在，逃税现象比较严重，使得某些人的财富急剧膨胀，对此，必须引起足够的重视，进行适当的限制。税收调节，还应该包括征收赠予税和遗产税，避免少数人由于接受赠予和遗产而获得过高的收入。

再次，切实帮助过低收入者。由于自然的、地理的、历史的、生理的和社会的种种原因，即便是在社会主义国家，任何时期都会存在一部分过低收入者。对于这部分人，国家应该发挥宏观管理经济的职能，从各方面给予必要的帮助，使之能够获得最基本的生活保障。从我国目前的情况来看，应努力做好以下几方面的工作。

第一，必须迅速建立完善的社会保障制度。市场经济条件下，社会保障制度是确保宏观领域里公平的重要手段之一。我国原有的社会保障制度政出多门，管理分散，保障的范围狭窄，覆盖面小，与社会公平的原则相差甚远，因此必须进行改革，建立与社会主义市场经济相适应的新型的社会保障制度。新的社会保障制度应该包括社会救济、社会保险、社会福利和社会优抚四个方面，使过低收入者能够得到基本的生活保障。最近大连市根据当地的实际情况推出的“生活最低标准线”补贴制度，就是一项重大举措。但目前实行类似措施的地方并不多，致使有少数过低收入者的基本生活得不到保障，这违背了社会主义的基本原则，不利于社会的长治久安。当然，社会保障必须与生产力发展水平相适应，必须保持一个适当的度。从瑞典等国的社会保障制度来看，保障过度，可能会滋长懒惰之风，导致效率下降。

第二，扩大就业门路，增加就业机会。就业机会偏少，劳动力需求不足，必然会造成某些人由于失业而带来的贫困。扩大就业门路，增加就业机会，即使个人收入不高，由于家庭中参加工作的成员增加，平均收入也会随之提高。只要能不断地创造出就业机会，就能使贫困程度得到一定的改善。

第三，加强教育事业，增加教育投入。在市场竞争中，能力与财富成正比例关系，极而言之，能力＝财富。而能力的获取，来自于后天的教育（当然并不排除先天的智力因素，但潜在的智力如果没有后天的教育去开发，也不能直接转化为

① 邓小平文选：第3卷[M].北京：人民出版社，1993：111.

现实的能力)。因此，要改变低收入者的贫穷状况，有效途径之一是让他们接受更多的教育，使他们具备从事多种职业、特别是高收入职业的能力。但是，接受教育是要花钱的，穷人往往花不起钱。因此，从长远来看，国家应该花大力气对未成年人实行义务教育，使人人不分贫富都享受均等的受教育机会，为缩小其成年后可能产生的贫富悬殊差距奠定基础。但从我国目前的教育状况来看，实在令人担忧。广大老少边穷地区贫困家庭的孩子因经济困难而上不起学的，不计其数。“希望工程”虽然在一定程度上起了缓解作用，但因其不具备强制性和广泛性而显得杯水车薪。我们必须真正贯彻落实《中华人民共和国义务教育法》，确保基础教育的“义务”性，“再穷，不能穷了教育；再苦，不能苦了孩子”。切不可借义务之名，行牟利之实，剥夺贫困孩子受教育的权利，为以后可能产生的贫富悬殊埋下隐患。

(二)就起点的公平与效率而言，由于起点的公平与效率之间是相互促进的关系，因此我们在坚持效率的同时，应该不断地创造条件，促进和完善公平制度建设

就我国目前的情况来看，要做的工作很多，但目前至少要重点抓以下两方面的工作。

首先，要加快各项公平制度建设，建立起点公平的基本条件。除了要大力发展和普及基础教育、加强职业培训外，重点是要通过改革原来的户籍管理制度、劳动用工制度、干部人事制度，破除各种不公平的身份制，为全体公民提供平等竞争的机会。

其次，要建立和健全社会主义的法律体系，特别是社会主义市场经济的法律体系，严格规范各类市场主体及其行为，采取法律手段，打破各类封锁和非法垄断，禁止欺行霸市等各种不正当竞争，真正做到法律面前人人平等，确保每一个市场参与者的起点平等。

四

文章写到这里，似乎应该结束了，但却有犹言未尽之感。关于公平问题，还想再说两句。公平不仅是一个历史的概念(不同的社会有不同的公平观)，而且还是一个相对的概念。世界上没有什么绝对的公平，不管是起点的公平还是结果的公平，都是相对的。

缩小贫富差距，实现共同富裕——结果平等的分配原则，从社会主义的根本目标来看，从社会人道主义的角度来看，是公平的原则，因为人来到这个世界上

本来都是平等的，都有生存、发展和享受的权利，社会主义的基本任务就是要保障人民的基本权利。但从等量劳动获得等量报酬的角度看，则不公平。那些劳动贡献小甚至没有贡献的人无偿地占有了贡献多的人的劳动成果，这显然不够公平。按劳分配——规则平等的分配原则，以同一个尺度去对待每一个人，应该是最公平的了，但是，由于每个人的体力和智力存在着明显的差异，结果得到的收入便明显不同。即使两个人的体力和智力完全相同，贡献完全相等，但由于他们各自承担的家庭人口的数量和年龄结构及自身状况等不同，实际生活水平也会出现明显的差距。故形式上的平等掩盖着事实上的不平等。同样的道理，机会平等也只是相对的公平。由于每个人的家庭背景和受教育的程度不同，"尽管在赚取收入上有相同的选择权利，不平等的收入却会自然地出现"，"父亲的富裕或贫困会降临到儿子头上"。① 尽管儿子们在表面上是在同一起跑线上进行竞争，但实际的差距早就拉开了。我国"文革"后的高考制度与"文革"中的推荐制相比，是十分公平的制度，因为在这种制度下，人人都有参加高考、接受高等教育的机会。但是，由于不少贫困地区的农村孩子"投胎失误"，从小就被剥夺了受教育的权利，因而这个机会对他来说完全是空的。

既然公平是相对的，那么我们在实践中就要坚持辩证唯物主义的观点，坚持从实际出发，切莫追求至高无上的纯而又纯的理想化的公平，切莫重犯空想社会主义者的错误。衡量社会分配的公平与否，关键看这种分配制度是不是代表着绝大多数人的利益，是否有利于人民生活水平的普遍提高，是否有利于社会的稳定和进步。不管是过去、现在还是将来，绝对均等是不可能的，也是没有必要的。在允许存在适当差别的前提下，使人民的物质文化生活水平得到普遍提高，实现共同富裕，才是我们社会主义的公平分配原则。

［本文选自《浙江大学学报》（社会科学版）1995 年第 6 期］

［作者简介］ 宇正香，浙江大学马克思主义理论研究所副教授，曾任研究所学术秘书，主要从事政治经济学、经济伦理学和中国特色社会主义理论体系理论研究。邮编：浙江 杭州 310058

① 阿瑟奥肯．平等与效率重大抉择［M］．王奔洲，等译．北京：华夏出版社，1987：66．

哲学人格思想的历史转向

——从康德到舍勒

余潇枫

一、苏格拉底：哲学人格问题的缘起

苏格拉底是"人的哲学"的开创者，也是用理论和生命去获证独立人格的哲学第一人。

公元前339年，古希腊哲学家苏格拉底被控犯有传播异说、毒害青年的罪行，并被民主派当权的雅典法庭判以死刑。令人钦佩的是，苏格拉底在法庭上从容答辩，坦然地把人的价值置于一切之上。苏格拉底如是说道："雅典人，我忠于你们，我爱你们，但是我更要服从的不是你们而是神，只要一息尚存，只要还有力气，我就不会停止发表哲学的议论，不会停止劝说和说服你们当中的每一个人……"[①]"朋友们，困难的不是避免死亡，而是避免正义。……一个优秀的人是不会去行不义的，不论在生前，还是在死后。"[②]更令人震惊的是，当法庭在舆论的压力下有所悔悟，继而判处了诬告苏格拉底的人以死刑和流放，并给予苏格拉底从牢狱中自由出走的机会时，苏格拉底却坚持自己的信仰，拒绝逃跑，在狱中继续宣传他的"人的哲学"，直至最后冷静地喝干了那碗毒芹汁。

黑格尔称苏格拉底"以他的人格与雅典人民的精神发生联系"，是一位"具有世界意义的人物"。[③] 石里克认为苏格拉底肇始了哲学工作追问和澄清生活意义的"典范形式"。的确，苏格拉底作为古希腊的哲学大师，他把哲学从天国带到尘世，"他把人对'命运'的执著引向心灵反观中的'境界'追求"，[④]他是导致古希腊的哲学运思从追寻宇宙生成转向认定人的价值取向、从自然哲学转向人的哲学的被称为实现第一次哲学革命的人。苏格拉底不惜以自己的生命，去维护自己的信仰和人格的尊严，这完全符合他所追求和传播的真理逻辑，他的死昭示着

---

① 苗力田.古希腊哲学[M].北京：中国人民大学出版社，1989：206.

② 北京大学哲学系外国哲学史教研室编译.古希腊罗马哲学[M].北京：商务印书馆，1961：32.

③ 黑格尔.哲学史讲演录：第2卷[M].贺麟，王太庆，等译.北京：商务印书馆，1995：90，39.

④ 黄克剑.从"命运"到"境界"——苏格拉底前后古希腊哲学命意辨正[J].哲学研究，1996(2).

这样一个道理:体现人的尊严的人格高于人的自然生命!为此,马克思称赞苏格拉底是“哲学的化身”,并称赞他不是作为“神的形象,而是作为人的形象的代表者”。①

海德格尔说过,当人面临死亡时,能呈现出其最本真的生存方式的状态,而只有认识到自己的死,真正的存在才成为可能。那么苏格拉底的人格在死神面前呈现的是人的“面具”还是人的“真实”?由苏格拉底之死还引发出人们的种种思考:苏格拉底到底为何而死?苏格拉底呈现的是何种人格精神?进一步追问:人格是什么?人格与人的尊严、人的价值、人的形象、人的生存的意义有何联系?没有人格还是否算人?人置身于其中的世界是怎样的一个“人格”世界?未来社会的人将应具有何种“人格”,社会才成其为社会?这恰是苏格拉底之人格给后世的启迪意义。

二、康德:独立人格的理性判据

康德是继英国工业革命和法国政治革命之后德国哲学革命的开启者,也是最早从哲学上对独立人格进行全面阐述的哲学家。他的“哥白尼式的革命”不仅使哲学从本体论转向了认识论,而且还使哲学的“自我意识”转向了“人格意识”。康德在法国大革命争取人的独立和自由,争取人的平等权利的过程中,看到了人格独立对于人的自由和人的本质实现的意义。而且,康德认为人格独立并不是上帝的赐予,而是靠人的理性的自觉!为此,康德在《实践理性批判》中对独立人格作为人之为人的价值规定,即作为人的自为的存在状态是否可能、如何可能进行了阐述,并把独立人格问题看作“最高伦理学”的研究对象。

独立人格是否可能?康德在回答这一问题时首先从人的存在特性上作了论证。康德不否认人是一种具有双重性质的存在物,即人既是感性世界的存在物又是理性世界的存在物,但康德强调理性并且只有理性才是人之为人的、而且是人的存在与动物的存在相区别的唯一标准。康德指出:“人类还不是彻头彻尾的一个动物……人所具有的理性还有一个较高的用途,那就是,它不但也要考虑本身为善或为恶的东西,而且还要把这种善恶评价从祸福考虑完全分开,而把前者作为后者的最高条件。”②在康德那里,理性作为人之为人的根本。那么人格是什么呢?人格与理性又有何关系呢?在康德看来,人格不是别的,人格就是人的理性崇高性的现实体现。康德认为人格“只能是使人类超越自己(作为感性世界

---

① 转引自约瑟夫·托曼.探索幸福的人——苏格拉底传[M].许宏治,等译.北京:生活·读书·新知三联书店,1987:724.

② 康德.实践理性批判[M].关文运,译.北京:商务印书馆,1960:62-63.

的一部分)的那种东西,只能是把他同唯有悟性才能加以思维的一个(较高)事物秩序结合起来的那种东西",也就是"摆脱了全部自然机械作用的自由和独立"的那种东西,而"这种东西不是别的,就是人格"。①

康德在后来的理论发展中对人格的内涵和理论作了更加全面的阐发。康德着力于把人格看成智力的机能、情感的机能和意志的机能的整合,看成真善美的统一体;特别是他一贯主张把自由和独立看成人格的根本特征,并始终把独立人格建立在"人是目的"这一人的存在的根本前提之上。康德强调人是目的的绝对价值性存在,这意味着人格的独立应超越于一切价值之上,人格的尊严应该是无价的。既然人格是神圣性和崇高性的现实体现,那么应通过哪些理性的评判标准去确定、认可和促成人格的独立? 为此,康德提出了关于独立人格的三大理性判据。

理性判据之一:精神自由。康德认为:自由是整个纯粹理性的"拱心石"。康德所说的自由是指理性的自由或精神的自由,因此康德把自由范畴与自然范畴相区分,他认为自由是一个原因性的理性概念,它关联着人的自由意志的决定,它可以在"超感性界那里大肆驰骋"。康德强调:"唯有自由概念,才允许我们不必舍己外求,就能给'受制约者'和'属感性者'发现出'无制约者'和'属理性者'。因为正是我们的理性自己借着最高的不受制约的法则,通过那自觉到这个法则的存在者(即我们的人格),认识到自己是属于纯粹理性世界,并且甚至还决定了它作为那样一种存在者所能够发生行为的方式。"②康德接下去给出的论断是:自由是全部道德法则和有关责任所必然依托的基础,自由如没有摆脱经验成分的独立性,则道德法则便不可能成立,独立人格也便无从谈起。这就正如黑格尔说的那样:"只要人的自由没有受到尊重,他就不承担任何义务。"③

理性判据之二:意志自律。独立人格是人的自由精神的现实,是受意志支配的理性"实体"。这一"实体"是否在所有的主体中存在并且有效,则取决于主体的意志能否自律。康德在把精神自由看作人格独立之前提的同时,更把意志自律看作人格独立的最根本的体现。康德认为:"纯粹实践理性的最高形式原理就是意志的自律原理。"④"意志的自律是一切道德法则所依据的唯一原理,是与这些法则相符合的义务所依据的唯一原理""道德法则不表示别的,只表示纯粹理性的自律,也即表示自由的自律。"⑤

① 康德.实践理性批判[M].关文运,译.北京:商务印书馆,1960:88-89.

② 康德.实践理性批判[M].关文运,译.北京:商务印书馆,1960:107.

③ 黑格尔.哲学史讲演录:第4卷[M].贺麟,王太庆,等译.北京:商务印书馆,1960:290.

④ 康德.实践理性批判[M].关文运,译.北京:商务印书馆,1960:40.

⑤ 康德.实践理性批判[M].关文运,译.北京:商务印书馆,1960:33-34.

理性判据之三：良心自觉。良心的本来含义是“共知、同知、良知”(拉丁文是conscientia，英文是conscience)，人们一般把它看作“道德意识”或“善的伦理意识”，即是向善、求善和至善的代名词。康德认为良心是作为理性存在的人本来就具有的东西，它就是人的善良意志、义务意识、内心法则，就是人对普遍道德律的绝对尊重。康德认为最能体现人的良心的是人的职责感和义务心，这就是：本于职责而不是合于职责；本于义务而不是合于义务。所谓本于职责就是本于人的内在的道德法则。康德把合于职责和本于职责区分开来，并指出：只有“行为的成立必须本于职责，本于对法则的敬重，而不本于对行为效果所有的喜爱和偏好”；“这样，行为的全部道德性才有了着落”。[①] 可见，在康德看来，本于职责的实质是意志自律的体现，而这又是“依据在人格上面的”，我们“只有借这个人格才可以成为自在的目的”；也正因为如此，“这个令人肃然起敬的‘人格’观念”，才使我们发现人的天性的“崇高性”。[②] 所谓本于义务就是做应该做的，就是执行“绝对命令”，而合于义务则是按与义务相一致的标准去行事。康德认为本于义务体现的是“善的意志”、独立人格的精神，是道德的，合于义务则不是。可见，康德的“义务”观，不仅与任何爱好、愿望、效果无关，而且还正是在与它们的对峙和冲突中，才显示出道德伦理的崇高本质。

可见，康德提出了一个与经验论和唯理论不同的自由独立的道德人格观，并且康德的人格建构重视人的理性自觉，实现了伦理学的重大突破。但康德一方面认为标志着独立的人格意识的纯粹道德性是人的“本性”，另一方面又承认追求幸福也是人的“本性”，当两种“本性”必须在现实世界中统一时，就出现了幸福与德行的二律背反，从而带来了难以克服的理论矛盾。

如果把康德的观点放到当时的历史背景中看，就不难发现其实康德的思想正是法国思想的“德国版”。卢梭在《社会契约论》中曾指出：“人由于社会契约失去的是他的天然的自由……无限制的权利；他所获得的是公民自由”；“只有这种自由才能使人成为自己的主人；因为单纯欲望的冲动乃是奴役，服从自己制定的法律才是自由。”[③]康德正是在法国政治革命的背景下，接受了卢梭提出的意志本身是自由的观点，从而建立其道德律令的。黑格尔如是评价说，康德“让思维自由地在头脑内部进行活动”是对法国精神的“理论上的发挥”。[④] 马克思针对康德的伦理学，指出其“只谈善的意志，哪怕这个善良意志毫无效果他也心安理

① 康德.实践理性批判[M].关文运，译.北京：商务印书馆，1960：83.
② 康德.实践理性批判[M].关文运，译.北京：商务印书馆，1960：86.
③ 卢梭.社会契约论：第1卷[M].何兆武，译.北京：商务印书馆，1986，56.
④ 黑格尔.哲学史讲演录：第4卷[M].贺麟，王太庆，等译.北京：商务印书馆，1960：257.

得。……康德的这个善良意志完全符合德国市民的软弱、受压迫和贫乏的状况"。[①] 但马克思在康德的纯粹形式中毕竟看出了其具有实质性的内容，这就是康德把法兰西思想"德国化"，通过哲学革命来体现法国的政治革命，而18世纪末德国的状况完全反映在康德的《实践理性批判》中。可以说，康德思想的独特魅力就在于他在哲学的形式上实现了苏格拉底曾用生命的代价去瞩望、期盼的人格"独立"。

三、舍勒：人格行动与人格价值

舍勒比康德晚生50年，但舍勒创建以"人格—价值"学说为核心的"人的现象学"，同样开创了哲学人格研究的又一新时代。

舍勒认为人是一种整体性的存在，是行动着的某种"统一体"，这种作为"统一体"的存在就是人格。人格问题也就是人的整体存在的问题，而这才是哲学的真正问题。舍勒在《论人的理念》一文中指出："按照某种理解，哲学的所有核心问题均可归结为这样一个问题：人是什么？人在存在、世界和神的整体中占据何种形而上学的位置？"[②]然而，舍勒认为人是一种难以定义且不易定位的存在。"在某些时代人微笑着故意自称动物，在另一个时代人误以为自己即是上帝……人是如此的浩淼无垠、五彩缤纷、形形色色，以致所有的定义都不免言不达意。人真是千端万绪、扑朔迷离！"[③]在舍勒看来，人虽难以定义，但通过人格恰恰可以把握人的价值特质，因此，人格具有某种绝对的"优先性"，人格的研究也就是真正的人的研究。而在人格这一问题上要弄清楚的"最重要的还是在于要确立我们人要作为一个人时，到底为了什么或我们凭什么而能真的自认为是人且能（或更正确讲是且该）被看成为一个人"[④]。

舍勒的人格哲学理论的主要内容均奠基在对康德伦理学批判的基础之上。舍勒在他的成名著《伦理学中的形式主义及实质价值伦理学——一种伦理的人格主义之基础的新探讨》一书中对康德的人格思想进行了研析、批评、质疑和创造性的转换。首先，舍勒对康德的伦理人格学说进行了从"形式"(formal)到"实质"(material)的转换。舍勒认同康德对快乐主义、幸福主义、功利主义及道德情感主义的批判，但舍勒认为康德用建立在普遍客观有效性上的道德律令的纯粹形式去批判，结果能告诉人们的只是"你应该这样做，乃因为你应该这样做！"舍

① 转引自李泽厚.批判哲学的批判[M].北京：人民出版社，1984：317.

② 舍勒.爱的秩序[M].林克，译.北京：生活·读书·新知三联书店，1995：183.

③ 舍勒.爱的秩序[M].林克，译.北京：生活·读书·新知三联书店，1995：186.

④ 江日新.马克斯·舍勒[M].台北：台湾东大图书公司，1990：210.

勒提出应存在一种"实质的伦理学",伦理价值的认知应就在我们当下直观经验所给予的"质料"时得到,直观到的善与恶实际就是"实质的价值"。为此,舍勒批评康德的"纯粹善意志",只能使得人的价值要以意志的价值来肯定,而不是意志的价值由人的价值来肯定。其次,舍勒把康德的人格依托从"理性"的视域转向"精神"的视域。舍勒指出:康德的理性预设是康德自律性人格思想的核心,但这种预设是一种干枯的先验的意愿而已,而与自然相联系的精神才体现着实践智慧的生命存在,或者说精神乃是"所有一切行动、意向性及意义实现之本质所具有的那种东西"。[①] 再次是舍勒把康德的"道德先验"转向为"情感先验"。舍勒强调,人的认识活动除了概念的形式建构之外,也可以在具体的世界中直接地经由纯粹经验认知予以本质把握,也就是说,在人活生生的情绪中亦存在着先天的存在结构。

在以上三项转换基础上舍勒提出了自己的"人格—价值"思想。舍勒指出,"质料"实际上只是价值物(价值的担负者)而不是"价值"!"价值"乃是一种具有客观永恒及不变特性的"理想对象",它只在"质料"中才能成为"实在的"。这样,价值与事物之间有一个"担负"关系,事物的价值性质在其担负者质料改变时不会改变,就像在友人背叛了我们时,友情的价值仍然不变一样。如果一旦把价值与价值物分开,价值就确立了其内在的结构和其绝对存在的客观性。由此,舍勒构造了评判善恶的"价值公设",并把人格和价值联系起来考察,提出人格就是那种先于且独立于所有个别运动而担负着实质的"善"与"恶"的价值者。从"担负者"与"价值"的关系来看,"'善'与'恶'就是人格的价值";"善恶价值的担负者根本上就是人格,道德价值就是人格价值"。[②]

在人格与行动的关系上,康德认为人格的价值就是在于他能自己为自己立法并让自己在这些法律的制约下行动。舍勒则认为"行动"更是优先的,有行动才有人格的价值。也就是说人格行动(意向性活动)具有先天的效力。舍勒强调:"人格价值"的存在取决于"人格"的自我实现的行动,当人格在行动中实现了积极的价值或消除了消极的价值,那么这种人格所担负的价值便是"善"的价值;相反,当人格行动去助成负价值的实现,那么人格价值就呈现为"恶"的价值了。

恩格斯指出:"任何哲学只不过是在思想上反映出来的时代内容。"[③]舍勒的人格价值学说所反映的人的状况与康德的时代有较大的不同。康德在法国大革命的争取人的独立和自由、争取人的平等的权利中,看到了人格独立对于人的自

① 江日新.马克斯·舍勒[M].台北:台湾东大图书公司,1990:163.
② 江日新.马克斯·舍勒[M].台北:台湾东大图书公司,1990:135,161.
③ 马克思恩格斯全集:第41卷[M].北京:人民出版社,1982:711.

由和人的本质实现的意义，并通过其理性的构造，为独立人格提供了哲学的理性判据。但康德在为独立人格所提供的普遍客观有效的依据中，并没有真正解决人的理性本质与人的感性本质之间的矛盾，并没有找到一条在人的现实生活世界中实现其独立人格的有效途径。舍勒看到了康德的问题，他从人的生命与精神的统一、行动与价值的统一中探求人格与人格价值的真理，超越了康德的形式主义伦理学的界域。舍勒的理论活动说明了人的历史发展已经进入了一个新的时代，脱离了封建社会依附人格状态的人，在工业社会中获得"以物为依赖关系"的独立人格形态后需要有新的理论解释。而舍勒的人格—价值学说正是以"完整人"为标志，运用现象学哲学的方法，针对 19 世纪末至 20 世纪初制度专制和技术压迫造成人的异化现实而展开的一种认识与批判。舍勒把人格定位在行动现象学的基础之上，以价值来表现人格的结构和意义，并把人认作"道德生物"和"爱的生物"，使人格与价值直接关联，把人格看作人格价值的担负者即道德价值担负者。舍勒的人格—价值学说不仅体现了当代哲学抛弃形而上学、直接面向人的问题的主流，而且超越了传统伦理学与心理学对人格的一般规定，恢复了人在世界中的本体论地位。哈贝马斯在评价舍勒时说："现象学在人类学化的过程中获得了其广度，在本体论化的过程中获得了其深度，并通过两条途径而吸取了生存主义的现时性。"①

当然，舍勒的人格理论仍存有许多缺失。主要是舍勒的人格理论带有某种宗教的情绪，并且存有某种唯心论的成分。尽管舍勒反对在纯理性的范畴内研究人，提倡把人看作完整的人并放在与外在自然、社会、历史、神的关系中来讨论人的内在特性，但舍勒并没有抓住人格的社会特质即人格的社会历史规定性，结果他从"完整人"出发，得到的是片面人；从科学的视野出发，得到的是"思辨人"；从"具体人"出发，得到的是"抽象人"。② 马克思指出："人格的本质不是胡子、血液、抽象的肉体的本性，而是人的社会特质。"③这说明，人格的本质只能从社会中才能获得其合理的规定，因为单纯有生命的个体只是生物个体，作为人也只是一个无规定性的存在，他的一切人的规定都只能取自社会。社会作为人的类本质的实存形式，它所经历的历史发展过程，必然是与人格的生成发展过程相适应的。

从独立人格的历史进程和上述人格思想的历史转向的理论分析表明，人格独立是人的历史发展的跃进，与人格独立历史进程相应的体现社会普遍性的个

---

① 哈贝马斯. 后形而上学思想[M]. 曹卫东，付德根，译. 南京：译林出版社，2001：12.

② 欧阳光伟. 现代哲学人类学[M]. 沈阳：辽宁人民出版社，1986：255.

③ 马克思恩格斯全集：第 1 卷[M]. 北京：人民出版社，2002：270.

体化人格范型则是对人的历史发展进入新时代的理论提升。从康德的理性自觉到舍勒的人格行动的价值实现,揭示出这样一条真理:作为人之为人标志的独立人格必须以人的自我意识自觉为前提,并在社会行动中才能获得社会的历史规定,从而实现人追求为人的社会价值。

[本文选自《浙江大学学报》(社会科学版)1997 年第 1 期]

[作者简介] 余潇枫,哲学博士,浙江大学公共管理学院教授,博士生导师。曾任浙江大学马克思主义理论研究所党总支书记,现为浙江大学非传统安全研究中心主任。邮编:浙江 杭州 310058

发展性咨询:学校心理咨询的基本模式

马建青

大力开展学校心理咨询(也称学校心理辅导)已成为目前我国学校教育的热点之一。学校心理咨询基本模式的确立是我国学校心理咨询发展过程中一个重要的理论问题,这一问题可表述为学校心理咨询应以障碍性咨询为主还是发展性咨询为主,抑或两者并重。由于对此问题的不同看法,及由此而导致的咨询模式和理论、咨询人员和对象、咨询途径和方法等方面的不同,必将最终影响到心理咨询在学校中的地位、作用和存在的意义,影响其发展方向、规模和前景,并将深刻地影响到学校的教育。

基于学校和学生的特点,培养目标的要求,以及目前我国学校心理咨询的现状和国内外学校心理咨询的发展趋势,笔者认为,发展性咨询应成为我国学校心理咨询的基本模式。

一、发展性咨询的涵义及其理论基础

心理咨询是通过语言、文字等媒介,给咨询对象以心理帮助、启发和教育的过程。通过心理咨询,可以使咨询对象的认识、情感和态度有所变化,解决其在学习、工作、生活、健康等方面出现的心理问题,从而更好地适应环境,保持身心健康。心理咨询是运用心理科学的理论和方法,通过解决咨询对象的心理问题(包括发展性心理问题和障碍性心理问题),来维护和增进身心健康,促进个性发展和潜能开发的过程。

心理咨询通常有两种模式,即障碍性咨询模式和发展性咨询模式。前者指为各种有障碍性心理问题的咨询对象提供心理援助、支持、干预、治疗,以消除咨询对象的心理障碍,促进其心理朝着健康方向发展。这里所指的障碍性心理问题,包括各种神经症(如抑郁症、焦虑症、强迫症、恐惧症、神经衰弱、疑病症等)、早期精神病、严重的情绪危机及其他精神疾患。发展性咨询模式指根据个体身心发展的一般规律和特点,帮助不同年龄阶段的个体尽可能地圆满完成各自的心理发展课题,妥善地解决心理矛盾,更好地认识自己和社会,开发潜能,促进个性的发展和人格的完善。

发展性咨询的早期代表人物之一布洛克尔(D. Blocker)在《发展性咨询》一

书中曾指出，发展性咨询关心的是正常个体在不同发展阶段的任务和应对策略，尤其重视智力、潜能的开发和各种经验的运用，以及各种心理冲突和危机的早期预防和干预，以便帮助个体顺利完成不同发展阶段的任务。[①] 国际心理学联合会 1984 年在美国出版的《心理学百科全书》也指出，咨询心理学强调发展的模式。[②] 所谓发展的模式，即心理咨询的目的在于努力帮助咨询对象扫除正常成长过程中的障碍，而得到充分的发展。在发展性咨询模式看来，咨询对象是那些在应付日常生活中的压力和任务方面需要帮助的正常人，咨询工作者的任务就是要使咨询对象学会应付的策略和有效的行为，最大程度地发挥他们原已存在的能力，或形成更强的适应能力。为此，车文博主编的《心理咨询百科全书》提出了发展性咨询的四项功能：一是激励咨询对象调整解决自身心理问题的能力结构，只有从信念和动力结构方面树立起咨询对象的主体意识，从总体上培养其健康的人格结构，才能从根本上解决心理问题；二是帮助咨询对象纠正对自身内部心理状态以及对外部社会环境的不恰当认知，这是解决心理问题的一个关键因素；三是为咨询对象实现更高的人生目标设计和提供最佳行为策略；四是通过心理健康教育，指导个体预防潜在的心理问题等。[③]

发展性咨询的提出是学校心理咨询发展的结果。早期的心理咨询主要是针对青年学生职业指导的。[④] 职业指导的先驱者弗兰克·帕森斯(Frank Parsons)于 1909 年出版的《选择职业》一书奠定了职业指导的基础，该书认为青年人的职业必须与本人的兴趣、能力和个性相符合，为了得到理想的职业，不仅要对环境(成功的条件、工作的性质等)进行正确的评估，也要对自身的素质、特点和潜能等进行客观的认识，扬长避短，实现人与职业的优化配合。帕森斯的职业指导观对学校心理咨询的发展具有重要的影响，职业心理咨询至今仍是全世界学校心理咨询的重要内容之一。

1939 年，威廉逊(E. G. Willamson)出版了《怎样对学生咨询》一书，促进了以整个人格为对象的咨询活动的开展，包括职业、学业、社会、情感、人格、家庭、健康等，推动了许多学校尤其是大学建立起专门的心理咨询机构。

1942 年，卡尔·罗杰斯(Carl Rogers)出版了《咨询和心理治疗》一书，针对当时社会急剧变化给人们带来的心理、情绪、人际关系等方面的困惑、不适应，提

---

① 郑日昌，陈永胜. 学校心理咨询[M]. 北京：人民出版社，1991：19.

② Raymond J，Corsini. Encyclopedia of Psychology[M]. New York：John Wiley & Sons，Inc，1984：301-302.

③ 车文博. 心理咨询百科全书[M]. 长春：吉林人民出版社，1991：252.

④ Steven D. Brown，Robert W. Lent. Handbook of Counseling Psychology[M]. New York：John Wiley & Sons，Inc，1984.

出了非指导性咨询和来访者中心疗法。罗杰斯的非指导性咨询思想是针对传统的以咨询员为中心的指导模式而提出的,强调应十分重视咨询对象的自主性、积极性和自我潜能。罗氏理论认为人类具有了解其自身存在和建设性地改变自身行为的巨大潜力,具有自我实现的基本行为倾向,这是与生俱来的,在某种特定情况下,这种潜力可以充分地发挥出来。心理咨询的目标不是针对咨询对象所面临的各种问题,而是使咨询对象在与咨询员建立真诚的相互关系的过程中,重新正确地体验自身的矛盾和冲突,认识自己,促进自身潜能的发挥,使生活态度和行为发生建设性的改变。罗氏理论充满了人本主义心理学的色彩,重视内在潜能的发挥和自我实现。由于该理论的影响,学校心理咨询的重点开始由学生的职业指导逐步转变为对学生学业的和生活适应的辅导,包括情绪障碍的诊治上来。这一观点为扩展学校心理咨询的领域,使之服务于人的发展、潜能开发、人格完善提供了理论基础。此外,罗杰斯提出的没有医学学位的人也能从事心理咨询工作的观点,改变了长期以来认为的只有经过专业训练的精神科医生才能从事咨询工作的看法,从而使一大批学校教育工作者投身于学校心理咨询工作,有力地推进了学校心理咨询事业。罗杰斯的观点有效地改变了在心理咨询领域中占统治地位的临床咨询模式,为发展性咨询模式的诞生作出了重要贡献。

20 世纪 50 年代以来,以艾里克森(E. Erickson)、哈维格斯特(R. J. Havighurst)等为代表的心理学家们所提出的心理发展观进一步促进了发展性咨询思想的形成。艾里克森把人的整个心理发展过程划分为 8 个阶段,认为这 8 个阶段的顺序由遗传决定,但每个阶段能否顺利地度过却由环境所决定,即人的心理发展是先天因素和环境因素相互作用的结果。在心理发展的每一阶段上都存在一种危机,然而也是一种转机;顺利地度过危机是一种积极的解决,反之是一种消极的解决。积极的解决有利于自我力量的增强,有利于个人适应环境和形成积极的人格品质,反之,则不利。并且前一阶段危机的积极解决会扩大后一阶段危机积极解决的可能性,反之,消极解决则会缩小这种可能性。[①] 艾里克森的心理社会发展理论用发展变化的观点来看待个人心理的成长,重视心理发展过程中个体心理的内在冲突及冲突解决对个体成长的意义,重视环境、教育对个体心理发展的影响,这为发展性咨询理论的形成奠定了基础。

哈维格斯特所提出的"发展课题"也是发展性咨询理论的重要基础。哈氏认为人生发展的课题是一个人在一生中的某个时期应该获得的知识、技能和态度,它也是社会对各个发展阶段的人们所提出的要求,即发展课题是个人需要和社会需要结合的产物,人的发展即是完成人生发展课题的过程,人的成熟是由完成

① 陈仲庚,张雨新.人格心理学[M].沈阳:辽宁人民出版社,1986:204-214.

各发展阶段所分配的课题而实现的。按照哈氏的发展理论，个体若顺利完成了该时期的发展课题，就会获得满足感和价值感，并有利于他顺利完成以后的发展任务。如果某一阶段的发展课题没有完成，他就会沮丧、不安，就可能产生心理障碍，影响进入下一个发展阶段，干扰下一阶段发展课题的完成。哈维格斯特把人生划分为6个时期，即幼儿期（0～6岁）、儿童期（6～12岁）、青少年期（12～21岁）、成年期（21～40岁）、中年期（40～60岁）、晚年期（60岁起），认为青少年期的发展任务为：①学习与同年龄男女的新的交际；②学习男性与女性的社会角色；③认识自己的生理结构，有效地保护自己的肌体；④从父母和其他成人那里独立地体验情绪；⑤有信心实现经济独立；⑥准备选择职业；⑦作结婚与组织家庭的准备；⑧发展作为一个公民的必要的知识与态度；⑨追求并实现有社会性质的行为；⑩学习作为行动指南的价值与伦理体系。尽管由于各国文化背景的差异，具体的发展课题可能有别，但其思想无疑对发展性咨询理论的形成具有重要的意义。

此外，皮亚杰（J. Piaget）的智力结构发展理论、科尔柏格（L. Kohlberg）的道德阶段发展理论亦从不同的角度揭示了个体心理发展的某些规律，对发展性咨询理论的建立产生了积极的影响。

发展性咨询理论的提出不仅是学校心理咨询，也是整个心理咨询事业发展的必然趋势，正如朱智贤主编的《心理学大词典》中指出的，从世界心理咨询的发展趋势看，心理咨询已逐步由职业指导、学业指导、婚姻家庭生活指导、治疗心理疾病等方面转向对人的心理潜能的研究，帮助人们更好地挖掘和发挥自己的潜能。[①] 发展性咨询理论的形成标志着心理咨询迈入了一个重要的发展时期，即由重障碍、重矫正的咨询模式转变为重发展、重预防的咨询模式，由服务于少数人转为面向多数人，由少数专业人员从事的工作发展为经培训后，众多教育、心理、医务、社会工作者可以参与的活动，由障碍性内容为主转变为发展性内容为主，由消除心理障碍为目的转变为促进心理发展为目的，从而形成了现代意义上的心理咨询，并为心理咨询的发展开辟了广阔的天地。正如美国《哲学百科全书》总结的那样，现代心理咨询具有以下几方面的重要特征：着重于正常人；对人的一生提供有效的帮助；强调个人的力量与价值；强调认知因素，尤其是理性在选择和决定中的作用；研究在制定目标、计划以及扮演社会角色方面的个性差异；充分考虑情境和环境的因素，强调人对于环境资源的利用以及必要时改变环境。[②] 这些尤其表现在学校心理咨询中，也就是说，发展性咨询模式的特征特别

---

① 朱智贤. 心理学大词典[M]. 北京：北京师范大学出版社，1989：988.

② 张人骏. 咨询心理学[M]. 北京：知识出版社，1987：3，2.

适合于学校的环境和学校的要求。

二、障碍性咨询与发展性咨询的比较

通过对发展性咨询与障碍性咨询两种模式差异的比较,我们可以更好地理解发展性咨询的特征、实质,以及发展性咨询模式对学校教育、学生成长的意义。笔者认为,发展性咨询不同于障碍性咨询的特点主要表现在以下几方面。

1. 障碍性咨询侧重于心理障碍层面的矫治,以消除或减缓学生的心理障碍为工作目标,发展性咨询则侧重于心理发展任务,强调促进人的心理成长,排除正常发展过程中的障碍。即后者的重点放在积极的与发展的侧面,所谓积极的与发展的侧面,是指以现状为基础,以学生的发展课题为重点,以更加正常健康的发展为目标,给予援助和引导。①

2. 障碍型咨询侧重于当前的心理障碍和引起障碍的情境因素,发展性咨询关注的不仅仅是眼前的发展障碍,而且十分关注与下一阶段发展任务的衔接。障碍性咨询关注的是眼前的、具体的、局部的咨询目标,而发展性咨询关注的是长远的、联系的、整体的咨询目标,即把心理咨询与促进人的全面发展、人的未来发展联系起来。因而,发展性咨询十分重视助人自助,即帮助学生学到解决问题的方法,自己去解决问题,自强自立,而不是替学生解决问题。

3. 障碍性咨询重点解决的是已构成心理障碍的问题,而发展性咨询则更重视对学生发展过程中可能出现的障碍问题的早期发现和预防,强调防患于未然,根据学生身心发展的规律、人生发展的课题来规划辅导、咨询内容,即发展性咨询强调导前性、预防性,而不是补救性。它不是在学生面临危机问题时才始予援助,而是必须在平时不断给予指导,因此发展性咨询活动是一种累积过程。

4. 障碍性咨询中涉及的障碍问题往往具有较明显的个体性,与个体的具体生活情境有关,有些还与个体儿时的个性心理发展的障碍有关,而发展性咨询着重于这一年龄阶段共有的发展问题,具有群体性、规律性,因而发展性咨询往往更有针对性和预防性。

5. 障碍性咨询的工作人员一般多为专业人员,有处理心理障碍的专门技术和方法,而发展性咨询工作除专业人员外,还可在专业人员的辅导下,由教师和家长实施。障碍性咨询的知识背景以变态心理学、精神病学和心理治疗技术等障碍性内容为核心,而发展性咨询则更多地运用发展心理学、教育心理学、心理辅导技术等。

6. 障碍性咨询多采用个别咨询的方式,强调一对一解决咨询对象的具体障

---

① 陈峰津.教育方法论[M].台北:台湾三民书局,1993:566.

碍问题，而发展性咨询除采用个别咨询的方式外，还经常采用集体辅导、小组咨询的方式，包括教学、讲座、小组活动等，是个别咨询与团体辅导的结合，有时甚至更重视、更强调团体辅导的意义。障碍性咨询主要使用矫正、治疗性的方法，具有较浓厚的医疗色彩，而发展性咨询则常用辅导性的方法，充满浓厚的教育色彩。

当然，上述的区别并不是绝对的，两者存在着互相的联系，即促进心理健康和发展是预防心理障碍的最好办法，如果心理发展课题解决不好，就容易引起心理障碍，而心理障碍问题的顺利解决也有助于促进心理发展课题的完成。比较而言，发展性咨询是基础性工作，障碍性咨询是补救性工作，两者都是心理咨询内容的组成部分，两者相辅相成是促进学生心理健康发展的保证。

为了更好地说明学校心理咨询选择发展性咨询模式的必要性、重要性，笔者想就学校心理咨询与医院心理咨询的各自特点作一比较。

学校是教育、培养、塑造人的场所，面对的是心身处于蓬勃发展过程中的青少年学生，学校的这一性质决定了学校心理咨询首先应服务于广大的学生，重点应服务于成长过程中的、具有普遍意义的各种心理发展问题，而社会上的综合性医院是治疗人的场所，其重点是服务于患有各种疾病的人，医院尤其是精神病院的心理咨询面对的是有严重心理障碍的患者，包括心身疾病患者；学校心理咨询强调对正常发展过程中的一般性心理问题的辅导，重点是那些在应付学习、工作、人际交往、恋爱、择业、人生选择及日常生活方面有压力或适应困难的学生，以及希望寻求进一步发展的学生，以协助、支持、激励学生自强自立，战胜困难，适应变化，开发潜能，而医院心理咨询侧重对病理心理的诊断、治疗；学校心理咨询与医院心理咨询在所需的知识结构、专业背景上的侧重点也有所不同，前者偏重正常心理知识，后者偏重异常心理知识；两者在工作方式上也有所区别，前者多在教育氛围中进行，后者多在医疗情境中进行；前者多为教育工作者，后者多为医务工作者，等等。由于学校心理咨询和医院心理咨询的上述差异，因而学校心理咨询以发展性咨询为重点，医院心理咨询以障碍性咨询为核心，也就具有了必然性。两者各有侧重和分工，适合各自的专业领域和工作对象，更利于心理咨询的深入和更具有针对性，也使得心理咨询可以服务于各类心理问题。

笔者认为，强调以发展性咨询为模式正是学校心理咨询的特色和生命力所在。需要说明的是，强调学校心理咨询应以发展性咨询为主，并没有忽视、否认对障碍性内容的关注，而是说学校心理咨询中始终应该以发展性内容为重点、为目标，因为发展性咨询为主更能反映学校的特色，更符合学校教育的本质，也更符合世界学校心理咨询的发展潮流。

三、来自海外学校心理咨询模式的启示

目前,西方国家以及日本等国家和地区的学校心理咨询机构都把协助学生顺利完成心理发展任务、人生发展课题,克服心理发展障碍,适应学校生活,提高社会适应能力,促进人的成长和潜能开发作为自己的主要内容和首要目标。

美国学校心理咨询的内容涵盖三大块,即心理健康咨询、学习咨询和职业咨询。[①] 其中,心理健康咨询针对学生的种种精神压力、心理冲突与感情纠纷实施心理咨询与辅导;学习咨询旨在帮助学生扩大对所学专业的认识和兴趣,提高学习技能,并解决学习中的困难;职业咨询是为学生选择工作方向提供指导,帮助学生根据自己的兴趣、爱好、性格、能力等因素寻找适合自己的职业,及早确定职业发展方向,并作好知识、能力、心理的准备。美国的学校心理咨询在开展个别咨询的同时,重视开展团体咨询与训练活动,并辅助以一系列课程,如以“暑假课程”的形式在新生中开展“情感适应”训练,包括增强个人责任心,提高人际交往和竞争环境中的自信心,培养专业兴趣,学会客观评估自己的能力,促进学生和大学融为一体等。[②]

德国学校心理咨询分为三种类型,一是前途预测、择业咨询,主要是通过职业兴趣、学习动机、个性、能力等测试,对学生的升学、就业、前途等进行指导;二是行为、习惯咨询,主要是帮助学生克服各种不良行为习惯,纠正不正确的学习方法,调节心理障碍;三是心理发展咨询,旨在促进学生的自我认识和自我完善。

日本学校心理咨询的内容可分为四类:第一类为学习发展咨询,包括学习、升学、转专业、择业等方面的咨询;第二类为学生生活咨询,包括海外活动安排找住所、勤工俭学、家庭、恋爱等生活方面的咨询;第三类为心理问题咨询,包括性格、情绪、人际关系、异性交往、人生等方面心理问题的咨询;第四类为精神健康咨询,指对患有精神疾患的学生开展的咨询、治疗服务。[③]

四、我国学校心理咨询现状的调查和分析

我国学校心理咨询的对象、内容和现有咨询工作者的特点,决定了我国学校心理咨询宜以发展性咨询为重点。下面以对高校心理咨询现状的调查数据为例作一分析。

为了充分把握我国高校心理咨询工作的现状,我们在开展国家哲学社会科

---

① 张小乔.心理咨询与治疗[M].北京:中国人民大学出版社,1993:136-141.

② 丁勇,等.情感适应训练——使新生适应高校生活[J].外国教育动态,1987(1).

③ 张小乔.心理咨询与治疗[M].北京:中国人民大学出版社,1993:226.

学基金课题的过程中，于1994～1995年两次抽样调查了全国百余所高校的心理咨询员，达200余人次。第一次收回有效问卷100份，第二次收回有效问卷86份。调查显示，极大多数的咨询员认为，我国高校心理咨询的主要对象应是那些需要心理调节与发展的正常大学生。在问及“高校心理咨询主要针对哪些人”时，咨询员的回答率按选择比例的高低依次为：“在恋爱、学习、工作、生活等方面遇到了实际困难的人”（回答率为91.8%），“想更好地开发潜能的人”（78.8%），“有心理障碍的人”（77.6%），“情绪调节困难的人”（70.6%），“想改变个性不足的人”（52.9%），“精神病人”（0）。可见高校心理咨询的对象中占首位的是在人生发展过程中遇到了困难而自己又难以调节的人，其次是寻求潜能开发的人，第三位才是有心理障碍的人。它表明在我国学校心理咨询员的观念上，基本上把学校心理咨询定位在正常学生的心理适应与发展上。

学校心理咨询属发展性咨询的特点也可以从我国学校心理咨询实践中最常见的内容中看出。在问及心理咨询中最常见的内容时，咨询员的回答率名列前四位的问题依次为：人际关系问题（选择率为84%），恋爱问题（57%），神经症（44%），情绪问题和学习问题（各为36%），其他如自我评价（形象）问题、自我发展问题、个性问题、就业问题、性问题等亦有一定的选择比例，而“精神病”的选择率为零。这并不是说学校心理咨询中不涉及精神病问题，事实上，帮助识别是否精神病，以及提出处理建议，也是目前高校心理咨询涉及的内容之一，但它不是常见的、主要的、本质性的内容。

对上述常见问题的原因调查表明，引起人际关系问题的前四位常见原因是：与人交往困难、缺乏交往能力、缺少知心朋友、与同学闹矛盾；引起恋爱问题的原因依次为：失恋、想爱不敢爱（单相思）、与恋人矛盾、择偶困惑；引起学习问题的原因常见的有：注意力难集中、缺乏学习动力、学习没有兴趣、专业不如意等。从中可见，学生心理咨询的主要动因是要解决成长过程中出现的各种心理矛盾和青年期现实的人生课题。这些问题处理得好，学生就心情舒畅，发展良好；解决不好，就容易烦恼不安，阻碍成长。

进一步的调查显示，不同年级的学生其心理问题的类型、重点有所不同，呈现一定的规律性，但均以发展性问题为主。其中，一年级大学生集中表现为新生适应问题，兼有学习问题、专业兴趣和同学交往问题；二年级依次为人际交往、学习与事业、情感与恋爱等问题；三年级集中在恋爱与情感问题上，兼有自我发展和能力培养、人际交往等；四年级则以择业问题为多数，兼有恋爱问题、未来发展和能力培养问题等。这些均与各年级段现实的发展课题相联系，是现实生活在大学生心理上的反映。

目前,我国学校心理咨询队伍的现实状况也是我国学校心理咨询选择发展性咨询模式的又一原因。以高校为例,目前高校心理咨询队伍主要由德育、心理学、医务工作者三方面组成,其中多为兼职人员。在我们所调查的高校中,医务人员占17.4%,德育人员(含专职德育教师和思想教育工作者)占55.4%,心理学、教育学专业教师占20.8%,其他6.4%。另据笔者对几次全国性高校心理咨询研讨会、培训班的代表、学员身份的分析,约2/3左右的人为德育工作者。由此可见,现有高校咨询员队伍主要由德育、心理学和医务人员组成,又以德育人员为主。这在中小学也大致如此。应该说,目前多数学校心理咨询员的知识积累和工作经验更适合于从事学生一般性心理问题、发展性心理问题的辅导,同时由于对这些问题的辅导多与他们的日常工作紧密相连,因此更容易受到他们的欢迎,也更容易收到良好的效果。

笔者认为,发展性咨询模式的指导思想和基本观念与学校教育尤其是学校德育存在着内在的联系,因而它对加强和改进学校教育尤其是学校德育具有重要的影响,我们通常所说的心理咨询与学校德育的关系,主要是在这一层面上。并且,发展性心理咨询对学校教育尤其是学校德育的影响,不仅仅表现为提供了一种途径和方法,更重要的是提供了一种思想、一种观念、一种态度。而且,发展性咨询模式特别适合于学校情境,因此很容易被学校采纳,为教育工作者所接受。这一模式将使越来越多的教育工作者参与到学校心理咨询中来。

正是由于对我国学校心理咨询实践的切身体会和对学校心理咨询性质的理性认识,多数被调查的咨询员在回答"学校心理咨询的重点应该是什么"时,认为应"发展性咨询为主,障碍性咨询为辅"的占首位(55.3%),其次是"障碍性咨询与发展性咨询并重"(38.8%),只有个别人选择"障碍性咨询为主,发展性咨询为辅",没有人选择"障碍性咨询"。由此可见,发展性咨询思想已越来越为广大的学校心理咨询工作者所接受。

基于以上的种种分析,笔者认为,发展性咨询模式是我国学校心理咨询模式的现实选择、必然选择和正确选择。积极地推进、自觉地运用这一模式,必将有助于中国学校心理咨询与世界学校心理咨询的接轨,有助于规范学校心理咨询的发展方向,促进学校心理咨询健康、快速的发展,真正使学校心理咨询成为学校教育的重要组成部分。这一模式必将丰富学校教育的内容和手段,转变教育的观念和方法,提高广大教育工作者的育人水平,使学校心理咨询真正服务于培养目标,服务于学生的全面发展。

[本文选自《当代青年研究》1998年第5期]

[作者简介]马建青，法学博士，浙江大学马克思主义学院教授，博士生导师，求是特聘学者，系国家“万人计划”教学名师，享受国务院政府特殊津贴专家。曾任浙江大学马克思主义学院副院长等职。邮编：浙江 杭州 310058

从政治解放到人类解放

——马克思政治思想初论

郁建兴

黑格尔在19世纪初对启蒙运动以来不断得到发展的自由主义政治哲学进行了全面的批判，并对使自由主义政治哲学得到检验的重大事件——法国大革命进行了深刻分析，从而对17、18世纪欧洲政治哲学遗产做了全面的清理。他的政治哲学，作为对历史的、时代的综合，成了近代社会政治理论的转折。但是，德国社会特殊的历史发展，排除了"资产阶级"政治哲学继续向前发展的可能性。黑格尔逝世以后，经过短暂的青年黑格尔派运动，黑格尔主义很快销声匿迹。

被德国资产阶级排除了可能性的黑格尔政治哲学的发展，在德国的无产阶级那里得到了实现。后来马尔库塞这样写道："黑格尔哲学的批判倾向被马克思的社会理论所采纳并继承发展下去。"①马克思正是通过批判黑格尔政治哲学的方式，在新的基点上发展了它。

一、黑格尔政治哲学批判：马克思思想发展的转折点

在马克思思想发展过程中，从《莱茵报》被普鲁士政府查封到《德法年鉴》出版这个时期，具有十分重要的地位。在此之前，马克思的思想从总体上看处于黑格尔的影响之下。在政治立场上，马克思也只是借助自由主义来捍卫资产阶级的阶级利益，与专制制度作斗争。但是，距《莱茵报》被查封（1843年3月）不到一年，马克思就由一名唯心主义者、民主主义者转变成为一名唯物主义者和共产主义者。他在1844年2月出版的《德法年鉴》上发表的两篇文章——《论犹太人问题》和《〈黑格尔法哲学批判〉导言》表明他已经勾勒出了关于社会主义革命、关于无产阶级历史使命的学说的轮廓。那么，这个飞跃是怎样发生的？特别是，这个飞跃的涵义究竟是什么？

一个流行的解释是，马克思在《莱茵报》的工作经历使他对原有的唯心主义哲学信仰发生了动摇，就在这时，费尔巴哈发表了《基督教的本质》，恢复了唯物主义的权威。受费尔巴哈的影响，马克思转变成了唯物主义者。而在巴黎直接

---

① 马尔库塞.理性与革命[M].程志民，译.重庆：重庆出版社，1993：230.

接触到工人运动，则是马克思转变成为共产主义者的根据。

这种解释所存在的问题是明显的。马克思在1859年《〈政治经济学批判〉序言》中自述其思想发展历程时并没有提到费尔巴哈，他提到他写的第一部著作是对黑格尔法哲学的批判性分析，然后指出："法的关系正像国家的形式一样，既不能从它们本身来理解，也不能从所谓人类精神的一般发展来理解，相反，它们根源于物质的生活关系，这种物质的生活关系的总和，黑格尔按照18世纪的英国人和法国人的先例，概括为'市民社会'，而对市民社会的解剖应该到政治经济学中去寻求。"[①]马克思十分清楚地勾勒了自己思想发展的主要线索：由黑格尔法哲学研究转向市民社会研究（通过政治经济学批判），达到唯物史观。这里并不存在一个以一般唯物主义立场为特征的所谓费尔巴哈的阶段。事实上，马克思从未返回到费尔巴哈的以抽象自然界和抽象的人为前提的唯物主义立场上去。哲学立场的转变如此，政治立场的转变呢？迄今我们还没有足够的材料表明，马克思在寓居巴黎的最初几个月（马克思于1843年10月来到巴黎）与工人组织发生过密切联系，而如果考虑到《论犹太人问题》和《〈黑格尔法哲学批判〉导言》这两篇文章写成的时间不会晚于1844年1月，那么，仅仅用在巴黎直接接触工人运动这一因素来解释马克思政治立场的转变就是不充分的。因此，求解马克思思想的转折点，取决于对《莱茵报》被查封到《德法年鉴》出版这一时期马克思思想的更为充分的研究。

1843年3月，《莱茵报》被查封，马克思"从社会舞台退回书房"。这是因为他原有的黑格尔法哲学立场已不敷用，他要弄清国家的本质及其与社会的关系问题。这一"书房"工作的结果，就是《黑格尔法哲学批判》这一手稿和发表在《德法年鉴》上的文章。《黑格尔法哲学批判》在相当长时期内没有引起研究者的重视，1927年苏共中央马列研究院发表这一手稿后，没有出现像五年后《1844年经济学哲学手稿》发表时那种在国际范围的研究热潮。意大利学者德拉·沃尔佩（Galvano della Volpe）于1957年出版的《卢梭和马克思》一书中，指出《黑格尔法哲学批判》是马克思最重要的文本之一，并将它译成意文。这可称得上是对这部手稿的开创性研究。以色列学者阿维内里（Shlomo Avineri）在1968年出版的《马克思的社会与政治思想》一书中，认为这部手稿是马克思"最系统的论述政治理论的著作"[②]。而这部手稿的英文译本到1970年才由欧麦莱（Joseph O'Malley）首次编辑出版。1989年以来，各国的马克思主义者在反省苏东剧变的

① 马克思恩格斯选集：第2卷[M].北京：人民出版社，1995：32.

② S. Avineri. The Social and Political Thought of Karl Marx [M]. Cambridge: Cambridge University Press, 1968: 41.

教训时，广泛涉及法律、国家与市民社会等问题，这部手稿才引起了较大范围的注意。而在我国理论界，这部手稿被忽视的状况至今未有根本性的改变。①

这部手稿的意义何在？从已有的研究来看，几乎所有的论者都强调了马克思在手稿中借助费尔巴哈的唯物主义对黑格尔唯心主义所进行的颠倒。德拉·沃尔佩认为，马克思的黑格尔法哲学批判，所达到的是“辩证的实验的（伽利略式的）方法”②。阿维内里认为，马克思的黑格尔法哲学批判，不过是“试图把费尔巴哈起改造作用的方法（即唯物主义方法——引者注）应用于政治学”③。亨特(R. N. Hunt)在他的《马克思恩格斯的政治思想》中重复了阿维内里的观点④。而伊尔亭(K. H. Ilting)则更是认为，马克思的批判，“基本上是通过参照《法哲学》关注着证实费尔巴哈对黑格尔的批判，因此马克思几乎一直忽视了黑格尔的意愿与思想轨迹。而且，他看来几乎没有理解黑格尔文本中最为重要的那些部分的意思”⑤。

如果伊尔亭的看法成立，那么，马克思的黑格尔政治哲学批判，不过是借助费尔巴哈的唯物主义清算了黑格尔的唯心主义，它体现了马克思与费尔巴哈之间的“同”和与黑格尔之间的“异”。而我们的看法正好相反，马克思的批判，正体现出他与费尔巴哈的“异”，体现出他的思想的黑格尔主义起源。

马克思于 1843 年春天和夏天在克罗茨纳赫居住期间写作的手稿《黑格尔法哲学批判》，是对黑格尔《法哲学原理》“国家”一章中第 257～313 节的批判研究，由于前几页的佚失，我们今天看到的手稿从批判第 261 节开始。通过这一批判，马克思得出了“不是国家和法决定市民社会，而是市民社会决定国家和法”的结论。⑥

在马克思的论述中虽然借用了费尔巴哈“主词”“谓词”“颠倒”的术语，但并未像费尔巴哈所做的那样停留于揭示出在黑格尔那里存在着的主谓词的颠倒。马克思的真正意图是要察明，这一颠倒的真实内容，国家与市民社会关系的历史形式等。正是批判黑格尔法哲学产生了占有大量实际的历史材料的需要，马克

---

① 作为一个例证，1995 年版的《马克思恩格斯选集》增加了《1844 年经济学哲学手稿》的某些片断，但仍未将《黑格尔法哲学批判》和《论犹太人问题》列入其中。

② 参见德拉·沃尔佩．卢梭和马克思[M]．赵培杰，译．重庆：重庆出版社，1993：158-160.

③ S. Avineri. The Hegelian Origins of Marx's Political Thought in Karl Marx's Social and Political Thought: Critical Assessments[M]. Cambridge: Cambridge University Press, 1990: 157.

④ R. N. Hunt. The Political Ideas of Marx and Engles: Vol. I[M]. Pittsburgh: University of Pittsburgh Press, 1974: 56-59.

⑤ K. H. Ilting. Hegel's Concept of the State and Marx's Early Critique[J]. The State and Civil Society: Studies in Hegel's Political Philosophy (Z. A. Pelczynski ed.), 1984: 104.

⑥ 参见马克思恩格斯全集：第 1 卷[M]．北京：人民出版社，1956：250-251，283-284.

思才在撰写手稿的同时，又认真地从事历史研究。在短短的两个月时间中，马克思写下了厚厚的五本笔记，其中包含对有关国家的理论和历史的著作，对有关英国、法国、德国、美国、意大利、瑞典、波兰的历史的著作，对有关法国大革命史的专门著作的摘录。马克思的这一工作，正日益引起研究者们的重视。在国外，苏联学者 A. 沃登和 A. 乌达尔错夫在 20 世纪 30 年代就发表了第一批专门研究著作。在第二次世界大战后，法国学者科尔纽发表的《卡尔·马克思对法国革命和罗伯斯庇尔的态度（1843—1845 年）》一文，产生了重要影响。法国著名的马克思主义历史学家 J. 布吕阿于 1966 年发表的长篇论文《法国革命与马克思思想的形成》中，则鲜明地提出了这样的论断："马克思能够研究的 1789 年革命的历史经验——近代最伟大的历史经验，是马克思主义的来源之一。"[①]在我国，张芝联先生较早地讨论了"马克思与法国大革命"这一论题。[②] 我们认为，马克思在写作《黑格尔法哲学批判》的同时进行的广泛的历史政治研究，是马克思得以最终完成对黑格尔政治哲学批判的有力保证。

必须指出，在马克思通向历史唯物主义的道路上，黑格尔政治哲学具有重要的正面意义。马克思以批判黑格尔政治哲学为标志而实现的思想转折，离开了黑格尔政治哲学的特定传统，就是不可理解的。马克思在对黑格尔政治哲学实行的批判中，恰恰显示了他的学说的黑格尔主义起源。"在某种程度上，马克思试图实现黑格尔法哲学中的基本设想。这只有通过与黑格尔体系的彻底决裂才能做到。"曾经强调过费尔巴哈在这一过程中的影响的阿维内里承认，"甚至这一与黑格尔主义传统的彻底决裂，也只有在黑格尔主义传统自身的语境中才能得到理解"[③]。

在《〈黑格尔法哲学批判〉导言》中，马克思高度评价了黑格尔法哲学。他说："德国的法哲学和国家哲学是唯一与正式的当代现实保持在同等水平上的德国历史。"而"德国的国家哲学和法哲学在黑格尔的著作中得到了最系统、最丰富和最终的表述"[④]。对黑格尔的法哲学进行批判，就是要改变这种思辨的法哲学的"现实仍然是彼岸世界"的状况，把德国提高到莱茵河彼岸的现代各国的"正式水

---

① 转引自莫洛索夫. 1843—1844 年马克思对世界史的研究是唯物史观形成的来源之一[M]. 载马列著作编译资料编辑部. 马列著作编译资料 15. 北京：人民出版社，1981.

② 张芝联. 马克思与法国大革命[A]. 载马克思主义来源研究论丛：第 5 辑[C]. 北京：商务印书馆，1984. 我国学者的研究还有杜志新. 克罗茨纳赫时期的历史研究在马克思创立唯物史观中的重要作用[A]. 载马克思主义来源研究论丛：第 8 辑[C]. 北京：商务印书馆，1987.

③ S. Avineri. The Hegelian Origins of Marx's Political Thought in Karl Marx's Social and Political Thought：Critical Assessments：Vol. I[M]. Cambridge：Cambridge University Press，1990：165.

④ 马克思恩格斯选集：第 1 卷[M]. 北京：人民出版社，1995：7，8.

准”，而且超越这一水准，“提高到这些国家最近的将来要达到的人的高度的革命”[①]。可见，马克思对它的克服是“批判地克服”，是政治哲学在黑格尔已经达到的高度上的继续发展。马克思这样写道：“黑格尔把市民社会和政治社会的分离看做一种矛盾，这是他较深刻的地方。但错误的是：他满足于只从表面上解决这种矛盾，并把这种表面当做事情的本质。”[②]这段论述表明，马克思接下来对于市民社会与政治社会已彻底分离事实的揭示，对于市民社会和私有财产的批判，在不同于黑格尔国家理想主义立场上提出克服市民社会的方案等，都是在与黑格尔政治哲学相联系的“语境”中进行的。将国家与市民社会作出明确区分，是马克思与黑格尔政治思想的共同基础。而我们知道，在政治理论史、社会思想史上，黑格尔第一次把国家与市民社会作出明确区分，正是这一区分，使黑格尔的政治哲学成为近代社会政治理论的转折。

不仅如此，由于德国社会特殊的历史发展，黑格尔提出政治哲学常常是以英、法两国的历史经验为借鉴的，他对英、法政治理论、历史事件的评论往往是从探索德国的现实问题出发的。就此而言，马克思在批判黑格尔政治哲学的同时所进行的历史研究，以及联系史料而进行的近代政治理论研究[③]，同样可以纳入黑格尔政治哲学的“语境”。值得指出的是，马克思看到，当德国资产阶级刚刚开始同高于自己的阶级（王公贵族）进行斗争的时候，它就卷入了同低于自己的阶级（无产阶级）的斗争[④]。相比之下，黑格尔称颂法国革命，“是因为他害怕革命；黑格尔把革命提高为哲学的原则，是为了一种哲学，这种哲学作为哲学力图克服革命”[⑤]。因此，如马克思所批评的那样，“黑格尔希望有中世纪的等级制度，但是要具有现代立法权的意义；他希望有现代的立法权，但是要披上中世纪等级制度的外衣”[⑥]。黑格尔的政治哲学具有“死的抓住活的”的特征。而马克思则通过对法国大革命的研究，在发现这次革命的进步性和积极面的同时，也发现了它的严重局限，并且在法国革命所创造的经验中看到了进一步发展革命的必要与可能。马克思的政治哲学体现了“从未来汲取诗情”的无产阶级立场。从中我们可以清楚地看到政治哲学从黑格尔到马克思的发展。这也是我们所说的“马克

---

① 马克思恩格斯选集：第1卷[M].北京：人民出版社，1995：9.

② 马克思恩格斯选集：第1卷[M].北京：人民出版社，1995：338.

③ 马克思在克罗茨纳赫时期的阅读范围包括马基雅弗利的《论国家》、卢梭的《社会契约论》、孟德斯鸠的《论法的精神》等。

④ 马克思恩格斯选集：第1卷[M].北京：人民出版社，1995：14.

⑤ J. Habermas. Hegel's Critique of the French Revolution[A]. Theory and Practice[M]. Boston: Beacon Press，1973: 121.

⑥ 马克思恩格斯选集：第1卷[M].北京：人民出版社，1995：364.

思是德国古典哲学的真正继承者"这一论断的真实涵义。

二、市民社会的辩证法

黑格尔区分市民社会与国家，在家庭与国家(很大程度上相当于亚里士多德的 Oikos 和 Polis)之间插入了市民社会的环节，这意味着他完成了一种历史的、时代的综合。一方面，黑格尔认为，市民社会是个人私利的战场，是一切人反对一切人的战场，市民社会缺乏普遍与伦理，特殊性是它的核心原则。因而，黑格尔区分市民社会与国家，首先意味着以国家的观点揭示出市民社会的抽象性、中介性。另一方面，黑格尔指出市民社会欠缺伦理生活的内容，表示直接或原始伦理精神的解体，但并未因此采取浪漫主义那种否定市民社会的态度。恰恰相反，他积极评价了作为近代产物的市民社会的地位和作用。在他看来，从直接或原始伦理被市民社会的分解，而达到国家的这种发展，才是国家概念的科学证明。因此，市民社会的辩证法在于，市民社会造成了普遍性与特殊性的分离，但这是国家概念发展的一个必然环节，不仅如此，克服这种分离的力量恰恰就在市民社会自身之中。通过教育、司法、警察和同业公会等环节的发展，伦理性的东西作为内在的东西就回到了市民社会中，市民社会的领域也就过渡到了国家。在国家中，伦理实体的自由——通过失而复得——达到了它的最高、最后的实现形式。

马克思在《黑格尔法哲学批判》中，直接上承黑格尔对市民社会与国家的区分，并认可他关于市民社会是"一切人反对一切人的战场"，是"私人的利己主义"领域的种种论述①。对马克思来说，主要的问题在于，必须对黑格尔关于国家与市民社会的关系及它们之间的中介方法的论述作出批判。因为在《莱茵报》工作期间，马克思就已看到市民社会内物质利益的对立使应该是普遍物的国家丧失了权威，法律沦为维护单方面利益的机构。

马克思对黑格尔的批判，首先指出了这样一点，即黑格尔在国家与市民社会、家庭的关系问题上弄颠倒了。② 黑格尔的这种颠倒，使他作不出关于家庭、市民社会和国家的切合经验事实的理解。紧接着，马克思指出，黑格尔的这种颠倒认识，也使他不能正确说明国家怎样同家庭和市民社会发生联系。他关于从家庭和市民社会到国家的逻辑发展的论述所提供的"纯粹是一种假象"。③

马克思通过对黑格尔政治哲学的初步批判，得出了这样的结论：市民社会与

① 马克思恩格斯选集：第1卷[M].北京：人民出版社，1995：295-296.

② 马克思恩格斯选集：第1卷[M].北京：人民出版社，1995：251.

③ 马克思恩格斯选集：第1卷[M].北京：人民出版社，1995：252.

国家已彻底分裂，黑格尔认为官僚政治和等级（国会）可以起到中介国家和市民社会的作用，这是完全错误的。黑格尔的国家理想主义，不过是“市民社会在自己内部建立起国家和市民社会之间的关系”①罢了，黑格尔克服市民社会的方案是不成功的。

那么，市民社会之克服何以可能？马克思在1844年《德法年鉴》上发表的《论犹太人问题》中重新论述了市民社会的辩证法。这篇文章可以看做是马克思研究市民社会的初步成果。

作为对黑格尔政治哲学批判的继续和深化，《论犹太人问题》以国家与市民社会的分裂作为讨论的起点。首先，马克思通过历史的考察，赋予这一分裂以客观的内涵。马克思证明了市民社会与政治国家的对立是以资产阶级政治革命为直接背景的：“旧的市民社会直接地具有政治性质，就是说，市民生活的要素，如财产、家庭、劳动方式，已经以领主权、等级和同业公会的形式升为国家生活的要素。”而资产阶级的“政治革命打倒了这种专制权力，把国家事务提升为人民事务，把政治国家确定为普遍事务，即真实的国家；这种革命必然要摧毁一切等级、公会、行帮和特权，因为这些都是使人民脱离自己政治共同体的各种各样的表现。于是，政治革命也就消灭了市民社会的政治性质”②。马克思认为，国家是抽象的、形式上的普遍性，市民社会是具体的、实质上的特殊性；在市民社会中，实际的欲求和利己主义是驱动市民社会前进的动力，市民社会从政治中获得解放，意味着市民社会成员仅仅成为利己主义的人；市民社会的人被政治国家夺去了自己的类本质、共同性和普遍性，沦为利己的孤立的个人，他把别人看做工具，把自己也降为工具，人的世界就像原子一样完全消融在相互对立的个人世界中。

乍一看来，马克思与黑格尔的市民社会观之间有着惊人的相似之处。但是，经过仔细分辨，我们仍可以发现两者之间存在着根本的差异。城塚登认为，这一根本差异集中在他们对市民社会中的人的看法上。在黑格尔看来，人不过是精神展开的过程中出现的一个阶段，市民社会成员作为“私人”，把自身利益看成自己的目的，说明他们不过是“具体的观念”，处于精神发展的低级阶段，因而市民社会中的人不是现实的存在。与此相反，马克思认为，尽管市民社会中的人是有种种缺陷应该加以克服的人，但是，这样的人才是现实的人。③

城塚登的这一分析是深刻的。我们还将看到，在市民社会观中隐含着的这种对人的看法的根本对立，直接影响到黑格尔和马克思提出各自不同的克服市

① 马克思恩格斯选集：第1卷[M].北京：人民出版社，1995：341.

② 马克思恩格斯选集：第1卷[M].北京：人民出版社，1995：441.

③ 城塚登.青年马克思的思想：社会主义思想的创立[M].北京：求实出版社，1988：57-58.

民社会的方案。但是在这里,我们要指出马克思市民社会观中更为令人瞩目的原创性,那就是,他在分析批判市民社会的时候,揭示出了政治革命的限度,从而把克服市民社会与超越政治解放之间紧紧地联系了起来。

与黑格尔视君主立宪制国家的建立为"历史的终结"不同,马克思写道:"从政治上废除私有财产不仅没有废除私有财产,反而以私有财产为前提。……国家还是任凭私有财产、文化程度、职业按其固有的方式发挥作用,作为私有财产、文化程度、职业来表现其特殊的本质。国家远远没有废除所有这些实际差别,相反地,只有在这些差别存在的条件下,它才能存在,只有同它这些因素处于对立的状态,它才会感到自己是政治国家,才会实现自己的普遍性。"①

马克思通过考察法国 1791 年、1793 年、1795 年宪法、美国《宾夕法尼亚宪法》《新罕普什尔宪法》,特别是考察法国最激进的 1793 年宪法后指出:通过政治解放而确立的"所谓人权无非是市民社会的成员的权利,即脱离了人的本质和共同体的利己主义的人的权利"。具体地说:自由"是作为孤立的、封闭在自身的单子里的那种人的自由""自由这一人权的实际应用就是私有财产这一人权""平等无非是上述自由的平等,即每个人都同样被看做孤独的单子",安全是"利己主义的保障"。可见,"任何一种所谓人权都没有超出利己主义的人,没有超出作为市民社会的成员的人,即作为封闭于自身、私人利益、私人任性、同时脱离社会整体的个人的人"②。因此,在马克思看来,以确立所谓人权为标志的政治解放并没有克服市民社会,它不过是完成了市民社会从政治中的解放而已。历史还远未终结,克服市民社会与超越政治解放是同一个过程。基于此,马克思提出了作为政治解放之超越的人类解放概念:"政治解放本身还不是人类解放。"③而要超越政治解放,克服市民社会,实现人类解放,只有依靠现实的人,依靠现实的人的感性活动来完成。由于现实的人正是市民社会中被国家夺去了人的类本质、夺去了共同性和普遍性的利己主义的人,因此,实现人类解放,就表现为市民社会中人的自我异化的克服。他说:"只有当现实的个人同时也是抽象的公民,并且作为个人,在自己的经验生活、自己的个人劳动、自己的个人关系中间,成为类存在物的时候,只有当人认识到自己的'原有力量'并把这种力量组织成为社会力量因而不再把社会力量当做政治力量跟自己分开的时候,只有到了那个时候,人类解放才能完成。"④

---

① 马克思恩格斯选集:第 1 卷[M]. 北京:人民出版社,1995:427.

② 马克思恩格斯选集:第 1 卷[M]. 北京:人民出版社,1995:437-439.

③ 马克思恩格斯选集:第 1 卷[M]. 北京:人民出版社,1995:435.

④ 马克思恩格斯选集:第 1 卷[M]. 北京:人民出版社,1995:443.

就这样，在《论犹太人问题》中，马克思通过对市民社会的研究，得出了革命必须是“不停顿的”，必须从政治解放进展到人类解放的结论。但是，在这篇文章中，马克思并没有指出实际上实现人类解放的手段与途径。这便是他在《德法年鉴》上发表的第二篇文章——《〈黑格尔法哲学批判〉导言》的主题。在《导言》中，马克思明确地把克服市民社会、实现人类解放的使命赋之于无产阶级：德国解放的实际可能性“就在于形成一个被戴上彻底的锁链的阶级……在于形成一个若不从其他一切社会领域解放出来从而解放其他一切社会领域就不能解放自己的领域，总之，形成这样一个领域，它表明人的完全丧失，并因而只有通过人的完全回复才能回复自己本身。社会解体的这个结果，就是无产阶级这个特殊等级”[①]。这就是说，无产阶级诞生于市民社会之中，但又被剥夺了作为市民社会成员的资格和权利，因而具有诞生于市民社会之中又处于市民社会之外这种二重的结构，最完全地体现了自我异化。因此，无产阶级是市民社会的辩证法的体现者，只有无产阶级而不是官僚机构或者等级(国会)，才能对依靠市民社会自身的力量从根本上克服市民社会这一课题提供答案。

归结起来，马克思通过黑格尔政治哲学批判而实现的思想转折在于，他不仅得出了“不是国家和法决定市民社会，而是市民社会决定国家和法”的结论，而且在对市民社会进行初步研究的基础上，看到了政治革命、政治解放的限度，从中提出了进行不停顿的革命、实现人类解放的目标，并找到了无产阶级作为克服市民社会中人的自我异化状态，也即完成人类解放的担当者。历史唯物主义、共产主义学说的基本轮廓已然显现。1845 年春马克思在《关于费尔巴哈的提纲》中写道：“旧唯物主义的立脚点是市民社会，新唯物主义的立脚点则是人类社会或社会的人类。”[②]市民社会与人类社会的区别即是政治解放与人类解放的区别。马克思以“人类社会”为新唯物主义的立脚点，表明他明确以实现人类解放为他的历史唯物主义和共产主义学说的共同主题。而这正是他在克罗茨纳赫时期和在巴黎的早期通过黑格尔政治哲学批判就确立了的。

进一步说，马克思通过黑格尔政治哲学批判而实现的思想转折还在于，这一批判促使马克思开始研究政治经济学，从经济的角度来分析市民社会。马克思在法哲学、政治哲学立场上所达到的高度、深度，某种程度上也意味着法哲学、政治哲学立场的限度。马克思已经得出市民社会决定国家和法的结论，但是，他既有的经济学知识不足以对市民社会进行经济学的分析。对于现代国家的私有财产基础，马克思尚未有明确的认识。他虽然已经提出无产阶级是完成人类解放

① 马克思恩格斯选集：第 1 卷[M]. 北京：人民出版社，1995：14-15.

② 马克思恩格斯选集：第 1 卷[M]. 北京：人民出版社，1995：57.

的担当者，但正如阿维内里所指出，这里的无产阶级几乎就是在黑格尔"普遍等级"的意义上使用的，它主要是一个人类学概念而不是经济学、社会学概念。[①]因此，要使人的解放具体化，无论如何必须对无产阶级的经济规定作出分析，对市民社会的经济意义作出分析。关于市民社会的科学，就是政治经济学。这使马克思意识到，"对市民社会的解剖应该到政治经济学中去寻求"[②]。于是，马克思在巴黎时期第一次开始研究政治经济学，直至逝世，从政治经济学角度分析市民社会即资产阶级社会，一直是马克思的中心工作。但是，值得注意的是，马克思的这一认识是通过对市民社会进行法哲学的分析才明确的，因而法哲学的分析决不是无益的，相反，它是政治经济学分析的前提和基础。法哲学和经济学的研究是构成马克思工作的"立体的结构"[③]。把握这一点，无论是对于理解马克思的思想发展，还是对于把握马克思思想的实质和精神，都是极为重要的。

三、国家消亡与人类解放

1844 年以后，马克思开始从政治经济学角度剖析市民社会，进一步论证和阐明业已确立的克服市民社会中人的自我异化、实现人类解放之目标。这一系列工作的第一个成果就是他在 1844 年 4～8 月间写下的《1844 年经济学哲学手稿》。

在手稿中，马克思以异化劳动理论展开了对市民社会的分析。通过对"经济事实"的分析，他得出了异化劳动是私有财产之本质的结论，并进一步得出结论说："社会从私有财产等等的解放、从奴役制的解放，是通过工人解放这种政治形式表现出来的，而且这里不仅涉及工人的解放，因为工人的解放包含全人类的解放；其所以如此，是因为整个人类奴役制就包含在工人同生产的关系中，而一切奴役关系只不过是这种关系的变形和后果罢了。"[④]

马克思的这番话值得我们深长思之。一方面，马克思已经看到，工人同生产的关系对于社会生活起着决定性作用，由此他提出了一条重要原理："宗教、家庭、国家、法、道德、科学、艺术等等，都不过是生产的一些特殊的方式，并且受生

① See S. Avineri. The Hegelian Origins of Marx's Political Thought in Karl Marx's Social and Political Thought: Critical Assessments: Vol. I[M]. Cambridge: Cambridge University Press, 1990: 158, 163.

② 马克思恩格斯选集：第 1 卷[M]. 北京：人民出版社，1995：32. 这里还应提到恩格斯发表在《德法年鉴》的文章《政治经济学批判大纲》对马克思产生了重要影响。

③ 城塚登. 青年马克思的思想 社会主义思想的创立[M]. 北京：求实出版社，1988：66.

④ 马克思. 1844 年经济学哲学手稿[M]. 北京：人民出版社，1985：58，78.

产的普遍规律的支配。”[①]另一方面，上述原理又是用来表明，从根本上规定市民社会中现实的人的存在和活动的不外乎是生产的方式。可见，马克思正在逐步形成的唯物史观与他实现人类解放的主题之间是互为表里的关系。

在《手稿》得出以异化劳动规定现实的人的结论基础上，马克思接着在和恩格斯合写的《神圣家族》(1844 年)、《德意志意识形态》(1845—1846 年)和《共产党宣言》(1848 年)等著作中，继续推进着对市民社会的研究。在《神圣家族》中，马克思第一次提出了生产方式概念，并明确指出，物质生产是历史的发源地。在《德意志意识形态》中，马克思更是发现了，生产劳动一开始就立即表现为双重的关系：人与自然的关系和人与人的关系，前者表现为一定的生产力，后者表现为一定的交往形式(生产关系)。由于生产关系(交往形式)概念的提出，马克思创立了一种新的历史观，那就是：“从直接生活的物质生产出发阐述现实的生产过程，把同这种生产方式相联系的、它所产生的交往形式即各个不同阶段上的市民社会理解为整个历史的基础，从市民社会作为国家的活动描述市民社会，同时从市民社会出发阐明意识的所有各种不同理论的产物和形式，如宗教、哲学、道德等等，而且追溯它们产生的过程。”[②]

这一新历史观，马克思后来在《〈政治经济学批判〉序言》中再度作了清楚明白的表述，因而它本身的涵义已无需作出解释。在这里，值得注意的是在马克思的思想中市民社会一词涵义的变化。1844 年以前马克思所说的作为近代革命的结果的市民社会，现在被规约为社会发展各历史时期的生产关系、交往关系。他说：“在过去一切历史阶段上受生产力制约同时又制约生产力的交往形式，就是市民社会。”[③]

如何看待马克思思想中市民社会概念涵义的变化？城塚登提出了“双重形象说”，即马克思 1844 年以前所说的市民社会指的是近代政治革命所产生的资产阶级社会这一具体形象，而《德意志意识形态》中所说的市民社会指的是作为生产关系总和的抽象形象。市民社会的具体形象和一定的政治、法律关系紧密相联，而其抽象形象则完全摒弃了它的法律的、政治的意义。城塚登认为，我们不仅仅应把“市民社会”作为经济关系，而且要把它作为一定的政治过程、法律过程和思想过程的整体来重新把握。也就是说，使抽象形象重新向具体形象复归。这样，我们就能把民主制度视为人类解放的工具。[④] 城塚登此说，委婉地批评了

---

① 马克思. 1844 年经济学哲学手稿[M]. 北京：人民出版社，1985：58，78.

② 马克思恩格斯选集：第 1 卷[M]. 北京：人民出版社，1995：92.

③ 马克思恩格斯选集：第 1 卷[M]. 北京：人民出版社，1995：87-88.

④ 参看城塚登. 青年马克思的思想：社会主义思想的创立[M]. 北京：求实出版社，1988：附录一《“市民社会”的思想与现实》，特别是第三节。

马克思、恩格斯关于市民社会的思想“存在着混乱”之说。市民社会的具体形象发展为抽象形象，意味着在其中无法纳入“在资产阶级社会发展起来的”民主制度之作为人类解放工具的作用。[①]

我们不同意城塚登的上述看法。实际上，按城塚登所理解的“抽象形象”与“具体形象”，正是马克思与黑格尔市民社会观相区别的标志。马克思正是从完全否定作为近代政治革命产物的市民社会具有政治意义、指出市民社会与政治国家已彻底分裂，而开始了他的思想转折的。正因为克服了市民社会与政治国家的二元分裂，实现人类解放，作为马克思法哲学、政治哲学的目标，才犹如一根红线贯穿他对市民社会所作的全部经济学分析之中。因此，1844 年前后马克思的市民社会概念的区别在于：第一，它不过是市民社会概念由一个描述性概念转变为一个解释性概念。通过经济学研究，马克思已经认识到，不仅仅是因为官僚机构掌握了国家机器，才使之成为维护私有财产的机构，而且全部国家机器的建立本身就是以私有制为基础的。第二，作为解释原则和方法论，马克思使用“市民社会”这一术语，试图解释人类的全部历史。毫无疑问，只是到了马克思的时代，社会的经济性质才全面凸现。马克思试图以近代市民社会——资产阶级社会——为我们洞察近代以前的社会历史提供钥匙。在《德意志意识形态》中他是这样说的：“‘市民社会’这一用语是在 18 世纪产生的，当时财产关系已经摆脱了古典古代的和中世纪的共同体。真正的市民社会只是随同资产阶级发展起来的；但是市民社会这一名称始终标志着直接从生产和交往中发展起来的社会组织，这种社会组织在一切时代都构成国家的基础以及任何其他的观念的上层建筑的基础。”[②]

可见，1844 年前后马克思使用市民社会概念的区别只是在于，他把市民社会的经济意义归结为生产关系、交往关系，并以深入分析近代市民社会得出的结论为指南，用它来把握以往全部历史。在新历史观中，“市民社会”与“生产关系”“经济基础(作为生产关系之总和)”“社会经济结构”概念取得了同义。

但是，即便指出了马克思对市民社会概念的上述“抽象”过程，我们仍然不能得出历史唯物主义是一般历史哲学的结论。马克思考察了近代以前的社会历史，其着眼点在于“这一个”社会，即近代市民社会。也就是说，马克思的历史考察，是为了从历史角度阐述克服市民社会、实现人类解放的必要性与必然性。

马克思把作为对政治解放之超越的人类解放作为他的社会理想表明，“‘市

---

① 城塚登.青年马克思的思想：社会主义思想的创立[M].北京：求实出版社，1988：156-157.

② 马克思恩格斯选集：第 1 卷[M].北京：人民出版社，1995：130-131.

民社会'并不是马克思社会概念的全部,毋宁说它倒是真正社会之否定性的形式"[①]。从《关于费尔巴哈的提纲》中我们可以看到,马克思社会概念的肯定形式是"人类社会"。经过马克思的经济学分析,我们同样可以看到,作为近代政治革命之结果的市民社会,其存在的基础就是私有制。这样,"人类社会"与"市民社会"之区别,就集中到了私有财产的问题上。根据新历史观,一旦生产关系成为生产力发展的桎梏,"市民社会"就会被扬弃。"人类社会"作为对"市民社会"的扬弃,它在扬弃特定形式的生产关系与交往关系即资产阶级社会的生产关系与交往关系的同时,由于它是"最后的革命",因此它也是对一切旧的生产关系与交往关系的基础的扬弃,简言之,它也是对以往一切社会的私有制基础的扬弃,是对"市民社会"的经济意义的扬弃。

从论证和阐明人类解放理想的历史必然性角度,我们也可以更好地理解马克思在《1857—1858 年经济学手稿》中对资产阶级平等和自由的批判的深刻性。《手稿》中说:"平等和自由不仅在以交换价值为基础的交换中受到尊重,而且交换价值的交换是一切平等和自由的生产的、现实的基础。作为纯粹观念,平等和自由仅仅是交换价值的交换的一种理想化的表现;作为在法律的、政治的、社会的关系上发展了的东西,平等和自由不过是另一次方上的这种基础而已。而这种情况也已为历史所证实。这种意义上的平等和自由恰好是古代的自由和平等的反面。古代的自由和平等恰恰不是以发展了的交换价值为基础,相反地是由于交换价值的发展而毁灭。"[②]在这里,马克思通过揭示资产阶级平等和自由的近代起源特别是其经济根源,大大深化了《论犹太人问题》中对政治解放的限度的揭示。

马克思把资产阶级平等和自由看做历史的产物,把资产阶级平等和自由的限度看做资产阶级社会制度的固有产物,从而为克服市民社会与政治国家的二元分裂而提出的超政治、超经济之社会理想,提供了充分的论证。在前文中我们一再强调马克思的经济学研究始终体现着法哲学、政治哲学维度,这似乎更应确切地表述为,马克思的法哲学、政治哲学在他的经济学中才得以完成。

尽管如此,马克思超政治、超经济之"人类社会"理想的实现,必然表现为一个漫长、艰难而复杂的过程。[③] 即使在资本主义发达的西欧,无产阶级在爆发共产主义革命之后,也并不会"一下子"进入自由王国。从资本主义到共产主义之

---

① 吴晓明. 历史唯物主义的主体概念[M]. 上海:上海人民出版社,1993:233.

② 马克思恩格斯全集:第 30 卷[M]. 北京:人民出版社,1995:199-200.

③ 参看马克思在《资本论》中的有关论述,马克思恩格斯全集:第 23 卷[M]. 北京:人民出版社,1972:97.

间，同样表现为一个漫长、艰难而复杂的过程。这表明了研究共产主义革命的条件、发展过程以及向共产主义过渡的经济、政治形式，都是马克思主义学说的题中之义。在这里，特别值得注意的是马克思（和恩格斯）关于无产阶级民主和无产阶级专政的思想。

在《共产党宣言》发表前夕，恩格斯曾以问答方式阐述过他和马克思所主张的共产主义学说。其中在回答第十八个问题“共产主义革命的发展过程”时恩格斯说：“首先无产阶级革命将建立民主的国家制度，从而直接或间接地建立无产阶级的政治统治。”[①]这段话略加修改后在《共产党宣言》中被正式表述为：“工人革命的第一步就是使无产阶级上升为统治阶级，争得民主。”[②]

就在超政治、超经济的社会理想公开问世的时候，马克思（和恩格斯）又提出了无产阶级民主概念，这就必然产生了以下的问题：什么是无产阶级民主？它与资产阶级民主的关系怎样？它与超政治、超经济的社会理想的关系怎样？等等。由于无产阶级革命没有如马克思所预言的那样首先发生在西欧，而首先发生了革命的东方国家在民主问题上曾经出现过一些偏差，也由于资产阶级学者对马克思主义所进行的肆意歪曲，上述这些本应获得清楚理解的问题在很长时期内变得模糊不清了。有鉴于此，我们有必要重新回到马克思的思想发展史中去寻求对这些问题的解答。

在对黑格尔法哲学的最初批判中，马克思指出了官僚政治不过是“国家的形式主义”，是“虚假的国家”。作为对这种“形式主义”的克服，马克思提出了“真正的民主制”概念，认为真正的民主制可以克服国家与社会的分裂，实现二者的统一。[③] 在这里，马克思依然坚持黑格尔的国家观点，把国家看做实现人类真正本质的合理的机体；他虽然反对现有的国家政治形式，但却没有谴责作为统治阶级统治工具的国家本身。因而此时马克思的政治理论仍然是“模糊的”[④]。但是，在完成了对黑格尔政治哲学的批判、创立唯物史观、特别是以国家消亡作为人类解放的基本规定之后，马克思重提“争得民主”。我们从中可以体会到，在马克思那里，民主作为国家制度的存在，当然不是人类解放的实现，但是对于人类解放而言，民主只是不充分的而不是无价值的。不仅如此，在通往人类解放之路上，国家只有在充分实行民主的基础上才能被最终扬弃。换言之，民主必然是国家消亡前的最终表现形式。

---

① 马克思恩格斯选集：第1卷[M]. 北京：人民出版社，1995：239.

② 马克思恩格斯选集：第1卷[M]. 北京：人民出版社，1995：293.

③ 马克思恩格斯选集：第1卷[M]. 北京：人民出版社，1995：282.

④ 科尔纽. 马克思思想的起源[M]. 北京：中国人民大学出版社，1987：67.

由此可见，对于资产阶级民主，马克思决没有在国家消亡的观点上加以简单的抛弃，在指出政治解放还不是人类解放的同时，马克思说："政治解放当然是一大进步；……在迄今为止的世界制度的范围内，它是人类解放的最后形式。"[①]资产阶级民主提供着民主的进一步发展，直至国家最终消亡的必要与可能。

同样地，无产阶级民主一方面作为对资产阶级民主的扬弃和超越，另一方面它又必须最终扬弃自身的过渡性质，也为马克思所一再加以阐发。他（和恩格斯）在《共产主义原理》和《共产党宣言》中提出无产阶级争得民主的历史任务后接着指出，利用民主作为手段就是要实行进一步的、直接侵犯私有制和保障无产阶级生存的各种措施，并且指出这些措施的实行在运动进程中"它们会越出本身"[②]。在1852年致他的工人朋友魏德迈的一封信中，马克思强调他对阶级和阶级斗争学说的新贡献在于提出了："(1)阶级的存在仅仅同生产发展的一定历史阶段相联系；(2)阶级斗争必然导致无产阶级专政；(3)这个专政不过是达到消灭一切阶级和进入无阶级社会的过渡。"[③]在这里，马克思对无产阶级专政的历史必然性和历史过渡性的强调，都表明了作为国家消亡前的最终表现形式，无产阶级专政的历史使命就是为国家最终的自行消亡创造经济的、政治的、思想文化的前提。而就自身涵义而言，无产阶级专政就是无产阶级民主。对此，马克思在评述无产阶级用暴力推翻资产阶级统治、建立无产阶级专政的第一次伟大尝试——巴黎公社的历史经验时，作出了经典的阐述。他特别指出，公社"毫不含糊"地体现出了无产阶级"要求建立一个不但取代阶级统治的君主制形式、而且取代阶级统治本身的共和国"的努力。[④] "公社给共和国奠定了真正民主制度的基础"，"公社的真正秘密就在于：它实质上是工人阶级的政府，是生产者阶级同占有者阶级斗争的产物，是终于发现的可以使劳动在经济上获得解放的政治形式"[⑤]。

作为一个总结，我们最后要提到《哥达纲领批判》。马克思全面批判了在资产阶级社会里发展起来的"平等的权利"体系，并且指出了这一权利体系的消解及其条件和具体途径。他说："权利，就它的本性来讲，只在于使用同一尺度；但是不同等的个人（而如果他们不是不同等的，他们就不成其为不同的个人）要用同一尺度去计量，就只有从同一个角度去看待他们，从一个特定的方面去对待他们。""这种平等的权利，对不同等的劳动来说是不平等的权利。"因此，平等的权

---

① 马克思恩格斯选集：第1卷[M].北京：人民出版社，1995：429.

② 马克思恩格斯选集：第1卷[M].北京：人民出版社，1995：293.

③ 马克思恩格斯选集：第4卷[M].北京：人民出版社，1995：547.

④ 马克思恩格斯选集：第3卷[M].北京：人民出版社，1995：55.

⑤ 马克思恩格斯选集：第3卷[M].北京：人民出版社，1995：58-59.

利体系仍然只是抽象态度的产物,“按照原则仍然是资产阶级权利”,“总还是被限制在一个资产阶级的框框里”,是社会的“弊病”[①]。共产主义之作为社会理想,正在于它能“超出资产阶级权利的狭隘眼界”,实行“各尽所能,按需分配”。“按需分配”与“按劳分配”之间的根本区别,就在于以劳动为尺度的平等转变成了以劳动者为尺度的平等。但是,“权利决不能超出社会的经济结构以及由经济结构制约的社会的文化发展”[②]。因此,上述权利体系不会因资产阶级统治被推翻而立即消解。为了解决这个问题,马克思系统论述了共产主义革命的发展过程:“在资本主义社会和共产主义社会之间,有一个从前者变为后者的革命转变时期。同这个时期相适应的也有一个政治上的过渡时期,这个时期的国家只能是无产阶级的革命专政。”[③]无产阶级专政的国家必须致力于生产力的发展,致力于建立真正民主制度,为最终消解权利体系创造条件。可见,马克思是在消解权利体系的条件与途径的意义上阐发了他的过渡时期理论与共产主义两阶段论。由此,如果说提出“从政治解放到人类解放”理想的《论犹太人问题》代表了马克思研究市民社会的初步成果,那么,集中论述了这一社会理想及其实现途径、条件的《哥达纲领批判》,则可称得上是马克思社会政治思想达到了最后完成的标志。

四、余论:马克思政治思想在当代

长期以来,马克思的政治思想仅仅被指称为阶级斗争、无产阶级革命和无产阶级专政理论。对于民主、平等、自由等权利体系中概念的讨论,常常在我们的视野之外。海尔布隆纳(R. L. Heilbroner)说,社会主义国家在诸如“自由”这样的主要战场上“打了败仗”。[④] 这在很大程度上与我们对马克思政治思想的片面理解有关。

正是从这种片面理解出发,科莱蒂(L. Colletti)进而提出了“马克思主义缺少一个真正的政治理论”的论断。在科莱蒂看来,马克思讨论国家与政治革命的著作并不多,主要是《黑格尔法哲学批判》、《论犹太人问题》和《法兰西内战》。“这些著作都重复了卢梭早已发现了的主题。”[⑤]在严格意义的政治理论上,马克思和他的后继者列宁除了分析国家消亡的经济基础外,“没有在卢梭的思想上增

① 马克思恩格斯选集:第3卷[M].北京:人民出版社,1995:305,304.

② 马克思恩格斯选集:第3卷[M].北京:人民出版社,1995:305.

③ 马克思恩格斯选集:第3卷[M].北京:人民出版社,1995:314.

④ 海尔布隆纳.马克思主义:赞成和反对[M].易克信,杜章智,译.中国社会科学院情报研究所,1982:110.

⑤ L. Colletti. A Political and Philosophical Interview[J]. New Left Review,1974(86).

添任何东西"[①]。哈贝马斯在1990年写的一篇反思1989年东欧剧变的长文中也认为,马克思主义缺乏一个令人满意的法学传统,是左派要记取的最重要教训之一。而在整个20世纪90年代,把马克思主义等同于卢梭主义并进而等同于激进主义、极权主义的思潮更是时有所见。

我们认为,对于卢梭政治思想的重新研究,对于卢梭与马克思关系的发掘(由科莱蒂的老师德拉·沃尔佩较早作出),都是有意义的。但是如果像科莱蒂那样,把马克思对市民社会的批判等同于卢梭对市民社会的批判,那就完全否定了马克思在1844年以后政治思想的深化与发展。的确,1844年后的马克思很少写作狭义的政治著作,但这恰恰是出于对纯粹法哲学、政治哲学立场的限度的认识。事实上,法哲学、政治哲学思想正像一根红线贯串于马克思的全部学术工作之中。或许我们可以仿效列宁的句式说,马克思较少地写作小写字母的政治著作,但是他留下了大量大写字母的政治著作。

而如果像哈贝马斯那样,把马克思主义的政治思想、法学传统仅仅归之于对立宪民主的"狭隘的、功能主义的批判",最多加上关于"过渡时期"将不可避免的无产阶级专政的预计,那就从根本上忽略了马克思对"超出资产阶级权利的狭隘眼界"的社会理想所作出的论证,以及他对向这一理想社会过渡的经济条件、政治形式等等所作出的阐述。就哈贝马斯认为"民主共和国"是民主的最好形式而言,"狭隘"的决不是马克思的批判,而恰恰是"民主"共和国自身。时下甚嚣尘上的保守主义思潮把马克思主义与激进主义、极权主义划上等号,恰恰表现了其囿于马克思所批判的既有资产阶级权利体系的"框框"。在这里,值得指出的是,当代社会政治哲学家罗尔斯,在基于战后西方国家所推行的高福利政策而提出的正义论中,注意到了马克思的共产主义社会理想。除了对马克思著作的一些征引和评述,罗尔斯明确提出把天赋才能作为社会进步的产物,表明他不再"默认"劳动者不同等的工作能力是天然特权,而试图超出"资产阶级权利的狭隘眼界"。

如此说来,研究、发掘马克思的政治思想,是一项十分紧迫而重要的工作。我们在上面所作的研究,不过是这项工作的很小一部分,更大量、更繁重的任务还有待于我们去完成。当然,强调研究、发掘马克思政治思想的紧迫性与重要性,并不是说它能解决当代社会发展中的所有政治问题。在新的历史条件下,关于从资本主义社会向共产主义社会的过渡,关于无产阶级专政的建制形式等问题,确实需要重新研究。对于在比较落后的经济、政治、文化基础上建立的社会主义国家来说,如何创建出一种既有别于马克思当年设想、又明显高于原有政治形式的无产阶级民主,更是一个全新的课题。但即使这样,对马克思政治思想的

① L. Colletti. From Rousseau to Lenin[M]. New York: Monthly Review Press, 1972: 185.

当代意义仍不应低估。当代西方国家无疑仍是资本主义国家,但是它们向共产主义社会的转变已初露端倪,以福利国家的出现为重要标志,资产阶级权利体系已呈现出走向消解的迹象(当然不会很快完成)。新自由主义与民主社会主义立场的接近,同样表现出民主制度的发展"越出自身"的某种迹象。而现实社会主义国家对于在资产阶级社会结构里发展起来的"民主",具有吸纳和超越的双重任务。如何完成这一双重任务,马克思的政治思想也无疑可以提供极为重要的资源。

[本文选自《中国社会科学》2000 年第 2 期]

[作者简介] 郁建兴,哲学博士,曾任浙江大学马克思主义理论研究所教授、博士生导师,后任浙江大学公共管理学院院长,现为浙江工商大学党委书记、校长。邮编:浙江 杭州 310018

道德变迁与道德教育的发展

王　勤

社会的变迁,不仅给道德教育提出了许多新的课题,同时也冲击着传统的教育理念,呼唤着学校道德教育的变革与创新。社会现代化的实践要求现代价值观念和伦理精神的支撑,需要与之相应的道德教育理念和运作体系。面对如此重大的社会变革和如此强烈的社会要求,学校德育的反应是积极的,但又是滞后的。尽管社会上对于学校德育时有批评,教育界有些学者也认为,目前"主宰学校道德教育运作的仍是基于较为封闭、单一的社会结构而建立起的教育模式。这种教育模式因其忽视现代社会开放和价值多元的事实,忽视道德教育之固有的主体性本质,以及忽视现代社会对自主性和创造精神的呼唤,而在解释现实的社会道德问题、解决青少年道德价值观冲突面前日显苍白,不能充分发挥其应有的传递时代精神、塑造时代品格,从而为社会发展提供精神动力的作用"①。然而,比较一下十一届三中全会前后道德教育的不同模式,回顾改革开放以来学校德育改革所走过的艰难历程,就不难得出结论:我们在道德教育理念和运作体系上已经取得了显著而又长足的进步。

一

随着党和国家工作重心的转移,道德范式发生了根本变化,从以政治为中心,道德与政治相结合并居于经济之上,到"以经济建设为中心",道德建设服从、服务于经济建设。社会的变革给人们的精神世界带来了巨大的震荡,固有模式、传统观念和习惯势力遭到强有力的冲击,人们的思想空前活跃,价值观念和道德意识显现出前所未有的多样性和变动性。改革开放前主流道德一统天下的格局日益受到挑战,主宰人们几十年乃至更长时间的一些道德观念重新受到审视,社会道德正发生着从依赖性道德到自主性道德、从封闭性道德到开放性道德、从一元道德到多元道德的深刻变化,道德生活领域在经历了"失范""真空"以后正逐

① 戚万学.关于建构中国现代道德教育理论的几点设想[J].教育研究:1997(12).

步重新走向有序，与社会主义现代化建设相适应的新道德正在形成并呼之欲出。我们在感受道德进步的同时，也遇到了许多前所未有的道德问题和困境。这一切，正是当代道德教育面临的前提与背景。

十一届三中全会以来，我国的道德教育也发生了深刻的变化。教育界在对传统道德教育进行反思的基础上，始终在探索道德教育如何更好地“面向现代化，面向世界，面向未来”，如何更好地回应时代的挑战，如何更好地促进学生道德人格的成熟和发展。道德教育的发展，可以具体概括为以下几个方面。

1. 道德教育人本化

政治道德化与道德政治化是中国传统政治文化的基本特征。政治教育与道德教育不加区别、混为一谈，也是相当长时间内中国教育存在的现实。在社会教化过程中，政治教育和道德教育通过适当的机制实现相互配合是十分自然的，也是必要的。但无论是政治教育还是道德教育，各自都有着自身的特点和规律，在内容、功能、途径、方法等方面均有所区别。在十一届三中全会以前相当长的一段时间里，特别是“文革”期间，由于“左”的指导思想的影响，社会道德实际上成了以阶级斗争为主要内容的政治附属物。一方面强调“阶级斗争觉悟”为最高道德标准；另一方面，道德问题又往往上纲上线为政治问题，用阶级斗争方式去加以解决。与此同时，道德教育也成了“阶级斗争”的工具，成了“政治教育”的代名词。学校德育重“大德”（政治立场、政治方向、世界观等），轻“小德”（道德品质、人生修养等），致使一些青少年从小就会喊政治口号，却不懂得做人的基本道理，缺乏起码的文明礼貌素质和道德修养。道德弱化了对“做人”问题的探讨，道德教育远离了“做人”这个中心话题。

十一届三中全会以后，道德教育中人文主义、人本主义的色彩逐渐增多，道德教育回归其本来应有的位置。“学会做人”“学会关心”“学会生活”成为道德教育的主题，“促进人的德性现代化”成为现代道德教育的核心思想，道德教育突出了“人的发展”的观点，体现了以人为本的精神，即把人作为道德主体来培养，促进人的德性发展和道德人格的提升。因为对于人类来说，满足精神生活的需求，争取自身的发展和全面进步，是更高的目标。从实现人的价值看，道德教育的价值就在于提高、扩展人的价值，道德教育的崇高使命就在于通过塑造伦理精神，培养完满人格，改善人们的道德生活，实现道德对人生的肯定、调节、引导和提升。重视道德教育也就是重视人自身生存素质和生活素质的提高，使人活得更有意义，更有人的尊严，最大限度地发挥人的创造潜能。

2. 道德教育生活化

道德教育从高高在上，只讲远大理想和共产主义道德，到面向现实生活，面向学生成长中的课题；从教导人们无条件地遵从某种固定的外在准则，到引导人们面对现实生活的道德挑战，努力提高自身整体素质，提高生存能力和生活质量，是新时期道德教育的又一进步。尽管道德教育的变革还跟不上时代的飞速发展，但脱离现实道德生活的状况已有较大改善。

所谓道德教育生活化，包含了两个层面的意思：首先，生活是伦理道德的生长点和作用点，是道德的唯一基础，离开生活的基础，道德将走向虚无。一个人的德性修养，在很大程度上，并不是或者主要不是学校教育的结果，而是主体在长期的社会生活实践中，在解决一系列的道德冲突的过程中形成的。因此，道德教育理论之树应扎根在生活土壤之中，以我国现代化的现实要求和我国学校道德教育改革的实际为基本生长点，发现人生的普遍问题和学生成长中现实需要，直面现代道德生活的挑战，并教给人获得解决人类精神困惑的智慧、技能，从而获得人生价值的超越和升华。道德教育要关注个体的生活，帮助人们理解个体生活的目的、价值和意义，引导人们在个体生活实践中形成完整的精神生活，把接受道德教育、加强个人修养作为自己生存、生活的形式，提高生活质量，丰满个体人生。

其次，在道德教育的过程和途径上，要更多地体现道德教育的实践性特征，使道德教育与丰富生活相联系，做到生活过程德育化，德育过程生活化。道德区别于其他社会意识形态的根本特征就在于它的实践性，道德是以实践理性的方式来把握世界的，具有意识与行为、理论与实践相统一的特点。因而，道德教育也就有了它自身的特点和规律，它强调潜移默化、个体觉悟和生活践履，强调情感体验和知行统一。而我们在过去很长时间内都没有搞清楚知识教育、技术教育和道德教育的区别，按科学教育、技术教育的方式来进行道德教育，把道德与生活割裂开来。学校教育重理论性德育课程轻实践性德育课程，重理论灌输、道德说教轻能力培养、行为养成，学校教育远离社会现实生活。其结果造成学生在道德修养方面知行脱节的现象相当普遍，知识的优势远没有转变为内在素质和实际行动。

十一届三中全会以来，特别是近十年以来，无论是德育理论工作者还是实际工作者都认识到了道德教育生活化、实践化的意义，"整体参与式德育课程"的提出，"活动道德教育模式"的探讨，以及社会服务、青年志愿者活动等的广泛开展，都标志着道德教育的研究和实践进入了一个新的阶段。

3. 道德教育层次化

在过去"左"的指导思想的影响下，我们一度无视社会主义初级阶段的社会经济现实条件和社会成员的认知觉悟水平，一味强调共产主义道德的宣传和教育，有意无意地"拔高"社会道德水准，道德教育脱离社会经济发展的实际状况，因而难以形成道德建设的切实成果。道德教育的“神圣化”倾向也造成我们片面重视崇高道德精神的塑造，忽视社会基本公德的陶冶。事实上，在现实生活中，人们的觉悟程度、认识能力乃至道德水平和道德境界是有不同层次的，要求所有的人都达到同样的程度、水平和境界，显然是脱离实际的。构建社会主义市场经济条件下道德教育体系，强调道德教育要把先进性要求和广泛性要求结合起来，根据不同的对象和要求，形成一定的目标递进层次，是新时期道德教育的又一发展。

《中共中央关于加强精神文明建设若干问题的决定》明确指出：“社会主义道德建设要以为人民服务为核心，以集体主义为原则。”“在全社会认真提倡社会主义、共产主义思想道德。”同时，“鼓励支持一切有利于解放和发展社会主义生产力的思想道德，……一切有利于履行公民权利与义务、用诚实劳动争取美好生活的思想道德”。这一表述充分体现了理想与现实、先进性与广泛性的结合。近年来，基础文明与现代合格公民教育受到重视，社会公德、职业道德和家庭美德的教育正通过各种形式在全社会广泛开展，道德教育更加贴近了现实。德育大纲的颁布和大、中、小学德育衔接的研究，标志着学校德育开始摆脱随意性、盲目性和重复性，走向科学化、序列化和层次化。

4. 道德教育的开放性

随着改革开放的深入，中国人的精神得到了极大的解放，道德教育也逐步由封闭走向开放。首先，道德教育的目的不是“禁锢”学生的思想，而是“打开”学生的心灵世界，促进学生积极主动的道德思维，发展学生的道德认识、道德推理与判断选择能力，使学生的思想和道德价值观永远保持“开放”，在比较、判断、选择中不断更新、创造，从而向未来的道德发展和更高的道德境界迈进。这是新时期以来德育工作者逐渐形成的共识。

其次，道德教育也从封闭式教育转变到开放式教育，鼓励学生参与真实的生活。既然学校道德教育过程是一个使学生在道德方面社会化的过程，那么，毫无疑问，学校道德教育必须用现实社会的真实生活来教育学生，让学生在参与真实的社会生活的过程中认识社会生活的本来面貌，从而进一步学会怎样参与社会生活的改革与创新活动。

道德教育的开放性还表现在教育内容的丰富和教育资源的挖掘上，表现在道德教育理论建设上。在新中国成立后相当长的时间里，我们在对封建伦理道德的批判过程中忽略了挖掘、继承几千年传习下来的优秀传统道德资源，割裂了传统道德与社会主义道德之间的联系。而对资产阶级道德则一概否定，对建立在西方文明之上的有利于人类进步的道德采取完全排斥的态度，不注重引用、借鉴国外道德教育模式中先进的方法和手段，造成道德教育内容的单一性和道德资源开发的片面性。近年来,我们在培养、塑造现代道德意识,积极回应时代挑战的同时,充分重视中国优秀传统文化的挖掘和中华传统美德的弘扬,在源远流长的古代道德教育传统中吸纳其中合理的、在今天仍不失其生存价值的因素,并加以批判地继承。在研究视野上,冲破了原来的"封闭"和"禁锢"状态,出版了一批介绍西方道德教育理论的译著和教材,了解和借鉴国外德育思想成就和理论成果,把中国道德教育的改革纳入世界道德改革的潮流中去,极大推动了我国学校道德教育的建设和发展。

可以预见,随着世界经济一体化、全球化进程的加快和信息社会的到来,多元文化与价值观的碰撞将变得更为经常,道德教育在坚持正确的价值导向的前提下,在思维方式、信息交换等方面要更多地体现开放性和兼容性,以保持自身的不断更新和充沛的生命力。这一切都意味着道德教育的开放性将进一步凸现。

二

应该承认,新时期道德教育尽管有了很大的进步,但依然落后于时代的发展,面临着严峻的挑战。走向新世纪的学校道德教育,如何抓住素质教育的历史机遇,在深化教育改革、全面推进素质教育中找到自己新的生长点,在提高学生的思想道德素质、培养创新精神和创新能力上有所作为,是时代提出的新课题。道德教育在坚持人本化、生活化、层次化和开放性的同时,要着重解决以下两个问题。

1. 道德教育要直面现实挑战,实现观念、内容、手段的现代化

全球化和信息化是今天高等教育面临的双重现实,21 世纪的大学与社会、与世界的联系将更加广泛而紧密,大学的围墙将越来越只具有形式意义。信息技术的发展,使传统的教与学的模式发生改变,知识的垄断、教师的权威受到挑战,教师将逐步从信息的提供者转变为引导者,学生知识的来源、经验的获得、观念的确立将更多地来自社会而不是学校,信息接受的主动性、积极性和选择性将大大增强。网络文化对社会主流意识形态、民族文化和社会道德的挑战与冲击已见端倪,不可等闲视之。在因特网上,各种思想都可以跨国界交流,思想"藩篱"形同虚设,不同的政治文化、道德观念、价值取向和生活方式都云集网上,这对传统的相对封闭的道德教育模式提出了严峻的挑战。

从国内来看,我国正处在建设社会主义市场经济和实现现代化战略目标的关键时期,道德教育面临的使命十分重大。同时,我国社会正经历全方位的变革,改革开放前主流道德一统天下的格局正日益受到冲击,社会道德价值观日趋

多元。社会变革、对外开放和多种经济成分并存的现实,使不同文化的冲突、价值观的碰撞、道德选择的困惑日益激烈和经常。社会道德观的日趋多元,使道德行为判断趋于相对性,道德行为正误的灰色地带正不断扩大。这一切,都是今天学校道德教育面临的现实。

学校道德教育必须直面现代社会开放和价值多元这一事实,正视道德冲突,解决道德困惑,帮助学生辨别是非,学会判断和选择。并在这一过程中认识道德存在的价值和做一个有道德的人的价值,促进学生道德成熟。因此,学校道德教育的重点,应从传授道德知识和灌输现成结论,转移到让学生掌握"批判的武器",提高学生的道德辨析力、判断力、选择力和创造力的教育上来。使其在纷繁复杂的社会现象面前,有能力自行判断和处置所面临的各种道德问题,学会自己去面对人生,自己去创造生活。

不仅如此,道德教育还应该担负起塑造时代精神品格、促进现代道德观念生成、培育现代道德素质的崇高使命。为此,道德教育的内容也应现代化,要引导青少年正确处理个人与社会、物质与精神等关系,加强科学价值观、生态伦理、网络道德、经济伦理、道德心理素质等方面的教育,形成一系列崭新的极富时代特色的德育内容。同时,在道德教育的方法上,也要更多地利用传播媒体的优势和现代化的教学手段,使信息传播更为快捷、形象,道德教育更加贴近现实,更具时代气息。

2. 道德教育要突出主体性本质,帮助学生形成健康的道德生活方式

传统教育(包括现行教育)的一大弊端就是忽视了道德的主体性本质,造成道德教育主体性缺失。传统道德教育实质是一种相对封闭的、强制的教育传统,它试图借助一切可能的教育手段,使学生无条件接纳和认同既定的道德价值、道德规范和道德理想。这种教育的最大问题在于忽视了主体精神活动在道德中的重要地位。事实上,道德是贯注着人的主体精神的"自由自觉的活动"。道德作用的发挥乃至其存在的价值无不以主体性的发挥,以人的自由自觉为前提。因而道德教育的实质是造就道德主体,即造就具有自主的道德意识、道德行为的社会成员。因此,学生的道德学习必须是自觉、自愿的而非强迫的,道德教育方法的选择也应有助于学生自觉性的培养和道德自律的达成。"传统道德教育因其对教育对象'标件化'的追求而难以培养独立的、批判性思维和有个性的个体;因其限制学生选择的自由和可能性而难以培养学生的责任意识和责任行为。"①

社会主义市场经济体制的建立,极大地激发了人们的创造力,使人们的个性得到张扬,主体意识日益觉醒,个人的权利、利益和尊严得到更多的尊重和确认。

---

① 戚万学.关于建构中国现代道德教育理论的几点设想[J].教育研究:1997(12).

从社会发展趋势来看，青年学生正从传统的"边缘人"向现代社会的"参与人"过渡，逐步体现其社会主体地位。青年文化在接受主流文化影响和制约的同时，也日益体现出独特的主体性、批判性和创造性。在市场经济和信息社会中成长起来的青年一代，他们接受的信息量大，思维灵活，想象丰富，视野开阔，自我意识和自主精神都比他们的前辈要强。他们已不再盲从既定的道德价值和道德规范，而是根据自己的价值观对各种道德现象作出评判，以自己的参与和创造建构时代的道德精神。从这个意义上说，突出道德教育的主体性本质，既是时代的诉求，也是青年学生的内在需求。

因此，道德教育要根据社会发展和现代化的要求，更加重视人的主体诉求，更加注重受教育者积极性、主动性的发挥，更加强调教育者与受教育者之间的平等、民主意识，更加体现教育的本质，促进人的全面发展。要启发、引导学生内在的教育需求，营造和谐、宽松、民主的教育环境，鼓励学生参与教育过程与真实的社会生活，并在这一过程中学会负责，学会判断，学会选择，成为能够自主地、能动地、创造性地进行认识和实践活动的社会主体。要特别强调学生参与自我教育的意义，促进他律向自律转化。因为"可以肯定的是，在一个没有学生的充分的参与权利与自觉的参与活动的班级、学校、家庭与社会中，是不可能培养出学生的自觉纪律、社会责任心与使命感的；进一步说，在一个充满了意识不到自己的参与权利与责任、不愿参与和不会或没有能力参与的儿童青少年（或公民）的社会中，是无法建设文明生活与民主政治的"①。

道德教育过程是建立在直接性、动态性、体验性基础上的，社会生活实践对于道德发展的意义，已有很多论述，关键在于如何落实。国内有学者提出了"青少年义务社会服务制度"的设想，主张将这一制度的实施与认识性德育课程的改革、活动性德育课程的建设结合起来，是很有见地的，值得教育主管部门认真考虑。总之，无论是道德教育的出发点，还是道德教育的方法、途径的选择，都应该有助于学生自觉和自主道德精神的培养，有助于形成健康的道德生活方式，唤起学生对道德的追求，实现道德在实际生活中的引导、激励和提升作用。

[本文选自《道德与文明》2000 年第 4 期]

[作者简介] 王勤，浙江大学马克思主义理论研究所教授，硕士生导师。曾任浙江大学德育教研室副主任、思想道德修养与法律基础教研室主任、校工委副主席等职。邮编：浙江 杭州 310058

① 魏贤超. 现代德育原理[M]. 杭州：浙江大学出版社，1994：96.

论理想范畴之于马克思主义哲学的意义

张应杭

1. 问题的提出

时下热议的“中国梦”其实质是执政的中国共产党人对中国社会未来走向的一种理想构建。但毋庸置疑的是，一些人却对这一理想构建的必要性心存疑虑。事实上，这种对理想的疑虑甚至否定的心态由来已久。这些年来，在无处不在的市场法则面前，理想往往被误读为是一种凌空蹈虚的说教。为了纠正这一颇为常见的误读，本文作者撰写了系列论文论证了理想之于人生的充分必要性。这些年进一步的思考表明，理想不仅是人生哲学的重要范畴，它也是马克思主义认识论的基本范畴。也就是说，“理想何以必要”问题也有着充分的认识论依据。

在马克思的认识论视阈里，认识论固然要提供客观外部世界的最一般知识，但它决不应只是单纯知识的逻辑体系，它同时还必须是主体对客观世界的需要、目的、理想、信念的价值体系。认识论要在对客观世界的理论建构中，通过主体对客体关系的反思，确立人对客观外部世界的主体地位，从而在把握客观世界发展规律的基础上为人的活动提供自觉的理性指导和价值指向。所以马克思主义认识论强调自己的哲学认识世界和改造世界相统一的特性，这集中表现在马克思《关于费尔巴哈提纲》中最后一条提出的解释世界和改变世界相统一的著名命题中：“哲学家们只是用不同的方式解释世界，而问题在于改变世界。”①但是，这样一个“解释世界和改变世界相统一”的问题，我们以往简单地认为随着“实践”范畴的引进就不证自明了。其实，问题远没有那么简单。我们的研究表明，在理论解释世界与实践改变世界之间，还有一个必要的环节，那就是“理想”的有效构建。

2. 理论向理想的转化

马克思主义哲学认识论强调认识世界和改造世界的统一，强调人类认识世界过程中的认识与价值、认识方式与价值方式的统一。这种统一就必然集中地体现在理想这一范畴之中。亦即是说认识世界和改造世界的统一，认识与价值、

① 马克思恩格斯选集：第1卷[M]. 北京：人民出版社，1995：61.

认识方式与价值方式的统一，就认识论范围而言是通过理想的建构和确立才得以具体实现的。

理想的内涵极为丰富，其表现形式也极为繁多。从最通常的意义上讲，理想包括革命理想、社会思想、道德理想、艺术理想以及建筑师的设计，人类改造自然的各种蓝图等在内。但无论是何种理想，从哲学认识论角度分析，它们都属于一种观念形态的东西，而这也就构成了理想成为马克思主义认识论范畴的逻辑根据。

以马克思主义的认识论立场来看，理想作为认识论范畴，首先涉及的就是它借以认识的客观对象问题，亦即理想与现实的关系问题。理想总表现为一个向往的目标，它是主体内心的一种意向和观念，但它显然又有别于一般的观念，而是以一种向往目标表现出来指向未来的观念。应该肯定，人类的意识具有建构这样一种指向未来观念的能力，这也是人的活动区别于动物活动具有自觉性的一个内在标志。恩格斯说过："人离开狭义的动物越远，就越是有意识地自己创造自己的历史，未能预见的作用、未能控制的力量对这一历史的影响就越小，历史的结果和预定的目的就越加符合。"①这"预定的目的"也就是理想，它能被主体建构并以观念的形式存在于人的头脑中。但以马克思的唯物主义立场来看，这里更应该肯定的是，主体所建构的理想必须是由客观现实所产生，并以客观现实为前提的。因而决不能把理想与现实割裂开来。

真正科学的理想必须植根于现实之中，它是从现实中吸取和提炼出来的。主体在建构理想时必定要反映主体自身的要求和愿望，但这种要求和愿望必须建立在客观现实发展的内在必然性得以提供的可能性的基础之上。无疑，主体所建构的理想也总是一种美好地想象，但这种美好的想象决不是悬浮于客观现实可能性之上的海市蜃楼。所以从最根本的意义上讲，理想的科学性是以现实发展的可能性作为基础的，一个真正科学合理的理想必须把握着现实发展的未来趋势。这样，我们可以从认识论的视阈把理想定义为人对客观现实可能性的一种超前反映。为此，理想必须包括如下三个方面的内容。

其一，理想必须包含现实发展规律提供的可能性。这种可能性因为是现实发展的客观规律所提供的，因而又是一种必然性的东西，它以潜在的尚未实现的形式存在于现实之中，但却预示着现实发展前途的客观必然趋势。关于这一点，黑格尔曾这样深刻地分析过："一个事物是可能的，还是不可能的，取决于内容，也就是说，取决于现实性的各个环节的全部总合，而现实性在它的展开中表明它自己是必然性。"因而，理想作为主体对未来的一种向往和超前反映，无疑是必须

---

① 马克思恩格斯选集：第4卷[M]. 北京：人民出版社，1972：274.

包含这种由客观必然性提供的未来发展的可能性在其之中。丧失了这种必然性根据，理想就只能是一种空想。柏拉图曾是思想史上较早探讨了理想范畴的古代哲学家。他在其著作《理想国》里较系统全面地描绘了他对理想社会的诸种设想。但他的“理想国”却被证明了是一种不切实际的空想，究其原因就在于他的“理想国”实质上是一种旧的氏族制为基础的社会模式，而这种氏族制的社会形态在当时的社会发展中早已丧失了存在的理由和必然性的根据。显然，这样一个没能把握住社会发展必然性的理想，注定只能是一种空想。

其二，理想又必须体现人的愿望、要求和目的在其之中。理想之所以称为理想，其本身就带有强烈的主体性，它是主体性极强的一个价值范畴。“世界不会满足人，人决心以自己的行动来改变世界。”①因而，理想不可能是一种超社会、超功利的纯粹理智的产物。一个最简单的事实是，理想作为主体的一种向往目标，其自身就是以人的目的形式表现出来的。但这里必须强调的是，理想所指向的目的应该是合理的。所以列宁认为：“事实上，人的目的是客观世界所产生，是以它为前提的——认定它是现存的、实有的。”②正是客观事物及其发展规律才能为满足人的目的提供现实的基础和可能性。一个合理的目的首先要以客观必然性的知识作为前提条件，离开这一点，任何美妙的愿望、要求、目的也只能是不切实际的空想。

其三，理想总还要凭借想象力而被不同程度地形象化。马克思在论述人的生产劳动不同于动物的本能活动的区别时这样说过：“劳动过程结束时得到的结果，在这个过程开始时就已经在劳动者的表象中存在着，即已观念地存在着。”③由于这种实践结果事先以“表象的”形式而不是以抽象概念的形式存在于人的头脑中，因而它总要这样或那样地被形象化。而且，这种形象化的过程以马克思的话说是“按照美的规律来塑造的”④。

理想的这三方面内容的统一，也就是理想自身真、善、美的统一。一个科学的、合理的理想必须达到真、善、美这三者的有机统一。当然，真、善、美三方面要素在理想的内部结构中的地位和作用是不一样的。其中，“真”具有最重要的决定性的意义，它是理想区别于空想的真正分水岭所在。“真”是指必须对客观现实的正确反映。或者更确切地说，理想必须是对客观现实可能性的一种正确反映才可以称之为“真”。理想首先必须是“真”的，然后才可能是“善”的和“美”的。

---

① 列宁．哲学笔记[M]．北京：人民出版社，1979：229.

② 列宁．哲学笔记[M]．北京：人民出版社，1979：202.

③ 马克思恩格斯全集：第23卷[M]．北京：人民出版社，1972：202.

④ 马克思恩格斯全集：第42卷[M]．北京：人民出版社，1972：97.

作为真、善、美统一的理想，当它只是被主体建构而尚未付诸实践活动时，它无疑也还是认识形态的东西。但并不是所有认识都取得理想形态的。理想区别于一般的理论就在于理想不仅反映现实而且这种反映具有超前性。所谓的超前性的含义实质上指的是它舍弃了现实的不好的、消极的东西，而对现实加以合理地想象，从而构成主体努力的方向。因此，可以这样认为，理论仅反映现实，而理想则是反映现实和创造现实的统一。也正因为理想具有这样双重的特性，我们可以认为理想是认识把握现实的一种较理论为高的形式。理想要优越于理论。理想的这种优越性是在认识的目的中得以实现的。认识世界的目的在于改造世界。但是，一般的理论只反映事物存在和发展的规律性，解决客观世界“是怎样”的问题，而人类改造世界的活动是一种创造性的自觉活动。这个活动要遵循事物的客观规律，使其符合“物种的尺度”；但同时，这个活动也必须体现和渗透着人的主体利益在其中，使之符合“主体的内在的固有尺度”。这就正如马克思说的那样，人的活动不同于动物的活动就在于“他不仅使自然物发生形式的变化，同时还在自然物中实现自己的目的”[①]。显然，要指导这样一个改造世界的实践活动，认识仅有其理论的形态（亦即解决“是怎样”的问题）是不够的，认识在解决了客观世界“是怎样”的基础上，还必须按照主体的目的进而解决客观世界“应怎样”的问题。而这样一个“应怎样”的问题，是由认识的理想形态来回答和解决的。

因此，人类把握世界的两种方式，亦即认识方式和价值方式的统一，在这里就具体体现为理论方式和理想方式的统一。理论方式掌握世界是人的认识对外部世界运动变化本质规律的把握，这是一个获得客观真理的过程；理想方式掌握世界则是在真理性认识的基础上，按照人的目的性要求，在观念上创造具有价值意义的客观世界的过程。也因此，从主体活动的目的性而言，可以认为理论向理想的转化是认识过程中的一个质的飞跃。

3. 理想向实践的转化

理想作为主体对客体对象一种“应怎样”的反映，它反映了人对客观现实不满足，从而产生的一种主体性的需要。但这仅是一种主体性的需要。显然，望梅不能止渴，画饼也无法充饥。所以，理想既然是对现实不满足而产生的，这就注定了它不会满足于自己的主观性，它要追求的归根结底是一种客观的和现实的满足。因此，理想作为一种观念的东西如果不否定自己的主观性，它就失去了自己存在的意义。列宁在分析人的概念时这样说过：“作为主观东西的概念（＝人）又以自己的异在（＝不以人为转移的自然界为前提），这个概念（＝人）是想实现

---

① 马克思恩格斯全集：第23卷[M]. 北京：人民出版社，1972：202.

自己的趋向，是想在客观世界中通过自己给自己提供客观性和实现（完成）自己的趋向。”[①]理想也同样有这样一个力图使自己现实化的强烈趋向，这个趋向是由主体的人所给予的。它追求的目的是理想的实现，从而使主体人的需要得以现实地满足。然而，这种趋向的外在化，既不能在理想的概念形态中实现，也不能只凭借主体的精神力量来完成。这是因为理想当然可以在观念上超越现实，但却不能实际上做到这一点。正是从这个意义上讲，理想的建立实际上只是认识活动的逻辑归宿。如果把认识世界和改造世界作为一个完整的过程把握，那么，提出理想又标志着实践活动有了自己的逻辑起点。马克思主义认识论不会在纯粹观念的世界里流连忘返，而是注定要把自己置身于客观的现实世界中，从而通过实践这一感性的物质活动来实现理想。这也是马克思主义哲学认识论区别于以往一些旧哲学之认识论的一个重要标志。

这样，我们如果对认识和实践关系作进一步的审视，就可以发现在认识到实践的飞跃的过程中存在着这样一个问题：单纯的理论知识无法构成飞跃的直接起点。对实践的要素和过程进行剖析便会看到，人的实践活动是以目的为根据和出发点的。目的在这其中构成实践活动中人的行动规律，这也就是马克思所说的劳动过程的结果预先在劳动者的观念中存在的意思。[②] 的确，人类创造历史的活动正如恩格斯指出的那样：“是具有意识的、经过思虑或凭激情行动的、追求某种目的的人；任何事情的发生都不是没有自觉的意图，没有预期的目的的。”[③]而一般的理论知识由于仅解决对象“是怎样”的问题，故不包含人的目的成分在其中，而理想则正好符合了实践的目的性要求。黑格尔在他的哲学中曾把理念区分为真的理念和善的理念。在他看来，真的理念是追求真理的冲动，是接受已给予的外在世界而充实自己；而善的理念则是实现善的冲动，要求实现善的目的，它扬弃对象世界的外部规定而使自己的目的得以实现。他认为这样一种善的理念作为一种确定的目的性的形式就是理想。理想总是趋向于改造外部世界，使其符合主体的目的。剔除其唯心主义糟粕，应该承认黑格尔的这个思想是深刻的和有意义的。也就是说，理想作为一种善的理念实质上指的是实践中的理念。在理想这一范畴中，概念摆脱了抽象性，取得了具体的形态，一方面它包含了真理性的认识，而且这些认识是被分析和综合了的能够直接运用于实践活动之中；另一方面，它还包含了主体的愿望、利益、要求等目的性因素在其中的，直接体现了主体的目的性。这样，实践活动的目的性要求，便和包含了目的

① 列宁．哲学笔记[M]．北京：人民出版社，1979：228．

② 马克思恩格斯全集：第23卷[M]．北京：人民出版社，1972：202．

③ 马克思恩格斯全集：第4卷[M]．北京：人民出版社，1972：247．

性在其中的认识之理想形态相吻合和衔接了。理想正是因此构成为实践活动的起点的。

不仅如此,如果作进一步的考察,那么我们还可以发现,认识要回到实践中去除了必须取得目的形态外,而且还要求这种目的形态转化为表象的形态。皮亚杰的发生认识论(genetic epistemology)研究就表明,在认识和活动之间有一个表象思维和直观思维的过渡阶段。① 其实,马克思也有类似的思想。所以马克思说:"劳动过程结束时得到的结果,在这个过程开始时就已经在劳动者的表象中存在着。"②也就是说,目的形态不是以抽象概念的方式而是以形象化的方式,即表象的方式存在于主体的观念之中。一般的理论知识显然做不到这一点,唯有认识的理想形态才符合这个要求。因为理想作为一种具体的且指向未来的构想,它总是不同程度地被主体表象化了的,或者说表象化的要求本身就构成了理想的一个内在要素。

可见,认识要能够真正回到实践中去指导实践,就必须首先使自己取得理想的形态。只有这样,认识过程的第二次飞跃也才能得以真正地实现,精神变物质也才会成为可能。由此我们可以看到,理想既作为理性认识的逻辑归宿,同时又作为实践活动的现实起点。正是这样双重品格的统一,使得它成为由认识向实践转化过程中不可逾越的一个重要环节。从这个意义上讲,也只有理想范畴才使认识世界和改造世界得以真正地统一起来了。

理想范畴之所以成为认识到实践的一个重要环节,除了它以目的形态在认识中解决了"应怎样"的问题外,也还因为它集中反映了人的意识的能动性。马克思主义认识论是一种能动的革命的反映论,这种能动性固然表现在认识能动地从感性认识上升为理性认识,又从理性认识能动地回到实践中去,但我们认为意识能动性的最根本的含义则是指认识在反映客观世界过程中的创造性。它表现为对现实世界理想化,从而在反映客观事物存在及发展规律的基础上创造一个最大限度地满足人类需要的客观现实世界。所以列宁说"人的意识不仅反映客观世界,而且创造客观世界"③。

意识的这种创造世界的能动作用和唯物论的原则并不相悖。事实上,否认意识能动的创造性恰恰是一种自然主义的表现。恩格斯曾批判过这种观点,他认为:"人的思维最本质和最相近的基础正是人所引起自然界的变化,而不单纯是自然界本身,人的智力是按照人如何学会改变自然界而发展的。因此,自然主

---

① J.皮亚杰.发生认识论原理[M].王宪钿,等译.北京:商务印书馆,1981:29.

② 马克思恩格斯全集:第23卷[M].北京:人民出版社,1972:202.

③ 列宁.哲学笔记[M].北京:人民出版社,1979:228.

义的历史观(譬如德莱柏和其他一些自然科学家都或多或少地有这种见解)是片面的,它认为只是自然界作用于人,只是自然条件到处决定人的历史发展,它忘记了人也反作用于自然界、改造自然界,为自己创造新的生存条件。”[①]当然,意识的这种能动作用在哲学史上也曾被唯心主义片面地夸大了,但唯心主义的错误决不在于他们强调了意识的能动性,而在于把这种能动性无限夸大到可以摆脱客观必然性制约的地步。因此,马克思主义哲学强调,由主体建构理想时表现出来的意识能动性首先在于对客观必然性的把握,然后再在这个必然性面前打上人的主体目的性的印记,从而创造一个理想的未来世界,并借助于实践去实现这样一个理想世界。这才是意识能动性的真实含义。

4. 结论

人类活动的主体既以认识的方式对待客体,也以价值的方式对待客体;既以理论的形态把握客体,又以理想的形态把握客体。所以主客体的统一必然表现为认识和实践的最终统一。这个统一借助理想的构建而变成了现实可能性。也因此,“认识世界和改造世界的统一何以可能”这一马克思主义认识论最核心的问题也就获得了最终的解决。

而且,作为认识活动的主体,人在以认识方式和价值方式、以理论形态和理想形态相统一去把握客体时,还总是要表现为认识主体内部知、情、意相统一的过程。因而,认识活动中的“我思”之我,除了主要表现为逻辑思维的主体外,还要表现为情感和意志的主体。作为主体对客体把握的理想也总是受情感和意志等因素的影响。因此,理想在被主体建构和确立时,就不是当下直接已有的客观现实的摹写,也不是对客观事物发展规律的消极把握,而是渗透着主体的情感、意志在其中的一种综合性的关于未来的美好图景。所以恩格斯说:“外部世界对人的影响表现在人的头脑中,反映在人的头脑中,成为感觉、思想、动机、意志,总之成为‘理想的意图’,并且以这种形态变成‘理想的力量’。”[②]正因为理想在建构的同时,反映了主体知、情、意三者的统一,而每个人都有自己的个性特征,有不同的知识结构、不同的情感品格和不同的意志力。因而,主体在对待同样的现实问题时,可以吸取不同的内容和方面,建构不同的理想。也正是基于这样一种事实,我们又可以这样认为,理想是人格的一种主观体现。而这也就规定了现实生活中理想的内容及其表现形式都是丰富多彩的,理想的多元性和多层次性是符合理想自身之内涵的。

因此,为了使主体把握客观世界过程中知、情、意的统一不陷于唯心主义的

---

① 马克思恩格斯全集:第20卷[M].北京:人民出版社,1965:573-574.

② 马克思恩格斯全集:第23卷[M].北京:人民出版社,1972:232.

幻觉之中，主体内部这一知、情、意的统一，就必须同时表现为理想被建构时的真、善、美统一。“真”就是符合客观世界发展的必然性规律，没有对客观规律的真理性认识，就没有实践活动的理性指南；“善”就是体现人的主体需要之目的，而且这个主体性需要和目的必须是合乎客观规律的，这正如孟子所声称的“可欲之谓善”①；“美”则是主体在实现善的需要和目的时，能赋予这个过程以感性和愉悦的属人品性。人类之所以要追求真，是为了确立“实事求是”的主体意志，科学地研究自然和社会，也正确地认识自我；人之所以追求善，是为了建立完善和幸福的生活，用善的理想来建立人和自然之间、个人和社会之间的和谐平衡的关系；人之所以追求美，是为了用“美的规律”来改变自然和社会。一方面，人用美来改造自然，而使自然人化，使自己的本质对象化；另一方面，人用美来陶冶自己，在实现人的自我完善中，造就自我的理想人性和理想人格。在马克思主义认识论看来，这是一个理想不断超越现实，而现实又不断修正理想的过程。

马克思主义理论诞生以来，西方思想界一直有一种观点认为“马克思不过建构了一个乌托邦之梦”。当代著名的马克思主义研究学者特里·伊格尔顿在其《马克思为什么是对的》(*Why Marx Was Right*)一书里针锋相对地写道：“如果乌托邦思想家意味着预见未来将远远好于现实，那马克思就是。”②也是因此，我们可以理解马克思在创立自己哲学学说的时候，为什么要赋予自己的实践唯物主义哲学以理想主义的情怀。这种理想主义的品性集中体现在他博士论文扉页的一句名言上：“理想主义不是幻想而是真理。”③

可见，马克思主义哲学一方面对人类社会的过去、现在和未来作了精确的透视和分析把握，另一方面又从类哲学的高度为人类社会描绘了一个辉煌灿烂的前景——共产主义的理想社会和自由全面发展的理想人格。中国共产党人立足于中华民族伟大复兴而构建的“中国梦”及其实践，不仅是对马克思这一伟大理想的一个带有民族化特色的伟大实践，其本身更是马克思主义中国化的一个有机组成部分。

[本文选自《哲学研究》2001 年第 7 期]

[作者简介] 张应杭，浙江大学马克思主义理论研究所教授，硕士生导师。曾任浙江大学马克思主义理论研究所副所长，兼华夏文化促进会(北京)首席专家、杭州电视台“应杭说道”主持人等多项学术兼职。邮编：浙江 杭州 310058

① 杨伯峻.孟子译注：下卷[M].北京：中华书局，1981：334.

② 特里·伊格尔顿.马克思为什么是对的[M].李杨，等译.北京：新星出版社，2011：134.

③ 马克思.博士论文[M].贺麟，译.北京：人民出版社，1975：扉页.

论思想政治教育的经济价值

王　勤

随着经济建设日益成为社会的主导因素，思想政治教育的经济价值引起了人们的关注。所谓思想政治教育的经济价值是指思想政治教育劳动所创造的能促进社会经济增长和发展，满足人们物质和精神需要的效应。[①] 思想政治教育有没有经济价值，实际上要回答的是思想政治教育能否服务于经济建设，促进经济发展的问题。在现实生活中，一些人总是对思想政治教育的经济价值表示怀疑，自觉不自觉地将思想政治教育与经济建设分离开来、对立起来，甚至认为思想政治教育解决不了经济发展中的问题，反而是浪费时间。这正是导致有些地方和单位出现经济工作和思想政治教育“一手硬、一手软”，业务工作和思想政治教育“两张皮”现象的认识根源。因此，充分认识思想政治教育的经济价值，从理论上澄清一些模糊的问题，对促进物质文明与精神文明的协调发展，更好地发挥思想政治教育的作用，具有十分重要的意义。

一、思想政治教育具有经济价值的理论依据

1. 从物质与精神的相互转化来看

马克思主义的经典作家在揭示社会历史发展规律时，充分肯定物质生活资料的生产和再生产是社会历史发展的基础，对历史发展进程起着决定性作用。同时又指出思想理论对社会发展有着巨大的能动作用，影响着历史的发展并往往决定着历史进程的特点和特殊的形式。马克思曾经说过：“批判的武器当然不能代替武器的批判，物质力量只能用物质力量来摧毁；但是理论一经掌握群众，也会变成物质力量。理论只要说服人，就能掌握群众；而理论只要彻底，就能说服人。”[②]马克思这里所说的理论说服人，正是思想政治教育的功能；而理论一经掌握群众也会变成物质力量，就是说理论在一定条件下可以转化为经济价值。

马克思关于物质与精神可以相互转化的思想，得到了马克思主义后继者们的继承与发展。毛泽东明确指出：“物质可以变成精神，精神可以变成物质。”“代

① 张耀灿，等．现代思想政治教育学[M]．北京：人民出版社，2001：119.

② 马克思恩格斯选集：第2卷[M]．北京：人民出版社，1995：9.

表先进阶级的正确思想，一旦被群众掌握，就会变成改造社会、改造世界的物质力量”。[①] 在新的历史条件下，邓小平根据现代中国社会的实际提出了社会主义物质文明、精神文明“两手抓”“两手都要硬”的思想，揭示了物质文明与精神文明互为条件、相互转化的辩证关系。即物质文明是精神文明的物质基础和前提条件，精神文明能动地反作用于物质文明。这种反作用不仅集中表现在思想保证、精神动力和智力支持等方面，而且表现在思想政治教育所传播的思想理论、道德观念直接为生产关系和社会制度服务，作为一种精神力量直接参与物质文明的创造，并使精神文明的成果在物质生产过程中转化为物质成果。江泽民同志也多次强调精神文明、先进文化、思想政治教育对社会主义物质文明和经济建设的重要推动作用，并从综合国力的高度论述了精神力量的价值。“有没有高昂的民族精神，是衡量一个国家综合国力强弱的一个重要尺度。综合国力主要是经济实力、技术实力，这种物质力量是基础，但也离不开民族精神、民族凝聚力，精神力量也是综合国力的重要组成部分。……强大的精神力量不仅可以促进物质技术力量的发展，而且可以使一定的物质技术力量发挥出更好更大的作用。”[②]这些精辟的论述，对我们更好地认识思想政治教育的经济价值，无疑提供了十分重要的启示。物质与精神的统一与转化，是在人类改造客观世界和改造主观世界的实践活动中实现的。人的实践需要思想、理论的指导，正确的思想、理论可以转化为物质力量，思想政治教育正是实现这种转化的重要途径与方式。

2. 从经济与文化、道德的相互作用来看

任何一种经济体制都有自己的道德基础或价值意义，经济发展需要一定的社会政治、文化和道德的条件。从历史发展来看，经济生活既对社会的文化、价值观念产生深远的影响，同时，社会的精神力量、文化价值取向也对经济的产生和发展有着重要影响。马克斯·韦伯曾对此作过深入而专门的探讨，明确指出资本主义在欧洲的萌芽与发展归功于新教伦理，是这种被称之为资本主义精神的伦理、价值观念推动了西欧经济的发展，使资本主义在当时并不发达和强大的欧洲产生。[③] 他认为，在任何一种经济模式背后都必然存在着一种无形的精神力量，这种精神力量与这种经济模式的文化背景有密切的渊源。在一定条件下，这种精神、价值观念决定着这种经济模式的成败兴衰。当代西方一些“发展论”学者认为，在现代社会，社会科学中的思想理论、伦理价值观念、政治思想等，越

① 毛泽东著作选读（下册）[M]. 北京：人民出版社，1986：840，839.

② 毛泽东邓小平江泽民论思想政治工作[M]. 北京：学习出版社，2000：14.

③ 马克斯·韦伯. 新教伦理与资本主义精神[M]. 于晓，陈维纲，译. 北京：生活·读书·新知三联书店，1987：5.

来越成为经济增长的“内生变量”，而且在可预见的未来，经济的发展越来越依赖于这些因素。正是在此意义上，“发展论”学者们认为，作为社会意识形态的政治思想理论与产权理论、国家理论一样，构成了现代经济制度变迁的三大支柱。即使以定量分析为特征的“知识经济学”，也把人的价值观念作为重要因素纳入经济科学的视野。政治思想理论作为经济发展的“内生变量”，在经济发展中的作用主要表现在协调、整合、规范和激励功能等方面。

市场经济不仅是法制经济，也是道德经济。合理健康的道德信念和规范构成了市场经济健康发展的必要条件。必要的公共伦理信念和道德规范是市场经济普遍可能和持久进行的前提条件之一。诚实守信之于交易行为，勤劳节俭之于资本积累，团队精神之于企业的组织和发展，社会道义和人道精神之于经济管理等不可或缺性就是最好的说明。许多研究表明，道德资源是一种可以转化的特殊社会资本，道德力量在经济发展中起着不可替代的作用。美国著名学者福山在其近著《信任——社会道德与繁荣的创造》一书中，通过对欧美、日本和其他东南亚国家的社会信任度差异的实证审察和分析，揭示了诸如诚信一类的“社会美德”在这些国家或地区的现代化经济生活中所产生的不同作用和效果。[①] 我国著名经济学家厉以宁教授认为，在社会经济活动中除了通常所说的市场调节（“无形之手”）和政府调节（“有形之手”）两种资源配置方式和调节手段之外，还存在着介于“无形之手”与“有形之手”之间的第三种调节，即习惯与道德调节。道德力量不仅影响资源的配置与经济活动的效率，规范经济行为和提供经济发展的精神动力，而且关系到社会公平与正义（包括分配公平），影响社会协调发展与生活质量的提高。他在《超越市场与超越政府——论道德力量在经济中的作用》一书中明确指出：“通过分析可以清楚地了解到，即使在市场经济中，在市场调节与政府调节都起作用的场合，在法律产生并被执行的场合，习惯与道德调节不仅存在着，而且它的作用是市场调节与政府调节所替代不了的。”[②]而倡导良好的社会风尚，营造有利于经济发展的道德环境，提高个体思想道德素质正是思想政治教育的功能与使命。

3. 从人的素质与经济发展的关系来看

在所有资源中，人力资源是最宝贵的资源。人力资源不仅由人的数量来表示，而且也由人的素质来表示。在技术水平既定的前提下，效率的真正源泉在于

① 弗兰西斯·福山. 信任——社会道德与繁荣的创造[M]. 李宛蓉，译. 呼和浩特：远方出版社，1998：157.

② 厉以宁. 超越市场与超越政府——论道德力量在经济中的作用[M]. 北京：经济科学出版社，1999：134.

人的作用的充分发挥、人的积极性与创造性的充分发挥。“以往在效率源泉问题的研究中，通常只看重经济因素与技术因素而忽略非经济因素与非技术因素，只注意利益的影响而不注意社会责任感与公共目标的作用，只强调物的价值实现而忽视人的价值实现。”[①]这显然是十分片面的。人是生产力中最积极、最活跃的因素，是经济活动的主体，是推动生产力发展的决定性因素。思想政治教育的对象是人，根本任务就是要提高人的思想道德素质，促进人的全面发展。而人的思想道德素质，即人的思想水平、道德面貌、劳动态度以及事业心、责任感、敬业精神等，不仅直接影响生产力及其要素的作用方式和人自身的发展状况，而且还决定人的科学文化素质的性质和方向，影响人的智力和体力发挥的程度，影响劳动者技术水平、劳动能力和创造性的发挥。从这个意义上说，思想政治教育与生产力的提高和经济价值的创造密切相关。

智利著名学者萨拉扎·班迪博士回顾发展中国家追求现代化的道路时，曾深刻指出：落后和不发达不仅仅是一堆能勾勒出社会经济图画的统计指数，也是一种心理状态。[②] 当国民心理和精神还被牢固地封锁在传统意识之中时，就会构成对经济和社会发展的严重障碍。一个国家可以从国外引进先进的科学技术、管理方式乃至政府机构形式、教育制度等，但是“如果一个国家的人民缺乏一种能赋予这些制度以真实生命力的广泛的现代心理基础，如果执行和运用着这些现代制度的人，自身还没有从心理、思想、态度和行为方式上都经历一个向现代化的转变，失败和畸形发展的悲剧是不可避免的”[③]。这充分说明了人的素质的改变是获取经济发展的先决条件，同时也是经济发展的主要目标。而思想政治教育的独特功能就体现在通过“人”这一中介来参与社会生活，影响经济发展。思想政治教育的经济价值，很大程度上正是通过提高人的素质、调动人的积极性和创造性来实现的。

二、思想政治教育经济价值的具体体现

从思想政治教育作用于经济的层次来看，可以分为宏观层次和微观层次。所谓宏观作用层次，是指思想政治教育的实践活动能够形成一定的经济文化、经济道德和经济思想，即一定社会的意识形态，以此影响整个社会的经济行为的价值取向。思想政治教育除了在宏观层次上作用于经济以外，还在微观层次上对

① 厉以宁.超越市场与超越政府——论道德力量在经济中的作用[M].北京：经济科学出版社，1999：50.

② 阿历克斯·英格尔斯.人的现代化[M].成都：四川人民出版社，1985：131.

③ 阿历克斯·英格尔斯.人的现代化[M].成都：四川人民出版社，1985：4.

经济的发展直接发挥作用。人是经济的主体，作为具有思想意识的人，他们的经济行为、经济生活总要受到一定思想意识的支配。在现代条件下，思想政治教育通过激发人们的主体意识和竞争意识，帮助人们确立现代观念，提高自身素质，从而推动社会经济的发展和全面进步。① 思想政治教育的经济价值，集中体现在以下几个方面。

1. 思想政治教育为经济发展提供价值导向

思想理论是解决社会基本矛盾、解放生产力、推动经济持续发展的思想前提。改革开放二十多年的实践充分表明，我国社会生产力的解放和发展，同人们思想的解放、理论的创新和民族精神状态的深刻变化紧密相联。建设中国特色的社会主义理论，解放思想、实事求是、与时俱进的思想路线，实现中华腾飞的宏伟蓝图，开拓进取、奋发图强的民族自立精神，为改革开放和经济建设提供了有力的理论指导、精神动力和思想保证。

思想政治教育作为社会主义精神文明建设的组成部分，总是以其特有的价值导向在社会经济发展过程中发挥着重要作用。从人类文明发展史来看，在任何一种社会里，在经济政治上占统治地位的阶级，都要以自己的思想体系影响社会生产和经济发展的方向。我国经济体制改革的目标是建立社会主义市场经济体制，社会主义市场经济的发展，既要遵循市场经济的一般规律，又要体现社会主义的本质要求。社会主义生产的目的，是为了满足人民群众日益增长的物质和文化生活的需要。因此，是否有利于发展生产力、有利于增强我国的综合国力、有利于提高人民的生活水平是衡量经济工作和其他一切工作的价值标准。思想政治教育通过马克思主义科学理论的传播，通过法律、法规和党的路线、方针、政策的宣传，以及社会主义价值观的教育，为保证经济发展的正确方向和经济活动的正常运行发挥着自身特有的作用。

邓小平一再指出，发展是硬道理，要抓住时机，发展自己，解决中国所有的问题要靠自己的发展。江泽民同志也多次强调，抓住机遇，加快发展，在政治上、经济上、文化上对我们都很紧要。思想政治教育要站在面向新世纪和参与全球竞争的高度，告诉人们世界正在发生怎样的变化，抓住机遇、加快发展，是一个民族、一个国家赢得主动、赢得优势的关键所在，揭示发展经济对民族和国家的意义，从而激发人们对民族、国家和社会的责任感，树立为中国的繁荣昌盛奋发图强的信念，振兴和加快民族经济的发展，在中国全面进入小康社会后，针对社会上出现的“富而忘本”“小成即满”“小富即安”的思想，思想政治教育要加强“致富思源、富而思进”的教育活动，使人们从“思源”中领会发展生产力的重要性、必要

① 张耀灿，等. 现代思想政治教育学[M]. 北京：人民出版社，2001：120.

性,进一步增强使命感、责任感和紧迫感,继续发扬艰苦创业精神,"富而思进",加快发展,为中国经济的"第二次创业"提供精神动力,为把社会主义事业推向更高阶段作好必要的思想准备。

思想政治教育通过弘扬先进的经济文化、经济伦理和经济思想,在全社会倡导进步的发展观、生产观和消费观,树立经济可持续发展观念,正确处理经济效益与社会效益、经济发展与环境保护、物的现代化与人的现代化的关系,提倡科学合理的消费和健康文明的生活方式。在建设社会主义市场经济,大力发展生产力的同时,特别要重视形成一种与社会主义市场经济相适应的现代经济精神。市场经济的发展不仅是一种新的经济制度确立和完善的过程,而且还是一个适应与引导市场经济的健康社会心理、现代经济精神的形成过程。现代经济精神是贯穿在现代经济全过程,影响乃至决定经济发展方向的无形力量。具体地说,它包括经济行为合理、高尚的动机,脚踏实地的务实精神,经济交往中的信誉,可持续发展的环境意识,健康、文明的精神追求等。树立现代经济精神,要求在经济活动中从五个方面实现精神转变,即:必须把贪欲财富的物质冲动、单纯谋利动机转变为一种社会责任感和社会成就感,使全民族的经济行为有一个更高尚的动机;必须把庸俗化的重商主义转变为一种实业精神;在经济交往中,必须把以邻为壑、损人利己的观念转变为一种互惠互利观念;必须从只把自然当成劳动对象、资源对象的意识转变为人与环境统一的可持续发展的意识,树立生态伦理精神;在财富面前,必须把安逸、享乐意识转变为一种追求健康文明的生活价值和生活意义的意识。[①] 思想政治教育在促进现代经济精神形成、倡导现代经济精神方面应该并且能够发挥积极作用。

2. 思想政治教育为经济进步营造良好的社会环境

"发展社会主义市场经济,不仅要求建立相应的法律法规体系,而且要求建立与之相适应的思想道德体系。"[②]市场经济作为人类社会迄今为止最为先进合理的经济模式,已被实践证明是最有效率的。从一定意义上说,市场经济也是一种较为公平合理的经济模式。然而,市场经济如同一把"双刃剑",具有经济和道德上的两面性。市场经济的目标模式虽然具有其经济合理性,但同时也内含着一定的社会风险和道德风险。如果缺乏必要的社会规范和道德约束,单纯的经济利益驱动和效益最大化追求,不仅会导致整个社会的实利主义风气和个人利己主义冲动,而且难以确保社会经济的均衡发展,更难以确保人类自然资源和生

① 孟宪忠.论社会主义市场经济的文化精神[J].中国社会科学,1994(6);张玉来.市场经济需要现代经济精神——与孟宪忠教授对话录[N].人民日报,1995-01-19(001).

② 江泽民.论"三个代表"[M].北京:中央文献出版社,2001:94.

态环境的合理利用与保护。因此市场经济的健康发展需要必要的社会引导和限制，它要求对市场主体（包括企业、个人和政府）的经济活动不仅有清晰的法律规范界定，而且有明确的伦理道德约束。换言之，市场经济的有序健康发展不仅需要法律的强制力保障，而且需要伦理规范使经济行为更加合理、更加文明。

事实证明，市场经济一旦缺乏良好的道德环境、法制环境和文化环境，往往会导致市场秩序的混乱，并阻碍社会经济的发展。经济行为不正当，不可能有真正的经济效率，国家经济实力也不能真正增强。从经济运行的角度看，行为主体如果自身缺乏基本的诚信，而彼此之间又没有相互的道德约束，行为必定短期化，导致假冒伪劣、合同欺诈、"三角债"恶性怪圈等现象出现。最终不仅企业会失去市场，行为主体也会因缺乏稳定的预期而对经济前景失去信心。据 2002 年 3 月 25 日《中国青年报》报道，我国每年因为逃避债务造成的直接损失约 1800 亿元，由于合同欺诈造成的直接损失约 55 亿元，产品质量低劣和制假售假造成的各种损失至少有 2000 亿元，由于"三角债"和现款交易增加的财务费用约有 2000 亿元。

思想政治教育对经济进步的重要作用之一，就在于扫除精神障碍，创造一个良好的舆论氛围、精神环境和社会风气。具体地说，思想政治教育可以促使人全面地、辩证地看待经济的进步问题，客观地、科学地分析经济形势，使人们的眼光从片面的、狭隘的纯经济增长的旧框框中解放出来，代之以全面的系统的发展观念，为经济和社会的全面进步，提供总的方法论的指导。思想政治教育可以增强人们在经济活动中的法治观念和道德意识，形成奋发向上、开拓进取，公平竞争、精诚合作，讲求信誉、竭诚服务，崇尚奉献、服务大局的良好氛围。思想政治教育可以帮助人们更好地认识改革开放带来的巨大变化，提高对社会发展前景的认同与信心，同时揭示改革过程中的存在的矛盾、困难和风险，引导和调整社会心态，增强人们的心理承受能力，从而形成有利于经济进步的认识环境、道德环境和社会心理环境。

3. 思想政治教育为经济主体提供精神动力与道德激励

人是经济活动的主体，人的精神状态，人的素质，人的主动性、积极性和创造性的发挥，直接关系和影响生产的效率和经济的发展。在现代社会条件下，重视精神激励和潜能开发，不仅成为不同社会制度下人们的共识，而且已成为许多学科共同研究的课题。如果说，在战争年代，面对无数艰难困苦，需要一股决不屈服的革命精神，一种战胜困难的拼命精神；那么，在和平年代，面对现代化建设的重任，同样需要理想和信念，激发起人们的潜能，最大限度地调动人们的积极性和创造性。思想政治教育正是以其特有的方式，为经济主体提供精神动力和道德激励。

正是由此我们可以理解企业文化作为现代企业思想政治工作的新载体，正日益发挥其重要的作用。特别是企业文化的核心——企业价值观，更是企业生存与发展的灵魂与精神支柱。如海尔集团的“无私奉献、追求卓越”的企业精神；长虹股份有限公司的“以产业报国、民族昌盛为己任”的价值观；日本日立公司的“和、诚及开拓精神”的企业精神；美国杜邦公司“通过化学为更美好的生活提供更美好的东西”的企业宗旨等，都是企业价值观的具体体现。不仅对于企业的经营指导思想、发展目标、企业道德和全部生产经营活动等具有指导作用，而且对于企业中每一个成员的精神状态都会产生巨大影响，从而造就具有社会责任感、富有进取精神、开拓精神的企业员工。企业文化不仅使人们有了明确的精神追求，还会营造一种团结协作、拼搏进取的文化氛围，融洽人际关系，增强企业员工的归属感和团队精神，把个人生存劳动的目的同企业的生存、发展和壮大自觉地联系起来，从而产生强大的凝聚力和竞争力。

效率具有双重基础，即物质基础和道德基础。在经济分析中动力来自个人物质利益的假设是有局限性的。人是“社会的人”，除了有经济需求之外，还有社会、心理等方面的需求。人的积极性，除了物质利益这一基本动因之外还明显受精神因素的制约。在个人收入达到一定水平后，物质利益对个人主动性、积极性的激发会有所减退，而精神激励和道德激励的作用将有所上升。思想政治教育尊重人、理解人、关心人的人性化原则，充分尊重劳动者主人翁地位的工作方法，企业、社会公共目标的激励以及精神境界的提升，都将充分调动人的积极性、主动性和创造性，使人的价值在工作中得到体现与发展。思想政治教育与现代管理的结合，可以大大提高管理的有效性和经济活动的效率。现代思想政治教育作为人们精神世界的价值导向系统，为人们“应该如何行为”提供了价值信念上的共识，进而减少人们合作行为的“摩擦费用”，提高管理效率，促进经济的发展。

总之，思想政治教育的经济价值与功能，在现代社会越来越突出，也必将越来越受到人们的重视。我们完全有理由相信，在一个以经济建设为中心的时代，思想政治教育不仅必不可少，而且能够有所作为。

[本文选自《教学与研究》2003 年第 3 期]

[作者简介] 王勤，浙江大学马克思主义理论研究所教授，硕士生导师。曾任浙江大学德育教研室副主任、思想道德修养与法律基础教研室主任、校工会副主席等职。邮编：浙江 杭州 310058

以邓小平理论为指导解决新时期的“三农”问题

陈湘舸　包　松

农村经济体制改革是我国整个经济改革的突破口，由此拉开了20世纪中国改革开放的序幕。改革开放的发动者和总设计师邓小平对“三农”问题一直非常关注，在理论与实践两个方面进行了坚持不懈的探索，取得了丰硕的成果。它们是邓小平理论的一个十分重要的组成部分。在今天纪念邓小平诞辰100周年之际，全面、深入地研究邓小平关于“三农”问题的理论与解决“三农”问题的实践，无疑有助于进一步正确认识和评价邓小平在我国改革开放与现代化建设中的丰功伟绩。更为重要的是，这对于我们置身全面建设小康社会这一新的历史时期，更加稳妥地解决“三农”问题，实现全面建设小康社会的目标，有着难以估量的重要意义。

一

由于人口多，土地少，经济落后，在过去一个比较长的时期里，“三农”问题一直困扰着我国。但是，在邓小平理论的指导下，在党的十一届三中全会以后的一个时期，也就是20世纪的80年代初期和中期，我国农业、农村和农民的状况有了显著的改善，解决“三农”问题这个“老大难”问题的工作取得了国内外公认的显著成绩，有了划时代意义的重大进展。因此，我们很有必要全面、深入地掌握邓小平的“三农”理论及其解决“三农”问题的实践经验。

邓小平关于“三农”问题的理论与解决“三农”问题的实践经验非常丰富，主要有以下几点。

（一）坚持从实际出发、实事求是的思想路线，“走自己的路”

邓小平作为杰出的思想家和政治家，看待“三农”问题高瞻远瞩。首先他把“三农”问题看作一个理论问题、思想问题，把它和思想路线等基本理论直接联系起来。这是因为邓小平在总结国内外社会主义革命和建设正反两个方面经验的基础上，深刻地认识到，只有首先站在理论的高度上，弄清“三农”问题所蕴涵的理论问题，扫除了解决“三农”问题的各种思想障碍和理论误区，才能在实际工作中较为顺利地解决这个问题。也就是说，在邓小平看来，我国“三农”问题过去未能解决好，从主观方面来说，一个重要原因是思想路线存在问题。

在20世纪的70年代末80年代初，邓小平经过深入的调查研究，透过现象看本质，认识到当时之所以依然存在农业薄弱、农村落后、农民贫困的“三农”问题，重要原因之一是犯了农业合作化过早过快，盲目实行“大跃进”、人民公社化，否认市场机制的积极作用，以及各级政府对农业生产干涉过多等体制、政策和领导方法上的错误。而这些错误却有着深层次的思想路线上的根源。这主要是在农村经济、社会的变革和发展中，抛弃和违背了从实际出发、实事求是的思想路线。为此，邓小平多次强调指出，要恢复和坚持从实际出发、实事求是的思想路线和工作方法。具体来说，农业生产、农村建设和农民致富，必须从我国农村经济、社会的实际情况出发，并要考虑广大农民的文化、思想水平和素质。农村改革和发展的实践已雄辩地表明，从实际出发、实事求是的思想路线和工作方法，的确有助于指导广大干部和群众科学地对待和处理农村改革和发展中的问题，得以避免工作上的错误。对此，邓小平更是有着深刻的体会和认识。早在1979年7月29日的一次讲话中，邓小平就强调说：“不解放思想，不从实际出发，理论与实践不相结合，不可能有现在的一套方针、政策，不可能把人民的积极性统统调动起来，也就不可能搞好现代化建设。”①而在1984年10月26日，邓小平在同外宾谈到我国农村和城市的改革与发展取得显著成功，加快了经济发展速度的经验时，更加明确地指出：“我们取得的成就，如果有一点经验的话，那就是这几年来重申毛泽东同志倡导的实事求是的原则。”“六年来，中国农村就是根据这样的原则，走自己的路，取得成功的。”②在这次重要的谈话中，邓小平把农业、农村和农民的发展和进步以及取得的初步成功归结为“重申毛泽东同志倡导的实事求是的原则”，并把它具体化为“走自己的路”，也就是开辟了一条有中国特色的农业、农村发展道路。总之，在邓小平看来，从实际出发，“走自己的路”，这才是有效解决我国“三农”问题唯一正确的道路。

(二)用改革的办法解决“三农”问题

邓小平曾经多次强调说：“我是主张改革的，不改革就没有出路。”这是因为“旧的那一套经过几十年的实践证明是不成功的。过去我们照搬别国的模式，结果阻碍了生产力的发展，在思想上导致僵化，妨碍了人民和基层积极性的发挥。”③以改革求发展，从而用改革的办法解决“三农”问题，这是邓小平解决“三

① 邓小平文选：第2卷[M].北京：人民出版社，1993：191.

② 邓小平文选：第3卷[M].北京：人民出版社，1993：95.

③ 邓小平文选：第3卷[M].北京：人民出版社，1993：237.

农”问题的又一个战略性思考和举措。

我国农村改革成功的实践已经证明，邓小平以改革来解决我国“三农”问题的战略性举措是完全正确的。对于这一点，邓小平本人看得很清楚。1987年6月12日，他在一次对外宾的谈话中说：“坦率地说，在没有改革前，大多数农民是处在非常贫困的状况，衣食住行都非常困难。党的十一届三中全会以后决定进行农村改革，给农民自主权，给基层自主权，这样一下子就把农民的积极性调动起来了，把基层的积极性调动起来了，面貌就改变了。”“农村改革见效非常快。”①20世纪80年代初，农业、农村经济改革的效果之所以出人意料地快、非常显著，邓小平在这里说得很清楚，是因为改革使农民和农村基层组织从旧体制的严重束缚下解放出来，拥有了生产经营的自主权，极大地调动起了他们的积极性。不难理解，以勤劳、智慧著称于世的中国广大农民群众和农村基层干部一旦掌握了自己的命运，拥有生产、交换分配的自主权，最大限度地发挥出他们的生产积极性和创造性，那么，毫无疑问，他们就可以创造出人间奇迹。正因为如此，为了排除深入改革的阻力，邓小平强调说，即使改革会出现风险，有曲折，“但我们必须走改革这条路，有问题要及时妥善解决，不能停滞，停滞是没有出路的”②。在这里，邓小平说得很清楚，不管遇到什么困难，也要坚定不移地沿着改革的道路不停顿地向前迈进，因为改革是我们唯一的出路。

（三）“同人民一起商量着办事”

我们党在长期的革命战争中之所以能够克服一切艰难险阻，取得一个又一个伟大胜利，就是由于坚持相信群众、依靠群众的群众路线。邓小平对此体会尤深，他是我们党和国家领导人中执行群众路线的表率。尤其是在解决“三农”问题上，切实地执行群众路线，更是他一贯的工作作风和工作方法。早在1962年7月7日《怎样恢复农业生产》的讲话中，邓小平就曾明确地指出：“生产关系究竟以什么形式为最好，恐怕要采取这样一种态度，就是哪种形式在哪个地方能够比较容易比较快地恢复和发展农业生产，就采取哪种形式；群众愿意采取哪种形式，就应当采取哪种形式。”③而在改革开放之后，邓小平更是进一步强调要采取“从群众中来，到群众中去”这一传统的工作方法。因为中国的农村同世界上其他国家的农村相比，情况非常特殊，从而使它的改革与发展没有现存的路可走和现成的模式可学，这就需要继承和发扬我们党的群众路线的优良传统，尊重群众的首创精神，注意及时发现并推广干部和群众的“发明”、创造以及所提出的改革

① 邓小平文选：第3卷[M]. 北京：人民出版社，1993：237-238.

② 邓小平文选：第3卷[M]. 北京：人民出版社，1993：260.

③ 邓小平文选：第1卷[M]. 北京：人民出版社，1993：323.

和发展的思路与方法。因此,邓小平把切实坚持群众路线作为解决“三农”问题的一个极为重要的工作方法。

1986年6月7日,邓小平在一次讲话中说,搞好改革“关键是两条,第一条就是要同人民一起商量着办事”①。这是说改革要走群众路线,倾听群众的呼声,尊重群众的意见。这一条表明邓小平有着科学的领导方法和高超的领导艺术。而邓小平坚持群众路线的工作方法,突出表现在对待农村家庭联产承包责任制的态度与处理上面。农村家庭承包经营的成效举世瞩目,它对我国农业、农村的发展已经起到了并且继续在起着极为重要的促进作用。但是,它之所以能在全国广大农村迅速推广,并且坚持和巩固下来,得以逐步完善,正是得益于邓小平等中央领导人在改革中实行“从群众中来,到群众中去”这一科学的工作方法。对此,邓小平曾多次明确指出:“农村家庭联产承包,这个发明权是农民的。农村改革中的好多东西,都是基层创造出来的,我们把它拿出来加工提高,作为全国的指导。”②邓小平坚持群众路线这一科学的工作方法还表现在他对乡镇企业的态度与处理上面。1987年8月29日,邓小平向外宾介绍我国农村改革的情况时说:“农村实行承包责任制后,剩下的劳动力怎么办,我们原来没有想到很好的出路。”③而“十年的经验证明,只要调动基层和农民的积极性,发展多种经营,发展新型的乡镇企业,这个问题就能解决。乡镇企业容纳了百分之五十的农村剩余劳动力”④。但是,“那不是我们领导出的主意,而是基层农业单位和农民自己创造的”⑤。他接着指出,这又是由于我们的农村改革“把权力下放给基层和人民,在农村就是下放给农民,这就是最大的民主”⑥。

(四)发展和推广先进的科学技术

在邓小平看来,发展经济要抓好两件大事:一是上面所说的改革,二是发展和推广先进的科学技术。改革是把农村的社会生产力从旧体制下解放出来,而发展和推广先进的科学技术,则是直接推动经济的发展。这是因为“科学技术是第一生产力”⑦。

从我国农村改革和现代化建设一开始,邓小平就非常重视发挥科学技术对农业及整个农村经济的促进作用。早在1982年9月18日的一次谈话中,邓小

① 邓小平文选:第3卷[M].北京:人民出版社,1993:268.
② 邓小平文选:第3卷[M].北京:人民出版社,1993:382.
③ 邓小平文选:第3卷[M].北京:人民出版社,1993:251.
④ 邓小平文选:第3卷[M].北京:人民出版社,1993:252.
⑤ 邓小平文选:第3卷[M].北京:人民出版社,1993:252.
⑥ 邓小平文选:第3卷[M].北京:人民出版社,1993:252.
⑦ 邓小平文选:第3卷[M].北京:人民出版社,1993:274.

平就指出，实现党的十二大提出的奋斗目标的“战略重点，一是农业，二是能源和交通，三是教育科学。搞好教育和科学工作，我看这是关键”①。在这里，邓小平是把教育和科学视为包括农业、能源和交通在内的整个国民经济各个部门发展的“关键”。而在以后的另一次谈话中，邓小平进一步强调说：“马克思讲过科学技术是生产力，这是非常正确的，现在看来这样说可能不够，恐怕是第一生产力。将来农业问题的出路，最终要由生物工程来解决，要靠尖端技术。对科学技术的重要性要充分认识。”②在这里，邓小平明确指出，“农业问题的出路”要由生物工程等先进科学技术来解决。可见，在邓小平看来，在进行改革，破除旧的经济体制之后，解决“三农”问题的根本办法则是发展科学技术，也就是说，“从长远看，要注意教育和科学技术”③。总之，在邓小平看来必须要走科学技术兴农之路。

二

经过20多年的改革与发展，我国农业、农村和农民落后、贫困的状况，较改革前有了显著的改变，农村经济在现代化、社会化、市场化的道路上有了长足的进步，尤其是东部地区农村经济的发展更是取得了举世公认的巨大成就。但是，20世纪末，在农村的发展进程中出现了新的矛盾与困难。尤其是近几年，我国农村发展所面临的问题更加错综复杂，并且变得越来越复杂，其中有的问题给国家发展带来的包袱已越来越沉重。理论界把我国农村经济、社会的突出问题概括为“钱”“粮”“人”“地”“权”这五个方面。“钱”是指农民收入水平偏低，增长过缓；“粮”是指粮食供给减少，由此潜伏着粮食安全问题；“人”是指农村的社会进步、社会发展问题；“地”是指土地资源日益非农化，并显著减少；“权”是指农民的权益受到不正当的侵犯。④

在农村改革和发展新的时期出现新的问题，应当说，这是正常的现象。其原因，一是按照唯物辩证法，任何事物在其发展进程中，当旧的矛盾解决之后，新的矛盾还会不断地出现；二是我国农村人口多、土地少、底子薄。这种经济、社会条件，致使我国“在生产还不够发展的条件下，吃饭、教育和就业就都成为严重的问题”，并且，“这种情况不是很容易改变的”⑤。它们甚至还会在现代化、市场化进

① 邓小平文选：第3卷[M].北京：人民出版社，1993：9.

② 邓小平文选：第3卷[M].北京：人民出版社，1993：275.

③ 邓小平文选：第3卷[M].北京：人民出版社，1993：274.

④ 参见郑现莉.钱、粮、人、地、权……——农村改革分论坛综述[J].中国改革，2003(11).

⑤ 邓小平文选：第3卷[M].北京：人民出版社，1993：164.

程中变得日益尖锐起来。因此，邓小平一直保持着非常清醒的头脑。20世纪80年代初期和中期，在农村改革和发展取得巨大成绩时，他就强调指出：“这不是说农村的问题都解决了。”[①]

但是，在新的历史时期，要想稳妥而又有效地解决上述新的问题，让农业、农村、农民走出困境，仍然应如邓小平所指出的那样，基本思路是继续坚持改革，从改革中探索“新的出路”。也就是说，面临“三农”的新困难，我们只能寄希望于改革，别无他途。早在1988年，邓小平针对当时农业、农村发展中出现诸多问题时就曾明确指出：“现在面临的问题是不进则退，退是没有出路的。只有深化改革，而且是综合性的改革，才能够保证本世纪内达到小康水平，而且在下世纪更好地前进。”为此，邓小平曾经强调说：“改革要贯穿中国整个发展过程，不是三年、五年、十年、八年，也不是二十年，因为要做的事情太多了。”[②]这意味着，在邓小平看来，在农业、农村、农民实现现代化的整个历史时期，都要坚持改革，以改革求发展，从而逐步解决我国的“三农”问题。根据邓小平的这一基本思路，党的十六大报告也把坚持改革开放作为一条基本经验，并且明确指出：“改革开放是强国之路。必须坚定不移地推进各方面的改革。”[③]不言而喻，这里所说的“各方面的改革”，也包括农村、农业的改革。在新的历史时期继续坚持和推进农村、农业的改革，这就提出改革的步骤和阶段问题。邓小平也曾论及这个问题。1986年12月19日，邓小平在谈到如何深化改革时提出了“我们改革到底要走几步？多长时期完成”[④]这个问题。为此，我们把新时期农业、农村的改革称之为“第二轮改革”，或者改革的第二个阶段。

在这个新的阶段，根据邓小平不断改革的基本思路，对于农村发展中所出现的新的“钱”“粮”“人”“地”“权”等问题，应当以改革的精神做好以下几方面的工作。

（一）创建推进农村城镇化健康发展的新体制

邓小平曾经指出，由于实行改革开放，“农民的积极性提高，农产品大幅度增加，大量农业劳动力转移到新兴的城镇和新兴的中小企业。这恐怕是必由之路”[⑤]。在这里，邓小平把农村工业化和城镇化作为“必由之路”。在过去的20多年，广东、浙江、江苏等沿海发达地区农村经济、社会发展的实践已表明，积极创造条件，大力提倡和推行农村工业化和城镇化，是解决我国“三农”问题的重要

---

① 邓小平文选：第3卷[M].北京：人民出版社，1993：238.

② 邓小平文选：第3卷[M].北京：人民出版社，1993：265.

③ 江泽民.全面建设小康社会开创中国特色社会主义事业新局面[N].人民日报，2002-11-08(001).

④ 邓小平文选：第3卷[M].北京：人民出版社，1993：192.

⑤ 邓小平文选：第3卷[M].北京：人民出版社，1993：213-214.

举措。广东、江浙地区农村居民的收入得以迅速提高，就是由于农村工业发展快、规模大，农村地区的城镇建设搞得好；同样，内陆一些地方，也是由于农村工业化、城镇化程度比较高，农民的收入也比较高。

但是，农村工业化、城镇化的重要的历史性作用，还表现在已经并将继续推进我国农村的社会进步、社会发展上，也就是促进人的发展与现代化。中国农业、农村的现代化，最终归结为广大农民群众的现代化；而广大农民群众的现代化重要的经济、社会条件，或者说推动力量，只能是农村工业化和城镇化。这二者使亿万农民由传统的农民提升为现代农民；完成由农民到工人，进而到市民的转变；不仅改变广大农村居民的生产劳动方式，而且改变他们的生活消费方式。因此，在全面建设小康社会新的历史时期，我们要继续沿着邓小平指引的这条有中国特色的农村工业化、城镇化道路前进。而这需要深化对现行有关制度和政策的改革，为农村工业化、城镇化创造更好的经济和社会条件。

目前，这方面改革的主要任务和内容是创建新的城镇管理体制。首先，进一步搞好户籍制度改革，放开城镇户口限制，在有条件的地方，可逐步实行按照居住地登记户口，或实行按职业划分户籍的制度。其次，在农村的建制镇实行与大、中、小城市同样的社会保障和劳动用工制度。这方面的改革，浙江省杭州市萧山区走在前面。萧山区劳动和社会保障局宣布，从2004年开始，取消原来的“先城镇，后农村”的歧视性用工规定，从政策和制度上保障城乡劳动者的平等地位和合法权益。而且在2003年底，萧山区已在全国率先实现了养老保险基金全覆盖，为包括农民工在内的各种类型的职工构建了一个平等的“安全保障网”。浙江省余姚市在2004年还实施了城乡统一的就业制度，农村劳动力可领失业证，凭证可同城镇的失业人员一起参加免费就业培训，并被推荐进入城镇就业。上述这些改革，无疑将会有利于加快我国农村的城镇化进程，同时又有利于防止像一些发展中国家那样，在城镇化进程中出现大量的“贫民窟”。

(二)“农业问题要始终抓得很紧”

中国是一个有着十几亿人口的大国，而且大多数人居住在农村，以农业为生，这就决定了国民经济必须以农业为基础，在实际工作中要抓住农业这个“根本”。邓小平曾强调说：“乡镇企业很重要，要发展，要提高。农业问题要始终抓得很紧。”[①]由此可见，在邓小平看来，解决“三农”问题要“两手抓”：一手抓乡镇企业，一手抓农业，二者不可偏废。邓小平之所以强调这二者都要搞好、抓紧，是因为抓好前者，才能够使农民脱贫致富，解决我们所说的“钱”的问题；而抓紧后者，才能解决“粮”的供应问题，保证粮食安全。总之，吃饭问题是天下第一大事，

① 邓小平文选：第3卷[M].北京：人民出版社，1993：355.

“手中有粮，心里不慌”。有着丰富领导经验的邓小平对此自然看得十分清楚。因此，他告诫全党和全国人民，对于农业，“要始终抓得很紧”；他并且指出，抓农业，中心工作是抓粮食生产，“农业要有全面规划，首先要增产粮食”①。

要抓紧、抓好农业生产，尤其是粮食生产是重点。邓小平在 1990 年 3 月 3 日的一次谈话中指出，我国的农业改革和发展，“从长远的观点看，要有两个飞跃。第一个飞跃，是废除人民公社，实行家庭联产承包为主的责任制。这是一个很大的前进，要长期坚持不变。第二个飞跃，是适应科学种田和生产社会化的需要，发展适度规模经营，发展集体经济。这又是一个很大的前进。当然，这是很长的过程。”②在这里，邓小平明确指出，我国农业改革与发展的“第二个飞跃”，是在坚持家庭承包经营制度的基础上“发展适度规模经营，发展集体经济”。但是，“发展适度规模”，需要进行相应的土地产权制度和管理制度的改革。这是由于如果农业实行规模经营，土地势必向承包大户集中。从浙江农村土地规模经营的经验来看，在当前农业生产以手工操作为主的多熟制的条件下，从事粮食生产的农户的土地经营规模的起点以 2～3.2 公顷为宜。这意味着，在目前和今后一个较长时期的生产条件下，实行农业适度规模经营，需要把 8～10 个农户的土地集中于 1 家种田大户。但是，我国现行的土地制度不利于土地向种田大户集中。因此，亟有必要对它们进行改革。为了农业易于实行适度规模经营，土地制度改革以实行以下这种框架性安排为宜：土地的两种公有制并轨；国家拥有全部土地的终极所有权；分解国家所有的占有、使用、处置等权力；实行期限较长的使用年期财产制度；农民和一部分国有企业的土地使用年期财产与社会保障挂钩；发挥市场配置土地资源的基础性作用；政府管理主要用来弥补市场配置土地资源的缺陷（周天勇，2003）。应当指出，这种新的土地制度框架性安排，不仅有利于发展适度规模经营，而且有利于保护耕地，防止和减少滥占耕地的现象，同时也有助于保护农民的土地权益。此外，上述覆盖进城务工的农民工及其家人的较健全的社会保障制度和劳动就业制度，也是使进城农民工放弃土地承包权最重要的条件之一（陈欣欣，黄祖辉，2003）。还有学者提出：改革现行的户籍制度，打开城门、镇门，广开农民的就业门路，再一次解放农民，改变“城乡分治，一国两策”的格局，是解决新时期农民问题的方向（陆学艺，2001）。总之，从发展农业适度规模经营的需要来看，社会保障制度、劳动就业制度和户籍制度的改革势在必行，并且要尽快完成。由此可见，邓小平提出“要通过改革解决农业发展后劲问

---

① 邓小平文选：第 3 卷[M]. 北京：人民出版社，1993：23.

② 邓小平文选：第 3 卷[M]. 北京：人民出版社，1993：355.

题"[①]的设想和基本思路，是非常精辟和正确的。

同样，在新的历史时期"发展集体经济"，也要有改革的精神。具体来说，既不能再搞改革前的那种"大呼隆""大锅饭"式的集体经济，但也不能把原来的集体财产一分了之，完全"各搞各"，而应统分结合，有合有分，让集体成为各家各户的"支撑"和"主心骨"，以便扶持、引导、带领他们更快、更好地发家致富。党的十六大报告也强调指出："集体经济是公有制经济的重要组成部分，对实现共同致富具有重要作用。"[②]因此，在现代化、市场化的基础上，发展"高水平的集体化"[③]，是我国农村经济在新时期改革和发展的重要任务。对于社会化、市场化基础上的新型集体经济，全国各地农村在近些年出现的股份合作制、"农户＋公司"等农业产业化经营模式以及各种形式的新型合作经济组织，可以说是这方面成功的探索。但是，在这方面还要继续进行探索和创新，要千方百计发展和壮大"高水平"的集体经济。

（三）把实现共同富裕作为新时期的"中心课题"

温家宝总理在2004年的《政府工作报告》中指出，目前存在的困难和问题主要是，农民增收缓慢，就业和保障任务重，区域发展不平衡，部分社会成员收入差距过大。由此可见，我国目前社会、经济中存在的主要问题都与农村、农民有关。因此，在一定程度上，可以把它们归结为"三农"问题。而这些"困难和问题"，又可归结为贫富差距不断增大。因为"农民增收缓慢，就业和保障任务重，区域发展不平衡"的结果，必然直接或间接地造成城乡之间、地区之间和个人之间的贫富差距。由此可以进一步说，我国目前所面临的"三农"问题，在一定意义上讲就是贫富差别日益增大的问题。这也就决定了解决新时期的"三农"问题，主要是通过经济、行政等各种措施，逐步缩小贫富差距，最终实现共同富裕。

在目前的情况下，要缩小贫富差距，实现共同富裕，必须像邓小平所要求的那样，把它作为我们工作的"中心课题"。把实现共同富裕作为"中心课题"这个极为重要的思想，是1990年12月24日，邓小平在同中央负责人谈到沿海如何帮助内地时提出来的。在这次谈话中，邓小平强调说："共同富裕，我们从改革一开始就讲，将来总有一天要成为中心课题。"[④]邓小平之所以要把共同富裕作为"中心课题"，其原因是，在他看来，贫穷不是社会主义，少数人富起来也不是社会主义，而"最终达到共同富裕"是社会主义的本质要求，"社会主义的最大优越性

① 邓小平文选：第3卷[M]. 北京：人民出版社，1993：192.

② 江泽民. 全面建设小康社会开创中国特色社会主义事业新局面[N]. 人民日报，2002-11-08(001).

③ 邓小平文选：第2卷[M]. 北京：人民出版社，1994：315.

④ 邓小平文选：第2卷[M]. 北京：人民出版社，1994：364.

就是共同富裕”[①]。既然共同富裕有着这样重要的作用，那么，这就决定，它必定或迟或早“要成为中心课题”。至于这里所说的“将来总有一天”具体指什么时候，也就是大概在什么时候把共同富裕问题提升到“中心课题”的地位，邓小平也提出了自己的看法。在1992年初视察南方时，邓小平又一次介绍了自己实现共同富裕的构想。他谈到了实现共同富裕的措施及其具体时间。关于具体时间，邓小平认为太早了不行，太晚了也不行。为此，他郑重地提出：“什么时候突出地提出和解决这个问题，在什么基础上提出和解决这个问题，要研究。”[②]邓小平提出了自己的看法：“可以设想，在本世纪末达到小康水平的时候，就要突出地提出和解决这个问题。”[③]应当说，邓小平关于“突出地提出和解决”贫富差距日益扩大、实现共同富裕问题日期的“设想”，也就是把实现共同富裕视作“中心课题”日期的“设想”是合适的。因为一是一部分地区、一部分人经过20多年的率先发展和致富，到这时已经先行富裕起来了，他们有能力、有条件带动落后地区和还处于贫困状况的群众脱贫致富。二是我国城乡之间，东西部之间以及一部分率先富裕者与一般群众之间的贫富差距比较显著，已经到了非尽快解决不可的时候了。也正因为如此，党的十六大报告，根据我国目前“城乡二元经济结构还没有改变，地区差距扩大的趋势尚未扭转，贫困人口还为数不少”的状况，明确提出“我们要在本世纪头二十年，集中力量，全面建设惠及十几亿人口的更高水平的小康社会”[④]这个新的目标。这个目标所强调的“惠及十几亿人口的更高水平的小康社会”，也就是初步实现共同富裕的小康社会。不难理解，这与邓小平在20世纪末要把实现共同富裕作为“中心课题”的思想是一脉相承的，是对邓小平共同富裕是“中心课题”思想的重要继承和发展，并使其具体化，具有重要的实践意义。

因此，为了贯彻落实邓小平共同富裕是目前及今后一个时期的“中心课题”这一重要思想和“设想”，最重要的工作就是以邓小平理论和“三个代表”重要思想为指导，力争在近20年时间内，实现党的十六大提出的“全面建设惠及十几亿人口的更高水平的小康社会”的这一宏伟目标。

在这里要进一步指出的是，全面建设小康社会目标的实现之日，就将是我国“三农”问题解决之时。因为十六大报告所规定和提出的全面建设小康社会的经济、政治、文化诸方面的目标，无一不与“三农”问题密切相关，都对“三农”问题的

---

① 邓小平文选：第3卷[M].北京：人民出版社，1993：373.

② 邓小平文选：第3卷[M].北京：人民出版社，1993：374.

③ 邓小平文选：第3卷[M].北京：人民出版社，1993：374.

④ 江泽民.全面建设小康社会开创中国特色社会主义事业新局面[N].人民日报，2002-11-08(001).

根本解决有着直接或间接的促进作用。例如,经济发展目标是"基本实现工业化,建成完善的社会主义市场经济体制。城镇人口的比重大幅度提高,工农差别、城乡差别和地区差别扩大趋势逐步扭转。社会保障体系比较健全,社会就业比较充分,家庭财产普遍增加,人民过上更富足的生活"。又如,政治目标是"社会主义民主更加完善,社会主义法制更加完备,依法治国基本方略得到全面落实,人民的政治、经济和文化权益得到切实尊重和保障"。再如,文化目标是"人民享有接受良好教育的机会,普及高中阶段教育,消除文盲,形成全民学习、终身学习的学习型社会,促进人的全面发展"①。不言而喻,这些目标从不同角度在不同程度上有助于"钱""粮""人""地""权"问题的解决,有助于缩小贫富差距,实现共同富裕。因此,我国从现在起集中力量全面建设小康社会,就是在实践上切实有效地把共同富裕问题作为"中心课题",把解决"三农"问题推进到一个崭新的历史阶段。

邓小平关于"三农"问题的理论和解决"三农"问题的实践经验非常丰富,我们需要在解决"三农"问题的实践中不断加深对它的认识,从而更加全面、深刻、准确地掌握它,让它更好地指导我们在新时期成功地解决好"三农"问题。

[本文选自《中国农村经济》2004 年第 8 期]

[作者简介]陈湘舸,浙江大学马克思主义理论研究所教授,博士生导师;包松,浙江大学马克思主义理论研究所副教授,曾任研究所学术秘书,现为浙江大学本科生院党委副书记、蓝田学园主任。邮编:浙江 杭州 310058

① 江泽民.全面建设小康社会开创中国特色社会主义事业新局面[N].人民日报,2002-11-08(001).

为他者，人类的自救行为

——对勒维纳斯他者伦理学的几点思考

许丽萍

勒维纳斯的伦理学以反思和批判整个西方传统为己任。他认为从古希腊以来的整个西方文化都以追求总体性和同一性的本体论为目的，而这种传统本体论是推导不出真正的伦理学的，这一关系与本体问题无关。因为在勒维纳斯看来，伦理学描述是我与他者的关系。为此，勒维纳斯提出一个绝对无限的他者，这个无限的他者是彻底的外在，它不能被任何本体论、知识论整合到同一中，它是不可还原为我的他者。这样一来，勒维纳斯就在我对他者的关系中确立起伦理关系，这种伦理又可称之"为他者"的伦理学。本文试图就勒氏的为他者伦理学问题作些粗略分析。

一

本体论哲学是传统哲学的基本理论形态。本体论哲学试图把外在于人且先于人的存在，看作世界秘密之所在，并认为包括人在内的一切事物的本性、本质都由这种存在所规定和支配。也就是说，本体成为宇宙万物本原、基质和存在的最高统一体及世界万物的主宰，认为只要懂得和把握这个本体，一切事物便在掌握之中了。本体论的立论前提便是认为在现象世界的背后，有一个统一性和绝对性的终极存在。本体论的目的就是为追求这个最高统一性的绝对一元化的存在。因此本体具有无限的统摄性，它包罗一切。这种追求总体与同一的普遍性的本体论哲学，它把一切异在的、他性的东西都纳入到同一的操控之中，经同一的整合、消化、吸收，使之丧失了全部的他异性和外在性。勒维纳斯认为，传统伦理学就是牢牢地停留在这种以本体论为特征的存在关系中，它把一切都纳入到同一与整体中，结果主体间性的我他关系，不是成为一个单一化的"无他性"主体性的封闭世界，就是成为一个"无他性"唯我论的独断世界，最终都把同一之外的他者给扼杀了。在勒维纳斯看来，这不是真正的伦理学。

就勒维纳斯而言，伦理是与来自世界外部的他者的关系。"伦理意味着对他者的关系"[①]，只有在与他者的关系中，才能有伦理存在的根基。当然，这种关系是一种与有限有关系却又超越有限的无限关系，意味着原本综合性与整体性的破裂，并实现对自身的超越，进而指向无限的他者，与无限的他者构成的关系。所以，对勒维纳斯来说，伦理学是指向本体论的存在之外，超越本体之上，它突破有限的存在而通向无限的他者，它受到他者那种绝对不可还原的外在性的呼唤，是一种与来自世界外部的他者的关系。"伦理存在于异在性之中，或者勒维纳斯把它叫做外在性，这个外在性是不能被还原到同一性之中的。"[②]"我们把这种由他者的在场不在场向我的自主性提出质疑称为伦理学。"[③]因此，勒维纳斯认为，这种伦理学与传统的以本体论为特征的伦理观是完全对立的，它是一种"为他者"的伦理学。

不仅如此，勒维纳斯还对传统本体论的首要性地位提出了质疑，"在传统哲学中，伦理学始终被设想为涵盖在以本体论为首要性的层面中"[④]。勒氏把伦理学看作为在本体论之先，"勒维纳斯的伦理责任是先于和超越本体论的"[⑤]。勒氏一再地表示："那在存在问题之外的，不是什么真理——而只是善的问题。"[⑥]为此，他对柏拉图的"善超越存在"[⑦]；"善意本身不是实在，而是在地位和能力上都高于实在的东西"[⑧]的观点极为赞赏；对康德的人的意义不再根据本体论衡量，而始终应由伦理学衡量的这一思想也推崇备至。正是基于上述观点，勒维纳斯得出了"道德不是哲学的分支，而是第一哲学"的结论。[⑨] 他提出以伦理的首要性代替本体论的首要性的反传统主张，认为真正的伦理学与本体论相异并高于本体论。

---

① Levinas. Outside the Subject. Translated by Amichael B. Smith[M]. Standford: Standford University Press,1993:92.

② Simon Critchey. The Ethics of Deconstruction: Derrida and Levinas[M]. Purdue: Purdue University Press,1992: 5.

③ Levinas. Totality and Infinity: An Essay on Exteriority[M]. Pittsburgh: Duquesne University Press,1979: 43.

④ Levinas. Outside the Subject. Translated by Amichael B. Smith[M]. Standford: Standford University Press,1993: 158.

⑤ Robert Bernasconi, David Wood. The Provocation of Levinas: Rethinking the Other[M]. London: Routedge. 1998: 140.

⑥ 勒维纳斯.生存及生存者[M].顾建光，张乐天，译.杭州：浙江人民出版社，1987:8.

⑦ Levinas. Totality and Infinity: An Essay on Exteriority[M]. Pittsburgh: Duquesne University Press,1979: 80.

⑧ 柏拉图.理想国[M]，郭斌和，张竹明，译.北京：商务印书馆，1986:267.

⑨ Levinas. Totality and Infinity: An Essay on Exteriority[M]. Pittsburgh: Duquesne University Press,1979: 305.

二

他者问题成了勒维纳斯伦理学的核心。笛卡尔曾从“我思”出发来论述他者问题。尽管笛氏在对我思进行反思过程中，意识到他者不能被建构成客体，他者也不能被当作客体对象来理解。然而，笛氏还是陷入唯我论的泥潭中。因为“我思”作为普遍意识，它强调的是“同”。但在同一性中，他者实际已被还原为“我”。而作为“异”的他者实际早已被泯灭了。胡塞尔为摆脱笛氏式的唯我论问题，通过现象学还原的方法，把“他者”设定为“第二我”，即另一个“我自身”。然而，实际情况是这种把他者看作回到自我中的另一个我，同样是消除了他者的他在性。因为在我思中，看到的仍是“我”自己这个无支点的主体。也就是说，在自我中不可能有内在性、原生性的相异性，当然就根本不可能存在任何真正的他者了。海德格尔从存在论的视角出发，来构造他者问题。他通过“此在在世”的现象学描述，提醒我们不要把他者看作我之外的人，其实在他者中也包含“我”。这样一来，此在的存在就是与他者的“共同存在”。海氏的他者理论的重大突破处在于：他者不再成为我的意识的构成物。但是萨特认为，共在并没有真正承认他者的存在，海德格尔这里的他者中的他们，事实上已成了“我们”。“从我的存在出发而把握的我的共在只能被认为是一种基于我的存在的纯粹要求，而且完全不构成他者的存在的证明，完全不构成我和别人之间的桥梁。”[①]萨特本人则用现象学的方法，从自在与自为、为我与为他的关系中，寻求解决他者问题的途径。他指出，他者与我一样作为纯粹意识而存在，并且，他者是一个生存主体而不是认识的客体。但问题是，由于我与他者都竭力将对方置于对象的境地，使我与他者不是成为一种共存关系，而是陷入对立与冲突的关系。结果还是把对方视作自己的客体，否定了他者的主体性。

在勒维纳斯看来，以往这些哲学家说到底都是从“同”的角度来对待他者。所以根本不可能给一个独立的真正的他者以应有的位置。勒氏从“异”的视角来探讨他者问题。勒氏强调：他者之所以为他者，就是因为他是我所不是。既然他者作为“我所不是”的意思，他者决不可能是另一个我。相异性是他者的唯一内容，甚至说相异性就是其本身。事实上，相异性是勒维纳斯关于他者思想的一个基本出发点。相异性、外在性决定了他者必然是无限超越的。对勒维纳斯来说，超越是挣脱本体性的内在性束缚，走向外在、无限的通道。而无限是他者之为他

---

① 萨特．存在与虚无[M]．陈宣良，等译．北京：生活·读书·新知三联书店，1987：331．

者的特有本性。“无限是绝对的他者。”[①]于是，他者被无限化。他者无限，取之不尽。这样，他者才不至成为我的附属品，他者的地位才能够被真正确立。

他者作为我所不是的东西，他者的地位高于我。他者于我就如同“主人”，他不是“你”，而是“您”。但同时，他者又是一个弱者、穷人。正因为他者是穷人、赤贫者，他者才是我应救助的对象，我应对他者负有完全的责任。而我对他者的这种态度是决不要求获得同样回报。所以，他者远不是我们通常意义中的你我互换关系中的“你”。在我的责任性中，我对他者是主体化了的，而且我似乎就是被选择为这样做的。我的主体化过程确定了我的尊严，我拯救了他者。但他者对我的拯救才是更彻底的。在他者来到我面前之前，我被下坠到一种令人无比恐怖的黑暗之中，而且凭籍我自身的力量，无法阻止这种下坠的趋势，直到他者的出现，才终止了我的下滑的境遇，并最后将我从黑暗的深渊中解救出来。所以只有在这种“彻底无限的他者”关系中，才能显现出真正的伦理关系。勒维纳斯理论的深刻性和独创性也正是在这里。

三

“为他者”是勒维纳斯伦理学的根本所在。然而要深谙他者伦理的内在实现机制，勒维纳斯认为，必须对他者之脸进行现象学的分析。

脸对于勒维纳斯具有特殊的含义。这里的脸不仅仅是我们通常所看到的眼、鼻、额等经验形象，它更多地包含那些超越经验层面的不可见的东西。这些东西不在这个世界上，而在整体之外存在着。在这里，勒维纳斯实际上已把脸看作一种灵显，一种近似于耶稣显身的灵显，但并不只是灵显。他这样写道：“被实体化为某种东西的灵魂，从现象学上来说，是在非物化的面貌中，在表情中显示出来的东西，在这一显现中，它有着某一个人的骨架、特点。”[②]所以，脸既非上帝的面孔也非人的轮廓。自然，脸不能被视觉也不能被触觉所把握，“它既不能被看到也不能被触及，因为在看与触的感知中，我的同一性就会侵吞外在性的东西，使它成为我的同一性的一个内容”[③]。

在脸中，他者通常是以不在场的、非现象性的身份呈现。也就是说，脸借助隐

① Levinas. Totality and Infinity: An Essay on Exteriority[M]. Pittsburgh: Duquesne University Press, 1979: 49.

② 勒维纳斯. 上帝、死亡和时间[M]. 余中先，译. 北京：生活·读书·新知三联书店，1997:8.

③ 勒维纳斯. 上帝、死亡和时间[M]. 余中先，译. 北京：生活·读书·新知三联书店，1997:195.

喻的方式显现他者。勒氏的意思是说，他这里的脸是不能被还原到知觉中的，更不可能被认识论所把握的；同样这张脸是不可被同一占有，也不可被其所客体化。

勒维纳斯认为脸作为呈现他者特有的方式，它打开了无限的向度。由此不仅使他者摆脱了整体性的束缚，走向无限，而且也把我带入到外在性的无限中，使我最终摆脱了总体性存在的缠绕，逃避整体性之深渊，走向无限超越。这样，使我与他者都分别构成了一种超越性维度，面向了外在性、异在性。脸打乱了我固有的特性和日常秩序，消除了我的中心地位。“脸抵制拥有，抵制我的权力。”①在这里，勒维纳斯揭示了占有、拥有他者的不可能性。他者之脸之所以有如此大的威慑力，不在于他者之脸比我有更大的气度和高度，也不是他者存在至高的权力，而是他者之脸具有完全开放、自由的外在无限性。“他者之脸表达了无限的观念，这个无限观念是勒维纳斯伦理形而上学的核心。”②正是这个无限通过他者之脸对我们进行有力的反抗，进而终止了我的权力。但无限不是像一种遏止我力量的力量那样来阻止我，而是对我固有权力及我作为活生生的存在本身提出了质疑，表明我的占有性的暴力杀戮是被禁止的。而我处在他者目光的逼迫之下，身上突然爆发一种责任意识，强烈地感觉到我对他者负有无限的责任。而一旦当他者置身于我的责任心之下，我就无法漠视他的召唤，我不能对他撒手不管，我成为他者的守护者，我应当耐心倾听他的诉求，我肩负起对他者的永恒责任。于是，我不得不转变态度，表示对他者的欢迎，这就意味着我已从自然性进入到了伦理性。因此，无限比杀人更强。可见，勒维纳斯这里的“脸”更多地蕴含着他者与我的伦理和宗教层面的意义。

勒维纳斯通过对脸的现象学分析，意在表明这样一个事实：脸作为呈现他者的方式。脸根源于伦理的经验，对脸的任何触及一开始就是伦理的，“脸呈现伦理”。③ 脸内聚着对杀戮的伦理抵抗。他者正是通过他之脸，实现了伦理投射。“他已经在依赖于我，已经置身于我的责任心之下：我已经需要回答他。”④这样，他之脸就立刻与我建立起某种关系，这是一种面对面的关系。正是基于这种关系，使我与他者进入到伦理的意境，走出了存在领地，而存在之外的他者是个真正绝对的他者。

---

① Levinas. Totality and Infinity: An Essay on Exteriority[M]. Pittsburgh: Duquesne University Press,1979: 197.

② E. Wyschogrod. Emmanuel Levinas: The Problem of Ethical Metaphysics [M]. Berlin: Springer,1974: 89.

③ Levinas. Totality and Infinity: An Essay on Exteriority[M]. Pittsburgh: Duquesne University Press,1979: 199.

④ 勒维纳斯. 上帝、死亡和时间[M]. 余中先，译. 北京：生活·读书·新知三联书店，1997：8.

四

从远古到今天暴力始终存在着，它像一条流血的引线那样横贯整个历史。那么，暴力究竟源于何处？仇恨、敌意、掠夺、剥削、争权、欲望这些都可能产生暴力。我们是否有办法去阻止它？

在勒维纳斯看来，要减少或消除暴力，首先必须超越传统本体论层面的同一性和整体性，指向超越与差异，不断向无限的他者挺进。正是由于无限他者的存在，使世界不至于成为最坏乃至纯粹暴力的世界。因为只有无限他者的出场，使他者与我的关系进入到一种真正的伦理关系。而真正的伦理情怀便是：承认我与他者的关系是一种不对等关系，我始终是为了他者，我是为他者服务的，而我不求获得任何回报。这实际是一种奉献而非占有。而且，我对他者负有的责任是艰险和无限的：代他者受苦，代他者受过，甚至代他者受死。但死亡也还没有终止责任。这是一种永无止境的责任关系，一种永远也没法摆脱的关系。在这里，勒维纳斯对责任的理解与海德格尔的理解大相径庭。海德格尔从本体论的层面上来理解责任，并把存在看作责任的依托，把死亡看作存在的终结，责任随着自我存在的死亡而结束。而勒维纳斯则强调，就伦理意义而言，责任意味着无限，这种无限不是通常意义上的时间的绝对长度，而是指超出我所能承担的无限责任。也就是说，我对他者的责任不以我自身的最大能力为限度，不以我的死而终止。而且这种无限责任意识意指：我对每个人和每个事物都负有罪，而我比其他人更有责任。在这个世界中所发生的一切灾难与不幸，我全都有责任。

但勒维纳斯认为，在无限中，暴力不是不可能，但暴力被看作为恶和不道德的事件。为此，勒维纳斯还要继续前行。他指出，如果要更大可能地避免暴力，获得自救，必须把他者置于高于我的地位。他的理论是：唯有突出外在无限的他者高于我的显赫地位，才能突破传统主体性原则的束缚，避免使他者还原为他者我，以求最终破除我的中心地位，打破长期以来仅凭我的喜好为标准，去认识、感知、理解、对待他者的局面。勒维纳斯认为把他者置于比我更高的地位，这是我们应当做的，而且也是能够做好的。因为他一贯坚信这样的人生信条：人类在本质上不仅是为己，而且是为他者的。我们来到世上，是带着使所有他者幸福的愿望。人的自由与幸福是主体间的自由与幸福，人也只有从他者出发，才能获得好生活。这里的道理其实很简单：他者与我是一种角色互换关系，他者是指我之外所有的人，而对他者而言，我又成为他者的他者。于是，我自始至终处在受尊重的他者角色，当我尊重他者，同时等于使自己也获得了尊重。勒维纳斯认为我们不光要尊重他者的生命权和政治权,而且应尊重他者的思想文化和宗教信仰。但他指出仅凭这些还不够,在尊重的基础上要实现爱的升华,使爱成为人类共同的事业。爱是发生在经济活动之外的。在爱中,暴力不复存在,占有遭到拒绝。这是经历了二战和纳粹集中营腥风血雨洗礼之后的道德哲学家勒维纳斯的内心呼唤,这也是一位富有道德责任感和人类良知的知识分子对人类的真挚情怀和寄予人类的美好希望。

历史的发展不是宿命的,它依赖于人的创造和愿望。为他者的思想是勒维纳斯对世俗人性与宗教情怀的共同提炼,其目的就是为了打造一个负责任的社会和和谐的生存世界。作为最纯粹的道德学家和有着深切犹太教情怀的宗教思想家,勒维纳斯的思想不免带有道德理想色彩。然而,理想是现实的愿望,也是我们实践的旨归。我们认为,为他者的伦理,至少为人类反思自我,走出生存困境,找到了一条别样的可能路径。

[本文选自《社会科学战线》2004 年第 5 期]

[作者简介] 许丽萍,哲学博士,浙江大学马克思主义理论研究所讲师,主要从事西方政治哲学研究。邮编:浙江 杭州 310058

德育人文关怀的内容体系建构[①]

王东莉

德育的本质是一种培养人、塑造人、转化人、发展人、完善人的社会性教育活动，是一门人文色彩很浓的学科，具有广泛而深厚的人文关怀内涵。从哲学层面来看，德育的目的性本质是与全面提升人性的层次，建设人本身，探问人的存在价值和追求人生终极意义密切相关的。德育肩负着关注人自身的发展，解读人生终极意义，建构人的精神家园，促进人的全面发展的终极使命。德育的这一终极使命是人文关怀的具体体现。

德育的两个能动体——教育者和受教育者都是人。可以说，德育是一种育心、育德、育人的“文化—心理”活动，是一种人与人心灵的沟通。正如雅斯贝尔斯所说的，是“人与人精神相契合，文化得以传递的活动”，是“人对人的主体间灵肉交流活动，包括知识内容的传授、生命内涵的领悟、意志行为的规范，并通过文化传递功能将文化遗产教给年轻一代，使他们自由生成”[②]。从这个意义上来说，德育本质上就是一种人文关怀，体现着深刻的人文精神。

德育的人文关怀具有丰富的内涵，可以从不同的角度去审视、把握和阐释。然而，它本质上则是一种与人的生存、发展方式相关的人生哲学。因此，德育人文关怀内容体系的建构，应从人的生存和发展系统范畴上来进行认真的考察，突出其对于人生的意义，目的是要使人能够获得关注人生，关怀生命，充分肯定人、尊重人，满足人的生存与发展需求，特别是精神发展需求的主体自觉意识。用系统论的观点来看，德育人文关怀的内容建构是一项系统工程，是一个从关心人的基本需要到引导人的终极追求的从低级向高级发展、从表层往深层推进的过程。笔者认为，在以“人”为核心，以人文精神为建构指南，以人的全面发展为终极追求的思想指引下，德育人文关怀内容体系的建构应主要包括五个方面，即以尊重、关心人的需要，特别是精神需要为逻辑起点，以不断提升人的精神品位、丰富人的心灵世界为价值取向，以唤醒人的主体意识和塑造独立人格为本质特征，以

---

① 本文系笔者主持的国家哲学社会科学“十五”规划（教育科学类）课题“学校德育的人文关怀价值研究”的阶段性成果。

② 班华.新世纪德育人性化走向[J].南京师范大学学报(社会科学版)，2002(4).

培养人的伦理情操、完善人的道德境界为核心内容，以建构精神家园、引导人的终极关怀、促进人的全面发展为最终指向。

1. 关心人的需求，满足人的需要

作为德育主客体的“人”，其内在的尺度首先表现为人的需要，而“他们的需要即他们的本质”①。作为现实的人，都具有各种需要。美国著名心理学家亚伯拉罕·马斯洛曾在他的著作《动机与人格》中提出了著名的“人的需要层次理论”。马斯洛认为，动机是人类生存和发展的内在动力，而需要则是动机产生的基础和源泉。他把人类包罗万象的需要概括为五个层次，即生理需要、安全需要、归属需要、尊重需要和自我实现需要。这五个层次的需要又可划分为两大类：一类是基本需要。此类需要是因缺乏而产生的，故称匮乏性需要，或缺失性需要，属于低层次需要。另一类是心理需要。此类需要因个体成长所必需，故又称成长性需要，或发展性需要，属于高层次需要。马斯洛认为，只有低层次的需要得到满足，人才会产生高层次的需要。马斯洛的观点不一定完全正确，但他却确认了一个事实：基本需要的满足对于人的高层次的成长、发展性需要的产生十分重要。基本需要的满足，既是人性的要求，也是人的全面发展的基础。由此，笔者认为，德育的人文关怀首先要关心人的需求，满足人的需要。德育应以人为本，尊重和满足人的不同层次的需要。这是德育人文关怀最基本的功能。杨叔子院士曾对科学与人文有过这样的精辟论述：科学所追求的目标或所要解决的问题是研究和认识客观世界及其规律，是求真；人文所追求的目标或所要解决的问题是满足个人和社会需要的终极关怀，是求善。因此，科学是一个知识体系、认识体系，这个知识，这个认识，越符合客观规律，就越真，就越科学；人文不但是一个知识体系、认识体系，而且是一个价值体系、伦理体系。德育人文关怀关心人的需要正是建构这一价值体系、伦理体系的必要前提。

人的需要包括物质需要和精神需要。德育的人文关怀并不排斥物质关怀。事实表明，人文关怀是多层次的。人生在世，需要各种关怀，既需要物质关怀，也需要精神关怀，尤其是精神的终极关怀。物质关怀是人类生存与发展的第一需要。马克思指出：“我们首先应当确定一切人类生存的也就是一切历史的第一个前提，这个前提是：人们为了能够‘创造历史’，必须能够生活，但是为了生活，首先就需要吃喝住穿以及其他一些东西。因此，第一历史活动就是生产满足这些需要的资料，即生产物质生活本身。”②就个体而言，自身的生存需要，决定了其对物质利益的追求。德育的人文关怀应充分尊重和理解人的这种追求，通过促

① 马克思恩格斯全集：第3卷[M]. 北京：人民出版社，1960：514.

② 马克思恩格斯选集：第1卷[M]. 北京：人民出版社，1972：32.

进社会生产力的提高来满足人的这种需求。通过社会主义物质文明的极大发展,不断改善人的生活条件,提高人的生活质量,切实把人的利益实现好、维护好、发展好,这是人的全面发展的前提和基础之一。因此,德育人文关怀的真实意蕴不是教化人们在空洞的精神王国里生活,而是要告诫人们在物质文明建设的同时,不要陷入功利性泥潭里不能自拔。德育的人文关怀要引导人实现从功利物欲到精神境界的升华,使人执着于崇高、真诚和友善的精神追求。

2. 提升精神品位,丰富心灵世界

马斯洛的需要层次理论不仅告诉我们人的基本需要是十分重要的,还揭示了人更具有精神充实、道德高尚、个性自由、信仰明确、潜能实现、人格完善等高层次需要的事实。追求精神生活的充实,这是人与动物的根本区别,也是人的社会性的鲜明表征。从根本上说,人具有渴望高尚、追求高尚的精神欲望。对于人类而言,满足精神生活的需要,争取自身的发展和全面进步,是更高的目标。人的精神属性决定了人是一种超越性的存在,人就是在这种超越中不断地从动物性存在提升到人性存在,不断地提高自己的生存质量,不断地提升人性发展的层次和境界。人的这种不断的超越,是在持久的精神观照中进行的。由于有了精神观照,人的活动才不再自发和盲目,而是有着明确的目的性;由于有了精神观照,人才不会满足现状,而不断地去追求更高质量的生活;同时,也由于有了精神观照,人才会超越当下的现实困境,确立自己的终极关怀;由于有了精神观照,人才不会成为物欲膨胀、人性异化的"单面人",从而获得自由而全面的发展。

随着经济的发展和社会的进步,人们的需要也将随之发生由较低层次向较高层次的转变,也就是说由匮乏性需要上升到了成长性、发展性需要。当必要的物质产品得到满足以后,人们对精神生活的需要就会迅速增长,其增长速度甚至超过物质生活需要的增长速度,精神生活的满足将日益成为人的基本生活需要之一。德育应密切关注这一现实的变化。德育人文关怀对人的需要的尊重,不能只停留在对于人们物质需求的层面上,而是要引导人们对物欲性的日常生活进行精神的阐释和人性的提升,使日常生活不再充满"物欲",而成为一种高尚精神的投射,一种审美情趣的升华,一种培植理想人格的土壤。

人有各种精神需要,追求至善、纯美,追求人性、品格之完善与发展是人的内在精神需要。古人所说的"高山仰止,景行行止,虽不能之,心向往之",就表明了人们对人生品格完善和人生境界提升的精神追求。但现实中每个人的精神需要的丰富程度与深度却不同,这种不同在很大程度上取决于个体自身的素质和所受教育的差异。德育人文关怀就是要通过自身的独特方式激发人的高层次精神需要,提升人的需要品位,丰富人的需要内涵。所谓需要"品位",主要是指需要内容的层次和满足需要的形式所能达到的境界。例如,同样是精神文化追求,就有高级与低级之分，有的人追求高尚情操，有的人满足低级趣味。德育人文关怀就是要引导人们追求真（真理）、善（道德）、美（理想）等高级精神内容，通过发展人的需要体系，完善人的个性、陶冶人的情操、充实人的情感、提升人的精神品位，“以扭转陷溺于物质文化中的‘单面人’的片面、狭隘的状况，消除病态、畸形的人格心理，促进人性的丰富和高扬，使人都能够以健康的人格、积极的心态去迎接社会变革的种种挑战”①，以丰满的人性为基础去追寻人生的真谛。

要实现人的全面发展，既需要发展生产力和提高人们的生活水平，也需要发展先进文化，提高人们的思想道德水平，提升人的精神境界，还要不断地铸造人的精神力量。在人类发展的历史长河中，精神力量曾经发挥并正在发挥着极其重要的作用。在建设社会主义的伟大事业中，对精神力量的重要性是不应忽视和低估的。精神，对人来说是最可宝贵的。毛泽东曾说，人是要有一点精神的。邓小平也说，没有革命精神，就不可能有中国革命的胜利。江泽民又进一步指出：“一个民族，一个国家，如果没有自己的精神支柱，就等于没有灵魂，就会失去凝聚力和生命力。有没有高昂的民族精神，是衡量一个国家综合国力强弱的一个重要尺度。”②德育是一种精神财富的生产和传递的活动，同时它又对整个社会的精神生产起着直接的指导作用，是丰富和发展人的精神世界的重要手段。在当今中国，随着国人物质财富的不断丰富，对于许多人来说，重要和急需的是满足其不断增长的精神生活的需要，提高思想道德和科学文化素质。

3. 唤醒主体意识，塑造独立人格

“教育绝非单纯的文化传递，教育之为教育，正是在于它是一种人格心灵的‘唤醒’，这是教育的核心所在。”③德育人文关怀更应体现教育的这一核心功能。人的主体意识的觉醒，对于人的全面发展至关重要。笔者认为，人的主体意识对于追求崇高的精神境界和自我全面发展的作用至少表现在三个方面：其一，获得主体意识的人具有强烈的自我意识。自我意识是指一个人对自己各种身心状况以及自己和周围世界关系的一种认识，也是认识自己和对待自己的统一。自我意识是人的意识发展的高级阶段，它对个体的人格形成与发展起着调节、监控、矫正的作用。自我意识的强弱，在某种程度上决定主体对自身发展的自知、自决、自主、自控和自由的程度，从而决定着主体人格的发展水平。一个自我意识强的人，他通过对自己的反思确证，达到对自我与他人、自我与社会、自我与自然关系的准确理解和深刻把握，在此基础上确认自己的崇高人生追求和理想目标。

---

① 王东莉. 论思想政治教育的人文关怀价值[J]. 浙江大学学报(社会科学版)，1993(4).

② 毛泽东邓小平江泽民论思想政治工作[M]. 北京：学习出版社，2000：14.

③ 转引自邹进. 斯普朗格文化教育学思想概览[J]. 外国教育，1988(3).

只有具备了这种崇高人生理想的人，才会始终存在着一种不断要求超越现实和超越自身的强烈愿望。这种愿望激发着人超越当下，追求自身完善和未来的美好。这是崇高精神境界生成的内在力量。其二，一个主体意识越强的人，就越具有价值选择的能力。他能通过自己对人性、人的价值、人的尊严、人的道德义务和人的幸福的深刻理解来进行正确的人生选择。而这些正是人的全面发展的价值取向依据。其三，一个人的主体意识愈清醒，对自身的认识愈深刻，对崇高精神境界的追求就愈自觉，就愈富有创造力，就愈能更丰富地占有自己的本质，也就愈能体现出主体的崇高人格境界。因为“人的存在不仅仅是一个被外力塑造的自然过程，还是一个自主自决的能动性创造过程，从生命本体性看待人的可能发展，人的能动性才是人的存在的更根本性的力量”[①]。一个具有主体意识的人，就能充分地发挥自己的主观能动性，就是他自己行为的自觉主宰者。一方面，他具有自觉的权利意识，追求符合社会需要并能够实现自身价值的权利。另一方面，他具有自觉的责任意识和义务意识，懂得遵从社会规范，从而能够担负自身的社会责任和人生义务。从某种意义上说，人的主体意识的觉醒，也就是人的自我觉醒，是人自觉占有自己的本质的关键所在。只有在主体意识的统摄下，人才能对自身在世界中的地位、作用、权利、义务以及自身的潜能和力量有自觉的认识，才能去自觉追求和占有人的本质，才能自觉承担做人的责任。所以，人的主体意识的觉醒，是人提升思想品德境界和全面发展的重要前提。德育人文关怀，不是向受教育者灌输一些思想道德修养的知识，或将一些外在的社会道德规范强加给教育对象，而是注重唤醒人的主体意识，不断地激发人的主体发展欲望和追求崇高的自觉性，使人自觉地将外在的社会规范、要求内化为自身成长、发展需要，从而在内心获得一种提升境界、完善人生的动力。

与此同时，德育人文关怀唤醒人的主体意识，与塑造人的独立人格是紧密相联的。强调独立人格的塑造，目的是要使人能够真正获得高度的主体自觉，领悟人生的真理性，如同黑格尔所说的那样：“人格无条件地具有真理性。”[②]而人一旦获得主体的高度自觉，获得独立人格的确立，也就必然会焕发出一种极大的人生创造激情，一种积极主动的认识人生、把握人生的内在活力，显示出应对各种挑战的能力和自强不息、百折不挠的人生精神与勇气。所以，当年鲁迅在致力于国民性改造实践时，就反复强调：“知精神现象实人类生活之极颠，非发挥其辉光，于人生为无当。而张大个人之人格，又人生之第一义也。”[③]法国著名作家罗

① 黎君．论“人的可能”与教育[J]．南京师范大学学报(社会科学版)，2002(2).

② 黑格尔．法哲学原理[M]．北京：商务印书馆，1980：206.

③ 鲁迅全集：第1卷[M]．北京：人民文学出版社，1981：54.

曼·罗兰也指出:"没有伟大的品格,就没有伟大的人,甚至也没有伟大的艺术家,伟大的行动者。"[①]从实践上来看,德育人文关怀对于塑造独立人格的作用是不可低估的。德育人文关怀所强调的崇高远大的人生理想,积极进取的人生态度,追求充实丰满的人生实践,确立独立自主的生命意识等,都是构筑独立人格的精神内涵。同时,德育人文关怀在培养人的健康心理,丰富人的精神世界的过程中,也在帮助人不断地过滤人格品质中那些依附性、保守性、被动性、狭隘性等消极因素,提升人格品质中优秀的元素,使人焕发出对生命、对生活、对社会的一种积极参与和主动创造的精神。并使人深刻地认识到,在与对象世界的关系中,人始终是主体,充分地调动人的主观能动性,突出人的主体性,乃是塑造独立人格的关键。因此,德育人文关怀在塑造独立人格方面,其实质也就是一种尊重人,理解人,关怀人,肯定人的价值,开掘人的潜能,发挥人的主观能动性,给予人更多的自由选择和创造机会的人生哲学精神的显现,与促进人的全面发展的思想本质上是相契合的。

4. 培养伦理情操,完善道德境界

人是社会的人,人的社会属性是人的本质属性之一。因而人的全面发展就不能等同于单纯的体力与智力的发展,它还必须有鲜明的社会伦理尺度和道德标准,即要和高尚的道德情操联系起来,并把追求崇高的道德境界作为人必具的价值理想。苏霍姆林斯基曾指出:"培养全面发展的、和谐的个性的过程,就在于教育者在关心人的每一个方面特征的完善的同时,任何时候也不要忽略这样一种情况,即人的所有各方面特征的和谐,都是由某种主导的、首要的东西所决定的。……在这个和谐里起决定作用的、主导的成分就是道德。"[②]"形象地说,道德是照亮全面发展的一切方面的光源,而同时它又是人的个性的一个个别的、特殊的方面。"[③]道德是人格素质的核心元素,道德培养是德育人文关怀的核心内容。

经济学家 E. F. 舒马赫认为,传统经济学往往把经济效益、经济价值当成了人类的唯一目标,并且更糟糕的是用来衡量非经济的领域内,不仅要着眼于经济效益,而且要着眼于对人的效益。虽然自私和贪婪在一定历史时期内可能对国民生产总值的增长起到某种推动作用,但生产的逻辑不是生活的逻辑。自私、贪婪在促进个人行动的同时,也造成了人与人之间的隔膜、对立甚至仇视。自私、贪婪的经济观和经济机制造成现代人自我意识的畸形,满以为有了财富就有了

---

① 转引自杨栩编.外国名人名言录[M].北京:新华出版社,1984:83.

② 苏霍姆林斯基.论德育和全面发展[J].国外教育资料,1980(1).

③ 苏霍姆林斯基.给教师的建议(上)[M].北京:教育科学出版社,1984:159.

一切，于是对幸福生活的追求异化为对身外之物——物质财富的追求，当熠熠发光的黄金梦消失以后，人们就再也不知道自己为什么活着。[①] 如今，在市场经济体制下，如果把对金钱的追求和对财富的无限贪欲作为激发人类存在的唯一动力，“则有可能导致市场经济价值准则逾越市场活动领域，无限制地扩张到社会生活的各个方面，成为认识、评价和指导社会生活的通用原则”[②]。这样的结果将会导致人的社会伦理规范的失效、道德水准的下降，并最终造成人和社会的畸形发展。要纠正这种现象，德育人文关怀就必须强调从调整人的伦理行为规范入手，建构与社会发展相一致的道德标准，并引导人们自觉地培养伦理情操和德性修养，不断地提高道德境界。冯友兰先生曾经指出：“不同的人可以做相同的事，但是根据他们不同程度的理解和自觉，这些事对于他们可以有不同的意义。每个人各有自己的生活境界，与其他任何人的都不完全相同。不过撇开这些个人的差异，我们可以将各种不同的生活境界划分为四个概括的等级。从最低的说起，它们是：自然境界、功利境界、道德境界，天地境界。”[③]冯友兰先生所说的这四种生活境界恰好对应了人的四种道德境界，即道德无律境界、道德他律境界、道德自律境界和道德自由境界。人的全面发展的过程，从某种意义上说，也就是人从道德无律境界向道德自由境界提升的过程。

德育人文关怀能激发受教育者道德需要的丰富与发展，使他们通过自身德性的提升和完善，体验精神上的幸福感。苏霍姆林斯基在《帕夫雷什中学》一书中说：“在道德教育中起着巨大作用的是敏锐精细的道德情操的培养……每个人从幼年就会关注别人的精神世界，它使每个人的个人幸福来源于极其亲密的个人关系中的纯洁、美好、高尚的道德。”他多次提到要使青年学生把帮助他人等的道德实践活动变成他们内在的精神需要，并从中获得乐趣与幸福。我国古代的孟子也曾提出过人生的三大快乐，其中之一便是“仰不愧于天，俯不怍于人”（《孟子·尽心上》），即指一个人言必循道、行必有德、内省不疚、问心无愧的道德境界是人的一种深层快乐之源。随着社会的进步，物质生活的丰富，人类精神的提升，人们对于道德的需要已超越了原有的生存价值和功利价值层面，而上升到了精神价值层面，人们越来越以德性完善作为人生的追求目标，作为一种理想和信仰，把德性作为获得自我肯定、自我完善、自我发展的对象物，从各种道德的追求和道德活动中得到精神上的满足与享受，获得一种精神的超越。德育人文关怀

---

① 朱红文.人文精神与人文科学——人文科学方法论导论[M].北京：中共中央党校出版社，1994：176.

② 陈立旭.论文化的超越性功能[J].中国社会科学，2000(2).

③ 冯友兰.中国哲学与未来世界哲学[J].哲学研究，1987(6).

就是要不断地提高人们对于道德的认识，不断地促进道德对于个体享用和发展功能的充分实现。德育的人文关怀不仅要使人感受到掌握与遵循某种道德规范对自身来说是一种约束、一种限制、一种牺牲、一种奉献，而且应当使他们从内心体验到，从道德中可以得到愉快、幸福与满足，得到自我的充分发展与自由，得到唯独人才有的一种最高享受。[①] 并最终促使人们在自身道德的发展、道德人格的完善中达到自我提升、自我超越、自我实现的人生境界。

5. 建构精神家园，引导终极关怀

帮助人们建构精神家园，引导人们确立终极关怀，是德育人文关怀的最终使命。从完善人格和人的全面发展的角度来看，人最重要的就是精神家园，即人生的精神信仰与精神归宿。建构精神家园是一个内涵深刻的人生哲学命题。从人的精神内核来看，建构精神家园的具体表现就是建构人生的理想、信念和信仰。一个缺乏理想、信念和信仰的人，常常只能受本能驱使，不能把握自己的人生方向，从而无法获得真正的心灵自由。而一个心中有理想、有信念、有信仰，精神家园完整的人，则会感到充实有力，心有所依，神有所寄，生活态度乐观，思想行为积极向上，人格丰满，个性和谐，意志力顽强，面对人生的任何境遇都能保持一种健康的状态和一颗高尚的心灵，并能真正获得一种心灵的自由和解放。德育人文关怀倡导在塑造人格的过程中突出精神家园建构的重要性，从而达到促进人的全面发展的终极目的。

处在社会转型的特殊时期，人们在面临社会变革的一系列挑战的情况下，对于精神家园建构和完善的要求显得更为迫切。正如有的学者所说："人们从来没有像今天这样强烈地需要相对稳定的价值观念的支撑，需要在变动不定的世界里寻求到一定的精神家园。然而，生活世界的变换不定，理想信念的迷失，又使人难以弄清生活的最终意义。人往往生活在渴望理解生活的最终意义，却又怀疑生活最终意义存在的矛盾之中，生活在因缺乏稳定的价值观念而对周围世界无所适从，却又必须做出明确的自我决定的矛盾之中。"[②]人们渴望重建精神家园，实际上反映了人们对于人生终极意义的追求，对终极关怀的需要。人之所以为人，就是会去追寻存在的意义与目标。法国思想家托克维尔指出，人类社会如果不追寻存在的意义与目标"就不会欣欣向荣"，甚至可以说"就根本无法存在"[③]。人毕竟不同于快乐的猪，饱食终日便能无忧无虑。西方学者拉内说得好，人是一种"发问的存在"，只要人活着，他就要去探求活着的意义，从而不断超

---

① 鲁洁，等. 德育新论[M]. 南京：江苏教育出版社，1994：215.

② 陈晏清. 重建新世纪的价值观[N]. 中国教育报，2000-10-11.

③ 托克维尔. 论美国的民主[M]. 董果良，译. 北京：商务印书馆，1988：524.

越自我,直到达于至善或无限的境界而后已。也是因此,赫舍尔认为:“人的存在从来就不是纯粹的存在,它总是牵涉到意义。意义的向度是做人所固有的,正如空间的向度对于恒星和石头来说是固有的一样。”[①]作为一种特殊生命的存在,人并不会满足于现实世界的追求,而是在不停地寻求着对于自我的无限超越,追求自身有限性的不断突破,从而赋予单调的生命活动以永恒的价值和意义。这就是著名存在主义思想家蒂利希所说的“终极关怀”。

王逢贤教授认为,终极关怀即对人的最高需要——自由和幸福予以真诚的、有始有终的、彻底的关心、爱护和帮助。终极关怀应成为现代社会的经济增长、科技进步和社会发展的最高目标,更应成为现代教育的最高目标。[②] 从德育人文关怀视角来看,终极关怀实际上是人自身建设的最高层次的目的性本质。具体地说它有几层涵义:首先,终极关怀是对人的生命的终极依托或人之为人安身立命之根据和支撑点的关注和关怀,是对人生最高意义和价值的寻求和探索。它不仅为人性的高贵性及其永恒的未完成性提供一种解释,更在于为人的全部活动提供深层的合理性基础。其次,终极关怀是直接指向人的精神世界的,实质上是人的一种信仰、信念,一种心灵的希望之光,更是人的生活实践的前导。人作为一种有思想、有意识的精神性存在,终极关怀是他的内在的必然的需要。再次,终极关怀是指向未来的。终极关怀所张扬的理想、信念、信仰,不是对当下现实的消极被动的反映,而是力求改变现实的一种“超前反映”,是以这样或那样的方式蕴含着对未来的寄托、憧憬和向往,为人的生命潜能的开发和生命力量的发挥而启蒙和指出路径。因而,终极关怀作为人的精神支柱,作为对人生意义的追求,作为人的终极理想,本质上也是人的一种最高价值追求。

德育人文关怀最终要引导人们确立自己的终极关怀,要让人们认识到追求生存条件和追寻生命意义是不同层次的人生境界,追求享受和享受人生不能混为一谈。要让他们懂得,为什么现实生活中许多富裕起来的人在物质生活丰富之后,却并没有感到人生的快乐和幸福,反而倍感心灵的空虚和精神的失落,这正是由于他们已经在某种层面上离开生命本身的核心意义去寻找生活。要让他们明白,一个人的生存不能没有“面包”,但如果将“面包”问题看作生命的全部,不仅找不到生命的意义,生存的价值,找不到生活的目的、人生的支柱,而且也不知该如何面对现实世界中的种种波折和苦难。甚至某一天发现自己的“面包”没有别人的大,也会怨天尤人,失去生命的乐趣,甚至失去生活的勇气和信心。没有终极关怀的生活,将会造成人与自然的疏离、与社会的疏离、与自我生命的疏

① 赫舍尔.人是谁[M].隗仁莲,译.贵阳:贵州人民出版社,1994:46-47.

② 张澍军.德育哲学引论[M].北京:人民出版社,2002:141.

离，并最终丧失生存的意义。因此，德育人文关怀引导人生的终极关怀，也就是要让人在有限的生命历程中，体验到人生的无限意义与永恒价值。一个人要达到精神自由、心灵自由的境界，实现真正的意志自律，理性自决，道德完善，人格独立，就应该确立自己的人生终极指向，经过内心的自觉体悟来建构信仰，树立理想，使自己的生命成长能够获得源源不断的思想、精神和理念上的强大"支援意识"，更好地促进生命的健康发展和人格的日趋完善。

[本文选自《教学与研究》2005年第2期]

[作者简介] 王东莉，浙江大学马克思主义理论研究所教授，硕士生导师。曾任马克思主义学院思想道德修养与法律基础教研中心主任、浙江大学心理咨询中心副主任等职。邮编：浙江 杭州 310058

反"同一性"的"差异"逻辑

——德勒兹《差异与重复》中后马克思思想的文本学解读

潘于旭

德勒兹的《差异与重复》(1968)集中表达了"差异"和"重复"这一构成德勒兹后马克思思想的二元逻辑特征。[①] 这是他在研究了传统哲学后接受斯宾诺莎、尼采、柏格森哲学的影响而形成的,通过观念生产的重复性表象揭示了意义的差异性生成以批判资本主义现实的后马克思思想的理论特质。与德勒兹前期对马克思的拒绝相比较(《尼采与哲学》,1962 年),在《差异与重复》中的马克思是被他从黑格尔辩证法传统中解放出来的差异哲学家。德勒兹在此前认为马克思哲学是黑格尔辩证法的延伸;在这里,他从马克思面对历史文本所表现出来的差异性观念中重新解读并接受了马克思的历史观,从而确立了他把历史作为存在自身无意识的差异性重复的观念。

德勒兹在从他 1953 年的《经验主义与主体性》中对休谟的讨论开始直到后来他与瓜塔里合作的作品中,对重复的定位是他一贯性的主题。他认为,思想的条件比那些在表象或从表象的想象中解放出来的思想事实上更为重要,在表象和想象中,经验被还原为一个自我构成的主体的内在性,达到了与知识的同一性,思想因此成为一种被表象中介的关于世界"是"的总体性观念,它们构成了现代思想的模式。但在面对要把握资本主义社会中不断导致的"人"的差异性"存在"时却遭遇了失败,所以德勒兹认为,表象和想象只是事物之间的中介,它无以面对事物的移动或变化。按照德勒兹在《哲学与权力的谈判》以及《差异与重复》中的双重语义来说,当代资本主义社会的运动也就是资本借助于现代社会的各种媒介用一种虚假的表象统一社会生活的不同领域而且不断地越出资本自身界限的现实性。资本告诉了我们这个世界之所以成为"是"的控制力量,这同样在哲学上表现为通过否定性强制人们去适应这个"是"的世界。德勒兹的哲学不是给我们提供关于世界是什么的正确观点,也不是为现代知识基础提供一种真理性的界限,其旨意在于创造出用于构成我们能够做什么以及世界能够是怎么样的多样性前景的哲学。

---

① Gilles Deleuze. Difference and Repetition [M]. New York: Columbia University Press, 1994.

一、差异及其对同一性的表象世界的批判

对传统意识形态的本体论批判是德勒兹《差异与重复》一书的主题。德勒兹揭示出传统本体论的基础就是表象主义，是围绕着同一性而构成的表象性思想，这一根源于柏拉图哲学的传统遮盖了我们在自身思想中思考差异的特点，以至于整个哲学的历史都表现为是一种非生产的历史①。在德勒兹看来，传统哲学从本体论假设以及在假设所给定的秩序中实现了表象观念对概念的控制，只允许有概念的区别而不承认有真实的差异，作为存在的概念只是再现了本体论假设并且作为相同或者相等的同一性循环而被认知，因此这种哲学只是一种“反映”的哲学或是一种对本体论的“一”的拷贝的思想；它不是思想的创造，是被动的否定性而不是能动的肯定性、创造性。

德勒兹因此而揭示出继承了柏拉图哲学的传统本体论之根源在于用同一性定义了表象的世界。与柏拉图哲学中的样式和拷贝的关系一样，表象世界从神学层面补偿了样式与拷贝之间延伸的关系。在柏拉图哲学中起规定作用的“相同性”的“样式”就是要求进行思想的主体从善的理念奠定的基础上思考被善的理念保护的同一性概念。当思想的主体被同一性的概念支配，主体性因此也产生了伴随的副产品：记忆、认知以及自我意识。柏拉图的理念世界也于是就转向了表象的世界。例如，资本主义时代由同一性构成的公共意识（资本控制的消费观念——引者注）在已经被同一化的主体中被延伸到想象的世界并被再现为表象的世界，正如商品一样。它构成了认知中的普遍本质，当不同的主体被要求服从于概念同一性的思想主体时，作为个体存在的差异就消失在同一性的思想中。换言之，消失的就是思想主体在进行思想的过程中产生的差异性、思想自身的生产性。这一特征只有当思想主体在自身的激情引导着对“自我”进行思考时才产生出断裂，即思想主体自身“死亡”时才能发现。断裂、死亡都是德勒兹用以对抗同一性观念的重要范畴。这是德勒兹从尼采哲学中挪用的，是在超越同一性时所产生的差异性存在。

德勒兹对同一性概念的批判，揭示了把差异混同于相似性是表象世界构成“公共意识”的知识体系、物神化偶像的根源。从黑格尔以来的现代性哲学借助于概念的同一性而试图建立起思想对现实的控制，其所表现出的只是相似性意义上概念的同一性，像“存在”“我是”只是一种独立于任何确定性存在的感觉或知觉，因为概念的有用性及基础性要求一个判断的前提必须要放在一个可确定性的位置上，它们根据被存在支持的相关事实而被认知。从这个意义上说，概念

① 德勒兹.尼采与哲学[M].周颖，刘玉宇，译.北京：社会科学文献出版社，2001：169.

被赋予了与公共意识相似的同一性，表象世界因此而似乎是被建立在确定性、同一性概念的基础上，与一种善的意义的秩序相一致。然而这是不充分的！德勒兹指出，这些概念在与被指定的有秩序的存在中与存在相联系时，所形成的是知识性概念，它与存在的分类有关，但概念是按照不同的陈述而扮演不同的角色。因此，在差异中，存在与概念的分类是两个不同的世界，它们采用的是不可还原或者不可归并的形式，差异完全独立于同一性世界的本质。从这个意义上说，传统哲学中的差异只能被归属到类似性的世界的幻影中。

德勒兹揭示出表象主义消除幻影的意图就在于拒绝差异性的存在。借助于哲学史上单一性陈述的例子，德勒兹试图改变本体论哲学的表达方式，他指出本体论命题中描述性的陈述模式比预言性的断言更接近于意义的多样性。因为描述性的陈述模式在形式上、性质上都是相互区别的，它们都指向了单义性存在的个体，这些个体指向的是具体的存在(being)，而与传统哲学中的存在(Being)不同，具体的存在是自我的运动，它根据变化的形式而得到延伸。描述性陈述中具体存在的分类变成了游牧式的，它是所有具体存在的事物在自身中可以发现永恒的无限性、差异的喧嚣以及畸形的激情，单义性存在的基础就蕴藏在极端的偶然性中，就是在概念确定性关系之外的存在。从差异性出发，他批评莱布尼茨、黑格尔哲学关于表象世界小的无限性与大的无限性之间的争论表现出的片面性：莱布尼茨从分析哲学的方向上指出了小的无限性意义，黑格尔则是从综合哲学的方向上揭示了大的无限性。莱布尼茨的无限性是与潜在性质的条件相关而与本质无关；黑格尔的无限性则是假设了本体在它自身变成无限性时对立的“他者”的内在无限性，差异作为“他者”在与矛盾的无限性联系中既是被生产出来的同时也是要被消灭的。这两种关于无限性的思想，都假设了同一性原则的内在差异性，因此说，莱布尼茨和黑格尔在思想中都预设了在自身中的差异性，然而是“非存在”，都被当作本体论上的“无”而被否定，是被否定的对象。但德勒兹关于差异的肯定性就要把表象作为真实存在，差异就是存在本身。

二、差异的问题式对否定性辩证法的挑战

从差异性的存在中揭示出差异就是肯定。黑格尔否定辩证法中的表象主义理论只是把肯定理解为双重否定的结果，这是一种“伪肯定”！因为它仍然要还原到否定性的形式。而德勒兹的肯定，是作为选择的差异性，它真实地生产出一种创造性的征兆、发散性的混乱，就是挑战表象保存的秩序。德勒兹认为，在表象世界中，为了达到否定之否定而预设了对立，但是在差异中则是直接肯定了那个必须被创造的对象。所以，肯定就是生产，差异必须是在肯定中被迁移的。当表象的世界从差异带回到一个单一性的中心时，差异在自身中就调用了能动的

多样性并且预见到被歪曲了的表象，这种能动的多样性就是差异的本体论。差异是直接的，然而又是隐藏在每一个事物的背后，但除了差异外，事物的背后是真正的“无”（不是非存在）。[①]

德勒兹把存在定义为非概念性的差异，把存在当作能被感知或者在感知中被理解的对象。对德勒兹来说，差异就是被经验到、被理解的以及被创造的超越经验的对象。它又作为一个真实的经验内部固有的条件，是思想在经验内部创造并运用概念的条件。传统哲学中抽象的概念都拥有自身被现实化过程的假设并且能在预定的社会、历史、政治环境以及事件中被形式化，这是主体自我的表象与一个被再现的对象之间的一致性关系。无疑，德勒兹的这一思想回归到马克思关于“哲学家们只是以不同的方式解释世界，问题在于改变世界”（马克思，1845）。德勒兹在《差异与重复》中对黑格尔否定性辩证法的批判，其理论遵循着马克思在《德意志意识形态》一文中马克思对黑格尔主义批判的思想方法。马克思曾经指出，无论青年黑格尔派还是老年黑格尔派，都“认为宗教、概念、普遍的东西统治着现存世界”（马克思，1845），只不过一派是认为这种统治是篡夺而加以反对，另一派则认为这种统治是合法的而加以赞扬。同样，我们也可以看到，德勒兹在反对同一性的观念时，也有着与马克思的观念相一致的方法。他认为，传统哲学中存在两种对非存在的简单否定，即关于存在的思想所进行的选择就是要么不允许在存在的同一性中包含着完全能动的非存在，要么就是否定存在的基础而允许非存在。但是这两种选择，都是把非存在当作幻影或作为存在自身的对立面。但德勒兹与马克思不同的地方在于，他仍然是从本体论的意义出发，认为本体论思考的是作为存在的非存在，就是差异，就是在存在的核心中用问题式的形式构成的对象。差异也就是问题式。[②] 所以，在德勒兹看来，差异就是存在，是内在于事物的差异，是事物的能动性还没有被创造出来的状态，是被表述在思考中而不是在否定性中的关于存在所必需的问题式。德勒兹所提出的“事物在自身中的差异”就是对作为表象基础的同一性本体论的怀疑。从这个意义上说，德勒兹的差异就是要消解样式与拷贝、本质与形式以及作为内在水平的差异与作为重复条件的差异之间的区别。

可见，德勒兹并不是要清除本体论，而是要打破一元本体论的传统，不再从“是”来维护传统本体论的基础，而是试图建立起可能性世界的多样性。在德勒兹看来，本体并不是统摄万物的假设的无限性理念，而是不断地突破无限性而表现出的具体事物存在的暂时性、多样性的经验及其条件。由此，德勒兹把幻影作

① Gilles Deleuze. Difference and Repetition [M]. New York：Columbia University Press，1994：57.

② Gilles Deleuze. Difference and Repetition [M]. New York：Columbia University Press，1999：64.

为是在传统本体论的视域中被忽略了的关于存在的问题式用来挑战以否定辩证法的思想。

德勒兹对黑格尔传统的辩证法批判早见于他的《尼采与哲学》(1962),他通过尼采哲学的权力意志和永恒轮回揭示了辩证法中否定的虚无主义与反动的虚无主义的合谋。他指出,辩证法经过否定的虚无主义、反动的虚无主义最后终结于被动的虚无主义——最后的人(费尔巴哈),然而这并没有从根本上改变同一性的历史观念。因为否定的虚无主义表达了对生命本身的贬抑,是在普遍的层面上对生命的憎恨与在特殊层面上对生命的热爱,这个特殊层面是病态的、反动的;而当反动的生命代替了否定的虚无主义,虚无的意志与反动的生命结合在上帝的观念中,形成了它自身的无神论;被动的虚无主义是为"一个文明的终结和倦怠而设立的宗教"[1],然而这是一种被歪曲的、篡改了的、倒退的宗教,被用于为否定的虚无主义和反动的虚无主义服务。在这种三段式的对立、矛盾的发展以及矛盾的解决中,并没有意识到存在的各种力量及其本质、关系产生的真正因素。因此德勒兹指出,辩证法从没有超出症候的领域,它"混淆了解释和须被解决的符号的发展":辩证法关于范畴之间对立面的统一缺乏时间性产生的意义、缺乏内在的动力,辩证法的范畴都是在同一性时间的空间状态中表现出的和解、融合,而且把事物之间的差异关系理解为外在于事物自身的"他者",如同柏拉图哲学所说的幻影一样是要被消除的内容。所以德勒兹指出辩证法关于对立面的统一是虚构的二元对立,它"除了症候外什么都不是"。辩证法的缺陷就在于它没有意识到更为微妙的、隐秘的差异机制:拓扑学意义上的代替和类型学意义上的变更。意识表面分裂的根源在于力与力之间差异关系中的意义,辩证法的对立是有待于解释的症候,是问题式本身。

德勒兹对辩证法的批判延伸到在否定性中产生的"异化"概念。他认为,费尔巴哈预言了人对上帝的取代,人与上帝互换了其位置,释放了否定性的劳动后,斯蒂纳看到了辩证法仍然是关于"自我"的理论,"人只代表另一个至上的存在","对人的恐惧只是对上帝恐惧的另一种形式"。[2] 斯蒂纳的《惟一者及其所有物》揭示了辩证法的真正本质就是通过异化与对异化的压制、异化与重新占有而实现的结果,即"谁"是短暂的、必死的、自我消耗的制造者。但其最终的结论仍然是虚无主义。因为他思考的问题式仍然是虚构的性质、异化及其压抑等范畴。

在《差异与重复》中,德勒兹继续从差异本体论指向辩证法的实质:矛盾并不

---

① 德勒兹.尼采与哲学[M].周颖,刘玉宇,译.北京:社会科学文献出版社,2001:229-231.

② 德勒兹.尼采与哲学[M].周颖,刘玉宇,译.北京:社会科学文献出版社,2001:235.

是无产阶级的武器,只是布尔乔亚用来为自身辩护和自我保护的方法。[①] 辩证法中否定的阴影只是用以支持否定性的要求,按照否定性的方式确定的问题式。在辩证法中,矛盾不是问题的解决,而只是被肢解的阴影的问题式的反映,它是一种反作用的意识,是被扭曲的真理及其表现的形式。因此,对否定辩证法的表象性理解批判,要通过重复的内在联系,才能揭示出表象功能的真正意义,因为在黑格尔哲学中作为非存在的表象只有通过不同的时间综合形式才能赋予其本体论的意义。表象的重复就是生产出分离、肯定变化和变成性的差异及其再生产过程。

三、重复与时间的断裂——通过时间逻辑逃离虚无主义的辩证法

德勒兹的重复是对表象模式的挑战。在差异问题中,德勒兹关心的是在存在的同一性中与对象相一致的假设的基础,而重复则是关注构成同一性表象功能的假设。

在德勒兹看来,有着与三种不同的时间综合观念相联系而形成的三种对重复的理解:第一种时间的综合是习惯或收缩。习惯的被动综合建立了一个具体的在场的时间,这是一种持续移动超越自身在场的时间,是一个正在过去的时间,在其中自我是作为一个过去确定的经验而建立的在场,它生产出一种在想象或理解中的权力,重复期待着差异的产生。例如休谟的经验主义;第二种时间是记忆的能动综合。通过记忆,时间构成了已经过去的存在的表象,是自我把第一个在场的基础的作为经验而形成的对过去的纯粹想象。然而它并不是简单的经验,而是自我在每一个在场的事件发生后构成的想象或表象的原则,这是在对未来在场的预期的基础上构成的,其作用是再现过去的个体性经验。这是德勒兹揭示出的柏格森主义的时间,即记忆的能动综合是由被动的想象重迭起来的,它是先前在场的再现,但新的在场又没有到来之际的产物。德勒兹指出,传统心理分析的方法就是停留在这种时间的综合中,即对过去在场的记忆而构成了能动的自我。按照第二种时间的综合,过去与现在处于同时性中,它们属于共存的在场。

德勒兹提出的第三种时间的综合是一种空洞的纯粹形式化的时间。这是面向未来的"我",是多样化的,因而也是被时间打碎了的"我"。这是德勒兹游牧思想的实质。这一时间的综合消解了束缚自我的中心,突破了循环的领域,是冲破了循环之界限的时间,是自我的生成。如果说第一种时间综合是同一性重复在时间上的象征意义,第二种时间的综合是循环的重复,那么第三种时间则是回到

① Gilles Deleuze. Difference and Repetition [M]. New York: Columbia University Press, 1999: 46.

真实个体性存在的重复，相对于前面两种的意义而言，是差异的生成，是消除了辩证法否定性的虚无主义后实现的个体性的存在。

德勒兹关于时间的三种不同综合，分别对应于历史的三种不同阶段：上帝的阶段、英雄的阶段与人的阶段。对于德勒兹来说，前两种时间的意义就在于它们分别是象征意义的症候以及在上帝死亡的近代虚无主义哲学的症候中存在的对无意识自我的压抑而表现出的同一性、必然性，但是在第三时间的综合中，时间的纯粹形式把思想从循环的幻影中解放出来，区分出开始与结束、过去、现在以及未来，并把它们变成经验的条件。德勒兹关于第三时间的综合揭示出贯穿在前个体性的重复中的代替和伪装，他利用纯粹的时间形式把过去和未来都作为集合起来的事件，吸取了事件中被持续着的、根据偶然性被保留下来的因素。在第三种综合的时间中，"自我"是每一个事件中的"我"在断裂的时间形式中的幻象：无意识自我在时间中被消解，在每一个事件的本质中，在每一个系列的暂时性中，"我"是一个单一性的主体，是自身变成的重复。然而，这种重复不是表象，而是在新的经验条件下被生产出来的，是重复中超越性的内容。它超越了同一性，是在永恒轮回形式中实现着的未来。因此，每一个重复都是不相同的存在，既不同于过去也不同于未来，从这个意义上说，未来就是在差异的重复中。德勒兹的时间消解了循环的中心，是游牧式差异的生成性，是独立的并且也是生产的根源，所以，历史就如同是在重复的条件下进行的新的创造。作为未来的自我与过去和现在的经验不可分离地联结在一起而构成了历史[①]，而且重复从来不把自己还原到一个特殊的历史事实，它总是处于生产的过程中。

德勒兹的结论就是：思想不能被静态的表象的想象扰乱，因为可感知的多样性就是在真实的、给定了的经验条件推动思想去能动地进行的超越。《差异与重复》之目的就是要推动一种给定经验的、包括了思想在其中的本体论的发展，就是开放和持续地按照拥有的条件和结构的样式主体化。总之，差异和重复承担的就是这样一种本体论的永恒解放。然而，有必要指出的是这种解放并不是从马克思社会革命的意义上进行的探索，只是一种从理论实践的意义上进行的文本革命。

［本文选自浙江大学出版社2006年出版的《马克思主义与当代》一书］
［作者简介］ 潘于旭，哲学博士，浙江大学马克思主义理论研究所副教授，硕士生导师，主要研究方向为马克思主义价值哲学、西方马克思主义哲学。邮编：浙江杭州 310058

① Gilles Deleuze. Difference and Repetition [M]. New York: Columbia University Press, 1999: 94.

德育人文关怀与青少年德性养成[①]

王东莉

德性是人与动物相区别的内在规定性，是人作为人的最本质的特征，正如冯契先生所说："人性就是由天性发展为德性。"[②]德性标志着一个人在任何情境中都能表现出来的尊严、价值和品质，显示了人道德自律的主体地位，表明人具有履行道德义务和承担道德责任的能力。培根曾说：善的德性是人类一切精神品性中最伟大的品性。

德性本质上并非与生俱来，而是获得性的品格。青少年的德性形成需要合理有效的教育和塑造。古希腊哲人指出："优秀的天性若得不到适当的教养，则所产生的结果愈坏，大奸大恶的事迹从不出自庸才。"[③]当代著名伦理学家麦金太尔也认为："德性是一种获得性人类品质，这种德性的拥有和践行，使我们能够获得实践的内在利益，缺乏这种德性，就无从获得这些利益。"[④]他强调德性不是天生的，而是从后天的学习和实践中获得的，是一个人人生实践和人生修养的产物。中国伦理文化中也有"性非教化不成"(《汉书·董仲舒传》)的说法，强调后天教化的重要性。

德性需要培育。培育德性的活动即德育。德育本质上是一种培养人、塑造人、转化人、发展人、完善人的社会性教育活动，是一门人文色彩很浓的学科，具有广泛而深厚的人文关怀内涵。德育人文关怀的指向是培养和塑造具有德性的人，或者说是具有德性人格的人。德是对道之自得、自适，逐步涵厚其心，与道俱化，这也是德育的最根本含义，它是一种上进、上升的过程。《说文解字》释德为"升也"，最得其意。德育人文关怀的目的是使人对自然本能产生距离，从而使人心获得一个可以无穷发展的空间，可以不从属于物欲，而是超越物欲变得自主。在这一过程中，逐渐获得对人情、理义普遍尺度的恰当感觉，从而使心灵得以涵容和化通。以人文关怀促进人的德性养成，建构完美的德性人格，这是对现代德

---

① 本文系浙江省哲学社会科学基金2007年规划重点课题"思想政治教育人文关怀的实践研究"(07CGKS002Z)的阶段性成果之一。

② 冯契.智慧的探索[M].上海：华东师范大学出版社，1994:79.

③ 柏拉图.理想国[M].转引自陈康.论希腊哲学[M].北京：商务印书馆，1995:58.

④ 麦金太尔.德性之后[M].龚群，等译.北京：中国社会科学出版社，1995:241.

育最简洁的表述，也是现代德育的核心思想。它体现了以人为本的精神，即把人作为德性主体培养，促进人的德性人格的发展、完善。德育人文关怀对于青少年德性的培育，核心是指涉青少年个体心灵的转变，使其心灵受到来自教育者富于某种伦理关切的道德规范和价值理念的引导与塑造，潜移默化，习与性成，"使人心与所教之事相融相洽，由此使心灵得以转变并被充实提升，即个体能认识到善（好）的价值的优越性，把它整合为自己的本质，从而达到'从心所欲不逾矩'的'化'境"[①]。

从教育实践的角度分析，德育人文关怀对青少年德性养成主要可发挥以下作用。

第一，培养道德情感。人的德性是道德认知、道德情感、道德意志和道德行为习惯等多种因素构成的，它是人的一种综合心理品质，其实质表现为一个人对道德的信念，即道德信念。道德信念是人们对某种道德理想和道德要求的正确性和正义性的深刻而有根据的笃信，以及由此而产生的强烈道德责任感，它是深刻的道德认识、炽烈的道德情感和顽强的道德意志的有机统一。研究表明，在组成道德信念的几个基本要素中唯有道德情感最具粘合力。虽然一定的道德认知和道德意志之间也有相互联系和促进的一面，但单靠道德认知的促动，道德意志的产生仍缺乏足够的力度，而有了道德情感的参与，就等于增加了一个新的心理动力和中介环节。有了道德情感这个动力性中介，道德认知和道德意志之间的结合才变得更加紧密，道德意志才能变成"自由意志"，道德信念才能真正得以建立。信念是人对某种现实或观念抱有深刻信任感的精神状态，它既不是经验基础上的将信将疑，也不是建立在逻辑分析基础上的"不得不信"，而是基于情感的无条件笃信。要建立这样的信念，单靠掌握一些道德知识、理解一些道德规范是远远不够的。英国教育哲学家彼得斯认为：一个人接受道德原理是在具体的社会情景中亲自体验的，也就是说，一个人必须有一个强烈的个人动机去寻找这些道德原理所要求或所规定的东西。[②] 而"强烈的个人动机"往往表现为人的道德情感。正如马克思所说："人作为对象性的、感性的存在物……是一个有激情的存在物。激情、热情是人强烈追求自己的对象的本质力量。"[③]列宁也指出："没有人的情感，就从来没有，也不可能有人对真理的追求。"[④]

道德情感体现了人的深刻性和丰富性。"道德不是一种物质存在，而是一种

① 詹世友．论教化的三大原理[J]．南昌大学学报（人文社科版），2000(3)．

② 彼得斯．伦理学与教育[M]．北京：商务印书馆，1966：35．

③ 马克思恩格斯全集：第42卷[M]．北京：人民出版社，1979：169．

④ 列宁教育文集（下卷）[M]．北京：人民教育出版社，1986：337．

精神存在，它的内容包括情感。如良心、义务、荣誉、幸福、正义、节操等都是内含着情感的复杂整合。”①富有道德情感的人，才有可能体验道德的快乐与幸福。故美国思想家宾克莱在论述海德格尔关于情感是把握世界的绝对方式时说：“海德格尔主张，我们对世界的知觉，首先是由情感和情绪揭开的，并不是靠概念。”②基尔克戈尔也认为，只有融合于生活的情感体验才是正确理解对象和自我的唯一方式，只有情感体验才能揭示主观性真理。③

青少年的道德情感是影响其道德认知内化，并外化为道德行为的关键因素。道德认知能够让青少年明察何者为善、何者为恶，正确地进行善恶价值判断，而道德情感则使他们能够将善恶的理论认识转化为或喜或怒、或积极或消极的情绪体验，转化为内在的心灵感受。情感具有鲜明的指向性和强烈的制导功能，它一经形成便努力地将主体的理性思维拉向自己的目标。如果缺乏这种道德情感，就无法产生行动的动力。比如，一个青少年如果没有对祖国深厚的情感，就不会有高尚的爱国主义精神和爱国行动；没有对父母、师长的热爱，就不会有尊敬父母师长的品德。同理，在现实生活中，罪恶行为的产生，常常并非是因为对道德的无知，而是因为对人的无情。明知善与恶、是与非，却不能从善如流、嫉恶如仇。事实证明，外在的道德原则、道德规范和道德知识，如果不被青少年的心灵所感受、情感所认同，将会是一纸空文。也就是说，道德知识如果没有青少年道德情感的润泽，就无法注入其心灵内化为德性，更谈不上外化为德行。正所谓“行道而得之于心谓之德”。

对于青少年的道德教育，如果道德的内容进入不了他们的道德情感世界，就会失去这种教育的真正意义。对青少年来说，培养起丰富的道德情感，是培育其德性的关键。正是在这个意义上，皮亚杰强调指出：“一点人性可以比世界上所有规则宝贵得多。”④苏霍姆林斯基则更生动地说：“道德情感——这是道德信念，原则性、精神力量的血肉和心脏。没有情感的道德就变成了干枯的、苍白的语句，这语句只能培养出伪君子。”⑤德育人文关怀富于人性化的情感关注，正是青少年获得丰富的道德情感的重要途径。

德育人文关怀对青少年德性养成的意义，一个重要的表现就是不再把道德教育作为一种外在的知识灌输和规范要求，而是关注人的内在精神欲求，将外在的道德规范与人的心灵世界对应，注重受教育者真实的情感体验，从心理需要和

---

① 李建华.道德建设新论[M].北京：中共中央党校出版社，1996：274.

② 宾克莱.理想的冲突[M].北京：商务印书馆，1983：215.

③ F.桑代克.基尔克戈尔手册[M].美国：诺克斯出版社，1979：10-15.

④ 皮亚杰.儿童的道德判断[M].济南：山东教育出版社，1984：228.

⑤ 《湖南教育》编辑部.苏霍姆林斯基教育思想概述[M].长沙：湖南教育出版社，1998：75.

道德情感入手来提高人的道德知觉，培养和巩固人的道德信念。德育人文关怀强调更多地尊重主体的选择和情感体验，让受教育者在实际活动中逐步获得丰富的情感体验，把社会的道德规范转化为内在的道德信念，并在此基础上逐渐建立正确的人生观、价值观、道德观。德育人文关怀的过程不仅仅是教育者的施教过程，更重要是受教育者自身认识、体验、创造和发展的过程。德育人文关怀所培养起来的人，他所实践的是他所认同的东西，他所追求的更是他所相信的东西，在深切的道德情感体验中，人的主体精神、道德思维、道德判断能力也相应得到发展和升华。

第二，启迪理性自觉。道德情感的一个重要特点，就是它渗透了道德理性与道德价值要素。它不是自然的好恶、本能的冲动，而是有意识的理性情感。康德深刻地揭示出道德情感的这一特点：道德情感必须是个体看到那个神圣的道德律令耸然高出于自己和自己的天然情感之上，产生一种惊叹赞美的情感，同时由于能够强制自己，抑止利己心、自私、自爱、自负而服从道德律令，因而感到“自己也同样高出表层”，产生一种自豪感。[①] 道德情感与道德理性在个体的道德意识中是密不可分、互相渗透的。德育人文关怀强调道德情感的重要性，并非忽视更非否定道德理性，而是重视在更高的层面上强调人的理性觉悟在德性人格中的地位。因为“情感只有经过理性的过滤，才能成为道德情感”[②]。缺乏理性支撑的情感是不能持久的，而且“如果缺乏理性力量的支配，……善意和良愿也可能成为通向地狱的铺路石”[③]。并且，道德情感功能的发挥也是要靠理性自觉来加强、巩固和扶持的。因此德育人文关怀对于青少年德性人格的塑造，非常注重对其道德理性觉悟的启迪。

每个人的生活境遇都是独特的，每个人的道德世界也各呈差异，德育人文关怀不可能给每个青少年以同样的道德世界，更不可能把教育者所预置的道德世界灌输给他们，德育人文关怀的目的在于启迪他们的道德理性自觉，把他们引入自我德性的追求和养成过程之中。德育人文关怀重视充分激发、调动青少年个体理性的功能，使个体“主动地具有和行使理性能力的原理”[④]。人因为有理性，才会有善的理念，灵魂才能向上飞升，领受灵魂的完美与和谐，才有正义的生活，因而，理性是德性的源泉之一，有了理性，人才属于精神的存在，才是向善的。因此，德育人文关怀十分重视启迪青少年的道德理性自觉。

---

① 康德.实践理性批判[M].北京：商务印书馆，1960：78.

② 唐凯麟.道德思维引论[J].湖南师范大学社会科学学报，2002(2).

③ 唐凯麟.道德思维引论[J].湖南师范大学社会科学学报，2002(2).

④ 西方伦理学名著选辑[M].北京：中国人民大学出版社，2001：292.

德性中的理性自觉首先表现为个人作为德性主体的自觉意识。正如有学者指出的那样，“人类需要精神，但不需要强力推销的精神，精神家园的重建靠每个人自主的觉悟”①。这种自觉意识不仅是对外在道德要求有一个明确的了解和认识，更是对成就“理想道德自我”的强烈内在欲求，也是对人生道德意义不断探问的动机。德育人文关怀强调的理性自觉，即在于一个人的内在心灵中挺立这种德性我，“这种挺立并不是干涩、单调地表现德性，而是以德性浸润个人的主体”②。

赫舍尔曾指出，“人的存在从来就不是纯粹的存在，它总是牵涉到意义。意义的向度是做人所固有的，正如空间的向度对恒星和石头来说是固定的一样”③。人的德性人格只能在意义和价值的世界中凸现出来。因此，德性人格的发展也就只能是个体主动地参与和创造人生的过程，是个体自身的一种积极的探寻和建构人生的过程。德育人文关怀对德性人格的塑造，其伦理目标应是引导青少年认知人生意义，完善人的自由与尊严。德育人文关怀注重在这当中创造契机、情境和氛围，即在为人完善自由与尊严的努力过程中，不断地发展和提高个体的自我意识和创造才能，不断地丰满和强健德性人格，促使主体走向高度的自觉。这就正如苏霍姆林斯基所说：“一个少年，只有当他学会了不仅仔细地研究周围世界，而且仔细地研究自己本身的时候；只有当他不仅努力认识周围的事物和现象，而且努力认识自己的内心世界的时候；只有当他的精神力量用来使自己变得更好、更完善的时候，他才能成为真正的人。”④

德育人文关怀的过程就是打开青少年个体的道德世界、启迪个体的道德智慧、培养个体的道德理性、涵养个体的道德情感的过程，这一过程的核心与基础就是个体的道德理性。“全部道德文化的主要目的是塑造和培养理性意志使之成为全部行动的调节原则。”⑤因此，德育人文关怀的主旨是引导青少年把个体的道德生活置于个体道德理性之上，而不是基于对外在道德权威的服从，从而真正实现道德精神的自律。有人曾说：“主动是成人的，被动是成器的。成人的能够用器、造器，成器的只被人用，听人造。”⑥德育是把个体培养成人而不是培养成工具、奴才，成人与成器的根本区别就在于个体的理性觉悟。

---

① 卢风.人类的家园——现代文化矛盾的哲学反思[M].长沙：湖南大学出版社，1996：94.

② 戴木才.论德性养成教育[J].江西师范大学学报(哲学社会科学版)，2000(3).

③ 赫舍尔.人是谁[M].隗仁莲，译.贵阳：贵州人民出版社，1994：46-47.

④ 苏霍姆林斯基.给教师的建议[M].杜殿坤，译.北京：教育科学出版社，1984：339.

⑤ 弗里德里希·包尔生.伦理学体系[M].何怀宏，廖申白，译.北京：中国社会科学出版社，1988：19.

⑥ 凌逾.面向21世纪的自我管理教育[J].青年探索，1999(2).

第三，引导精神自律。德育心理学研究表明，个体德性人格的形成过程要走过无律、他律、自律和自由四个阶段。人在年幼无知的时候德性人格往往处于无律状态，这时的儿童与道德规范没有发生现实的联系，道德对于儿童来说是一个“不知为何物”的东西，这时无论儿童的行为客观上是否合乎道德规范，他都不是一个道德主体。进入他律阶段的儿童已经由于外在的权威而有意识地遵守道德规则，但是这时，“他与他所遵守的‘道德’之间，始终有一种可以支配他的中介力量在起作用”①。道德规则并没有为他所理解，并进而获得心理上的认同，因而具有强烈的外在性或疏远性。在道德律令面前儿童是被支配者而不是一个积极、生动的主体。皮亚杰认为，只有当儿童意识到道德规则的真正意义，并有义务去执行规则时，规则才是真正的行为规则。也就是说，道德的真正发生应到自律阶段去寻找。而道德自律较明显的标志是“义务”“良心”的出现。这时道德对于个体而言已不仅是外在、客观的，而更是其心灵的有机构成，个体趋善的行为是倾听良心的呼唤，而非屈从外在的压力，他再也不是一个被动、依附、简单服从的消极执行者，而是一个自主自为自我决策和调控的积极主体。正是因为这一点，自律阶段已使个体走近了道德的本质，形成了德性的基础。因此，马克思说“道德的基础是人类精神的自律”②。

但是，道德的“基础”并不等于道德的实质，真正的道德应该内发于完全的价值需要，外化为自然的道德行动，来不得半点勉强和造作。只有当个体完成从“义务感”到“崇高感”、从“良心”到“本心”，即达到道德自由（一种更高层面的自律）阶段时，真正的道德和真正的德性人格才能产生。这时主体已经认识到了道德与人类的崇高与尊严之间的必然联系，他履行社会道德要求不仅是自觉自愿的，而且成为他心灵的一种内在需要；这种内在的心灵需要已经不是出于某种外在功利的考虑，也不是纯粹自我约束、自我控制的结果，而是已经成为了一种行为习惯。因为道德本质上是人类完善社会、完善自我的一种价值追求，当这一追求一经在人们的行为习惯中确定下来，巩固下来，人的道德主体便得到了升华，达到了道德自由（一种更高层面的自律）的境界。因此，道德的本质是主体对道德的自由把握。

在人文关怀的视阈中，德性的成型和发展并不是要窒灭感性的欲求，而是要使感性成为人的感性。精神空间就是人的感性欲求挣脱本能的束缚而获得的自由度。所以，一个人的德性必然表现为人的具体的德行品质。德育人文关怀的目的是改变一个人的精神面貌，使人变得从容大度，以静心应物，获得一种主动

① 唐凯麟，龙兴海.个体道德论[M].北京：中国青年出版社，1993：113.

② 马克思恩格斯全集：第1卷[M].北京：人民出版社，1972：15.

的精神和博大的胸怀。其真正的涵义揭示的是这样一个道理："人的真正的尊严，是人的始终如一的自由意志能力，即自律。"[①]德育人文关怀对于青少年德性的培养，正是要引导他们走进真正的精神自律。

第四，完善心灵和谐。德育人文关怀是对心灵的塑造，它所追求的终极目标是心灵的和谐与完善。它注重将社会历史中积淀的富于价值和意义的客观精神导入青少年的心灵世界，把个体心灵从个别性状态提升到普遍性状态，实现人的精神内在的、整体性的生成。德育人文关怀是面向个体灵魂的内在和谐的形成，因此它十分重视提高个体对灵魂的自我理解、自我治理、自我协调和自我更新的能力。德育人文关怀旨在"导向心灵的健康，导向个人的理性与欲念的和谐、德性与利益的和谐、社会性与自然性的和谐、自由与责任的和谐、道德知识与行动的和谐"[②]。

德育人文关怀作为使生命整体提升和使人性完善的活动，内含着求真、向善、趋美的多维旨趣，求真、向善、趋美又最终指向人在世界上的生活实践，指向人与人、人与社会、人与自然关系的和谐完满，指向个体德性人格的生成。特别是它直接关注的是个体生命的价值形态，谋求个体生命的内在和谐，谋求个体在世界上的合理、幸福的生活，并把个人生命与他人生命、与世界万物紧密相连，使个体真实地生活"在世界中"，并使个体充分地体验、理解、践行他与世界之间的伦理关系和道德责任，建立个体生命与他人生命、与世界万物的本质关联，使个体成为真实地生活在世界之中的有德性的人。在此意义上，德育人文关怀"借助于个人的存在将个体带入全体之中。个人进入世界而不是固守着自己的一隅之地，因此他狭小的存在被万物注入了新的生气。如果人与一个更明朗、更充实的世界合为一体的话，人就能够真正成为他自己"[③]。同时，德育人文关怀还努力把青少年从"自然人"的境遇中提升出来，让他们懂得善恶、是非、荣辱，让他们理解、追求社会与个人的正义，拓展个体与社会共同体之间的联系，增进个人与社会之间的伦理共契，为青少年个体参与社会共同生活提供基本的精神依据，实现青少年个体人格心灵的觉醒，确立生命存在的价值与尊严，从而积极拓展青少年个体生命的精神空间和精神内涵，为青少年个体生命在世界中的意义追寻谋求积极的内容和方向。

总之，德性是一个人精神属性的核心构成，"这种内含着向善定势的结构，在某种意义上可以看作是道德实践的精神本体，它从主体存在的精神之维上，为道

① 邓晓芒.灵之舞——中西人格的表演性[M].北京：东方出版社，1995：150.

② 金生鈜.德性教化乃是心灵转向[J].湖南师范大学教育科学学报，2002(2).

③ 雅斯贝尔斯.什么是教育[M].北京：三联书店，1991：54.

德实践提供了内在的根据"①。德育人文关怀关注青少年的德性，正是关注他们的精神世界，关怀他们的精神生命，注重培养健康完整高尚的人。

[本文选自《当代青年研究》2007 年第 10 期]

[作者简介] 王东莉，浙江大学马克思主义理论研究所教授，硕士生导师。曾任浙江大学马克思主义学院思想道德修养与法律基础教研中心主任、浙江大学心理咨询中心副主任等职。邮编：浙江 杭州 310058

① 杨国荣.道德系统中的德性[J].中国社会科学，2000(3).

马克思主义公共权力道德约束思想及其现实意义

崔　浩

马克思主义经典作家从不同方面对“以道德约束权力”这一问题进行了深入研究，形成了丰富的关于公共权力道德约束的思想。全面研究这一思想具有重要的理论意义与现实意义。

一、马克思主义公共权力道德约束思想的主要观点

道德何以能够约束权力以及如何约束权力？马克思主义经典作家从政治与道德的内在关系、从道德关系的本质、从公共权力的本质与公共权力的运行等角度揭示了道德约束公共权力的可能性与现实性。

马克思主义批判地分析了18世纪唯物论者的“政治决定道德”论和唯心论者、空想社会主义者的“道德决定政治”论，认为公共权力与道德都属于上层建筑，作为社会意识形态都是由一定的经济关系决定的，在阶级社会里公共权力与道德都具有阶级性。公共权力与道德在上层建筑中各自具有特殊的社会本质和特定的社会作用，二者之间不存在谁决定谁、谁代替谁的关系，但是，两者之间实际地存在着交互作用和相辅相成的关系。[①] 马克思主义经典作家揭示了公共权力与道德在社会生活中作用目的的一致性、作用方向的一致性，以及同一阶级的公共权力与道德的互相补充和相互促进的关系。公共权力与道德是统治阶级实现阶级利益和维护社会秩序的两个基本手段，在阶级社会中，道德必然服务于一定阶级的经济利益和政治利益，“道德始终是阶级的道德；它或者为统治阶级的统治和利益辩护，或者当被压迫阶级变得足够强大时，代表被压迫者对这个统治的反抗和他们的未来利益”[②]。公共权力确立的强制性关系不仅保障道德关系的实现，而且有时也成为某些道德关系的内容，某些法律规范就是对一定道德关系的确认。公共权力与道德作用目的的一致性、作用方向的一致性决定了道德约束权力的可能性，二者在功能作用上的互补性决定了道德约束权力的必要性。

道德关系是由经济关系决定的，并依据一定的道德观念、道德原则和规范而

---

① 罗国杰.马克思主义伦理学[M].北京：人民出版社，1982：100.

② 马克思恩格斯选集：第3卷[M].北京：人民出版社，1995：435.

形成的特殊社会关系。马克思主义认为道德关系在本质上是利益关系，“我们断定，一切以往的道德论归根到底都是当时的社会经济状况的产物”①，由于“每一既定社会的经济关系首先表现为利益”②，在阶级社会里，阶级之间的利益关系、利益矛盾和利益冲突是政治关系产生的根源。利益是政治权力追逐的对象，是政治行为和政治活动的动力与最终目的；政治权力是保障利益得以实现的重要手段，政治权力关系的变革引起利益关系的变革。道德与公共权力基于利益关系而产生关联，道德规范与公共权力在具体利益上建立起直接关系。公共权力行使主体在对自身利益和本阶级利益认同一致的情况下，自觉地将公共权力原则与个体道德准则、道德认同在行使权力时达成一致，其公共权力行为将自觉地受本阶级道德规范的约束。

马克思主义认为公共权力自身存在着悖论和异化倾向，客观上要求对公共权力及其行为进行道德约束。“国家是以一种与全体固定成员相脱离的特殊的公共权力为前提的”③，这种产生于社会之中的公共权力，在政治国家里又凌驾于社会之上，成为统治社会的工具，因而，公共权力自身存在着悖论，公共权力的运行存在着异化倾向。恩格斯认为在国家产生之前就已经存在公共权力，这时的公共权力是原初形态的公共权力，是由氏族成员共同掌控、以协调和管理社会共同生活的权力，是调节氏族成员之间共同生活中产生的争端与纠纷的权力。国家产生之后的公共权力则是与居民相脱离、处于社会之上的力量，“这种公共权力已经不再直接就是自己组织为武装力量的居民了。这个特殊的公共权力之所以需要，是因为自从社会分裂为阶级以后，居民的自动的武装组织已经成为不可能了”④。公共权力被统治阶级提升为国家权力后，公共权力就出现了四个方面的悖论：第一，公共权力作为处于社会之上的力量，成为部分社会成员的权力，不再属于社会全体成员，“驾于社会之上”只是这种权力表面上的虚假现象；第二，公共权力在形式上是为了缓和对立面的冲突，实际上是在某些方面压迫对立面，使冲突保持在符合统治阶级利益的“秩序”范围内；第三，公共权力被部分社会成员掌控后，不可能保证在根本上代表全体社会成员的共同利益，公共权力与私权利的矛盾和对立成为不可避免的现象；第四，由于国家与社会的对立，公共权力的运作往往游离于社会与公众的监督制约之外，公共权力的运行往往出现异化倾向，公共权力成为追逐个人私利的手段。因而，要消弭公共权力悖论、要

① 马克思恩格斯选集：第3卷[M].北京：人民出版社，1995：435.
② 马克思恩格斯选集：第3卷[M].北京：人民出版社，1995：209.
③ 马克思恩格斯选集：第4卷[M].北京：人民出版社，1995：94.
④ 马克思恩格斯选集：第4卷[M].北京：人民出版社，1995：171.

避免公共权力异化倾向，除了用其他手段制约公共权力外，道德约束对规范公共权力行为具有重要作用。

马克思主义认为资产阶级的公共权力制约只是停留在国家权力运行的表面上的权力之间的相互制约，公共权力制约在实质上成了不同公共权力执掌者们之间的"权术"和"游戏"，只有真正实现了人民群众对公共权力的监督，才能对公共权力进行真实而有效的制约。马克思、恩格斯认为，只有在对资本主义生产方式和所有制进行变革之后，原来意义上的一个阶级用以压迫另一阶级的有组织的暴力的政治权力性质才会发生根本性的变化，"当阶级差别在发展进程中已经消失而全部生产集中在联合起来的个人的手里的时候，公共权力就失去政治性质"①。这时政治权力就成了公共权力，公共权力就还原为真正的社会自我组织和自我管理的权力。因而，"旧政权的纯属压迫性质的机关予以铲除，而旧政权的合理职能则从僭越和凌驾于社会之上的当局那里夺取过来，归还给社会的负责任的勤务员"②。

马克思主义从无产阶级公共权力人民性的角度揭示了对公共权力制约的必要性。马克思主义认为人民是历史的真正创造者，公共权力来自于人民，无产阶级掌握的公共权力必须服务于人民并自觉接受人民的监督和制约。既然公共权力是人民授予的，那么，对人民负责、为人民服务就是理所当然的。把国家机关工作人员行使公共权力的过程看成是为人民服务的过程，是马克思主义的一贯要求和共产党人的根本立场。为此，马克思非常重视人民参与国家与社会的管理，强调要通过"人民自治"和"人民监督"，有效实现减少行政机构和行政官员，促使"公仆"不敢懈怠。在《法兰西内战》一文中，马克思分析了巴黎公社公共权力的运作情形，指出经过普选产生的公职人员应当为组织在公社里的人民服务，巴黎公社"彻底清除了国家等级制，以随时可以罢免的勤务员来代替骑在人民头上作威作福的老爷们，以真正的责任制来代替虚伪的责任制，因为这些勤务员总是在公众监督之下进行工作的"③。恩格斯强调，为了防止国家和国家机关由社会公仆变成社会主人，要把公共权力交给由普选选出的人来行使，选举者有权随时撤换不称职的公共权力行使者。列宁也认为，由选举产生的机关或代表会议，只有承认和实行选举人对代表的罢免权，才能被认为是真正民主的和确实代表人民意志的机关。

① 马克思恩格斯选集：第1卷[M]．北京：人民出版社，1995：294.

② 马克思恩格斯选集：第3卷[M]．北京：人民出版社，1995：57.

③ 马克思恩格斯选集：第3卷[M]．北京：人民出版社，1995：96.

二、马克思主义与西方思想家关于公共权力道德约束问题认识的区别

马克思主义公共权力道德约束思想内容丰富，在公共权力道德约束基础、公共权力道德约束的性质以及约束目的、方式与途径等方面都形成了自己的观点，西方思想家与马克思主义者在对这些问题的认识上，既有相同之处，也有不同之处。

1. 对公共权力道德约束基础与原因的认识

实现公共利益是公共权力的基本目的和价值所在，“已有的理论，无论是资产阶级的契约论、人权论，还是无产阶级的唯物史观，都足以说明公众利益对公共权力的规定性和公共权力对于公众利益的依赖性”[①]。公共权力必须维护和保障社会整体利益，为了保证公共权力能够实现公共利益的目的，需要对公共权力进行道德约束，马克思主义与西方思想家对此认识是相同的，但是，对公共权力进行道德约束基础和原因的认识则明显不同。

马克思主义从唯物史观出发，强调社会存在对道德和公共权力的决定作用，认为社会经济关系是道德关系与公共权力产生和存在的基础，利益关系是道德关系的本质，政治关系是由利益关系引起的，公共权力在运用过程中，面对不同主体之间存在的利益差异关系，是公共权力道德约束之根本基础。公共权力首先必须面对和解决公共利益的内在矛盾——公众整体利益与个体利益之间的矛盾。马克思、恩格斯在批判18世纪旧唯物主义的道德观时，强调“既然正确理解的利益是整个道德的基础，那就必须使个别人的私人利益符合于全人类的利益”[②]。因而，公共权力必须以实现和保护公共利益为意旨，个人利益要服从公共利益，无产阶级的个人利益要服从全人类的利益。不同个体之间在利益上具有共同性与差异性，公共权力必须维护不同个体的正当利益，协调他们之间的利益冲突。同时，公共权力是由具体的权力主体行使的，在权力运用过程中难免受到权力主体自身利益的影响与干扰。因而，公共权力的基本功能就在于，协调和解决各利益主体之间的矛盾与冲突，在于维护、保障和增进不同利益主体的合法权益，形成良好的社会秩序和道德秩序。公共权力发挥这些基本功能，并在利益关系中体现其作用与价值，除了用法律和制度约束公共权力之外，对公共权力及其行为进行道德考量并用道德约束之，就成为不可或缺的手段。

西方思想家对公共权力道德约束的原因和必要性的解释是建立在唯心史观

---

① 窦炎国.公共权力与公民权利[J].毛泽东邓小平理论研究，2006(5).

② 马克思恩格斯全集：第2卷[M].北京：人民出版社，1957：167.

基础上的。西方思想家对权力行使者能否正当行使公共权力普遍持怀疑态度。公共权力行使者既可以正当行使权力为社会服务，也可能在没有监督和制约的情况下利用权力为己牟利，即公共权力既具有良善而行的可能，也有被滥用和孳生腐败的可能。为了减少公共权力不必要的“恶”，就要对公共权力进行制约，对公共权力进行道德约束。制约和约束公共权力的前提是个人权利和私有财产神圣不可侵犯，国家负有保护个人权利和私人财产的义务。西方思想家以天赋人权观和社会契约论为理论依托来论证公共权力的合法性与道德约束，以保护个人权利免受国家权力侵犯为前提来论证约束公共权力的必要性，由于权力公共性缺少其经济基础——生产资料公有制，最终只是获得了权力公共性的形式而实质沦为利益集团的控制，最终也无法获得权力公共性的政治基础——人人平等，即便宣称人人平等，也只是虚幻的平等。

2. 对公共权力道德约束性质与目的的认识

马克思主义认为，一个时代占统治地位的道德伦理观念也不过是统治阶级的道德伦理观念。在阶级社会里，所有的道德体系都具有阶级性，统治阶级的道德观念、道德原则和道德规范是约束公共权力的基本道德，对公共权力道德制约、对统治者进行官德约束，其根本目的是为了实现统治阶级的利益。在社会主义社会，对公共权力道德约束的实质是人民道德意志的实现，公共权力的人民性要求，必须以人民群众的道德意识和道德水平为基础，用人民群众的道德标准来衡量公共权力及其行为，公共权力必须服务于人民并接受人民的监督，道德约束公共权力的目的在于通过提高“人民公仆”的道德素养，约束其权力行为，更好地维护和实现广大人民群众的根本利益。

西方思想家在这个问题上则表现出形形色色的唯心史观立场。柏拉图试图依靠“哲学王”统治实现善政的道德理想，通过建立某种道德信仰，以唤醒“为政者”的知耻之心。杜林式的思想家试图以永恒的、终极的、不变的道德律，以超历史、超阶级、超民族的不变的道德原则来约束公共权力。康德试图用“绝对命令”来约束行使权力的行为。这种抽象的普遍的道德不仅难以达到约束权力的效果，更是在不知不觉中湮灭了约束权力之道德的阶级性。近代以来，资产阶级总是宣称它代表全体社会成员的利益，“自由、平等、博爱”成为资本主义社会道德的最高准则，可实质上，资产阶级的道德原则、政治原则和各种政治措施都是为了保障其统治利益的。

3. 对约束公共权力的方式与手段的认识

无论马克思主义者还是西方思想家，都强调法律与道德是约束公共权力的两种最重要的方式与手段，但他们对法律与道德约束公共权力的出发点和着重点的认识却有着明显的差异。

马克思主义认为，对公共权力的监督和制约不能单纯地依靠道德或法律，而要两者并重，做到“德法共治”。一方面，要加强“法治”，用法律来监督和制约公共权力，用道德弥补法制制约的不足和局限。另一方面，必须强调“德治”，法律固有的局限性只能通过道德予以补充和辅佐。片面强调“德治”或“法治”的安全性与优先性都是错误的。只有坚持“法治”与“德治”协调发展，做到“德法共治”，才能促进社会良性运行，国家才能长治久安。马克思主义还认为，道德和法律不仅是约束权力行使者个体的手段，而且权力集体也应当受道德和法律约束，权力集体如果不受道德和法律约束，其行为产生危害后果的可能性更大，危害程度也会更严重。

西方早期思想家注重“德治”，强调道德对执政者个体的约束作用，希望通过约束执政者的个体行为实现政治清明，苏格拉底、柏拉图、亚里士多德等人对此问题的认识有着相同之处。启蒙运动之后，这种认识开始转向，人们开始突出强调制度和法律对权力普遍的、强制的约束作用。从此以后“法治”在西方得到了重视与发展，而道德对权力的约束作用则被渐渐忽略。西方思想家普遍认为，道德对公共权力的约束只能是一种法律约束之下的补充力量，“德治”只能是“法治”背景下的道德约束和道德建设。在西方国家的实际政治生活中，道德对权力的约束作用仅仅存在于法律对权力干预的缝隙之中。到 19 世纪末期，人们开始重新认识道德或道德理性对于公共权力的作用；20 世纪 80 年代，人们开始把视线转向公共管理中的行政道德建设上，强调公务人员要遵循普遍的道德规范。这应该说是一个值得肯定的回归。

三、用马克思主义公共权力道德约束思想指导实践

公共权力道德约束思想在马克思主义理论体系中占有重要地位，是马克思主义权力约束观的重要组成部分。马克思主义经典作家从道德与公共权力背后揭示道德约束权力的可能性和必要性，探讨道德约束权力的机理与途径，认为利益关系是联结道德与公共权力的纽带，规范公共权力、协调不同利益主体的关系、实现无产阶级的公共利益是道德约束公共权力的根本意旨。在唯物史观的基础上，以实现无产阶级的物质利益为核心来阐释和建构公共权力道德约束思想，这是马克思主义公共权力道德约束思想的最突出的特色，也是与西方思想家关于公共权力道德约束认识的本质区别。马克思主义公共权力道德约束思想不仅为我们提供了正确认识道德约束权力的思考方法，而且为道德约束权力的实践提供了正确的理论指导。

协调不同利益主体的关系、实现公共利益是公共权力的根本性职能，这一职

能的实现程度直接体现为公共权力道德价值作用的强弱。公共权力对实现公共利益的促进作用越明显,它所体现的道德价值就越显著,反之亦然。处在社会转型期的中国,其公共权力在实现公共利益的过程中必须认真对待的严肃问题是:避免公共权力自身利益的膨胀,杜绝以实现公共利益为借口而侵犯公民个人合法权益的行为。对于政府而言,政府道德的作用主要体现为对政府权力的约束,道德的约束力量实际上体现为政府对公民个人权利的维护。在我国,执政党和国家机构以实现最广大人民的根本利益作为行使权力的出发点,努力达至社会和谐发展,是道德约束权力的政治价值与社会价值的体现。

道德约束毕竟只是道德规范对道德主体无形的内在约束,其约束作用是通过道德主体的道德信念、道德意志和道德习惯等实现的。道德要约束公共权力并成为制约公共权力的力量,道德规范必须成为可以遵守的具体的社会规范,道德约束力必须转变为社会权力而成为一种有形的强制力量,即通过家庭伦理、团体纪律、行业规范和社会道德舆论等形成社会强制力,从而起到有效地约束公共权力的作用。当前,除了健全团体纪律和行业规范外,形成弘扬正气的社会舆论氛围,形成良好的社会道德环境,是道德建设的当务之急。这其中充分发挥人民群众的道德监督作用,形成有组织的社会公共舆论,对遏制公共权力腐败具有重要意义。

从国外来看,道德法律化、道德规范法制化是道德约束公共权力有效而稳定的手段。美国把约束公务人员权力的道德原则法律化,1978 年国会通过了《公务道德法》,1980 年通过了《公务员道德法》,这两个法案赋予了公务人员的道德以法律意义,对约束上至总统、国会议员,下至普通公务人员的行为在道德上有了依据。意大利也出台了规范国家公务员权力的《道德法典》。韩国制定了《国家公务人员伦理法》《韩国防止腐败法案》等。在我国,落实以德治国方略,加强道德约束公共权力的制度建设是关键环节。当前进一步用共产主义道德理想教育"为政者",继续提倡社会主义、集体主义的道德原则,加强以"八荣八耻"为核心内容的社会主义荣辱观教育,是培养"为政者"官德的最基本要求。

[本文选自《马克思主义研究》2008 年第 4 期]

[作者简介] 崔浩,政治学博士、法学博士,浙江大学马克思主义理论研究所副教授,硕士生导师。邮编:浙江 杭州 310058

告别解放与自由的神话

——论后现代政治的基本思想与精神

许丽萍

后现代政治图景并不是那么规整划一，各家各派的思想存在着很大的差异和分歧。但是，无论各个思想家呈现出怎样的精神气质和思想风貌，说到底，都是殊途同归，即他们都对现代性以来的解放政治的宏大政治观提出了质疑。在他们看来，解放政治在捍卫主体自由与尊严的同时，又以一种更隐蔽、更专断、更制度化的方式去抑制、甚或践踏人的自由和尊严。解放政治本身带有很大的欺骗性，根本没有实现它当初的承诺。为此，他们提出了一种与解放政治完全不同的后现代微观政治范式，认为只有通过对个体的深情关切，通过倡导差异和多元，通过肯定人性中情感、欲望等非理性层面的作用，才能使人类走向希冀久远的理想之境。

一、别一种解放：从大叙事到小叙事

解放政治是一种宏观政治，无论它的叙事方式，还是思维方式均属于现代理性的元叙事或大叙事方式，而后现代政治则是对这种元叙事的怀疑或不信任。利奥塔的有关思考很典型地表明了这一点。利奥塔是后现代政治理论的第一人、后现代政治思想的精神领袖，他确立了后现代政治的基本思想与精神。后来的后现代政治理论家，总体上都是在他的“星星之火”基础上的“燎原”。关于这些认识，可以说已是公认的了：“就关于后现代性的一般理论而言，他是一个贯彻始终的主要倡导者之一。”“在各种思想派别和各种影响重大的辩论中，在一系列范围广泛的话题上，利奥塔的观点都得到了极为频繁的引证，这足以证明他的著述所扮演的关键角色。”[①]若要对现代之后的政治思想有所领悟和思考的话，我们就必须依傍利奥塔。[②] 所以走近利奥塔是我们了解后现代政治思想的理论入口，也是我们从中窥见后现代政治镜像的最好视点。

早在现代性初期，科学、文化、艺术等领域为了证明其自身游戏规则的合法

---

① 詹姆士·威廉姆斯.利奥塔[M].姚大志，等译.哈尔滨：黑龙江人民出版社，2002：2.

② 詹姆士·威廉姆斯.利奥塔[M].姚大志，等译.哈尔滨：黑龙江人民出版社，2002：4.

性，共同炮制出了一套哲学话语为其合法性进行辩护，这就是诉诸理性、真理、主体、意义等的“元叙事”或“大叙事”。这套元叙事带来了两个保证：历史的进步和人的普遍解放，它也因此自然地得到了拥戴。“叙事知识重新回到西方，为新权威的合法化带来了一种解决办法。”[①]而作为在这套知识体系下产生出来的现代政治，也在这种进步与解放的元叙事的羽翼下获得了合法性。缘此，现代政治就被称为解放政治。

在利奥塔看来，解放政治的一切都诉求于这种元叙事。然而，这种元叙事本身带有很大的欺骗性。元叙事鼓噪“永恒真理”“普遍解放”之类宏大的目标，它们虽然具有很强的诱惑性和迷醉性，但却只是启蒙炮制出来的“人间神话”，也因此不过是美丽的“陷阱”。现代人都在为这个铺满鲜花、充斥着芳香、拥有无限物质享受的诱人“陷阱”而付出惨痛的代价。

然而，所幸的是，永恒真理、普遍解放、必然进步的元叙事方式，随着牛顿人类学的衰微而式微。人们渐渐从这场梦魇中觉醒过来。为此，利奥塔认为，今天已到了对元叙事普遍怀疑之时。[②] 援用他自己的话说就是到了后现代之时。因为他把后现代直接定义为对元叙事的不信任。后现代政治就是要对长期诉诸精神辩证法、意义解释学、理性主体、劳动主体的解放等的解放政治这种大叙事的哲学话语、元话语进行革命性的批判，直至它全面消解。[③]

为此，利奥塔开始竭力诋毁以理性、真理、进步、解放为名的元叙事，反对任何以普遍性、总体性为原则的正义理论，对现代政治的对象、方法、标准、目的、意义进行猛烈地攻击，进而提出一种植根于微观的多元正义理论，并试图倡导一种以自我、身份、情感、价值、认同、话语、言说等个体化的、微观的和非理性化为特征的政治理论。

如果说，解放政治诉诸基础主义、本质主义、表象主义、普遍主义，追求确定性、同质性，坚信理性、真理、意义、目的、进步、解放等“元叙事”话语，那么，后现代政治则反对基础主义、普遍主义、总体性等“元叙事”，倡导差异性、多元化、不确定性、偶然、局部化等“小叙事”的“微观政治”。“微观政治”关注微小的、局部的目标，突出差异性、即时性、易变性和不确定性，追求“误构”，通过“误构”来确保多样性、突变性、易逝性。这样，随着小叙事的“微观政治”的来临，就意味着先

---

① 利奥塔. 后现代状态——关于知识的报告[M]. 车槿山，译. 北京：生活·读书·新知三联书店，1997：63.

② 利奥塔. 后现代状态——关于知识的报告[M]. 车槿山，译. 北京：生活·读书·新知三联书店，1997：2.

③ 利奥塔. 后现代状态——关于知识的报告[M]. 车槿山，译. 北京：生活·读书·新知三联书店，1997：1-2.

前的作为大叙事的解放政治的合法性的瓦解。同时,“大写的人”也随着普遍解放的失效而消失。从今往后,人只能有一种书写方式,那便是小写的人。

这种求助“小叙事”的“微观政治”,实际就是一种多元反抗的政治。它依然以解放为目标,但首先需要把解放从神话中解放出来。消除了普遍解放的迷梦后,人们才会以多元的方式在微观的领域中获得真正的解放。按利奥塔对政治的理解,认为人要达到真正的解放,不能诉诸同一、宏观,而应从差异、微观中寻找解救的方法。他坚信,凭借这些微观、多元抵抗,一定能颠覆现代性的统治关系。也就是说,利奥塔把那些曾被现代政治所忽视的微观和边缘力量推到了前台,认定它将在社会和政治发展中发挥主导作用。为此,“异教主义”就成了利奥塔用来表达政治思想的一个核心概念。因为“异教主义”主张“异端”,反对中心、本质、基础、特权和正统。而这些恰好反映了他对中心、基础、本质、普遍、必然、同质的反叛和对差异、多元、突变的积极颂扬的意愿。

应该说,利奥塔对现行政治的思考是深刻的,批判也是大胆的。他用一种激进方式对解放政治进行全面的颠覆与摧毁,把政治描绘成这样一番图景:“在一种政治的意义上,这种意义不是制度的(议会、选举、政党……),也不是马克思主义的,而是与一种过时的意义相近——在某种意义上,政治就是意味着还没有做出决定,然而又总是,又必然总是将要做出决定。”[①]于是,他一反政治就是讲国家、阶级、政党、议会及其政治制度等议题的常态,也反对政治就意味着做出终极决策和终极判断的提法。对他而言,政治应该是指日常生活实践的话语方式、思想方式、价值方式以及由此所引发的选择和行动方式,并对确定性的积极解构和对可能性的无限追求。正是在这个意义上,利奥塔认为,前卫艺术是对政治意蕴与特性的极好表达。于是,他把政治的意蕴与特性通过标新立异的前卫艺术展露出来。可想而知,在这种情景与语境中,解放政治若不一笔勾销,也没有存在的实际意义。

据此,我们认为,透过利奥塔为代表的后现代政治思想,使我们明白启蒙理性“元叙事”的知识话语的真相,使我们发现解放政治潜伏的各种问题,使我们走出了总体性、绝对性、确定性、普遍性、进步性的“历史哲学”的迷雾,使我们看了一个差异、多元的全新政治图式。

然而,后现代政治理论所存在的问题也是显而易见的,其中最突出的一点就是它的理论存在着诸多自身难以克服的矛盾。后现代政治反对知识的普遍有效性,认为它是不可能的。然而,它在沿着反总体性、普遍性的路径前行时,自己却

---

① 利奥塔.后现代状态——关于知识的报告[M].车槿山,译.北京:生活·读书·新知三联书店,1997:6.

不知不觉地陷入了总体性和普遍性的泥潭中。如在对待正义问题上,后现代政治理论家主张多元,反对普遍原则和标准。在他们看来,只存在多样化的正义,不存在普遍一致的正义原则。于是乎他们自己就把多样性的正义原则,泛化为一种普遍的原则,最终使自己不由自主地滑入总体性和普遍性的沼泽中。而且在坚持正义多元主义的原则中,后现代政治理论家最后把正义看成是不可定义、没有标准、没有原则、什么都行的东西。于是,正义与非正义之间没有了界线。这种绝对相对主义的正义立场,最终必然以丧失真正的正义为代价。

由此可见,后现代政治理论一方面的确为现代政治开辟了一种新思维,提供了一种新的认识和批判维度,但另一方面它的政治主张不仅不能为人类进入一个更公正、更和平的社会开辟航道,而且还为政治虚无主义打开了阀门。关于这一点,利奥塔似乎有所察觉,所以他最后无奈地走向推崇总体性、普遍性的康德。应该说,利奥塔的无奈是整个后现代政治理论家集体性的尴尬。

二、别一种自由:从解放政治到游牧政治

解放政治极力提倡自由这一观念,强调从外在的、制度的层面来保障人的自由权力,保障自由的实现,而在后现代政治家看来,这种自由很可能是一种压制的手段,并因此主张以"临界自由""生成自由"取而代之,这在德勒兹的思想中体现得最为明显。作为一位对现代性的解放政治进行集中批判,且极具代表性及影响力的后现代政治思想代言人,德勒兹的地位和影响恐怕是他人难以企及的。福柯曾这样说道:"或许有一天,这个世纪将被认为是德勒兹的世纪。"①

德勒兹同样把政治分为宏观政治与微观政治。宏观政治主要是指那些把国家、政党、议会、阶级、民族、制度等当作政治活动对象的政治;微观政治则指那些把身体、情感、性、欲望等微观元素作为关切对象的政治。在德勒兹这里,解放政治很自然地归属于宏观政治的范畴。解放政治是一种克分子式的政治。克分子式的政治就是指一种外延的、可分的、可规整划一的、可组织化、可同一化的、可整合的政治。这种政治的特点就是通过编码系统或辖域化的国家机器进行治理。它强调从外在和制度的层面来保障和实现人的自由权力。然而在德勒兹看来,这不仅不是自由,相反的是自由的锁链。因为真正的自由是一种"临界自由""生成自由"。这种自由是主体在经过解码或解辖域化之后,让欲望逃脱层层压抑的重围,而达到的一种无遮拦的放纵状态的自由。因此,这是一种由内而外的自由,它直接关注个体情感的体验与感受,强调个体的意志自由。这就是说,在德勒兹眼里,以自由为旨归的解放政治,与自由的宗旨完全背道而驰,实际是一

---

① 汪民安,等编.福柯的面孔[M].北京:文化艺术出版社,2001:424.

种压制人的机器。

既然解放政治不能让人获得真正意义上的自由，而这个时代又是注定不会发生革命的时代，因此各种日常生活的行为方式就势必成为解决问题仅存的视域。缘此，德勒兹希冀借助身体、情感、欲望等微观要素和多元抵抗的方式，来对国家的编码和辖域化进行解码或解辖域化，以求人的自由。据此，他提倡一种游牧式的、差异性的欲望政治——游牧政治。游牧政治主张一切都是偶然、易变和短瞬即逝的，坚信事物的意义就在于创造中，创造就是意义，通过突破一切编码和辖域的重围，让生命之花自由绽放。

游牧政治思想是德勒兹政治思想的核心，他一生都在致力于此种理论的尝试与建构。他用“游牧”来隐喻自己对自由无限追求的政治蕴含。众所周知，游牧民居无定所，四海为家，他们生活在国家机器的管辖之外，身处社会边缘，没有物质和安全上的保障。而且，他们的行程没有固定的路线。也就是说，他们不是在一个封闭的空间内活动，而是在一个开放的空间内行动。这个空间是非条纹状的，没有墙，是完全敞开的。这是一个平滑空间。平滑空间是指富含多样性的一种异质空间，是块茎和碎片状的，且处于不断的变化、流动状态中。在这个平滑空间里，生命不受任何限制，处于绝对自由的情状。他说：“决定游牧民的根本要素就是占据和拥有一个平滑空间。也正是这一要素，决定了游牧民的性质特征。”[①]在德勒兹看来，游牧民的这种生活的任意性特征显然与他追求自由的政治旨趣相吻合。

不仅如此，德勒兹还用游牧民来隐喻战争机器。战争机器是指那些外在于国家并与国家相敌对的社会装置。战争机器表征着对捕获和辖域国家的反抗。从表面看来，战争机器旨在战争，但是战争机器的根本特征不是战争，而是一种占据、充斥时空或创造新时空的方式。德勒兹用游牧民自由任意的生活方式，来隐喻一种以同一性、整体性的国家主义、官僚体制及其各种集团组织为依托的解放政治相对立的新的政治图式。而“国家的基本任务之一是给它统治的空间加上条纹，或把平滑空间用作交流工具，使其服务于条纹空间”[②]。于是，国家“不仅要征服游牧生活方式，而且要控制移民，更普遍地说，是要建立控制整个‘外部’，控制横亘全世界的所有流动的一个权力地带”[③]。如果说，国家意味着主

---

① 陈永国编.游牧思想：吉尔·德勒兹和费利克斯·加德里读本[M].陈永国，译.长春：吉林人民出版社，2003：196.

② 陈永国编.游牧思想：吉尔·德勒兹和费利克斯·加德里读本[M].陈永国，译.长春：吉林人民出版社，2003：323.

③ 陈永国编.游牧思想：吉尔·德勒兹和费利克斯·加德里读本[M].陈永国，译.长春：吉林人民出版社，2003：323.

权，其主要功能在于对各种流动的人或物进行捕获和辖域的话，那么，战争机器就是要想方设法逃逸各种形式的国家辖域和捕获。“战争机器把国家、城市、国家和城市现象看作敌人，把消灭它们作为目标。”[①]为此，国家想方设法地去消灭战争机器，控制、征服游牧民，企图操控一切流动的权力地带。而且，国家凭借其强大的国家机器，使游牧民始终处在被控制、被征服的状态。正是在这个意义上，德勒兹指出，游牧民没有历史只有地理。游牧民的历史被国家这个强大的“利维坦”所吞噬了。一切历史都只是国家的历史。但即便如此，游牧民——战争机器，也义无反顾地与强大的国家机器作最后一搏，试图逃脱国家机器的重围，任其自由地游荡。[②]

概而论之，游牧政治是一种与正统的解放政治相对的政治。游牧政治思想旨在通过倡导差异、多元和解辖域化，肯定生命、欲望和情感等内生性力量，讴歌生命的生生不息的生成、创造的万象情状，以希冀游牧式的抗争方式来对现存的一切进行全面地颠覆。“按照这种颠覆，存在被说成生成，同一被说成差异，一被说成多。作为一个原则而存在的同一，它不再是第一，而是作为一个次要原则，一个生成原则，它将绕着差异而运行。这将是一场哥白尼式性质的革命，这场革命将为差异开辟成就自我可能性的通道。”[③]德勒兹的《反俄狄浦斯》就是以微观式的游牧政治来反抗宏观式的解放政治并以期来实现自由的一次系统而全面的尝试。

德勒兹反对解放政治，倡导游牧政治，除了有充足的理论层面的原因外，也像其他的后现代政治理论家那样，更多的可能还是被现实所激发。福柯曾把18世纪到20世纪初这一段时期的社会称之为惩戒社会。在这个社会里，个体始终被禁锢在家庭、学校、军营、工厂、医院、监狱等系统中，无法逃逸。而德勒兹则把今天的社会称之为被控制论和电脑控制的社会。[④] 这种社会看似是把个体置于一个完全开放的社会情景下，但其实质是一种更为普遍化、同一化的严酷禁锢。在德勒兹看来，尽管资本主义社会较以往社会更进步与文明，尽管资本主义打碎了旧的国家机器，从不同程度上解除了传统、自然和上帝的束缚，但是，资本主义

---

① 陈永国编.游牧思想：吉尔·德勒兹和费利克斯·加德里读本[M].陈永国，译.长春：吉林人民出版社，2003：367.

② Gilles Deleuze and Félix Guattari. A Thousand Plateaus: Capitalism and Schizophrenia[M]. Translated by Brian Massumi. London: University of Minnesota Press, 1987:410.

③ Gilles Deleuze. Difference and Repetition[M]. Translated by Paul Patton. New York: Columbia University Press, 1994:40-41.

④ 陈永国，编.游牧思想：吉尔·德勒兹和费利克斯·加德里读本[M].陈永国，译.长春：吉林人民出版社，2003：1969.

在解除各种旧的枷锁与束缚时，它利用其强大的政治、经济和军事实力，重新编制了各种各样的编码系统。这种新的编码系统比以往一切社会的编码更严密、更精细，从而成为套在人身上的一具更为沉重的枷锁。因此，德勒兹声称，今天的政治需要采取一种微观的方式——这就是他所说的游牧的和欲望的政治。

那么，这些一直被隔离在解放政治之外，且不被正统政治所承认的微观元素，怎么就成为自由的力量，并登上政治的核心舞台呢？对此，德勒兹作出这样的回答：其实游牧和欲望本身就是革命性的，它们具有颠覆现存一切社会形态的可能。他自己就一直把游牧方式与欲望看作社会基础结构的一部分，认为是创造一切社会现实的动力。比如，在他看来，社会经济就直接根源于人的生理和人性欲望。为此，他坚信，只有通过游牧的、欲望式的政治解救方式，才能够真正地对抗来自法律和日常生活规制等无所不在的压迫，最终实现人的自由。

此外，后现代政治理论家反正统的解放政治，不仅反映在他们文本的内容中，而且还体现在文本的写作方式和措词上。如像利奥塔一样，德勒兹也特别青睐前卫的艺术表现手法，通过这种标新立异，甚至惊世骇俗的方式，来反对正统，反叛现实政治。而且他还运用那些不同寻常、别出心裁的概念，如“欲望”“块茎”“游牧思维”“战争机器”“解辖域化”“力本论”（dynamism）等来表达与解放政治话语截然不同的路向。他的《千高原》就是一本以前卫型的后现代表现手法书写而成的书，有人把它称为“块茎式文体文本”。由此可见，这些后现代政治理论家反现代性的解放政治的决心和理论勇气。

三、结语：矫枉过正的后现代政治

综上所述，我们可以看出，以利奥塔和德勒兹为首的这些后现代政治理论家们，他们的一个共同特征是：反对理性、真理、主体、意义，批判同一性、总体性、普遍性，主张差异、多元、偶然、易变，重视身体、欲望、生命，并把后者看成一种强大的力量之流，具有颠覆世界的无穷威力。也就是说，他们本能地厌恶任何理性、真理、同质、普遍的东西，认为这是一种暴政。于是他们与解放政治发生了最彻底的决裂，把生活方式、话语、身体、欲望、生命、情感看作政治的核心，并以此来取代阶级、国家、议会、制度等以往政治的核心议题。这些政治思想家们坚信，只有通过日常生活实践，让生命之流自由涌动，人的自由和解放才得以可能。

我们认为，这些后现代政治理论家们的确看到了解放政治的问题，即解放政治在追求人的自由与解放的同时，又制造出新的压迫与统治机制。通过对现代性问题的全方位分析，这些理论家多角度地揭示了解放政治的某些乌托邦的内涵，并因此使现代社会的控制策略及其虚伪性在人们面前暴露无遗。在他们眼里，现代性意义的自由、解放只不过是新的控制的手段而已。① 据此，他们希冀通过微观力量来实现自由与解放的目的，这无疑很有意义和启发性。此外，他们所表现出来的对传统政治的这种大无畏的批判精神，也是难能可贵的。

然而，我们又不得不承认，这些后现代政治家们对解放政治的有些批判是有失公允的。如他们试图用微观政治之道来替代宏观的解放政治之道，这种做法至少表明，他们低估甚至无视解放政治在现代社会中的作用。而且，诚如上文所指出的，他们自身的理论也存在许多逻辑上不能自洽之处，其缺陷显而易见。不仅如此，虽说这些后现代政治理论家有一定的政治主张，也有相应的理论建构，但这些理论建构是建筑在虚无主义的泥潭上，因为他们对本应作为建构之基础的基石进行了彻底之砸烂，以致使自己的理论成为上不着天、下不着地的空中楼阁。由此推定，这些后现代政治理论家的理论是不切实际的，显然也就不具有社会学语境上的治疗意义。更况且，其大多数理论行动仅停留于批判、解构的层面，且在解构中不由自主地坠落到虚无主义的深坑。

在我们看来，无论在理论层面，还是在现实实践层面，强调生命、情感、欲望、不确定性、差异性、多元性与寻求理性、真理、确定性、普遍性、同质化双向并重是必要的、有益的，而偏废任何一方都可能带来不良甚至灾难性的后果。客观地讲，强调理性、真理、普遍性并没有错，现实生活的确需要理性、真理、普遍性的指导。这就意味着，问题不在于理性、真理、普遍性本身，而在于我们怎么理解和在何种意义上来强调和贯彻理性、真理、普遍性。因为理性、真理、普遍性是达成共识、合作、有序与理解的基础。社会如果失去了对理性、真理、总体性的有效把握，缺乏具有普遍约束性的法律，那么，权利、自由、社会政治民主、秩序将无从谈起。而且，生命、情感、差异、多元、非确定性本身也只能在关系性、系统化的场景中诉诸理性，才能得到真正的理解。由此表明，假如我们把理性、真理、确定性、普遍性推向极端，当然是可怕的；相反，完全置理性、真理、确定性、普遍性于不顾，则更具危险性。而后现代政治总体上对理性、真理、确定性、普遍性采取彻底的拒斥态度。正是因此，对后现代政治的一些观点和主张我们不予苟同。我们认为，后现代政治这种消解一切、否定一切的做法，必然会导向无政府主义、历史虚无主义的荒谬境地。也就是说，后现代政治在反现代性的解放政治过程中走得确实过远了，其破坏性当然显而易见。

后来的后现代理论家们也意识到这一点。这样，就有了后现代政治由早期的激进型向后来的温和型再到今天的建设型的转向。这说明，作为一种追求异

---

① 杨大春.身体 语言 他者——当代法国哲学的三大主题[M].北京：生活·读书·新知三联书店，2008：227.

乎寻常的多元性和差异性为目标的后现代政治理论流派不可能是封闭的、静态的和始终如一的铁板一块，而是流动性、发展的和多元的理论形态。如建设性的后现代政治家已不像早期的那些后现代政治们家走得那么极端。但无论如何，后现代政治具有家族相似性，这就是对诉诸“大叙事”“元叙事”的解放政治的普遍不满与拒斥，和对“小叙事”的微观政治的不遗余力的追求及其鲜明的否定性的精神特质。这种否定性立场，决定了它很难去正面肯定或者真正追求到一些普遍性的东西，以至于不仅起不到任何积极的疗效，而且还可能带有破坏性。事实上，这种无理由的否定性背后暴露出的是其内在的无力，实际也是对失望和绝望的一种无奈表达。这种消极反抗注定了死亡将成为后现代政治宿命的事实。

为此，诚如上面所说的，对这样的多元化理论形态作任何一种概括性的论述都是一种内聚风险的行动。也就是说，我们所归纳的后现代政治的一些基本特征，一定会与一些个别的理论家的理论发生偏差。但这并不影响我们对后现代政治理论的总体性特征的概括和对其内在精神的把握，以及对其局限性进行学理批判。或许，这本身就恰好说明理论概括的重要性和必要性。

[本文选自《浙江大学学报》(社会科学版)2009 年第 2 期]

[作者简介] 许丽萍，哲学博士，浙江大学马克思主义理论研究所讲师，主要从事西方政治哲学研究。邮编：浙江 杭州 310058

论早期共产党人对新民主主义革命理论的贡献

张继昌

新民主主义理论是中国共产党领导的资产阶级民主革命的经验总结，是马克思主义同中国实际实现第一次结合的重要理论成果，同时也是中国新民主主义革命的指导思想。在创立这一理论的过程中，毛泽东无疑作出了最大的贡献，是这一理论的集大成者。这一理论的系统阐述是在抗日战争时期。但是作为一个集体智慧的结晶，早期共产党人对这一理论的形成曾经作出过重要的贡献。所谓早期共产党人，主要是指建党初期的共产党人，如陈独秀、李大钊、毛泽东、蔡和森、瞿秋白、刘少奇等一批共产党人。

新民主主义理论包括新民主主义革命理论和新民主主义建设理论。所谓新民主义革命理论主要是包括了革命性质、革命任务、革命对象、革命动力、革命领导权、革命前途、民主革命和社会主义革命的相互关系、中国革命和世界革命的相互关系、革命的总路线等一系列理论问题；所谓新民主主义建设理论，主要是关于政治建设、经济建设、文化建设等一系列理论问题。对于早期共产党人来说，他们直接面对或者说遇到的还只是一个在半殖民地半封建的中国如何革命的问题，因此他们所能回答的问题，也只能是直接面对和遇到的问题。由此，他们的贡献也主要局限于新民主主义革命理论方面。

一、关于中国革命的性质、任务、对象问题

中国革命的性质、任务和对象问题，是三个相互关联的问题，革命性质决定了革命的任务和对象，革命的任务和对象又体现着革命的性质。在中国共产党成立之前，早期共产主义知识分子面临的任务主要还是学习和研究马克思主义，并促成马克思主义同中国工人运动的结合，促成中国共产党的诞生。所以，直到中共“一大”召开，中国现阶段革命性质、任务和对象问题也还未能提到议事日程上来。

但是，中国革命性质、任务和对象问题，又是早期共产党人不能不面对的问题。此后，随着中共“二大”的召开，这个问题就明确提出来了。中共“二大”制定的最近奋斗目标即最低纲领明确指出：中国现阶段的革命是一场“民主主义的革命运动”，革命的任务是打倒军阀、推翻国际帝国主义的压迫。

同一时期，早期共产党人也开始了对中国革命的性质、任务和对象问题的探索。中共"二大"结束后不久，蔡和森在《统一，借债与国民党》一文中说：现实中国的政治，内部全部政权还在北洋军阀手里，国际上早已处于半殖民地。华盛顿会议后，更是把他活活地放在英、美、日、法帝国主义协同侵略的"门户开放"政策之下，帝国主义决不会容许中国自成为工业生产大国，成为政治上自由发展与完全独立。中国要实现独立自强，只有两种方法，一种是在国际上与俄罗斯和已解除武装的德意志结成经济联盟；另一种就是在国内"努力完成民主革命，推翻军阀及国际帝国主义在中国之特权与压迫，建立完全自主的独立国家"①。

1923 年 4 月，党的创始人之一的陈独秀在《资产阶级的民主革命与革命的资产阶级》一文中说："观察过去及现在的革命运动，确是资产阶级的民主革命，而且我们也应该希望他能成功——实实在在的资产阶级的民主革命。"②

1926 年 4 月，瞿秋白在《北京屠杀与国民革命之前途》一文中说："这一革命是资产阶级的革命……革命是资产阶级的是什么意思？因为这一革命的主要口号是打倒帝国主义和军阀。"③

另外，还有一些早期共产党人，他们更多的是使用国民革命这一概念，而不是使用资产阶级革命这一概念。但众所周知，在当时的条件下，国民革命即是资产阶级民主革命，其任务是反帝国主义和反封建军阀。

建党初期，早期共产党人虽然认识到了中国革命的资产阶级民主主义性质，任务是反帝国主义和反封建军阀，对象是帝国主义和封建主义，但却没有认清这种革命同以往的旧民主主义的区别，他们的认识基本上还是停留在旧民主主义的历史阶段。如中共"二大"宣言所说："中国共产党为工人和贫农的目前利益计，引导工人们帮助民主主义的革命运动。"

同时我们也注意到，在大革命时期，党的一些领导人如陈独秀等，对中国革命性质的认识，已经超出了旧民主主义的范畴，带有鲜明的新民主主义的色彩。1927 年 4 月 6 日，此时大革命尚未失败，陈独秀在答沈滨祈、朱近赤关于国民革命的归趋时说："中国国民革命之性质，是世界资本主义将近崩溃时代，殖民地半殖民地的反资本主义之各被压迫阶级的民族、民权、民生革命，而不是世界资本主义初兴时代之纯资产阶级的民主革命，因为革命的世界环境不同，革命的国内社会势力不同。"④中国的资产阶级民主革命不同于资本主义初兴时代的资产阶

① 蔡和森文集[M]. 北京：人民出版社，1980：99.

② 中共中央党史办公室. 中共党史教学参考资料：第 1 卷[M]. 北京：人民出版社，1957：20.

③ 瞿秋白文集：第 4 卷[M]. 北京：人民出版社，1988：39.

④ 陈独秀文章选编(下)[M]. 北京：生活·读书·新知三联书店，1984：409.

级民主革命，因为世界的不同，革命的国内社会势力不同，所有这些不同的确是中国资产阶级民主革命同旧的世界资产阶级革命的不同。但作为新民主主义革命还缺一个领导阶级的不同，而且正是由于领导阶级的根本不同，成为中国新旧民主主义革命的显著区别。但陈独秀的认识也到此止步。因为此前，陈独秀已经产生了“二次革命论”的思想。

还有一些共产党人，如蔡和森、瞿秋白、邓中夏，虽然他们在建党初期已经认识到了中国的资产阶级革命必须要由无产阶级来领导，但限于当时的认识水平，也未能明确指出，这种民主革命是新式的资产阶级民主革命。

总体说来，早期共产党人在中国共产党成立之初对革命性质、对象和任务的认识基本上是正确的。但限于历史条件，都还没有意识到这种革命是一种新式的资产阶级民主革命，革命的任务是反帝和反封建军阀，在乡村则是要消灭封建剥削关系和完成土地革命。

二、关于中国革命的动力

革命动力的问题，实际上是一个如何组织队伍的问题。中国共产党“一大”的时候，在这个问题上还没有一个清醒的认识，“一大”党纲只是表示要把工人、农民和士兵组织起来，以社会革命政策为自己的主要目的。至于其他政党和团体则表示彻底断绝与资产阶级的黄色知识分子及与其类似的其他党派的任何联系。但是，在党的“二大”上，党就已经明确了党为工人和贫农的目前利益计，应与小资产阶级建立民主主义的联合战线。此后，又积极同中国资产阶级政党，即中国国民党建立革命的统一战线。

在同一时期，甚至更早时候，一些共产主义者和共产党人也开始从阶级分析的方法入手，探索如何组织队伍的问题。

1919 年 2 月，即在五四运动发生之前，李大钊在《青年与农村》一文中就强调说：“我们中国是一个农国，大多数的劳工阶级就是那些农民。他们若是不解放，就是我们国民全体不解放。”[①]因此，他要求知识青年，“要去开发他们，使他们知道要求解放”[②]。在国共合作的统一战线建立之后，李大钊在谈到土地和农民问题时说：“中国的浩大的农民群众，如果能够组织起来，参加国民革命，中国国民革命的成功就不远了。”[③]

中共“三大”确定了同孙中山领导的国民党建立统一战线的策略方针之后，

---

① 李大钊选集[M]. 北京：人民出版社，1993：146.

② 李大钊选集[M]. 北京：人民出版社，1993：145.

③ 李大钊选集[M]. 北京：人民出版社，1993：535.

陈独秀就国民革命的动力问题发表了自己的见解。在《中国国民革命与社会各阶级》一文中，他虽然总体上坚持认为经济文化落后的中国各阶级还都紧紧束缚在宗法社会的旧壳里，甚至认为多数工人还很幼稚，农民散漫、保守、文化低，但仍然认为："中国的工人阶级，在目前环境的需要上，在目前自身力量的可能上，都必须参加阶级合作的国民革命。"①"农民占中国全人口之大多数，自然是国民革命之伟大的势力，中国之国民革命若不得农民之加入，终不能成功一个大的民众革命。"②

此后，在 1925 年初，陈独秀在《中国国民革命运动中工人的力量》一文中，更是明确指出，中国工人阶级是新生产力的代表，是一个不妥协的革命阶级，"中国国民革命运动中，若没有工人阶级有力的参加奋斗，决没有得到胜利的可能。""工人是天然的农民之同盟者"。③

中国工人运动的先驱刘少奇在 1926 年 5 月所写的《工人阶级在革命中的地位》中说："中国国民革命，一定要社会各阶级民众一致来参加，建立各阶级的联合战线，才可成功。"④他还说："农民为国民革命之重要势力，是工人阶级天然的同盟军。中国工人阶级应切实提携农民，进行中国革命。中国小资产阶级，包括小商人、学生，在国民革命运动中占有很重要的地位，工人阶级并应促进小资产阶级之左倾。"⑤

在如何组织队伍的问题上早期共产党人的最大贡献还在于他们已经认识到了资产阶级在民主革命中的地位和作用，并且把资产阶级分成了不同的部分。如陈独秀在 1925 年初的文章中，就把中国的资产阶级分为："资产阶级中包含着'反革命''非革命''倾向革命'三种分子"，"资产阶级当中，有些是帮忙帝国主义及军阀的反革命者，有些是非革命的中立分子，有些是偶然倾向革命而易于妥协者。"⑥

毛泽东作为新民主主义理论的集大成者，他作为早期共产党人对新民主主义理论的探讨在大革命时期就开始了。在 1925 年底的《中国社会各阶级的分析》中他是把资产阶级分成了买办的大资产阶级和民族资产阶级两个部分。认为买办资产阶级是我们的敌人，而民族资产阶级又分为右翼和左翼两部分，"其右翼可能是我们的敌人，其左翼可能是我们的朋友"。

---

① 中共党史教学参考资料：第 1 卷[M]. 北京：人民出版社，1979：33.

② 中共党史教学参考资料：第 1 卷[M]. 北京：人民出版社，1979：31.

③ 陈独秀文章选编[M]. 北京：生活·读书·新知三联书店，1984：12.

④ 刘少奇选集：上卷[M]. 北京：人民出版社，1981：2.

⑤ 刘少奇选集：上卷[M]. 北京：人民出版社，1981：2.

⑥ 陈独秀文章选编[M]. 北京：生活·读书·新知三联书店，1984：11.

三、关于中国革命的领导权问题

中国共产党成立之后，中国资产阶级民主革命就产生了领导权问题。因为此前中国只有一个资产阶级的政党，即国民党。它自然承担着资产阶级民主革命的领导责任。但在共产党成立之后，资产阶级民主革命的领导权问题就发生了。因为一则此前的历史已经证明资产阶级不能领导资产阶级民主革命走向最终的胜利，二则俄国十月革命发生之后，世界历史已经发生了变化，民族解放运动已经纳入了世界无产阶级革命的范畴，成为了无产阶级世界革命的一部分。

但在中国共产党建立之初，一些共产党人对此是不甚了解的，加上共产国际对中国无产阶级及其政党的低估，一部分早期共产党人，包括像陈独秀在内的领导人，都不认为中国工人阶级及其政党应当担负起领导责任。像陈独秀，他甚至认为：资产阶级的民主革命丧失了资产阶级的援助，在革命事业中便没有阶级的意义和社会的基础。所以，"中国国民党应该明白觉悟负了中国历史上资产阶级民主革命的使命。"①"国民革命的胜利，自然是资产阶级的胜利。"②受此影响，《中国共产党第三次全国代表大会宣言》也明确指出："中国国民党应该是国民革命之中心势力，更应该立在国民革命之领袖地位。"③

尽管如此，早期共产党人对中国工人阶级的基本估量仍然还有一些极具价值的东西。1923年1月，蔡和森在《外力，中流阶级与国民党》一文中说："从旧的历史看来，领导中流阶级向国民运动走的有中华革命党；从新近的历史看来，领导工农阶级向国民运动联合战线上走的有中国共产党。"④同年9月，瞿秋白在《自民权主义至社会主义》一文中结合俄国革命的经验和列宁关于无产阶级在资产阶级民主革命中的策略理论说："参加并促进国民革命——是现在中国无产阶级的职任，——在原则上，在实际应用上，在国内政治经济上，都是绝无疑义的。既然应当促进国民革命，便当有国民革命的中心。"⑤如果说此时瞿秋白对领导权的阐述还不十分明确的话，那么，1926年3月他在《国民主义与五卅运动——中国革命史上的1925年》中就讲得十分明确了。瞿秋白说，五卅运动中资产阶级的妥协性足以证明"无产阶级在国民革命中取得指导权之必要"。⑥ 而中国工人运动的先驱之一邓中夏则从巴黎公社革命和俄国革命的经验以及自己

① 中共党史教学参考资料：第1卷[M]. 北京：人民出版社，1979：21.

② 陈独秀文章选编：中卷[M]. 北京：生活·读书·新知三联书店，1984：367.

③ 中共党史教学参考资料：第1卷[M]. 北京：人民出版社，1979：24.

④ 蔡和森文集[M]. 北京：人民出版社，1980：224.

⑤ 瞿秋白文集：第2卷[M]. 北京：人民出版社，1988：222.

⑥ 瞿秋白. 国民会议与五卅运动——中国革命史上的1925年[J]. 新青年，1926(3)：4-24.

领导工人运动的经验说明,工人群众是革命的领导阶级。他在《论工人运动》中说:"工人的群众不论在民主革命或社会革命中都占有主力的地位,有法兰西俄罗斯两大革命可以证明","经验告诉我,使我深深地相信中国欲图革命之成功,在目前固应联合各阶级一致的起来作国民革命,然最主要的主力军,不论现在或将来,总当推工人的群众居首位。"①如果说首位的说法还不十分明确的话,那么,在此后他们写的《比我们的力量》一文中,是表达得再清楚不过了。他说:"中国将来社会革命的领袖固是无产阶级,就是目前的国民革命亦是无产阶级。"②大革命失败前夕,瞿秋白在《北京屠杀与国民革命之前途》中更是明确指出:"资产阶级的妥协性有很深的经济基础。如果资产阶级来领导革命,他很快的便和敌人妥协",因此,客观上工农群众已经要求革命,积聚实力,准备决死的斗争,自然而然只有工人阶级和农民联盟来做国民革命的先锋和领导者。中国革命的政党,尤其是共产党,应当深切的了解这一革命的性质和主力。③ 在《中国革命之争论问题》一文中,瞿秋白进一步强调指出:"中国革命即使是资产阶级的民权革命,也非由无产阶级取得领袖权不能胜利。""何况中国革命是世界无产阶级革命之一部分。"不仅如此,瞿秋白在文中还从中国革命之战术的角度,分析了中国资产阶级不仅有参加中国革命的可能,而且还要力争领袖权,争领袖权的目的是造成他和帝国主义及地主阶级妥协之资格,那时中国可能会变成世界资本主义经济上的附庸。一旦如此,"中国革命实际上就要完全失败"。④ 大革命失败的历史表明,瞿秋白的这种分析和判断是完全正确的。

在国共合作的大革命失败之后,一些共产党人对无产阶级领导权问题阐述得更为明确了。如蔡和森,他在大革命失败之后就明确指出:"资产阶级背叛土地革命,宏观上更利于无产阶级取得农民——即中国革命的领导权。"⑤他还说:"一九二七年的历史是铁一般的证明,只有无产阶级及其政党中国共产党是中国唯一的领导者。"⑥

四、关于中国革命的前途问题

中国革命发生之初,虽然就性质来说是资产阶级民主主义的,但由于时代的不同和无产阶级的参加,就不仅发生了领导权问题,同时也发生了革命的前途问

---

① 邓中夏文集[M].北京:人民出版社,1982:42.
② 邓中夏文集[M].北京:人民出版社,1982:101.
③ 瞿秋白文集:第4卷[M].北京:人民出版社,1988:40.
④ 瞿秋白文集:第4卷[M].北京:人民出版社,1988:290.
⑤ 蔡和森文集[M].北京:人民出版社,1980:779.
⑥ 蔡和森文集[M].北京:人民出版社,1980:779.

题。对于中国共产党人来说，中国革命最终的前途是社会主义和共产主义，这是没有争论的，但因为现阶段的革命是资产阶级民主革命，于是革命的最直接的后果，即是资产阶级民主主义还是社会主义，亦或是新式民主主义的问题自然就产生了。

关于中国革命的前途问题，早期共产党人作出了两种回答。一种是陈独秀的回答，即认为现阶段既然是资产阶级民主主义的革命，那么革命胜利之后，如前所说，自然是资产阶级握得政权，彻底完成辛亥革命的任务，即建立一个名副其实的资产阶级共和国。另外一些共产党人则是明确主张中国革命的前途是建立苏俄式的无产阶级专政的社会主义共和国。而以蔡和森为代表的一些共产党人则主张资产阶级民主革命胜利后在第一步只能建立工农民主政权，通过国家资本主义向社会主义过渡。蔡和森的这一主张，集中反映在他的《中国革命的性质及其前途》一文中。在这篇文章中，蔡和森把资产阶级革命分为资产阶级革命与资产阶级的民权革命，认为英国革命和法国革命都属于资产阶级革命，这个革命的特性就是推翻封建制度，建立资产阶级的国家和资本主义社会，资产阶级是革命的领导阶级。然而，资本主义的发展是不平衡的，“资产阶级民权革命”在资本主义落后国——农奴或半农奴制的封建专制国家仍然是必不可避免的历史任务，但革命的动力和革命的效果已是不同了。革命的领导者不是资产阶级而是无产阶级，农民在革命中占重要地位，这一革命的彻底胜利不是资产阶级的胜利而是无产阶级与农民的胜利。不是建立资产阶级专政而是建立工农民权主义独裁制。并且这一革命的彻底胜利将彻底扫清资本主义发展的一切障碍，而必然转变到社会主义的前途。

在此基础上，蔡和森还分析了资产阶级民权革命与社会主义革命的区别，指出社会主义革命是根本推翻资本主义、建设社会主义的经济基础。在资本主义后进国“无产阶级不能超过资产阶级的民权革命的道路，去达到社会主义革命”，“无产阶级只有坚决的与农民联系引导资产阶级民权革命到底，在民权革命完全胜利的条件之下，才能开始转变到社会主义革命”。①

最后，蔡和森进一步分析了中国革命的性质，指出中国革命，按照他客观的意义，无条件的是资产阶级民权革命。因此，“中国资产阶级民权革命不仅有转变到社会主义前途之历史的可能，而且有历史的必要”②。蔡和森甚至具体探讨了革命实现和平转变的可能性。

蔡和森对中国革命前途的认识，无疑是为毛泽东在第二次国内革命战争后

---

① 蔡和森文集[M].北京：人民出版社，1980：785.

② 蔡和森文集[M].北京：人民出版社，1980：794.

期和抗日战争时期对中国革命前途的论述提供了理论基础。

五、关于中国民主革命与社会主义革命的关系问题

这是一个和中国革命前途相关联的问题。中国共产党诞生之初就肩负了双重历史任务，即不但要领导中国资产阶级民主革命取得最终的胜利，同时又要努力避免资本主义的前途。这就产生了民主革命和社会主义革命的关系问题。

民主革命和社会主义革命的关系问题早在中共“二大”就被提出来了。“二大”宣言指出：“民主革命成功了，无产阶级不过得着一些自由与权利，还是不能完全解放。而且民主主义成功，幼稚的资产阶级便会迅速发展，与无产阶级处于对抗地位。因此无产阶级便须对付资产阶级，实行‘与贫苦农民联合的无产阶级专政’的第二步奋斗。如果无产阶级的组织力和战斗力强，这第二步奋斗是能跟着民主主义革命胜利以后即刻成功的。”①“二大”的这一认识，显然是受了俄国革命的影响。此后，随着中国革命的不断深入，在民主革命和社会主义革命的关系问题上，早期共产党人逐渐形成了两种意见。一种是陈独秀的意见，他是把民主革命和社会主义革命看成完全分开的两个历史阶段，即认为资产阶级民主革命胜利之后，必须要经历一个资产阶级专政的历史时期，然后才能发生像俄国十月革命那样的社会主义革命，并进而建立社会主义社会制度。与陈独秀的观点相反，党内还有一种观点，认为在中国从资产阶级民主主义革命到社会主义革命是“一次革命”，即中国现时的革命既是资产阶级性质的又不是资产阶级性质的，既不是社会主义的又确实是社会主义，革命最终的胜利是社会主义的胜利。上述两种观点，一个是割裂了民主革命和社会主义革命的关系，另一个则是混淆了民主革命和社会主义革命的界限。

但早期共产党人对民主革命和社会主义革命关系的探索，也不乏真知灼见。如蔡和森在《中国革命的性质及其前途》中所阐发的观点，就代表了那一时期党的正确的理论。蔡和森说，土地革命的性质是彻头彻尾民权主义的而不是社会主义的。中国资产阶级民权革命的胜利不外就是工农民权独裁，不外就是工农苏维埃政权。工农贫民的民权共和国，就是苏维埃共和国！在民权革命阶段，苏维埃是保证民权革命彻底而容易转变到社会革命无产阶级专政的最好的方法，但决不因为采用这一彻底民权的政权形式，便改变了民权革命本身的性质。“所以民族资产阶级国民党反革命后，中国革命的动力和革命的阶段虽有明显的变化，但是革命的性质仍是资产阶级民权革命。”②资产阶级民权革命向社会主义

① 中共党史教学参考资料：第1卷[M]. 北京：人民出版社，1979：15.

② 蔡和森文集[M]. 北京：人民出版社，1980：793.

革命转变，在资本主义后进国如俄国和日本，由于资本主义有相当程度的发展，从民权革命转变到社会主义革命的速度是很快的。但殖民地半殖民地国家，如中国和印度，农民占重要的地位，还有严重的封建残余，资本主义发展的程度低，不能独立建设社会主义，必须得到社会主义先进国的帮助，所以这些地方从民权革命转变到社会主义既不能机械地想象如俄国一样，也不能像机会主义的观点，认为民权革命和社会主义革命之间隔差一道万里长城。“中国资产阶级民权革命不仅有转变到社会主义的前途之历史的可能，而且有历史的必要。”①至于这一转变什么时候完成，采取怎样的速度，这些问题只有将来的斗争和阶级力量的对比才能决定。

在正确阐明中国革命性质和转变条件的同时，蔡和森还批评了在民主革命和社会主义革命关系问题上党内存在的两种错误观点，这就是“二次革命论”和“一个革命论”的观点。他指出“二次革命论”低估了中国革命的力量，忽视了无产阶级的领导，忽视了农民的重要，而偏向于与资产阶级联盟，认为革命胜利一定是资产阶级的胜利，根本没有革命转变的观念，以为国民革命胜利后一定要经过长期的资本主义发展才有社会革命之需要与可能。而“一次革命论”以为从民权主义到社会主义就是“一次革命”直达社会主义。这“一次革命论”不仅混淆中国革命的性质，混淆无产阶级政党最低纲领与最高纲领的任务，而且会使从民权革命到社会主义革命的转变成为没有意义。

蔡和森关于中国革命转变的思想，既克服了把中国民主革命和社会主义革命完全割裂的“右”的观点，同时又克服了混淆民主革命和社会主义革命界限的“左”的观点，为党正确认识中国民主革命和社会主义革命的关系问题作出了重要的理论贡献。

六、关于中国革命和世界革命的关系问题

这个问题从一般意义上讲，它实际上是包括了两个资产阶级革命和两个世界革命的关系问题。即中国旧的资产阶级民主革命和旧的资产阶级世界革命的问题；新的资产阶级革命和世界无产阶级社会主义革命的关系问题。中国的资产阶级民主革命以第一次世界大战和俄国十月革命为界，此前的资产阶级民主革命属于旧的资产阶级世界革命的一部分，此后的资产阶级民主革命属于世界无产阶级社会主义革命的一部分。关于这个问题，毛泽东在《新民主主义论》中专门以中国革命是世界革命的一部分为题进行了系统的论述。按照毛泽东在此部分的论述，中国革命是世界革命的一部分。这一正确的命题是在1924年至

① 蔡和森文集[M].北京：人民出版社，1980：794.

1927 年的大革命时期就提出来的。

事实也的确如此。早在大革命时期早期共产党人就已经在按照列宁和斯大林关于民族和殖民地问题的理论来探讨中国革命和世界革命的关系问题了。

从现有资料来看，李大钊是比较早地阐述这一问题的人。1922 年 11 月 7 日，即在十月革命五周年纪念日，李大钊发表了《十月革命与中国人民》一文。文中说，十月革命有着重大的意义，不只是劳苦大众应该纪念它，“凡是像中国这样的被压迫的民族国家的全体人民都应该深刻的觉悟他们自己的责任，应该赶快的不踌躇的联合一个民族的联合阵线，建设一个人民的政府，抵抗国际的资本主义，这也算是世界革命的一部分工作”①。从李大钊的这段话里可以看出，他是把中国的民族解放运动放在整个世界革命中，放在俄国开创的无产阶级社会主义革命中去考察的。但此时由于中国共产党刚刚诞生，大革命还没有兴起，他对这一问题的论述还不够十分地明确。

同一时期，蔡和森对这一问题的认识更为明确一些。1925 年 3 月，蔡和森在《孙中山逝世与国民革命》一文中，在谈到中国革命的特性时说，中国国民革命的特性是一面打倒国际资本帝国主义，一面打倒为其工具的中国军阀，这是由中国的国际情形决定的。“所以中国的革命也如现在的土耳其、印度、埃及及其他一切殖民地的革命运动一样，是世界革命运动的一部分。要中国革命成功，必须与世界革命运动即西方无产阶级的革命相联合。”②他还联系孙中山遗嘱中所说，要争取中国之自由平等，必须联合世界上平等待我之民族，共同奋斗，指明联合苏俄及世界无产阶级是中国革命成功的重要条件。

而另一位早期共产党人陈独秀几乎是和蔡和森同时谈到中国革命和世界革命的关系问题。1923 年 12 月就明确指出：殖民地半殖民地的中国革命即是世界革命之一部分。1925 年 4 月，陈独秀在《列宁主义与民族运动》一文中说：“此时我们的民族运动，已经不是封建时代一个闭关的单纯的民族运动，而是一个国际的民族运动，而是和全世界被压迫的无产阶级及被压迫的弱小民族共同起来推翻资本帝国主义的世界革命之一部分。”③1926 年 5 月，陈独秀在《世界革命与中国民族解放运动》一文中，对中国革命和世界革命的关系问题，作了进一步的阐述。陈独秀的这篇文章是针对国民党右派和国家主义者反对俄国援助中国革命而写的。陈独秀说，国民党右派国家主义者是闭关主义者，他们不了解在国际帝国主义时代，全世界的经济成了整个的，由此，全世界政治也间接在这整个的

① 李大钊选集[M].北京：人民出版社，1993：401.

② 蔡和森文集[M].北京：人民出版社，1980：726.

③ 陈独秀文章选编：下卷[M].北京：生活·读书·新知三联书店，1984：46.

经济影响支配之下成了整个的,由此,全世界被统治者被压迫者对于统治者压迫者之反抗,就汇合起来成了整个的世界革命。在这样的条件下,任何一个民族关起门来独立革命都是不能成功的。现代整个的世界革命运动中各部分相互关系之密切,已非常明显。基于此种认识,陈独秀认为,中国反对国际帝国主义的斗争,只有和各帝国主义国家内的无产阶级革命汇合起来,才能够根本推翻统治全世界的国际帝国主义,才能够实现世界革命,才能够使中华民族得到完全的解放。

和陈独秀同一时间,即在1926年5月,李大钊在《马克思的民族革命观》一文中说:"我们谈了马克思的这篇论文(指中国及欧洲的革命)以后,应该很明确的认识出来中国国民革命是世界革命一部分的理论和事实。"[①]

李大钊、蔡和森和陈独秀关于中国革命和世界革命关系的阐述基本是正确的。只是还没有阐明中国革命是世界无产阶级社会主义革命的一部分,但毫无疑问其中是包含了这样的思想的。

如果说蔡和森和瞿秋白在这个问题上的阐述还不十分清楚的话,那么瞿秋白对这个问题的阐述是再明白不过了。1923年9月,他在《自民权主义至社会主义》一文中,专门以中国国民革命与世界社会革命合流直达社会主义为题论述了民主革命和社会主义革命的关系。瞿秋白说:"中国工业发达的途径与欧美大异,政治运动也必不同(民权与社会两革命间的进程紧凑得多)。"[②]"中国客观的政治经济状况及其国际地位,实在要求资产阶级式的革命,同时此种革命却非借重国际的及国内的无产阶级不可。""劳工阶级在国民革命的过程中因此日益取得重要的地位以至于指导权。劳工阶级的最后目标在社会主义,那么,到国民革命的最高度,很可以与世界革命合流而直达社会主义。"[③]

七、关于新民主主义革命的总路线

新民主主义革命的总路线这一概念是毛泽东在1948年提出来的。它的内容是:无产阶级领导的,人民大众的,反帝反封建的新民主主义革命。而关于新民主主义革命总路线的基本思想早在共产党领导革命之初就已经在探讨之中了。

新民主主义革命总路线,从字面上看起来很简单,实际上却包括了新民主主义革命的性质、领导权和革命的动力问题。

---

① 李大钊选集[M].北京:人民出版社,1959:553.

② 瞿秋白文集:第2卷[M].北京:人民出版社,1988:211.

③ 瞿秋白文集:第2卷[M].北京:人民出版社,1988:221.

如前所述，在大革命时期，党的早期领导人对这些问题就进行探讨和践行。在革命性质问题上基本上能达到一致。即使在大革命失败之后，无论是党的“六大”决议案，还是一些早期领导人都指明了革命的资产阶级性质。尽管这时还没有提出“新的资产阶级民主革命”这一概念，但已经明确指出现实的资产阶级民主革命已经不再是“世界资本主义初兴时代之纯资产阶级的民主革命”。在革命的领导权问题上，虽然有陈独秀的“二次革命论”，但这并没有从根本影响到早期共产党对这一问题的探讨和践行，像毛泽东、蔡和森等一些领导人就已经在原则上解决了无产阶级领导权问题。在革命动力问题上，早期共产党人不但在实践上同资产阶级建立了革命的统一战线，并且已经能把中国的资产阶级分为两部分，同时，已经深入到农村，掀起并领导了农民运动，像蔡和森在大革命失败之初就指出了“中国革命的中心问题是农民问题”这样的正确命题。而毛泽东在大革命的高潮时期更是明确指出：“国民革命需要一个农村变动。”“没有贫农，便没有革命。若否认他们，便是否认革命，若打击他们，便是打击革命。”即使是陈独秀，他虽然在总体上对中国各革命阶级估计不足，但仍然认为小资产阶级对现实不满足，可以“间接促成革命的一种动力”，农民虽然存在散漫势力不易集中，文化生活欲望简单等一些弱点，但由于外货入侵、兵匪扰乱、天灾人祸、官绅鱼肉这样的环境，“却有驱农民加入革命之可能”。并且陈独秀也承认农民“是国民革命的一大动力”。蔡和森、毛泽东、陈独秀在大革命时期和大革命失败初期的这些思想，实际上已经包含了新民主主义革命总路线的基本思想。

综上所述，早期共产党人对新民主主义革命理论的探讨，从共产党诞生之初就已经开始，并且取得了许多有益的成果，这些成果为毛泽东同志在抗日战争时期全面系统地总结和阐述新民主主义革命理论，提供了丰富的思想材料和坚实的理论基础。但应当指出的是，这一时期党毕竟是处于幼年时期，对于马克思主义和中国革命的统一理解还不够深刻，还缺乏实际斗争的经验，因而这种探索还只是初步的，在理论表现上看也还是不够成熟的。

[本文选自浙江大学出版社2011年出版的《马克思主义与当代》一书]

[作者简介] 张继昌，浙江大学马克思主义理论研究所副教授，曾任浙江大学马克思主义理论研究所副所长，浙江大学法学院党委副书记等职。邮编：浙江 杭州 310058

论社会公正重建的内在逻辑与实践进路①

张　彦

当前，由于社会发展的不均衡，中国的社会公正状况面临着贫富差距扩大、社会阶层分化、特权集团滋生、教育民生失衡、道德文化弱化、公民维权艰难等多种严重问题。为了解决这些问题，我们必须思考社会公正重建的内在逻辑和实践进路，改变资本逻辑至上、道德逻辑式微的现状，使绝大多数人能够享受社会改革和进步带来的红利，实现“真实的成长”，而不仅仅是GDP的增长；同时，关注公平与效率、利益与责任、市场与政府这三对范畴在社会公正重建中的作用，也有利于激发绝大多数人的潜能，使他们能够按照各自的贡献得到有所差别的回报，实现社会的稳定团结与和谐发展。

一、当代中国社会公正的价值失序

首先，社会发展的不均衡导致贫富差距扩大，社会阶层日益分化。贫富差距与阶层分化是社会公正价值失序的首要表现。目前，我国在大多数人民收入水平大幅度增长的同时，相当规模的群众尤其是农民收入增长缓慢，许多弱势群体愈来愈被边缘化，与精英群体的差距不断扩大。由此，社会不公现象日益出现群体化、规模化、集中化、扩散化的趋势，在城乡差别、东西部差异、南北差别、职业差别中都贯穿着贫富差距这一中心差异。进一步讲，贫富差距还滋生出其他一系列问题，如权贵日益结合，弱势群体更加边缘化，普通百姓维权困难，报复社会的极端恶性行为频发等。因此，只有在社会发展中强调共同富裕、关怀弱势群体、保障生存底线、不断缩小贫富差距这一价值目标，才能为社会公正的重建工作构筑坚实的基础。

其次，社会发展的不均衡导致特权集团滋生。贫富差距的扩大以及权力制约机制的缺乏，致使我国现阶段的政治精英、经济精英和知识精英之间出现利益结盟的苗头并迅速扩张，“官本位”和“钱本位”等观念渗透于社会生活的各个领

① 本文系国家社会科学基金课题“文化多元化情景下的价值排序与核心价值观的研究”（编号11CZX056）、浙江省社科基金项目“价值排序和当代中国的道德认同”（编号11ZJQN036YB）的阶段性成果，并受到浙江省2013年钱江人才计划资助。

域。各个阶层之间流动的停滞导致阶层固化，特权集团滋生泛滥，官僚阶层集体世袭，社会不平等、不公正结构被复制繁衍，腐败现象层出不穷，资源配置缺乏公平的博弈，国家对社会的控制力下降，政治认同堪忧，仇富、仇官现象日益严重。

再次，社会发展的不均衡反映到民生领域中，就是公共资源的分配严重失衡。改革开放30年来，利益主体多元的社会格局已经形成，各个社会主体都需要教育、医疗、就业、社会保障等公共资源以获得自身的生存与发展。然而，由于贫富差距的扩大、特权集团的滋生，社会公共资源被控制在少数利益集团手中，政府对公共政策的制定缺乏各方利益主体公平的参与和博弈，公共资源配置倾斜过度，对教育、民生、医疗、就业缺乏应有的关注，致使本应共同享有这些公共资源的大多数人却分享不到基本的生存、发展资源。正如孙伟平所指出的："这实际上是以政府的主体性取消了具体的、多层次的、多元的价值主体的主体性。"①

最后，社会发展的不均衡导致道德价值弱化，公民道德建设面临危机。社会不公现象的日益猖獗可以说是民众积怨的根源，仇富、仇官情结的蔓延致使群情激愤，道德相对主义泛滥，表现为当前中国各种道德问题频频发生，"彭宇案件""小悦悦事件"等都体现了社会不公导致的道德文化的弱化以及民众对道德规范的漠视。人们对道德价值的作用产生了怀疑：一些企业在产品的质量和安全面前选择"道德缄默"，一些人在救死扶伤、关怀互助面前选择"道德旁观"，政府在某些重大事件前选择道德责任回避。然而，全社会对这些公正价值的缺失、道德责任的缺位尚缺乏有效的治理原则。

二、社会公正的二重逻辑失衡

一般说来，社会公正源于人们对自由、平等、互助社会的向往，其动力就是通过建立新的社会组织为所有的人争取平等的机会，使他们都能摆脱愚昧、压迫和贫困，在其共同生活的一切领域中自由发挥自己的个性和能力。因此，社会公正有两个基本的价值目标：其一是让共同体内的全体成员享有社会发展的成果，体现共享共赢的价值理想；其二是保证共同体成员自由发展的空间和权利，体现独立自由的价值理想。然而，当前的社会环境却是："共享"的缺位导致社会公正失序，贫富差距扩大；"自由"的缺位导致社会公正失源，社会失去活力变成死水。究其根本原因是与社会发展中的资本逻辑扩张、拜金主义至上所导致的道德逻辑式微、信仰价值观念弱化密切相关。

资本逻辑就是不断通过竞争、扩张使其在运动中增值的逻辑。只要资本存

① 孙伟平. 价值哲学方法论[M]. 北京：中国社会科学出版社，2008：215.

在这一逻辑就会发生作用，不择手段地追求利润以及最终利益的最大化。马克思透过资本逻辑这一“表象”看到了资本家基于私有制而剥削工人创造的剩余价值这一“实在”，揭示了资本主义的实质。应该说，资本逻辑占主导的资本主义展现了令世人惊叹的创造力，建构了庞大的世界市场，也给予了每个人极大的能动性。“资本主义社会中所出现的众多方面的现代性，不仅是资本逻辑的外在表现与结果，同时也是资本逻辑的内在条件和内在机理。离开了这些现代性，资本运动就不可能正常进行。且不说自由、平等、理性、民主等是资本逻辑得以贯彻的内在要求，就连我们经常提到的信用观念、时间观念、契约观念、效率观念等都是资本运动不可或缺的内在因素。”[①]但是，资本逻辑的极度扩张在产生巨大创造力的同时，也带来了令人恐惧的破坏力，在建构市场的同时，也将市场与道德良心的冲突扩张至极致，在给予个体能动性的同时，也使他们异化成为市场和资本冲动的畸形主体。

不管何种社会，资本逻辑都有其存在的必要性，因为它极大地促进了生产力发展，确认了人的主体性存在，为人的自由个性发展提供了坚实基础。并且，在全球化的影响下，资本逻辑的影响力更显巨大。资本作为“人类本质力量的异化”，横扫世界各国的市场经济，已成为人类命运的真正主宰，而被异化的人们得不到自由，他们的行为与抉择都按照“资本逻辑”运行。可以说，货币、资本在给个人带来自由的同时，也剥夺了生活的丰富内容，造成了现代人生活意义的丧失。孙正聿曾指出资本逻辑有三种体现：其一，资本逻辑体现在资本是资本主义社会中统治人们全部生活的终极的“绝对存在”和“绝对价值”，也即资本主义社会的最高原则和标准；其二，资本逻辑体现在它是一种吞噬一切的“同一性”和“总体化”的控制力量；其三，资本逻辑体现在它是一种试图永远维护其统治地位、使现存状态永恒化的“非历史性”的作为保守力量的资产阶级意识形态。[②]因此，资本逻辑不仅仅体现了资本本身所具有的扩张性和统治性，更是表现为改变人类世界的强大“力量”，并且异化为整个社会的“最高准则”，成为评判其他事物的标准。这种资本逻辑所确立起的抽象价值对一切具体事物和具体价值的绝对控制权，造成了对现代社会价值秩序的根本性颠倒。换句话说，拜金主义、价值相对主义、虚无主义等思潮都是资本逻辑主宰的结果。

当前中国正处于物质逐渐丰富、利益却加速膨胀的社会转型期，人们将资本逻辑奉为圭臬，以至于资本已经以超出一般的强势姿态，深刻改变了我们的生产方式和生活方式，重组着当前社会的价值秩序，同时也引发了更深层次的危机。

---

① 丰子义.马克思主义社会发展理论研究[M].北京:北京师范大学出版社,2012:285.

② 孙正聿.马克思主义基础理论研究[M].北京:北京师范大学出版社,2011:840-842.

资本逻辑至上的观念渗透到社会的各个领域，利益关系成为最普遍的价值关系，很多道德主体包括政府、企业和个体等都将资本视为主导性和本位性价值，从而直接影响到了社会公正的确立。"资本只追求自身在资本的循环中不断增值，而没有使剩余价值回到人类自身，回到与人类生存发展休戚相关的自然环境与社会文化环境中。由此，形成了社会经济的断层、自然资源与环境发展的断层和人类自身发展的断层，从而造成危机。"①这一系列的危机从某种意义上讲正是社会公正价值失序的表现。

与此同时，道德逻辑对人类社会的影响却日渐式微。资本逻辑的扩张影响了道德评判的尺度，甚至按自己的逻辑建立起了自己的道德评判尺度。因为资本是一种异化的、非人的主体，它有主动建立秩序的能力，这种能力使得人类所具有的自由的、决定的主体能力被剥夺了。因此，建基在人的主体性基础上的道德力量由此失落了。当前，道德逻辑对人类社会影响的式微主要有以下几个方面：从社会的宏观层面来看，表现为政治认同的式微、文化安全的威胁、道德冲突的加剧和宗教信仰的失范等；从共同体的中观层面来看，表现为经济与道德的逆向剪刀差日趋严重，社会发展的不均衡导致公平正义问题凸显，贫富差距的扩大导致社会危机问题频现，社会公众事件的处理不当导致政府和市场公信力低下；从道德个体的微观层面来看，主要表现为最美现象与最丑现象的鲜明反差困惑着民众的道德判断和价值取向，公共文化和核心价值的匮乏、社会对善恶是非这些最基本问题普遍持实用主义和相对主义的暧昧态度，导致了道德个体在价值上的某种虚无主义。

三、"公正"的价值序位与社会培育

在中国传统社会中，每个人都有自己的身份归属和地位，人与人之间处于垂直的等级关系之中，而在现代社会主义社会中，人与人之间的关系应该是"平等"的，即不允许任何特权及特权集团的存在。与平等观念相对应的就是"公正"观念。公正不仅意味着一个人得到与他付出的劳动相应的报酬和奖励，而且也意味着社会对资源的分配是公平的、合理的，为人民的生活提供良好的政治生态环境。与此同时，在社会主义社会中，每个人都拥有法律所规定的"自由"，正是这种自由为人们以合法的方式追求自己心目中的幸福，为社会主义社会物质生活和精神生活的繁荣提供了巨大的思想动力。毋庸置疑，个人的自由权利与人和人之间的平等关系都要靠"法治"来维系。公正与自由、平等、法治之间存在着密切的关系。在党的十八大报告中，公正与平等、公平、法治等一起被视为社会主

① 鲁品越.社会主义对资本力量的驾驭与导控[M].重庆:重庆出版社,2008:82.

义核心价值观的重要内容，这就要求我们厘清“公正”价值在当代社会的价值序位。

公正要真正得到实现，首先离不开人之自由主体和自由精神。“自由”这一价值原则和行为取向是现代文明的重要标志，也是现代意义上的社会公正的重要支撑理念。公正是对自由概念的一种确认，并与真正的自由的本质意蕴相符。马克思倾其一生致力于人类的解放事业，为的就是让每个人的自由得到全面的发展，建立“这样一个联合体，在那里，每个人的自由发展是一切人的自由发展的条件”①。那么，何为自由？康德在本体论意义上提出的自由为：“自由即是理性在任何时候都不为感觉世界的原因所决定。”②这种自由是人的自我意识的充分觉醒，人的本性实现的理想状态，以及对自身存在意义的深切关注；彰显的是一种自主、自为、自决、自律、自觉的态度。可以说，“人类学本体论意义上的自由强调的是个人在社会行为中的自我意识和不可推卸的责任感。离开这种意识和责任感，个体的历史性就消解了，个体就变成了一个抽象的认识容器”③。因此，自由不是“他律”，而是“自律”的表现，这就需要承担道德责任，进入“应然”话语体系，也进入公正的本质规定层面。

同时，社会公正的本质内涵规定了更加严格的自由观念。公正是一种价值关系的体现，更强调的是应当、责任与道德，这将自由概念控制在一个合理的空间范围内。同时，公正也强调合理与均衡，这要求价值主体对自由有一个度的把握，明确对自由内含的必然性的认知，从而将自由控制在一个合理的空间内，达到利、真、善、美的统一。我们对自由的认识不能仅仅停留在认识论的基础上，因为由自由和选择带来的问题远远超出认知的范围，远远超出个体的范围，涉及生命、道德、责任以及宗教信仰等问题，并且在社会共同体里，自由的真正实现是与社会公正分不开的。恩格斯在《反杜林论》中论述自由概念时写道：“自由不在于幻想中摆脱自然规律而独立，而在于认识这些规律，从而能够有计划地使自然规律为一定目的服务。这无论对外部自然和规律，或对支配人本身的肉体存在和精神存在的规律来说，都是一样的。这两类规律，我们最多只能在观念中而不能在现实中把它们互相分开。因此，自由就在于根据对自然界的必然性的认识来支配我们自己和外部自然，因为它必然是历史发展的产物。”④由此，人的充分的自由发展状态需要社会公正的保障；同时，由于自由是有限度的，故对社会公正

① 马克思恩格斯选集：第1卷[M].北京：人民出版社，1995：294.

② 康德.道德形而上学原理[M].苗力田，译.上海：上海人民出版社，1986：107.

③ 俞吾金.被遮蔽的马克思[M].北京：人民出版社，2012：157.

④ 马克思恩格斯选集：第4卷[M].北京：人民出版社，1995：455-456.

的培育应关注极端自由化对社会产生的负面影响。

公正与平等在很多领域被当作同义词使用,两者存在着密不可分的关系。平等体现了人之为人的基本尊严,确认了每个成员的基本权利和发展机会,可以说是社会公正的基础内容和底线要求。一般说来,平等主要是指社会成员应当拥有相同的基本权利,基本尊严必须得到保护和尊重,社会成员在自我发展的过程中应该得到无差别的基本平台。近些年来,平等的范围已由最初的政治平等扩展到经济平等、社会平等、文化平等、教育平等多方面。但仔细分析,公正与平等还是有不同之处的。王海明说:"平等是人们相互间与利益获得有关的相同性"[①],包括等利交换、等害交换、天资平等、收入平等、性别平等,而公正仅是其中一种平等:公正是利害相交换的平等,除此之外的平等都在公正的外延之外。所以,就概念来说公正从属于平等,是一种特殊的平等。同时,平等与不平等,从起因来看可以分为自然的与人为的。例如性别、肤色、相貌等方面的平等与否是自然原因造成的,这是不可选择、不能进行道德评价的,也没有应该不应该之分,而人为平等从根本上讲便是一个应该不应该的权利问题。可见,平等更为普遍,带有更多现实成分,指向"实然",相比之下,公正的"应然"成分更多一些,指向理想化的价值世界,是更高层次的价值追求。对于社会公正的现代意义来说,平等主要在于将个体作为社会建设的重要立足点,反对以集体的名义剥夺扼杀个体的权利与自由,维护个体基本的尊严;同时,也不能将平等狭隘地理解为绝对平等,这是将社会公正推向了平均主义。

公正是法治精神和法治实践的基本价值内涵。作为一项价值原则,它是实现法治的一个重要因素。或者说,公正是法治价值构造体系中的核心构成要素,起着核心、支配、统摄和引领的作用,其不仅是法治价值理念的主导价值追求,也是检验法治理想实现状况的最高价值标准。同时,若缺乏公正为法治的实现所提供的价值生态环境,法治也只能是不切实际的幻想。法治就是用法律达到一种社会控制,"而这种社会控制是通过内涵着理性、正义之法律达到的控制状态,即通过法律使权力、权利和义务得到合理配置的社会状态"[②]。其中,"权力、权利和义务得到合理配置"正是公正价值的核心体现,其以不偏不倚的原则保障社会成员以均衡的条件与机会追求权利和义务的统一。可见,公正是法治理念的价值主导原则与价值目标。同时,当今中国正处于社会转型时期,社会不公现象日益严重,这更加凸显了公正作为法治理念的价值追求的重要性与紧迫性。总之,公正所蕴含的价值内容——秩序、平等、自由、合法、合理等都是实现法治的

---

① 王海明.公正与人道[M].北京:商务印书馆,2010:169.

② 周雪峰.社会主义法治理念下的公平正义观[J].武汉科技大学学报(社科版):2010(3):53-54.

价值要素，只有在公正的价值土壤中才能避免法治成为虚幻的泡影或者沦为无谓而繁琐的沉思。

社会公正的倡导要体现对个体选择的尊重，承认个体之间的差异，并且对个体发展的权利和空间予以保障，对平等竞争和个体努力给予认同。社会公正强调的是不同价值主体之间利益和责任的合理安排与调节，通过主体之间公正的交往、对话、学习、沟通、合作，达到相互的理解与认同。

四、重建社会公正的实践进路

亚里士多德指出："没有人不同意，应该按照各自的价值分配才是公正。不过对所谓价值每个人的说法却各不相同。民主派说，自由才是价值；寡头派说，财富才是价值，而贵族派则说，出身高贵就是德性。"①由此可见，对社会公正的理解存在不同的立场和视角，因此，我们在剖析社会不公的种种现象的同时，要以马克思主义实践观为指导，积极倡导社会主义核心价值观的建设与维护，既从社会长远发展和生产力发展的角度来实现社会公正，也从社会群众利益的分层现状看待各种社会公正观的立场，从社会整体和个人全面自由发展相结合的角度，重建社会公正的实践进路。

首先，社会公正重建的实践进路应着眼于处理效率与公平之间的矛盾。效率是人的活动实现其目的的程度，也就是指人的活动与其所实现的目的之比值。人的活动效率的高低与活动的产出或效益的多少成正比，它体现着生产力的属性，反映的是人与物之间的关系，是资本逻辑思维的外在表现。公平反映的是人与人之间的关系，隶属于生产关系的范畴，它规定着相对等的权利与义务、利益与责任，力图实现从"实然"到"应然"的转变，是道德逻辑所强调的重点。由此可见，效率与公平体现了不同的价值形态，如果不恰当处理两者关系，必定会发生冲突。但两者并非天然对立：社会公正的机会平等原则、按照贡献进行分配的原则等具有不可替代的作用，特别是在参与社会资源分配之前，机会平等原则要求摒弃"在先"的特权因素，比如身份、等级等，以公正的起点促进效率的提升。因此，如果我们仅仅停留于效率与公平的不可通约性，就势必会顾此失彼，陷入非此即彼的怪圈。而且，通常我们在评价效率与公平这对范畴的时候，会陷入一个怪圈，即只是从某一政策层面来分析社会公正的意义。其实这是不全面的。社会公正的真正意义体现在基本的制度安排和具体的政策导向这两个层面上。在涵盖政治制度、经济制度和文化制度的基本制度设计的价值基点上，不存在公正和效率何者优先的问题：公正具有"先在性"的价值内涵，对此不能做功利化或者

① 亚里士多德．政治学[M]．吴寿彭，译．北京：商务印书馆，1965：94.

短视性的理解。而在具体政策的实施中，由于处于不同的历史时期和发展阶段，社会各个环节不可能均衡发展、同步发展，因此会出现何者优先、难以兼顾的问题。但是我们也应该看到，效率优先的政策取向是具有底线的：一方面不能损害基本制度设计中的社会公正，另一方面也要避免贫富差距扩大、特权阶层形成以及不人道行为的出现。因此，我们必须要确立一个整合性的目标，以目标制约手段，达到效率与公平的融合，以调动人的积极性而提高效率，以扩大的效益保证公平的实现。公平与效率的问题归根到底涉及的是利益与责任的问题，这也是资本逻辑和道德逻辑的现实反映。利益与责任是一对相辅相成、共生共灭的关系：责任随着利益的获得而产生，利益则是责任的价值基础。恩格斯对利益与道德责任的辩证统一关系有着精辟的见解："资本主义生产越发展，它就越不能采用作为它早期阶段的特征的那些小的哄骗和欺诈手段……这些狡猾手腕在大市场上已经不合算了，那里时间就是金钱，那里商业道德必然发展到一定的水平。"[①]可见，权利与义务的一致性、义与利的统一、道德逻辑与利益逻辑的均衡既是我们的价值追求，也是面对当前社会不公正问题时所应持有的态度。然而，追求利益与责任统一的价值定位，避免出现"道德缄默"与"责任缺位"现象，其中最根本的问题便是人的主体性地位的确证。只有摆脱奴隶社会的"奴性"意识、封建社会的人身依附倾向、资本主义社会的异化现象，即任何时候都把人——自己和他人永远当作目的看待，才能保证主体地位的真正确立、主体意识的充分觉醒，才能厘清利益的范围与责任的界限，才能对利益与责任的辩证统一关系、道德逻辑与资本逻辑的内在互参性有清醒而明智的认知，并不断进行自我反思与批判、调整与重构，从而做出理性、公正的价值行为。

其次，在社会主义市场经济中，市场与政府作为现代社会中两个不可或缺的因素，在促进经济增长和社会进步方面发挥着重要的作用，对社会公平的重建也有着巨大的影响。从某种意义上讲，市场经济是公正、平等、自由价值观念的天然温床，竞争、理性、机会平等以及公正对待是市场经济的重要原则，这些都有助于社会公正理念的传播和社会公正的重建，这正如马克思主义所认为的，自由概念源于现代经济领域的平等交换："如果说经济形式，即交换，确立了主体之间的全面平等，那么内容，即促使人们去进行交换的个人材料和物质材料，则确立了自由。可见，平等和自由不仅在以交换价值为基础的交换中受到尊重，而且交换价值的交换是一切平等和自由的生产的、现实的基础。作为纯粹观念，平等和自由仅仅是交换价值的交换的一种理想化的表现；作为在政治的、法律的、社会的

① 马克思恩格斯选集：第 4 卷[M]. 北京：人民出版社，1995：509-512.

关系上发展了的东西，平等和自由不过是另一次方的这种基础而已。”[①]但是，市场经济存在很多风险因素，比如过于短视、重视经济利益、自发无序混乱等，这些使得资本的逻辑和利益的原则无限扩张，不择手段地寻求利润的最大化，从而产生了一系列的社会问题，导致社会不公更加严重。而且，在“市场失效”的时候，政府行为的公正与否也影响着社会公正体系能否真正的建立。政府在社会公正的重建过程中要注意营造公平的社会环境，直接为弱势群体提供帮助，并且积极增益于每一位社会成员，从保障和发展的双重维度促进社会公正的重建。然而，作为协调各方利益的制度、政策也会受到来自由利益价值思维所主导的精英群体之间结盟的危害，因此，如何防止市场与权力之间形成合力，防止政治精英以“寻租”的方式扩张本阶层利益而忽视自身的道德职责，经济精英通过非市场化、非竞争化的方式实现资本增值而屏蔽伦理责任，组成“金钱政治”，造成愈演愈烈的“马太效应”，无疑是当前市场和政府面临的一个重大课题。

[本文选自《哲学研究》2014 年第 1 期]

[作者简介] 张彦，法学博士，浙江大学社会科学研究院常务副院长、教授、博士生导师。兼任浙江大学马克思主义学院副院长、马克思主义理论研究所常务副所长等职；有浙江省青年马克思主义研究会会长等多项学术兼职。邮编：浙江杭州 310058

① 马克思恩格斯全集：第 46 卷(上册)[M]. 北京：人民出版社，1979：197.

论高校大学生法治思维的养成[①]

蔡晓卫

树立法治思维是大学生综合素质提高的重要表现。党的十八大指出，深入开展法制宣传教育，弘扬社会主义法治精神，树立社会主义法治理念，增强全社会学法、尊法、守法、用法意识。这是新时期对深入开展法治教育提出的新要求。大学生作为社会主义法治国家建设的重要力量，直接影响着我国的法治建设进程，因此加强大学生的法治教育，增强社会主义法治理念，促进其法治思维的养成是高校法治教育的重要使命。

一、法治思维的内涵

用法治的思维分析、观察和解决社会问题，已成为社会存在必不可少的视角，法治思维作为现代多元思维的核心之一其重要地位不言而喻。什么是法治思维？目前学界有的采用法治思维，有的采用法律思维一词，对法律思维、法治思维内涵的界定也存在较大差异。有学者认为，法治思维，即法律思维，指从事法治职业者的特定从业思维方式，是法律人（特别是法官、检察官和律师）在决策过程中按照法律的逻辑，法律所体现的正义标准，来思考、分析、解决问题的思维模式；[②]也有学者理解，法律思维强调法律职业的具体法律方法，侧重的是法律方法论对职业思维的影响；[③]也有学者提出法治思维是一种整体性的思维，是一种社会思维，是一种国家治理的理念、视角和思路，是与道德思维、政治思维、经济思维、行政思维等其他思维不同的一种思维模式，与法学方法论意义上的“法律思维”的内涵有一定的关联性，但也有明显的不同；[④]还有学者则认为，法治实质上就是一种思维模式，这种思维模式表现为人们自觉地、经常地按照法治的理念来思考问题，并采取与法治理念相一致的普遍行为方式。[⑤] 此外，在高等教育出版社 2013 年修订版《思想道德修养与法律基础》教材中也提到了要培养高校

---

① 本文系国家资源共享课项目《思想道德修养与法律基础》（教高司函〔2013〕115 号）的研究成果。

② 胡建淼. 法律思维与现代政府管理[J]. 国家行政学院学报，2011(3).

③ 陈金钊. 法律思维及其对法治的意义[J]. 法商研究，2003(6).

④ 蒋传光. 法治思维与社会管理创新的路径[J]. 东方法学，2012(5).

⑤ 郑成良. 论法治理念与法律思维[J]. 吉林大学社会科学学报，2000(4).

大学生"社会主义法治思维方式"，其对法治思维方式的解释为"法治思维方式是指人们按照法治的理念、原则和标准判断、分析和处理问题的理性思维方式"①。本文则采用了法治思维一词，并认为法治思维的关键在于引导公民树立社会主义法治理念，养成遵纪守法的良好习惯，法律至上、良法之治、人权保障、司法公正是其基本的内涵。② 事实上，法治思维作为一种社会思维，有更加全面的内容和深刻的针对性，比起法律思维，它更加体现了依法治国的社会主义法治理念。此外，我们还认为法治思维的主体是一个多元的开放的系统，法律人(法官、检察官和律师)乃至普通公民都应该是这个系统中的主体，能否成为其主体，关键在于社会主体是否从事与法律有关的活动，而不在于他从事什么职业(法律的或非法律的)，因此法治思维是公民按照法律的规定、原则和精神对所遇到或所要处理的问题进行分析、综合、判断和解决的思想认识活动与过程，是将法律规定、法律知识、法治理念付诸实施的过程。首先，法治理念是法治思维的基础，没有法治理念就不可能有法治思维，当一种思维方式成了每个人的习惯思维的时候，这种思维方式将会伴随其终生；其次，法治思维是一个认识、分析、处理和解决问题的过程，在思考和处理问题的过程中，采用不同的思维方式(如法治思维、道德思维、经济思维或政治思维)所得出的结论也可能是不尽相同的，但是一旦这些问题被纳入法律调整的范围，法治思维应当优先。而且，法治思维也一定是以是否合法作为思考与处理问题的原则，这是法治社会所必须的一种思维方式。

二、高校大学生法治思维的主要内容

"法治思维的养成，就个人而言，是社会主义公民的基本修养；对一个民族而言，则是一项十分艰巨的系统工程和历史性任务。"③培养高校大学生法治思维是法治社会的一个必然要求。对于大学生而言，法治思维作为一种基本思维方式，是以合法性为起点，以公平正义为价值，要求以权利和义务为中心，强调讲程序的一个思想认识过程，它主要包含以下内容。

1. 法治思维是一种合法性思维

法律行为有合法行为和违法行为之分，合法行为是社会所希望和宣扬的，得到法律的保障和鼓励，有助于社会的和谐发展；而违法行为导致法律的否定和制裁。法律是维护社会公共秩序的基本手段之一，它具有指引作用、评价作用、预测作用、教育作用和强制作用，法律通过这些作用的实现旨在指引、教育和强制

---

① 思想道德修养与法律基础[M]. 北京：高等教育出版社，2013：207.

② 王利明. 中国为什么要建设法治国家？[J]. 中国人民大学学报，2011(6).

③ 郭树勇. 加强法治思维的养成[N]. 人民日报，2013-05-29(7).

人们消除违法行为,告诫人们凡事要以“是否合法”作为思考与处理问题的出发点,要求每个公民学法、尊法、守法、用法,正确地行使法定权利,忠实地履行法定义务。因此,法治思维就是要求大学生对法律有敬畏之心,要把宪法和法律放在至高无上的地位,一切以法律为准绳,在行使法律所赋予的权利之时,应审视其行为是否符合法律的规定和要求,包括行为的目的、权限、内容、手段和程序是否合法,培养法治优先和合法性的思维习惯。

2. 法治思维是一种公平正义思维

“正义是社会制度的首要价值。”①公平正义是社会主义法治的核心价值追求。依法治国,建设社会主义法治国家的目标就是在全社会实现公平正义,而公平正义就是要实现十八大报告提出“逐步建立以权利公平、机会公平、规则公平为主要内容的社会公平保障体系”,我国宪法第33条明确规定:“中华人民共和国公民在法律面前一律平等。”可以说法律面前人人平等是公平正义法治思维的首要内涵,也是实现公平正义的前提条件。它要求:第一,平等对待社会所有成员。在“尊重和保障人权”的过程中,取消基于民族、种族、性别、语言、家庭出身、宗教信仰、教育程度、财产状况等差别,兼顾公平与效率,为每个公民提供平等的生存权和发展权,使所有公民平等地参与到法治的整个进程中来,使社会全体成员依照宪法和法律规定平等地享有宪法和法律规定的权利,平等地履行宪法和法律规定的义务,并受到法律的保护。第二,平等的原则旨在“反对特权”,任何组织和个人不得有凌驾、超越宪法和法律之上的特权,应该通过制度的建设达成规则公平,顾及各类群体尤其是弱势群体的利益诉求,反对维护特权而剥削和牺牲另一部分人利益的非正义制度。因此,每个大学生都应用实际行动来维护社会公平正义,善于运用法治思维处理各种复杂问题,善于运用法律法规维护社会秩序,进一步增强社会责任感,促进社会的公平正义。这是法治社会的应有之义,也是法治社会的最高使命。

3. 法治思维要求以权利义务为中心

“没有无义务的权利,也没有无权利的义务。”②在享有法律所赋予的权利的同时,必须承担法律所规定的义务。权利义务思维是社会主义法治国家的公民应当具有的基本法治思维。权利义务一般来源于法律的明文规定,法律以权利义务为内容调整社会关系,权利意味着公民可以依法作为或不作一定行为,可以依法要求他人作或不作一定行为;义务则是要求公民必须作出一定行为或者要求公民依法不得作出一定行为。权利和义务都有明确的界限,无论是行使权利

① 约翰·罗尔斯. 正义论[M]. 何怀宏,等译. 北京:社会科学出版社,1988:121.

② 马克思恩格斯选集:第2卷[M]. 北京:人民出版社,1995:35.

还是履行义务都应当在法定界限内进行，任何权利的行使人都应该严格按照法定内容与程序进行。大学生在法律上既是权利的主体，又是义务的主体，一方面，大学生要树立权利意识，每个人既要懂得用法律主张自己权利，懂得公民权利的平等性，懂得尊重他人的权利，也要有法治观念，不侵犯他人的权利，不损害社会的公共利益。另一方面，大学生也要具有义务意识，自觉履行公民义务。只有积极履行法律规定的义务，才能获得相应的权利，自己的权利才能得到保障，他人的权利也才能得到维护。

4. 法治思维强调增强程序意识

"离开程序也就没有法律制度可言。"[①]在法治社会中，如何有效地实施法律，法律程序是至关重要的，法律的正义要通过公正的程序才能实现。程序是法律所规定的法律行为的步骤、方式和过程，法律通过规定明确的程序来约束人们的行为。程序性思维要求通过正当程序的运行公正地解决社会中已经存在的各种冲突，任何良法只有通过正当的法律程序才能体现其应有的价值。大学生应该让程序思维深入人心，将其融入学习和生活中，在法律行为的具体实施过程中重视并按照法定的程序来实施法律行为，做到懂程序、讲程序，考虑先做什么，后做什么，其行为过程、步骤、方式、时限等都应符合法定程序和正当程序的要求，在充分实现个人的权利和利益的同时，充分体现程序公正的价值。

三、培养高校大学生法治思维的对策

把法治的理念内化为公民普遍的思维方式，并进而外化为公民的行为方式，不可能自发地形成，也不可能一天两天形成，它是一个国家在法治建设的过程中，通过法治宣传教育等方式，经过多年的积淀，慢慢养成的一种法律文化的有益组成部分。培养高校大学生法治思维旨在引导大学生养成运用法治理念来进行思考的习惯，引导大学生养成依法行为的习惯，大学生法治思维的养成就是要把法律规定、法律知识和法治理念渗透到大学生的内心深处，内化为大学生的思维习惯和行为方式，使得抽象的法律条文变成其遵守的行为准则，其法治思维养成的过程就是一个不断学习法律知识、不断进行法律实践的过程，就是一个倡导大学生养成法律至上的思想和行为习惯的过程。

长期以来，高校在法治教育和培养学生法治思维的过程中，存在着一定认识上的偏差问题，主要表现在以下几方面。

问题一，将法治教育定位为一种专业教育，而不是素质教育。

目前一些高校只注重法律专业学生的法律教育而忽视非法律专业学生的法

---

① 郑成良. 论法治理念与法律思维[J]. 吉林大学社会科学学报，2000(4).

治教育，没有把大学生的法治教育纳入通识教育中，从而影响了大学生法治思维的培养。我们必须强调法治教育实质是一种素质教育，高校担负着实现中国梦的历史重任，对在校所有大学生进行社会主义法治理念教育和法治思维的培养，对于促进全社会公民法治思维的整体提高具有巨大的推动和引领作用，直接制约着我国法治建设的进程。

问题二，高校法治教育一味追求“短平快”，忽视法治思维养成的长期性。

在当前，高校对普法教育还不够重视，投入也甚少，高校法治教育除了法律专业的教育贯穿四年外，其他专业学生主要通过“思想道德修养与法律基础”课或其他的选修课完成。由于时间有限，要让学生在短期内形成一种思维方式几乎是不可能的，法治思维方式的养成必然是要经过长期的熏陶教育和潜移默化才能逐步树立起来。那种对法治教育追求“短平快”的做法是没有远见的，法治思维的养成还需要走很长很艰巨的道路。

问题三，高校法治教育手段和思路狭窄，缺乏教育渠道的多样性和灵活性。

高校主要通过“思想道德修养与法律基础”课作为主要渠道进行法治常规教育，其法治教育手段和思路单一，忽视受教育主体——学生的需要和特点，缺乏法治教育的系统性和针对性，轻视法治理念的培养，缺乏良好的法治环境，很难引起学生对法律的兴趣，无法适应培养学生法治思维的需要。

问题四，高校法治教育内容和形式单一，缺乏法律知识演绎的大众化和通俗化。

高校法制教育大多局限于传统的课堂教学，注重单纯的理论讲授，忽视了实践环节，没有很好将法律文化融入学生的学习和生活，缺乏知识演绎的大众化和通俗化，让学生觉得法律高高在上，法律知识的内容仅限于几部法律，教育偏于形式。事实上，没有一定法律知识的储备，很难让学生形成法治思维。

针对以上问题，我们认为，培养高校大学生法治思维需要在当前高校法治教育的基础上加强顶层设计，高度重视法治教育，改善培养大学生法治思维的法治环境，营造高校良好的法治教育氛围。

1. 重视加强大学生法律知识的普及和教育，不断增强大学生的社会主义法治理念

“一般说来，知识越丰富，主体所具备的概念体系越复杂和完善，相应地在此基础上建立起来的思维方式也就越复杂和完整，任何思维方式都必须以一定的知识作为其出发点和基本要素。”[①]法律知识是法治理念形成的前提，而法治理念又是法治思维养成的基础，因此法律知识决定着大学生法治思维水平的高低，

① 陈中立，等. 思维方式与社会发展[M]. 北京：社会科学文献出版社，2001：122.

要提高大学生运用法治思维处理、解决所遇到或所要处理的问题的能力，首先就要加强大学生法律知识的普及，不断增强他们的社会主义法治理念。

第一，高校应认真贯彻和落实十八大依法治国的精神，高校领导干部要从战略的角度上高度重视法治教育，成立专门的法律教育部门，把法治教育与大学生素质教育有机结合起来，健全和完善目前的高校法治教育体系，由专人负责，长抓不懈，为培养社会主义合格人才发挥巨大作用。

第二，充分利用高校开设的法律专业课和“思想道德修养与法律基础”课，把社会主义法治理念教育纳入课程体系中，树立重法治思维培养的新理念，推动课程内容的更新和理论的提升。在法律知识的传授基础上要进一步加强法治理念教育，使大学生明确社会主义法治理念“依法治国、执法为民、公平正义、服务大局、党的领导”的基本内涵，自觉将公平正义、合法公正等理念转化为思维定式，成为指导自己行为的自觉意识。

第三，探索法治教育手段的多样化和方法的灵活化，提高法治教育效果。法治思维的养成，不仅靠理念的培育，更需要实践的体验，高校法治教育应该以学生为本，除了课堂理论讲授以外，还要增加实践教学的比重，如进行案例讨论、模拟法庭、法律演讲比赛、法治知识竞赛和观看法律影片等，使抽象的法律理论和规定更加通俗化和大众化，使之具有强大的感染力和震撼力，激发学生学习法律的兴趣并接受和认同，最终将法律、法治意识铭刻在大学生的内心里。

第四，除了将“思想道德修养与法律基础”课作为主渠道的常规教育外，还需要进行延伸教育，拓宽教育思路，以被教育者大学生为主体，在教育理念上坚持“主渠道与全面渗透的统一”，根据大学生的需求、思想和行为特点，探索和设计大学生喜闻乐见的接受形式和载体，开设法治教育的必修课与通识课，建立网络课堂。同时，把法治教育与新生始业教育相联系，与职业规划课程相融合，与创业创新教育相衔接，与辅导员工作相贯穿，让法治教育贯穿于整个大学生涯，构建一个包括思政教师、辅导员、专业教师等在内的全方位、全过程、全员育人的教育体系，推进大学生对法治教育的认同和信奉。

2. 加强校园法治环境建设，营造高校法治学习氛围

良好的校园法治环境有利于促进大学生法治思维的养成，而大学生的法治思维增强了，又会营造良好的法治氛围，为培育大学生的法治思维打下良好的社会环境基础，两者相辅相成，互为促进。

一是高校领导干部要不断加强自身的法律知识学习，增强社会主义法治理念。党的十八大提出“要提高领导干部运用法治思维和法治方式深化改革、推动发展、化解矛盾、维护稳定能力”。这是对各级领导干部领导能力的一项新要求，高校领导干部要提高运用法治思维和法律手段治校理政的能力，深化高校改革

和发展，维护校园和谐稳定，树立严格、规范行使权力的思想观念，培育主动接受制约和监督的思维方式，发挥指引和表率作用。

二是高校要依法治校，运用法治思维处理一切事务，实行民主管理，依法制定和完善学校各项规章制度，依照法律和制度来管理学校公共事务；实行校务公开，鼓励大学生树立主体意识，创造条件支持他们参与学校管理，切实保证学生的知情权、参与权和监督权；学校处理各项事务必须严格按照法定程序和规则办事，确保程序公正。只有创造具有法治理念的校园环境，认真贯彻依法治校的精神，大学生法治思维才能逐步得到养成。

三是大力培育与依法治校相适应的法治文化底蕴，建设和谐校园、法治校园。在依法治校过程中，高校需要在实践中利用学校法学教育和研究的优势，创新法治文化宣传的形式和载体，充分发挥高校广播、电视、网络、校报等阵地的作用，紧密围绕学校中心工作和社会热点、难点问题，大力推进校园法治文化建设，形成高校人人学法的良好局面，实现师生法治教育的互动效应，营造学法尊法守法用法的法治氛围，引导和增强学生的法治理念，在潜移默化中熏陶和培养高校大学生的法治思维。

在当前，社会主义法治国家建设进入了新阶段。但法治理念的启蒙尚在路上，要求高校大学生自觉运用法治的思维方式来思考、解决问题，这必然要经过长期的努力才能逐渐培养起来。大学生法治思维的养成一定是一项需要持之以恒的系统工程，需要政府、社会和家庭等更多力量的共同努力，整个社会的法治状况、公民法治理念的普遍提高等因素都将影响大学生法治思维的养成。因此高校法治教育还应与家庭教育、社会教育相结合，还应与道德教育、价值观教育相结合，逐步形成良好的法治教育大环境。只有这样才能为社会培养出更多具有法治思维的各类人才，才能为全面建成小康社会提供强有力的法治保障。

[本文选自《中国高教研究》2014 年第 3 期]

[作者简介] 蔡晓卫，法学博士，浙江大学马克思主义理论研究所副教授，硕士生导师。邮编：浙江 杭州 310058

论思想品德问题与心理健康问题的关系①

马建青

自 20 世纪 80 年代学校心理咨询(在高校一般称心理咨询,在中小学一般称心理辅导,后扩展为心理健康教育)诞生之日起,学界对学校心理咨询(心理健康教育)与思想政治教育(也称德育)的关系问题就一直争论不休。尽管后来中共中央以及教育部的有关文件把学校心理健康教育纳入思想政治教育范畴中,但并没有完全从学理层面厘清两者的关系问题。即使在今天,学界依然存在不同观点。笔者认为,这其中与如何认识心理与思想、心理问题与思想问题、学校心理健康教育与学校思想政治教育的异同有密切的关系。只有从理论上真正搞清楚它们之间的关系,才能在实践中有效地推进两者的融合,从而促进学校思想政治教育和心理健康教育的健康发展。

一、思想与心理的关系

有学者在谈到学校心理咨询或心理健康教育与思想政治教育差异时,常谈到两者的侧重点不一,认为心理咨询主要解决心理健康问题,而思想政治教育则偏重于思想品德问题。这是有一定道理的,两者主要作用层面是存在某种差异的。但如果仅仅局限于此,在看到差异的同时不能进一步看到两者的联系以及互相的转化则是片面的。事实上,心理和思想、心理健康问题与思想品德问题(有时也会把"心理健康问题"简称为"心理问题",把"思想品德问题"简称为"思想问题")虽分属不同的层次,但彼此之间却有着千丝万缕的联系。

人的心理是人脑的功能,是人的感觉、知觉、注意、记忆、想象、思维、情绪情感、意志、需要、动机、兴趣、性格、能力等心理现象的总和,这些也是心理的主要表现形式。思想在心理学上有广义和狭义之分,广义的思想是心理的一部分,是被人意识到的各种心理活动和状态,包括认知活动、情感活动、意志活动等。狭义的思想,亦称观念,是客观事物在人们头脑中的反映,是人对事物的发展过程和规律的反映。人们在社会实践中对客观事物的认识,开始是感性认识,随着感

① 本文系浙江省哲学社会科学规划研究项目"心理健康教育与思想政治教育的互动与结合"(项目编号:07CGKS004YBG)的部分成果。

性认识的材料积累多了,就会产生飞跃,变成理性认识,这就是思想。思想是人的大脑对感性材料进行加工后产生的。它既可指人们的认识活动,也可指认识的成果。思想作为认识过程,即指思想认识,主要是指理性思维,是指人们对客观事物的观察力、分析能力、辨别能力和思想方法等。作为认识成果,主要是指对事物整体、本质、规律的把握。[①] 其表现形式是观念形态的东西,也称思想意识,如世界观、人生观、价值观、道德观、恋爱观、宗教观等。这是两者的区别之一。区别之二,两者对人的行为的影响力不同,心理对行为的支配力比较直接、快速,而思想对行为的影响力则比较深刻、持久,作用范围较大。区别之三,两者的内涵有所不同,思想是一种理性认识,它是在感性认识的基础上通过思维活动产生的,而心理既包括感性认识,也包括理性认识,还包括情绪、意志等过程。区别之四,两者存在的范围有所不同,思想仅仅为人所有,而心理则人和动物都有,当然人的心理和动物的心理存在质的差异。辩证唯物主义认为,人的心理是人类社会实践的产物,是人脑的机能,它具有自觉性和能动性的特点。区别之五,两者的内容和性质有所不同,思想品德具有社会性,在阶级社会中,思想道德是有阶级性的,能反映品德的好坏、善恶、美丑,而心理素质则通常是中性的,可以区分为积极的或消极的,健康的或不健康的,但一般没有道德层面的好坏等社会性意义。思想品德通过心理活动形成,是概括化、定型化的心理活动的产物,但它们本身不应归于心理,或者说不是普通意义上的心理层面的内容。区别之六,两者的发展层次有所不同,比较起来,在人的意识系统、精神现象领域中,心理处于较低层次,而思想则居于更高的层次。

澄清两者的区别是为了不把两者混为一谈。不能简单地把属于心理层面的东西随意地上升为思想层面的范畴,当然也不能反之。现实中,把本是心理的问题视为思想意识问题的现象较为多见。笔者曾经对全国百余名高校心理健康教育工作者做过问卷调查(他们中的80%也是从思想政治教育领域转行过来的,或现在依然是思政工作者但在兼职做心理健康教育),当问及"您认为思想政治教育过程中,德育人员是否常把本属于心理的问题当作思想道德的问题来认识和处理"时,回答"常有"的占60.9%,"偶尔有"的占35.9%,两项合计为96.8%;而"您在接触学生的过程中,是否有过把心理问题误认为是思想道德问题的情况",回答"常有"的有25.9%,"偶尔有"的为42.0%,两项合计为67.9%。这与缺乏相关知识、混淆二者的不同有关。

然而,如果我们在看到二者区别的同时,没有进一步看到二者的联系、二者的互相影响,也是有失偏颇的,这不是一种辩证的观点。事实上,心理与思想又

---

① 吴焕荣.思想政治工作心理学[M].北京:航空工业出版社,1994:8.

有密切的关系,联系在于二者同属意识范畴,都是指人的精神现象,可以说,从本质上说二者是有内在一致性的。二者都是以人脑为产生的器官,都离不开大脑,"心理的东西、意识等等是物质(即物理的东西)的最高产物,是叫做人脑的这样一块特别复杂的物质的机能"[①]。二者都以客观现实为源泉,都是在实践中产生的;都是以实践活动为桥梁,以感知为基础的,是对客观现实的反映;二者同属个体精神范畴,它们不是一般的社会意识,不是指物化在非生命载体中的精神现象,而是指活化在生命载体即个体头脑中的精神现象。也就是说,它们都属于整个心理大系统,都服从心理形成、发展的规律。此外,心理是思想的基础,思想的形成、发展和变化必须以个体的心理活动为基础,必须通过主体的心理过程,要受心理的影响和制约,是客观外界影响通过主体心理活动的产物,这就正如西方教育家乌申斯基说的:"教育的主要活动是在心理和心理—生理活动现象领域内进行的。"[②]另一方面,思想活动是心理活动的高级形式,思想对心理起决定作用,它不但会影响人的行为,而且会调节人的心理活动,心理活动的方向要受思想的支配,但心理对思想又有反作用,心理也能够制约人的行为方式,影响人的思想活动。思想层面与心理层面二者不是分离的,而是同一结构中的不同层面。心理层面是思想层面的基础,一个人科学的世界观、正确的人生观以及良好的道德品质的形成往往建立在健康的心理和健全的人格基础上,一个具有孤独、抑郁、悲观、自卑心理的人,往往较难形成积极乐观的人生态度和健康高尚的道德品质。而良好的思想基础亦有助于促进心理的健康发展,在高层次上引领心理的健康成长。因此,二者是相互联系、相互影响的。实际上,从心理学的观点看,思想政治教育的过程就是一个由感觉、知觉、观念、印象、概念到理论的心理发展过程。

二、心理健康问题与思想品德问题的关系

正因为心理与思想的这种区别和联系,因此现实中,心理健康问题和思想品德问题有所不同,这是我们应该确立的观点。但另一方面,我们也要看到,它们又存在着不可分割的联系,或者存在着互相转化的可能性,二者往往交织在一起。这可以从以下两个角度来理解。

一是就特定的问题或某一类问题来说,它可以是纯粹的心理健康问题或思想品德问题,但就一般来说、就总体来说,二者问题之间又有互相重叠的部分。我们可以把心理健康问题和思想品德问题视为同一条直线上的不同位置,就极

---

① 列宁全集:第14卷[M].北京:人民出版社,1988:238.

② 张焕庭.西方资产阶级教育论著选[M].北京:人民教育出版社,1979:221.

端来说，二者的区别很明显，但那些处于较中间的问题（比如人际关系问题），互相之间的界限就越来越模糊，而互相联系的成分越来越多，这样的问题在现实中是常见的，这是就问题的性质而言。

二是就问题的原因来说，二者的联系是客观存在的，在许多思想品德问题的背后有复杂的心理健康因素。有些看起来是思想品德问题，其根源、其实质却是心理障碍所致，只有消除了心理障碍，表现出来的思想行为问题才能得以改变，如同高烧的原因可能是多种多样的，如果不针对性地治疗引起高烧的疾病，而仅仅使用退烧药是不能真正解决问题的。心理的不健康状态往往会引起思想、行为问题，比如影响其人生态度、行为方式甚至导致违法乱纪行为。反过来，在某些心理障碍的背后其深层原因又往往涉及品德修养、价值取向、理想信念问题。[①] 为此，笔者把心理健康原因、思想品德原因与心理健康问题、思想品德问题之间的对应关系划分成以下九种可能性：

①心理健康原因→心理健康问题

②心理健康原因→思想品德问题

③心理健康原因→（心理健康问题＋思想品德问题）

④思想品德原因→思想品德问题

⑤思想品德原因→心理健康问题

⑥思想品德原因→（思想品德问题＋心理健康问题）

⑦（心理健康原因＋思想品德原因）→心理健康问题

⑧（心理健康原因＋思想品德原因）→思想品德问题

⑨（心理健康原因＋思想品德原因）→（心理健康问题＋思想品德问题）

上述九种情况在现实中都是存在的，但由于缺乏相关的知识，人们往往不知道如何识别。很长一段时间以来，不少人把心理健康问题与思想品德问题混为一谈，甚至用思想品德问题涵盖心理健康问题。举例来说，有些同学因为患有神经衰弱或其他心理障碍问题而无法集中注意力好好学习，却被当作学习态度不端正，学习动机有问题；有些同学因为社交恐惧而不敢参加集体活动，可能会被视为不关心集体，集体观念淡薄等，这些都是不对的。但把心理与思想、心理健康问题与思想品德问题完全割裂开来，视为风马牛不相及，同样也是不科学的。笔者以为，在心理健康意识不断增强的今天，我们除了要继续防止把心理健康问题简单化为思想品德问题的错误做法外，也要防止另一种倾向，即试图用心理健康问题来说明一切问题的做法，或把本属于思想品德性质的问题或以此为主的

① 黄建榕．论素质教育中的思想政治教育和心理健康教育[J]．华南理工大学学报（社会科学版），2002(6)．

问题用心理障碍来解释、来开脱、来容忍，忽视或放弃当事人本应承担的道德、法律等方面的责任，这在理论上是站不住脚的，在实践中是有害的。比如，把迷上网络游戏的学生简单视为有网瘾，认为那是一种心理障碍，而忽略了其学习态度和人生理想的问题；把搞不好人际关系的同学统统视为有人际交往心理障碍，而忽视了其人生观、价值观或品德缺陷问题，等等。这两种倾向的实质其实都是相似的，即都是对心理健康问题与思想品德问题作了片面的认识和脱离实际的处理。

也有这样一种情况：在心理咨询中，有些咨询师也发现了心理健康问题背后的思想因素、人品问题，它们才是问题的真正原因，然而，他们采取了思想教育与我无关的态度，认为心理咨询只涉及与心理有关的事。笔者认为这种看法、这种态度是值得商榷的。这种想法、做法如同古代寓言里的故事：一人中箭，前去治疗，某人一刀剪去留在体外的箭体，说我是外科大夫，只管外面不管里面，体内的箭由内科去管吧。现实中，这样的医生未必会有，然而类似的思维、行为却常常可见。事实上，心理咨询中所涉及的咨询内容很少是纯粹由心理因素引起并表现为心理特征的心理问题，它们往往是在生理、心理、社会诸因素影响下，表现为躯体、心理、思想、行为等方面的不适和困扰。笔者曾提出过心理咨询的“综合性原则”①，这里的综合性包括“心身的综合”“原因的综合”“问题的综合”“方法的综合”等方面。综合性特点是我们在理解和解决人的问题时的一个基本观点和方法。当然，讲“综合性”并非说各因素都是同一层次、同样重要，在不同的问题中，会有主有次、有先有后、有内有外，我们只有把握准确了，工作才有针对性。因此，心理健康教育者既要学习变态心理学，也要学习发展心理学、教育心理学、社会心理学等；既要学习心理咨询的专业知识，也要学习思想政治教育及其他社会科学的一般知识，这在学校环境中更是如此。从另一个角度讲，教书育人是每一个教师的职责，心理健康教育工作者也应担负起教书育人的职责，这并不是说，我们要人为地、强行地在心理健康教育（特别是心理咨询）中进行思想政治教育，更不能进行文不对题的思想教育，这是不对的。但当学生的心理健康问题已涉及思想品德问题或由思想品德原因引起时，如果还是一味地划定圈子，认为这是我的，那是你的，我管心理，你管思想，显然也是不对的。这既不符合学校教育者的角色要求，也无助于真正解决学生的心理健康问题，因为当问题的根源出在思想品德上时，如果不能就原因来进行咨询、辅导，而是一味地围绕心理现象就事论事，这样的心理咨询效果是非常值得怀疑的。同样，这种所谓捍卫心理咨询纯洁性的做法，即使动机是好的，效果未必尽如人意，何况这种缺乏对效果真正

① 马建青.辅导人生——心理咨询实务[M].合肥：安徽人民出版社，2008：77-79.

负责的动机,也不能认为就是好的动机。

心理咨询、思想教育的实践中,常会遇到二者交叉、互为因果的个案,有些形式上属思想品德问题,实质上却是心理障碍问题,或心理障碍在其中起到了促进、推动的作用;有些案例则相反,表现为心理上的严重不适,甚至生理上也有障碍,但细细分析,病因与思想意识、人生观问题有关。当然,大学生中更多的问题是思想、心理因素交织在一起的,如果我们就事论事、头痛医头,则事倍功半,不仅不能真正解决学生存在的问题,反而会有意无意地把问题引向片面甚至错误的方向,混淆事情本来的面目和是非观念,效果甚微。这里既需要心理健康知识、心理咨询技能,也需要思想政治教育的理论和方法。教育部曾多次提出要培养既懂思想政治教育又会心理健康教育的思政人员的意见是有其现实性和针对性的。同样,专职从事心理健康教育的人员也应该懂得思想政治教育,有过从事思政工作和学生管理的经验,这样才能使工作更到位。不少学校就是这样做的。

以学生中最为常见的人际关系问题为例,有些是人格障碍、社交恐惧症导致的交往障碍,这些就属于典型的心理健康问题;有的则是因为对人或对交往存有偏见而引起人际交往困难,那么从心理学工作者的角度看就是心理因素起作用,而从思政工作者的视角看就是思想原因。如果有的学生因为班上有些同学家庭经济困难或学习成绩欠佳而瞧不起他们,不愿与他们交往,那么由此产生的人际交往问题则更多地属于思想品德范畴的问题了。

再以学习成绩下降为例,有的学生因为晚上睡眠欠佳或因有焦虑症状而上课、看书时无法集中注意力,导致学习成绩下降,通常会认为是心理问题引起的,但倘若再仔细探询这些心理问题背后的影响因素时,或许会找到睡眠不佳、焦虑的原因是因为与同学的矛盾,或因为学习的兴趣问题,甚至因为考试作弊而面临受处分,那么此时,心理原因与思想原因就交叉在一起了。

三、不同背景的人对二者关系有不完全相同的理解

笔者在与不同专业、职业背景的高校心理咨询师的接触中,以及在对他们培训过程中,深感到不同角色的咨询师往往比较容易从他们各自习惯的角度、从他们各自专业、职业的角度去理解他们所遇到的问题,或更容易看到他们所希望看到的问题,从而导致对学生问题的不同理解。比如,医生背景的咨询师往往喜欢用疾病的语言来描述问题,因此,他们更容易把问题上升为病态,也喜欢用药物;心理学人员多从心理层面来评估所遇的问题,习惯于在心理学的框架内理解和处理问题;而来自思想教育背景的咨询师则比较容易看到问题中所内含的思想品德的色彩。于是,面对同一对象的同一问题,三种背景的咨询师有时会有三种不同的看法和咨询意见,应该说各有合理的地方,但也可能各有片面之处。因

此，加强不同知识背景、学科专长、职业特点的心理咨询师的交流、协作，在现阶段是非常必要的，有助于更好地把握学生问题的实质。

由于心理健康问题和思想品德问题之间存在上述的联系与区别，因此，把思想品德问题与心理健康问题混为一谈是错误的，同样，截然割裂思想品德问题与心理健康问题关系的看法也是不科学的。实践中，某些心理健康问题可以通过思想教育的方式来改善，某些思想品德问题也可以通过心理健康教育的方法来改变，尤其是面对一般性的思想、心理问题时，二者的关联性就更大。往往是你中有我，我中有你，既是心理健康问题，也是思想品德问题，现实中学生的许多问题往往属于这种情况。故心理健康教育不但对解决心理健康问题有效，而且能较好地解决某些用以往的思想政治教育方法难以奏效的思想行为问题，同时它也为顺利地接受思想政治教育营造了一个健康的心理氛围。

图 1、图 2 是笔者对心理健康问题、思想品德问题、心理健康教育与思想政治教育关系的理解。其中图 1 中，心理健康问题＝甲＋乙，而思想品德问题＝乙＋丙，乙是心理健康问题和思想品德问题共同的区域，正是在这个领域，心理健康教育和思想政治教育的内容是共通的，而甲和丙是二者各自独立的成分。

而图 2 是想表达不同专业、职业背景的人群中，心理健康问题与思想品德问题，心理健康教育与思想政治教育的关联度是不一样的。一般来说，思政人员眼中，二者的关联度最大，医务人员眼中的关联度最小，而心理学人员居中。

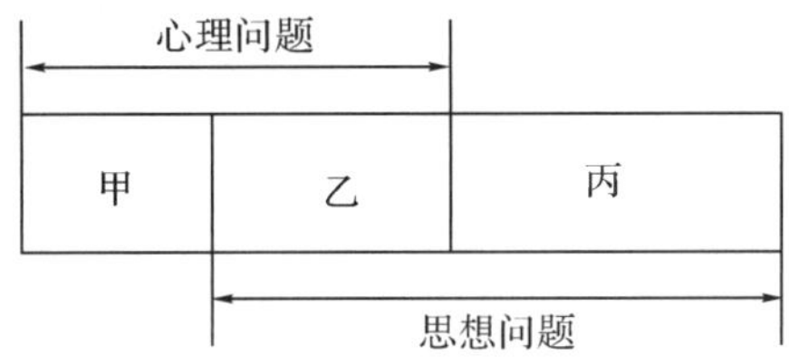

图 1　心理健康问题与思想品德问题的联系与区别

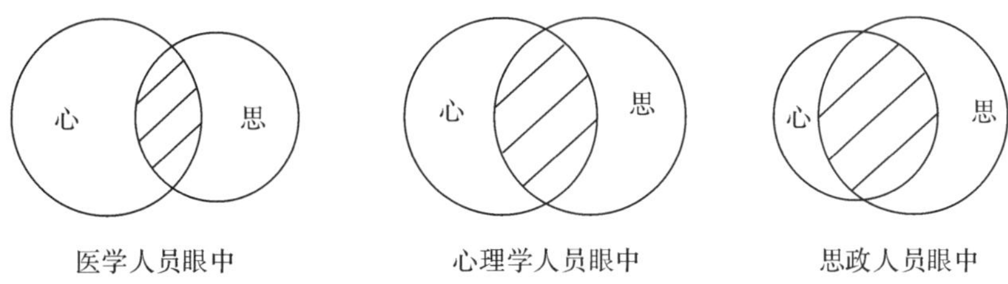

图 2　不同人群眼中的心理健康问题与思想品德问题、心理健康教育与思想政治教育关联度

四、思想政治教育与心理健康教育的关系

学校思想政治教育在新形势下把某些心理健康教育内容(主要是发展性的心理健康教育内容)纳入自己的范围内,从而建立了它与心理健康教育的联系,即在发展性内容这一领域内找到了二者的共同点。然而,心理健康教育不仅对思想政治教育内容之一的个性心理素质教育产生了直接的影响,同时心理健康教育通过培养学生的良好心理品质来对思想政治教育的其他内容产生影响。这是因为良好的思想品德的形成与健康的心理状态、良好的心理素质状况有密切的联系。即健康的心理特征是接受思想政治教育的基础;健康的心理品质是使教育内容内化为信念并外化为行为的重要条件;健康的心理品质是使行为习惯化的保证。[①] 因而,加强心理健康教育不仅对心身健康有好处,同时也有利于学生良好的思想政治品德的形成和发展。同样,加强思想政治教育也为心理健康教育创造了有利的条件。

讲心理健康教育与思想政治教育内容上的联系,并没有否定二者内容的不同处。正如图 1 所示,心理健康教育与思想政治教育在内容上只是一部分的重叠,二者各有自己独特的领域,有彼此联系较少的工作内容,比如包含在心理健康教育范畴内的某些心理障碍的矫治就不属于思想政治教育的范畴,而包含在思想政治教育中的诸如爱国主义教育、形势与政策等方面的教育也不属于心理健康教育本身的工作内容。也就是说,二者有联系较多的领域,也有联系较少甚至没有联系的领域。笔者认为,从整体上来全面理解二者内容上的异同是很重要的。

不同的专业、职业背景及建立在这些基础上的知识结构和思维方式容易影响他们看问题的角度,从而导致不同的看法,如图 2 所示。比如,一位医生从事心理健康教育,可能会较多地关注、处理心理障碍的问题,据此,有可能会认为心理健康教育与思想政治教育关系不大甚至无关;而一位熟悉学生思想教育和管理的教师,面对学生在学习、恋爱、人际交往、自我发展等方面出现的矛盾、困惑时,可能会发现心理健康教育中所涉及的内容与日常思想教育的内容有很多相似之处,以致一些思想教育工作者在听美国、日本等国家和地区的学校心理咨询专家讲座时,常有这样一种感觉,认为他们所谈的心理咨询与国内学校的思想教育、学生工作颇为相似。他们的学校心理咨询机构、学生辅导部门承担了我们学校德育部门负责的许多工作。当然,他们的人员多经过系统的专业训练,学历层次高,机构也更加庞大。但另一方面,如果有些思政人员在看到心理健康教育的

① 班华.心育论[M].合肥:安徽教育出版社,1994:40-41.

某些内容与思想政治教育较为相近时，便武断地认为学校心理健康教育与思想政治教育几乎就是一回事，或简单地认为心理健康教育就是思想政治教育的一部分，也是有失偏颇的。而心理学工作者在涉及发展性心理健康教育内容时，更乐意把这些视为心理学范围的内容，一般不愿接受它们与思想政治教育的关系，但思想政治教育者则会认为这些内容与自身工作关系很大。于是就容易引起不同人群对此的争执。

现实中，之所以会出现这样那样的偏颇，其根源就在于有些人或站在二者的两个极端来分析，从而否定二者的联系；或立足于二者的共同部分来谈论，从而疏忽了二者的区别；或一味站在本学科的角度来评判，容易忽略别的学科的看法。这样就很容易得出片面的、自以为是的结论。因此，我们既不能以局部来代替整体，也不可因有联系而抹煞差异，而要作整体性的把握。所谓整体上理解，实际上就是要强调局部与整体、差别与联系的辩证统一。笔者认为，正确把握思想问题与心理问题的关系，进而把握好学校思想政治教育与心理健康教育的关系，对促进思想政治教育与心理健康教育关系的健康发展既有重要的理论意义也有重大的现实意义。

[本文选自《教育发展研究》2014 年第 8 期]

[作者简介] 马建青，法学博士，浙江大学马克思主义学院教授，博士生导师，求是特聘学者，曾任浙江大学马克思主义学院副院长等职。系国家“万人计划”教学名师、享受国务院政治特殊津贴专家。邮编：浙江 杭州 310058

公平、公正、正义的政治哲学界定及其内在统一

万　斌　赵恩国

在汉语语境中，公平、公正、正义有着不同的指向和明确的含义区分，但在政治理论中常被混淆使用。具体来讲，公平、公正和正义都是人们对相互之间的恰当关系的追求。公平是对特定社会和历史时期的人们追求相互之间符合生产发展的交往关系的客观规定和概括；而公正则是人们对这种交往关系的主观反映，并成为社会和政治行为中的普遍标准，成为人们交往活动所遵循的各种原则；正义则是上述两者的结合，是客观的公平关系和主观的公正尺度的统一，凝结成为特定群体所普遍追求的价值和理想。

一、公平

人们总是要根据一定历史时代的物质基础及由此形成的生产和社会关系开展社会实践活动，规定彼此的权利和义务，并在此基础上形成不同实践主体普遍认可的一定利益分配原则和机制。公平就是从这种实践活动中发展而来的，并逐渐成为政治权力分配、社会关系调整的规范和准则。因此，公平在本质上是一个社会性和历史性的概念，是人与人之间的相互关系在特定历史时期的概括，是关于社会全体成员之间恰当关系的最高规定。

公平作为一种客观关系，受到来自主体和客体的双重制约，从而使公平只能是在既有的生产方式基础上才可以实现，即人们依据这个客观性安排相互之间合理、合法的关系。从客体角度讲，公平及其在社会中的实现程度总是同这个社会制度相联系，是社会经济基础的反映。恩格斯说："希腊人和罗马人的公平观认为奴隶制度是公平的。"①而不管其中的阶级差别所造成的人与人之间严重的不平等以及对人的权利和尊严的侵犯。从主体角度讲，人与人之间公平关系的发展以及人们的公平观念总是受制于人的自我意识的发展以及人的理性能力的提高程度。人的实践经验和利益诉求以及对公平价值的理解都使公平关系和观念呈现出时代特征和客观历史性。不同的主体对公平有着不同的理解，他自身的主体能力也以内在的规定性制约着他对当时普遍的或处于发展中的恰当关系

① 马克思恩格斯全集：第 18 卷[M].北京：人民出版社，1964：310.

的接受。因此,公平以及公平理想由于主客体两方面的限制,其实质也不过“始终只是现存经济关系的或者反映其保守方面、或者反映其革命方面的观念化的神圣化的表现”[①]。不同群体在生产发展的水平和现存生产关系的条件下,追求和完善的政治关系与政治生活,进行现实政治权力的分配、政治制度的设计。只是在多样的公平关系和公平理想中,只有那种反映先进生产方式的公平关系才逐步显现出其内在的恰当性,并推动生产和社会交往发展,而表现具有合法性与合理性的时代特征。公平所表达的就是人与人之间恰当关系的这种客观规定性、历史性。这也在另一层次上揭示了所谓“永恒公平”观念的谬误。

二、公正

如果说公平是对人在特定社会历史时期的客观关系的概括,那么它要取得这一时代的普遍有效性就需要将自己限定在人们可接受的范围内,并且内化为人们对相互间恰当关系的追求。公正就是将人们所认可的公平关系转化为一定时代和社会具有真理性和普遍性的规则和标准。

人们以符合社会生产发展的公平关系指导社会实践,从而获得真理性认识。但由于人们处于不同的社会发展阶段,身处不同的具体政治群体和环境之中,各自不同的需要、天赋、能力和个性等造成了公正标准也是多重的和多样的。亚里士多德说:“公正就是比例,不公正就是违反了比例,出现了多或少,这在各种活动中是经常碰到的。”[②]人们在公共实践和观念碰撞中,根据自身的主体需要、利益和价值进行相互协商和妥协,从而做出适当的选择。一切文明生活中,所共同拥有的则是外在化的法律标准和内在化的伦理标准。当然,这种内外划分只具有相对性的意义,两者共同实现了特定群体中的自觉和自由的社会交往。法律作为公正的外在象征,在任何社会群体中都是确认社会成员相互关系恰当性的基石。从本质上来说,“法律应该以社会为基础。法律应该是社会共同的、由一定物质生产方式所产生的利益和需要的表现,而不是单个的个人恣意横行”[③]。法律要求人们以权利和义务的对等性相互对待,它逐渐成为一种调整人们行为的规范和机制,并通过规定人们之间相互的权利和义务调节着人们的社会关系和政治关系,从而使关系的恰当性得到更广泛的维护。它确定了一套和平与公正地解决冲突的程序与原则,并使每一位成员自觉遵循一致的标准来处理共同事务。内在化的公正伦理标准则是人对自身的约束,以使公正成为人自觉且自

① 马克思恩格斯选集:第3卷[M].北京:人民出版社,1995:212.

② 亚里士多德.政治学[M].吴寿彭,译.北京:商务印书馆,1965:94.

③ 马克思恩格斯全集:第6卷[M].北京:人民出版社,1961:292.

愿的行为原则，并使其所蕴含的恰当性关系真正符合人自身的发展要求。社会的发展需要越来越公正的道德评价体系，并且不断内化为人们的交往准则。这样人们所追求的人与人之间的恰当关系才能转化为自觉的能动关系。一定社会和民族会形成特定的道德标准和风俗习惯，它们成为社会成员普遍的内心法则，制约着彼此的行为，朝更为尊重人格、个性的方向发展。

三、正义

公平和公正使社会历史中的人与人之间的关系客观化和主体化，但人们所追求的相互之间的恰当关系远非仅仅停留在这个层面上，它还融合了人们对这种既定关系本身的善与美的追求。因此，正义是人们对相互之间恰当关系的客观和主观的内在统一。

人们或者将正义的基础诉诸非历史原则的抽象概念如自然权利等，或者将其视为“在任何冲突下人们所诉诸的最高裁判官”[①]，而正义真正指向的则是把公平关系和公正标准凝结为交往关系的道义追求和人格要求。正义作为融合了主体和客体两方面的精神追求，表达了人希望能自由、自觉地支配自身关系这种最佳的恰当性。正义的现实基础正是特定的自我利益诉求和需要的满足。但正义的内容远非这些，并且人们借以判断正义的标准也不仅仅是单纯的利益考量。正义与自由、平等、权利、善、幸福、秩序等概念密切相连，作为一种价值理想的崇高性与神圣性关乎人的尊严和主体价值，正义也就成了一定社会制度的最高的善，是评判社会制度是否文明进步的最高价值尺度。

正义的实现是关涉所有人的，是所有人都可以接受的，不像公平和公正限于社会历史发展阶段，不一定关涉所有人。如果一个社会的发展只是使少数人受益，而多数人不能从发展中得到他们应得的东西，甚至生存都无法保障，那么这样的社会在人类社会发展史上或许是公平的、公正的社会，但绝不是正义的社会。人们对于不正义的社会和行为的谴责，其原因往往是它造成了对人的剥夺，而无法获得个性自由，人与人的关系也就异化为依附性关系或物化关系。正如罗尔斯所言，正义是作为社会制度的首要价值出现的，并且“减少一些人的所有以便其他人可以发展——这可能是策略的，但不是正义的”[②]。马克思曾直言，资本主义世界使人丧失了“人的自尊心，即对自由的要求”；专制制度下奴隶是其主人的附属品，两者都丧失了自由，公平和公正的恰当关系反而剥夺人的自由、

---

① 马克思恩格斯全集：第18卷[M]. 北京：人民出版社，1964：307.

② 罗尔斯. 正义论[M]. 何怀宏，何包钢，廖申白，译. 北京：中国社会科学出版社，1988：12.

轻视人自身。[①] 当然，这种非正义性以及人们对它的认识与克服，同样遵循社会历史发展的普遍规律以及人的自由本性不断完善的发展过程。可以看出，正义的精神价值内涵使其超越于现实的历史，成为特定社会中人们相互关系的最高要求，并且反过来成为评判一个时代是否文明进步的最高标尺。“正义的实现永远都只是历史的具体的，但是正义本身却不能完全还原为历史和具体，它总是具有对现实历史的超越性。”[②]或者说，正义并非现实地解决所有社会问题，因为“正义本身，按照这个词的最合乎人性、最广泛的意义来说，无非是所谓否定的和过渡性的思想；它提出各种社会问题，但是并不去周密地考虑它们，而只是指出一条解放人的唯一可行的途径，就是通过自由和平等使社会人道化；只有在日益合理的社会组织中才可能提供积极的解决办法。这是非常合乎期望的解决办法，是我们的共同理想……这是通过普遍团结所达到的每一个人的自由、道德、理性和福利——人类的博爱”[③]。

可见，正义在存在和本质、对象化和自我确证、自由和必然、个体和类之间的斗争的真正解决中，呈现于现实的人的交往关系之中，使人性的光辉普照在每一个人身上。

四、公平、公正、正义的内在统一

通过对公平、公正和正义的概念分析和界定，我们发现他们之间的区分是明显的，但同时三者有着内在关联。

首先，三者都是对人与人之间恰当关系的规定与评价。在某种程度上，公平、公正、正义是一个同质的概念，因为它们都内在地指向一定社会中人们的利益和权利分配以及人们对这种分配的正当性与合理性的期许，都是人们对真、善、美的追求，凝结着人们对自身关系进行自由支配的愿望。它们在每个社会的政治交往中都获得了具有时代特色的理念、价值和制度性的表达方式，为人们开展相互交往活动，建立彼此依存的交往关系提供恰当的空间。

其次，三者都有着共同的客观基础，这个基础就是一定社会的生产方式。虽然公平、公正和正义是人们对自身恰当关系在不同层次上的抽象规定与实践，但“哪怕是最抽象的范畴，虽然正是由于它们的抽象而适用于一切时代，但是就这个抽象的规定性本身来说，同样是历史关系的产物，而且只有对于这些关系并在

---

① 马克思恩格斯全集：第1卷[M].北京：人民出版社，1956：411-414.

② 胡真圣.两种正义观：马克思、罗尔斯正义思想比较论[M].北京：中国社会科学出版社，2004：18.

③ 马克思恩格斯全集：第18卷[M].北京：人民出版社，1964：508.

这些关系之内才具有充分的意义”①。恩格斯指出:“社会的公平或不公平,只能用一种科学来断定,那就是研究生产和交换的物质事实的科学——政治经济学。”②“人类始终只提出自己能够解决的任务。”③同样,一定社会所能实现的公正和正义也只能是在这个社会所能提供的生产和交往关系——即特定时代的公平关系——之中的公正和正义。公正在形式上以它不偏不倚的态度和“应得”的评判姿态获得普遍的承认,但就内容即观念化的标准来说,它始终摆脱不了现实生产方式所能提供的物质和精神基础。公正的判断出于人的理性能力,是一个关于“应得”的价值问题,但同时公正的原则和理想是基于特定历史时代的实践,是人们将公平观念运用于具体的生产活动和社会交往活动,以公平的视角衡量和评价人的一切交往关系。而在此基础上,“‘正义’‘人道’‘自由’等等可以一千次地提出这种或那种要求,但是,如果某种事情无法实现,那它实际上就不会发生,因此无论如何它只能是一种‘虚无飘缈的幻想’。”④因为正义的现实内容同样产生于客观的生产和交往关系,它“只要与生产方式相适应,相一致,就是正义的;只要与生产方式相矛盾,就是非正义的”。⑤ 因此,正义精神和价值的实现最终要依赖于由生产方式决定的公平关系,它需要现存生产力的发展与生产关系的变革以及由此导致的整个社会交往的发展水平的提升。

最后,三者共同构成人们对自身关系的真、善、美的追求,从而统一于社会历史发展的方向和人们的实践活动之中。一定历史时期的公平、公正和正义都体现出人的全面发展和自由解放的内在本质,并标志着它实现的程度。因此,从一定程度上来说,公平关系在现实社会的实现本身就是这一目的的现实化。而公平、公正和正义的实现并非一朝一夕可一蹴而就。“只有在现实的世界中并使用现实的手段才能实现真正的解放……‘解放’是一种历史活动,而不是思想活动,‘解放’是由历史的关系,是由工业状况、商业状况、农业状况、交往关系状况促成的……”⑥人们在对旧的社会形式进行批判和继承的过程中,寻求人与人之间恰当关系的最合理形式,通过实践活动使其在现实社会交往中不断展开,并越来越趋向于人类的正义理想,从而使人的自由个性和主体能力得到普遍提升。

总的说来,公平、公正和正义在人们对相互之间恰当关系的安排中成为共同追求的理想。公平的客观关系是根据生产力的发展在主体发展的角度上表现为

---

① 马克思恩格斯全集:第30卷[M].北京:人民出版社,1974:46.
② 马克思恩格斯全集:第19卷[M].北京:人民出版社,1963:273.
③ 马克思恩格斯全集:第2卷[M].北京:人民出版社,1995:33.
④ 马克思恩格斯全集:第6卷[M].北京:人民出版社,1961:325.
⑤ 马克思恩格斯全集:第25卷[M].北京:人民出版社,1974:379.
⑥ 马克思恩格斯全集:第42卷[M].北京:人民出版社,1979:368.

人的相互关系的三阶段跃进，即马克思所指出的人的依赖关系、以人的独立性为特征的全面关系和以自由个性为特征的个人全面发展关系。而公正则是将这种公平关系主观化和现实化为多元的标准，正义是以否定性的形式和超越性的内容表达着人与人交往关系中非私利性和类特性等恰当性的不断增长，以达到人的自由而全面的发展。

[本文选自《哲学研究》2014 年第 9 期]

[作者简介] 万斌，浙江大学马克思主义学院教授，博士生导师，系浙江大学马克思主义理论研究所第二任所长；曾兼任浙江省社科院院长、浙江省社科联副主席等职。赵恩国，浙江大学马克思主义学院 2012 级博士，现为中共上海市委党校马克思主义学院副教授。邮编：上海 徐汇 200233

从继承到建构:马克思以解放为轴心的哲学革命

刘同舫

伟大哲学思想的产生需要继承、发展前人的智慧,经过思想的沉淀和积累,铺设好自己的理论地基,从而在这一地基之上构建其宏伟的哲学大厦。马克思哲学思想的演进,同样不能摆脱这一规律和逻辑进程,也必然面临和经历从理论继承到突破创新再到革命建构的学术发展过程。关于马克思理论继承的判定,已是无可争议的事实。需要对这一问题进行更为深入探讨的是,马克思的理论继承与前人的关联度如何区分?其理论继承的内容主要包含哪些?作为一位伟大的思想家,马克思如何从所继承理论的框架之中实现超越,构建起自身的体系?

一、理论继承的多元性及其本质性扬弃

马克思一生酷爱读书,涉猎广泛,对政治、经济、文化等诸领域都有深入研究,其研究成果大部分都存留在读书笔记中。马克思的精深研究和广博知识积累为其理论发掘和思想探索奠定了坚实的基础,也为其宏大愿景的哲学构设埋下了种子。

从理论继承的角度看,马克思思想的理论源泉是多元化的。我们既可以在马克思的思想中找到古希腊罗马哲学的身影,也可以领略到马克思对中世纪哲学的延续与独到见解,而近代哲学更是马克思哲学理论的主要来源,即便近代哲学常常以被批判的姿态显现,但也足见其对马克思影响之至深。若将马克思比作一个思想“汇聚池”的话,那么他所继承的各种理论便是通往这一“汇聚池”的各条支流,而近代哲学中的德国古典哲学,在如此众多的支流当中则是最主要的一条。马克思早期思想中的意识哲学、人本主义、辩证法思想都主要源于德国古典哲学,而成熟时期的唯物史观则是其批判德国古典哲学思想体系的结晶。回到德国古典哲学解析马克思的思想,是“走进马克思”的必经之路。

德国古典哲学是西方哲学史上的关键环节,主要是指包括康德、费希特、谢

林、黑格尔和费尔巴哈[①]等哲学家在内的哲学流派。该流派对古希腊哲学、中世纪哲学、17世纪的形而上学和启蒙哲学等开展了扬弃性的概括归纳,撷取其中的思想精华,并在此基础上创造性地构筑了内容充实、逻辑严密且哲学运思深刻的思想体系。时至今日,学界依然对德国古典哲学的研究保持着相当的热情,这一方面是由于德国古典哲学本身具有的理论深度值得学界予以重视和深入研究,尤其是结合时代发展将其应用于现实指导,更是大势所趋;另一方面还缘于马克思在很大程度上批判性地继承了德国古典哲学的思想,要精确地研究马克思哲学需要借助于德国古典哲学的力量。从哲学史发展的角度看,马克思与在哲学史中处于关键位置的德国古典哲学无疑是一种既批判又继承的关系。

首先,从哲学本质精神上看,马克思扬弃了德国古典哲学的批判精神和革命精神。

关于批判精神。哲学是时代发展的产物,始终带有时代遗留的痕迹。德国古典哲学作为资产阶级的哲学思想,自然也带有批判现实、针砭时弊的精神内蕴,直接冲击封建专制以及宗教统治。这里的"批判"并非对现实社会的直接批判,而是厘定、反思的意思,主要运用于划清界限、勘定领域。康德的批判哲学正是通过厘定"理性"的"界限"、勘定"理性"的领域,奠定了"理性"的合法权力,并以此令哲学摆脱神学的统治,甚至解构宗教,从而成熟地运用自己的理性,实现人自身的启蒙。这种"厘定、反思"自康德哲学问世以来便得到不断蔓延和散布,拓展和深入到更多的领域,浓缩、沉淀为深潜于哲学内核之中的批判精神。德国古典哲学的这种批判精神,对马克思思想的形成影响巨大。在德国古典哲学那里,运用批判精神主要是将"理性—精神"的运动过程恰当地呈现出来,而马克思重点则是将物质现实的运动以批判的精神适当地叙述出来,如马克思所说:"研究必须充分地占有材料,分析它的各种发展形式,探寻这些形式的内在联系。只有这项工作完成以后,现实的运动才能适当地叙述出来。这点一旦做到,材料的生命一旦在观念上反映出来,呈现在我们面前的就好像是一个先验的结构了。"[②]马克思对物质现实世界和人类社会发展的研究,延续和拓展了源自德国古典哲学开创的"厘定、反思"的批判精神。

---

① 学界对费尔巴哈是否属于德国古典哲学代表之一存在一定争议,有学者认为青年时期的费尔巴哈,作为青年黑格尔主义者,在哲学史上可以作为黑格尔哲学的附庸而归入德国古典哲学的范围之内,而成熟时期的费尔巴哈哲学,由于其已经形成了自己的独立思想,因此不属于德国古典哲学的范畴。(参见俞吾金,等.德国古典哲学[M].北京:人民出版社,2009:5.)但笔者认为,从费尔巴哈思想对德国古典哲学的延续性来看,还是应该将其纳入德国古典哲学的行列,并在此以整体的德国古典哲学来考察马克思和德国古典哲学思想的渊源。

② 马克思.资本论:第1卷[M].北京:人民出版社,2004:21-22.

关于革命精神。德国古典哲学的革命精神并不体现为一种现实革命运动，而显现为一种哲学革命，这与德国资产阶级的发展状况相一致，它不可能像法国一样进行政治革命。德国古典哲学革命主要针对的对象是旧形而上学体系，并希望通过革命将哲学研究的重心转向人与科学。这种敢于对权威发出质疑、善于改变旧体系的革命精神在马克思的思想中得到延续，且作为其思想的重要内容之一被批判性继承。马克思直至撰写《资本论》时期还公开承认其是黑格尔这位大思想家的学生，并指出黑格尔的辩证法在其合理性形态上，“引起资产阶级及其空论主义的代言人的恼怒和恐怖，因为辩证法在对现存事物的肯定的理解中同时包含对现存事物的否定的理解，即对现存事物的必然灭亡的理解”，并且“辩证法不崇拜任何东西，按其本质来说，它是批判的和革命的”①。在马克思看来，革命不仅是一种哲学革命——对旧形而上学思想的反思，而且更是一种无产阶级主导的现实运动，即无产阶级革命。马克思将革命视为人类通往共产主义的唯一方式，认为共产主义唯有以革命的方式才能最终抵达。

其次，从哲学思想内容上看，马克思哲学与德国古典哲学有着广泛的连接点和难以割断的“网结”。

马克思对德国古典哲学思想的继承体现在其整个哲学的发展历程中。早在大学时期，马克思已对德国古典哲学的众多学者有深入研究。麦克莱伦指出：“马克思经历了从康德、费希特、谢林到黑格尔这一与德国古典哲学本身同样的发展历程。”②在投入“青年黑格尔派”时期，马克思着重强调自由、理性与革命，与赫斯、鲍威尔等人一起批判黑格尔体系，认为当时德国所需要的是康德和费希特的理想主义。而在研习了国民经济学，并经历对黑格尔法哲学的批判之后，即从《1844年经济学哲学手稿》开始，马克思逐渐摒弃青年黑格尔派的“德意志意识形态”，转而注重从市民社会中现实的人及其形成的社会关系出发研究问题。通过这一历史过程，马克思转向黑格尔的法权思想。虽然马克思一直批判黑格尔的神秘主义倾向，但不容忽视的是，正是从对黑格尔法权体系的学习与批判中，马克思重构了市民社会与政治国家的关系，厘清了“物质生活关系”的本源性意义。而之后马克思的思想历程更是体现出其对德国古典哲学思想的批判与继承，康德的实践理性思想、黑格尔的辩证法思想、费尔巴哈的人本主义与唯物主义思想等都是马克思哲学与德国古典哲学的连接点。马克思哲学思想的演进，反映了其对德国古典哲学思想内容批判继承的深度与广度，透视出德国古典哲学在马克思哲学思想的理论来源中所占据的重要位置，马克思的哲学思想与德

① 马克思.资本论:第1卷[M].北京:人民出版社,2004:22.

② 戴维·麦克莱伦.卡尔·马克思传[M].王珍,译.北京:中国人民大学出版社,2005:23.

国古典哲学有着难以割断的“网结”。

马克思对德国古典哲学的理论继承，绝非全盘照搬式的“拿来主义”，而是融入了马克思自身的思辨加工以及对社会现实的深入勘探，是一种批判性继承和本质性扬弃。马克思与德国古典哲学的关联是绝对的，而德国古典哲学多元的思想在哪些方面对马克思具有相对更强的理论引导力和影响力，这一问题值得我们深究。

二、“以康解马”与“以黑解马”的追问①

从历史顺承层面看，探究康德、黑格尔再到马克思的思想进路，是一个合乎思想发展规律的纵向脉络分析思路，它有利于呈现哲学史的顺利衔接与完整构建。从“回到康德”还是“回到黑格尔”来解读马克思，其意义已不是停留于哲学史层面的构建问题，而在于理清马克思与前两者的关系。基于思想的关联性，以“回到马克思”来考察马克思哲学思想，能够使我们回归到马克思思维的本真意图，有利于破除人们原先的思维定势和固定教条，为现实困境的开解指明出路。

学术界长期存在着一种倾向，即认为黑格尔思想是马克思哲学思想的主要来源之一，而康德作为德国古典哲学的创始人，对马克思的影响相对薄弱，诸多学者为这一观点立据。导致这种倾向流行的缘由，笔者认为主要包含以下两个方面：第一，黑格尔作为德国古典哲学的集大成者，其哲学体系广博而深邃，受此影响，马克思曾多次拜读、吸纳、借鉴了黑格尔的诸多观点和哲学概念，这在马克思的文本中可以找到大量证据。在马克思整个人生和思想中，黑格尔哲学几乎都伴随左右、时隐时现，虽然在不同阶段他对黑格尔思想也会有褒贬不一的评判，但无论如何从中都能显现出一个问题：黑格尔对马克思确实影响至深。第二，在中国的话语体系中，我们往往将德国古典哲学视为一个连贯的、必然的、合乎逻辑的历史进程，从康德，经费希特、谢林到黑格尔，存在一个在思想上前后相继、步步推进、具有内在发展规律的独立思想逻辑，其中前者被后者扬弃并包含于后者之中，使之呈现出一个从低向高、螺旋式上升的“合乎目的”的进程，按照这一思路，黑格尔自然就成为比康德等人更为重要的学术大家。②

---

① 本部分内容虽然主要从康德、黑格尔与马克思之间的“对话”来阐述马克思对前两者的思想扬弃，或者说主要通过考察“回到康德”还是“回到黑格尔”来解读马克思，但笔者并不否认德国古典哲学中其他几位代表人物，尤其是费尔巴哈对马克思哲学思想的影响。近年来，学界对“以康解马”还是“以黑解马”的相关问题进行了讨论，甚至有刊物以笔谈的形式开辟专栏做了系统探讨，如《哲学动态》在 2013 年第 1 期和 2013 年第 6 期等分别就此问题刊登了相关文章。

② 关于“德国古典哲学是一个合乎逻辑的必然进程”的观点，参见贺来．重思马克思哲学与德国古典哲学关系的真实意义[J]．哲学动态，2013(6)．

然而,“以黑解马”的思维惯性同样会面临追问甚至遭到质疑。“以黑解马”思维惯性的形成可能使我们相对忽视对这一路径本身的前提性反思,即忽视对“以黑解马”解释的限度及其有效性的追问。“以黑解马”理论自信的确立,必须建立在与“他者”的比较优势中。对中国学界而言,“以康解马”的研究路径就是与“以黑解马”相异质的“他者”。

究竟是“回到康德”还是“回到黑格尔”来解读马克思,成为马克思哲学演进史研究的重要争论点。

笔者认为,既要“回到康德”,也要“回到黑格尔”来解读马克思,否则会失之偏颇。马克思的哲学思想与康德、黑格尔在本体论、认识论、方法论等多方面“相遇”,并展开了深度“对话”。

首先,在本体论方面的对话。从本体论上看,马克思哲学与康德哲学的关系主要集中在其与中心概念——实践的关联上。在实践的运用上,马克思受惠于康德。关于马克思本体论的性质问题,学界有不同的争论,主要有三种观点:马克思哲学本体论就是物质本体论,“世界的真正的统一性在于它的物质性”①;马克思哲学本体论是实践本体论,其依据是马克思在《德意志意识形态》中的论述:“这种历史观和唯心主义历史观不同,它不是在每个时代中寻找某种范畴,而是始终站在现实历史的基础上,不是从观念出发来解释实践,而是从物质实践出发来解释各种观念形态”②,实践作为马克思思想的核心概念,是其考察社会、人、自然等所有观念形态的出发点,具有本体性意蕴;马克思哲学本体论是社会存在本体论,他将人作为社会的存在物,当其考察人的本体性问题时,就是考察社会存在。笔者倾向于马克思哲学本体论是实践本体论的观点。实践概念不仅适用于马克思的认识论范畴,同样适用于其本体论范畴。马克思思想的核心部分即是实践哲学,它是与解释世界相对应的改造世界的哲学体系,缺乏实践的哲学不能称其为马克思哲学。在马克思看来,人的所有认知和对世界的改造都建立在实践基础之上,实践作为所有事物的始发性来源,融合了初创性、人的理性思维等本体论特质。

而在追溯马克思实践本体论的由来时,康德的实践理性自然进入了我们的考察视野。康德将理性区分为两种:理论理性与实践理性。理论理性将研究对象确认为现象界的感觉经验,主要涉及自然必然性,实践理性则以自由为主要聚焦点,将研究对象确认为本体界的道德行为。康德的实践理性将本来归属于非理性的意志演变为理性,使意志遵从于善良意志而活动,并从始至终服从理性的

---

① 马克思恩格斯文集:第9卷[M].北京:人民出版社,2009:47.

② 马克思恩格斯文集:第1卷[M].北京:人民出版社,2009:544.

绝对命令。在康德那里,“理论理性”需要受制于感性的物质材料,“实践理性”则不由感性材料来支配,而是对感性世界的一种“摆脱”,成为一种否定的力量,一种对“世界本不该如此”的声明,从而将“行动”“改变”的意蕴植根于自身。只是在康德的体系中,实践的主体是理性,而马克思从康德的实践理性中剥离出“实践”概念,并赋予了实践唯物主义思想新内涵,将实践的主体变成现实的人,由此使实践在马克思解放哲学中成为始源性的本体论存在。

其次,在认识论方面的对话。认识论问题是康德所表述的“我能够知道什么”的问题。康德和黑格尔在各自的哲学领地进行了迥异的阐述,康德的认识论归结为先天综合判断,它强调认识的拓展性、普遍性和必然性特征;黑格尔的认识论可以称之为精神认识论,它通过“实体就是主体”的原则,希望主客体达成和解与同一。马克思在既承继了康德认识论的特征,又肯定了黑格尔对于主客体同一性的论述的基础上,同时超越了康德与黑格尔,提出通过实践活动的方式获得认识,主张实践才是人类认识的来源和获取方式。

康德提出“先天综合判断何以可能”的意义超越了唯理论和经验论。当然,在康德看来,“先天综合判断何以可能”本身并不构成“问题”,因为先天综合判断自身的存在“无可争辩”和“无可置疑”,逻辑和数学的成功本身就证明了这种存在。康德借用了“哥白尼式的革命”的思想,将“人为自然立法”引渡到认识论的范畴之中,认为对客观事物的认识其实就是使其适合于人们的理性,即将认识的主体确定为人自身,而非客观事物。当然,从康德物自体概念来看,康德的认识论具有其限制性,物自体作为认识的彼岸是无法企及的。

黑格尔反对康德在认识问题上的二元论,即认识主体与认识对象(物自体)两者之间无法达成真正的和解,主张主客体相同一的一元论。而作为客观唯心主义的哲学家,黑格尔将这种一元论的认识论诉诸精神领域,亦即绝对精神。在康德的理念中,“理论理性”只能把握“现象”,一旦超出现象,就会出现“二律背反”,受制于感性世界的“理论理性”不断有矛盾出现。黑格尔则通过将“理论理性”转换为一种运动与过程以解决矛盾。理性作为能动的主体,其克服内在矛盾、深入认识自己的过程就是作为绝对精神实体的实现过程。绝对精神在黑格尔那里是一个无限的、完全自由的、神圣的存在,它是主观精神与客观精神的统一体。主观精神代表着自在,客观精神代表着自为,而作为主客观精神统一体的绝对精神是自为的最高形式,它代表自由的精神实体,“精神是自为存在着的、以自己本身为对象的实现了的概念”①。黑格尔对认识论的探讨并没有脱离德国古典哲学的轴心问题——自由。

① 黑格尔.精神哲学[M].杨祖陶,译.北京:人民出版社,2006:20.

与康德和黑格尔从理性层面阐述各自的认识论不同，马克思秉持的是实践认识论。在马克思看来，实践活动是人认识感性存在、获得对事物规律、本质、方法等认识的前提和基础，是检验认识真理性的标准；唯物史观是以实践为起点对社会发展进行诠释，并非从纯粹的思辨出发来阐发社会历史；实践不仅是人的各种观念形态的起始点和来源，还是解决认识矛盾等问题的关键，“理论的对立本身的解决，只有通过实践方式，只有借助于人的实践力量，才是可能的”[①]。在马克思哲学中，实践概念不仅被赋予了本体论的意蕴，同时也兼具认识论的内涵。作为认识论的实践，不仅是认识对象形成的基础，也是作为对象进行认识活动的基础。康德、黑格尔的认识论始终难以摆脱形而上学的怪圈，其根本局限在于从理性角度阐述其“认识”。马克思跳出这一局限，将认识的来源、方法以及检验标准等都归于实践，确立了实践认识论。马克思实践认识论所认可的是可知论观点，即认为主客体之间具有统一性。马克思的实践认识论采纳了黑格尔对康德不可知论批判的策略，认为客体的客观存在本质决定了其对主体认识的决定性作用，而主体通过实践不仅可以达到对客体的认识，而且还能够对客体产生能动作用，能够检验认识的正确与否、指导认识活动的开展。

最后，在方法论方面的对话。马克思哲学中的唯物辩证法与黑格尔的辩证法思想具有密切的关系。与黑格尔的辩证法方法论相比，康德的方法论对于马克思哲学的影响相对较小。

康德的方法论以先验性为基础，他十分注重方法的构建，并将方法论与其哲学中的先验概念相融合。对康德而言，先验的知识并非是有关对象的认识与知识，而是关乎对对象的认识方式的知识。对象的认识方式即方法论与先验的结合，构筑成康德的先验方法论。从康德先验方法论的演绎过程看，其先验方法论是在传统形而上学还未走上正确途径，仍处于盲目摸索之中而亟需变革的前提下诞生的，经过“哥白尼式的革命”，康德彻底转变了传统形而上学的思维方式，认为对于对象物的认识不过是我们早就已经放进去的东西而已[②]，这既是康德的“先验逻辑”，也是康德的方法论逻辑。[③] 康德的先验方法论，由于强调方法的先验性，其本质难以超然于唯心主义，与马克思哲学倡导的唯物辩证法在方向上存在偏差。

黑格尔的方法论即辩证法，也就是素来被称为黑格尔哲学思想“合理的内

① 马克思恩格斯文集：第1卷[M]. 北京：人民出版社，2009：192.

② 康德. 纯粹理性批判[M]. 邓晓芒，译. 北京：人民出版社，2004(第二版序)：16.

③ 关于“康德先验方法论的发展和构建历程”的观点，参见陈嘉明. 建构与范导——康德哲学的方法论[M]. 北京：社会科学文献出版社，1992：6-13.

核”的部分。黑格尔在阐述概念的逻辑体系时,特意将其与传统的形式逻辑相区别,他鄙夷只讲形式、不顾及内容的逻辑范式,主张囊括思想内容本身的逻辑,即辩证法。然而,不论黑格尔如何界定和运用辩证法,其辩证法仍只是极富神秘性和抽象性,主张思维把握存在的逻辑方式,这显然与马克思的立场相背离。“我的辩证方法,从根本上来说,不仅和黑格尔的辩证方法不同,而且和它截然相反。在黑格尔看来,思维过程,即甚至被他在观念这一名称下转化为独立主体的思维过程,是现实事物的创造主,而现实事物只是思维过程的外部表现。我的看法则相反,观念的东西不外是移入人的头脑并在人的头脑中改造过的物质的东西而已。”[①]马克思批判黑格尔辩证法的神秘形式,强调辩证法在合理形态上所发挥的方法论作用,突显出辩证法在对现存事物进行肯定的同时又对其给予否定理解。马克思的辩证法是对黑格尔辩证法的完美颠倒,但又保留了其“神秘外壳中的合理内核”。马克思在方法论的承继上更偏向于黑格尔,他主要是对黑格尔辩证法的批判性继承和发展,而并非是对康德先验方法论的扬弃。

马克思哲学的本体论、认识论和方法论遗传有德国古典哲学的“基因”。回到德国古典哲学来解析马克思哲学是通往马克思本真思想的重要捷径。虽然对于“以康解马”还是“以黑解马”,学界始终存有争议,但不可否认,马克思在对人类命运进行深度探索、阐述其人类解放理论的过程中,始终保留着康德、黑格尔等德国古典哲学家所内蕴的“自由”精神,并希望以“解放”为轴心构建起充满自由的共产主义社会。这可谓对德国古典哲学的核心继承。

三、以“解放”为轴心的理论建构

德国古典哲学不论在哲学精神还是思想内容上都给予了马克思绝对的影响,尤其是康德、黑格尔、费尔巴哈等人更是赋予了马克思无限灵感。缺少德国古典哲学影响的马克思,不可能成为完整的马克思。但是,马克思对德国古典哲学的继承绝非是思想的照搬,而是一种批判式的继承。马克思之所以是马克思,就在于他在思想继承的同时又进行着消化吸收,创造出属于自己的思想体系。这种创造不是部分的创造,而是由其轴心始发和拓展至整个哲学体系的创造,这一轴心就是“解放”。“如果说德国古典哲学的轴心问题是‘自由’的话,那么马克思哲学的轴心问题则是‘解放’,实现全人类的解放是马克思进行哲学思考的根本旨趣。”[②]在围绕“解放”轴心问题的探索中,普罗米修斯精神的灵光一直都在马克思的思想深处闪烁。马克思首先是一个革命家,他围绕“解放”轴心问题建

---

① 马克思恩格斯文集:第5卷[M].北京:人民出版社,2009:22.

② 本刊记者.交融与交锋:关于马克思与德国古典哲学的对话[J].哲学动态,2013(1).

构的绝非是抽象的、与无产阶级革命相分割的哲学体系，而是能够实现的、具有现实性的革命体系。思辨性的哲学之于马克思，不过是一个解释世界的工具，马克思力图摒弃哲学单一、纯粹的价值。他真正关注和重视的是改造世界，改变无产阶级贫困命运，建构共产主义美好社会。

在建构人的自由而全面发展的共产主义社会时，马克思始终围绕“解放”这一轴心问题与主题而展开：他的整个思想体系是在“解放”轴心问题的牵引和关联上建立起来的，并扩展为政治解放、经济解放和文化解放三个维度，马克思哲学的实质就是解放哲学。

首先，从政治层面看，对宗教的摒弃与分化、对国家的批判与审视，从而构建消灭宗教、消灭国家、消灭阶级的理想社会与共同体，是马克思对共产主义社会的精准设计，其目的是在政治上为人类解放的实现提供基本性前提。为了实现人类解放的伟大使命，政治解放是其必须首先解决的问题。马克思认为政治解放的任务就在于使国家摆脱宗教的捆缚，实现宗教与政治的分离。但只有政治解放是不彻底的，这种不彻底性表现在：第一，宗教没有消失，即马克思认为的，在政治解放结束后，宗教只不过是不再与政治相互捆绑，但这并不代表宗教的消亡，它依旧存在，并且充满生机，饱含活力。因此，政治解放就是使国家摆脱基督教等一切宗教而实现解放，国家不再维护任何宗教，而去维护国家本身，达到消解宗教异化的目的。但是政治解放只是将国家从宗教中解放出来，并没有将市民社会中的人从宗教中解放出来，还“必须彻底地批判宗教，消除上帝对人的奴役，以恢复和确证人的本质力量和主体地位”①。第二，国家作为阶级统治工具的性质始终没有改变，国家依然与阶级紧密相连，成为统治阶级利益的维护者和守护者。政治解放之后，国家不再是神权政治的统治场所，但这并不意味着国家不再是统治的机器，市民社会的不平等与阶级对立仍然要通过政治国家表现出来。虽然政治解放并非彻底的解放，但却完整地体现着马克思围绕“解放”这一轴心问题所展开的理论探讨和摸索，为其后期构设真正的共同体奠定了基础。

其次，从经济层面看，马克思围绕生产力与生产关系这一社会形态变迁和发展的主线，探究使两者互相配合、共同发展的理想境界。经济层面的解放是保证人类解放的必然要求与必要准备。马克思深刻剖析资本主义私有制对生产力发展的阻碍作用，揭露资本主义内在矛盾与丑陋本质，力图消除资本主义生产关系的障碍，实现社会生产力的巨大增长，在经济上为人类解放的实现准备物质基础。在马克思看来，资本主义体制下生产资料被资本家集团的“私人资本”组织起来，而作为劳动者的无产阶级却处于分散的状态，与生产资料处于隔离的境

---

① 郭艳君. 青年马克思批判哲学的双重逻辑及其理论意义[J]. 哲学研究，2011(8).

遇,从而出现"资本"支配"劳动"、资本家集团支配无产阶级的剥削现象。在这一阶段中,私有制的生产关系完全不能满足生产力的社会化发展要求,因此,为了实现人类的经济解放,马克思将批判的视野放大到对整个资本主义体制的批判与诘问,并提出"全世界无产者联合起来",以求通过社会革命颠覆资本主义经济体制,实现"联合起来的劳动"支配被资本组织起来的生产资料,从而实现社会化大生产的进步,以此为人类解放的完成奠定物质基础。

最后,从文化层面看,马克思痛恶资本主义社会商品拜物教等种种异化现象对人们文化、思想的束缚,他渴求破除旧观念、旧思想的捆绑,将话语权归还给无产阶级,主张建立属于无产阶级自身的主体意识,并充分发挥和施展主体意识的能动性与创造性,实现文化层面的解放,使人类解放展现其具有的智识策略。在资本主义社会,文化服从于资本逻辑。资本在整个人的世界和自然世界中占据着主动和控制地位,精神文化的发展出现单一化、畸形化的趋势,文化不再遵循自身的发展规律,而是受到异化世界的掌控和操纵,自由的、独立的文化氛围已经被破坏。无产阶级作为被统治、被剥削的阶级,经济上的劣势地位,决定了其在文化话语权上的缺失。而构筑共产主义社会,不可能仅仅是物质意义上的充裕,也体现为文化上的自由与解放。因此,马克思主张建立属于无产阶级自身的主体意识和自主观念,让它们获得张扬的足够空间,使文化迸发出其应有的活力与生命力,展现共产主义社会、人类解放的丰富、多样的文化繁荣景象。文化层面的追求和解放,无不渗透着马克思的"解放"情结。

梳理马克思一生的著作文本和思想理路可知,"解放"一直是其从始至终都不曾懈怠的轴心问题,其所有思想的展开都是以"解放"为原点进行的,不论是探讨劳动的异化,还是深究资本主义社会的内在矛盾,抑或是挖掘无产阶级遭受剥削的实质以及积极参与无产阶级的革命实践活动,"解放"问题始终没有从马克思的思想中隐退和剥离。马克思的整个思想体系,正是在"解放"轴心问题的牵引和关联上构建起来的,马克思的人类解放思想可系统化上升为一种革命的哲学——解放哲学。

[本文选自《江海学刊》2016 年第 3 期]

[作者简介] 刘同舫,法学博士,浙江大学马克思主义学院院长,教授,博士生导师,浙江大学马克思主义理论研究所现任所长。兼有教育部"长江学者"特聘教授、国家"万人计划"哲学社会科学领军人才、教育部高校思想政治理论课教学指导委员会委员等职务。邮编:浙江 杭州 310058

中国扶贫政策模式变迁及其演化逻辑

陈宝胜　石淑花

新中国成立后，特别是改革开放以来，我国在扶贫领域取得了巨大成就，迅速使全国贫困人口从1985年的12500万人下降到2016年的4335万人。根据联合国2015年《千年发展目标报告》，中国对全球减贫的贡献率超过70%。在扶贫实践领域取得巨大成就的同时，国内扶贫相关理论研究也发展迅速，学者们就扶贫的意义、经验、途径、存在的问题与对策等进行了深入探讨。但现有研究主要关注特定时期或特定扶贫政策的内容及其执行效果，对中国扶贫政策模式变迁关注不够①，仅有少量研究尝试对中国扶贫政策模式作出阶段划分，但未能阐明中国扶贫政策模式变迁的内在逻辑。鉴于此，本研究构建“思想—政策—绩效”分析框架，对中国扶贫政策的思想理念、政策路径和扶贫绩效进行系统分析和比较研究，借以阐明中国扶贫政策的模式变迁和演化逻辑。

一、文献综述和研究框架

关于中国扶贫政策模式及其历史演进的理论研究主要有三个进路：

一是以特定时间节点为标准考察中国扶贫政策模式的阶段演化情况。如张琦、冯丹萌将中国扶贫政策分为1978—1985年的农村制度性变革的减贫效应集中释放、1986—1994年的全面改革冲击下确立贫困县减贫新模式、1995—2000年的非均衡新格局下的专项扶贫政策创新、2001—2010年的轮动到联动推进下的整村推进扶贫开发新模式以及2011年至今的连片开发新举措与精准扶贫方略的融合推进几个阶段。② 而黄承伟、刘欣则根据新中国历任领导人的任期情况，对中国扶贫思想体系和政策模式演进过程作了阶段性解读。③ 这种以时间为节点的扶贫政策模式分析方法，虽然能够直观呈现扶贫模式变迁的历时性特征，但难以揭示扶贫政策模式变迁的内在原因。

二是从消除贫困的方式和政策机制为视角考察中国扶贫政策模式的变化情

① 张琦，冯丹萌. 我国减贫实践探索及其理论创新：1978—2016年[J]. 改革，2016(4)：27-42.

② 张琦，冯丹萌. 我国减贫实践探索及其理论创新：1978—2016年[J]. 改革，2016(4)：27-42.

③ 黄承伟，刘欣. 新中国扶贫思想的形成与发展[J]. 国家行政学院学报，2016(3)：63-68.

况。如华正学根据反贫困的方式将新中国扶贫分为四个阶段:1949—1978 年的以社会救济式扶贫为主的阶段、1978—1984 年的以体制改革推动扶贫为主的阶段、1984—1994 年的以开发式扶贫为主的阶段、1994 年至今的以攻坚式扶贫为主的阶段。[①] 赵强社认为,中国扶贫经历了以消缓社会绝对贫困为目的的救济式扶贫(1949—1985 年)、以解决温饱为目的的开发式扶贫(1986—2010 年)、以实现"两不愁,三保障"为目的的开发式扶贫(2011—2020 年)和新时期扶贫四个阶段。谭贤楚认为,中国农村扶贫政策经历了"输血""造血"和"输血与造血协同互动"三种模式的演进与变迁。[②] 高炎琼、唐忠义则认为,我国扶贫政策经历了输血式扶贫、开发式扶贫和消除贫困三个阶段。[③] 以消除贫困的方式为标准对中国扶贫模式作出划分,在很大程度上从多个角度揭示了中国扶贫模式的阶段性特征,但未能有效说明消除贫困的方式发生变化的深层次原因。

三是以扶贫政策目标区域为视角考察中国扶贫政策模式变迁。申秋认为,中国扶贫经历了瞄准农村集中贫困地区的体制改革下的救济式扶贫(1978—1985 年)、瞄准贫困县的开发式扶贫制度化和八七扶贫攻坚(1986—2020 年)、瞄准贫困村的"大扶贫"格局的形成和发展(2001—2013 年)、瞄准贫困户的脱贫攻坚和精准扶贫(2014 年)四个阶段。[④] 以政策目标区域为标准对中国扶贫模式的历史阶段作出划分,从直观上说明了中国扶贫政策模式面向的区域范围的变化,却没能说明扶贫政策模式的区域范围目标发生变化的原因和本质。

现有扶贫政策模式变迁研究主要关注了扶贫政策模式变迁的阶段性及其特征,它为进一步开展扶贫政策模式变迁的理论研究奠定了基础,但整体而言存在以下不足:一是现有研究中关于中国扶贫政策变迁的划分标准众多且相对随意,因而导致不同研究进路对中国扶贫政策变迁的阶段划分与模式界定整体差异不大却又难以达成一致,重复成果较多;二是现有研究基本都是以单一直观标准对中国扶贫政策模式的阶段变迁作出简单划分,缺少综合标准的全面解读,因而导致对中国扶贫政策模式变迁的界定与认识不够深入;三是现有研究对 1978 年之前的扶贫情况关注较少,部分研究对扶贫阶段划分未与现时代接轨,未能完整呈现中国扶贫政策模式变迁的历史图景;四是缺少不同历史阶段中国扶贫政策模式变迁的系统性比较研究,未能有效揭示中国扶贫政策模式演进的内在逻辑与发展规律。

---

① 华正学.新中国 60 年反贫困战略的演进及创新选择[J].农业经济,2010(7).

② 谭贤楚."输血"与"造血"的协同[J].甘肃社会科学,2011(3).

③ 高炎琼,唐忠义.我国扶贫政策的演变及前瞻[J].理论界,2006(5).

④ 申秋.中国农村扶贫政策的历史演变和扶贫实践研究反思[J].江西财经大学学报,2017(1).

政策变迁理论认为,政策变迁的核心是“新”理念的萌生、扩散和稳定化的过程。倡导联盟理论认为,社会经济条件变化、民意与公众舆论转变、执政者更迭、其他子系统的影响、政策效果反馈以及不同联盟之间的互动等,都是导致政策变迁的动力因素。多源流理论认为,政策变迁的动力因素主要在于问题凸显、政治形势的变化和政策方案完善的需要。间断均衡理论则认为,导致政策变迁的主要动因在于外部环境的变化和外部关注度的提高。以上表明,导致政策变迁的因素众多,因此,以单一标准为视角显然难以有效解读中国扶贫政策模式变迁的内在规律与演化逻辑。

杨藤原利用思想模型来解释政策变迁,他认为:“思想模型的构成要素包括理念、话语和预期行动,其作用机制表现为通过理念建构、话语表达并形成预期行动来描述政策问题的原型,这种描述的外化形态即为政策文本。政策变迁跟随思想模型对政策问题原型的映像结构和内容结构的变化而发生。”①在马克思主义意识形态占主导地位的中国,思想理念毫无疑问是影响政策变迁的重要变量,它决定了解决特定问题的政策目标、政策内容和政策行动,进而影响政策执行的实际效果。扶贫是一个具有浓厚意识形态色彩的实践领域,邓小平提出“社会主义就是要消灭贫困”。② 可见,马克思主义者是从意识形态和国家制度先进性的高度来对待扶贫工作的。考察扶贫政策模式变迁的规律和演化逻辑首先应该考察扶贫政策模式背后的思想理念,进而考察这一思想理念指导下的实际政策路径与政策绩效。由此,本研究构建扶贫政策分析的“思想理念—政策路径—扶贫绩效”型理论框架,对中国扶贫政策的思想理念、政策路径、扶贫绩效开展系统分析和比较研究,从而考察中国扶贫政策模式变迁的内在规律和演化逻辑。

二、中国扶贫政策模式的历史变迁

运用扶贫政策分析的“思想理念—政策路径—扶贫绩效”型理论框架,考察中国扶贫政策的思想理念、政策路径和政策绩效,可以发现中国扶贫政策经历了从制度整体扶贫模式、到区域开发扶贫模式、再到精准扶贫模式三种主导性模式变迁,不同扶贫政策模式在其主导性思想理念、政策路径和政策绩效方面既存在一定差别、各有侧重点,又存在一脉相承的逻辑关系。

(一)制度整体扶贫模式

新中国成立后,国家政治、经济、社会百废待兴,全国各地普遍贫困。在此背景下,毛泽东等第一代领导集体,尤其是毛泽东通过对中国社会和农民生活状况

① 杨藤原.思想模型:解释政策变迁的一种思路[J].贵州社会科学,2015(7).

② 邓小平文选:第3卷[M].北京:人民出版社,1993:216.

的调查，结合我国具体国情，指出贫困的根源："主要是由已经被推翻的半殖民地半封建社会的制度造成的。"因此，"社会主义是中国的唯一出路"[①]。由此，他认为解决中国贫穷落后面貌的根本在于建立社会主义制度，希望通过社会主义制度建设在全国范围内消除贫困。这种通过制度建设以期整体消除贫困的扶贫模式可以称作制度整体扶贫模式。

1. 制度整体扶贫模式的思想理念

制度整体扶贫模式的思想理念包括：(1)社会主义制度是消除贫困的唯一出路。毛泽东认为，变革社会制度是消除贫困的根本方法，希望通过社会主义制度建设解放和发展生产力，达到壮大国民经济、提高国民生活水平、消除贫困的目的。毛泽东认为，旧的社会制度是导致中国贫困的根源。他在1949年政治协商会议第一届全体会议上提出："中央政府将带领全国人民进行大规模的经济建设和文化建设，扫除旧中国所留下来的贫困和愚昧。"[②]他还说："为了摆脱贫困，改善生活，为了抵御灾荒，只有联合起来向社会主义大道前进。"[③](2)消除贫困的关键在于农村扶贫。毛泽东指出："中国的贫农，连同雇农在内，约占农村人口百分之七十""农民在全国总人口中大约占百分之八十，是现时中国国民经济的主要力量"，[④]因而把消除农村贫困作为反贫困工作的重点。(3)改革开放是解决中国问题的必由之路。新中国成立后的社会主义制度建设取得了切实成效，但由于种种原因，社会主义制度建设最终走向了误区，出现了诸多不符合中国国情、阻滞生产力发展的因素，基于此，邓小平指出："如果现在再不实行改革，我们的现代化事业和社会主义事业就会被葬送。……不开放不改革没有出路，国家现代化建设没有希望。"[⑤]制度整体扶贫的思想，有着深刻的马克思主义思想渊源。马克思通过对资本主义生产方式和生产关系的分析，揭示资本主义经济制度的弊病，指出资本主义私有制是社会产生两极分化的根源，从制度层面分析了资本主义的贫困问题，并提出消灭私有制，建立生产资料社会公有制是实现共同富裕的根本路径。马克思在《资本论》中指出："在资本主义制度下，企图通过资本主义生产发展改变无产阶级的经济地位是不可能的，无产阶级摆脱贫困的唯一出路是'剥夺者被剥夺'，建立共产主义制度。"[⑥]

---

① 毛泽东选集：第5卷[M]. 北京：人民出版社，1977：117，403.

② 毛泽东文集：第5卷[M]. 北京：人民出版社，1999：348.

③ 毛泽东文集：第6卷[M]. 北京：人民出版社，1999：429.

④ 毛泽东文集：第6卷[M]. 北京：人民出版社，1999：431.

⑤ 邓小平文选：第3卷[M]. 北京：人民出版社，1993：216.

⑥ 马克思恩格斯全集：第23卷[M]. 北京：人民出版社，1972：708.

2. 制度整体扶贫模式的政策路径

制度整体扶贫模式的政策路径包括两个阶段:一是社会主义制度建设阶段,主要是推进土地改革政策、农业合作化政策和人民公社政策。1950 年 6 月,国家颁布《土地改革法》,开始实施土改政策,并于 1952 年确立了新的土地制度,实现"耕者有其田",希望为实现共同富裕提供土地制度保障。1951 年 9 月,中共中央召开全国第一次农业互助合作会议,制定了《中共中央关于农业生产互助合作的决议(草案)》,肯定了农村自发形成互助组的做法,引导农民试办初级社。1956 年 6 月,第一届全国人民代表大会第 3 次全体会议通过《高级农业生产合作社示范章程》,并于 1956 年底完成了农业社会主义改造,实现个体农业向社会主义集体农业的转变。兴办人民公社是制度扶贫的第三个主要政策实践。1958 年 8 月,在北戴河召开的政治局扩大会议通过《关于农村建立人民公社的决议》,着手在全国范围内推进人民公社政策,希望通过人民公社实现共同富裕。二是改革开放的制度再造阶段。十一届三中全会后,基于对中国国情和改革开放重要性的认识,邓小平正式提出解放思想,大力发展生产力,对内改革,对外开放。改革开放同样是社会主义制度建设的延续,是对第一阶段制度建设进行的制度再造,是又一场全新的制度建设过程。作为制度扶贫的补充,20 世纪 50～70 年代,国家建立了社会救济制度,对缓解贫困、消除社会矛盾起到了重要作用。

3. 制度整体扶贫模式的政策绩效

土地制度改革,使 3 亿无地或少地的农民获得了土地,60%～70%的农民通过土地改革获得了经济利益。① 统计数据表明,农业合作化运动使社员收入得到了普遍提高。② 人民公社时期,中国农业增长也略高于人口增长,农业生产条件得到显著提高,"20 余年间,农业生产条件得到了根本改善,农业经济的各项指标均有大幅度的增长"③。然而,农业合作化运动在两年多的时间内完成了原定 10～15 年完成的农业社会主义改造,速度过快,一些地方出现了强迫农民加入合作社的现象,严重挫伤了农民的生产积极性,阻碍了农业生产力的发展。同样,从理论上说,人民公社实现了生产资料公有制,消除了贫困人口,但由普遍贫穷跑步迈向共同富裕的愿景,违背了生产关系要适应生产力发展的客观规律,而且人民公社化运动后期出现了急于向共产主义过渡的情况,过于强调集体主义、平均分配,降低了农民的生产积极性,最终导致经济发展滞缓,人民生活水平下

① 中共党史研究室.中国共产党历史:第 2 卷(上)[M].北京:中共党史出版社,2011:62.

② 中华人民共和国农业部计划司.中国农村经济统计大全(1949—1986)[M].北京:农业出版社,1989:64-66.

③ 辛逸.实事求是地评价农村人民公社[J].当代世界与社会主义,2001(3).

降,为大批脱贫人口重返贫困埋下隐患,背离了制度整体扶贫的初衷。正是因为这个原因,才有了制度扶贫的第二阶段,即改革开放阶段。改革开放使中国经济迅速腾飞,在很大程度上达到了在全国范围内制度整体扶贫的一般性目标,但其缺点是扩大了中国贫富差距,也未能有效改变赤贫地区的贫穷落后面貌。

(二)区域开发扶贫模式

区域开发扶贫模式是指主要通过区域开发政策来实施扶贫的政策模式。与制度整体扶贫模式希望通过社会主义制度建设实现"大水漫灌"式的全国整体脱贫不同,区域开发扶贫模式主要是希望通过区域开发以改善区域经济发展环境、通过提高扶贫对象自我脱贫能力以达到使扶贫对象脱贫的目的。区域开发扶贫模式侧重区域经济环境建设,开始重视扶贫对象的自我造血能力。

1. 区域开发扶贫模式的思想理念

区域开发扶贫模式的思想基础主要包括:(1)扶贫是社会主义制度优越性的重要体现和基本保障。在通过改革开放不断完善和发展社会主义制度的同时,邓小平在扶贫领域提出了不同于传统制度扶贫的创造性思路,他把消灭贫困作为社会主义的目标,又把消除贫困作为社会主义制度优越性的重要体现和基本保障,他认为"社会主义就是要消灭贫困",只有创造更丰富的物质财富和精神财富,才能表明社会主义制度比资本主义制度更有优越性,才能使社会主义得到人民的支持和拥护,"要顶住霸权主义、强权政治的压力坚持社会主义,关键是要解决自身的贫困问题"①。(2)允许一部分人先富起来,再"先富带后富"。在扶贫领域,邓小平认为全民共同富裕不可能一蹴而就,只有允许"一部分人先富起来",进而通过"先富带后富",才能最终达到共同富裕的目标。因此,他提出"三步走"的战略思想和从贫困到温饱、从温饱到小康、从小康到现代化的"台阶式"发展理念。(3)区域开发是实现贫困地区脱贫的有效举措。基于对地区经济协调发展和共同富裕问题的深刻认识,邓小平提出了沿海和内地、东部和西部共同富裕的"两个大局"的战略构想,为党的第三代中央领导集体实施西部大开发战略奠定了理论基础。(4)区域开发扶贫的重点是解决好"三农"问题。在邓小平之后,江泽民、胡锦涛继承并发展了邓小平的扶贫思想,认为农业、农村、农民问题是扶贫工作的重点,应该"把解决好农业、农村和农民问题作为全党工作的重中之重",因而提出了"扶贫攻坚"和"西部大开发战略"。区域开发扶贫思想是邓小平在归纳总结马克思主义反贫困理论中有关共同富裕的思想,并将共同富裕思想提升到社会主义本质的高度的基础上,找到了消除贫困、实现共同富裕的现实路径而提出的。

---

① 邓小平文选:第3卷[M].北京:人民出版社,1999:356.

2. 区域开发扶贫模式的政策路径

1984 年 9 月，中共中央、国务院发出《关于帮助贫困地区尽快改变面貌的通知》，要求“依靠国家必要财政资金，合理配置资金，重视利用山区农、林、牧等自身优势，建立合理的生产结构，增加智力投资。变单一经营为综合经营，变自然经济为商品经济，纠正依赖思想。突出重点，应集中力量解决十几个连片贫困地区的问题”。初步提出了区域开发扶贫的理念。区域开发扶贫模式的政策路径主要包括：(1)区域开发政策。1986 年全国人民代表大会六届四次会议将“扶持老、少、边、穷地区尽快摆脱经济文化落后状况”列入国民经济“七五”发展计划，决定中央和地方政府每年拨出专项资金用于贫困地区开发，扶贫开发战略全面启动。1999 年，十五届四中全会正式决定实施西部大开发战略。《中国农村扶贫开发纲要(2001—2010)》强调，要把贫困人口集中的中西部少数民族地区、革命老区、边疆地区和特困地区作为扶贫开发重点，在上述四类地区确定扶贫开发工作重点县；东部以及中西部其他地区的贫困乡、村，则主要由地方政府负责。(2)设立专项开发项目和开发资金。在具体扶贫政策方面，国家先后制订实施针对甘肃的河西、定西和宁夏的西海固地区的“三西”农业建设计划，设立专项资金帮助贫困地区改变贫困面貌，水利部、卫生部、国家民委和民政部等国家部委相继出台具体农村扶贫举措，开始了有计划、有组织的大规模区域性开发式扶贫工作：确定贫困县、贫困标准和贫困人口，针对贫困县安排专项扶贫贷款、以工代赈和财政发展资金，建立严格的扶贫管理责任制。(3)动员全社会力量帮助贫困地区开发建设。鼓励各民主党派、工商联开展“智力支边”活动，鼓励社会力量参与扶贫开发。2005 年 12 月，胡锦涛强调：“要继续搞好中央和国家机关定点扶贫和东西扶贫协作工作，进一步动员和组织社会力量参与扶贫开发，拓宽扶贫开发渠道，增强扶贫开发合力。”(4)注重造血功能建设。国家积极出台政策，开展针对贫困地区的大规模的干部培训活动，同时“以整村推进、培训转移和产业化扶贫为工作重点”，提高贫困地区的自我发展能力。

3. 区域开发扶贫模式的政策绩效

改革开放之后，我国农村居民贫困线由 1978 年的 100 元持续上调到 1994 年的 440 元；对应地，我国贫困人口也迅速由 1978 年的 2.5 亿人减少到 1984 年的 1.25 亿人，再减少到 1994 年的 8000 万人；全国农村贫困发生率从 1978 年的 30.7%下降到 1994 年的 7.7%。随着《国家八七扶贫攻坚计划(1994—2000 年)》和《中国农村扶贫开发纲要(2001—2010)》的实施，中国扶贫事业取得了巨大成就。从 1994—2000 年，经过 7 年努力，“八七扶贫攻坚计划”的目标基本实现，全国贫困人口从 8000 万人下降到 3000 万人，贫困人口占农村人口比重从

8.72%下降到3%。592个国家贫困县农民人均纯收入从648元增加到1339元。国家级贫困县的农业、工业、粮食、农民人均收入比全国同期增长的幅度分别高出4.4%、3.2%、0.7%、3.2%。2008年,国家将全国农村居民贫困线由2006年的693元上调至1196元,并在2010年再次上调至2300元,使全国1亿多人重新纳入贫困人口规模,享受扶贫政策优惠。贫困标准不断提高,贫困人口却在不断减少。联合国开发计划署署长海伦·克拉克高度评价中国的扶贫成就:"1981年至2005年期间,中国已成功带领超过5.5亿人口摆脱极度贫困的状态,并在过去的40年间,在人类发展上达到了最快的速度。"①区域开发扶贫效果显著。

(三)精准扶贫模式

党的十八大以来,着眼于"两个一百年"的奋斗目标和实现中华民族伟大复兴的中国梦,以习近平同志为核心的党中央领导对以"实现共同富裕"为根本原则的扶贫实践模式作出进一步拓展和创新,提出了实施精准扶贫的扶贫思想和政策举措。所谓精准扶贫是指"通过对贫困户和贫困村精准识别、精准帮扶、精准管理和精准考核,引导各类扶贫资源优化配置,实现扶贫到村到户,逐步构建精准扶贫工作长效机制,为科学扶贫奠定坚实基础"②。

1. 精准扶贫模式的思想理念

精准扶贫模式主要源于以下基本思想:(1)消除贫困、实现共同富裕是社会主义的本质要求。习近平强调共同富裕是社会主义现代化建设的一条主线,而目前消除贫困、实现共同富裕的扶贫实践已经到了"啃硬骨头,攻坚拔寨"的冲刺阶段。他指出:"消除贫困、改善民生、实现共同富裕,是社会主义的本质要求。"(2)扶贫工作要实事求是。2013年11月,习近平在湖南考察时说:"扶贫要实事求是,因地制宜,要精准扶贫,切忌喊口号,也不要定好高骛远的目标。"实事求是是马克思主义思想的精髓,也是习近平精准扶贫思想的思想基础。他指出:"实事求是,是马克思主义的根本观点,是中国共产党人认识世界、改造世界的根本要求,是我们党的基本思想方法、工作方法、领导方法。"③(3)扶贫工作要有效发挥中国的制度优势,做到精准扶贫。2015年,习近平在减贫与发展高层论坛上指出:"在扶贫攻坚工作中实施精准扶贫方略,坚持中国制度的优势,注重扶持对象精准、项目安排精准、资金使用精准、措施到户精准、因村派人精准、脱贫成效

---

① 克拉克.分析中国的减贫经验[N].人民日报(海外版),2011-10-24(1).

② 中共中央办公厅,国务院办公厅.关于创新机制扎实推进农村扶贫开发工作的意见[EB/OL].(2014-01-15)[2017-06-15].http://www.gov.cn/jrzg/2014-01/25/content_2575505.htm.

③ 习近平.习近平谈治国理政[M].北京:外文出版社,2014:25.

精准等六个精准。”①(4)扶贫的关键在于提升贫困群体自身的脱贫能力。习近平把改变贫困群体的思想意识和发展能力作为扶贫的关键和基础。他指出:“摆脱贫困首要意义并不是物质上的脱贫,而是在于摆脱意识和思路的贫困。”“贫困地区发展要靠内生动力。”“贫困并不可怕,只要有信心、有决心,就没有克服不了的困难。”②

2. 精准扶贫模式的政策路径

自习近平总书记2013年11月首次提出“精准扶贫”的概念后,全国上下迅速推进精准扶贫战略,精准扶贫的政策路径主要有:(1)扶贫开发建档立卡。2014年4月国务院扶贫办印发《扶贫开发建档立卡工作方案》,提出对贫困户建档立卡工作的目标、具体实施方法和工作要求,国家开始对贫困户进行摸底调查,建档立卡,查明贫困户致贫原因。2014年5月国务院印发《建立精准扶贫工作机制实施方案》,对农村扶贫开发中建立精准扶贫工作机制实施方案的具体要求作出详细规制。(2)积极推进“五个一批”工程。中央扶贫开发工作会议提出了精准扶贫的“五个一批”,即产业扶持脱贫一批、转移就业脱贫一批、易地搬迁脱贫一批、生态补偿脱贫一批、社保兜底脱贫一批。(3)注重扶贫体制与机制建设的制度化。习近平多次强调“关键是要找准路子、构建好的体制机制”。自实施精准扶贫以来,国家先后出台了《建立精准扶贫工作机制实施方案》《关于改革财政专项扶贫资金管理机制的意见》《光伏扶贫工程工作方案》《关于进一步动员社会各方面力量参与扶贫开发的意见》《关于改进贫困县党政领导班子和领导干部经济社会发展实绩考核工作的意见》《关于党委和政府扶贫开发工作成效考核办法》《关于建立贫困退出机制的意见》《关于实施健康扶贫工程的指导意见》《脱贫攻坚督查巡查工作办法》《中国证监会关于发展资本市场作用服务国家脱贫攻坚战略的意见》《全国“十三五”易地扶贫搬迁规划》等系列具体政策制度和体制机制。制度化是把精准扶贫真正落到实处、保证精准扶贫效果的长效机制和根本保证。

3. 精准扶贫模式的政策绩效

自2010年上调全国农村居民贫困线至2300元以来,新的贫困标准线下,我国贫困人口规模由2011年约1.2亿人依然下降到了2016年的4335万人,证明我国扶贫政策绩效显著。为有效实现精准扶贫,全国2014年精准识别12.8万个贫困村、2948万户贫困户、8962万人贫困人口;2015年建档立卡“回头看”补录807万人贫困人口,剔除929万人识别不准人口。按照习近平切实加强基层

①② 王宇,林晖.凝聚共识同舟共济不断深化减贫合作[N].人民日报,2015-10-17(1).

组织建设以实现精准扶贫的要求，全国先后调整 3500 多个贫困乡镇党委书记、配强 5000 多名贫困村党组织书记，组织 77.5 万名干部驻村帮扶，选派 19.5 万名优秀干部到贫困村和基层党组织薄弱涣散村担任第一书记。通过努力，五年来，农村贫困人口平均每年减少 1000 万人，全国五年累计脱贫 5564 万人，贫困人口发生率从 2012 年底的 10.2%下降到 2016 年底的 4.5%，下降 5.7 个百分点，精准脱贫成效显著。

三、中国扶贫政策模式变迁的内在逻辑

对不同扶贫政策模式的政策路径进行比较研究可以发现，扶贫模式一脉相承与渐进革新相统一、扶贫对象目标逐步精准集中、扶贫主体由单一走向多元、扶贫政策机制逐步脱虚向实、脱贫方式由外生输血式脱贫转向自主造血式致富，是中国扶贫政策路径演进的基本规律和内在逻辑。我国扶贫政策模式的演化历程是长期性继承发展与阶段性渐进革新相统一的动态演进过程。制度整体扶贫、区域开发扶贫和精准扶贫三个阶段的扶贫实践模式不断继承和发展，扬弃旧的模式、吸收发展新的模式，实现多元融合与创新。制度整体扶贫模式、区域开发扶贫模式在我国特定的扶贫阶段各自发挥了主导性作用，但其并没有因扶贫政策模式的时代性变迁而完全消失。实际上，制度扶贫和区域开发扶贫自产生之日起，就贯穿于后续国家扶贫政策的始终。本研究只是根据特定阶段的主要扶贫政策而对扶贫模式作出的阶段模式划分。

扶贫对象目标逐步精准集中。制度整体扶贫模式主要是在全国范围内通过制度建设，以国家救济为辅助手段，实施全国范围内的制度扶贫，这是由当时全国整体贫困的国情决定的。区域开发扶贫模式在国家宏观制度建设持续开展的同时，将扶贫对象逐步向区域中观转移，这是因为通过前期制度整体扶贫的努力，国家整体贫困已经得到缓解，局部贫困问题开始凸显。精准扶贫模式通过建档立卡、精确识别、精准帮扶、到村到户、因户施策、因人施策，其扶贫对象精准到户、到人，扶贫对象由区域中观层面转向家庭或个人微观层面。从制度整体扶贫到区域开发扶贫再到精准扶贫，经历了扶贫对象范围由宏观全国层面到中观区域层面再向微观家庭和个人层面逐步精准集中的动态转移过程。

扶贫主体由单一走向多元。制度整体扶贫模式主要由国家通过制度建设，辅以扶贫救济对社会实施整体扶贫。区域开发扶贫模式开始注重发挥区域政府的作用，并积极引入社会参与，鼓励社会资本参与开发和扶贫。精准扶贫模式由国家主导，区域政府和基层组织、社会共同参与，同时重视贫困主体脱贫向富的主体作用，实现多元主体协同扶贫。因此，从制度整体扶贫到精准扶贫，实际上是一个由国家单一主体逐步扩展至多元主体协同扶贫的过程。制度整体扶贫模

式主要通过制度建设开展“面上”扶贫工作，辅以救济手段帮扶特别困难群体，国家作为单一扶贫主体完全能够满足扶贫工作的实际需要，但随着扶贫的逐步深入，当区域开发扶贫，尤其是精准扶贫全面展开时，区域开发和精准扶贫工作的实际需要要求引入多元主体的共同参与，尤其是要达到“造血”功能的实现，必然需要被扶贫对象的主观努力。从国家单一主体逐步扩展到多元主体协同参与扶贫既反应了国家治理理念由传统向现代的变迁，也是扶贫工作逐步走向深入的实际需要。

扶贫政策机制逐步脱虚向实。制度整体扶贫模式主要以制度建设作为扶贫的核心机制，虽然辅之以社会救济制度帮扶特困人群，但就实际扶贫功能而言，制度整体扶贫模式的扶贫机制相对虚化。区域开发扶贫模式在保留传统制度建设和社会救济扶贫机制的同时，出台了系列具有实质性扶贫功能的政策机制，如设立专项开发项目、扶贫贷款、财政发展资金，出台以工代赈政策、贫困地区干部培训政策和产业化政策，建立扶贫管理责任制，制定贫困标准、摸排确定贫困地区和贫困人口等。在此基础上，精准扶贫模式扶贫机制的实质化扶贫功能进一步增强，从扶贫开发建档立卡到“五个一批”工程以及系列具体精准扶贫配套政策，都是实实在在、具体可行的扶贫政策。

脱贫方式由外生输血式脱贫转向自主造血式致富。从如何使贫困群体实现脱贫的脱贫理念来看，制度整体扶贫的脱贫理念显然是希望通过社会主义制度建设实现国民的内生式造血功能，但由于具体国情的限制，制度扶贫模式的实际扶贫政策整体上较为虚化，其实质性扶贫政策实际上表现为主要依赖辅助性手段的社会救济。因此，从脱贫理念来说，制度整体扶贫模式的脱贫理念实际上是一种外生输血式脱贫，而不是希望从根本上改变贫困群体的思想理念和造血功能。区域开发扶贫模式不再局限于外生输血式扶贫，而是希望通过区域开发增强贫困地区的自我造血致富能力，表明其脱贫理念已经发生较大变化。精准扶贫模式进一步转变理念，精准关注贫困者的致贫原因，通过定点精准扶贫的方式，既借助外生输血迅速使贫困群体摆脱贫困，又通过精准帮扶转变贫困群体的思想、提升贫困群体的自我造血致富能力，改变他们依赖外部输血脱贫的现状，达到最终自我造血致富的目的。

政策变迁过程理论认为，政策变迁是因旧政策失效而通过政策创新寻求新的政策均衡的过程。[①] 制度整体扶贫模式寄希望于通过社会主义制度建设实现大范围的“脱贫”，它一方面实现了城市脱贫的目标，使城市经济迅速发展，但另一方面也造成了城乡二元分割，导致农村的相对贫困，改革开放前的制度整体扶

① 陈潭.公共政策变迁的过程理论及其阐释[J].理论探讨，2006(6).

贫实际上陷入了政策失效的困境,因而才出现了第二阶段改革开放的制度再造。在制度整体扶贫模式取得实际成效的基础上,制度整体扶贫已经难以满足扶贫工作发展的实际需要,扶贫政策必然要寻求新的政策创新以达到新的政策均衡。在此背景下,区域开发扶贫应运而生。随着经济社会的发展,区域开发扶贫政策最终也陷入了政策边际效应递减的困境,扶贫需要新的制度创新,这决定了扶贫政策必然由区域开发扶贫转向精准扶贫。但深入考察不同扶贫政策模式的思想理念和政策路径,我国扶贫政策模式变迁还有其内在的演进逻辑。

以共同富裕为目标的社会主义制度是贯穿扶贫政策思想变迁的制度逻辑。从制度整体扶贫到区域开发扶贫再到精准扶贫,实现共同富裕是贯彻扶贫政策始终的指导思想,被作为社会主义优越性的重要体现,社会主义制度和共同富裕贯穿于不同扶贫阶段模式的始终。当然,不同扶贫阶段对扶贫、共同富裕和社会主义制度之间逻辑关系的认识略有差异。制度整体扶贫模式是希望通过社会主义制度建设消除贫困,实现共同富裕;在这里,消除贫困和共同富裕是可以同时实现的,而要消除贫困,实现共同富裕,必须通过社会主义制度建设。区域开发扶贫模式把消除贫困作为社会主义制度优越性的重要体现,但同时认为消除贫困和共同富裕不可能一蹴而就,现实国情决定了我国必然长期处于社会主义初级阶段,要消除贫困就要允许一部分人先富起来,再通过先富带后富实现共同富裕。精准扶贫模式强调社会主义制度的制度优势对实现精准扶贫的保障作用,社会主义建设取得的现实成果决定了可以通过精准扶贫实现消除贫困的目的。

经济社会发展和贫困人口下降是决定扶贫政策模式变迁的现实逻辑。经济基础决定上层建筑,经济社会环境的变化是决定扶贫思想变化的主要动力。新中国成立初期,我国经济社会处于百废待兴状态,全民贫困的现实以及新中国成立初期的政治语境和建设社会主义的动员的需要,决定了必须把全民共同富裕作为公开表达的扶贫目标,也决定了必然寄希望于制度变革以实现整体脱贫。通过制度扶贫的努力,尤其是改革开放对社会主义生产力的释放作用,到1984年,全国贫困人口已经下降到1.25亿人,国家整体贫困状态得到极大改善,先富群体和地区开始出现,局部贫困问题凸显,而国家已经积累了实施区域开发扶贫的经济基础,因而区域开发扶贫应运而生。及至进入21世纪,社会主义建设已经取得巨大成就,贫困人口进一步减少,国家、社会积累了大量财富,政府治理能力得到极大提升,具备了定点精准扶贫的现实基础。对不同扶贫政策模式的扶贫绩效进行系统考察可以发现,随着扶贫政策的持续推进,中国贫困人口逐步下降,呈现为全国整体贫困到区域贫困到少数贫困的发展趋势。从制度扶贫到开发扶贫再到精准扶贫,经历了从整体贫困到局部贫困再到个体贫困,亦即从整体扶贫到局部扶贫再到定点精准扶贫的逻辑变迁,其潜含的内在逻辑是中国贫困人口不断减少、扶贫目标不断聚焦的演化过程。

四、结论与展望

考察中国扶贫政策模式变迁的内在规律和演化逻辑可以发现，以共同富裕为目标的社会主义制度是贯穿扶贫政策思想变迁的制度逻辑，经济社会发展和贫困人口下降是决定扶贫政策模式变迁的现实逻辑，它们共同决定了中国扶贫政策对象目标逐步精准集中、扶贫主体由单一走向多元、扶贫政策机制逐步脱虚向实、脱贫方式由外生式输血转向致富式造血。通过努力，中国贫困人口实现了由全国范围的贫困，转向区域贫困，最终局限于局部少数贫困，为定点精准扶贫打下了坚实的基础。有理由相信，经过定点精准扶贫的努力，新中国成立初期消除贫困的目标将很快实现，贫困人口的再生造血能力必然得到极大提升。下一阶段，中国扶贫政策可能会走向终结，未来“扶贫政策”的政策走向将是如何提升低收入群体收入水平、促进低收入群体走向共同富裕的“向富政策”，促进走出贫困的低收入群体走向“富裕”而不再是“扶贫”。

[本文选自《福建行政学院学报》2017 年第 9 期]

[作者简介] 陈宝胜，管理学博士，浙江大学马克思主义理论研究所教授，博士生导师，浙江大学马克思主义学院副院长，邮编：浙江 杭州 310058；石淑花，华北电力大学讲师，邮编：北京 昌平 100096

马克思对人类幸福这一终极问题的解答及其当代意义

郑元康

今天,我们怀着无限崇敬的心情缅怀人类历史上最伟大的革命家和思想家,人类最伟大的科学理论——科学社会主义理论的创立者马克思诞生 200 周年。马克思的一生是光辉的一生,他作出的巨大贡献受到世人的尊敬,被尊称为"千年第一思想伟人"。马克思虽然已逝世 135 年了,人类社会已产生巨大变化,但他的名字依然响彻云霄,为世人所尊敬。他的不朽学说依然闪耀着真理的光辉,并影响当今世界和人类未来。

这是因为马克思主义理论揭示了人类社会发展规律和资本主义社会特殊发展规律,科学预示人类的历史发展总趋势,为工人阶级摆脱剥削压迫,实现人类解放和幸福追求指明了正确方向。它把人类精神推进到一个新的历史阶段。我们在本文中将以马克思的幸福观为例来感受这一学说伟大的真理性与崇高的价值性。

(一)作为革命家和思想家完美结合的马克思其人生目标就是为最大多数人谋幸福

追求幸福是人类每一个个体生活的原动力。这是一个显而易见的人生真理。因为人生如果不追求幸福,生活就毫无意义而且不可想象。但究竟什么是幸福却是一个歧义纷生的问题。关于幸福对人生的意义,费尔巴哈曾这样说过:"人的任何一种追求也都是对于幸福的追求。"[①]但对于"何为幸福"的问题他却没有给予明确的界说。其实,古往今来,每个人都按照各自的方式在谋求幸福。而且人们对幸福的理解和感受也始终同特定条件中的特定个体生活相联系。但在最一般的意义上,幸福可以被定义为人在追求及实现理想的过程中而体验到的自我愉悦和欣慰的感受,而不幸则是这种追求遭到了否定或阻碍而产生的痛苦体验。[②] 从这一理解出发,我们甚至可以说,如果在现实生活实践中,一个人根本没能有效地确立一种生活理想,那无疑是人生最大的不幸。

---

① 费尔巴哈选集(上)[M].北京:生活·读书·新知三联书店,1959:536.

② 冯契.哲学大辞典[M].上海:上海辞书出版社,1992:561.

我们景仰和称羡马克思的一生，这是因为我们知道马克思在其青年时代就自觉地把人生的幸福理解为追求崇高理想的过程。他中学毕业时在《青年选择职业时的考虑》一文中曾这样深情而豪迈地写道："如果我们选择了最能为人类福利而劳动的职业，那么，重担就不能把我们压倒，因为这是为大家而献身；那时我们所感到的就不是可怜的、有限的、自私的乐趣，我们的幸福将属于千百万人，我们的事业将默默地、但是永恒发挥作用地存在下去，而面对我们的骨灰，高尚的人们将洒下热泪。"[①]毫无疑问，马克思的一生是艰辛的，政治上的受迫害、经济上的窘迫使得他终生颠沛流离，直到逝世时他还是个无国籍者。但也正是在这种"为大家而献身"的理想追求中，马克思体验和领略到了人生最深沉而伟大的幸福和快乐。

正是这种"为大家而献身"的理想追求，令马克思成为革命家和思想家完美结合的伟人。也就是说，他既是杰出的社会革命家，又是伟大的社会科学家。恩格斯《在马克思墓前的讲话》中说："马克思首先是一个革命家。"马克思是工人革命的思想导师，是工人阶级革命的指引者、实践者，他和恩格斯一起，把"正义者同盟"改造成为历史上第一个工人阶级政党"共产主义者同盟"，并制定了第一个科学纲领——《共产党宣言》；亲自参加 1848 年 3 月爆发的德国革命；支持 1848 年法国六月起义；支持法国工人革命和他们建立的第一个工人阶级政权——巴黎公社；与恩格斯一起创立第一个国际性组织者"国际工人协会"即第一国际。

马克思虽然受尽普鲁士政府迫害、被比利时和法国政府驱逐，19 世纪 50 年代退入书斋，但他没有事实上也从没想过退出战斗，他不是"书斋里的学者"，而是伟大的工人阶级革命家。巴黎公社经历 72 天最终失败，但马克思认为"巴黎公社原则是永存的"，体现其对社会主义革命充满信心。

马克思毕生关注被压迫民族革命斗争和命运，支持中国反对英法帝国主义以鸦片贸易为借口的侵略战争，谴责他们对中国无耻掠夺，对中国人民充满同情并对中华民族觉醒寄予期待，预言"整个亚洲新世纪的曙光""中华共和国"必将诞生。晚年马克思虽然贫病交加，但仍倾力关注俄罗斯社会发展和俄国农村公社斗争，并指出，落后国家可能还有跨越"资本主义卡夫丁峡谷"的可能性和条件。

马克思既是伟大的革命家又是伟大的思想家。历史上有许多著名革命家却非思想家，也有过许多卓越的思想家，但不是革命家。但我们却可毫不夸张地说：只有在马克思身上，革命家和思想家才达到历史上最完美结合。革命性和科学性的统一，是马克思个人品格特征，也是马克思学说的本质特征。

---

① 马克思恩格斯全集：第 40 卷[M]. 北京：人民出版社，1982：7.

这正是因为马克思有这样一个"为大家而献身"的理想追求和人生幸福观的坚强支撑，所以马克思在其学说被反动统治阶级视为洪水猛兽，多次遭受迫害和驱逐，一生贫困多病、孩子夭折，甚至都没有邮票寄信或买一张当天出版的报纸的境况下，也没有停止为创立工人阶级和人类解放理论而进行斗争，也没有泯灭对人类解放事业的革命激情。

也是因此，尽管人类历史上对穷人表示同情的不少，各种主张平等和幸福权利的社会主义流派也颇为多见，但唯有马克思不是用怜悯，不是用眼泪，不是用抽象的人道主义原则表示抚慰，而是真正用科学理论去揭示穷人的处境，并指明其解放途径，用真理的力量去征服世界和改造世界，从而真正实现最大多数人的幸福。

（二）马克思主义的全部学说其指归就是为绝大多数人谋幸福

马克思主义一经问世，就犹如一道真理之光划过暗夜长空，为人类滚滚向前的历史车轮指明了方向，为世人所推崇，经久不衰，究其根源就在于它是一门为绝大多数人谋幸福的学问。

(1)马克思主义追求的是"实现人类幸福"这一终极命题

对幸福的探究和追求是人类文明永恒主题。一部人类社会发展史，就是一部追求幸福的发展史，人类解放和幸福就是马克思主义本质内涵，是马克思一生不变的追求，也是奋斗终身的根本目标。事实上，马克思不仅在中学毕业论文《青年选择职业时的考虑》中就立志选择最能为人类谋幸福的职业，而且在《关于费尔巴哈的提纲》《1844年经济哲学手稿》《共产党宣言》《资本论》等著作中对人类幸福的源泉、内涵、特征、实现途径等作的深刻解答，并用自己一生的理论建构和实践诠释对人类幸福的理解、向往和追求。

马克思主义作为一个具有明确价值导向的科学理论体系，基于唯物论辩证法和唯物史观，探究如何实现幸福，不仅主张那个时代的工人阶级的解放，而且追求全人类解放；不仅要克服异化和片面发展，且要实现人的本质的真正占有，人的自由而全面发展；不仅追求工人阶级建立一个理想社会——自由人的联合体，而且要实现每个人的自由而全面的发展，即人的解放和幸福的最终获得。

(2)马克思主义回答了"为谁谋幸福"的问题

在《共产党宣言》中，马克思明确地向世界宣称："过去的一切运动都是少数人的，或者为少数人谋利益的运动。无产阶级的运动是绝大多数人的，为绝大多数人谋利益的独立的运动。革命的最终目的就在于绝大多数人的解放、自由，以及为绝大多数人谋福利。"①马克思主义的伟大就在于其对最广大人民利益的不

① 马克思，恩格斯．共产党宣言[M]．北京：人民出版社，1972：14.

懈追求，对全人类幸福的永恒关注。它始终坚持的立场是人民利益至上的立场。这事实上是以人民为中心理念的理论源头之所在。

马克思主义从不否认自己阶级立场和对无产阶级解放的价值追求。它从不宣称自己无所不包、无所不能的绝对目标。马克思主义是一门旗帜鲜明、立场明确的学问，它致力于为人民解放和幸福寻找一条康庄大道。它绝不为少数人利益而代言，它永远坚持为最广大人民幸福的探索、奋斗，它的全部学说不偏离“为大家而献身”的理想目标。事实上，也正是这一为广大人民的价值取向使其赢得了最广泛的人民群众的认可与信赖。

(3)马克思主义致力于解答“为绝大多数人谋幸福”的实现路径问题

幸福从何而来，怎样获得？显然，马克思的回答是它不会从天上掉下来，它需要作为主体的人去创造，去追求，去奋斗。在《黑格尔法哲学批判导言》《神圣家族》《德意志意识形态》等论著中，马克思拿起人民主体论这个批判武器，确立人民是创造历史的主体的世界观，以人民的现实幸福向虚幻幸福宣战。《共产党宣言》发表又使工人阶级有了实现自己幸福的强大思想武器。事实上，正是由于社会主义从空想变为科学，广大人民追求和实现幸福才成为可能。在这个可能性变为现实性的过程中，通过建立共产党，开展革命，武装夺取政权，以不同的斗争来实现共产党人的战略、策略等，“为绝大多数人谋幸福”的实现路径便从中得以切实地而不是虚幻地确立。

更重要的还在于，在马克思主义看来，一方面，人民自己创造历史，人民是历史创造者，是历史推动力，只有紧紧依托人民主体，把以人民主体论作为批判武器指引革命理论实践，人类社会才能在创造历史实践活动中实现人们的自由而全面发展，另一方面，幸福不会从天而降，只有充分发挥人民自主性、能动性、创造性，人民才能得到解放进而实现幸福。

(三)马克思幸福观的现时代价值

马克思主义诞生后的150多年发展实践，证明了它改变了人类社会发展的历史，并始终放射出璀璨的真理光芒。有人以距离马克思生活年代已过去一个多世纪，世界已发生了深刻变化，从而否定马克思主义的当代价值，宣扬马克思主义的“过时论”，甚至称“共产主义渺茫论”。其实，19世纪中叶诞生的马克思主义学说，是人类历史上的伟大创造，是思想天空出现的绚丽之光，它永远不会过时。

马克思学说这一穿越时空的魅力同样体现在其幸福观方面。

我们把幸福理解为在对人生理想的追求与实现过程中获得的一种愉悦感

受，也就可以理解为什么马克思在回答女儿的提问时要认为“斗争就是幸福”。① 因为理想的实现从来需要以对现实的抗争和超越作为手段。理想之为理想本身就表明它与现实是不等同的，现实存在着的诸种“惰性”力量必然要阻挠理想的实现。这样，无论是社会理想、政治理想，还是人生理想在实现其预设目标的过程中无疑都需要斗争，甚至是艰苦卓绝的斗争。而当一个人意识到这一斗争有着崇高的善的目的和价值时，他甚至可以在牺牲自己生命的同时，也依然体验到人生真正的幸福。因此，许许多多的志士仁人能吟诵着“砍头不要紧，只要主义真”而毅然地走向生命的自我牺牲境界。所以，李大钊说：“人生的目的，在于发展自己的生命，可是也有为发展生命必须牺牲生命的时候。因为平凡的发展有时不如壮丽的牺牲足以延长生命的音响和光华。绝美的风景多在奇险的山川；绝壮的音乐都是悲凉的音调；高尚的生活，常在壮丽的牺牲中。”② 显然，在这种壮丽的牺牲中，我们体验到的是最崇高最有价值的幸福。

特别有意义的还在于，一旦我们把幸福理解为对理想的执着追求过程中体验到的自我愉悦和欣慰的感受，我们也就可以廓清在幸福问题上的一些认知迷障。

一些人把幸福理解成物质生活的充分享受。其实，由于幸福是对理想追求过程中的体验，所以决不能把幸福和充分的物质生活享受等同起来。因为对人生理想的追求并不总是带给我们物质享受的，更多的情形下这是人生旅途中一场艰苦而曲折的、需要极大意志力和忍耐力作为保障的人生长途跋涉。但只要我们心中拥有一个确定的理想，并因此有着一个坚定的信仰，那么，人生中再艰难困苦的跋涉也会是一种幸福。所以，当人生理想实现时我们固然可以体验到幸福，但更多的时候却是，对人生理想执着追求本身就是一种幸福。因此，幸福如果如世俗的眼光那样只被理解成肉体感官上的享受与快乐，那么这就正如古希腊哲人赫拉克利特所讽刺的那样：“如果幸福在于肉体的快感，那么就应当说，牛找到草料吃的时候是幸福的。”③ 也因此，爱因斯坦说：“我从来不把安逸和享乐看作是生活目的本身——这种伦理基础，我叫它猪栏理想。”④

还有一些人把幸福理解成利益的多多占有。我们当然必须承认，在生活中每个人都需要获得一定的物质利益，否则难以生存。但生活并不是为了占有利益。与此相反，占有利益是为了生活，否则利益的意义无法理解。利益的典型表现形式是金钱和权力，这些东西只有在生活中被用来追求某种理想时才发生效

① 瓦连京·奇金，达·梁赞诺夫. 马克思的自白——卡尔·马克思对女儿20个问题的回答[M]. 北京：解放军文艺出版社，1997：2.

② 李大钊选集[M]. 北京：人民出版社，1978：24.

③ 北京大学哲学系外国哲学史教研室. 古希腊罗马哲学[M]. 北京：商务印书馆，1982：18.

④ 海伦·杜卡斯，巴纳希·霍夫曼. 爱因斯坦谈人生[M]. 高志凯，译. 北京：世界知识出版社，1984：34.

用。这意味着利益永远是手段，永远是一种中转方式。而幸福却是生活的目的，一切都为了幸福。所以，我们不能想象幸福还为了什么。因此，利益只是实现理想追求目的的一个条件，而幸福则是理想追求的目的得到实现的结果。正因为存在着这一区别，所以充足的利益也不能必然地保证幸福，或者说，并不蕴涵着幸福的必然根据。也因此，我们认为时下经济学家热衷讨论的所谓幸福指数其实并不存在。

在现实生活中，也许一些人还会这样追问：为什么理想的追求必定产生幸福感；从而使人生拥有真正的幸福？这一点，从马克思关于人的类本质理论而论，其实是不证自明的。马克思在写作《资本论》时认为：最蹩脚的建筑师也要比蜜蜂高明，因为建筑师在劳动过程开始之前，未来的结果已存在于观念之中了。[①] 这个"未来的结果"就是人的理想。因此，在马克思看来，人要高于动物，因为对于动物来说，是这种动物之所是和做这种动物之所能是直接同一的。譬如对于一只蜜蜂来说，做一只蜜蜂就是做它本能所能做的事，而人则不同。人类在创造历史的活动中，无论从事任何一项事业，对自己活动对象的未来结果都在观念中有一个预设的构建。这样一种对事物未来结果的自觉意识构建，我们可以统称为理想。因为这是人在完成自己类本质或者说在印证自己类价值的过程中必然会体验到的。既然拥有真、善、美的理想追求是人的类本质与特性，是人区别于动物的又一个本质规定，那么，以人的方式完成和印证自己，这自然会产生一种成为真正人的幸福感。这种幸福感决不是肉体感官上的快感，因为这种快感其他动物也有。这种感觉也不是虚无缥缈的天国世界里属于神的东西，它是切实存在于现实人生中的。在我们拥有理想追求的目标并为这种理想追求目标而奋斗的过程中，我们所希冀并追求的生活是超越现实的，因此它必然是崭新的、有活力的、激动人心的。

这就是人生幸福的所有奥蕴。只要我们拥有理想并为这个理想而不懈地追求，那么，我们就会拥有幸福的真实体验。这也是我们今天要纪念马克思，要重温马克思幸福观的当下意义之所在。

[本文选自《浙江省新四军研究会》2018年5月刊]

[作者简介] 郑元康，浙江大学公共管理学院教授，硕士生导师；曾任浙江大学党委宣传部部长、浙江大学马列教研室主任、浙江大学马克思主义理论研究所常务副所长等职。邮编：浙江 杭州 310058

① 马克思恩格斯全集：第23卷[M].北京：人民出版社，1972：202.

全面准确把握习近平构建人类命运共同体思想

吕有志

构建人类命运共同体的思想是习近平倡导的关于人类命运共同体的现实基础、思想来源、愿景目标、基本要义、实践路径、战略要求等一系列内容的总和。构建人类命运共同体思想一经提出，就引起了国际社会尤其是广大发展中国家的普遍肯定和欢迎，认为这一思想为促进人类和平与发展事业贡献了中国智慧和中国方案。如今，这一思想已经成为习近平新时代中国特色社会主义基本方略的重要组成部分，也是中国外交在国际舞台上的一面光辉旗帜。

一、构建人类命运共同体思想的形成创立过程

党的十八大以来，随着中国特色大国外交的稳步推进，中国外交理念和思路也在不断创新和不断深化，在回答中国追求建设一个什么样的世界和怎样构建新世界的问题上，从博鳌论坛到联合国系列峰会再到党的十九大，习近平发表了一系列演讲，提到人类命运共同体概念不下 100 次，使构建人类命运共同体思想得以不断地完善。

2013 年 3 月，习近平在莫斯科国际关系学院的演讲中首次提出了“命运共同体”的概念。习近平说：“这个世界，各国相互联系、相互依存的程度空前加深，人类生活在同一个地球村里，生活在历史和现实交汇的同一个时空里，越来越成为你中有我、我中有你的命运共同体。”①虽然这次演讲中没有使用“人类命运共同体”概念，但习近平这里所讲的“命运共同体”含义就是后来所讲“人类命运共同体”的含义。2013 年 4 月，习近平在博鳌论坛上再次强调世界各国应该牢固树立“命运共同体”意识的必要性。习近平说：“人类只有一个地球，各国共处一个世界。共同发展是持续发展的重要基础，符合各国人民长远利益和根本利益。我们生活在同一个地球村，应该牢固树立命运共同体意识，顺应时代潮流，把握

---

① 习近平. 顺应时代前进潮流促进世界和平发展——在莫斯科国际关系学院的演讲[N]. 光明日报，2013-03-24(2).

正确方向,坚持同舟共济,推动亚洲和世界发展不断迈上新台阶。”①

第一次把“人类”和“命运共同体”连在一起使用,用“人类命运共同体”替代“命运共同体”则是在2014年7月习近平在巴西国会的演讲中。习近平在演讲中提出:“我们应该倡导人类命运共同体意识,在追求本国利益时兼顾他国合理关切,在谋求本国发展中促进各国共同发展,建立更加平等均衡的新型全球发展伙伴关系。”②此后,习近平在博鳌亚洲论坛2015年年会、2015年4月亚非领导人会议上的讲话和2015年9月纪念中国人民抗日战争暨世界反法西斯战争胜利70周年大会上的讲话中反复使用和阐述“人类命运共同体”概念和思想。

到了2015年9月,在联合国成立70周年系列峰会上,习近平不仅向国际社会阐述了构建人类命运共同体的意义,而且第一次提出了构建人类命运共同体“五位一体”的实践路径,从而向国际社会系统完整传达了构建人类命运共同体的“中国方案”。2017年年初,习近平在世界经济论坛年会和联合国日内瓦总部发表两场历史性演讲,从全球治理的高度向世界阐述了中国的经济全球化主张和人类命运共同体的壮美蓝图,深刻回答了人类社会何去何从这一根本性问题。人类命运共同体理念所传达的睿智与远见赢得国际社会有识之士的高度赞同,激起“塑造共同未来”的全球共鸣。

党的十九大报告不仅将“推动构建人类命运共同体”列入“八个明确”,而且进一步把“坚持推动构建人类命运共同体”上升为新时代中国特色社会主义的基本方略,并写进了党的十九大修改通过的《中国共产党章程》。至此,构建人类命运共同体思想已经上升为中国共产党指导对外关系的基本行动指南。

二、构建人类命运共同体的实践基础和思想渊源

习近平提出的构建人类命运共同体思想既是对现实世界的客观反映,也是中国共产党人对当今世界的使命担当,既遗传了中华文化基因,又是对中华人民共和国成立以来我国外交实践和理论的发扬光大,以及对西方世界主义的合理思想的借鉴和吸收。

第一,构建人类命运共同体思想是中国共产党人对全球性挑战的时代回应。中国共产党是一个具有天下情怀和国际担当的党,是将中国梦与世界梦统一起来的党。中国共产党不仅为中国人民谋幸福,而且为人类进步事业而奋斗。中

---

① 习近平.共同创造亚洲和世界的美好未来——在博鳌亚洲论坛2013年年会上的主旨演讲[N].光明日报,2013-04-08(1).

② 习近平.弘扬传统友好共谱合作新篇——在巴西国会的演讲[EB/OL].(2014-07-18)[2018-02-26].http://opinion.people.com.cn/n/2014/0718/c1003-25298501.html.

国共产党始终把为人类作出新的更大的贡献作为自己的使命。中国共产党人深知，人类只有一个地球，各国共处一个世界。“世界好，中国才能好；中国好，世界才更好。”①

当今时代，我们前所未有地身处一个矛盾集中的世界之中。在世界大发展大变革大调整的背景下，我们既沐浴人类和平的灿烂阳光，又无法摆脱战争的阴霾；既品尝发展进步的果实，又不能消除贫穷落后的根源；既分享合作共赢的实惠，又难以避免以邻为壑的猜疑。一方面，随着经济全球化和社会信息化深入发展，人类已经进入一个高度相互依存的时代，中国与世界的关系正在发生历史性变化。另一方面，一些地区的军事冲突时有发生，全球性的非传统安全挑战不断增多，难民危机持续蔓延，保护主义抬头，“逆全球化”思潮涌动，恐怖主义、环境污染、网络攻击、疾病流行、粮食安全、跨国犯罪等问题对国际秩序和人类生存都构成了严峻挑战。面对这一形势，任何国家都不可能独善其身，中国共产党也不能置身事外，必须以新的理念和全球治理方式去破解当今世界的和平赤字、发展赤字、治理赤字。这就正如习近平指出的那样：“面对挑战，各国都在探讨应对之策，也提出很多很好的发展战略和合作倡议。但是，在各国彼此依存、全球性挑战此起彼伏的今天，仅凭单个国家的力量难以独善其身，也无法解决世界面临的问题。只有对接各国彼此政策，在全球更大范围内整合经济要素和发展资源，才能形成合力，促进世界和平安宁和共同发展。”②

第二，构建人类命运共同体思想深深扎根于中华人民共和国外交实践。中华人民共和国成立以来，特别是20世纪70年代以来，中国政府坚持奉行和平外交理论，顺应以和平与发展为时代主题的世界潮流，在外交实践中坚持独立自主的和平外交政策，高举公平正义大旗，坚决维护世界和平，反对战争，反对一切形式的霸权主义，推动国际秩序朝着公正合理的方向发展。这一切为构建人类命运共同体积累了宝贵的经验。可以肯定地说，习近平人类命运共同体思想就是毛泽东的“和平共处五项原则”思想、邓小平的“和平与发展”时代观和“建立国际政治经济新秩序”思想、江泽民的“互信、互利、平等、合作”为核心的新安全观以及胡锦涛的“和谐世界”思想的继承和发展。

第三，构建人类命运共同体思想源自中华文明历经沧桑始终不变的“天下”情怀。习近平在演讲中多次强调，各种人类文明在价值上是平等的，不同文明要包容、互鉴，一再阐述人类社会面临严峻的全球性挑战，一再强调要为人类社会

---

① 习近平.习近平谈治国理政：第2卷[M].北京：外文出版社，2017.

② 习近平.开辟合作新起点谋求发展新动力——在“一带一路”国际合作高峰论坛圆桌峰会上的开幕辞[N].人民日报，2017-05-16(3).

应对21世纪的各种挑战作出中国的应有贡献。这正是中国传统文化中"天人合一"的宇宙观、"天下为公"的政治观和"和而不同"的社会观在习近平人类命运共同体思想中的体现。"以和为贵""协和万邦"的和平思想,"己所不欲,勿施于人"和"四海之内皆兄弟"的处世之道,"计利当计天下利"和"穷则独善其身,达则兼济天下"等理念则构成了人类命运共同体思想的文化基因。

第四,构建人类命运共同体思想是世界多元文明共鉴的产物。世界主义理念是西方文化的一个组成部分。从古希腊到当代,从斯多葛学派的"世界主义"到康德的"永久和平",再到吉登斯的"左翼世界主义",或多或少具有融合世界普遍主义和构建世界大同主义的精神冲动。虽然,近代以来西方社会的共同体意识实质上都不过是资产阶级的货币共同体和抽象共同体的外化,局限性是显而易见的,但跨越地区、跨越国界、超越民族、超越宗教,且以世界为本、以人类为本的理念至今闪耀着思想光芒。习近平人类命运共同体思想则在新的世界现实基础上,正确界定了唯物史观所确认的人类社会未来的共同体与资产阶级共同体之间的区别与联系,站在世界的高度思考人类的发展问题,把整个人类视为一个共同体,把马克思提出的自由人联合体提上建设进程,这不能不说是对马克思主义共同体思想的创新发展,也是对西方文化中世界主义和共同体意识的借鉴和吸收。

三、构建人类命运共同体的理论内涵

基于对世界大趋势的准确把握,对人类命运的深刻思考,习近平在题为《携手构建合作共赢新伙伴,同心打造人类命运共同体》的讲话中指出,打造人类命运共同体,要"建立平等相待、互商互谅的伙伴关系""营造公道正义、共建共享的安全格局""谋求开放创新、包容互惠的发展前景""促进和而不同、兼收并蓄的文明交流""构筑尊崇自然、绿色发展的生态体系"。[①] 从中可以看出,习近平所倡导的人类命运共同体既是一个同舟共济、权责共担的利益共同体和责任共同体,也是一个平等相待、普遍安全、共同繁荣、开放包容、清洁美丽的"五位一体"的和谐世界。其基本要义如下:

平等相待是人类命运共同体的基石。主权平等原则是联合国宪章所确定的最重要原则。它不仅体现在各国主权和领土完整不容侵犯、内政不容干涉,还应体现在各国自主选择社会制度和发展道路的权利应当得到维护,体现在各国推动经济社会发展、改善人民生活的实践应当受到尊重。失去这一基石,国家与国家之间就无和平可言,构建人类命运共同体只能是镜花水月、海市蜃楼。

---

① 习近平.习近平谈治国理政:第2卷[M].北京:外文出版社,2017:523-525.

普遍安全是人类命运共同体的保障。当今世界面临的越来越多的传统与非传统安全威胁，呈现出跨国界、跨种族、跨区域的特征。习近平指出："在经济全球化时代，各国安全相互关联、彼此影响。没有一个国家能凭一己之力谋求自身绝对安全，也没有一个国家可以从别国的动荡中收获稳定。"[①]只有摒弃冷战思维，秉持共同、综合、合作、可持续的安全观，营造共建共享的安全格局，才能使人们远离危险和恐惧，维护好世界和地区和平。

共同繁荣是人类命运共同体的基础。人类命运共同体所追求的发展，是全人类的共同发展，是可持续的发展。要实现这样的发展，就要秉承开放精神，坚持互惠互利，坚持合作共赢，在追求自身利益时兼顾他方利益，在寻求自身发展时促进共同发展。在经济全球化的背景下，各国经济相互依存，经济联系越来越密切。经济上只有各国风雨同舟、和衷共济，才能有效应对诸如金融危机的风暴，避开经济衰退的逆流，躲过市场风险的暗礁，防止世界经济的进一步分化，让经济增长的成果惠及世界人民，从而保障世界真正和平和发展。习近平指出："大家一起发展才是真发展，可持续发展才是好发展。"[②]

开放包容是人类命运共同体的特征。在我们生活的这个星球上，人类文明具有多样性，这是一个客观事实。习近平认为，人类历史就是一幅不同文明相互交流、互鉴、融合的宏伟画卷。不同文明凝聚着不同民族的智慧和贡献，没有高低之别，更无优劣之分。"只有在多样中相互尊重、彼此借鉴、和谐共存，这个世界才能丰富多彩、欣欣向荣。"[③]所以，习近平所倡导构建的人类命运共同体，是一个文明之间相互对话交流而不是相互排斥取代的共同体，是一个尊重各种文明、平等相待、互学互鉴、兼收并蓄的共同体。

清洁美丽是人类命运共同体的底色。习近平指出，地球是人类赖以生存的唯一家园，珍爱和呵护地球是人类的不二选择。虽然人类工业文明创造了前所未有的物质财富，但也造成了难以弥补的生态创伤，环境恶化形势越来越严峻，日益威胁着人类生存。只有坚持环境友好的理念，构筑尊崇自然、绿色、低碳发展的全球生态体系，才能实现人与自然的和谐相处，实现人类永续生存和发展。

四、构建人类命运共同体的战略要求

习近平不仅在一系列双边和多边外交场合多次强调构建人类命运共同体的意义，而且还提出并阐述了构建人类命运共同体的基本路径和战略要求。

---

① 习近平．习近平谈治国理政：第2卷[M]．北京：外文出版社，2017：523.

② 习近平．习近平谈治国理政：第2卷[M]．北京：外文出版社，2017：524.

③ 习近平．习近平谈治国理政：第2卷[M]．北京：外文出版社，2017：524.

第一，构建人类命运共同体，需要世界各国逐步形成人类命运共同体意识，并付诸对外关系实践。习近平认为，世界命运应由各国同掌握，国际规则应由各国同书写，全球事务应由各国同治理。构建人类命运共同体不仅需要各国认识人类命运共同体的愿景目标，更需要明确构建人类命运共同体的现实路径：即政治上，要建立平等相待、互商互谅的伙伴关系；安全上，要营造公道正义、共建共享的安全格局；经济上，要谋求开放创新、包容互惠的发展前景，打造兼顾效率和公平的经济秩序；文化上，要促进和而不同、兼收并蓄的文明交流；生态上，要构筑尊崇自然、绿色发展的生态体系。并且，无论是在国内建设中还是在外交实践上，都要立足现实，以问题为导向，携手解决当今世界复杂变化给人类带来的一系列严峻挑战。各国要相互尊重、平等协商，坚决摒弃冷战思维和强权政治，走对话而不对抗、结伴而不结盟的国与国交往新路。要坚持以对话解决争端、以协商化解分歧，统筹应对传统和非传统安全威胁，反对一切形式的恐怖主义。要同舟共济，促进国际贸易和投资自由化便利化，推动经济全球化朝着更加开放、包容、普惠、平衡、共赢的方向发展。要尊重世界文明多样性，以文明交流超越文明隔阂、文明互鉴超越文明冲突、文明共存超越文明优越。要坚持维护生态环境，合作应对全球气候变化，保护好人类赖以生存的地球家园。

第二，构建人类命运共同体，中国政府应继续坚持走和平发展道路。作为一个正在崛起的新兴大国和人类命运共同体思想的倡导者和推动者，中国政府在对外关系中，在理念上要与时俱进，应信守和平、发展、公平、正义、民主、自由这些全人类的共同价值；必须统筹国内国际两个大局，始终不渝走和平发展道路、奉行互利共赢的开放战略；遵守联合国宪章和国际法所确立的国际关系的基本准则，始终做世界和平的建设者、全球发展的贡献者、国际秩序的维护者；应坚定奉行独立自主的和平外交政策，尊重各国人民自主选择发展道路的权利，反对干涉别国内政，反对以强凌弱；继续重申中国决不放弃自己的正当权益，任何人任何国家不要幻想让中国吞下损害自身核心利益的苦果，但决不以牺牲别国利益为代价来发展自己，在发展过程中应充分考虑其他国家对自己利益的合理关切；树立共同、综合、合作、可持续的新安全观，重申中国无论发展到什么程度，不对任何国家构成威胁，永远不称霸，永远不搞对外扩张；要以新发展理念推进中国和世界的生态文明建设。在外交实践上，中国政府应继续建立和发展全球伙伴关系，扩大同各国的利益交汇点，推进大国协调和合作，正确处理中美、中欧、中日之间存在的现实矛盾，构建总体稳定、均衡发展、不冲突对抗的新型大国关系框架；应按照亲诚惠容理念和与邻为善、以邻为伴的周边外交方针深化同周边国家的关系；应秉持正确义利观和真实亲诚理念加强同发展中国家团结合作，打造好中国—东盟命运共同体、中国—巴基斯坦命运共同体、亚洲命运共同体、中拉命运共同体；应积极参与和引领全球治理进程，为建立共商共建共享的全球治理秩序贡献中国智慧和中国方案。

第三，构建人类命运共同体，我国要进一步推动“一带一路”建设。“一带一路”倡议提出和实施 4 年来，得到越来越多国家的热烈响应，逐渐从理念转化为行动，从愿景转变为现实。目前，与中国签署合作协议的国家和国际组织已达 80 多个。亚洲基础设施投资银行和丝路基金顺利运行，一大批标志性基础性项目扎实推进，各领域人文交流深入开展，“一带一路”建设取得实质性进展。习近平指出：“‘一带一路’是互利共赢之路，将带动各国经济更加紧密结合起来，推动各国基础设施建设和体制机制创新，创造新的经济和就业增长点，增强各国经济内生动力和抗风险能力。”①事实上，“一带一路”已经很好地把我国发展同沿线国家发展结合起来，把中国梦同沿线各国人民的梦想结合起来。联合国秘书长古特雷斯指出：“一带一路”不只是发展物质的项目，还能让人民互联互通。这不仅是为了发展，还有和平。这是“一带一路”倡议的伟大价值所在。② 未来一个时期，中国政府应进一步推进与人类命运共同体高度契合的“一带一路”建设，通过“互通”进一步促进“一带一路”沿线国家的经济政治合作，为人类命运共同体建设探索出一条切实可行的路径。

五、构建人类命运共同体思想的价值与意义

构建人类命运共同体，是中国特色大国外交理论与实践的伟大创新，对党和国家乃至世界都具有重大意义。如今，人类命运共同体思想已经成为联合国有关机构研究习近平新时代中国特色社会主义思想的重要文件，得到国际社会的广泛赞同。

第一，构建人类命运共同体是习近平新时代中国特色社会主义思想的重要组成部分。作为中国外交理论与实践的重要创新成果，构建人类命运共同体成为新时代中国特色大国外交追求的目标，党的十九大正式把构建人类命运共同体列入习近平新时代中国特色社会主义思想的基本方略。从这个意义上讲，人类命运共同体思想的创立对推进马克思主义中国化具有十分重要的意义。

第二，构建人类命运共同体开辟了中华民族伟大复兴的新境界。当今中国比历史上任何时期都更加接近世界舞台的中央，比历史上任何时候都更加接近

① 习近平．弘扬丝路精神深化中阿合作——在中阿合作论坛第六届部长级会议开幕式上的讲话[N]．光明日报，2014-06-06(2)．

② 专访联合国秘书长古特雷斯：“一带一路”有助实现互利共赢[EB/OL]．(2017-05-15)[2018-02-26]．http：//world．gmw．cn/2017-05/15/content_24484952．htm．

实现民族复兴的目标。中国与世界的前途命运空前紧密地联系在一起。习近平倡导并推动构建人类命运共同体,把中国人民的利益和世界人民的利益紧密地结合起来,推动世界各国和平共处、良性互动、合作共赢,既体现了习近平整体性思想下的新全球观,也体现了中国政府和人民对世界的大国担当。中国共产党明确主张要通过统筹国内国际两个大局,通过和平发展道路,构建新型大国关系和人类命运共同体来完成中华民族伟大复兴的历史伟业,这与历史上所有列强国家的崛起之路完全不同,这不能不说是一种全新的境界。

第三,构建人类命运共同体架起了中国话语与西方话语的沟通桥梁。近代以来,在和平发展问题上,西方话语占据绝对统治地位。在国际关系理论领域,现实主义、理想主义和建构主义等也处于话语霸权位置。构建人类命运共同体则是中国话语在人类和平发展问题上的重要表达,它超越了零和博弈的概念,把人类看成一个整体,是当代中国文化和外交理念的生动呈现,展现出独特的中国智慧和鲜明的中国话语特色,实现了中国特色与人类共同价值的统一,赢得了世界各国的认同和欢迎。2017 年 1 月 18 日,习近平在日内瓦联合国总部再次面向全世界阐述共建人类命运共同体的蓝图后,联合国副秘书长米歇尔·西迪贝评价说,习近平主席的演讲让人心潮澎湃。联合国日内瓦办事处总干事迈克尔·穆勒也发表了热情洋溢的肯定性评价,他认为,习近平主席的演讲不仅让在日内瓦现场聆听的人豁然开朗,对整个国际体系也意义重大。诺贝尔经济学奖得主、经济学家安格斯·迪顿认为,人类命运共同体理念是非常伟大的,中国为实现这个目标所做的努力令人钦佩。①

第四,构建人类命运共同体为世界贡献了全球治理的中国智慧与中国方案。当前,世界正处于历史性的深刻变革之中,旧秩序所确定的制度和规则已经无法解决当今世界的一系列全球性问题。正是由此,一些西方的战略家甚至作出“时代失序”的基本判断。有鉴于此,各国都在思考,未来新的国际秩序应当是什么样,如何维护联合国宪章的宗旨和原则,如何保证各国的和平与安全,如何实现人类和谐且可持续性的共同发展。中国倡导构建“五位一体”的人类命运共同体,以独特的中国智慧勾画出未来世界的愿景目标、实践路径,并在对外关系上开展了诸如“一带一路”建设这一风生水起的伟大实践,中国特色大国外交全面推进,我国国际影响力、感召力、塑造力进一步提高。事实证明,中国不仅拓展了发展中国家走向现代化的途径,也为解决人类问题贡献了中国智慧和中国方案。

① 大国外交(第三集):《中流击水》解说词[EB/OL].(2017-05-15)[2018-02-26].http://world.people.com.cn/n1/2017/0929/c1002-29567939.html.

[本文选自《思想理论教育导刊》2018 年第 6 期]

[作者简介] 吕有志，浙江大学马克思主义学院教授，硕士生导师；曾任杭州大学思想理论教学部主任、浙江大学思政教研部主任、浙江大学马克思主义学院党委书记兼副院长等职。邮编：浙江 杭州 310058

构建人类命运共同体对历史唯物主义的原创性贡献

刘同舫

构建人类命运共同体是习近平新时代中国特色社会主义思想的一项具有战略高度和现实紧迫感的理论命题与伟大构想,它以批判性重塑当代全球治理体系为旨归,充分彰显了当代中国共产党人的理想追求和智识精神。试图领会与把握这一伟大构想必须面对和承担的首要任务是:在历史唯物主义的理论视野下,全面深入地检审资本主义全球化所建构起来的世界秩序及其全球治理体系。坚持重审、反思已有的资本主义世界秩序,绝非只有历史唯物主义这一理论进路,但其理论视野无疑具有最为彻底的批判性取向。在历史唯物主义的理论阐述中全面深入地检视、反思和批判资本主义世界秩序是构建人类命运共同体的本质性前提。人类若要超越资本主义全球化所建构的世界秩序,摆脱其意识形态的蒙蔽与束缚,就不能无批判地接受、分享全球资本主义体系的诸多预设前提,而应该不断地迫使自身去迎接某种理论构想的挑战,这种挑战将立足于一种全新的思维方式和实践形态。资本主义全球化所建构的世界秩序及其全球治理体系,已经完全背离了启蒙时代以来人类孜孜追求的以人为主体的"共同体"发展道路。在全球资本主义逻辑的主导下,一些伟大的思想家、政治家所殚精竭虑构想和追求的自由平等、公正合理的世界图景已逐渐暗淡,甚至悄然消逝。

当下时代在资本主义意识形态的灌输和蒙蔽之下,逐渐形成了将资本主义永恒化的日常意识,以至排斥探索一套更符合人类发展的世界秩序及全球治理体系的主张。正因为停滞于资本主义永恒化的精神状态,我们时代的世界图景想象、发展道路探索一度陷入精神危机和智识衰败。在资本主义生产过程中所制造的假象世界里,人们日渐被全球资本主义体系生产的意识形态所蒙蔽、束缚和奴役却难以自觉地冲破,这些意识形态裹挟着"不证自明的正当性",并试图使人们"合理"地舍弃某些世界图景和发展道路的设想与探索。但是,这些设想与探索有益于促成一种更加符合人类本身的世界秩序的建构,其内在精神在现时代依然具有崇高性和吸引力。从历史唯物主义理论的角度来看,这些被"合理"湮没的设想和探索,恰恰是人类生活中最重要的问题,它们在深层意义上真正揭示和阐明了全球资本主义时代人类处境本身存在的问题。中国构建人类命运共同体思想的历史性出场,表面上是中国提出的国际外交理念,实质上则是为破解全球性治理难题贡献的中国智慧和中国方案。这一中国方案秉持着对全球资本主义体系的批判性立场，这种批判性不仅针对当代的国际政治经济秩序，而且针对当代的智识精神景观，是对21世纪历史唯物主义发展的原创性贡献。

一、从“市民社会”到“人类社会”的视域差异：人类命运共同体的哲学立场

马克思在《关于费尔巴哈的提纲》第十条中提出：“旧唯物主义的立脚点是市民社会，新唯物主义的立脚点则是人类社会或社会的人类。”[①]他从“立脚点”的角度区分了新旧唯物主义之间的差异。所谓“立脚点”，即是观察或判断事物时所处的地位、坚持的立场和采取的视域。马克思认为，以费尔巴哈为代表的“旧唯物主义”是一种“直观的唯物主义”，由于“不是把感性理解为实践活动的唯物主义，至多也只能达到对单个人和市民社会的直观”，[②]故其立脚点是“市民社会”。而马克思的“新唯物主义”从主体方面去理解“对象、现实、感性”，把它们都当作感性的人的活动，因而能够超越“直观的唯物主义”，从社会关系的角度去理解人的本质的现实性，展现出其以“人类社会或社会的人类”为立脚点的理论特质。在马克思看来，新旧唯物主义的区分在于它们之间截然不同的“立脚点”，也就是“市民社会”与“人类社会”的视域差异，这一视域差异深刻地揭示了资本主义经济全球化与人类命运共同体之间哲学立场的根本分歧。

（一）“市民社会”与资本主义经济全球化

从学术传承的意义上看，马克思最初对“市民社会”的批判考察与合理承续的是黑格尔的思想遗产。黑格尔在《法哲学原理》中指出：“市民社会，这是各个成员作为独立的单个人在一个形式的普遍性中的联合，这种联合是通过成员的相互需要，通过法治作为保障人身和财产的手段，并通过一种外部秩序来维护他们的特殊利益和公共利益而建立的。”[③]在黑格尔的理解中，“市民社会”包含着两个原则：一是市民社会成员作为独立的单个人把自身作为特殊的目的，二是每个市民社会成员都必须通过普遍性形式的中介才能使自身得到满足。因此，有论者认为：“黑格尔在此对市民社会的基本界定遵循的是斯图亚特、亚当·斯密这些古典经济学家的自由市场模式。”[④]黑格尔的市民社会原则包含着正反两方面的内容：一方面，市民社会使具体的个人从古代或中世纪的共同体束缚之中解

---

① 马克思恩格斯文集：第1卷[M].北京：人民出版社，2009:502.

② 马克思恩格斯文集：第1卷[M].北京：人民出版社，2009:502.

③ 黑格尔.法哲学原理[M].邓安庆，译.北京：人民出版社，2016:296.

④ 王小章.从“自由或共同体”到“自由的共同体”：马克思的现代性批判与重构[M].北京：中国人民大学出版社，2014:46.

放出来,使自身作为特殊目的获得了合法性;另一方面,市民社会是满足个人私利的自由市场社会,具体个人之间的关联只是一种普遍性形式的联合,即成员之间关联性的建立无非是为了满足彼此之间的需要或自然欲望。

马克思批判性地吸收了黑格尔对于市民社会的描绘与理解。日本学者望月清司认为,"马克思将市民社会看成是与人的共同本质相分离的、利己的人(homme)的权利领域"[①],并用于指称作为近代政治革命结果而产生的近代市民社会,"其本身同时还存在着无政府性竞争和追逐私利体系的奴隶制(市民社会的奴隶制)"[②],据此理解,整个市民社会就是一场露骨的追逐营利的"普遍运动"[③]。在这场"普遍运动"中,市民社会成员由于受到自身自然禀赋和后天条件的限制,必然会在市民社会内部形成区别和分化,也就是黑格尔指出的个体分属于各方面的特殊体系而形成了"等级的差别"。黑格尔早已指明,作为精神特殊性的客观法"在市民社会中不但不消除人的自然不平等(自然就是不平等的始基),反而从精神中产生不平等,并把它提高到在技能和财富上、甚至在理智教养和道德教养上的不平等"[④]。基于此,马克思得出结论:市民社会就是私人等级,私人等级是市民社会直接性与本质性的等级。市民社会本身蕴含着等级性,等级结构就是市民社会的本质性结构。

随着资本主义经济全球化的扩展和深入,市民社会的等级性结构也随之嵌入到"世界市场"的范围内。在资本主义经济全球化的意识形态叙事中,现代世界范围内的主权国家、国际组织、族群组织、跨国公司以及个体公民都是世界市场中普通的、平等的主体成员。但各层次的主体成员在经济实力、政治影响、生活水平等方面都现实地存在着等级差别,而且这些差别以它们固有的方式发挥作用,并表现出自身的特殊本质。由此,资本主义全球化显示出两种既相互矛盾又相互关联的特征:一方面在形式上宣称所有主体成员都是平等的,另一方面又在实质上使不同的主体成员形成等级差别,在经济上形成"先进—落后"的发展格局,在文化上形成"文明—野蛮"的文明史观,在政治上则形成霸权主义的国际秩序。尽管资本主义生产方式的发展带来了经济全球化,并历史性地建构出一个世界市场,但它没有形成与之相应的民主化、法治化及合理化的全球善治秩序,反而使得经济全球化和世界市场始终只能是部分霸权主义国家的附属品。

从理论分析上说,全球化过程中所形成的霸权主义是市民社会等级性结构

① 望月清司.马克思历史理论的研究[M].韩立新,译.北京:北京师范大学出版社,2009:208.

② 望月清司.马克思历史理论的研究[M].韩立新,译.北京:北京师范大学出版社,2009:208.

③ 马克思恩格斯文集:第1卷[M].北京:人民出版社,2009:316.

④ 黑格尔.法哲学原理[M].邓安庆,译.北京:人民出版社,2016:342.

的政治表现，而从历史发展上说，霸权主义形成的另一个原因则在于市民社会的殖民特性。在《德意志意识形态》中，马克思、恩格斯就指出："市民社会包括各个人在生产力发展的一定阶段上的一切物质交往。它包括该阶段的整个商业生活和工业生活，因此它超出了国家和民族的范围，尽管另一方面它对外仍必须作为民族起作用，对内仍必须组成为国家。"①随同资产阶级发展起来的"真正的市民社会"内在地要求海外殖民，现代世界的市民社会不可能只是一国之内的自由市场社会，而是伴随资本主义的经济全球化的蔓延必然成为超出民族和国家的世界市场，催生这一结果的过程就是"殖民扩张"。黑格尔曾指出："市民社会受这种辩证法推动而超出自身之外，首先是超越这个特定的社会，以便向它之外的其他民族去寻求消费者，从而寻求必需的生活数据，这些民族或者缺乏它所生产过剩的物资，或者一般地在工艺等方面落后于它。"②诸如自由贸易、海外扩张以及随之而来的战争等体现市民社会殖民性特征的历史作为，正是黑格尔"世界历史"的现实起点。在黑格尔看来，一切发达的市民社会都必然被驱使走向殖民事业，它们之间只不过存在着零散与系统的区别。在这种具有等级性和殖民性的世界市场中，所谓的"发展"其实只能是"片面发展"，而不可能是"共享发展"。这种发展模式不是将全人类都作为"命运共同体"的主体成员，不是为了满足所有主体成员的需要，也不是为了促进所有主体成员的全面发展，而是为了满足一些拥有"资本"和"霸权"的主体成员的利己主义的需要与欲望。不同主体成员之间的普遍联合，无非就是一种形式上的联合，其普遍性也只是"抽象的普遍性"——"一种内在的、无声的、把许多个人自然地联系起来的普遍性"③，根本无法走向人类真正的联合与解放。

（二）"人类社会"与人类命运共同体

由于市民社会本身的局限性以及资本主义经济全球化存在的等级性和殖民性问题，全球发展日益呈现出不平衡、不合理的矛盾状态：一方面，一切民族国家的生产和消费成为世界性现象，整个世界日趋一体化和同质化；另一方面，在资本关系所到之处，各种新的经济差异和政治等级被不断地再生产出来。结果，"由跨国资本主导的特定全球化形式表现为一种'单向度的全球化'，即发达国家单方面主导、渗透和支配不发达国家的全球化模式"④。正是基于这种"单向度的全球化"的发展状况，由西方资本主义国家主导形成了一套西方中心主义的全

① 马克思恩格斯文集：第1卷[M]. 北京：人民出版社，2009：582.

② 黑格尔. 法哲学原理[M]. 邓安庆，译. 北京：人民出版社，2016：375.

③ 马克思恩格斯文集：第1卷[M]. 北京：人民出版社，2009：501.

④ 郗戈. 超越资本主义现代性——马克思现代性思想与当代社会发展[M]. 北京：中国人民大学出版社，2014：136.

球治理体系。无论是世界市场的形成还是全球治理体系的出现，都有助于将整个现代世界更加紧密地联系在一起，并使得原本分散的国家、民族之间逐渐形成互相依存的结构性关系，由此客观地推动全球性共同体的发展。但是，由于当前的世界市场和全球治理体系都是以具有高度逐利性的资本作为治理全球的主要手段，因而，在这种历史条件下所形成的全球性共同体不过是立足于“市民社会”视域的“货币共同体”或“资本共同体”。在资本逻辑的推动下，它通过世界市场和全球治理体系的运作，把资本主义国家内部的利益结构扩展到全世界范围内。诚如马克思、恩格斯所说，资产阶级按照自己的面貌为自己创造出一个世界，而这个世界与资本主义国家的内部格局具有“同构性”：在国内，“资产阶级使农村屈服于城市的统治”；在世界范围内，资产阶级“使未开化和半开化的国家从属于文明的国家，使农民的民族从属于资产阶级的民族，使东方从属于西方”。[①] 全球性的“资本共同体”如同“国家”一样，本质上还是一种“虚假”的共同体，尤其存在着某些占据霸权地位的主体成员把自身的特殊利益伪装成人类普遍利益的现象。

然而，随着社会生产总过程的全球化，一切民族国家的生产和消费都逐渐具备世界历史性特征，资本主义经济全球化所开拓的世界市场也不再只是某些霸权国家的附属品，而是愈发成长为不由单一主体成员主宰的独立自主的世界体系。诚如习近平总书记指出的：“新兴市场国家和发展中国家对全球经济增长的贡献率已经达到80％。”[②]这种深刻变化使得人类社会的发展有可能超越压迫性的全球资本主义再生产过程，克服“单向度的全球化”的发展状况，摆脱西方中心主义的全球治理体系，从而走向更平等、更合理、更多元的新世界秩序。在全球资本主义世界体系之后将有可能出现一个新的“世界体系”，它不再是西方中心主义式的“一国独霸”或“几方共治”，不再是为霸权主义国家利益服务的资本体系，而是奉行双赢、多赢和共赢的新理念，力求打造出由各国共同书写国际规则、共同治理全球事务、共同掌握世界命运的人类共同体，从而在共同发展中最大限度地实现各方利益的最大公约数，共享经济全球化的发展成果。这就是中国倡导构建的人类命运共同体。

在历史唯物主义的理论视野中，“共同体”范畴在时空上的演进形态是从“自然形成的共同体”经由“虚假的共同体”走向“真正的共同体”（或称“自由人联合体”）。在这一历史延展过程中，人类命运共同体作为体现马克思主义政治哲学

---

① 马克思恩格斯文集：第2卷[M]．北京：人民出版社，2009：36.

② 习近平．共担时代责任，共促全球发展——在世界经济论坛2017年年会开幕式上的主旨演讲[N]．人民日报，2017-01-18(3).

逻辑的全新世界图景构想，为世界秩序的构成方式注入了一种新的实践观念，必将使人类的存在方式和思维方式发生深刻变革，从而极具针对性地回应从“虚假的共同体”向“真正的共同体”转变过程中所产生的一系列全球性治理难题和挑战。虽然人类命运共同体和“真正的共同体”在现实基础和哲学理念上存在着一定的张力，但由于人类命运共同体本质上是对资本主义全球化历史进程的“拨乱反正”，充分昭示了“人类解放”的价值诉求和发展理念，故其基本立脚点或者说哲学立场必然是“人类社会或社会的人类”。这一立脚点决定了它能够在全球化时代引领各个个体、民族和国家的前进方向，为最终实现“真正的共同体”奠定世界历史的基础。

在社会理想的意义上，人类命运共同体以“人类解放”或“真正的共同体”为价值诉求，这意味着它是从“人类社会或社会的人类”的哲学视域出发对现存不合理的世界市场体系和全球治理体系进行反驳与批判的。这种反驳与批判不是要把人类命运共同体当作完美的、固化的客体性存在，当作与资本主义全球化相分离的形态而同资本主义全球化相对照，而是要在批判资本主义全球化的过程中发现、阐释和建构出更符合人类社会发展的新世界图景。伊格尔顿指出：“马克思正是在现实逻辑失灵、步入自相矛盾的死胡同的情况下，找到了一个理想化未来的轮廓。未来的真正景象就是现实的破产。”[①]人类命运共同体思想的批判意义就在于把现行的世界市场体系和全球治理体系所掩盖的剥削性社会关系揭示出来，从而打破资本主义意识形态的再生产，反抗与这种意识形态相适应的观念、概念和思维形式，结束那种将资本主义永恒化的精神状态的产生方式，并在此基础上探索出一条更加符合人类社会发展的历史通道。

构建人类命运共同体作为走向“真正的共同体”的世界历史性阶段，必须自觉地从“人类社会或社会的人类”的哲学立场出发，变革世界市场体系和全球治理体系，发展全球性社会生产力，即对全球范围内的物质利益关系进行革命性变革，逐渐把人们从全球资本主义的束缚中解放出来，并在促进生产力发展和深化普遍交往的基础上不断扩大人类的共同利益交汇点，提升人类利益的“共同性”水平，减缓乃至化解不同主体成员之间的特殊利益冲突。

二、世界历史进程中的共同利益：人类命运共同体的现实指向

无论是立足于“市民社会”的资本主义经济全球化，还是立足于“人类社会”的人类命运共同体，其现实表现和现实发展都是世界历史进程中的一部分。因

---

① 特里·伊格尔顿.马克思为什么是对的[M].李杨，等译.重庆：重庆出版集团，重庆出版社，2017：61.

此，构建人类命运共同体，超越资本主义全球化及其治理体系，必须在世界历史的理论视野中进行审视与考察。

马克思、恩格斯在《德意志意识形态》中指出："大工业创造了交通工具和现代的世界市场，控制了商业，把所有的资本都变为工业资本，从而使流通加速(货币制度得到发展)、资本集中"，由此"首次开创了世界历史"，因为"它使每个文明国家以及这些国家中的每一个人的需要的满足都依赖于整个世界，因为它消灭了各国以往自然形成的闭关自守的状态"。[①] 由此可见，随着资本主义工业化的全球扩展以及资本主义经济全球化的深化发展，世界范围内的个体、族群、民族和国家之间的交往联系更加紧密，人类历史也实现了从自然形成的地域性民族史向资本逻辑主导的世界历史的转变。在这一转变过程中，一方面，资本无限增殖、扩大和宰制的逻辑，必然要求打破一切民族国家的闭关自守状态，把一切自然形成的区域性生产和消费变成由资本支配的世界性生产与消费，这使得一切民族国家的发展越来越受到世界市场体系的结构性限制，受制于资本主义经济全球化的固有矛盾；另一方面，由于世界范围内相互影响的活动范围在演进发展中不断扩大，各民族的原始封闭状态在"日益完善的生产方式、交往以及因交往而自然形成的不同民族之间的分工"[②]的影响下也不断被消灭，从而形成了全球性的利益依赖关系以及全球性的经济、政治和文化的普遍交往。在世界历史进程中，无论是全球资本主义矛盾的爆发，还是任何一国的经济动荡或政治冲突，都可能通过世界市场体系和全球治理体系蔓延到整个世界政治经济体系，扩展为对全体人类生存与发展的严重威胁。这无疑是以否定性的形式肯定了世界各国具有越来越广泛的共同利益和价值共识，其中最显著的就是各国共同面临诸多全球性治理难题。"这个世界，各国相互联系、相互依存的程度空前加深，人类生活在同一个地球村里，生活在历史和现实交汇的同一个时空里，越来越成为你中有我、我中有你的命运共同体。"[③]就此而言，在现代世界历史进程中，构建人类命运共同体具有非常明确的现实指向：必须克服资本逻辑支配下的世界市场体系危机，并在深化普遍交往中提升人类利益的"共同性"水平，从而为变革、完善世界市场体系与全球治理体系以及为实现共商共建共享共赢的全球治理方案奠定坚实的物质生产基础和精神智识基础。

(一)资本逻辑与异己力量的形成

从世界历史的演进历程来看，以资本逻辑为中心的资本主义大工业生产最

① 马克思恩格斯文集：第1卷[M].北京：人民出版社，2009：566.

② 马克思恩格斯文集：第1卷[M].北京：人民出版社，2009：541.

③ 习近平.习近平谈治国理政[M].北京：外文出版社，2014：272.

终促成的世界历史不同于以领土占有和宗教统治为主导的古代或中世纪历史，它是以贸易自由和经济一体化为主导的现代历史。有论者指出："这一过程，超出了原有自然法基础上形成的以耕作（cultivation）为法理根据的殖民秩序，而将这种以基督教普遍性为基础的'文明化任务'转化成了以商业资产阶级为基础的'商业化运动'（commercialisation mission）。与前者不同，后者所形成的世俗化的世界秩序中，其格局不再是意识形态的冲突，也不需寻求在一种神权意志下进行的平等教化。相反，则更希望在一种差序世界格局中，维持贸易的垄断与利益的最大化。"①马克思对这种"维持贸易的垄断和利益的最大化"有更为深刻的认识。他指出，在现代世界历史进程中，资本的自我增殖本性必然推动资产阶级在全球范围内扩展资本主义的生产方式，并形成一个以资本主义生产方式为主导的世界市场体系。这个世界市场体系构成了资本主义经济全球化的基本运作机制，也构成了现代世界历史的现实基础。因为以世界市场体系为基础而形成的资本主义全球化运动使人类摆脱了地域性的发展局限和对自然的宗教崇拜，突破了传统的政治、经济和文化方面的区隔与藩篱，整个世界由此呈现出一体化、同质化的发展趋势。但自20世纪以来，日益一体化、同质化的世界历史发展趋势不仅没有实现人类社会的共同发展和人的主体性解放，反而成为了人类自身的异己性压迫力量与强制力量，形成了世界市场的"异己性支配秩序"，出现了"抽象成为统治"的最根本事实。诚如有论者所指出的："资本的唯一本性就是无限增殖自身，而资本为了增殖自身，就必须把一切都纳入到资本逻辑的强大的抽象同一性之网中。在资本主义社会里，这种'抽象的力量'是以资本增殖为核心的市场交换价值体系具体体现出来的。'交换价值'和'交换原则'成了压倒一切的主宰力量，在它的无坚不摧的强大同一性'暴政'下，人与物的一切关系都被颠倒了，不是人支配和使用物，而是物反过来控制和奴役人。"②

在《德意志意识形态》中，马克思指出，随着资本主义在欧洲的兴起以及交通和贸易的发展，特别是伴随着这种发展而加速的殖民扩张，大规模的全球贸易活动将世界彻底联系在一起，原本分散的民族、国家与区域之间逐渐形成了相互依赖的关系，普遍联系的世界历史进程得以形成，人类历史也开始了向世界历史的转变，这种转变使得每一民族的变革都依赖于其他民族。这表明每个人的世界历史性活动已经成为经验事实，并且在这些内含世界历史性特征的个人活动之间能够产生经验上普遍的共同利益。"这种共同利益不是仅仅作为一种'普遍的东西'存在于观念之中，而首先是作为彼此有了分工的个人之间的相互依存关系

---

① 章永乐．万国竞争：康有为与维也纳体系的衰变[M]．北京：商务印书馆，2017（序二）：29．

② 王庆丰．《资本论》的再现[M]．北京：中央编译出版社，2016：212-213．

存在于现实之中。”①然而，在资本主义全球化的历史条件下，随着社会生产总过程的全球化以及生产分工的发展，“各个人所追求的仅仅是自己的特殊的、对他们来说是同他们的共同利益不相符合的利益，所以他们认为，这种共同利益是‘异己的’和‘不依赖’于他们的，即仍旧是一种特殊的独特的‘普遍’利益，或者说，他们本身必须在这种不一致的状况下活动，就像在民主制中一样”②。在现代世界历史进程中，虽然每一个主体成员在摆脱种种地域的、民族的、文化的局限之后，与整个世界市场的物质、精神生产都发生了实际联系，但在资本主义的世界市场体系中，这种实际联系却衍生出一种完全异己的力量，这种力量威慑和驾驭着发生实际联系的每一个主体，使得主体成员“越来越受到对他们来说是异己的力量的支配（他们把这种压迫想象为所谓世界精神等等的圈套），受到日益扩大的、归根结底表现为世界市场的力量的支配”③。马克思指出，这种完全异己的力量往往被抽象的思辨方式想象为“世界精神”的圈套，从而把对世界秩序的理论解释引向了神秘主义的方向。但是，“凡是把理论引向神秘主义的神秘东西，都能在人的实践中以及对这种实践的理解中得到合理的解决”④。人类历史的发展进程早已表明，“历史向世界历史的转变，不是‘自我意识’、世界精神或者某个形而上学幽灵的某种纯粹的抽象行动，而是完全物质的、可以通过经验证明的行动，每一个过着实际生活的，需要吃、喝、穿的个人都可以证明这种行动”⑤。由此可见，构建人类命运共同体作为对世界市场体系和全球治理体系的变革与完善，并不仅仅是一种批判性的道德理想，更是一种建构性、共享性的交往秩序体系。在这一交往秩序体系中，“人类”有可能实际地作为一个有机整体来进行生存和发展活动，即在普遍交往中所形成的共同利益基础上作为一个现实主体来实现自身本质的活动，从而规定和展示自身的“类本质”。

（二）普遍交往与共同利益的建构

在马克思对人类社会发展的历史唯物主义分析中，“交往”与“普遍交往”占有独特的地位，构成了其分析社会历史的突破口之一。早在《穆勒评注》中，马克思对于“交往”就有深刻的认识，他指出：“不论是生产本身中人的活动的交换，还是人的产品的交换，其意义都相当于类活动和类精神——它们的真实的、有意识的、真正的存在是社会的活动和社会的享受。”⑥“交往”在马克思看来具有本源

① 马克思恩格斯文集：第1卷[M]．北京：人民出版社，2009：536.
② 马克思恩格斯文集：第1卷[M]．北京：人民出版社，2009：537.
③ 马克思恩格斯文集：第1卷[M]．北京：人民出版社，2009：541.
④ 马克思恩格斯文集：第1卷[M]．北京：人民出版社，2009：501.
⑤ 马克思恩格斯文集：第1卷[M]．北京：人民出版社，2009：541.
⑥ 马克思恩格斯文集：第42卷[M]．北京：人民出版社，1979：24.

性的意义,是一种“类活动和类享受”以及“社会的活动和社会的享受”,也就是人的“类本质”和“社会本质”,是人的本性或人的本真形态。对“交往”的认识,在马克思后来的思想中有更进一步的发展。他在1846年写给安年科夫的信中指出:“社会——不管其形式如何——是什么呢?是人们交互活动的产物。”①这一论述表明作为现实生产过程的人类社会发展本身离不开交往,“交往”构成了现实生产过程中不可或缺的环节,甚至在人类社会发展史上具有本质性的意义。有论者指出:“人类历史的发展,只能以解放交往而不是束缚交往为根本路径,世界历史的变革根本性的就是要破解资本主义生产方式、社会制度等对人类的交往所造成的各种束缚,从而把人从资本主义的交往异化之中解放出来。”②当然,这只是马克思哲学从存在论层面对“交往”所作的剖析,而一旦将“交往”落实到历史的、具体的社会结构层面,则会呈现出不同的表现形式。

在资本主义全球治理体系中,“交往”的落实形成了一种理念与事实相背离的国际秩序:在理念层面宣称所有民族国家不论大小都是普遍平等的主体成员,但在事实层面却构筑出不平等的、霸权主义的等级结构,并且这一等级结构被资本主义的国际分工不断地巩固加强。这种国际秩序通过生产力的发展和交往关系的变革,逐渐消灭了生产资料、财产和人口的分散状态,使得生产资料和财产聚集在少数人的手里,形成了少数资产者对多数无产者的统治。这一统治状态决定了它只能是小部分人的“美好世界”,却不可能是大部分人的“共同体”。大部分底层民众并没有充分共享到全球化的发展成果,他们在生物学意义上被当成“人类”的一员,却没有在共享发展成果的意义上成为“人类”的主体。虽然资本主义全球化打破了地域性、封闭性的生产方式,建立了人类之间的普遍交往,使得人类共同利益成为世界历史条件下“所有相互交往的人们的共同利益”,但在资本主义生产方式占主导地位的社会状态中,每个主体成员追求的只是自身的特殊利益,共同利益则成为一种特殊的“普遍利益”,而且其“共同性”水平不仅没有超越特殊利益,反而受到特殊利益的制约。

为了超越特殊的、独特的“普遍利益”形式,人们必须在深化全球化发展过程中建立真正的“普遍交往”,推动人类形成新的共同体,即一种将所有人都视为共享全球发展成果的主体成员的“人类命运共同体”,使得具有更高水平“共同性”的“人类利益”成为具体的现实。因此,构建人类命运共同体需要对人们在全球交往关系中的现实地位进行具体分析,并在生产力发展的基础上重塑一种能够支持人类命运共同体的交往关系结构。在塑造新的交往关系结构的过程中,人

---

① 马克思恩格斯文集:第10卷[M].北京:人民出版社,2009:42.

② 王海锋.历史唯物主义世界观的当代阐释[M].北京:中国社会科学出版社,2016:249.

类命运共同体作为一种新的世界图景构想，欲要成为凝聚集体认同、指导集体实践的历史愿景，就必须具备能够在不同的个体、族群、民族和国家等主体成员中唤起共同需要、共同向往的吸引力。这种“共同”并不意味着取消不同主体成员之间的差异，反而是立足于差异，并在不同主体成员的普遍交往中寻找更高层次的“共同性”。构建人类命运共同体要求自觉地从“人类社会或社会的人类”的哲学立场出发，基于“共同发展”和“合作共赢”的理念建立起真正的普遍交往，从中寻找和实现一种新的“共同性”，即从人类的生产关系和生活空间中寻找和实现更高水平的“共同性”。在这种新的“共同性”中，人类的“交往实践”是平等、合理、多元的联合与共享。从这个意义上说，构建人类命运共同体具有共同创造人类美好未来的伟大历史意义，它意味着坚持交流互鉴与合作共赢，意味着进一步发展社会生产力、释放社会创造力，从而推动建设一个开放包容和共同繁荣的世界，并使一切生产力被联合起来的主体成员所共同享有和支配。

当然，我们必须清醒地认识到，在当前历史条件下，构建人类命运共同体是在资本主义全球化及其治理体系的基础上进行的世界秩序结构的改造与提升。对现行全球治理体系的改造与提升必须继承资本主义全球化所创造的物质生产基础和精神文明基础。构建人类命运共同体的中国方案不是要把现行的全球治理体系全盘推翻，而是要克服现行全球治理体系的缺陷，使之更加合理公正。因此，对全球化的构成内容进行历史性分析是构建人类命运共同体的内在要求，我们必须洞悉其产生危机的根源，揭示其历史文明的价值，并在此基础上正确认识和处理全球化过程中的社会主义与资本主义的关系问题。

三、全球化的构成分析与全球治理体系的变革：人类命运共同体的实现路径

现代世界历史进程中的全球化问题，实质上是资本主义全球治理体系所导致的经济发展危机、霸权主义危机和西方文化中心主义问题。对于坚持马克思主义世界历史理论的全球化论者而言，面对一系列的治理难题首先需要回答的是，在资本主义全球治理体系产生危机之际，全球化本身所蕴含的世界历史价值、人类文明价值是否也应该一同受到质疑？我们必须追问和厘清资本主义全球治理体系产生危机的原因，同时还必须进一步追问，资本主义全球治理体系产生的危机是否会阻碍全球化的扩大与深化？即必须追问“全球化”之为“全球化”的根本原因，明确这一根本原因与资本主义全球化之间的相关性何在。为了回答这一系列问题，我们不能笼统地对待全球化，必须对全球化的构成内容进行具体分析，进而阐明全球化对于世界历史、人类文明的价值。

从历史唯物主义的理论视野出发，我们或许可以将全球化具体地区分为“作

为承载生产力普遍发展的全球化”和“作为规范人类普遍交往的全球化”两个层次。前一个层次指的是社会生产总过程的全球化，是全球化的“物质内容”；后一个层次指的是世界市场体系和全球治理体系，是全球化的“社会形式”。这两个层次相互影响、相互作用：前者是后者的动力之源，具有根本性，为后者的建立提供物质性支撑；后者是前者的阶段性文明结晶，具有衍生性，为前者的发展提供价值正当性论证。根据英国学者G. A. 科恩的“发展命题”——“生产力趋向发展贯穿整个历史”[①]，生产力的普遍发展趋势具有自主性，从根本上是为了解决人类自身的物质匮乏问题。生产力作为一种主动的创造性力量，在面对人类历史中的各种挑战时，既需要寻找、建构能够引领历史前进方向的交往形式，也必须根据不同的历史条件不断调整、变革交往形式，由此才能推动生产力持续、普遍的发展，这一过程体现了生产力与交往形式相互作用的辩证法。“交往形式进一步发展，作为人的生活的‘现实的条件’，它与人的活动之间会不断呈现这种‘适应—矛盾—递进’的状态和过程。起初这些不同的交往形式，是自主活动的条件，后来却变成了它的桎梏，它们在整个历史发展过程中构成一个有联系的‘交往形式’的序列：已成为桎梏的旧交往形式被适应于比较发达的生产力，因而也适应于更进步的个人自主活动方式的新交往形式所代替；新的交往形式(a son tour)又会变成桎梏，然后又为别的交往形式所代替。”[②]因此，全球化的“物质内容”始终是世界历史中的一个自主性的力量趋势，而其“社会形式”既是“物质内容”的历史结果，同时也必须承受其“物质内容”的历史检验和历史变革。

基于全球化的两个层次区分，我们可以更深入地理解现代世界历史进程中的全球化问题。资本主义全球治理体系作为全球化的“社会形式”之一，其所产生的危机并不直接意味着全球化的“物质内容”应该被质疑或否定。辩证地看，它恰恰是全球化的“物质内容”所需要面对的新的历史挑战。资本主义全球治理体系的危机是资本主义生产方式以具有高度逐利性的资本作为治理全球事务之主要手段的发展性危机，也是这一治理体系不再适应全球化的“物质内容”的总体性危机。在美国等资本主义国家的主导下，全球治理体系一直朝着霸权主义的方向演变，这使得各民族国家参与全球治理体系的核心目标都是维护自身国家安全而不是共建共享普遍安全的世界。中国自身日益强大的影响力加剧了该体系的瓦解，但中国强大的影响力仅是其瓦解的重要因素之一，更为致命的或许还是该体系自身存在的问题。因而，如果要消除资本主义经济全球化及其全球治理体系所产生的种种负面效应，就必须贡献更加符合作为承载生产力普遍发

① G. A. 科恩. 卡尔·马克思的历史理论——一种辩护[M]. 北京：高等教育出版社，2008：163.

② 聂锦芳. 批判与建构：《德意志意识形态》文本学研究[M]. 北京：人民出版社，2012：479.

展的全球化的新构想，即构建一个更能推动全球生产力普遍发展，更为平等、公平和多元的人类命运共同体。

根据这种对世界历史进程中全球化问题的理解方式，则无须对全球化的暂时性兴衰抱以简单的形而上学态度，应当用历史的眼光来审视全球化的发展过程，进一步探索全球治理体系的变革之法，以求全球化的"社会形式"能够成为引领历史发展的交往形式，而不是在其成为阻碍和限制历史发展的同时，还通过生产资本主义意识形态来证明自身的存在价值。构建人类命运共同体应是通过建构新的全球治理体系以推动全球生产力普遍发展的世界历史过程，它指向的是一个保存民族独特性而又超越民族国家体系的全新世界体系。人类命运共同体与资本主义全球治理体系一样，面对的是全球化的发展与危机问题，但其处理方式却与资本主义全球治理体系截然不同，它着眼于社会主义意义上的共享共建和合作共赢，追求的是普遍安全和共同繁荣的世界。从"人类社会"的哲学视域来看，资本主义全球治理体系不仅无助于解决全球化问题，反而加剧了全球性的矛盾与冲突。这种全球治理体系试图依托资本逻辑的支撑形成的方案来应对与消解全球化发展所产生的各种跨国危机，企图在国际政治框架之内来解决新问题，认为全球化产生的新问题只是复杂化了的跨国问题，其方式并没有超越民族—国家体系，这一应对方案与错误认知正是全球治理体系的弊端所在。与此不同，人类命运共同体把人类的整体发展问题作为考量对象，以创造和保护人类共同利益作为自身目标，追求的是具有更全面、更高层次的"共同性"的全球治理体系。

在当前历史时期，为了克服资本主义全球治理体系的弊端，构建人类命运共同体的关键在于发挥其对全球化的引领作用。这种引领作用至少表现在以下两个方面：一方面是人类命运共同体作为一种反思性、批判性的理论体系，为"作为承载生产力普遍发展的全球化"及其治理体系提供价值正当性论证，帮助人们应对和解决在"作为规范人类普遍交往的全球化"上已面临的资本主义危机问题；另一方面则是通过这种价值正当性论证形成一种公平合理的全球性有机公共生活，创造一种更加合理、平等和多元的世界秩序。为实现这一引领作用，构建人类命运共同体的根本任务在于从"人类社会或社会的人类"的马克思主义立场出发，自觉秉持一种更加能够丰富人的本质之现实性的全球治理观，坚持建构出能够驯服和驾驭资本、吸取资本主义一切肯定成就的共享型全球治理机制。

有论者指出，马克思"将资本主义的基本矛盾尖锐化而导致的社会主义与跨越资本主义的'卡夫丁峡谷'而建立起来的社会主义严格地区别开来"，认为两者的主要区别就在于"前者是建立在'资本主义的一切肯定成就'基础上的社会主义，是'资本主义后'的社会主义，而后者则是有待于'吸取资本主义一切肯定成就'的'资本主义前'的社会主义,所以它处在资本主义生产方式同一序列上"。[①]就此而言,中国特色社会主义的实践道路在当前全球资本主义体系中,与资本主义生产方式处于同一序列上,它有待于吸取资本主义一切肯定的成就。根据这条实践道路贡献出来的人类命运共同体的伟大战略构想,其最重大的历史意义就是发展了马克思所揭示的另一条改造和变革全球资本主义体系的道路。这条道路同样是以生产力的普遍发展以及与此相联系的世界交往为前提,在吸收各个国家的优秀成果基础上所创立的能够凝聚不同民族、不同信仰、不同文化、不同地域人民的共识的社会主义道路,从而将所有民族国家都纳入到更加平等、合理、多元的人类命运共同体之中。在当前的时代,这条道路不仅要求"资本主义前"的社会主义吸收一切资本主义的肯定成就,而且要求社会主义国家秉持平等共享的原则帮助其他落后的国家走上更加合理持续的道路。

由此可见,在构建人类命运共同体的历史过程中,社会主义与资本主义的关系问题以新的形式、新的作用展开。在人类命运共同体的实践旨趣中反思全球化问题,开辟出一个重新理解世界历史进程的新视角,即把世界历史进程理解为反资本主义全球化的全球化建设过程。"反"资本主义全球化的人类命运共同体建构恰恰构成了全球化的合理动力,而对资本主义全球化的"反",不仅仅是理论生成上的"反思",更是结合了中华文明传统的马克思主义式的"拨乱反正",其中"反思"是认清世界历史的发展进程和规律,"拨乱反正"则是发挥社会主义的力量以反作用于资本主义全球治理体系。正如有论者所指出的,必须"将资本主义世界体系同样视作可以在实践中发生变化,并现实地在不同经济制度与要素的博弈过程中蕴含着自我改造与扬弃可能的综合性主体,在这一体系通过资本逻辑对社会主义国家施加影响、进而将其内化于自身的同时,社会主义的逻辑也在这种为其摄纳的过程中促使这一体系发生重大而深刻的变化"[②]。

四、人类命运共同体的理论效应:历史唯物主义作为一种"建构性世界观"

马克思认为:"哲学家们只是用不同的方式解释世界,问题在于改变世界。"[③]对于马克思来说,历史唯物主义理论本身不仅是一种"解释世界"的哲学体系,更是一种力求"改变世界"的革命学说。作为一种革命学说,它要求批判性地认识资本主义世界,也要求建构性地阐明一个新世界的性质、特点、构成和原

① 陈学明,等.中国道路的世界意义[M].天津:天津人民出版社,2015:228.

② 鄢一龙,等.大道之行:中国共产党与中国社会主义[M].北京:中国人民大学出版社,2015:40.

③ 马克思恩格斯文集:第1卷[M].北京:人民出版社,2009:502.

则。就此而言,历史唯物主义理论本身就是马克思主义的“世界观”,展现了马克思主义关于人类社会发展的根本立场、总体观点和方法论,始终蕴含着批判性与建构性的统一。对资本主义世界的批判性认识是阐明一个新世界的理论前提,而对一个新世界的建构性阐明则是批判资本主义世界的理论指向。但这一理论指向的呈现不仅与批判资本主义世界相关,也与社会现实的发展水平相关。构建人类命运共同体的提出与实践彰显了社会现实力求不断发展完善的内在要求,也为历史唯物主义建构性地阐明一个新世界奠定了基础。所以,重视在历史唯物主义理论视野下探讨人类命运共同体问题的同时,我们还必须思考人类命运共同体何以将历史唯物主义理论带入一个新的思想和历史高度的问题。这意味着历史唯物主义理论和人类命运共同体的关系问题包括两个密切相关的内容:历史唯物主义理论视野中人类命运共同体的阐释问题和历史唯物主义理论自身在人类命运共同体中的创新发展问题。后一个问题实质上即是人类命运共同体的理论效应问题,其中最重要的是如何引导历史唯物主义理论成为全球化时代的一种“建构性世界观”,因为在当代全球化语境中人类命运共同体命题的出现构成了诠释历史唯物主义理论的新路径,也使得历史唯物主义理论具有了新的思想形态。

随着资本主义全球化浪潮的兴起,人类社会的发展出现了世界历史性的变化。在全球资本主义出现以前,世界上不同民族和国家的人民基本处于相互隔离的状态,各民族的生产方式、交往实践也较为封闭。从社会历史的意义上看,“全人类”尚未作为有机整体进行各种生存和发展活动,人类并未作为一个主体获得逻辑规定性和相应的现实性内容。资本主义全球化的发展改变了这一历史状态,并推动了人类历史向世界历史的转变,成为“各个人的全面的依存关系、他们的这种自然形成的世界历史性的共同活动的最初形式”[①],由此构成了历史唯物主义的重要研究对象。正是针对资本主义全球化的现实状况,历史唯物主义理论的研究视野超越了民族国家的地域性视界,更加注重从全球性的角度来思考和研究人类社会的发展道路问题,“改变只注重于从一个国家、民族的视野来观察和谈论问题的方法,转向用全球化的观点来思考和研究社会发展问题,用全球性思维来补充和完善民族性思维”[②],这种研究视野的全球性拓展无疑更加符合历史唯物主义理论自身的要求。事实上,马克思的历史唯物主义理论本身就蕴含着全球性视野,其对世界历史理论的阐发也充分表明,人类的共同发展是一项全球性的事业。然而,由于资本主义全球化及其构筑的世界市场和全球治理

① 马克思恩格斯文集:第1卷[M].北京:人民出版社,2009:542.

② 丰子义.全球化与唯物史观研究范式[J].北京大学学报(哲学社会科学版),2005(4).

体系所带来的是一种不平等的、霸权主义的国际秩序，使得全人类在共享全球化发展成果的意义上不仅没有成为真正的“人类”主体，反而带来了巨大的经济压迫、政治冲突和生态危机，最终发展为全球性的“风险社会”。自苏东剧变以来，全球化基本上就是资本主义全球化。时代境遇决定了以往的历史唯物主义理论针对全球化问题的研究更多是以批判性为主，虽然它在一定程度上也通过批判全球化的不合理之处揭示出了改造之道，但其理论态度主要还是批判性的。

构建人类命运共同体的历史性出场改变了这一研究状态，推动并促使历史唯物主义理论发生建构性转向。如前所述，资本主义全球化所引发的许多世界性新问题无法在西方中心主义的国际秩序中被有效地分析和解决，这是因为现有的全球治理体系受资本逻辑的支配，本身就具有等级性和殖民性，缺乏一种体现国际民主、主权平等和共享成果的世界公共性。因此，凡是涉及世界性共同发展的问题，无论是经济、政治还是文化、生态，基本上都超出了现有全球治理体系的处理能力。面对这一问题，中国秉持共商共建共享的全球治理观，积极发挥负责任的大国作用，主动参与全球治理体系改革和建设，呼吁各国人民同心协力构建人类命运共同体，为解决人类面临的各种重大问题贡献了中国智慧和中国方案。人类命运共同体是人类社会发展道路中基于共同利益和共同价值而自我努力、自我创造的全球性社会形态，它立足于“人类社会”的哲学立场，力求促进人类在真正的“普遍交往”中形成具有更高“共同性”水平的人类利益，在变革全球治理体系的基础上推动全球生产力的均衡发展，为实现人类社会更美好的世界图景奠定坚实的物质和精神基础。较之于历史唯物主义理论对于资本主义全球化的批判性研究而言，构建人类命运共同体更需要历史唯物主义理论自身的结构性转变、拓展与提升，即把历史唯物主义理论的重心从批判性世界观转变、拓展和提升为全球化时代的一种“建构性世界观”①。所谓“建构性世界观”，就是在批判资本主义全球化及其全球治理体系的基础上，预见性地判断、阐明和规划由各种社会领域、社会要素和社会关系所构成的人类命运共同体的基本结构、内在机制、运行方式、发展方向和价值目标等一系列重大问题。具体而言，在构建人类命运共同体的过程中，历史唯物主义如何在自身的思想形态中把握人类命运共同体的一般本质和发展规律，如何批判性地揭示人类命运共同体与全球性“货币共同体”或“资本共同体”的本质性差异，如何凸显构建人类命运共同体在人类社会发展道路中的价值目标，如何预见性地指出人类命运共同体发展过程中的客观问题，创造性地规划人类命运共同体的发展道路和世界图景等，这些都

① 本文认为，历史唯物主义本身就是马克思主义的“世界观”，是马克思主义对于人类社会的总体性看法和观点，始终蕴含着批判性与建构性的统一。

是历史唯物主义在全球化时代悬而未决的理论问题和迫切需要解决的实践问题。作为一种“建构性世界观”的历史唯物主义具有以下几项基本特征。

首先，“建构性世界观”的主体支撑是中国特色社会主义道路。在构建人类命运共同体的历史实践中，历史唯物主义作为一种“建构性世界观”，以构建人类命运共同体的历史意识指向人类未来的存在形态，同时又坚持“纯粹经验的方法”[①]，从现实生活的经验性序列结构出发改造世界，既与现实达成有原则的妥协，又积极参与变革和优化现实的存在形式。这种立足于现实而高于现实的“建构性世界观”必须拥有主体性支撑，它能够代表人类社会的发展方向，凝聚人类的共识和意志，并为构建人类命运共同体提供最坚实可靠的历史性示范。随着中国特色社会主义实践道路的拓展和中华民族复兴进程的推进，中国特色社会主义进入了新时代。这一新的历史方位意味着当代中国的实践道路达到了高度的理性自觉，具有参与和引领世界历史进程的理论自觉和实践意志，不仅能够为发展中国家走向现代化的途径提供全新选择，而且能够为破解全球性治理难题贡献智慧和力量。中国特色社会主义道路的示范性必将推动历史唯物主义理论在构建人类命运共同体的实践中提升成为一种“建构性世界观”，并进而重新获得普遍性意义。

其次，“建构性世界观”的核心关切是提升人类共同性水平、维护全人类的共同利益。全球化时代之所以面临着诸多治理难题，主要原因在于当代世界是一个前现代、现代和后现代相互交织的复合体系，各种利益因素、文化因素和价值理念相互作用与相互冲突，使得世界面临的不稳定性、不确定性因素尤为突出。因此，破解全球性治理难题，关键在于构建一个既能容纳差异、尊重各方诉求，又能提升共同性水平、凝聚全人类意志的命运共同体。构建人类命运共同体是真正站在历史的、时代的、人类的高度思考全球化未来走向的“建构性方案”，这一全新的建构性方案要求历史唯物主义理论不仅能够批判资本主义全球化，而且能够将自身的革命功能转化为超越现代性的建构性意识，在维系人类生存、开创人类未来存在方式的道路上展现自身的理论创造能力。通过构建人类命运共同体，历史唯物主义超越资本主义文明的理论叙事就“不再只是以阶级革命的方式实现人类解放的理论，也是一种唤醒人类超越资本主义文明形成以维系人类存在的救亡理论，阶级革命内涵的人类取向以一种人类的立场直接地凸显出来”[②]。

---

① 马克思恩格斯文集：第1卷[M]. 北京：人民出版社，2009：519.

② 罗骞. 中国特色社会主义建设实践的理论自觉——论历史唯物主义功能及其内涵的当代转化[J]. 江苏大学学报(社会科学版)，2012(3).

最后,“建构性世界观”的伦理信念是推进共同利益基础上的全人类的共同价值建设。在全球化时代,世界范围内的各种冲突与较量、人类所面临的诸多生存危机,固然根源于利益冲突,但也与更为合理的全球价值理念的缺失有关,因而,迫切需要在提升人类利益共同性水平的基础上重建全球性的价值共同体。《共产党宣言》指出:“各民族的精神产品成了公共的财产。民族的片面性和局限性日益成为不可能,于是由许多种民族的和地方的文学形成了一种世界的文学。”[①]从辩证法的角度来看,普遍性存在于特殊性之中,共性存在于个性之中,马克思、恩格斯所说的“世界文学”正是由多种“民族和地方的文学”所构成的,这正是全人类共同价值的社会现实基础。构建人类命运共同体必须以“和平、发展、公平、正义、民主、自由”等全人类的共同价值为前提,从而确立“共在”与“共生”的伦理信念,并坚持以“共同价值”引领各个主体成员自身的历史与实践。这就要求历史唯物主义不仅要在理论上审视当今世界的多元性价值现实,打破西方中心主义的价值理念,回答人类共同价值何以可能的问题,而且还要站在“人类社会或社会的人类”这一哲学立场上去指导实践,从而建构出鲜活的、深入人心的共同价值理念,进而促进人类命运共同体的建设。

构建人类命运共同体已经成为在全球化时代检验和充实历史唯物主义理论的社会现实,同时也是促使历史唯物主义理论获得创新发展的重大课题。历史唯物主义理论如何在把握人类命运共同体的过程中获得自身的深化发展就成为当代马克思主义哲学创新的重要契机。面对当代全球化运动中的诸多理论问题,历史唯物主义理论自身迫切需要从对人类命运共同体的认识中建构新的学说,从而审视自身理论的科学性,进而通过建构性的发展将历史唯物主义理论带到新的思想高度。以往的历史唯物主义研究范式往往只是从不同的角度批判性地解释全球化,而真正的问题则在于建构性地阐发全球化。阐发人类命运共同体,这既是人类命运共同体带给历史唯物主义的理论效应,也是历史唯物主义作为全球化时代“建构性世界观”的伟大理论任务。

在马克思主义理论体系中,对于人类命运共同体的研究,我们应秉持动态的、发展的历史眼光:人类命运共同体不是自在的世界性实体,而是世界历史进程中全球化的实践成果。对于历史唯物主义的研究,我们也应秉持现实的、创新的理论态度:历史唯物主义不是超历史的“历史哲学理论”,也不是传统教科书所阐述的“普遍原理体系”,而是在批判人类社会实践中不断建构发展的理论体系。正是由于历史唯物主义自身的“时代境遇”和“理论指向”,才使得其研究范式必然随着社会现实的扩展而进一步调整、深化。构建人类命运共同体作为全球化

① 马克思恩格斯文集:第2卷[M].北京:人民出版社,2009:535.

时代最为任重道远的历史任务，其本身就构成了历史唯物主义所面对的最重大、最根本的“社会现实”，这必将带动历史唯物主义基本原理在当代世界的创新与发展。

[本文选自《中国社会科学》2018 年第 7 期]

[作者简介] 刘同舫，法学博士，浙江大学马克思主义学院院长，教授，博士生导师，浙江大学马克思主义理论研究所现任所长。教育部“长江学者”特聘教授、国家“万人计划”哲学社会科学领军人才、教育部高校思想政治理论课教学指导委员会委员等职务。邮编：浙江 杭州 310058

马克思恩格斯对《共产党宣言》与时俱进的发展及其当代启示

——纪念马克思诞辰200周年和《宣言》发表170周年

丁堡骏

今年是伟大的无产阶级革命导师卡尔·马克思诞辰200周年，也是马克思和恩格斯合作撰写的不朽著作《共产党宣言》(以下简称《宣言》)出版170周年。纪念马克思诞辰和《宣言》出版，最好的纪念就是沿着他创立和发展的无产阶级革命理论的线索和路径继续坚持和发展他的无产阶级革命理论，继续沿着他所指引的革命道路完成他所开创的伟大的无产阶级革命事业。《宣言》宣示了马克思主义全新的世界观，标志着人类思想史上最辉煌的革命——马克思主义的诞生。在《宣言》问世后的170年的时间里，人类社会的发展证明了《宣言》的真理性，科学社会主义已经由理论变成了现实。在纪念《宣言》出版170周年的时候，我们当然要充分肯定和继承《宣言》所宣誓的崭新的历史唯物主义世界观和科学社会主义的基本理论。当然，《宣言》的理论也不是一劳永逸地解决了马克思主义的所有问题。马克思主义者必须要运用马克思主义的世界观和方法论不断地研究新情况，解决新问题，丰富和发展马克思主义。事实上，在《宣言》出版至今的170年里，其所阐述的具体理论无论是在马克思恩格斯那里，还是在后续的马克思主义者那里，都经历了与时俱进的不断向前发展的历程。本文将首先从《宣言》作为无产阶级政党的纲领和作为阐述马克思主义基本理论的著作，如何在马克思恩格斯后续研究和著述中与时俱进地向前发展入手，论证马克思主义的真理性及其发展的规律性；其次在此基础上论证如何用发展着的马克思主义指导新时代中国特色社会主义建设。

一、马克思主义必须与时俱进地发展：从《宣言》再版序言谈起

众所周知，《共产党宣言》是1848年马克思和恩格斯为共产主义者同盟这个国际组织的成立而撰写的纲领，其写作背景就是面临1848年的欧洲革命。马克思和恩格斯以科学的理论和饱满的政治热情宣示了共产主义，号召工人阶级用暴力革命推翻资本主义统治，并预言无产阶级在这个革命中失去的只是锁链，得到的将是整个世界。然而，当时的欧洲革命失败了。《共产党宣言》所阐述的基

本思想和方案，并没有如马克思和恩格斯所期待的那样，在当时的欧洲直接变为现实。在这样的情况下，作为《宣言》的作者，马克思和恩格斯又该如何来评价《宣言》的呢？

1872年《共产党宣言》出版新的德文版，马克思和恩格斯为该书撰写了一个重要的序言。马克思和恩格斯说："不管最近25年来的情况发生了多大的变化，这个《宣言》中所阐述的一般原理整个说来直到现在还是完全正确的。某些地方本来可以作一些修改。这些原理的实际运用，正如《宣言》中所说的，随时随地都要以当时的历史条件为转移，所以第二章末尾提出的那些革命措施根本没有特别的意义。如果是在今天，这一段在许多方面都会有不同的写法了。由于最近25年来大工业有了巨大发展而工人阶级的政党组织也跟着发展起来，由于首先有了二月革命的实际经验而后来尤其是有了无产阶级第一次掌握政权达两月之久的巴黎公社的实际经验，所以这个纲领现在有些地方已经过时了。特别是公社已经证明：'工人阶级不能简单地掌握现成的国家机器，并运用它来达到自己的目的。'……其次，很明显，对于社会主义文献所作的批判在今天看来是不完全的，因为这一批判只包括到1847年为止；同样也很明显，关于共产党人对待各种反对党派的态度的论述（第四章）虽然在原则上今天还是正确的，但是就其实际运用来说今天毕竟已经过时，因为政治形势已经完全改变，当时所列举的那些党派大部分已被历史的发展彻底扫除了。"[①]从这里我们可以看出，马克思和恩格斯对《宣言》的评价也是采取一分为二的辩证分析立场的。对于《宣言》这部著作，马克思主义者究竟应该坚持什么，应该放弃，或者应该丰富和发展什么，马克思和恩格斯在这里讲得一清二楚：首先，马克思和恩格斯认为《宣言》的核心思想或基本原理是正确的，应该坚持和继续向前发展；其次，马克思和恩格斯坚持认为要历史地看待《宣言》的许多具体论述，要坚持真理修正错误，要勇于承认并及时否定那些囿于1848年革命的特殊历史条件而撰写具有历史局限性的具体理论观点和具体的革命操作方案。

1. 马克思恩格斯肯定《宣言》一般原理和核心思想

在1872年德文版序言中，马克思和恩格斯强调，不管最近25年形势发生多大变化，《宣言》所阐述的一般原理或核心思想直到现在仍然是完全正确的。尽管在《宣言》再版的序言中，马克思恩格斯并没有对《宣言》所阐述的一般原理或基本思想进行归纳总结。但在马克思逝世以后，恩格斯曾经多次重复地讲《宣言》的基本思想，并且明确宣布《宣言》的基本思想是属于马克思一个人的。例如在1883年德文版序言中，恩格斯说："贯穿《宣言》的基本思想：每一历史时代的

① 马克思恩格斯文集：第2卷[M]. 北京：人民出版社，2009：5-6.

经济生产以及必然由此产生的社会结构，是该时代政治的和精神的历史的基础；因此（从原始土地公有制解体以来）全部历史都是阶级斗争的历史，即社会发展各个阶段上被剥削阶级和剥削阶级之间、被统治阶级和统治阶级之间斗争的历史；而这个斗争现在已经达到这样一个阶段，即被剥削被压迫的阶级（无产阶级），如果不同时使整个社会永远摆脱剥削、压迫和阶级斗争，就不再能使自己从剥削它压迫它的那个阶级（资产阶级）下解放出来。”[①]由此我们可以说，1883 年在马克思逝世以后恩格斯回头总结《宣言》的基本思想并加以肯定。这些肯定的内容包括：(1)对唯物史观和阶级斗争学说的基本阐述；(2)对于资本主义已经走到了即将被共产主义所代替的基本判断；(3)其对于工人阶级在这场变革中所肩负的神圣使命，即用暴力推翻资本主义制度的分析以及对于全世界无产者联合起来完成自己的神圣使命的伟大号召。对于《宣言》的这些基本思想在人类社会历史上的划时代意义，马克思主义者和工人阶级都给予了高度的赞扬。列宁认为“这部著作以天才的透彻鲜明的笔调叙述了新的世界观，即包括社会生活在内的彻底的唯物主义、最全面最深刻的发展学说辩证法以及关于阶级斗争、关于共产主义新社会的创造者无产阶级所负的世界历史革命使命的理论。”在纪念《宣言》问世 170 周年之际，作为马克思主义者，我们必须要充分肯定《宣言》的这些基本思想。习近平同志提出在党内要开展“不忘初心、牢记使命”主题教育，我认为，学习和贯彻《宣言》的这些基本思想，不仅是中国共产党人的初心，而且同时也是中国共产党人始终不渝的理想追求。中国共产党只有坚持这些基本思想，才能领导人民实现两个一百年的奋斗目标，实现中华民族伟大复兴的中国梦。任何怀疑、否定和动摇这些基本思想的想法和做法，都将不利于中国共产党的团结和中华民族两个一百年奋斗目标的早日实现。

2. 马克思恩格斯对《宣言》内容进行否定和修改的意见

马克思和恩格斯对《宣言》内容中囿于 1848 年前后欧洲革命形势而撰写的个别理论观点和具体操作层面论述，进行否定并提出了进行修订和完善的倾向性意见，主要包括以下几个方面。

第一，如上所述，在 1872 年德文版序言中，马克思和恩格斯如实地承认，由于《宣言》一般“原理的实际运用”是根据 1848 年的特定社会历史条件所撰写的，因此，这些内容不一定适合于以后的革命形势的斗争实际。他们主张在以后的革命中，可根据革命的具体形势制定不同的具体做法和行动方案。特别是《宣言》第二章的“十条具体措施”，在马克思和恩格斯看来，由于受当时的历史条件的影响，具有一定的历史局限性。对此，马克思和恩格斯指出，“如果是在今天，

① 马克思恩格斯文集：第 2 卷[M].北京：人民出版社，2009：9.

这一段在许多方面都会有不同的写法了"①。

第二,马克思明确地指出《宣言》对无产阶级专政理论的阐述还有所不足。《宣言》没有写进去无产阶级必须要打碎旧的国家机器,建立无产阶级专政的新的国家机器,以保证向共产主义社会过渡。马克思明确地讲《宣言》在这个方面"已经过时了"②。

第三,马克思和恩格斯指出,《宣言》对于各种社会主义理论文献的批判是不完整的。因为《宣言》创作于1847年12月至1848年1月,所以,《宣言》所批判的社会主义文献只能最大限度地限定在1847年为止。③

第四,马克思和恩格斯认为《宣言》关于"共产党人对各种反对党派的态度"的论述有时代局限性:"《宣言》的第四章虽然在原则上今天还是正确的,但是就其实际运用来说今天毕竟已经过时。"④

从马克思和恩格斯反思《宣言》所承认的第三和第四个方面的缺陷和不足,我们可以深刻地感受到革命导师严谨的科学态度和马克思主义者与时俱进的科学品质。这两个方面的缺陷与不足,不是马克思和恩格斯能力水平不高或者是主观努力不够造成的。马克思和恩格斯不是简单地将《宣言》的这两个方面的缺陷与不足以写作的时间为借口推卸掉或加以掩盖,而是如实地承认《宣言》有这方面缺陷与不足。不仅如此,根据马克思和恩格斯的意见,《宣言》的第三、第四方面的缺陷和不足也和第一、第二方面的缺陷和不足一样,要在今后的写作中加以完善和修改。不过马克思和恩格斯只是为了保持《宣言》的历史文件的本来面目,不主张直接修改《宣言》本身,而是主张在《宣言》再版时撰写一个导言来对这些缺陷和不足予以修改和完善。对此,马克思和恩格斯指出:"但是《宣言》是一个历史文件,我们已没有权力来加以修改。下次再版时也许能加上一篇从1847年到现在这段时期的导言。"⑤

二、马克思恩格斯与时俱进发展《宣言》的线索和路径

通过以上我们对《宣言》两个德文版序言的分析,我们看到马克思和恩格斯对自己著作的评价是辩证的和批判的。既然《宣言》是1848年成立的共产主义者同盟的纲领,那么《宣言》必然具有二重性质:一方面,它要阐述马克思主义的科学社会主义的基本原理。这种阐述是马克思主义的普遍原理,包括马克思主

① 马克思恩格斯文集:第2卷[M].北京:人民出版社,2009:5.
② 马克思恩格斯文集:第2卷[M].北京:人民出版社,2009:6.
③ 马克思恩格斯文集:第2卷[M].北京:人民出版社,2009:6.
④ 马克思恩格斯文集:第2卷[M].北京:人民出版社,2009:6.
⑤ 马克思恩格斯选集:第1卷[M].北京:人民出版社,1974:229.

义的基本世界观和方法论以及马克思主义关于资本主义生产方式和未来共产主义生产方式的基本理论。作为马克思主义者和马克思主义的继承人,我们必须要始终坚持和不断完善和发展这些基本理论和基本方法。共产党人要不忘初心、不忘根本、始终不渝地去为之奋斗。另一方面,它所阐述的一些具体政策措施又有较强的现实针对性。正因为如此,这些具体的政策措施,必然随着时间的推移、历史条件的变化,需要由新时代的马克思主义者不断地与时俱进地进行变更和发展,推陈出新。

对于《宣言》所具有的这种二重性,学术界存在两种典型的误读。一方面,有的学者不能把作为世界范围内第一个工人阶级政党的第一份纲领的《宣言》,特别是具体的政策措施,与作为马克思主义和科学社会主义理论阐述的《宣言》区别开来,从而教条化地对待《宣言》。不研究马克思和恩格斯写作《宣言》的特定时间地点、条件和目标任务,而将《宣言》所阐述的内容都绝对化和永恒化,要求我们今天中国共产党人不折不扣地贯彻落实《宣言》每一项具体措施。事实上,作为一个政党纲领的《宣言》,是以 1848 年共产主义者同盟所面临的国际国内条件和当时所要完成的具体任务为转移的。从这个意义上讲,《宣言》必须要与时俱进,必须要以工人阶级政党所面对的具体革命形势的变化而变化。另一方面,有的学者片面强调《宣言》作为党纲的性质而忽视了《宣言》同时也是共产主义理论著作的性质,否定《宣言》的普遍意义。否定《宣言》的普遍意义,就意味着放弃了马克思主义的根本世界观和方法论,就意味着已经背叛了马克思主义。当然,作为马克思主义科学社会主义理论阐述的《宣言》,按照事物辩证发展的规律也不是一劳永逸的,也要与时俱进地向前继续发展。

1. 作为一个共产党组织纲领的《宣言》的发展

首先,作为世界范围内第一个工人阶级政党组织的党纲,《宣言》是一份很珍贵的共产党党的纲领方面的历史性文献。作为历史文献意义上的《宣言》必须要保持原样,后来的马克思主义者和任何人都不能随心所欲地进行更改。但是,正因为《宣言》是历史上处于特定历史条件下(面对 1848 年欧洲革命)的工人阶级政党——共产主义者同盟成立时所制定的纲领,所以,它就必然有和那个时代相伴随的成就和历史局限性。作为国际共产主义运动后续力量的新的工人阶级政党组织,就不能原封不动地沿用《宣言》的具体措施,而必须要以变化了的社会历史条件为根据制定自己新的宣言和行动纲领。事实上,随着 1848 年 6 月巴黎工人武装起义失败,随着 1852 年 11 月发生科隆共产党人案件(11 名共产主义者同盟成员被反动政府以捏造的虚假事实为依据,以叛国罪予以判刑),共产主义者同盟就已经解体。此后欧洲工人阶级革命力量继续发展,1864 年 9 月 28 日,国际工人协会(即第一国际)在伦敦成立。马克思参与了国际工人协会的创建并且是协会的实际领袖。在这里值得一提的是：马克思亲自为第一国际起草《国际工人协会成立宣言》和《国际工人协会共同章程》。《国际工人协会成立宣言》和《国际工人协会共同章程》的基本立场和基本观点，与《共产党宣言》是完全一致的。但是，这两个文件起草的背景却和《宣言》的背景有很大的不同。协会面临"必须有一个不致把英国工联，法国比利时意大利和西班牙的蒲鲁东派拒之门外的纲领"[①]。马克思在起草上述两份文件时十分策略地淡化了各种尖锐的矛盾，暂时放弃了或者至少是没有那么尖锐地强调《宣言》中的那些原则和它的最终胜利。马克思把《宣言》中的那些原则和最终胜利，寄希望于协会的共同行动和工人阶级的觉悟。恩格斯高度评价马克思的这一策略选择。恩格斯说："马克思是正确的。1874 年，当国际解散的时候，工人阶级已经全然不是 1864 年国际成立时的那个样子了。罗曼语各国的蒲鲁东主义和德国特有的拉萨尔主义已经奄奄一息，甚至当时极端保守的英国工联也渐有进步，以致 1847 年在斯旺，工联代表大会的主席能够用公联的名义声明说'大陆社会主义对我们来说再不可怕了'。"[②]通过回顾 1848 年的《宣言》发展到 1864 年的《国际工人协会成立宣言》和《国际工人协会共同章程》，我们可以得出结论：《宣言》作为一个共产主义政党组织的纲领，它必然会随着共产主义政党组织的变化发展以及以后新的工人阶级政党组织的产生和发展而不断向前发展。不同时代、不同国家的共产主义政党组织的纲领，要因时、因地、因特殊历史条件而有所不同。同时，同一国家的同一个党组织，面对不同的具体的社会历史条件，其纲领也要体现不同的斗争策略。政策和策略是党的生命，共产党必须要克服教条主义、经验主义等唯心主义和形而上学方法论的束缚。

2. 作为马克思主义基本理论阐述的《宣言》的发展

我们再来考察作为马克思主义和科学社会主义基本原理阐述的《宣言》，要不要继续向前发展的问题。

如前所述，1883 年马克思逝世后恩格斯总结了《宣言》的历史成就。恩格斯肯定了《宣言》对唯物史观和阶级斗争学说的阐述，肯定了《宣言》对资本主义已经走到了即将被共产主义所代替阶段的基本判断。现在我们的问题是，对于马克思主义和科学社会主义理论来说，《宣言》的这些思想够不够？有人学习马克思主义理论态度不端正，没有"活到老、学到老、改造到老"的精神，甚至还沾沾自喜于"一本《共产党宣言》闹革命"。不可否认，《宣言》为我们提供了唯物史观、阶级斗争学说以及从这些理论出发所得出的资本主义必然灭亡的基本判断。从基

① 马克思恩格斯文集：第 2 卷[M]. 北京：人民出版社，2009：20.

② 马克思恩格斯文集：第 2 卷[M]. 北京：人民出版社，2009：20-21.

本世界观和基本方法论的意义上说,《宣言》可以为一个马克思主义者提供基本的理论武装。但是,我们不得不严肃指出,《宣言》作为马克思主义的理论阐述还是初步的、不够完整和不够完善的。事实上,马克思和恩格斯在1848年之后又进行了长期的艰苦卓绝的理论研究工作,出版了一系列的论文和著作,实现了一系列新的理论飞跃。

第一,在《法兰西内战》等著作中,马克思恩格斯对《宣言》中无产阶级专政思想做了进一步发展和完善。在《宣言》中,马克思和恩格斯讲到了面对欧美资本主义矛盾的发展和激化,无产阶级面临用暴力推翻资产阶级的统治和资本主义制度,建立自由人联合体的共产主义社会。当时马克思和恩格斯只强调了"工人革命的第一步就是使无产阶级上升为统治阶级,争得民主"这一任务。《宣言》对于工人阶级夺取政权以后,必须要打碎旧的国家机器,建立新的为工人阶级服务的新的国家机器并没有明确的阐述。在经历了1848年革命以后,在《1848—1850年法兰西阶级斗争》一书中,马克思进一步发展了《宣言》的无产阶级专政思想。马克思写道:"这种社会主义就是宣布不断革命,就是无产阶级的阶级专政,这种专政是达到消灭一切阶级差别,达到消灭这些差别所由产生的一切生产关系,达到消灭和这些生产关系相适应的一切社会关系,达到改变由这些社会关系产生出来的一切观念的必然的过渡阶段。"①在1852年出版的《路易·波拿巴的雾月十八日》一文中,马克思又深刻地阐述了无产阶级必须打碎资产阶级旧的国家机器的思想。恩格斯在1885年为《路易·波拿巴的雾月十八日》写的第三版序言中也谈道:"一切历史上的斗争,无论是在政治、宗教、哲学的领域中进行的,还是在其他意识形态领域中进行的,实际上只是或多或少明显地表现了各社会阶级的斗争,而这些阶级的存在以及它们之间的冲突,又为它们的经济状况的发展程度、它们的生产的性质和方式以及由生产所决定的交换的性质和方式所制约。"②1871年3月18日,巴黎无产阶级英勇地举行了武装起义,宣布成立巴黎公社。可是巴黎公社无产阶级政权仅仅存在了72天,就被反动政府镇压下去了。总结公社的经验教训,马克思在《法兰西内战》一书中,进一步发展了关于无产阶级革命和无产阶级专政的学说。马克思写道:"工人阶级不能简单地掌握现成的国家机器,并运用它来达到自己的目的。"③马克思强调,公社"实质上是工人阶级的政府,是生产者阶级同占有者阶级斗争的产物,是终于发现的可以使劳

---

① 马克思恩格斯文集:第2卷[M].北京:人民出版社,2009:166.

② 马克思恩格斯文集:第2卷[M].北京:人民出版社,2009:469.

③ 马克思恩格斯文集:第3卷[M].北京:人民出版社,2009:151.

动在经济上获得解放的政治形式”①。

从上述的考察可以看出，相对于《宣言》，马克思对无产阶级专政学说作出了新的理论贡献：从公社的政治结构和活动中，马克思看到了在无产阶级革命中用什么来代替资产阶级的国家机器，看到了无产阶级国家机器是一种历史上新型的国家。对于马克思主义基本原理的这一发展，马克思和恩格斯在《宣言》1872年德文版序言中是这样表述的：“由于最近25年来大工业有了巨大发展而工人阶级的政党组织也跟着发展起来，由于首先有了二月革命的实际经验而后来尤其是有了无产阶级第一次掌握政权达两月之久的巴黎公社的实际经验，所以这个纲领现在有些地方已经过时了。特别是公社已经证明：‘工人阶级不能简单地掌握现成的国家机器，并运用它来达到自己的目的。’”②（见《法兰西内战·国际工人协会总委员会宣言》德文版第19页，那里对这个思想作了更详细的阐述。）

第二，在以《资本论》为代表的经典著作中，马克思和恩格斯对《宣言》中马克思主义政治经济学思想阐述的缺失和不足进行了补充和发展。在中外马克思主义者对《宣言》的评价中，普遍忌讳谈论其不足之处，特别是很少有人从政治经济学原理支撑不足方面来认识《宣言》理论阐述方面的缺陷。事实上，《宣言》的理论阐述，无论是作为马克思主义哲学的唯物史观，还是作为科学社会主义的基本原理的阐述，由于当时马克思还没有完成对剩余价值学说的系统论证，都是存在一些不足之处的。现在，我们的高等学校和社会科学科研宣传单位，都有一大批哲学家、一大批社会主义者、一大批思政工作者，为什么我们的马克思主义阵地还守不住？原因就在于这些单纯的理论家没有沿着马克思的道路，对科学社会主义具体落实到马克思主义政治经济学的实践层次。众所周知，恩格斯在《反杜林论》中，将唯物史观和剩余价值学说的发现，作为社会主义从空想变成科学的根本标志。③ 那么，马克思恩格斯在《资本论》等后续著作的创作中，究竟丰富和发展了《宣言》的哪些思想呢？

首先，在《宣言》标题为“资产者和无产者”的第一章中，马克思和恩格斯还没有从逻辑上充分论证：在资本主义社会，一部分人何以成为资产者，一部分人何以成为无产者？当时马克思和恩格斯对资产阶级政治经济学的批判还处于酝酿过程，马克思只能以现象描述的形式对存在于资本主义社会中的资产者和无产者对立的事实进行说明。而且，在创作《宣言》的时候，马克思还正处于从劳动价值论的反对者向劳动价值论的坚定拥护者的转化过程。在创作于1847年的《雇

① 马克思恩格斯文集：第3卷[M].北京：人民出版社，2009：158.

② 马克思恩格斯文集：第2卷[M].北京：人民出版社，2009：5.

③ 马克思恩格斯全集：第20卷[M].北京：人民出版社，1971：30.

佣劳动和资本》一书中，马克思还没有创立劳动力商品学说，当时马克思还用劳动的价格来说明工资。因为马克思还没有以劳动力商品学说的科学发现摆脱李嘉图体系的第一个矛盾，还没有以平均利润和生产价格学说的发现摆脱李嘉图体系的第二个矛盾。所以马克思对于资本主义社会生产方式中的当事人——资产者和无产者——的分析还没有达到一个高度科学的程度。后来，马克思在写作《1857—1858年政治经济学批判》时才创立了劳动力商品学说。在《资本论》第一卷第四章中，马克思论证了资本家和雇佣工人之间交换的不是雇佣工人的劳动，而是雇佣工人的劳动能力。在资本主义生产方式中，雇佣工人的劳动能力成为商品，劳动力商品有使用价值和交换价值。只有这一理论发现，才使马克思摆脱了劳动本身具有价值同时劳动又创造价值的循环论证的矛盾。这样，马克思才在劳动价值论基础上说明了剩余价值的来源。由此，马克思才从经济根源上说清楚了如下事实：工人阶级是出卖劳动力商品以获得劳动力价值（工资是劳动力价值的转化形式）的人群；而资产阶级是依靠其拥有的资本占有雇佣工人所生产的剩余价值的人群。依据笔者的考证，马克思对平均利润和生产价格范畴，最早是在1861—1863年的手稿中才加以考察和分析的。正是这一理论发现，使马克思破解了困扰李嘉图学派的李嘉图体系的第二大矛盾，在劳动价值论的基础上说明了平均利润率的形成。马克思曾经激动地说："因此，我们在这里得到了一个像数学一样精确的证明：为什么资本家在他们的竞争中表现出彼此都是虚伪的兄弟，但面对着整个工人阶级却结成真正的共济会团体。"[①]由此，马克思揭示了在资产者和无产者之间的阶级对立。这两大阶级之间的根本对立和不可克服的矛盾，还需要马克思资本积累和社会再生产理论予以分析。在积累和再生产理论分析中，马克思揭示出："把资本主义生产过程联系起来考察，或作为再生产过程来考察，它不仅生产商品，不仅生产剩余价值，而且还生产和再生产资本关系本身：一方面是资本家，另一方面是雇佣工人。"[②]因此，在积累和扩大再生产过程中，资本家和雇佣工人阶级之间的鸿沟必然会不断加深。从阶级力量对比来看，资产者是少数人，而无产者是多数人。由此，马克思才真正证明了：推翻资本主义统治建设社会主义的革命是多数人对少数人的革命。至此，在1848年以后，通过政治经济学批判的三个手稿，直至1859年《政治经济学批判》第一册、1867年马克思亲自出版《资本论》第一卷以及1885年和1894年恩格斯整理出版第二卷和第三卷，马克思恩格斯才对上述这些理论问题给予了科学的解答。由此可见，《宣言》中马克思恩格斯关于"资产者和无产者"对立及其发展趋势的

① 马克思. 资本论：第3卷[M]. 北京：人民出版社，2004：220.

② 马克思恩格斯文集：第23卷[M]. 北京：人民出版社，1974：634.

结论，必须要由马克思恩格斯后来的政治经济学理论研究予以补充和完善。

其次，在《宣言》中马克思和恩格斯还只能用商业危机来说明资本主义社会的历史过渡性。在那里马克思还没有科学的经济危机学说。马克思和恩格斯还是用抽象的生产力和生产关系的矛盾运动来说明资本主义商业危机。就马克思主义理论总体来看，《宣言》的这个论证还略显粗糙。因为生产力和生产关系的矛盾，是人类社会一切发展阶段上的社会基本矛盾，在资本主义社会当然是适用的。最终是要具体化的。在《资本论》第一卷中，马克思从再生产的角度中，指出了劳动力的消费需求仅仅是由全部预付资本的可变部分决定的，因此随着资本积累的不断推进，必然会导致相对人口过剩的经济危机。在《资本论》第二卷第三篇中，马克思从社会总资本再生产的实现问题的角度，指出危机的必然性和从固定资本更新周期角度，说明了资本主义经济危机的周期性特征。在《资本论》第三卷，马克思分析利润率趋向下降规律，进一步说明了资本主义经济危机发生的机制和机理。在《反杜林论》中，恩格斯将生产力和生产关系的社会基本矛盾具体化为两个具体矛盾：一个是生产的社会性和生产资料资本主义私人占有之间的矛盾，另一个是生产无限扩大趋势和广大劳动人民有支付能力的需求相对狭小之间的矛盾。正是在这样将一切社会的基本矛盾转化为资本主义社会的具体矛盾以后，才能深刻地揭示出资本主义经济危机根源和本质。由此可见，《宣言》中关于资本主义生产方式的历史暂时性和历史过渡性论断的理论分析，在马克思恩格斯的后续研究中得到了进一步的发展和完善。

再次，《宣言》强调："共产党人可以把自己的理论用一句话表示出来：消灭私有制。"尽管在《宣言》中马克思和恩格斯已经尽可能地说明了小生产的私有制已经被资本主义生产消灭了，形成了资本主义私有制，现在无产阶级的任务是消灭资本主义私有制，但是由于当时的理论发展程度还是不能将什么是资本主义私有制完全说清楚，还不能把无产阶级剥夺资本主义私有制的理论根据说得很清楚，还必须用形象的说法加以描述："现在，消灭资本主义私有制是十分之九的人反对十分之一的人的斗争。"上述这些说法还是有些粗糙的。后来，在《资本论》第一卷"资本积累过程"分析的第七篇第 21 章中，马克思雄辩地证明："撇开一切积累不说，生产过程的单纯连续或者说简单再生产，经过一个或长或短的时期以后，必然会使任何资本都转化为积累的资本或资本化的剩余价值。即使资本在进入生产过程的时候是资本使用者本人挣得的财产，它迟早也要成为不付等价物而被占有的价值，成为别人无酬劳动的货币形式或其他形式的化身。"①在以"规模扩大的资本主义生产过程。商品生产所有权规律转变为资本主义占有规

① 马克思恩格斯文集：第 1 卷[M]．北京：人民出版社，1956：625．

律”为标题的第22章中，马克思进一步证明：“全部预付资本，不管它的来源如何，都转化为积累资本或资本化的剩余价值。但在生产的巨流中，全部原预付资本，与直接积累的资本即重新转化为资本（不论它是在积累者手中，还是在别人手中执行职能）的剩余价值或剩余产品比较起来，总是一个近于消失的量（数学意义上的无限小的量）。”①可见，只有《资本论》中的剩余价值学说，才进一步说清楚了《宣言》中所谓的消灭私有制的理论依据。不仅如此，在《资本论》第一卷第二十四章第七节“资本积累历史趋势”中，马克思以辩证法否定之否定规律，厘清了人类社会发展规律。在人类社会历史上各种形式的小私有制被资本主义私有制所否定，这是否定之否定规律的第一个否定；资本主义私有制的充分发展，又必然会造成对自身的否定，即否定之否定规律的第二个否定。马克思说：“从资本主义生产方式产生的资本主义占有方式，从而资本主义的私有制，是对个人的、以自己劳动为基础的私有制的第一个否定。但资本主义生产由于自然过程的必然性，造成了对自身的否定。这是否定的否定。这种否定不是重新建立私有制，而是在资本主义时代的成就的基础上，也就是说，在协作和对土地及靠劳动本身生产的生产资料的共同占有的基础上，重新建立个人所有制。”②马克思还坚定地认为，第二个否定比起第一个否定来，是一个更加迅速得多的过程。可见，马克思在《资本论》中所做的这些研究，都是对《宣言》中“共产党人可以用一句话概括自己的理论：消灭私有制”思想的补充和发展。这个发展不仅不是对《宣言》理论的削弱和否定，而且是以更科学更严谨的逻辑完善和发展了《宣言》的理论论证。

《资本论》通过对于资本主义生产方式的研究得出“剥夺剥夺者”的共产主义方案及其对资本主义私有制本质的揭示至今仍然具有重要的理论意义和实践意义。目前，对于我们坚持公有制为主体多种经济成分并存的基本经济制度，全党上下是已经取得了共识的。然而，对于什么是以公有制经济为主体多种经济成分共同发展的基本经济制度？怎样才能真正坚持以公有制经济为主体多种经济成分共同发展的基本经济制度？理论界的认识却是存在着严重分歧的。习近平同志多次强调国有企业只能加强不能减弱，国有企业要在凤凰涅槃中浴火重生。并且总书记一再警告：“要吸取过去国企改革经验和教训，不能在一片改革声浪中把国有资产变成谋取暴利的机会。”然而，我们的理论界和实际工作部门的同志到现在也没有弄清楚：为什么会出现“在一片改革声浪中把国有资产变成谋取暴利的机会”呢？这种大范围的国有资产流失，究竟是我们某一企业或某一行业

① 马克思恩格斯文集：第1卷[M].北京：人民出版社，1956：644.

② 马克思恩格斯文集：第1卷[M].北京：人民出版社，1956：832.

的一批企业改革过程中的偶然失误？还是我们在国有企业的改革思路、改革目标和改革方向这样的重大问题上出现了偏差？这里问题的关键还在于，我们没有弄清楚社会主义公有制是全新的社会主义生产关系，它不能用西方经济学陷入形而上学和法学幻想的“产权理论”去进行解读。要想使我们的国有企业改革理论更加科学，我们必须要重新学习马克思的资本主义私有制理论以及马克思从批判资本主义私有制中所阐述出来的社会主义公有制思想。这是今天我们纪念马克思、继承老一辈无产阶级革命家给我们留下的中国特色社会主义事业所必须要完成的理论创新任务。

第三，在谈到以《资本论》《反杜林论》等著作对《宣言》的发展时，我们不能不提到马克思和恩格斯对各种社会主义学说和对资产阶级经济学的批判。如前所述，马克思和恩格斯在反思《宣言》的不足时曾经明确提到“对于社会主义文献所作的批判在今天看来是不完全的，因为这一批判只包括到1847年为止”①。那么，马克思恩格斯在认识到《宣言》这一方面的不足后，他们做了怎样的进一步补充和发展？在《资本论》及其手稿中，马克思系统地批判了资产阶级古典政治经济学和庸俗经济学，也批判了形形色色的冒牌社会主义。在《反杜林论》中，恩格斯从哲学、政治经济学和科学社会主义等方面对欧根·杜林的错误观点进行了系统的批判，在工人运动中清除了欧根·杜林的冒牌社会主义。从马克思主义发展过程来看，马克思主义就是批判地继承了当时时代的各种优秀学术著作的一切科学成就。批判性是马克思主义的本质。然而，这一点在中国的马克思主义理论界却陆续退潮，这种退潮意味着马克思主义正在一定程度上丧失战斗力和影响力。中国马克思主义者发展马克思主义最重要的还是要发扬马克思的批判精神，将对资产主义的批判进行到底。

第四，马克思关于俄国东方社会跨越“卡夫丁峡谷”思想对《宣言》和《资本论》所阐述的欧洲革命道路理论的发展。众所周知，《宣言》是马克思和恩格斯以19世纪40年代欧美资本主义发展及其未来发展趋势进行阐述的。即便是后来以《资本论》为代表的一系列理论发展，马克思和恩格斯仍然着眼于欧美资本主义社会的未来发展趋势理论。就是说，即便是从《宣言》发展到《资本论》，马克思和恩格斯所阐述的仍然是欧洲资本主义发展及未来革命道路问题。在当时，马克思和恩格斯尚未有具体思考处于与欧美资本主义同时代的东方落后国家怎样进行革命的道路问题。后来，在1877年11月《给〈祖国纪事〉杂志编辑部的信》以及1881年3月8日《给维·伊·查苏利奇的复信》中，马克思阐述了俄国农业公社跨越资本主义卡夫丁峡谷和俄国社会革命道路问题。马克思的这一思想是

① 马克思恩格斯文集：第2卷[M]. 北京：人民出版社，2009：6.

对《资本论》更是对《宣言》最重要的丰富和发展。在这里两封信中，马克思着重说明了《资本论》“原始积累”一章内容只限于描述欧洲资本主义起源，并强烈反对将“原始积累”一章内容照抄照搬用于说明俄国公社必然要走私有化和资本主义化道路。马克思明确表示，运用唯物史观具体分析俄国当时的历史条件可以得出结论：俄国公社存在一条跨越资本主义发展阶段的全新的发展道路。众所周知，1917 年列宁领导十月社会主义革命取得胜利，建立了第一个社会主义国家；经过第二次世界大战以后，东欧各国共产党先后取得革命胜利，形成了以苏联为核心的社会主义阵营；中国共产党领导中国人民经过 28 年的浴血奋战，终于在 1949 年成立了人民当家做主的新中国。中国社会主义建设事业经过改革开放前和改革开放后两个历史时期的努力，如今中国特色社会主义进入了新时代。20 世纪和 21 世纪国际共产主义运动实践证明，马克思关于东方社会跨越资本主义卡夫丁峡谷建设社会主义的理论是正确的。马克思主义的这一重大理论发展，是苏联东欧国家进行社会主义革命建设社会主义并取得巨大的建设成就的理论依据。违背马克思主义的这一重大理论发展，也是解释苏联东欧国家社会主义事业失败理论根源之所在。由此我们可以说，马克思主义东方社会走跨越资本主义卡夫丁峡谷理论，是我们当代中国坚持走跨越卡夫丁峡谷道路建设社会主义的主要依据。因此，建设中国特色社会主义，我们必须要深入学习高度重视马克思主义关于跨越卡夫丁峡谷理论。这一理论是马克思坚持和发展马克思主义的一个重要里程碑性质的重要成果。

总结马克思恩格斯在 1848 年欧洲革命失败以后，对于《宣言》进行与时俱进地发展，可以分别从作为世界共产党组织纲领的角度和作为马克思主义基本理论阐述的角度来加以考察。如果我们可以用一般发展道路来概括这种发展，那么，对于第一个角度的发展我们可以将其概括为“从《宣言》到《国际工人协会成立宣言》”的发展道路。这是后来的各国共产党组织从各国不同历史条件出发，制定自己的纲领和行动计划的过程。发展《宣言》，这是一个很重要的继承和发展道路。正确认识这种发展道路，最关键的问题就是，作为后来的马克思主义政党必须要以自己当下所处的本国的具体的社会历史条件为转移，制定自己的宣言和行动纲领。其次，从作为马克思主义基本理论阐述角度发展《宣言》的发展道路可以概括为：“从《宣言》到《资本论》，从《资本论》再到《资本论》的俄国化和中国化。”

我们首先来分析这个发展道路的第一段即“从《宣言》到《资本论》”。这个公式中的《资本论》是马克思和恩格斯一系列理论创作和发展的总称，具体包括《宣言》以后马克思和恩格斯所创作的《1848—1850 年法兰西阶级斗争》、《法兰西内战》、《反杜林论》和《哥达纲领批判》等等一系列著作。这些著作从不同的方面补充和发展了马克思和恩格斯在《宣言》中对资本主义生产方式及其发展趋势进行分析的理论、政策和行动的论述。事实上，这是一种基于欧洲发达资本主义国家经济情况探讨资本主义发展规律和未来趋势的理论。我们看到，马克思和恩格斯在《宣言》中所阐述的资本主义必然灭亡和共产主义必然胜利的理论，在这条发展道路上经过与时俱进的发展以后，得到了不断充实和完善。其次，我们再来看这条发展道路的第二段即“从《资本论》再到《资本论》的俄国化和中国化”。这个发展历程是指马克思面对与欧洲资本主义同时代的社会生产力落后的俄国，阐述《资本论》及其方法论——唯物史观在俄国如何正确运用的问题。这是对《资本论》已有研究成果的进一步的丰富和发展。从《资本论》揭示欧洲资本主义生产方式及其发展趋势的理论，过渡到将《资本论》运用到指导处于资本主义社会生产方式以前阶段的（或资本主义没有充分发展的与欧洲资本主义同时代的）俄国，为俄国指出走跨越资本主义卡夫丁峡谷建设社会主义的光辉道路。这是马克思主义发展史上具有里程碑意义的又一次理论飞跃。实际上，列宁斯大林领导苏联人民以十月革命道路践行了马克思跨越资本主义卡夫丁峡谷理论。中国新民主主义革命和社会主义革命取得胜利归根到底是十月革命道路的胜利，是马克思跨越资本主义卡夫丁峡谷建设社会主义理论的胜利。

三、马克思恩格斯与时俱进地发展《宣言》的道路和精神，对新时代中国特色社会主义建设的意义

通过对于马克思和恩格斯发展《宣言》所走过的这一发展道路的分析，我们可以得到如下几个方面的启示。

1. 和任何其他科学一样，马克思主义作为一个科学体系它必然要随着社会实践发展而与时俱进地向前发展。马克思和恩格斯发展《宣言》的事实证明，马克思主义是一个能够与时俱进、必须与时俱进，而且在马克思和恩格斯那里已经实现了与时俱进的理论体系。无论是作为党纲，还是作为马克思主义的理论阐述，《宣言》都必须要不断地与时俱进地向前发展。作为党的纲领的《宣言》要以一定的历史条件变化发展为依据不断地加以发展。如前所述，这种对《宣言》的发展，新的党组织、新的历史条件下的新党纲，是可以有政策、有策略、有妥协地制定一个一定时期的工作方案。这样一条以党纲形式对于《宣言》的发展，是世界范围内工人阶级政党和组织都可以得到启发的。中国共产党从第一次代表大会决议和以后历次代表会议决议，都可以看作对于《宣言》的发展。

作为马克思主义基本理论阐述的《宣言》，必须要不断地根据社会历史条件的变化而不断地进行完善和发展。今天我们纪念《宣言》发表 170 周年，我们不仅要坚持《宣言》的基本立场、基本理论和基本方法，而且还要坚持马克思和恩格斯不断发展《宣言》的与时俱进的创新精神。从马克思和恩格斯对《宣言》进行理

论发展所走过的发展道路来看,我们可以回答什么是马克思主义的与时俱进问题。首先,对于马克思主义进行与时俱进的发展,是指对于马克思主义原有理论命题的原有的理论论证,不断地进行补充、进行完善,以便使这些理论命题得到更加充分论证;其次,对于马克思主义进行与时俱进的发展,是指在马克思主义原有的理论之外,运用马克思主义的世界观和方法论发现并论证新的理论原理和新的理论命题。

长期以来,在马克思主义理论界对于发展马克思主义一直存在着各种不正确的观点。有人认为,马克思主义已经是真理,马克思主义只存在具体运用的问题,而不存在发展的问题。在这种人看来,马克思的任何著作,无论是《宣言》,还是《资本论》,当然也包括《反杜林论》《哥达纲领批判》等著作,后人都不能进行任何发展。换言之,马克思的这些著作都一个字也不能否定和更改。否则,马克思主义就必然会被歪曲了。另有人认为,马克思主义的发展就是后人否定前人,一代否定一代。在这种人看来,后来的马克思主义者如果不否定马克思的已有理论,就没有可能发展马克思主义。这种人就以发展马克思主义的名义,对所有马克思主义基本理论和基本方法逐一地加以否定。更有甚者,他们拿反马克思主义的世界观和方法论的资产阶级经济学发展马克思主义。事实上,这两种观点都是错误的。在"从《宣言》到《资本论》"的发展道路上,马克思和恩格斯是在坚持《宣言》的基本立场、基本方法和基本理论观点的前提下,对《宣言》某些论述不充分、不完善的地方加以补充和完善,这是实实在在的发展。因此,在这条发展道路上,坚持是发展的前提,而发展又是为了更好的坚持。马克思主义为什么必须要与时俱进?因为时代和实践在发展,人类的认识从根本上说是时代和实践发展的反映。因此,马克思主义必须要适应时代和实践的发展而向前发展。以上两种错误的共同错误在于,他们把与时俱进地发展马克思主义,片面地仅仅理解为第一种意义的发展,他们不懂得第二种意义的发展。而在科学史上,最重大的理论发展还是第二种意义上的发展。事实上,任何理论都是在一定历史条件下成立的理论。随着社会历史的向前发展,科学的理论也要随着社会历史条件的变化而变化。马克思主义理论顺利地向前发展,应该是不同时代的马克思主义者对不同时代不同社会历史条件进行研究而得出的成果。由此,我们就会看到,作为马克思主义者,后人发展前人的理论,并不是因为后人比前人有什么更高的智商,而是因为后人比前人处在一个完全不同的历史条件之下。在这个新的历史条件之下,人类有了新的实践活动,而这种新的实践活动是前人不可能看到的,因此,对于这种新的实践活动的理论概括的理论创新任务,就历史地落在后人的肩上。

所以,正确的发展观点应该是,任何理论的发展都是后人在前人认识的基础上继续前进。中国当今正处于全世界从资本主义生产方式向实现最伟大跃升的前沿阵地。这个特殊的社会历史条件使得中国必将成为全世界哲学社会科学理论创新的实践高地。这是时代给予中国哲学社会科学理论工作者的难得的机遇。伟大的时代必将产生伟大的理论。这种伟大理论,不是靠贬低马克思主义前人理论,不是靠无视马克思主义前人理论而抬高的,而是实实在在的对新的伟大实践进行理论阐述,是在前人理论创新的基础上根据全新的社会历史条件所实现的新的理论发展,在理论和实践方面都会不断地完善和发展。我们看到《宣言》的基本理论和基本政策,在马克思和恩格斯对其与时俱进的发展过程中,不是被削弱或否定了,而是更加完善、更加科学和更加彻底了。因此,必须用发展着的马克思主义指导共产主义实践。

2. 必须要用鲜活的发展着的马克思主义指导新时代中国特色社会主义建设。《宣言》的与时俱进,特别是在《资本论》中马克思进一步论证了人类社会的共产主义理想的存在性和现实可行性。科学社会主义只能从马克思和恩格斯的《宣言》及其理论发展中得到论证和说明。作为马克思主义的科学社会主义的中国形式,中国特色社会主义仅用《宣言》解释是远远不够的,仅用"《宣言》到《资本论》"的发展来解释也是远远不够的。中国特色社会主义的存在性,只能"从《宣言》到《资本论》,再从《资本论》到《资本论》俄国化和中国化",即只能从这个完整发展道路中得到论证。马克思和恩格斯沿着"从《宣言》到《资本论》"的发展道路,发展了《宣言》对于欧美资本主义生产方式的分析,通过剩余价值学说等更加科学地论证了资本主义必然灭亡共产主义必然胜利的历史规律。但是,在现实人类社会发展进程中,人类究竟怎样摆脱资本主义走向共产主义呢?是从资本主义生产方式最发达的欧洲国家开始走向共产主义,还是从资本主义世界体系中社会生产力发展水平较低的东方社会例如俄国先走向共产主义呢?在这个革命道路问题上,马克思通过系统地研究俄国社会历史得出结论:半农奴制、半资本主义的俄国,存在一条跨越资本主义卡夫丁峡谷建设共产主义的科学道路。列宁领导俄国十月社会主义革命胜利,建立了俄国特色的社会主义制度。在列宁和斯大林的领导下苏联特色社会主义建设取得了辉煌的成就。列宁和斯大林领导的苏联特色社会主义获得成功,丰富和发展了马克思的跨越资本主义卡夫丁峡谷的道路理论。"十月革命一声炮响,给中国送来了马克思列宁主义。"以毛泽东同志为核心的中国共产党人领导中国人民沿着十月革命道路夺取了新民主主义革命的胜利,并顺利地过渡到了中国特色社会主义。由此看来,中国特色社会主义道路,是马克思主义从《宣言》到《资本论》,再从《资本论》到《资本论》俄国化和中国化,这样一个马克思主义发展的实践成果。值得注意的是,俄国社会主义革命和社会主义建设之所以能够取得巨大成就,是与列宁和斯大林对马克思主义的与时俱进的发展分不开的。俄国的工农武装直接接受的是列宁和斯大林的具体领导。首先从理论阐述上来讲，马克思和恩格斯的理论已经转化为列宁和斯大林的理论，同时马克思和恩格斯的《宣言》也已经发展为《四月提纲》等包含有与俄国特定的社会历史条件紧密相连的政策和策略形式。同理，中国新民主主义革命和社会主义革命的实践的胜利，也在于马克思主义的理论已经发展到毛泽东同志的《新民主主义论》以及新民主主义革命和社会主义革命的各种政策和策略形式。我们说，马克思主义一定是要在其与时俱进以后，才能发展为指导革命和建设的可应用的理论形式。通过以上分析，我们得出结论：马克思主义必须要与时俱进地进行发展，指导中国特色社会主义建设的马克思主义，必须是与时俱进的发展着的马克思主义。当然，我们不能不指出的是，指导革命和建设成功的发展着的马克思主义，必须是真马克思主义。事实上，苏联在伟大的马克思主义者斯大林逝世以后，赫鲁晓夫特别是戈尔巴乔夫、叶利钦等以修正主义冒充马克思主义的新发展，最后断送了苏联社会主义事业。因此，以习近平同志为核心的中国共产党人如何在中国新的历史条件下坚持和发展马克思主义，是新时代中国特色社会主义实现两个一百年的奋斗目标，实现中华民族伟大复兴的中国梦的思想保证和组织保证。

3. 新时代中国特色社会主义最大的特点就是跨越资本主义卡夫丁峡谷建设社会主义。目前对于如何认识中国特色社会主义有各种不同的观点。有人否定或者认识不到中国社会主义的跨越资本主义卡夫丁峡谷的特殊性。他们或者直接从《宣言》出发解释中国社会主义；或者只是“从《宣言》到《资本论》”出发解释中国社会主义。由于这种解释路径忽视了中国社会主义的跨越资本主义卡夫丁峡谷的特殊性质，所以，在具体建设社会主义过程中，容易忽视中国的现实生产力状况和跨越的困难，容易犯盲目冒进的错误，结果是欲速则不达。当然，在中国理论界对于中国社会主义的认识还有一种相反的倾向，这就是有相当一部分人，他们极力扩大中国社会主义的特殊性，以至于将中国社会主义解释成不是社会主义的东西。一部分右翼“马克思主义学者”甚至声称，在马克思和恩格斯那里，落后国家跨越资本主义卡夫丁峡谷建设社会主义是有先决条件的。这个条件就是西欧资本主义国家社会主义革命要首先取得胜利，并且能够在物质技术上对于落后国家给予国际帮助。没有这样的先决条件，落后国家是不能建成社会主义的。由此出发，他们到处宣传所谓的“一国不能建成社会主义”。这样他们就从根本上否定中国特色社会主义是社会主义。还有一部分人，他们以中国特色社会主义的中国特色，以市场经济，否定中国特色社会主义的社会主义本质规定性。他们绝口不提中国特色社会主义要坚持社会主义性质，他们只是片面地将中国特色社会主义解释成为中国社会在特定历史条件下发展西方资本主义社会的社会生产力的一种替代方案或补课方案。中国社会主义是要补上资本主义社会生产力发展这堂课的。但是,马克思跨越资本主义卡夫丁峡谷理论强调的是,通过共产主义的途径来补上这些国家社会生产力发展不足的课。针对俄国公社的跨越资本主义卡夫丁峡谷道路,马克思说:"'农村公社'的这种发展是符合我们时代历史发展的方向的,对这一点的最好证明,是资本主义生产在他最发达的欧美各国所遭到的致命危机,而这种危机将随着资本主义的消灭、随着现代社会的回复到古代类型的最高形式,回复到集体生产和集体占有而结束。"①我们要问:经历了2008年以来的世界性经济危机和萧条,我们中国为什么还有那么多的经济学家坚持要瓦解中国农村集体经济呢?马克思预言:"如果革命在适当的时刻发生,如果他能把自己的一切力量集中起来以保证农村公社的自由发展,那么,农村公社就会很快地变为俄国社会复兴的因素,变为使俄国比其他还处在资本主义制度压迫下的国家优越的因素。"②俄国农村公社会如此,中国经历过人民公社社会主义改造的集体经济为什么不能如此呢?把中国特色社会主义解释成中国特色资本主义,是中国理论界的一个颠覆性错误。中国特色社会主义要取得最终胜利,我们在思想理论界必须要彻底批判和抛弃这种错误思潮。

中国特色社会主义是社会主义,是跨越资本主义卡夫丁峡谷的社会主义。因此,一方面,它有科学社会主义的一切属性,另一方面它是跨越资本主义卡夫丁峡谷的社会主义,又有它所脱胎出来的旧社会的严重的残余。任何人看不到这两个方面,或者只看到其中的一个方面而看不到另一个方面,都会陷入片面性之中。中国特色社会主义新时代,一定是科学社会主义发展道路上的新时代。跨越资本主义卡夫丁峡谷建设社会主义意味着什么?意味着我们不断地向着社会主义和共产主义的目标迈进而不是退缩。当然我们不能排除战略性退却,但我们不能接受无限度地为退缩而退缩,以至于不可挽回地失去社会主义事业。我们经过一个阶段的战略性退缩以后要迎来战略进攻,要迎来大局的整体推进。中国特色社会主义新时代必将是逐步接近于成熟阶段的社会主义,必将是其民族国家特色和发展阶段特色越来越趋于褪色的时代。因此,中国特色社会主义新时代,必将是为人类实现从资本主义社会形态向共产主义社会形态跃升作出贡献的中国方案。这是我们共产党人对马克思诞辰200周年,对《宣言》出版170周年最好的纪念。

4. 发展当代中国的马克思主义,必须批判包括现代西方资产阶级学说在内

① 马克思恩格斯文集:第19卷[M].北京:人民出版社,1963:439.

② 马克思恩格斯文集:第19卷[M].北京:人民出版社,1963:441.

的西方哲学社会科学思潮。科学社会主义是在批判资本主义中得来的。因此我们对于中国特色社会主义的论证，必须要批判包括西方经济学在内的一切资产阶级和非无产阶级的哲学社会科学思潮。坚持马克思主义世界观和方法论，最关键的就是要坚持唯物辩证法的革命性和批判性的本质。遵循马克思和恩格斯的这一补充社会主义和共产主义文献的愿望，我们要进一步发展《宣言》，要像恩格斯批判杜林、马克思批判拉萨尔等对 1847 年以后的社会主义文献进行批判性的研究那样，批判西方资产阶级经济学和形形色色的非科学社会主义的思潮。正是由于苏联共产党没能有力地批判戈尔巴乔夫的民主的人道的社会主义，最后使苏联付出亡党亡国的代价。中国特色社会主义建设事业向前推进，当代中国的马克思主义理论也必须要不断地抵御各种错误的社会主义思潮的侵蚀。我们要继承马克思的哲学批判，要批判马克思和恩格斯时代已有的文献，但更有意义的对马克思和恩格斯以后的现代西方哲学文献进行批判；我们要继承马克思的政治经济学批判，我们要继续批判马克思恩格斯时代已有的文献，更要批判马克思恩格斯以后的政治经济学新文献，特别是要批判现代西方资产阶级经济学。

由此我们可以得出结论：只有批判资产阶级经济学，才能创新和发展马克思主义的政治经济学；只有批判各种形形色色的错误的社会主义思潮，才能坚持和发展马克思主义的科学的社会主义。

纪念马克思诞辰 200 周年、纪念《宣言》出版 170 周年，最好的纪念就是继承和发展他所创建的科学理论和实现他所追求的事业。马克思和恩格斯未竟的事业就是从理论和实践上批判资产阶级和资本主义制度，在批判资本主义中推导出了社会主义和共产主义。马克思主义是一个不断向前发展的理论体系，在马克思和恩格斯创立马克思主义理论基础以后，经过列宁、斯大林、毛泽东、邓小平的不断发展，使社会主义从空想变成了科学，从理论变成了现实。党的十八大选举产生了以习近平同志为核心的新一届领导集体。以习近平同志为核心的党中央从理论和实践结合上，系统回答了新时代坚持和发展什么样的中国特色社会主义、怎样坚持和发展中国特色社会主义这个重大时代课题，形成了习近平新时代中国特色社会主义思想。习近平新时代中国特色社会主义思想是当代中国发展着的马克思主义。坚持习近平中国特色社会主义思想，是我们党领导人民实现两个一百年的奋斗目标，实现中华民族伟大复兴的中国梦的根本思想保证。

[本文选自《马克思主义研究》2018 年第 12 期]

[作者简介] 丁堡骏，经济学博士，浙江大学马克思主义理论研究所教授，博士生导师，浙江大学文科领军人才；曾任吉林财经大学副校长等职，任中国《资本论》研究会副会长等多项学术兼职。邮编：浙江 杭州 310058

马克思拜物教批判的三重指向与历史性自觉

刘召峰

改革开放40年后的中国，商品经济有了巨大发展，资本力量也已在中国崛起。在此情形下，拜物教观念也逐渐渗透到人们的日常思维与理论认识中，“物的依赖性”成为人们难以逃脱的生存境遇。因此揭示商品、货币和资本的拜物教性质，批判种种拜物教观念，剖析“物的依赖性”的生存境遇，需要我们重新关注马克思的拜物教批判理论。

近几年来，马克思的“拜物教”[①]概念成为我国学者进行马克思思想研究、特别是《资本论》研究关注的一个关键词；“拜物教批判”较为频繁地出现在学术期刊论文和研究生学位论文的标题中。不过，谈到马克思的拜物教理论，有些学者叙述的是这一理论之于批判“市场拜物教”、“权力拜物教”和“土地拜物教”等各种拜物教观念的重要意义。[②] 这就把马克思的拜物教批判理解得过于狭隘了。[③] 本文认为，马克思的拜物教批判具有三重指向：对商品、货币和资本的拜物教性质的揭示，对“经济学家们”(以及“资本主义生产当事人”)的拜物教观念的批判，对“物的依赖性”的生存境遇(它是生活于“商品世界”中人们难以逃脱的生存境遇)的剖析。在此基础上，本文将扼要阐述马克思的拜物教批判所内蕴的历史性自觉。

一、拜物教性质：商品、货币和资本的神秘性质及成因

拜物教性质是一种“神秘性质”。马克思在《资本论》及其手稿中经常使用“秘密”“谜”“神秘”等字眼来描述商品、货币和资本，比如，“一切价值形式的秘密都隐藏在这个简单的价值形式中”，劳动产品一采取商品形式就具有“谜一般的

---

① 汉语中的“拜物教”所对应的德文原词是 Fetischismus。对于马克思著作中 Fetischismus 及其相关词 Fetisch、Fetischdiener 等的涵义变迁，请参阅刘召峰. Fetischismus 及相关词在马克思著作中的话语变迁[J]. 现代哲学，2017(1).

② 参见李建平. 新自由主义市场拜物教批判——马克思《资本论》的当代启示[J]. 当代经济研究，2012(9)；郜丽华.《资本论》中拜物教思想的理论逻辑与时代价值[J]. 河北经贸大学学报，2015(1).

③ 对于马克思拜物教批判的理论意蕴的更为详细的阐述，请参见刘召峰. 拜物教批判与马克思的哲学、经济学和共产主义学说——对拜物教批判理论意蕴的一种阐释[J]. 教学与研究，2017(9).

性质”,“货币拜物教的谜就是商品拜物教的谜”[1],“这种假象似乎证明了资本有一个神秘的自行增殖的源泉”[2],等等。在马克思眼中,它们是有“秘密”需要揭示、有“谜”需要解答、有“神秘”的面纱需要揭开的社会存在。不过,商品、货币和资本的“神秘化”程度是有差别的:“在商品上这种神秘化还是很简单的”[3],货币的神秘化就“已经比较复杂”了,资本的神秘化则“达到了完善的程度”,而利息则是“资本的神秘化在最极端的形式上的表现”[4]。我们先分别叙述马克思对于商品、货币和资本的神秘性质的剖析,而后再对神秘性质的成因进行总结和辨析。

(一)商品的神秘性质

商品不是生产者本人消费的产品,而是为他人生产使用价值;而且,不只是简单地为别人,而是通过“交换”,把产品转移到把它当作使用价值的人手里。在“交换”中,一种商品的价值是通过另一种商品的一定量的使用价值表现出来的。马克思曾这样概括这种“表现形式”的“特点”:(1)使用价值成为价值的表现形式;(2)具体劳动成为抽象人类劳动的表现形式;(3)私人劳动成为直接社会形式的劳动。[5] 这种“独特”的表现形式,根源于“生产商品的劳动所特有的社会性质”:生产商品的私人劳动不是直接地就是“社会总劳动的一部分”,而是需要通过“交换”才能“证实”自己。[6] 在这种通过“交换”而“证实”自己的过程中,“生产者同总劳动的社会关系”表现为“存在于生产者之外的物与物之间的社会关系”,或者说,人们的社会关系取得了“物与物的关系的虚幻形式”[7]。也就是说,“价值”不是“人与人之间的关系(一般)”,而是具有“物的外观”的“人与人之间的关系”,是“人与人之间关系”的“物化”表现。而且,劳动产品的商品形式还把劳动的社会性质反映成劳动产品的物的性质,反映成这些物的天然的社会属性。[8] 劳动产品的“社会性质”,是在一定的社会关系中取得的,它与劳动产品作为“物”所具有的物理性质无关,但是,劳动产品的商品形式给人带来的假象是,好像即便没有这种“社会关系”,劳动产品依然具有这样的“社会性质”。由于上述“物

---

① 马克思恩格斯文集:第 5 卷[M]. 北京:人民出版社,2009:62,89,113.

② 马克思恩格斯文集:第 6 卷[M]. 北京:人民出版社,2009:142.

③ 马克思恩格斯全集:第 31 卷[M]. 北京:人民出版社,1998:427.

④ 马克思恩格斯全集:第 35 卷[M]. 北京:人民出版社,2013:353,304,354.

⑤ 马克思恩格斯文集:第 5 卷[M]. 北京:人民出版社,2009:71,74.

⑥ 参见马克思恩格斯文集:第 5 卷[M]. 北京:人民出版社,2009:90. 在《政治经济学批判 · 第一分册》中,马克思也有类似的说法:“商品直接是彼此孤立的、互不依赖的私人劳动的产品,这种私人劳动必须在私人交换过程中通过转让来证明是一般社会劳动;或者说,在商品生产基础上的劳动只有通过个人劳动的全面转让才成为社会劳动。”(马克思恩格斯全集:第 31 卷[M]. 北京:人民出版社,1998:479.)

⑦ 马克思恩格斯文集:第 5 卷[M]. 北京:人民出版社,2009:89,90.

⑧ 马克思恩格斯文集:第 5 卷[M]. 北京:人民出版社,2009:89.

化"的表现形式、以及因此而带来的假象,商品就具有了神秘性质。

(二)货币的神秘性质

马克思说:"在x量商品A=y量商品B这个最简单的价值表现中,就已经存在一种假象,好像表现另一物的价值量的物不通过这种关系就具有自己的等价形式,好像这种形式是天然的社会属性。"[①]这种"假象"在货币形式上有了新的发展:好像不是因为其他商品都通过一种商品来表现自己的价值,这种商品才成为货币,相反,好像因为这种商品是货币,其他商品才都通过它来表现自己的价值。[②] 在《政治经济学批判·第一分册》中,马克思对"货币的神秘化"进行了极其细致的剖析。马克思剖析了货币产生的"逻辑":在交换过程中,商品所有者之间的关系,表现为商品与商品之间的关系,进而,表现为一切其他商品与一种特殊商品之间的关系,如果倒过来看,就表现为这种特殊商品(货币)与一切其他商品之间的关系。马克思剖析了货币作为社会关系的"颠倒"表现的两个层面:"人和人之间的社会关系"表现为"物和物之间的社会关系";货币表现为一个物品的"仿佛是天生的社会性质"。马克思还指明了这种"颠倒"作为一种"神秘化"的类型:它"不是想象的而是平凡实在的"。马克思也指出了这种"颠倒"和"神秘化"的存在条件:它是"生产交换价值的劳动的一切社会形式的特点",它在商品上已经存在,只不过在货币上"更加夺目而已"。[③]

(三)资本的神秘性质

与商品和货币相比,资本拥有更加"神秘"的性质,因为它似乎可以"自行增殖"。其实,货币占有者只有在市场上发现一种"独特的商品"——劳动力,他的资本才能实现增殖。[④] 马克思认为,货币向资本的转化是以劳动力成为商品为前提的[⑤],资本与雇佣劳动之间是相互依存关系:生产资料(劳动的物的条件)和生活资料(维持工人本人生活的物的条件),只有同雇佣劳动相对立的时候,才能成为资本;另一方面,只有当"物的条件"作为资本同劳动相对立的时候,劳动才能表现为雇佣劳动。[⑥] 资本家无偿占有了雇佣劳动者创造的剩余价值,这是资本实现"增殖"的秘密所在。不过,破除资本"自行增殖"的"假象",尚需解答如下课题:剩余价值的真正源泉、"资本与雇佣劳动之间的真实关系"是如何在资本的

---

① 马克思恩格斯文集:第5卷[M].北京:人民出版社,2009:112.

② 马克思恩格斯文集:第5卷[M].北京:人民出版社,2009:112.

③ 马克思恩格斯全集:第31卷[M].北京:人民出版社,1998:441-442,426,442.

④ 马克思恩格斯文集:第5卷[M].北京:人民出版社,2009:194-195.

⑤ 马克思说:"如果货币不同被工人本身当做商品出卖的劳动能力相交换,它就不能成为资本。"(马克思恩格斯文集:第8卷[M].北京:人民出版社,2009:485.)

⑥ 马克思恩格斯文集:第8卷[M].北京:人民出版社,2009:485.

生产过程和流通过程、进而在资本主义生产的总过程中被层层“掩盖”起来的呢?

马克思是按照从抽象上升到具体的叙述逻辑来解答上述问题的。首先,在资本的直接生产过程中,工资的形式掩盖了必要劳动和剩余劳动、有酬劳动和无酬劳动的区分,好像全部劳动都是有酬劳动。[①] 其次,资本的流通过程带来的“假象”是:资本有一个“与资本的生产过程,从而与资本对劳动的剥削无关”的、神秘的、自行增殖的源泉。[②] 再次,利润的真正性质和起源被剩余价值转化为利润、利润的平均化掩盖起来了:在利润形式上,剩余价值好像是全部所用资本的“价值增加额”[③],新价值好像来自“资本本身固有的秘密性质”[④];资本的“秘密性质”随着利润的平均化进一步加深,因为利润在数量上也与剩余价值不同了。[⑤] 复次,剩余价值被分割为产业利润、商业利润、利息、地租,此时,资本的拜物教性质大大加深并最终完成了:商业利润、货币经营业利润好像完全是从流通过程中(而不是从生产过程中)产生的;企业主收入好像不是来自对雇佣劳动的剥削,而是来自资本家所从事的“雇佣劳动”,资本本身好像就是利息的独立源泉;地租,作为剩余价值的一部分,直接和土地这一自然要素联系在一起;进而,在“资本—利息,土地—地租,劳动—工资”这个“经济三位一体”中,资本主义生产方式的神秘化最终完成了。[⑥]

(四)对商品、货币和资本神秘性质的总结与辨析

由上可知,商品、货币和资本之所以具有神秘性质乃是缘于一种独特的“表现形式”。至此,我们有必要对这种“表现形式”及其所导致的神秘性质进行一番总结和辨析。

首先,这种“表现形式”是“异化的”。但是,并非一切“异化”都与商品生产有关(比如,奴隶主对于奴隶的剥削,属于一种“异化”状况,但奴隶主与奴隶之间并非商品交换关系)。因而,这种“表现形式”只不过是“异化”的一种类型:“人与人的关系”“异化”为“物与物的关系”。所以,把商品、货币和资本的神秘性质理解为一种“异化”,固然不错,但并不具体,因为我们尚需明确它是“何种”异化,其异化的“机制”是怎样的。

其次,这种“表现形式”是以“物化”为特征的“关系的颠倒”。与“宗教世界”的

---

① 马克思恩格斯文集:第 5 卷[M].北京:人民出版社,2009:619.

② 马克思恩格斯文集:第 6 卷[M].北京:人民出版社,2009:142.

③ 马克思恩格斯文集:第 7 卷[M].北京:人民出版社,2009:41-42.

④ 马克思恩格斯文集:第 7 卷[M].北京:人民出版社,2009:57.

⑤ 马克思恩格斯文集:第 7 卷[M].北京:人民出版社,2009:57.

⑥ 马克思恩格斯文集:第 7 卷[M].北京:人民出版社,2009:940.

“颠倒”不同，它“不是想象的而是平凡实在的”[①]，它是客观存在的“物的人格化与人格的物化（Personifizierung der Sache und Versachlichung der Personen）”[②]。“物的人格化”[③]是指，商品被赋予了“人格”，好像可以像“人”那样“活动”，组成一个“商品世界”，彼此发生关系，并且与人发生关系。“人格的物化”是指，人把自己的“人格”赋予“物”，社会关系表现为物与物之间的关系（这是“社会关系的物化”，die Verdinglichung der gesellschaftlichen Verhältnisse[④]，或者说是“生产关系的物化”，die Versachlichung der Produktionsverhältnisse[⑤]），物在特定社会关系中获得的“社会规定性”表现为它作为物就具有的属性（这是“社会生产规定的物化”，die Verdinglichung der gesellschaftlichen Produktionsbestimmungen[⑥]）。

再次，“人格的物化”还伴随着“独立化”。劳动产品的商品形式，在人们面前把劳动的社会性质反映成劳动产品的物的性质，反映成这些物的天然的社会属性。这种“表现形式”带来的假象是：劳动的社会性质“独立化”为跟人无关的东西了。假象在货币形式上有了进一步的发展：金银作为物天然地就是货币，天然地具有能够表现其他一切商品的价值的“属性”——金银作为货币好像可以脱离商品交换关系而“独立”存在。“货币”只有在“资本—雇佣劳动”的“关系”中才能转化为“资本”。资本主义生产方式却造就了如下的假象：资本是可以脱离“关系”而实现“自行增殖”的“独立化”存在。[⑦] 在剩余价值被分割为产业利润、商业利润、利息、地租之后，剩余价值的真正源泉完全被掩盖起来了，而这正是由于“生产关系对生产当事人的独立化”（die Verselbständigung der Produktionsverhältnisse

① 马克思恩格斯全集：第31卷[M].北京：人民出版社，1998：442.

② 参见马克思恩格斯文集：第8卷[M].北京：人民出版社，2009：393；马克思恩格斯文集：第7卷[M].北京：人民出版社，2009：135.德文原文参见：Karl Marx，Friedrich Engels. Werke[M]. Berlin：Dietz Verlag. Band 26-1. 1965：366；Karl Marx，Friedrich Engels. Werke[M]. Berlin：Dietz Verlag. Band 23. 1962：128.

③ 有必要说明的是，马克思对于“人格化”还有另一种用法——人们扮演的经济角色不过是经济关系的人格化，比如，资本家是资本的人格化，土地所有者是土地在法律上的人格化，工人是他本身劳动能力的人格化，等。

④ 马克思恩格斯文集：第7卷[M].北京：人民出版社，2009：940.德文原文参见：Karl Marx，Friedrich Engels. Werke[M]. Berlin：Dietz Verlag. Band 25. 1964：838.

⑤ 马克思恩格斯文集：第7卷[M].北京：人民出版社，2009：941.德文原文参见：Karl Marx，Friedrich Engels. Werke[M]. Berlin：Dietz Verlag. Band 25. 1964：839.

⑥ 马克思恩格斯文集：第7卷[M].北京：人民出版社，2009：997.德文原文参见：Karl Marx，Friedrich Engels. Werke[M]. Berlin：Dietz Verlag. Band 25. 1964：887.

⑦ 对此观点的详细阐述，请参见刘召峰.拜物教批判理论与马克思的资本批判[J].马克思主义研究，2012(4).马克思还曾论述过另一种“独立化”——生产资料之于雇佣劳动者的独立化。他说：“生产资料只有当它独立化，作为独立的力量来与劳动相对立的时候，才成为资本。”（马克思恩格斯文集：第8卷[M].北京：人民出版社，2009：414.）不过，这种“独立化”不是资本“带来的”，而是资本的“存在前提”。

gegenüber den Produktionsagenten)①。

最后，我们需要以“从抽象上升到具体”的叙述逻辑来展示这种“表现形式”。需要揭示的“秘密”，不是“人与人之间的关系”，而是“人与人之间的关系”的“物化的表现形式”的存在条件和内在逻辑（“人与人之间的关系”为何、如何表现为“物与物之间的关系”）。因而，揭示“秘密”所需要的正确的叙述逻辑是“从抽象上升到具体”（即从“关系”中“引出”它的“表现形式”），而不是相反（仅仅“把具体归结为抽象”）②。

至此，我们可以做如下总结：商品、货币和资本的拜物教性质是一种独特的、“异化的”“表现形式”所导致的神秘性质；在这种“表现形式”中，存在着“关系的颠倒”——“人与人之间的关系”表现为“物与物之间的关系”（“社会关系的物化”），物在特定社会关系中获得的“社会规定性”（die gesellschaftliche Bestimmtheit）③表现为它作为物就具有的属性（“社会生产规定的物化”），以及“生产关系对生产当事人的独立化”；我们需要像马克思那样，拨开商品生产与交换（特别是资本主义社会的商品生产与交换）带来的种种“假象”，以“从抽象上升到具体”的理论逻辑，展示“关系颠倒”的“机理”，从而揭示商品、货币和资本的拜物教性质。

二、拜物教观念：一种特殊的“错认”及其产生机制

在具有神秘性质的经济基础之上还“竖立着”相应的观念上层建筑——拜物教观念。在剖析商品、货币和资本的神秘性质的基础上，马克思还批判了被“假象”迷惑了头脑的“经济学家们”（以及“资本主义生产当事人”）的拜物教观念。

（一）关于商品、货币和资本的拜物教观念

在马克思看来，交换价值作为“劳动的一定社会方式，它就像例如汇率一样并不包含自然物质”④。有的“经济学家”却认为，交换价值是物的属性，使用价值才是人的属性。⑤ 马克思嘲讽了这种典型的“颠倒的观念”，认为它与如下的

① 马克思恩格斯文集：第7卷[M]. 北京：人民出版社，2009：940，941. 德文原文参见 Karl Marx, Friedrich Engels. Werke[M]. Berlin: Dietz Verlag. Band 25. 1964: 839.

② 基于这种理解，笔者曾撰文指出：“马克思的‘资本批判’的重点和难点并不在于指出‘资本’不是‘物’而是‘关系’，而在于说明：作为‘关系’的‘资本’为何、如何必然地表现为‘物’，‘物与物的关系’是如何‘掩盖’‘人与人的关系’的。”[参见刘召峰. 拜物教批判理论与马克思的资本批判[J]. 马克思主义研究，2012(4).]

③ 马克思恩格斯文集：第8卷[M]. 北京：人民出版社，2009: 400. 德文原文参见 Karl Marx, Friedrich Engels. Werke[M]. Berlin: Dietz Verlag. Band 26-1. 1965: 372.

④ 马克思恩格斯文集：第5卷[M]. 北京：人民出版社，2009：100.

⑤ 马克思恩格斯文集：第5卷[M]. 北京：人民出版社，2009：101.

说法是类似的："一个人长得漂亮是环境造成的，会写字念书才是天生的本领。"[①]

金银天生就是货币，货币是财富的唯一形态——货币主义的这种"幻觉"产生的缘由在于，它没有看出：金银作为货币代表的是一种社会生产关系，只不过这种关系采取了一种"自然物的形式"。[②]

在《直接生产过程的结果》中，马克思谈到了"从资本主义生产方式的本质中产生出来的拜物教观念"——这种观念把经济的形式规定性看成是这些形式规定性的物质承担者本身所固有的属性。[③] 资本拜物教观念集中体现在"资本—利息，土地—地租，劳动—工资"这一"三位一体的公式"中。在资本主义生产方式下，资本、土地、劳动力每年分别为资本家、土地所有者、雇佣工人提供利润、地租和工资，因而，它们形成资本家、土地所有者和雇佣工人这三个不同阶级的常年收入。这样，资本家的资本，土地所有者的土地，雇佣工人的劳动，对于资本家、土地所有者和雇佣工人而言，就好像成为他们各自收入（利润、地租和工资）的三个不同的源泉。从下述意义上讲，它们确实是收入的源泉：资本把一部分价值固定在利润的形式上，土地所有权把另一部分价值固定在地租的形式上，雇佣劳动把价值的第三部分固定在工资的形式上，从而，它们变成了资本家的收入、土地所有者的收入和雇佣工人的收入。[④] 然而，资本、土地所有权、雇佣劳动只不过"作为中介"把价值的不同部分转化成利润、地租和工资而已。[⑤] 只是由于在资本主义生产方式下，劳动一般与雇佣劳动实现了"合而为一"（不是雇佣劳动表现为劳动的社会形式，而是一切劳动都好像是雇佣劳动），劳动条件在雇佣劳动者面前所采取的一定社会形式与劳动条件的物质存在本身实现了"合而为一"（生产资料好像天然的是资本，土地好像天然的是若干土地所有者垄断了的土地，资本和被垄断的土地好像是劳动条件的天然形式），劳动条件本身，才跟劳动一样，成了价值的源泉（劳动资料本身成了利润的源泉，土地本身成了地租的源泉）[⑥]。于是，在"经济学家们"（以及"资本主义生产当事人"）的头脑中，土地所有权、资本和雇佣劳动就从"中介"转化成了"真正的源泉"。[⑦]

---

① 马克思恩格斯文集：第 5 卷[M]. 北京：人民出版社，2009：102.

② 马克思恩格斯文集：第 5 卷[M]. 北京：人民出版社，2009：101. 在《政治经济学批判·第一分册》中，马克思也有类似的说法，对此问题感兴趣的读者，可参见马克思恩格斯全集：第 31 卷[M]. 北京：人民出版社，1998：427.

③ 马克思恩格斯文集：第 8 卷[M]. 北京：人民出版社，2009：528-529.

④ 马克思恩格斯文集：第 7 卷[M]. 北京：人民出版社，2009：930-931.

⑤ 马克思恩格斯文集：第 7 卷[M]. 北京：人民出版社，2009：936.

⑥ 马克思恩格斯文集：第 5 卷[M]. 北京：人民出版社，2009：933-934.

⑦ 马克思恩格斯文集：第 7 卷[M]. 北京：人民出版社，2009：936.

（二）关于拜物教观念产生的认识机制

拜物教观念是“经济学家们”（以及“资本主义生产当事人”）对于具有拜物教性质的商品、货币和资本所带来的假象的直观反映；其认识根源在于，对于生产过程的物质要素与社会形式的混淆。

价值是劳动产品在一定的生产关系中获得的“形式规定性”（die Formbestimmtheit）[①]；若混淆了生产的物质要素与社会形式，就会像有的“经济学家”那样，认为“价值是物的属性”。货币主义就把金银在特定社会生产关系中获得的“形式规定性”视为金银作为物就具有的“天然属性”。

在剖析“经济学家们”关于资本的拜物教观念时，马克思说：“生产资料和生活资料，作为直接生产者的财产，不是资本。它们只有在同时还充当剥削和统治工人的手段的条件下，才成为资本。但是，在政治经济学家的头脑中，它们的这个资本主义灵魂和它们的物质实体非常紧密地结合在一起，以致在任何情况下，甚至当它们正好是资本的对立面的时候，他也把它们称为资本。”[②]“经济学家们”对生产过程的物质要素与社会形式的混淆，贯穿着把特殊的东西一般化、把具体的东西抽象化的理论逻辑——他们通过“撇开劳动过程的一切历史形式不谈”，通过抽去“一切生产过程的特殊差别”而只是“把它们的共同东西固定下来”，“证明”了生产资料与资本、劳动过程与资本的劳动过程、劳动与雇佣劳动的同一性。[③]“经济学家们”的理论意图在于：“证明”资本主义生产方式的永恒性，“证明”资本是人类生产本身不朽的自然要素，从而“证明”资本的存在是“人类生产的永恒自然规律”。[④]把具有历史性质的资本主义生产方式永恒化，这是“经济学家们”的理论逻辑背后的狭隘的资产阶级眼界！[⑤]由此可知，混淆生产过程的物质要素与社会形式，把物在一定的社会关系中获得的“形式规定性”视为物的自然属性，把资本主义生产方式抽象化、永恒化，这就是关于资本的拜物教观

---

① 参见马克思恩格斯文集：第6卷[M].北京：人民出版社，2009：180，186；马克思恩格斯文集：第7卷[M].北京：人民出版社，2009：934，987；马克思恩格斯文集：第8卷[M].北京：人民出版社，2009：400，528.德文原文参见 Karl Marx，Friedrich Engels. Werke[M]. Berlin：Dietz Verlag. Band 24. 1963：162，167；Karl Marx，Friedrich Engels. Werke [M]. Berlin：Dietz Verlag. Band 25. 1964：833，879；Karl Marx，Friedrich Engels. Werke [M]. Berlin：Dietz Verlag. Band 25. 1964：833，879；Karl Marx，Friedrich Engels. Werke [M]. Berlin：Dietz Verlag. Band 26-1. 1965：372；Karl Marx，Friedrich Engels. Gesamtausgabe[M]. Berlin：Dietz Verlag. Ⅱ/4.1. 1988：115.

② 马克思恩格斯文集：第5卷[M].北京：人民出版社，2009：878.

③ 马克思恩格斯文集：第8卷[M].北京：人民出版社，2009：460-461.

④ 马克思恩格斯文集：第8卷[M].北京：人民出版社，2009：477-478.

⑤ 更为详细的阐述，请参见刘召峰.马克思形而上学、意识形态批判的具体化路径——以《资本论》对拜物教观念的剖析为例[J].学术研究，2014(2).

念的核心逻辑。

（三）拜物教观念：既非“膜拜”，亦非“物恋”，而是一种特殊的“错认”

拜物教观念是“经济学家们”（以及“资本主义生产当事人”）头脑中的一种特殊的“错认”——他们把物在一定的社会关系中获得的“形式规定性”视为物的自然属性。① 这种“错认”与人们“膜拜”商品、货币和资本是两码事。把马克思的“商品拜物教”理解为“人跪倒在自己的劳动产品——商品面前”，人成了“商品的膜拜者”②，是对马克思的误解。

拜物教观念也不是精神分析学派所说的“物恋”或“恋物癖”。③ 对于二者的差别，吴琼和夏莹两位教授都有非常详细的论述。吴琼教授认为，“拜物教”和“恋物癖”作为英文词“Fetishism”在汉语中的两个通行的翻译，正好对应着马克思主义和精神分析学的两种不同语境：从商品生产的逻辑来讨论拜物教的社会构成及其后果，是一种“社会症状阅读”；后者从主体欲望的运作来讨论恋物癖的心理机制及其效果，是一种“主体症状阅读”。④ 夏莹教授说，马克思着意于“向外关注”，探究物如何具有神秘性的问题；弗洛伊德着意于“向内关注”，探究人何以对物产生无休止的迷恋。⑤ 这些论述有助于我们了解马克思对“拜物教观念”的批判与精神分析学派对“恋物癖”的分析在研究思路上的根本差别。

（四）关于拜物教性质与拜物教观念的关系

首先，必须对拜物教性质与拜物教观念进行明晰的区分：前者是一种客观的神秘性质，是“社会存在”，后者是一种主观的“错认”，是“社会意识”。马克思说：“劳动产品一旦作为商品来生产，就带上拜物教性质，因此拜物教是同商品生产分不开的。”⑥日本学者河上肇在其《〈资本论〉入门》一书中引用了这段话，并进行了如下的解释：“这就是说，拜物教是由商品生产者的社会存在这一特定的客观事实反映了他们头脑中而产生的社会意识，因而，也就是他们的适应着商品生产这一历史规定的社会生产方式的社会意识。”⑦马克思所说的“同商品生产分

---

① 因而，这种“错认”直接与“社会生产规定的物化”而不是“社会关系的物化”有关。

② 参见仰海峰.商品拜物教：从日常生活到形而上学[J].马克思主义与现实，2014(2).

③ 有必要指出的是，斯拉沃热·齐泽克的名著《意识形态的崇高客体》一书中的“fetishism”，中译本第一版译为“拜物教”（参见斯拉沃热·齐泽克.意识形态的崇高客体[M].季广茂，译.北京：中央编译出版社，2002:32.），第二版则改译为“恋物癖”（参见斯拉沃热·齐泽克.意识形态的崇高客体[M].季广茂，译.北京：中央编译出版社，2014:18.）。

④ 吴琼.拜物教/恋物癖：一个概念的谱系学考察[J].马克思主义与现实，2014(3).

⑤ 夏莹.马克思拜物教理论的双重内涵及其在西方马克思主义中的演化路径[J].马克思主义与现实，2014(2).

⑥ 马克思恩格斯文集：第5卷[M].北京：人民出版社，2009:9.

⑦ 河上肇.《资本论》入门：上册[M].何仲珉，译.北京：人民出版社，1988:233.

不开的"拜物教(性质),是一种客观的社会存在,并非社会意识。河上肇把拜物教性质与拜物教观念混为一谈了,所以,他说:"商品的拜物教性质是由商品生产者的社会存在反映于他们的意识而产生的。"①在翻译《资本论》时,郭大力、王亚南两位先生的头脑中也产生了此类混淆——他们把马克思解释商品的拜物教性质的多段文字翻译为"在人们眼中""在人看来""在生产者看来"。② 在这一点上,苏联著名《资本论》专家卢森贝的理解才是正确的——他在《〈资本论〉注释》一书中说:"商品拜物教是客观的而不是主观的现象,不是错误的头脑的幻想。"③

与拜物教(Fetischismus)相比,日本学者广松涉更加青睐马克思的Versachlichung(他主张译为"物象化"而不是"物化")概念。他认为,马克思的世界观经历了"从异化论的逻辑到物象化论的逻辑"的"飞跃"。④ 不过,在阐述马克思的"物象化论"时,广松涉的头脑中也存在把客观的"社会存在"解释成人们的"误认"这类混淆。广松涉认为,马克思的所谓物象化(Versachlichung)指的是人与人之间的主体际关系被错误地理解为"物的性质",被错误地理解为"物与物之间的关系"的现象。⑤ 其实,在马克思《资本论》及其手稿的语境中,Versachlichung指称的是"社会关系"(即广松涉说的"人与人之间的主体际关系")如何表现自身的"表现形式"问题,而不是"当事人"如何"理解"这种"表现形式"的认识问题;Versachlichung作为一种"关系存在物",依然是"客观存在",而不是在人们的"认知关系"中的"观念存在"。之所以出现上述混淆,可能跟广松涉特别强调für uns与für es的差别有关。⑥ 其实,就"现象的所与"而言,对"学识审查者"的"我们"来说(für uns)与对于"当事者"的"他们"来说(für es)并不存在什么差别,都是"以物象的形式而存在";差别只存在于作为"学识审查者"的"我们"与作为"当事者"的"他们"的"意识"之中——就像"太阳—地球的关系"(作为一种"客观存在")"毫无差别地"呈现给所有"地球人"的肉眼,差别只在于日心说与地心说的持有者对于"太阳—地球的关系"的不同"意识"。

其次,必须明确拜物教性质是相应的拜物教观念赖以产生的现实基础。马

---

① 河上肇.《资本论》入门:上册[M].何仲珉,译.北京:人民出版社,1988:236.

② 参见马克思.资本论:第1卷[M].郭大力,王亚南,译.北京:人民出版社,1963:48,49.上述文字,在《马克思恩格斯全集》中文第一版、第二版中对应的译文是:"在人们面前""在人们面前""在生产者面前"。

③ 卢森贝.《资本论》注释:第1卷[M].赵木斋,朱培兴,译.北京:生活·读书·新知三联书店,1963:104.

④ 广松涉.唯物史观的原像[M].邓习议,译.南京:南京大学出版社,2009:35.

⑤ 广松涉.物象化论的构图[M].彭曦,译.南京:南京大学出版社,2009:60.

⑥ 广松涉.物象化论的构图[M].彭曦,译.南京:南京大学出版社,2009:185-186.

克思认为，在被歪曲的世界中，必然产生出相应的被歪曲的观念(verkehrte Vorstellung)，颠倒了的意识(transponirtes Bewußtsein)①；从“颠倒的关系”出发，“必然产生②出相应的颠倒的观念(verkehrte Vorstellung)，即歪曲的意识(transponiertes Bewußtsein)”③。

再次，要自觉区分拜物教观念的两大不同层次：商品、货币拜物教观念与资本(以及土地)拜物教观念。商品拜物教观念产生的现实经济基础是商品生产与交换的出现，货币拜物教观念产生的社会条件是以货币为中介的商品流通。资本拜物教观念产生于对资本生产、流通过程中的种种假象的直观反映，其根源在于资本的拜物教性质(“资本与雇佣劳动之间的剥削与被剥削关系”被层层假象“遮蔽”而导致的神秘性质)。资本的拜物教性质不仅与商品生产的普遍化有关，而且与剥削被“遮蔽”有关——资本家与雇佣工人之间好像是“等价交换”关系，而并不存在剥削与被剥削关系。把资本本身视为利润的源泉，把土地本身视为地租的源泉，这样的资本(包括土地)拜物教观念，是一种具有欺骗性的资产阶级意识形态。

最后，必须自觉地意识到“纯粹理论批判”的意义限度。拜物教性质是由事物表现自身的方式引起的，是客观的，并不因人们如何看待和理解这种表现方式而发生变化。马克思揭示了商品、货币和资本的神秘性质，马克思的头脑中不再存有拜物教观念这类“错认”，但马克思的科学研究也没有直接地改变“错认”立足于其上的现实。所以，马克思才说：“后来科学发现，劳动产品作为价值，只是生产它们时所耗费的人类劳动的物的表现，这一发现在人类发展史上划了一个时代，但它决没有消除劳动的社会性质的物的外观。”④

三、物的依赖性：“商品世界”里人的生存境遇

马克思在《1857—1858年经济学手稿》的《货币章》提出了“三大社会形式”：人的依赖关系，是最初的社会形式；以物的依赖性为基础的人的独立性

① 马克思恩格斯全集：第32卷[M].北京：人民出版社，1998：413.另可参见马克思恩格斯全集：第48卷[M].北京：人民出版社，1982：258.德文原文参见Karl Marx，Friedrich Engels. Gesamtausgabe[M]. Berlin：Dietz Verlag. Ⅱ/3.5. 1980：1604.不过，笔者发现，德文原文存在印刷错误：transponirtes本应是transponiertes。

② 不过，我们有必要对这里的“必然产生”做些说明。世上有马克思的拜物教批判理论的存在，这一事实表明，透过商品世界的种种“假象”，不被“迷惑”，祛除拜物教观念之类的“错认”是可能的；陷入拜物教观念的泥坑，并非每一个人都无法避免的认识困局。

③ 马克思恩格斯文集：第7卷[M].北京：人民出版社，2009：53.德文原文参见Karl Marx，Friedrich Engels. Werke[M]. Berlin：Dietz Verlag. Band 25. 1964：55.

④ 马克思恩格斯文集：第5卷[M].北京：人民出版社，2009：91.

(Persönliche Unabhängigkeit, auf sachlicher Abhängigkeit gegründet),是第二大形式;建立在个人全面发展和他们共同的、社会的生产能力成为从属于他们的社会财富这一基础上的自由个性,是第三个阶段(形式)。[①] 理解"三大社会形式"的关键,在于透彻地理解"第二大形式"中的"物的依赖性"的准确涵义。我们先梳理马克思对于"物的依赖性"的相关论述,再对相关问题进行辨析。

(一)"物的依赖性"与"社会关系的物化"密切相关

理解"物的依赖性",需要理解"物的依赖关系"。物的依赖关系(das sachliche Abhängigkeitsverhältnis)是与外表上独立的个人相对立的、独立化的、他们互相间的生产关系。[②] 这里的"独立化"是如何发生的呢?马克思解释说,活动的社会性质表现为对于个人是异己的东西,物的东西(Sachliches);个人的相互关系是由毫不相干的个人互相的利害冲突而产生的,是不以个人为转移而存在的;个人的相互联系,表现为对他们本身来说是异己的、独立的东西,表现为一种物(als eine Sache)——人的社会关系转化为物的(der Sachen)社会关系;人的能力转化为物的能力(ein sachliches)。[③] 很明显,马克思在此谈论的,就是我们在上文所说的"社会关系的物化"。我们可以对"物的依赖性"作如下的诠释:在商品世界里,作为个人之间的社会关系的独特表现的"物"(Sache),在个人面前独立化了,个人反而受制于"物"(Sache)。货币就是这种独立于人、支配人的"物"(Sache),因为"个人的产品或活动必须先转化为交换价值的形式,转化为货币,并且个人通过这种物的形式(dieser sachlichen Form)才取得和证明自己的社会权力"[④]。

(二)"物的依赖性"与"人的依赖性"相对,存在于"发达的交换制度"中

并非商品交换一出现(从而"社会关系的物化"出现),个人就处于"物的依赖性"的生存境遇,"物的依赖性"的形成以"人的依赖关系"的解体、生产者互相间的全面的依赖为前提,也就是以"社会关系物化的普遍化"为前提。马克思认为,在"交换"虽已出现但还不"发达"的情形下,个人只是作为"具有某种规定性的个人"(比如作为封建主和臣仆、地主和农奴,作为种姓成员,或属于某个等级,等

---

① 马克思恩格斯全集:第 30 卷[M]. 北京:人民出版社,1995:107-108. 德文原文参见 Karl Marx, Friedrich Engels. Werke[M]. Berlin: Dietz Verlag. Band 42. 1983: 91.

② 马克思恩格斯全集:第 30 卷[M]. 北京:人民出版社,1995:114. 德文原文参见 Karl Marx, Friedrich Engels. Werke[M]. Berlin: Dietz Verlag. Band 42. 1983: 89.

③ 马克思恩格斯全集:第 30 卷[M]. 北京:人民出版社,1995:107. 德文原文参见 Karl Marx, Friedrich Engels. Werke[M]. Berlin: Dietz Verlag Band 42. 1983: 91.

④ 马克思恩格斯全集:第 30 卷[M]. 北京:人民出版社,1995:108. 德文原文参见 Karl Marx, Friedrich Engels. Werke [M]. Berlin: Dietz Verlag. Band 42. 1983: 92.

等）发生关系，而在“发达的交换制度”中就不一样了：人的依赖纽带、血统差别、教养差别等等都被打破、被粉碎了，个人看起来似乎独立地自由地进行接触和交换。[①] 不仅如此，“物的依赖性”还以“生产者互相间的全面依赖”为前提：每个个人的生产，依赖于其他一切人的生产；他的产品转化为他本人的生活资料，依赖于其他一切人的消费。[②] “人的依赖关系”与“物的依赖关系”的差别在于，前者是“个人受他人限制的那种规定性”（“人的限制”），后者是“个人受不以他为转移并独立存在的关系的限制”（“物的限制”）。[③]

（三）“物的依赖性”是资产阶级社会的现实

在资产阶级社会，商品交换普遍化了。马克思认为，价格、交换古已有之，但是，只有在资产阶级社会里，价格才越来越由生产费用决定，交换才延及一切生产关系，并且发展得越来越充分。[④] 交换的普遍化，同时亦是作为交换的基本规律的价值规律的普遍化。不过，在资本主义条件下，对单个当事人而言，价值规律是作为“盲目的必然性”[⑤]起作用的，所以，资本主义生产当事人受“规律”的支配、摆布，就是难以逃脱的生存境遇了。

（四）“物的依赖性”尤其是雇佣劳动者的生存境遇

在资本主义社会中，资本家与雇佣劳动者共同面对“社会关系物化的普遍化”的现实，都处于“物的依赖性”的生存境遇，但雇佣劳动者所处的弱势地位使得他们的生存境遇具有更加深重的“物的依赖性”。在《直接生产过程的结果》中，马克思说：“资本家对工人的统治，就是物对人的统治，死劳动对活劳动的统治，产品对生产者的统治。”[⑥]在《资本论》中，针对资本主义生产中雇佣劳动者自己的劳动产物转化为资本家手中的资本而奴役工人的状况，马克思说：“正像人在宗教中受他自己头脑的产物的支配一样，人在资本主义生产中受他自己双手的产物的支配。”[⑦]有必要补充说明的是，马克思在这里所说的“统治”“支配”不仅与商品生产有关，而且与剥削有关——资本家占有生产资料，并“利用这种占有去奴役他人劳动”[⑧]，无偿地占有雇佣工人创造的剩余价值。

（五）对“物的依赖性”具体内涵的几点辨析

首先，需要将“物的依赖性”与马克思在探究“物支配人”的过程中提出的一

---

① 马克思恩格斯全集：第30卷[M].北京：人民出版社，1995：113.
② 马克思恩格斯全集：第30卷[M].北京：人民出版社，1995：105.
③ 马克思恩格斯全集：第30卷[M].北京：人民出版社，1995：114.
④ 马克思恩格斯全集：第30卷[M].北京：人民出版社，1995：105-106.
⑤ 马克思恩格斯文集：第7卷[M].北京：人民出版社，2009：996，941.
⑥ 马克思恩格斯文集：第8卷[M].北京：人民出版社，2009：469.
⑦ 马克思恩格斯文集：第5卷[M].北京：人民出版社，2009：717.
⑧ 马克思恩格斯文集：第2卷[M].北京：人民出版社，2009：47.

些相近思想区别开来。胸怀“人的解放”理想的马克思，不满于人被支配、统治、奴役的社会现实，致力于“改变世界”。对于人被支配、统治、奴役的状况，马克思在其早期著作中就有多次论及。在写于1843年的《论犹太人问题》中，马克思说：“金钱是人的劳动和人的存在的同人相异化的本质；这种异己的本质统治了人，而人则向它顶礼膜拜。”[①]在1844年写的《詹姆斯·穆勒〈政治经济学原理〉一书摘要》中，马克思论述了如下状况：人的创造物表现为对人来说的异己的力量，人却表现为自己的创造物的奴隶。[②] 在《1844年经济学哲学手稿》中，马克思认为“金钱没有主人”这一现代俗语“清楚地表明了死的物质对人的完全统治”[③]。马克思的上述论述，从人的本质、人的劳动及其产物“异化”为支配人的力量的角度考察人的生存境遇，这一角度内蕴着“应有”（未被“异化”的理想状况）与“现有”（“异化”的现实）之间的尖锐对立。不过，由于这种“异化论”还没有深入到“社会关系的物化”“社会生产规定的物化”“生产关系对生产当事人的独立化”的认识层面，因而它还无法揭示商品、货币和资本的神秘性质。

在《德意志意识形态》中，马克思还曾基于“分工”论述了人的活动及其产物作为一种“异化”的力量对于人的统治。[④] 在此时的马克思看来，“个人力量（关系）由于分工而转化为物的力量”[⑤]。而在《1857—1858年经济学手稿》中，马克思是着眼于“社会关系物化的普遍化”来考察“物的依赖性”的。这是《1857—1858年经济学手稿》与《德意志意识形态》在探究“物支配人”问题时的不同思路。

其次，需要将“物的依赖性”这一“关系的统治”与“观念统治”区别开来。“物的依赖性”是不以人们的意志为转移的、客观的生存境遇，不是改变某些观念就能避开的——这其中内蕴着马克思对于“世界”与“改变世界”的“唯物主义”理解。[⑥] 马克思认为，个人力量由于分工而转化为物的力量的现象，不能靠人们抛开关于这一现象的观念的办法来消灭，只能靠个人重新驾驭这些物的力量来消灭，靠消灭分工的办法来消灭。[⑦]

论及马克思关于“物的依赖性”的思想，我国有些学者注意到了马克思在

---

① 马克思恩格斯文集：第1卷[M]. 北京：人民出版社，2009：52.

② 马克思. 1844年经济学哲学手稿[M]. 北京：人民出版社，2000：171.

③ 马克思. 1844年经济学哲学手稿[M]. 北京：人民出版社，2000：46.

④ 马克思恩格斯文集：第1卷[M]. 北京：人民出版社，2009：537.

⑤ 马克思恩格斯文集：第1卷[M]. 北京：人民出版社，2009：570.

⑥ 对此观点的详细阐述，请参阅刘召峰. “改变世界”：特定的问题语境及其内涵的拓展与深化——对《关于费尔巴哈的提纲》第十一条的解读[J]. 河北学刊，2010(1).

⑦ 马克思恩格斯文集：第1卷[M]. 北京：人民出版社，2009：570-571.

《1857—1858 年经济学手稿》中写下的“个人现在受抽象统治，而他们以前是互相依赖的”这句话，甚至将它理解为“资产阶级社会的最根本事实”。[①] 其实，“个人现在受抽象统治”并非马克思的观点。马克思说：“抽象或观念，无非是那些统治个人的物质关系的理论表现。”因而，这里的“受抽象统治”就是“受观念统治”。而认为“新时代的特征就是新时代受观念统治，从而把推翻这种观念统治同创造自由个性看成一回事”，恰恰是马克思批判的“哲学家们”所犯的错误。“物的依赖性”是一种“关系的统治”，而非“观念的统治”，我们需要对二者进行明晰的区分。

再次，明确“物的依赖性”与“以物为本”的发展模式的区别。2003 年胡锦涛同志提出科学发展观之后，为论证“以人为本”的发展理念，我国有的学者提出，“以人为本”是相对于“人对人的依赖、人对物的依赖而言”的，它“突出人的主体地位，强调人的主体性”[②]；还有些学者认为，“以人为本”的发展观和“以物为本”的发展观是截然对立的，我们需要推行“以人为本”的发展战略，扬弃“以物为本”的“物的依赖性”的“资本社会”，发展到以人的全面发展为基础的“自由个性”社会(“自由人联合体”社会)。[③] 其实，与“以人为本”相区别的“以物为本”通常指的是一种单纯追求的经济增长(所谓“唯 GDP”)、“见物不见人”的“经济发展方式”概念，它与马克思所说的作为“第二大形式”特征的“物的依赖性”所描述的并不是同一层面的问题。

四、历史性自觉与马克思的拜物教批判

马克思认为，人们按照自己的物质生产方式建立起来的相应的社会关系，以及按照社会关系创造出来的原理、观念和范畴，都是历史的、暂时的产物。[④] 这一“历史性自觉”，也贯穿于他的拜物教批判之中　在他眼中，商品、货币、资本都是具有历史暂时性的社会存在，“物的依赖性”是一种暂时的、而非永恒的生存境遇。

(一)商品的历史暂时性

商品不是“从来就有的”，也不会永恒地存在下去，它有自己的存在条件。马克思分析了商品生产之外的“其他的生产形式”：在“欧洲昏暗的中世纪”，劳役和

① 贺来，白刚.“抽象对人统治”的破除与马克思的现代性批判[A].马克思主义哲学研究[C].武汉：湖北人民出版社，2009：147-156.

② 韩庆祥.“以人为本”的科学内涵及其理性实践[J].河北学刊，2004(3).

③ 丛大川、孙咏.浅谈“以人为本”的发展观和“以物为本”的发展观[J].宝鸡文理学院学报(社会科学版)，2006(3).

④ 马克思恩格斯文集：第 1 卷[M].北京：人民出版社，2009：603.

实物贡赋(剩余劳动及其产品)没有采取与它们的实际存在不同的虚幻形式;人们在劳动中的社会关系没有披上物之间的社会关系的外衣。[①] 马克思还预见了商品在一个"集体的、以生产资料公有为基础的社会"中的消亡:在那里,生产者不交换自己的产品;劳动也不表现为劳动产品的价值,不表现为劳动产品所具有的某种物的属性,个人的劳动是直接作为总劳动的组成部分存在着的。[②]

(二)货币的历史暂时性

货币作为商品交换的中介,也会随着商品的消亡而消亡:"货币只要不再和商品、价格、流通发生关系,就不再是货币,不再表现生产关系;货币所留下来的,只有它的金属存在,而它的经济存在则消灭了。"[③]

(三)资本的历史暂时性

资本在马克思眼中,是"历史上暂时的、相对的而不是绝对的生产形式"[④]。马克思在《资本论》第一卷论述资本的原始积累时明确指出了资本的历史性:"随着资本集中的发展,贫困、压迫、奴役、退化和剥削的程度的不断加深,工人阶级的反抗的不断增长,矛盾最终将激化到这样一种程度——资本主义私有制的丧钟就要响了,剥夺者就要被剥夺了。"[⑤]在《资本论》第三卷中,马克思也有类似的说法。[⑥]

(四)"物的依赖性"的历史暂时性

商品具有历史暂时性,因而,与"社会关系物化的普遍化"密切相关的"物的依赖性",也是人的一种暂时的、而非永恒的生存境遇。"物的依赖关系"是"人的依赖关系"解体的产物,具有"历史的必然性"。但这种"必然性"决不是"绝对的必然性",而是一种"暂时的必然性"[⑦]。在马克思所预见的"自由人联合体"[⑧]中,商品、货币和资本消亡了,"物的依赖性"也将被"自由个性"代替。

以上,我们梳理了马克思对商品、货币和资本的拜物教性质的揭示,对"经济学家们"(以及"资本主义生产当事人")的拜物教观念的批判,对人们"物的依赖性"生存境遇的剖析,并阐述了马克思的拜物教批判所内蕴的历史性自觉,从而展示了马克思拜物教批判理论的整体逻辑框架。

---

① 马克思恩格斯文集:第5卷[M].北京:人民出版社,2009:95.

② 马克思恩格斯文集:第3卷[M].北京:人民出版社,2009:433-434.

③ 马克思恩格斯全集:第31卷[M].北京:人民出版社,1998:367.

④ 马克思恩格斯全集:第35卷[M].北京:人民出版社,2013:251.

⑤ 马克思恩格斯文集:第5卷[M].北京:人民出版社,2009:96-97.

⑥ 马克思恩格斯文集:第7卷[M].北京:人民出版社,2009:289.

⑦ 马克思恩格斯全集:第31卷[M].北京:人民出版社,1998:244.

⑧ 马克思恩格斯文集:第5卷[M].北京:人民出版社,2009:96-97.

沿着马克思指引的道路奋力前行的我们，身处资本全球化的世界，生活在大力发展商品经济的当代中国，面对虚拟经济急剧膨胀的现实，只有像马克思那样，拿起拜物教批判的武器，才能在充斥着种种迷惑人的假象的生活中保持清醒的头脑。此时，我们有理由怀着激动的心情宣称：拜物教批判理论正迎来自己"大显身手"的黄金时代。

[本文选自《马克思主义研究》2019 年第 4 期]

[作者简介] 刘召峰，哲学博士，浙江大学马克思主义学院副院长、教授、博士生导师。获全国高校思想政治理论课教学能手、浙江省第十届高等学校青年教师教学竞赛一等奖等多项荣誉称号。邮编：浙江 杭州 310058

论培育时代新人的思想政治教育使命[①]

张　彦

2018年9月召开的全国教育大会是在中国特色社会主义进入新时代、全面建成小康社会进入决胜阶段的大背景下党中央召开的第一次全国教育大会。习近平总书记在大会上指出："培养什么人，是教育的首要问题。我国是中国共产党领导的社会主义国家，这就决定了我们的教育必须把培养社会主义建设者和接班人作为根本任务，培养一代又一代拥护中国共产党领导和我国社会主义制度、立志为中国特色社会主义奋斗终身的有用人才。"[②]"培养社会主义建设者和接班人"这一根本任务为思想政治教育的使命指明了新方向，提出了新要求。

一、培育时代新人需彰显思想政治教育的"使命新要求"

培育时代新人是新时代对思想政治教育使命提出的新要求。中国特色社会主义进入新时代，这是我国新的历史方位。"三个意味着"从近现代中国发展的历史维度、中国特色社会主义发展的理论维度与中国对人类文明的贡献维度概括了中国特色社会主义进入新时代的基本特征。"五个是"从理论旗帜、战略安排、发展目标、伟大理想、国际地位等方面概括了中国特色社会主义进入新时代的基本内涵。它们以历史发展的规律性、精神动力的指引性、价值共享的人民性为特点，具有鲜明的思想政治教育特征，显现出强大的思想政治教育功能。时代使命融入思想政治教育、发挥感召力与引领力的过程，是思想政治教育立足新定位、肩负新使命的过程。"一个时代有一个时代的主题，一代人有一代人的使命。"新时代的新目标与新任务规定了培育时代新人这一思想政治教育的新使命。此外，时代新人要求对中国特色社会主义进入新时代具备正确的历史自觉、清晰的理论自觉与坚定的实践自觉，要求对时代问题有敏锐的洞察意识，对时代责任有强烈的担当意识。能担大任的时代新人既要有带动人民群众为实现中华

---

① 本文系2016年度教育部高校示范马克思主义学院和优秀教学科研团队建设项目重点课题："思想政治理论课教师科研评价标准建设研究"（项目批准号：16JDSZK049）的阶段性成果。

② 习近平．在全国教育大会上强调：坚持中国特色社会主义教育发展道路，培养德智体美劳全面发展的社会主义建设者和接班人[N]．光明日报，2018-09-11(1)．

民族伟大复兴而坚持奋斗、同心同向的引领力,又要有破釜沉舟、脚踏实地的实践勇气,这是实现中华民族伟大复兴事业所必需的时代品格。由此,思想政治教育如何强化人们对新时代中华民族伟大复兴的认同、增强人们对新时代中华民族伟大复兴的自信、夯实人们对新时代中华民族伟大复兴的实践基础,归根结底在于其如何理解与实现培育时代新人的重大使命。

培育时代新人是新矛盾对思想政治教育使命提出的迫切要求。党的十九大指出:"我国社会主要矛盾已经转化为人民日益增长的美好生活需要和不平衡不充分的发展之间的矛盾。"[①]思想政治教育具有鲜明的时代性,其价值的彰显程度取决于它对时代课题的完成度以及社会使命的践行度。新时代的思想政治教育应着眼于新的历史方位,基于对社会主要矛盾变化的正确研判,把引导人们理性认识和正确解决社会主要矛盾作为重大课题与重要任务。而人的认识能力的提升、辩证思维的培养、担当意识的强化以及人民主体性的构建是对社会主要矛盾"变"与"不变"进行辩证把握、对社会主要矛盾转化的本质和规律进行科学分析、对社会主要矛盾的化解之道进行有效探索的前提和基础。这首先要求思想政治教育肩负起回应社会主要矛盾转化、培育时代新人的新使命。人作为生产力中最活跃的因素,其主观能动性和创造性的发挥是社会实现高质量发展的重要动力。此外,就人民日益增长的美好生活需要而言,担当民族大任的时代新人对"真实的需要"与"虚假的需要"要有充分的辨识度,积极追求真善美的价值需要,自觉抵制对金钱、权力等需要的过度追逐,在此基础上为人民群众美好生活的实现贡献智慧和力量。因此,思想政治教育只有先解决好人的培养问题,才能为新时代社会主要矛盾的开解注入连绵不断的动力和活力,提供创新性、建设性的可能方案。

培育时代新人是国家人才培养新理念对思想政治教育提出的内在要求。思想政治教育以人为中心,旨在促进人的自由全面发展。思想政治教育育人使命的转化直接体现为人才培养理念的变革。换言之,人才培养理念是思想政治教育育人使命的重要导向。思想政治教育在知识传承、思维养成、情感熏陶、人格塑造等方面作用的发挥都离不开人才培养理念的正确指引。首先,人才培养理念的引领性决定了时代新人的政治立场与社会责任感。习近平总书记在全国宣传思想工作会议上指出:"宣传思想工作是做人的工作的,要把培养担当民族复

① 习近平.决胜全面建成小康社会夺取新时代中国特色社会主义伟大胜利——在中国共产党第十九次全国代表大会上的报告[R].北京:人民出版社,2017:11.

兴大任的时代新人作为重要职责。"[①]时代新人作为新生力量与主体力量，是实现"两个一百年"奋斗目标与中国梦的关键。思想政治教育对时代新人政治方向的定位与社会责任意识的培养，是对新时代中国特色社会主义人才培养理念的重要诠释。其次，人才培养理念的综合性决定了思想政治教育对时代新人定位的全面性。新时代德智体美劳全面发展的人才培养理念要求思想政治教育摆脱人才培养体系与评价体系的单一化、片面化和短期性，推动时代新人全方位、多维度和长远发展。思想政治教育对时代新人发展内涵的定位是对新时代全面发展的人才培养理念、健全的人才培养机制的内在诠释。最后，人才培养理念的创新性决定了思想政治教育对时代新人培养的创造性。新时代创新型人才培养模式要求思想政治教育突破传统育人的教条式思维，实现教育内容由一元向多元、教育方式由灌输式为主向启发式、引导式为主的创造性转化。思想政治教育对时代新人创新品质的定位是人才培养理念创新型改革的必然结果，只有不断探寻培育创新型时代新人的方式方法，才能更好地适应与融入新时代人才培养理念的高定位。

二、培育时代新人需构建思想政治教育的"使命共同体"

新时代思想政治教育的使命作为一个目标系统，以培育时代新人为核心，以"现实的人"的需要为出发点，以思想政治教育学科、思想政治理论课与日常思想政治教育工作对人的"联合培养"为拓展点，以提升时代新人对思想政治教育使命的自觉认同与践行为落脚点，共同构成一个新时代思想政治教育的"使命共同体"。思想政治教育使命的"新"目标是承前启后、赓续发展的"新"，是建立在"立德树人"基本内涵基础上富有时代特色、回应现实要求的"新"。"立德树人，无论作为教育的根本任务，还是高校的立身之本，或者是作为高校思想政治工作的中心环节，其地位与重要性是确定不变的，但立德树人的具体内涵和时代要求则是与时俱进的。"[②]培育时代新人的思想政治教育使命既是对"立德树人"这一根本任务的继承，又是对新时代思想政治教育亟须解决的问题的创新性回答。

思想政治教育在培育时代新人中所承担的使命首先体现为思想政治教育学科的使命。究其原因，主要因为思想政治教育学科设置的完备程度、学科发展的整体态势直接关系着时代新人培养的性质、方向与质量。思想政治教育学科作

① 习近平.在全国宣传思想工作会议上强调：举旗帜聚民心育新人兴文化展形象更好完成新形势下宣传思想工作使命任务[N].人民日报，2018-08-23(1).

② 白显良，崔建西.新时代立德树人的价值定位、时代内涵与实践要旨[J].思想理论教育，2018(11).

为一门新兴学科,始终围绕“为谁培养人、培养什么人、怎样培养人”这个核心问题来展开对思想政治教育的本质、规律、目的、方法、环境等问题的研究与探讨。围绕新时代出现的新问题、新挑战,思想政治教育的学科建设呈现新局面,如学科内涵日益拓展、学科结构愈加复杂、学科功能逐渐延伸等。这些都要求思想政治教育学科肩负起新的重任与使命,实现思想政治教育学科本身与时代发展的双向耦合与互利共赢。“如何立足中国实际,扎根中国共产党思想政治教育实践,构建具有中国特色、中国风格、中国气魄的思想政治教育学科体系、学术体系和话语体系,这既是思想政治教育理论创新的需要,同时也是思想政治教育学科发展的使命。”[①]具体来说,通过加强对习近平新时代中国特色社会主义思想的深入研究,进一步完善思想政治教育的指导思想,为培养新时代马克思主义的信仰者、传承者和践行者提供正确的方向指南与理论引导。通过加强思想政治教育学科的队伍建设,培养精通思想政治教育规律、创新思想政治教育方法的专业人才,以更好地为培育能够担当大任的时代新人提供坚实的师资和队伍保障。通过加强对思想政治教育学科前沿问题的研究,充实思想政治教育学科的时代内涵,拓宽思想政治教育对象的学科视野,在更高层次上为时代新人辩证思维、整体思维等思维方式的培养奠定扎实的理论基础。总体来看,思想政治教育学科注重从对思想政治教育元问题的深度挖掘、对时代新问题的深入思考、对人才培养方向与培养模式的总体把握中界定时代新人的内涵和本质,明确培育时代新人的使命与任务。

高校思想政治理论课是高校学生系统地学习马克思主义理论,树立正确的世界观、人生观、价值观的主渠道。它以课堂教学为主要载体,以教育者与受教育者的有效互动与交流为基本呈现方式,旨在对受教育者的思想与行为产生潜移默化的影响,并由此成为思想政治教育实现培育时代新人使命的主要途径。改革开放40年以来,大学生思想的多元化、差异性和多变性日益突出,这就使得以大学生为主要教育对象的思想政治理论课面临前所未有的挑战,教材体系、教学体系和课程体系等亟需与时俱进的改革,围绕“教”与“学”的核心范畴,思想政治教育理论课的新使命在于教育者以坚定的政治信仰、扎实的专业知识和高尚的道德修养,借助“翻转课堂”“微课堂”“新媒体”“慕课”等灵活多样的形式与载体,对受教育者施加有目的、有计划的影响,将新时代马克思主义理论内化为受教育者的主体自觉,加强对受教育者的价值引领。具体来说,新时代思想政治理论课需充分考虑并尊重受教育者的成长和期待,提升思想政治理论课的亲和力和有效性,强化受教育者对思想政治理论课的认同度,使其主动对标时代新人的

---

① 佘双好.论新时代思想政治教育发展的新使命[J].思想理论教育,2018(5).

要求，自觉树立担当民族复兴大任的使命意识、责任意识，弘扬爱国奋斗精神，建功立业新时代。

日常思想政治教育工作注重思想政治教育的生活化与常态化，体现在学生日常学习、生活与工作的方方面面，是高校“立德树人”的主阵地。思想政治教育在培育时代新人中承担的使命最终由辅导员、班主任、心理咨询师、专业课教师等广泛意义上的思想政治教育工作者来完成。在新时代，思想政治教育工作者的工作对象无论是外在的行为表现，还是内在的思想心理状况等都发生了重要变化。转变工作方式与教育理念，以思想政治教育的凝聚效应与整合效应来应对受教育者在微时代所呈现的数字化、碎片化的生活方式，积极承担与受教育者的多维变量相适应的时代使命，是思想政治教育工作者在新时代迫切需要思考与解决的问题。思想政治教育工作者所肩负的培育时代新人的使命任重道远，它不是一个短期的、个体的、局部的行为，而是一个具有长远性、整体性和前提性的工作。例如，思想政治教育工作者通过创设合乎受教育者思想品德形成发展规律与行为活动规律的教育情境，调动受教育者参与以爱国教育、社会服务、基层挂职锻炼等为主题的思想政治教育实践活动的积极性、主动性与自觉性，从而为思想政治教育对象向时代新人的迈进搭建高质量、高效率的平台提供全方位的服务与保障等。当然，思想政治教育工作者培育时代新人使命的确立与实现，必须建立在自身政治素质、理论修养、道德品质不断提升的基础上。思想政治教育工作者自身的榜样力量、示范作用是时代新人培养质量保障与提升的重要基础。

三、培育时代新人需加强思想政治教育的“使命现实化”

新时代的思想政治教育使命是一个不断发展和完善的过程，更进一步说，是一个不断“现实化”的过程。“在马克思那里，哲学现实化的研究范式首先就是实现了哲学的视域由抽象的思辨王国向现实生活世界的转向。”①同样，新时代的思想政治教育使命不是脱离“人”的现实规定性的遥不可及的抽象，而是在习近平新时代中国特色社会主义思想的指引下，在国家、社会与个人的有效互动中，通过“理想信念教育”“四个自信教育”“爱国主义教育”和“全面发展教育”等一系列具体有效的路径予以实践和实现。

第一，加强理想信念教育。习近平总书记指出：“理想信念是共产党人精神上的‘钙’，理想信念坚定，骨头就硬，没有理想信念，或者理想信念不坚定，精神

① 王海滨. 现实哲学化与哲学现实化——从黑格尔到马克思的哲学范式转型[J]. 教学与研究，2016(6).

上就会'缺钙'，就会得'软骨病'。"[①]坚定的理想信念是时代新人必备的精神素质与时代品质。对理想信念的坚守与践行是时代新人对"人之为人"准则的价值诠释。理想信念教育是思想政治教育培育时代新人的根本路径。理想信念教育的首要任务在于正本清源，指导人们在形形色色、复杂多样的社会思潮中明辨是非，认清方向，做出正确的判断与选择，树立正确的理想信念。人如何选择就意味着如何生存。对理想信念的正确定位与理性诠释是衡量时代新人标准的重要尺度。其次，理想信念教育应注重培养人们对理想信念的坚守与传承意识。实践是认识的目的和归宿，时代新人不仅需具备对于共产主义远大理想和中国特色社会主义共同理想的理论自觉，更需具备将伟大的理想信念付诸日常生活的实践自觉。这种实践自觉要求人们坚持个人理想与社会理想的统一，既要坚守自身的理想和价值，又要积极承担自己作为社会主义时代新人的使命与担当。再次，理想信念教育还应加强人们对理想信念践行情况的反省意识。新时代思想政治教育以培育时代新人为使命，根本在于时代新人能经受住历史与实践的检验。这要求理想信念教育注重对人们理想信念践行情况的考察，培养人们在坚持理想信念过程中的反省意识、自律意识与敬畏意识。

第二，强化"四个自信"教育。中国特色社会主义道路自信、理论自信、制度自信和文化自信是对"中国共产党为什么能""时代新人何以可能"这一历史和现实问题的时代解答。"四个自信"是中国共产党领导下的时代新人能承担民族复兴大任的前提和基础。时代新人的养成离不开对"四个自信"的深刻理解。强化"四个自信"教育，加强对"四个自信"的价值认同，推动对"四个自信"的坚定践行，是新时代中国特色社会主义思想政治教育培育时代新人的着力点。一方面，以改革开放40年来中国特色社会主义理论和实践取得的辉煌成就与伟大创新入手，展开对"四个自信"所承载的具体历史的还原与分析，使人们在了解中国经济、科技等跨越式发展基础上加深对"四个自信"的自觉认同，是思想政治教育开展"四个自信"教育的立足点。另一方面，以与世界其他国家制度、理论、道路、文化等的充分比较为着眼点，充分阐释中国特色社会主义制度特有的优越性，使人们在认识世界发展大势的基础上提升中国自信，展现中国面貌，表达中国话语，传递中国智慧，这是思想政治教育开展"四个自信"教育的重要参照点。总体来看，思想政治教育立足历时性与共时性相统一的进路展开"四个自信"教育，有利于增强思想政治教育在培育时代新人过程中的历史性与解释力。

第三，加强爱国主义教育。以爱国主义为核心的民族精神是推动时代新人

---

① 习近平总书记在十八届中共中央政治局第一次集体学习发表讲话强调理想信念的重要性[N].人民日报，2014-03-28.

担当民族复兴大任、将个人命运与国家命运紧密相连的根本动力。对浓厚的爱国主义情怀、坚定的爱国主义信念、崇高的爱国主义精神的锻造和培养是思想政治教育实现培育时代新人使命的中心环节。爱国主义不是抽象的、空远的，而是具体的、历史的。时代新人对爱国主义精神的弘扬与践行始终立足于、彰显于日常生活与实践中。同样，爱国主义教育也从来都不是单纯的理论说教和形式主义，只有将深入浅出的爱国主义思想与一系列具体的爱国行为结合起来，才能真正达到入脑入心、事半功倍的理想效果。因此，思想政治教育首先以爱国主义教育基地为平台，以主题纪念日为载体，以现场式、情境式等融入教育为方式，通过组织展览、瞻仰革命遗址、聆听伟人故事、观看革命历史纪录片等活动开展实地爱国主义教育，弘扬爱国主义精神，激发人们的爱国热情。当然，爱国主义精神的培养是一个循序渐进，不断超越个人利益的有限性，向先进爱国典型无限接近的过程。因此，爱国主义教育还应将榜样示范教育作为培养时代新人的重要进路，充分发挥爱国先进典型的模范带头与激励作用，涵养家国情怀，涵养大道正气，积聚和弘扬爱国正能量。

第四，推进全面发展教育。人的发展的片面性与单一性是思想政治教育在培育时代新人使命的进程中所面临的根本障碍。加强全面发展教育，推动时代新人在德智体美劳等方面的全面发展与完善，是新时代思想政治教育实现育人使命的归宿点与落脚点。思想政治教育要改变“重物轻人”“重结果轻过程”的培养模式，真正实现向关注人本身的转化，通过对人的本质的全面认识、对人的需要的充分满足，不断充实与发展思想政治教育的本质和规律。具体来说，在“培养什么人”这一与思想政治教育目的和主体相关的问题上，思想政治教育要正确定位道德人、政治人与社会人的内在关系，克服非此即彼的对立思维方式，促进三者的有效融通。在“怎样培养人”这一与思想政治教育方式方法相关的问题上，思想政治教育要实现“个体与共同体”“示范与规范”的充分结合，实现人的全面发展与社会的全面发展的双向互动。

[本文选自《思想理论教育导刊》2019 年第 4 期]

[作者简介] 张彦，法学博士，浙江大学社会科学研究院常务副院长、教授、博士生导师，兼任浙江大学马克思主义学院副院长、马克思主义理论研究所常务副所长等职；有浙江省青年马克思主义研究会会长等多项学术兼职。邮编：浙江 杭州 310058

人工智能“机器换人”问题重构[①]

——一种马克思主义哲学的解释与介入路径

潘恩荣　阮　凡　郭　喨

人工智能及其与人类的关系已经成为当代普遍关注的问题，它也成为国内哲学界热烈讨论的一个新热点。比如《哲学动态》2018 年第 4 期发表的赵汀阳先生《人工智能“革命”的“近忧”和“远虑”——一种伦理学和存在论的分析》和张祥龙先生《人工智能与广义心学——深度学习和本心的时间含义的刍议》两篇论文，就人工智能问题提出了引人深思的卓越见解。人工智能的进步及其结果不仅是一个尖端科技问题，更是一个关系到人类命运和人类社会未来建构的深刻哲学问题。但我们注意到，马克思主义哲学界目前就这一问题仍未展开充分讨论。本文尝试从马克思主义哲学介入人工智能问题，试图在《资本论》视域中重构人工智能技术背景下的“机器换人”问题，既解释“机器换人”争论双方的矛盾根源，又为重构“人类—人工智能机器”的关系提供一种新的思路。

一、关于“人机对立”预设的争论及其实质

从“阿尔法狗”(AlphaGo)和“谷歌助理”(Goolge Assistant)开始，每当人工智能技术有了明显的进展，舆论往往惊呼“失业潮”来了。这是因为，以“阿尔法狗”的出现为标志，人工智能展现出革命性的自主学习能力以及相应的“自我进化”能力，在通过大众传媒引起全社会广泛关注的同时，又一次使经典的“机器换人”成为社会的热点问题。人们开始担心机器将从体力到智力全面替换人类。

目前“机器换人”存在两大观点对立的阵营。乐观派主要集中在各国政府与企业。它们认为“机器换人”是一种不可逆的经济趋势，因而积极布局抢占人工智能制高点。例如我国《新一代人工智能发展规划》(国发〔2017〕35 号)要求举全国之力抢占“2030 年人工智能高地”，其雄心几乎覆盖了社会生活的方方面面。而悲观派主要集中在公众和部分专家学者群体中，如霍金、马斯克和比尔·

---

① 本研究受安徽省社会科学创新发展研究课题攻关项目“人工智能革命及其社会治理”(2018CX125)、浙江科技学院自主科研基金重点项目“人工智能时代的马克思主义若干重要问题研究”(2019JL05)和中央高校基本科研业务费专项资金资助。

盖茨等。他们担忧，长期看来人工智能技术背景下的“机器换人”将会引发严重的失业潮，其中孕育的巨大社会风险可能使99%的人成为赫拉利（Yuval Noah Harari）所言的“无用阶级”①。现有的理论资源难以调和双方的矛盾。可以预见，随着“机器换人”进程的推进，两大对立的阵营很快就会短兵相接，马克思时代的问题可能再现。一方面经济蓬勃发展，另一方面不断发生新卢德运动②，甚至引爆普遍失业，导致社会动荡。

人工智能、机器人等大规模应用的确存在引发大规模失业的风险。历史上每一次技术革命或工业革命都伴随着大规模失业和社会动荡。18—19世纪欧洲机器大工业时期的“机器换人”主要是替换体力劳动，但当前人工智能背景下的“机器换人”显然与前者有所不同，主要是机器替换人的智力劳动。（贾根良，2016）对于目前中国而言，“机器换人”是人工智能机器同时替换智力和体力劳动。在替换体力劳动方面，机器换人对中国是有利的。由于制造业面临着结构性的劳动力短缺和产品质量不稳定等问题，“机器换人”成为产业升级和经济可持续发展的有力保障。因此，中国的“机器换人”进程正在加速，且没有明显地引发群体性事件或社会问题。在替换智力劳动方面，因为当前许多“智力型职业”可能被人工智能机器消灭，公众甚至专业人士都开始担心自己将会被人工智能机器取代。产业界的研究表明，人工智能技术背景下的“机器换人”已经伸向了那些过去被认为是难以被机器替代的“白领”“智力型”岗位，如医疗健康领域、法律服务领域的机器人律师等（腾讯研究院等，2017）。

长期来看，面对人工智能的惊艳表现，人类的自信心可能会有所动摇。一方面是对自身劳动能力的不信任。人工智能在数据、计算、医疗等领域所展现出来的能力已经远远超过了人类，这将会导致一个问题：人工智能的运算结果和人的决策相比，谁更值得信任？现实是，人们已经开始把人工智能的“运算”结果作为判断的依据。在许多领域，人工智能的“运算”正在成为决策形成的主要来源，而人只是作为最后象征性的敲定者。以人工智能专家系统在医疗领域的应用为例，智慧诊疗能够根据患者的情况快速浏览浩瀚的医疗文献，从中搜寻出匹配的文献资料，并给出相应的诊断建议。人工智能正在以其卓越的技能获取人类的信任、分享人类的决策权力。“在非常短的未来里，由于强人工智能的决策远远优于人类，越来越多人类放弃自主决策而完全依赖人工智能，成为人工智能的人

① 2017年7月6日，中信出版集团和百分点集团联合举办了XWorld大会，《人类简史》《未来简史》作者尤瓦尔·赫拉利发表演讲时认为，99%的人在人工智能时代将成为无用阶级，而剩余的1%掌握人工智能的人将成为人类进化新物种。

② 卢德运动指的是19世纪英国发生工人捣毁机器等一系列事件。卢德运动、卢德分子都被理解为是反对新技术的概念。

体'人替'(Avator)。"(郭嘵等,2017)长此以往,人类将会形成对人工智能的过度依赖以及对自我能力的过度忽视。另一方面是人类对自我价值的怀疑。人类通过劳动形成一定的社会关系,并在这种社会关系中实现着自我的价值、创造着自己观念中的"应然"世界。人工智能的发展使得大部分人从劳动岗位中脱离出来,继而从社会总生产的社会关系中脱离出来,削弱了人与社会之间的联系,降低了人在整个社会价值体系中的份额和权重。长此以往,人类将陷入前所未有的自我价值迷失困境。

总的来说,此次人工智能技术背景下的"机器换人"争论有一个基本预设,即"人机对立",集中表现为人工智能机器能单向度地替换人类,且人类的优势越来越小。在此预设下,悲观派及其批判性研究的声音非常响亮、振聋发聩。然而,单纯的批判难以建设性地解释问题并回应当代中国"机器换人"和产业升级换代的实际需求。

现在的问题是,马克思主义哲学如何回应人工智能技术背景下的"机器换人"问题,并提供建设性治理思路?

国内目前对于"机器换人"的争论主要存在于以下三方面。首先是"失业问题",国内外针对简单劳动的"机器换人"早已展开,更具技术含量的"机器换人"也正在酝酿。其次是"阶级问题",例如赫拉利认为,未来极少数人掌控智能科技成为进化的新物种,99%的人类将成为无用阶级。第三层问题是"人类命运问题",已经故去的著名物理学家霍金等认为,人工智能将奴役人类,甚至导致人类种族灭亡;特斯拉创始人埃隆·马斯克(Elon Musk)将人工智能比作核武,他与26个国家的116名专家公开呼吁采取相关的措施来制止围绕"智能武器"而展开的军备竞赛,甚至提出"火星殖民"的应对计划。

在上述三个方面,"失业问题"是近忧,"阶级问题""人类命运问题"是远虑。"远虑"是目前哲学反思乃至整个人文反思和批判的热点[①],主要探讨"人类—人工智能机器"之间的关系,而且是一种对立的甚至替换性的关系。琐碎的、实际的"失业问题"不是哲学的关注焦点,往往被看作经济学问题。尽管人无远虑必有近忧,但是我们认为如果"近忧"能够恰当地解决,"远虑"就不一定会出现。因此,我们引入马克思主义哲学的立场,按照《资本论》的研究路径在经济学基础上进行哲学反思和批判,即从近忧"失业问题"切入,通过解释和重构"机器换人"问

① 相关研究参见赵汀阳.人工智能"革命"的"近忧"和"远虑"——一种伦理学和存在论的分析[J].哲学动态,2018(4);张祥龙.人工智能与广义心学——深度学习和本心的时间含义的刍议[J].哲学动态,2018(4);孙周兴.人文科学如何面对人工智能时代?[J].哲学分析,2018(2);孙伟平.关于人工智能的价值反思[J].哲学研究,2017(10);金观涛.反思"人工智能革命"[J].文化纵横,2017(4);等等。

题探寻影响“阶级问题”“人类命运问题”的可能性。

与一般哲学反思人工智能的方式不同，马克思主义哲学更多聚焦于“人与人”而非“人机”关系，其“阶级问题”也是人与人之间的阶级关系，而非人机之间的阶级关系。我们认为，这是一个根本性的因素，它造成马克思主义哲学在人工智能及其与人类关系问题上介入较少。幸运的是，《资本论》（第一卷）详细地讨论了机器替换人的体力劳动问题。《资本论》对待新技术和新机器的态度是既有批判性又有建设性。马克思强调“1830 年以来的技术发明都只是镇压工人反抗的武器”[①]。这是他的批判态度。但是，《资本论》主要研究英国工业革命完成后的经济和社会问题，研究范围集中在 1735 年到 1830 年英国的工业化过程，这期间的新技术和新机器具有发展生产力的建设性作用。[②] 因此，回到《资本论》视域中探讨人工智能技术背景下的“机器换人”问题，既保持批判性又有更多的建设性。

二、劳动能力理论：马克思《资本论》视域中的机器换人问题

马克思认为，人的“劳动力”或“劳动能力”是人在劳动过程中运用的“体力(Physischen)和智力(Geistigen)的总和”。[③] 在工场手工业时期以前，劳动者独立完成劳动，这是一种同时包含体力和智力的劳动。随之而来的分工，使得劳动者的劳动分化为体力和智力两大等级，即一部分人专门从事体力劳动，另一部分人则专门从事智力劳动。体力劳动方面，分工把人的劳动力发展成单调的机械的肌肉力，使人的智力成为不被需要乃至碍事的多余物，因为“思索和想象会产生错误……在最少用脑筋的地方，工场手工业也就最繁荣”。[④]

智力劳动方面，分工使得智力劳动转化为资本支配体力劳动的权力。[⑤] 首先，智力劳动的人成为“特殊对象”。马克思在分析为数不多的拥有知识和手艺的高级工人时指出，“他们不属于工厂工人的范围，而只是同工厂工人聚集在一

---

① 马克思恩格斯全集：第 44 卷[M]. 北京：人民出版社，2001：501.

② 马克思认为英国工业革命起始于 1735 年淮亚特发明的新纺纱机，参见马克思恩格斯全集：第 44 卷[M]. 北京：人民出版社，2001：428. 根据马克思关于 1830 年的判断，可以判断马克思眼中英国工业革命到 1830 年为止。这与西方一般认为英国工业革命从 18 世纪 50 年代到 19 世纪 50 年代的观点相近，但实质不同。相关讨论可参见潘恩荣.《资本论》及其手稿中“创新驱动发展思想”哲学研究述评[J]. 自然辩证法研究，2015(8)；另参见潘恩荣. 创新驱动发展与资本逻辑[M]. 杭州：浙江大学出版社，2016：4，91-94.

③ 马克思恩格斯全集：第 44 卷[M]. 北京：人民出版社，2001：195.

④ 马克思恩格斯全集：第 44 卷[M]. 北京：人民出版社，2001：418.

⑤ 马克思恩格斯全集：第 44 卷[M]. 北京：人民出版社，2001：487.

起"[①],因此这些高级工人也就没有在这一轮里被"机器换人"给换掉。另外,传统的技艺工人、有科学知识的工人,也不属于"机器换人"的工厂工人范围。其次,"物质生产过程的智力作为他人的财产和统治工人的力量同工人相对立"[②]。由于大规模协作的发展,产生了对监督等非生产性职能的需求。资本家把监督职能交给特种的雇佣工人,自己则作为"司令官"般的存在,掌握工业上最高的权力。"工业上的最高权力成了资本的属性,正像在封建时代,战争中和法庭裁判中的最高权力是地产的属性一样。"[③]智力劳动控制体力劳动的原理与机器控制体力劳动的一样,但机制不同。在工业革命后建立了机器大工业,新产生了少量拥有科学知识或手艺的劳动者,如工程师、机械师和木工等。[④] 他们不属于"机器换人"的工厂工人范围,但是被资本收编作为支配体力劳动者的力量,因为他们负责检查和修理机器,而机器是保持对体力劳动者压力的重要手段。

最关键的是,分工导致机器产生,后者开始全面地替换人的体力劳动。[⑤] 微观上,机器是按照人的意图来替代熟练男性工人(Man)体力劳动的产物。工场手工业协作和分工通过群体性劳动使得手工业的"秘诀"[⑥]分解成为简单的、无需脑力的动作,再专门化为劳动工具,形成局部工人。[⑦] 最后,连局部工人也被继续分解,专门化为劳动工具后再集成为机器。因此,随着生产对男性工人的体力劳动的熟练度的要求降低,工人的价值也不断降低[⑧],工场开始倾向于使用儿童或女性工人替换熟练的男性工人。宏观上,经历了工业革命之后,机器几乎将从事体力劳动的人类(MAN)全部替换。微观上的"机器换人"就是用工具机替换熟练工人,马克思认为这是工业革命的起点,也是手工业或工场手工业生产过渡到机器生产的起点[⑨],因为工具机能抓住劳动对象,并按照一定的目的来改变它。经历工业革命后建立的机器大工业,最终只留下极少部分体力劳动者,他们围绕着机器而存在,从事着操作机器或者给这些"机器工人"做单纯打下手的

① 马克思恩格斯全集:第44卷[M].北京:人民出版社,2001:484.

② 马克思恩格斯全集:第44卷[M].北京:人民出版社,2001:418.

③ 马克思恩格斯全集:第44卷[M].北京:人民出版社,2001:386.

④ 马克思恩格斯全集:第44卷[M].北京:人民出版社,2001:484.

⑤ 马克思恩格斯全集:第44卷[M].北京:人民出版社,2001:426.

⑥ 更多关于手工业技艺"秘诀"破解的讨论,参见潘恩荣.《资本论》及其手稿中"创新驱动发展"机制的动力建构——基于现代技术哲学经验转向的视角[J].长沙理工大学学报(社会科学版),2015(4):45-52.另参见潘恩荣.创新驱动发展与资本逻辑[M].杭州:浙江大学出版社,2016:125-140.

⑦ 马克思恩格斯全集:第44卷[M].北京:人民出版社,2001:421.

⑧ 马克思恩格斯全集:第44卷[M].北京:人民出版社,2001:425.

⑨ 马克思恩格斯全集:第44卷[M].北京:人民出版社,2001:430.

工作。[①]

从马克思的劳动能力思想角度看，机器大工业技术背景下的“机器换人”具有以下特征。在“质”上，机器大工业用低质量的劳动者替换高质量的劳动者，肌肉不再成为衡量劳动者劳动能力高低的标准。马克思把劳动力分为不同的等级，不同等级的劳动力的酬劳是不等价的。以儿童和成年男子（Man）的时间为例，1864 年儿童的周工资是 2 先令 6 便士[②]，1863 年刚经历了棉慌的织布和纺纱工人周工资是 3 先令 4 便士、3 先令 10 便士、4 先令 6 便士、5 先令 1 便士等[③]，资本家更乐于使用时间更廉价的儿童工人、少年工人（18 岁以下）和妇女。在“量”上，机器大工业在量上实现由少量劳动者替代大量劳动者工作。机器大工业时期是把机器当作生产资料，“成了工人本身的竞争者”[④]。机器大工业通过技术的改良，在保证产量和质量的前提下，极大地节省了劳动力，同时，隐性地减少了新增的就业岗位。例如，采用新机器的工厂在进行同样规模的生产活动时只雇佣 30 人便可以完成全部工作，而如果是采用旧机器则需要 100 位劳动工人，那么这 70 个工作岗位就是被新机器替换掉了。

马克思指出，被替换出去的劳动者集中为产业后备军，他们绝对服从于资本，为资本的增值提供随时可被剥削的人身材料。[⑤] 产业后备军主要来自两个方面。一个是资本有机构成的提高把成年工人排挤出原有的工作岗位，另一个是被解雇的成年了的儿童劳动力。机器大工业对儿童劳动力的需求使他们从小便在工厂中从事一些毫无技术含量的工作，一旦这些儿童达到成年的年纪，自身的廉价优势丧失的时候，就会被资本家解雇，成为社会上没有劳动技能的剩余劳动力。

机器大工业主要在新的体力劳动领域和智力劳动领域分层吸纳被机器替换的劳动者。新的体力劳动领域有两种情况。[⑥] 一种是机器提高了工作效率，也增加了原料的消耗量，于是提供生产资料的就业工人也会随之增加；另一种是扩大再生产创造了就业岗位的绝对增加。虽然在同一个生产部门中工人被机器排挤出来，可是机器大工业也创造了巨大的市场，使得社会上的工厂数量增加，对工人的需求随之增加。新的智力劳动领域也有两种情况。一种是新型工人，如

① 马克思恩格斯全集：第 44 卷[M]. 北京：人民出版社，2001：484.
② 马克思恩格斯全集：第 44 卷[M]. 北京：人民出版社，2001：457.
③ 马克思恩格斯全集：第 44 卷[M]. 北京：人民出版社，2001：525.
④ 马克思恩格斯全集：第 44 卷[M]. 北京：人民出版社，2001：495.
⑤ 马克思恩格斯全集：第 44 卷[M]. 北京：人民出版社，2001：729.
⑥ 马克思恩格斯全集：第 44 卷[M]. 北京：人民出版社，2001：509-510.

工程师、机械师和木工等[①]；另一种是，非生产性的劳动部门的雇佣，比如作为现代家庭奴隶的“仆役阶级”：仆人、使女、侍从，等等。[②]

综上所述，在马克思劳动能力视域中，“机器换人”主要是机器替换“人本身”的体力劳动能力，无论是具体的成年男子(Man)还是一般意义的人类(MAN)。大工业机器主要是模拟强壮的肌肉，人工智能机器则模拟人类智力。因此，在人工智能技术背景下，机器换的是人的智力劳动能力。然而，两方面结合起来，机器几乎把整个“人”都要替换掉，这不仅仅引发失业担忧，甚至引发阶级奴役担忧和人类命运担忧。

三、从“人机对立”到“人机互补”

打开“黑箱”[③]是从批判研究走向建设性研究的重要途径。在大工业机器替换人的体力劳动时，智力劳动作为一个黑箱存在。然而，在人工智能机器替换人的智力劳动时，智力劳动不能再被视为一个黑箱。否则，我们容易误以为人工智能机器将整体替换人的智力劳动，也即机器将人“彻底替换”。

为了回应人工智能及其引发的三大担忧，我们需要首先将“智力劳动”的黑箱打开，看看人工智能如何替换人的智力劳动。在马克思眼里，智力劳动其实还可以细分为“动物式的本能的劳动能力”和“专属于人的劳动能力”。马克思指出，蜜蜂建造蜂巢的劳动形式是一种动物本能。[④] 专属于人的劳动形式有三种。第一种是有目的的控制能力，劳动过程中劳动者控制着智力劳动：“使自身的自然中蕴藏着的潜力发挥出来，并且使这种力的活动受他自己控制。”第二种是想象能力，“劳动过程结束时得到的结果，在这个过程开始时就已经在劳动者的表象中存在着，即已经观念地存在着”，“表象中”在德文版中用的是 der Vorstellung，意指“在构思、想象中”。第三种是创造能力，劳动者“不仅使自然物发生形式变化，同时他还在自然物中实现自己的目的”。

现在的问题是，引发人们担忧的人工智能机器究竟能替换人的哪些智力劳动能力？目前来看，人工智能主要体现三种“智力”能力：重复性运算能力、大数

① 马克思恩格斯全集：第44卷[M].北京：人民出版社，2001：484.

② 马克思恩格斯全集：第44卷[M].北京：人民出版社，2001：513.

③ 通过打开技术黑箱，技术哲学从“社会批判主义”实现“经验转向”，开启了现代技术哲学研究新图景。更多关于技术黑箱的讨论，参见潘恩荣.《资本论》研究需要引入“技术逻辑”[J].哲学研究，2015(9).另参见：潘恩荣.创新驱动发展与资本逻辑[M].杭州：浙江大学出版社，2016：97-114.

④ 马克思恩格斯全集：第44卷[M].北京：人民出版社，2001：208.

据统计学习能力和知识存储能力。[①] 从马克思的劳动能力思想来看，上述人工智能三种智力能力没有一样是专属于人的劳动能力。反而，它们更接近于动物式的本能劳动能力。[②] 所以，除非人工智能发展出专属于人的智力劳动能力——控制能力、想象能力和创造能力——我们就暂时无需过于担忧人工智能可能引发的各种问题，见图 1。然而，目前在人工智能技术背景下的"机器换人"争论中，悲观派的声音更加响亮。

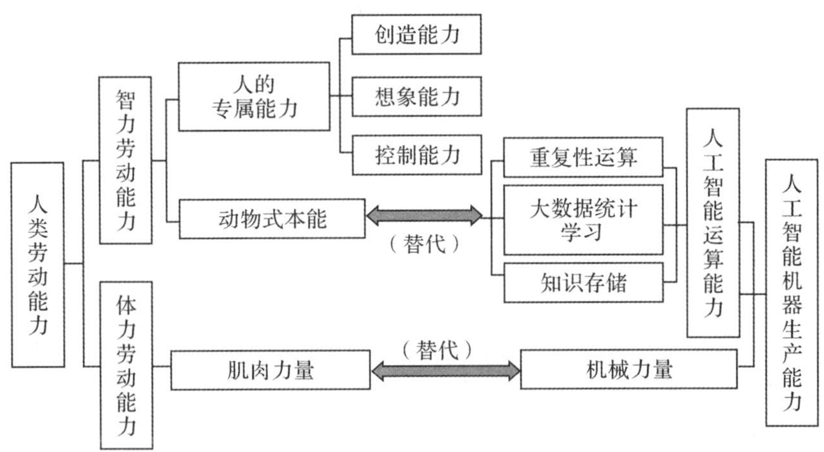

图 1　人类劳动能力与机器生产能力的关系

我们认为，人们之所以对人工智能可能引发的后果充满忧虑，不是因为人工智能技术及其机器已经能够全面替换人的劳动能力，而是争论双方在思考"机器

① 我们对此应该保持必要的谦逊，因为这一论断有可能被局部突破。因此，我们这里所谈论的"人工智能"限于业界对人工智能的主流界定，即算法层面的机器学习、深度学习，技术方向的自然语言处理、语音处理、计算机视觉、规划决策系统、大数据和经典的统计分析。

② 在"智力劳动能力—体力劳动能力"框架中，当人工智能显示出来的智力能力不属于专属于人的智力劳动能力时，那么唯一的可能是接近动物式的本能劳动能力。本研究只在"智力劳动能力—体力劳动能力"框架范围使用这样的结论。至于这个结论是否在通常情况下成立，需要结合人工智能和认知科学理论进一步论证。对人而言，"本能"是肢体协调运动、常识及其运用等能力。这将涉及两个方面。一方面，人工智能和机器人领域，实现四肢行走或双腿直立行走的技术突破主要是接近动物式的本能。例如，2018 年 5 月 9 日《自然》杂志发表的 DeepMind 公司文章表明，人工智能能够达到具有类似哺乳动物导航能力的水平，甚至更高。参见：Banino, A. Vector-based Navigation Using Grid-like Representations in Artificial Agents[J]. Nature，2018. 另一方面，莫拉维克悖论（Moravec's Paradox）表明，机器在智力测试或玩跳棋方面达到成人水平是相对容易的，但机器在感知和机动性方面达到一岁婴儿的水平却是困难的、甚至是不可能的。参见 Moravec，Hans. Mind Children：the Future of Robot and Human Intelligence [M]. Cambridge，Massachusetts：Harvard University Press，1988. 但这已经超出本文讨论，所以暂不做论证。

换人”问题时预设了“人机对立”——这来自马克思等学者的经典论述，以及历史呈现出来的图景。

在“人机对立”预设下，“机器换人”就是“机器替换人类（MAN）本身的劳动能力”。当然会直接引起人们本能的警觉和排斥。因此，如果不突破“人机对立”理论预设，随着人工智能的发展，人们将对“机器换人”越来越担忧、恐惧，甚至引发社会动荡，造成不可预想的严重后果。突破“人机对立”框架的契机可以回到《资本论》中寻找。马克思在讨论“相对剩余价值”时，涉及“机器换人”问题。当《工厂法》规定工人的最长劳动时间不能超过12小时后，资本家不能通过延长绝对劳动时间获取更多剩余价值，于是采取另外一种方式——相对剩余价值生产。通过工具、机器等改进提高效率，缩短工人为自身存在所需的必要劳动时间；相对地，资本家可以无偿占有的工人劳动成果的时间增加了。因此，研究“机器换人”问题可以借鉴绝对劳动时间和相对劳动时间概念。

从劳动时间角度看，我们认为，“机器换人”的实质是“以机器（运行时间）替换人类劳动时间”而非“以机器（生产能力）替换人类本身的劳动能力”。那么，“劳动时间”是“人类（MAN）施行劳动能力的时间”，马克思的劳动能力思想可以具体化为劳动时间思想。

在劳动时间视域中，机器大工业技术背景下“机器换人”的结果并没有实质性的改变。假设工人每天工作12小时，在分工体系中体力劳动时间为8小时，智力劳动时间为4小时。当机器替换了体力劳动时间之后，多余出来的8小时时间，部分转换为如仆人、使女、侍从等智力劳动时间，另外部分转移到扩大再生产所需的体力劳动时间。但是，在马克思的时代，随着工业化不断深入最后达到工业革命的高度，社会上扩大再生产所需的体力劳动时间越来越少，而智力劳动时间的需求并没有明显提高。于是，社会层面就会出现规模性的失业现象，形成产业后备军。

但是，人工智能技术背景下“机器换人”的结果将发生细微而又本质不同的变化。从过程来看，人工智能机器对智力劳动的替换过程与大工业机器对体力劳动的替换过程类似，将人从原有的领域中替换出来，再把他们引导到新的工作领域。然而，从结果来看，人工智能机器是在智力劳动时间范围内替换人的劳动时间；大工业“机器换人”与之不同，是在体力劳动时间和智力劳动时间之间替换人的劳动时间，将人的体力劳动时间替换为智力劳动时间。

如前所述，目前人工智能机器未能替代任何一样专属于人的劳动能力。因此，在劳动时间思想框架中，人工智能机器目前的替换目标是涉及重复性运算能力、大数据统计学习能力和知识存储能力的“智力型职业”人员。下一步可能的替换目标是人的动物式的本能劳动时间，例如，类似马克思眼中“仆役阶级”的服务机器人。远期来看，除非人工智能发展出类似专属于人的劳动能力，人们无需过于担忧人工智能及其机器，人本身不会被机器替换，也不会像机器大工业时期一样被动进入当代的产业后备军。因此，“机器换人”仍在继续，但人们将更多地拥有专属于人的劳动时间——尽管这是有前置条件的。

四、开启“人工智能马克思主义”新研究领域

从劳动时间角度探讨“机器换人”问题，实质是探讨如何通过调整人（Man）的各种劳动时间的比例适应技术发展，而非探讨机器如何替换、抛弃人类（MAN）本身。这是从“人机对立替换”转换为“人机互补替换”的视角转换。对于当代中国的“机器换人”和经济升级换代的强烈需求，新思路既能说明“机器换人”带来的劳动时间变更效应，也能提供建设性的治理思路。首先，这可避免人们本能地对人工智能及其机器产生抵触与恐惧的负面情绪。其次，这能够更加客观地呈现人工智能技术对社会和公众的各种效用，无论正面作用还是负面作用，使人能够更加理性地看待人工智能技术及其机器可能引发的问题。最后，这给人们留下一定的时间和空间，可以通过劳动时间的转变，重构“人机关系”来治理相应的社会问题。

前面提到，人的劳动时间转变是有条件的。如果在“机器换人”期间，人的劳动时间不能正常转变，那就容易引爆失业潮、导致社会动荡，甚至引发阶级问题和人类命运问题。典型的例子就是 18 世纪英国和 19 世纪欧洲大陆工业化过程中的各种卢德运动、工人运动、阶级斗争和社会动荡。马克思恩格斯认为资本主义制度是根源所在，甚至提出以共产主义社会替换资本主义社会的方案解决“机器换人”引发的社会问题。

对于人工智能技术背景下的“机器换人”而言，除了要批判“机器替换人本身”，重点在于，如何确保“人”（Man）在各种智力劳动时间之间平滑转换。对未来中国人工智能战略和以“机器换人”为基础的产业政策而言，这是一种可行的治理思路，可以从技术和制度两个方面寻求保障。从技术方面来看，当人工智能尚不能全面超越人的能力时，人们才有一定的时间转变自己的劳动时间。技术是可以直接冲击人本身的，如果技术方面的发展超越人的能力太快，人们没有足够的时间缓冲和适应技术及机器的冲击，容易引发类似砸机器的卢德运动。从制度方面来看，当社会制度能够提供足够的基本保障时，人们才有一定的空间平稳地完成转换劳动时间的过程。也就是说，制度通过提供一定的迂回空间避免技术直接冲击人本身。否则，人们没有足够的空间从一种劳动时间转换到另一种劳动时间，人本身不得不直面技术本身，容易引爆失业问题导致社会问题。

从前文论述中，我们可以发现，人工智能及其与人类的关系并没有什么神秘

性，其“门槛”并没有高到将马克思主义哲学挡在门外的程度。我们认为，人工智能机器首先表现为一种技术产品(Technical Artifact)，那么，马克思早期的批判理论足以完全地批判人工智能机器大规模应用可能带来的近忧“失业问题”。其次，马克思在《资本论》第一卷中详细地讨论了技术起源与演化的过程，那么，马克思主义哲学就可以进入人工智能机器设计和制造的黑箱中，也将可以介入和重构“人类—人工智能机器”的关系，从而影响远虑“阶级问题”“人类命运问题”。

由于“历史经验”和批判思维的惯性，也由于人工智能专家与公众之间的知识鸿沟、大众传媒的推波助澜，导致人工智能技术背景下“机器换人”成了妇孺皆知的“狼来了”故事。人们却没有意识到，从劳动时间视角看，“机器换人”实质是“以机器(运行时间)替换人类劳动时间”而非“以机器(生产能力)替换人类本身的劳动能力”。通过制度重构，我们可以拥抱而不是像卢德分子一样打砸人工智能机器，后者正在赋予人类前所未有的能力，我们人类将在“专属于人的劳动时间”里获得前所未有的新发展，无限接近理想的共产主义生活方式。当“失业问题”得到恰当解决时，远虑的“阶级问题”“人类命运问题”将不再那么压抑。这是开启“人工智能马克思主义”[①]新研究领域的一种积极尝试，其聚焦点将从“人与人”关系扩展到“人与机”关系。

[本文选自《浙江社会科学》2019年第5期]

[作者简介] 潘恩荣，哲学博士，浙江大学马克思主义理论研究所教授，博士生导师，有仲英青年学者、之江青年学者等多项荣誉称号；阮凡，浙江大学马克思主义学院在读博士研究生；郭喨，哲学博士，浙江大学光华法学院司法与人工智能研究中心博士后。邮编：浙江 杭州 310058

① 在南京大学马克思主义学院举办的第二届马克思主义STS论坛(2019年4月7日)上，潘恩荣首次公开“人工智能马克思主义”研究设想。

马克思经济危机理论释义及其当代价值[①]

卢　江

习近平总书记指出："世界格局正处在加快演变的历史进程之中，产生了大量深刻复杂的现实问题，提出了大量亟待回答的理论课题。这就需要我们加强对当代资本主义的研究，分析把握其出现的各种变化及其本质，深化对资本主义和国际政治经济关系深刻复杂变化的规律性认识。"[②]当代资本主义出现的一个重大变化就是系统性危机不断酝酿并且日益显性化，对这一现象的规律性研究离不开马克思经济危机理论。经济危机理论不仅集中反映了唯物史观形成前后马克思对资本主义经济运行内在规律的研究差别，也是马克思主义全部学说中最容易和现实直接关联的理论。马克思创经济危机理论是建立在两个基础之上的：其一是来自现实中周期性经济危机的观察体验，其二是来自资本主义制度基本矛盾的理论分析。为了最充分地占有实际材料，马克思并没有着急写作，实际上他是在"写作《政治经济学批判》手稿（1857—1858 年）和《剩余价值理论》（1862 年）的过程中制定自己的危机理论的"[③]。在 1862 年底，马克思致信路德维希·库格曼并明确表达了"将以《资本论》为标题单独出版，而《政治经济学批判》这个名称只作为副标题"[④]出版自己的著作——《资本论》第 1 卷，这"是一部相当完整的著作，并且二十年来一直被当作一部独立的著作"[⑤]。据此可以推断，与此前对经济危机的片面认知不同，马克思运用唯物史观建构的经济危机理论是较为成熟的。本文整理筛选《马克思恩格斯全集》中相关论述材料，试图考证马克思对经济危机的理论阐释，包括危机的实质、生成路径和二重作用，除此之外，我们还对资本主义制度系统性危机进行探讨。

---

① 本文系国家社科基金青年项目"《资本论》视阈下当代资本主义系统性危机研究（18CKS002）"的阶段成果。

② 习近平总书记在主持中共中央政治局第四十三次集体学习时强调，当代世界马克思主义思潮中有很多人对资本主义危机、资本主义演进过程、资本主义新形态及本质进行了深入分析，这些研究有助于我们准确把握当代资本主义新变化新特征。本文认为，基于理论和实践判断，研究资本主义制度的重要线索之一就是危机理论。

③ 维·索·维戈茨基.《资本论》创作史[M].福州：福建人民出版社，1983：16.

④ 马克思恩格斯全集：第 30 卷[M].北京：人民出版社，1975：636.

⑤ 马克思恩格斯全集：第 23 卷[M].北京：人民出版社，1975：35-36.

一、从资本的基本形式看经济危机的实质

在《资本论》第四卷剩余价值理论的第二册中，马克思批判了李嘉图的积累理论，并详细论述了他对经济危机的理论研究成果。马克思指出，“李嘉图也就不能承认资产阶级生产方式包含着生产力自由发展的界限——在危机中，特别是在作为危机的基本现象的生产过剩中暴露出来的界限。”①据此，生产过剩仅仅是基本现象，那么危机到底是怎样发生的呢？马克思在《资本论》的第三卷进行了直接的答复：“在资本主义生产方式内发展的、与人口相比显得惊人巨大的生产力，以及虽然不是与此按同一比例的、比人口增加快得多的资本价值（不仅是它的物质实体）的增加，同这个惊人巨大的生产力为之服务的、与财富的增长相比变得越来越狭小的基础相矛盾，同这个日益膨胀的资本的价值增殖的条件相矛盾。危机就是这样发生的。”②至此，可以清晰看出，经济危机的实质就是资本最大程度追求剩余价值与不可满足的现实条件之间的矛盾。马克思是从分析资本的基本形式得到上述结论的。

有学者研究认为，根据马克思的观点，“在资本主义条件下生产过剩危机的基本特征之一是它的周期性，其基础是固定资本的更新”③。这一判断符合马克思在《剩余价值理论》第二册第十七章中的论述，即从不变资本和可变资本、固定资本和流动资本的基本形式来逐步揭示经济危机。在资本积累过程中，古典经济学家斯密忽视了不变资本再生产的作用，特别是固定资本折旧作为资本积累的必要条件。资本积累是指剩余价值的资本化，除去用作个人消费，剩余价值还要用以进行追加生产，一部分直接转化为不变资本，另一部分要购买劳动力、原料和辅助材料等，追加生产的界限取决于现有的生产规模和资本家扩大资本的无限欲望，特别值得注意的是，“正如一个领域中现有资本的生产和再生产以其他领域中并行的生产和再生产为前提，一个部门中的积累，或者说，追加资本的形成，也以其他部门中同时或并行地进行的追加生产为前提”④。问题是“同时或并行”并不必然能够实现，“一切平衡都是偶然的，各个领域中使用资本的比例固然通过一个经常的过程达到平衡，但是这个过程的经常性本身，正是以它必须经常地、往往是强制地进行平衡的那种经常的比例失调为前提”⑤。为什么会是这样的情况呢？这个问题涉及资本主义条件下生产的目的性，从而也就自然地

① 马克思恩格斯全集：第 26 卷（下）[M]. 北京：人民出版社，1974：603.

② 马克思恩格斯全集：第 25 卷（上）[M]. 北京：人民出版社，1974：296.

③ 维·索·维戈茨基.《资本论》创作史[M]. 周成启，等译. 福州：福建人民出版社，1983：16.

④ 马克思恩格斯全集：第 26 卷（下）[M]. 北京：人民出版社，1974：553.

⑤ 马克思恩格斯全集：第 26 卷（下）[M]. 北京：人民出版社，1974：562.

引出了危机问题。马克思提醒我们，"任何时候都不应该忘记，在实行资本主义生产的条件下，问题并不直接在于使用价值，而在于交换价值，特别在于增加剩余价值"①。如此，还要回答交换价值怎样才能实现，只有在交换价值完成的情况下，才既能收回预付资本，又可以获得资本增殖，那就必须要进一步研究商品转化为货币和货币转化为资本，我们不妨把这理解为资本形成的第一阶段和第二阶段。

资本形成的第一阶段要解析的核心是交换价值实现问题。《资本论》第一卷的第一篇是商品和货币，第一章介绍商品，第二章介绍交换过程，第三章介绍货币或商品流通，这是马克思对资本主义经济运行规律理论解析的起点。这么安排具有深刻的逻辑：首先直截了当地说明"资本主义生产方式占统治地位的社会的财富，表现为'庞大的商品堆积'"②；其次商品流通蕴藏着交换价值能否实现问题，只有从商品形态转变为货币形态，也就是"惊险的跳跃"完成以后，资本扩大才有可能。然而这个跳跃并不顺利，"在目前这种不以直接满足需要为目的而以赚钱为目的的生活资料的生产和分配的混乱制度下，当每一个人自己冒着风险去工作并使自己发财的时候，停滞现象是随时都可能发生的"③。换句话而言，为了最大可能地赚钱，企业的商品生产也会在盲目状态下进行，从而表现为生产过剩，特别是在产业革命的推动下，生产扩展和自由竞争异常激烈，生产就会超过消费，"结果，生产出来的商品卖不出去，所谓商业危机就来到了"④。"生产资本愈增殖，它就必然更加盲目地为市场生产，生产愈益超过了消费，供应愈益力图扩大需求，由于这一切，危机的发生也就愈益频繁而且愈益猛烈。"⑤马克思恩格斯把这个生产过剩形象地比喻为是过去一切时代都不存在的"社会瘟疫"⑥和"经济瘟疫"⑦。如何解决生产超过消费的矛盾呢？显然就要拓宽市场范围。现代大工业只有在经常夺取新市场的情况下才能生存发展，也才能在一定程度上延缓危机。比如恩格斯在《关于英国的经济和政治发展的若干特点》里就曾经明确指出，"1868 年以来之所以没有出现危机，世界市场的扩大也是一个原因"⑧，然而，一方面，"世界市场变得愈加狭窄了"⑨，另一方面，"世界市场上仍然

① 马克思恩格斯全集：第 26 卷(下)[M]. 北京：人民出版社，1974：564.
② 马克思恩格斯全集：第 23 卷[M]. 北京：人民出版社，1972：47.
③ 马克思恩格斯全集：第 2 卷[M]. 北京：人民出版社，1957：366.
④ 马克思恩格斯全集：第 4 卷[M]. 北京：人民出版社，1958：363.
⑤ 马克思恩格斯全集：第 4 卷[M]. 北京：人民出版社，1958：452.
⑥ 马克思恩格斯全集：第 4 卷[M]. 北京：人民出版社，1958：472.
⑦ 马克思恩格斯全集：第 7 卷[M]. 北京：人民出版社，1959：16.
⑧ 马克思恩格斯全集：第 22 卷[M]. 北京：人民出版社，1971：384.
⑨ 马克思恩格斯全集：第 6 卷[M]. 北京：人民出版社，1961：506.

是商品过剩"[①],同时世界范围内的投机还在不断持续,结果必然就是导致危机的出现,而且这种危机呈现出来周期性的特征。在这一过程中,不仅商品是过剩的,货币也是过剩的。对此,恩格斯论述社会主义从空想到科学时指出,"这些危机的性质表现得这样明显,以致傅立叶把第一次危机称为 crise pléthorique 即由过剩引起的危机时,就中肯地说明了一切危机的实质"[②]。

资本形成的第二阶段要探讨货币执行支付手段能否顺利流回,也就是货币流通问题。对于它和危机之间的关系马克思还曾经有过片面判断。1851 年 2 月 3 日致信恩格斯时,马克思认为"危机的过程所以和货币流通有关系,那只是因为国家政权疯狂地干预调节货币流通的工作,从而更加加深了当前的危机,就像 1847 年的情况那样"[③]。到了 19 世纪 60 年代末,马克思不再简单理解二者之间关系,而是从货币流通的内在逻辑解析危机。"货币不断流回它的出发点,在这里,不仅表现从货币到商品和从商品到货币的形式上的转化,像它在简单流通过程或简单商品交换中所表现的那样,同时也表现同一个生产者进行的商品的不断再生产。"[④]一旦涉及再生产的问题,货币流回中所隐含的资本价值增殖需要与实际部门结构比例平衡的矛盾就会凸显[⑤],危机就有可能出现。那么,什么是货币流回呢?马克思指出:"货币流回到它的起点同商品是否贱买贵卖没有关系。后者只影响流回的货币额的大小。只要买进的商品再被卖掉,就是说,只要 G—W—G 的循环全部完成,就发生货币流回的现象。"[⑥]马克思在《资本论》第二卷中将货币流回称为一个规律,"当再生产(无论是简单的,还是规模扩大的)正常进行时,由资本主义生产者预付到流通中去的货币,必须流回到它的起点(无论这些货币是他们自己的,还是借来的)。这是一个规律"[⑦]。货币流回说明建立在商品买卖基础上的一系列支付全部得到了实现。然而,货币流通既离不开商品流通——因为货币作为支付手段是商品流通的中介,而"一旦货币执行支付

---

① 马克思恩格斯全集:第 10 卷[M].北京:人民出版社,1962:643.

② 马克思恩格斯全集:第 19 卷[M].北京:人民出版社,1963:237.

③ 马克思恩格斯全集:第 27 卷[M].北京:人民出版社,1972:193.

④ 马克思恩格斯全集:第 26 卷(上)[M].北京:人民出版社,1972:328.

⑤ 有作者对这一问题进行了深刻研究,指出马克思论述社会总资本的再生产和流通,无论是社会简单再生产,还是扩大再生产,都是结合货币流回规律进行的。社会再生产的实现,要求社会总产品的产品价值构成,必须形成两大部类之间的一定组合比例关系;全社会用于固定资本实物更新的货币量和体现折旧基金的商品量必须平衡,以及相应的固定资本与流动资本之间必须平衡;两大部类在扩大再生产中为追加不变资本和追加可变资本所进行的货币积累和实际积累,也必须平衡;而货币流回规律则是社会再生产的实现在流通领域的表现。(详见何干强.货币流回规律和社会再生产的实现——马克思社会总资本的再生产和流通理论再研究[J].中国社会科学,2017(11).

⑥ 马克思恩格斯全集:第 23 卷[M].北京:人民出版社,1972:170.

⑦ 马克思恩格斯全集:第 24 卷[M].北京:人民出版社,1972:512.

手段的职能,危机就会发展为货币危机”[①];又能够在一定程度上脱离商品流通——因为在最大程度追求剩余价值驱动下货币支付所导致的金融危机日益明显。正如1890年恩格斯致信康拉德·施密特时所说的,“金融市场也会有自己的危机,工业中的直接的紊乱对这种危机只起从属的作用,或者甚至根本不起作用”[②]。其中,银行和信用成为了资本家在金融市场上追求价值增殖的有力杠杆。为此,马克思指出,“信用加速了这种矛盾的暴力式爆发,即危机”[③];“银行和信用同时又成了使资本主义生产超出它本身界限的最有力的手段,也是引起危机和欺诈行为的一种最有效的工具”[④]。问题在于,货币执行支付手段的职能时是否能顺利实现流回是不确定的,既和流回的数量有关,也和流回的时间周期有关,而这些都会诱发危机的产生,从而使资本家追求价值增殖的愿望落空。对此马克思指出,“一旦那些把货物运销远处(或存货在国内堆积起来)的商人的资本回流如此缓慢,数量如此之少,以致银行催收贷款,或者为购买商品而开出的汇票在商品再卖出去以前已经到期,危机就会发生”[⑤]。不仅如此,马克思还对货币流回的形式进行了分析,“不变资本和可变资本(就后者来说,部分是直接流回,部分是间接流回)恢复了货币资本形式,这在年产品的交换中是一个重要的事实”[⑥]。如果间接流回规模更大、速度更快,则意味着商品“惊险的跳跃”面临较大的困难,从而隐藏着危机。另外,货币在支付结算时还会面临着一次型流回和分期型流回。[⑦] 显然,一次型流回对于债权人追求价值增殖而言是最理想状态,也是避免危机的最理想状态,但理想常常只是理想。

二、危机由可能性发展成为现实性的多重路径

19世纪60年代之前,马克思、恩格斯曾多次探讨过危机的种类、原因和发展的一般趋势,但集中阐述危机的可能性及其发展成为现实性的路径是在《剩余价值理论》里的第十七章。马克思同时指出了资产阶级经济学家对危机的错误认知,从而为建立科学社会主义理论奠定了重要基础。为了详细厘清马克思、恩格斯关于危机从可能性走向现实性的研究,本部分以1861年为时间节点,从

① 马克思恩格斯全集:第26卷(下)[M].北京:人民出版社,1974:587.

② 马克思恩格斯全集:第37卷[M].北京:人民出版社,1971:485.

③ 马克思恩格斯全集:第25卷(上)[M].北京:人民出版社,1974:499.

④ 马克思恩格斯全集:第25卷[M].北京:人民出版社,1974:686.

⑤ 马克思恩格斯全集:第25卷(上)[M].北京:人民出版社,1974:341.

⑥ 马克思恩格斯全集:第24卷[M].北京:人民出版社,1972:502.

⑦ 卢江,杨继国.马克思“货币流回规律”理论论述及其应用[J].当代经济研究,2011(3).

1844—1861年和1861—1863年两个阶段进行考证[①]。

(一)马克思、恩格斯关于危机可能性和现实性的前期研究(1844—1861年)

早在《英国工人阶级状况》中,恩格斯就提出了周期性危机:“个别的小危机一天天地汇合起来,逐渐形成一连串的定期重演的危机。这种危机通常是每隔五年在一个短短的繁荣和普遍兴旺的时期之后发生。”[②]“事情就这样不断地继续下去,繁荣之后是危机,危机之后是繁荣,然后又是新的危机。”[③]恩格斯从工业和竞争的现实出发得出了这一结论。在虚拟资本和信贷为杠杆的背景下,企业的生产过剩变得日益明显,商业危机在理论上成了一种可能。正如恩格斯所言,“而如果他们不能把买进的商品迅速地转卖出去,那就得宣告破产”[④]。这一判断揭示了商品的买卖分离对危机形成的重要影响。马克思恩格斯在1850年11月合写的《国际述评(三)》指出,“危机本身首先是爆发在投机领域中,而后来才波及生产。因此,从表面上看来,似乎爆发危机的原因不是生产过剩,而是无限制的、只不过是生产过剩之征兆的投机,似乎跟着而来的工业解体不是解体前急剧发展的必然结果,而不过是投机领域内发生破产的简单反映”[⑤]。显然,根据前述内容,将作为表象的生产过剩看成危机爆发的原因是不妥的,但是马克思敏锐地抓住了投机狂热成为危机爆发点的现实特征,追根究底,投机是以商品买卖分离为重要支撑的。这才是危机可能产生的根源。马克思在《政治经济学批判》中已经深入分析了商品买卖分离现象所蕴含的危机可能性,强调以货币为媒介的商品流通W—G—W分裂为两个过程,“买和卖在交换过程中的分裂……是商业危机的一般可能性”[⑥]。不仅如此,马克思还分析了从商品转化为货币、货币承担商品交换媒介以及货币执行支付手段所产生的危机可能性,这一判断不仅基于历史逻辑——对经济史资料的考证,也是在理论逻辑指导下得出的,“可以有货币流通,而不发生危机,但是没有货币流通,却不会发生危机”[⑦]。这一判断被很多人忽视,笔者认为马克思在这里已经认知到货币流通危机发生条件的复杂性,实际上也正是如此,他在正式出版的《资本论》中对这个问题做了大

① 为了减少不必要的重复,除非马克思本人有重大的观点调整和马克思逝世后恩格斯对危机问题有新的补充,正式出版的《资本论》对危机思想也都在第二阶段进行分析。

② 马克思恩格斯全集:第2卷[M].北京:人民出版社,1957:367.

③ 马克思恩格斯全集:第2卷[M].北京:人民出版社,1957:369.

④ 马克思恩格斯全集:第2卷[M].北京:人民出版社,1957:368.

⑤ 马克思恩格斯全集:第7卷[M].北京:人民出版社,1959:492.

⑥ 马克思恩格斯全集:第13卷[M].北京:人民出版社,1962:86.

⑦ 马克思恩格斯全集:第13卷[M].北京:人民出版社,1962:87.

量的调查和研究。[①]

1857年经济危机是19世纪影响最深的危机之一。在灾难来临前夕,马克思敏锐地捕捉到结构比例失衡是现实危机的重要特征,针对法国当时的金融领域危机指出:“几乎现代每一次商业危机都同游资和固定起来的资本之间应有的比例关系遭到破坏有关。”[②]在1858年《英国的贸易和金融》一书中,马克思思考为什么资本主义生产方式条件下会经常性地出现以普遍自欺、过度投机和空头信贷为特征的危机时指出:“或者是社会能够控制这些社会条件,或者是这些社会条件是现在的生产制度所固有的。在前一种情况下,社会能够防止危机;在后一种情况下,只要这个制度还存在,危机就必然会由它产生出来,就好像一年四季的自然更迭一样。”[③]至此,马克思深刻批评了自由贸易派关于危机是由过度投机和信贷泛滥的结果,只要控制住信贷规模危机就能避免的错误观点,他已经从资本主义生产制度所固有的社会经济条件出发,科学回答了危机的必然性。

(二)马克思、恩格斯关于危机可能性和现实性的成熟论述

在《剩余价值理论》中,马克思从商品的形态变化和资本的形态变化分析了危机的可能形式:“只要危机不是同时以其简单的形式——买和卖矛盾的形式和货币作为支付手段的矛盾的形式——出现,那就不可能发生危机。”[④]简单的货币流通甚至有支付手段的货币流通早在资本主义以前就出现了,但并未必然导致危机,所以马克思还要继续揭示危机产生的内在原因。历史表明,发达的商品流通和货币流通离不开资本,因此,理论上的潜在危机要转化为现实危机,“只能从资本主义生产的现实运动、竞争和信用中引出”[⑤]。这就要求我们必须从资本的特性中进行考察。马克思通过具体的亚麻种植业、纺纱业、机器制造业、木材业、煤炭业等为例进行了论证,说明了“在资本主义生产中,我们已经看到了使危机可能性可能发展成为现实性的相互债权和债务之间、买和卖之间的联系”[⑥]。在商品的形态变化下,“危机的可能性,就其在形态变化的简单形式中的表现来说,仅仅来自以下情况,即商品形态变化在其运动中经历的形式差别”[⑦],换句话

---

① 比如,马克思多次致信恩格斯讨论货币流通问题,而且马克思本人对重农学派代表性人物魁奈的《经济表》给予了相当高的评价,这里就涉及此处所讲的货币流通作为危机的必要非充分条件,当货币介入到社会关系中,商品生产和交换就新增了环节,导致整个系统出现不稳定性,正如前述所言,单单就货币是否能顺利实现流回已经成为一个巨大难题。

② 马克思恩格斯全集:第12卷[M].北京:人民出版社,1962:37.

③ 马克思恩格斯全集:第12卷[M].北京:人民出版社,1962:607.

④ 马克思恩格斯全集:第26卷(下)[M].北京:人民出版社,1974:584.

⑤ 马克思恩格斯全集:第26卷(下)[M].北京:人民出版社,1974:585.

⑥ 马克思恩格斯全集:第26卷(下)[M].北京:人民出版社,1974:584.

⑦ 马克思恩格斯全集:第26卷(下)[M].北京:人民出版社,1974:580.

而言，“危机的可能性只在于卖和买的分离”[①]。这被马克思称为危机两种形式中的第一种可能性。“在交换分成两种行为的分裂中，已经蕴藏着危机的萌芽，或至少是危机的可能性，而这种可能性只是在那种取得典型发展的、与自身概念相符合的流通的各种基本条件已经存在的地方，才有可能成为现实。”[②]在资本的形态变化下，危机的可能性是双重的。第一重是针对货币执行流通手段而言，此时危机可能性包含在商品买卖分离中；第二重是针对货币作为支付手段的职能在不同时刻分别起价值尺度和价值实现的作用，这被马克思称为危机两种形式的第二种可能。值得注意的是，马克思认为：“在没有信用的情况下，在没有货币执行支付手段的职能的情况下，也可能发生危机。但是，在没有第一种可能性的情况下，即在没有买和卖彼此分离的情况下，却不可能出现第二种可能性。”[③]

在《资本论》及其手稿中，马克思特别注重再生产与经济危机的关系。首先是再生产过程的比例失调导致经济危机。由于比例失调，资本会在不同的生产领域转移，这背后是以资本竞争为特征的，“它是以平衡的对立面为前提的，因此它本身可能包含危机”[④]。马克思在《经济学手稿(1861—1863 年)》中指出，再生产过程所依据的一定比例关系遭到破坏，就会产生新的失调，从而产生危机的可能性，“这种比例失调现象不仅会发生在固定资本和流动资本之间(在再生产它们时)，可变资本和不变资本之间，不变资本各部分之间，而且也会发生在资本和收入之间。”[⑤]其次是再生产中由资本价值波动产生的危机。马克思指出现有资本的周期贬值“会扰乱资本流通过程和再生产过程借以进行的现有关系，从而引起生产过程的突然停滞和危机”[⑥]。另外，当一定的、预定的价格关系受到波动时，再生产过程同样也会遭遇负面冲击，从而“会削弱货币的那种和资本一同发展起来并以这些预定的价格关系为基础的支付手段职能，会在许多地方破坏一定期限内的支付债务的锁链，而在和资本一同发展起来的信用制度由此崩溃时，会更加严重起来，由此引起强烈的严重危机”[⑦]。

除此之外，恩格斯还对经济危机从可能性转向现实性做了一些补充研究。比如他在《反杜林论》中指出，“群众的消费水平低，也是危机的一个先决条件，而

① 马克思恩格斯全集：第 26 卷(下)[M].北京：人民出版社，1974：580.
② 马克思恩格斯全集：第 46 卷(上)[M].北京：人民出版社，1979：147.
③ 马克思恩格斯全集：第 26 卷(上)[M].北京：人民出版社，1974：580.
④ 马克思恩格斯全集：第 26 卷(上)[M].北京：人民出版社，1974：595.
⑤ 马克思恩格斯全集：第 48 卷[M].北京：人民出版社，1985：152.
⑥ 马克思恩格斯全集：第 25 卷(上)[M].北京：人民出版社，1974：278.
⑦ 马克思恩格斯全集：第 25 卷(上)[M].北京：人民出版社，1974：283.

且在危机中起着一种早已被承认的作用"[①]，这说明危机转化为现实性的又一个必要前提。至于货币危机发生的现实性，恩格斯在《卡·马克思"资本论"第一卷提纲》中明确强调"这种货币危机只有在一个接一个的支付的锁链和抵销支付的人为制度获得充分发展的地方，才会发生"[②]。

三、马克思、恩格斯对危机功能的认知转向

在资本主义经济运行过程中，危机始终是不可回避的议题。然而马克思和恩格斯并非一开始就建立了科学的危机理论，特别是在危机会产生怎样影响的问题上，他们是从带有黑格尔主义色彩的思辨逐渐转向唯物史观认识的，这对于我们准确把握危机作用具有重要启示意义。

(一)马克思、恩格斯视危机为制度诅咒的片面认知

马克思和恩格斯早期对危机抱有过分的期望，将其视为促进社会革命的工具，这通常被学界定义成资本主义制度的一种诅咒。马克思恩格斯之所以带有主观情绪判断，是因为他们此时还没有形成科学的分析方法。"英国所患的社会病的过程和身体生病的过程是一样的；它按照一定的规律发展，它有它的危机，危机中最后的和最厉害的一次就决定患者的命运。因为英国这个国家不会在这次最后的危机中灭亡，而相反地一定要从危机中复活更新，所以我们对于使这个病症加剧的一切因素都只能感到高兴。"[③]恩格斯虽然认识到了危机的周期性存在，但也明显流露出对危机的过高期望。对危机功能的片面认知导致马克思恩格斯迫切期望危机早日到来，使得他们对危机爆发时间存在错误判断，最具代表性的相关论述是在 1850 年前后。

在《1848 年至 1850 年的法兰西阶级斗争》中，马克思强调："新的革命只有在新的危机之后才有可能。但是新的革命的来临像新的危机的来临一样是不可避免的。"[④]可以看出，马克思过高地估计了危机的破坏力，并且在《国际述评(一)》中，马克思和恩格斯继续秉持这一判断，指出投机和生产恐慌"可能就发生在春末，最迟不过七八月。不过，这次危机由于必然跟大陆的重大事件一起爆发，所造成的后果会与以前历次危机完全不同"[⑤]。甚至到了 1850 年的 3 月中旬至 4 月 18 日，马克思和恩格斯写作《国际述评(二)》时仍然坚持并更加强调："目前即将爆发的商业危机就其影响来说，比以往的任何一次都严重得多。商业

---

① 马克思恩格斯全集：第 20 卷[M]. 北京：人民出版社，1971：310.

② 马克思恩格斯全集：第 23 卷[M]. 北京：人民出版社，1972：158.

③ 马克思恩格斯全集：第 2 卷[M]. 北京：人民出版社，1957：409.

④ 马克思恩格斯全集：第 7 卷[M]. 北京：人民出版社，1959：114.

⑤ 马克思恩格斯全集：第 7 卷[M]. 北京：人民出版社，1959：262.

危机是会同农业危机(它是从英国废除谷物税时起就已经开始的,并且由于最近的丰收而愈益加深)一起爆发的。英国第一次同时遭受工业危机和农业危机。这次英国的双重危机由于大陆即将发生动荡而将会来得更快、更广泛和更危险,而大陆的革命由于英国危机对世界市场的影响而将会具有比以前更鲜明得多的社会主义性质。"[①]这时马克思恩格斯明确提出危机导致社会主义革命的出现,显然已经产生了制度诅咒式的判断。然而,1850 年现实情况和马克思预期存在明显差距,这也是为什么马克思从 1850 年 1 月到 11 月用了将近 1 年的时间写作《1848 年至 1850 年的法兰西阶级斗争》一书,同时在 1850 年下半年,马克思重新回到经济理论的研究中,对危机问题的分析暂时告一段落。

1851 年马克思和恩格斯再次高度关注危机,他们"在整个 1851 年都充满着等待作为革命形势前奏的危机到来的心情"[②]。这可以从他们这一年的通信中得到确证。一方面,在 7 月底马克思就满怀信心地期待经济危机,然而到 12 月底危机还是没有出现;另一方面,恩格斯在 10 月份预判危机将在 1852 年春季爆发,"已经可以预见到,甚至可以有把握地说,大陆上明年春季的动荡将和非常严重的危机同时到来"[③]。而马克思 1851 年年底致信费迪南·弗莱利格拉特指出危机最迟在 1852 年秋天一定会爆发,而且他"比任何时候都更确信,没有商业危机,就不会有重大的革命事件"[④]。事实上,1852 年经济危机并没有预期而来,马克思和恩格斯调整了对危机的预判时间。比如马克思 1852 年 4 月致信魏德迈时指出:"危机可能推迟到 1853 年。然而危机一旦爆发,就会是非常厉害的。在这以前根本不可能去考虑任何革命动荡。"[⑤]恩格斯则认为:"1852 年 11 月至 1853 年 2 月这段时间是最可能爆发危机的时候。"[⑥]马克思在 1852 年 8 月致信恩格斯时说,"这不就是正在逼近的危机吗?革命可能比我们预想的来得早……"[⑦]但是恩格斯提出了不同意见,一方面指出了德国、波兰和俄国的收成繁荣,同时也提到危机是否会马上导致革命要取决于危机的强度,并且指出危机如果是慢性的,那么革命还要拖到 1854 年。同样,在该年 10 月撰写的《贫困和贸易自由——日益迫近的商业危机》一书中,马克思强调说:"危机不会到来了吗?

① 马克思恩格斯全集:第 7 卷[M].北京:人民出版社,1959:345.
② 维·索·维戈茨基.《资本论》创作史[M].福州:福建人民出版社,1983:15.
③ 马克思恩格斯.《资本论》书信集[M].北京:人民出版社,1976:61.
④ 马克思恩格斯全集:第 27 卷[M].北京:人民出版社,1972:620.
⑤ 马克思恩格斯.《资本论》书信集[M].北京:人民出版社,1976:70.
⑥ 马克思恩格斯全集:第 28 卷[M].北京:人民出版社,1973:33.
⑦ 马克思恩格斯.《资本论》书信集[M].北京:人民出版社,1976:71.

绝对不是。相反地，这次危机比 1847 年的危机将要可怕得多。”[①]对危机时间的错误判断以及对危机导致社会革命的过分期望说明马克思恩格斯还没有将唯物史观科学地运用到危机理论研究上。这种带有明显主观臆测的想法也体现在对 1857 年危机的看法上。恩格斯在 1856 年致信马克思时指出：“这一次将是从来没有过的末日审判：全欧洲的工业完全衰落，一切市场都被充斥（现在就已不能再运什么东西到印度去了），一切有产阶级都被卷入漩涡，资产阶级完全破产，战争和极端的混乱。”[②]“末日审判”意即资本主义制度的崩溃，资产阶级完全破产和剥夺者就要被剥夺具有同样的内涵可事实证明恩格斯显然夸大了这次危机的危害。而马克思在回信恩格斯的时候同样抱有这样的想法：“1848 年我们曾说过，现在我们的时代来了，并且从一定意义上讲确实是来了，而这一次它完全地来了，现在是生死的问题了。”[③]“完全地来了”和“生死的问题”都说明马克思还片面地将危机视为资本主义的制度诅咒，没有看到危机对资本主义生产方式的积极作用。

（二）马克思、恩格斯将危机视为制度诅咒与资源重配双重功能并存的科学研究

1857 年资本主义国家爆发了严重的经济危机。马克思在制定经济理论时已经注意到危机具有二重性作用，因此在《经济学手稿（1857—1858 年）》中，马克思探索了危机对资本主义制度资源重配的作用。19 世纪 60 年代以后，马克思及时调整了以前对危机的错误判断，比如他在《福格特先生》一书中指出：“事实上，欧洲的历史只是从 1857—1858 年的危机以后才带有一种尖锐的、也可以说是革命的性质。”[④]此时马克思中肯地强调危机诱发革命的积极性，但并没有再提出“社会主义性质的革命”。不仅如此，马克思在《剩余价值理论》中指出“永久的危机是没有的”[⑤]。这一带有唯物辩证法的结论包含两层含义：首先是再次强调危机的周期性，其次是看到了危机能够打破现存的社会结构，从而对社会经济的裂痕产生一定的修复作用，将其视为平衡工具，比如马克思在批判李嘉图的积累理论时就直接说明：“世界市场危机必须看作资产阶级经济一切矛盾的现实综合和强制平衡。”[⑥]《经济学手稿（1861—1863 年）》甚至将危机视为资本追求利润的一种不可或缺的措施，危机“被看作是对付资本过剩，恢复正常利润率的必

① 马克思恩格斯全集：第 8 卷[M]. 北京：人民出版社，1961：420.

② 马克思恩格斯.《资本论》书信集[M]. 北京：人民出版社，1976：96.

③ 马克思恩格斯.《资本论》书信集[M]. 北京：人民出版社，1976：105.

④ 马克思恩格斯全集：第 14 卷[M]. 北京：人民出版社，1964：480.

⑤ 马克思恩格斯全集：第 26 卷（下）[M]. 北京：人民出版社，1974：567.

⑥ 马克思恩格斯全集：第 26 卷（下）[M]. 北京：人民出版社，1974：582.

要的强制手段"[①]。这个观点在《资本论》第三卷中的阐述变为:"劳动生产力的发展使利润率的下降成为一个规律,这个规律在某一点上和劳动生产力本身的发展发生最强烈的对抗,因而必须不断地通过危机来克服。"[②]显然马克思更加直截了当地说明了危机的正面功能,但是马克思并没有给予危机积极功能过分的赞誉,他认为:"危机永远只是现有矛盾的暂时的暴力的解决,永远只是使已经破坏的平衡得到瞬间恢复的暴力的爆发。"[③]"暂时"和"暴力"两个术语说明危机对资本主义制度的消极一面并不会因为其存在正面作用而消失,反而是资本主义制度不可根治的痼疾。

恩格斯长时间近距离接触经济实践,善于从第一手资料中总结提炼规律。早在 1852 年撰写的《英国》文章中,恩格斯就针对 1848 年宪章派运动的失败,旗帜鲜明地指出了商业危机对于推动社会发展的正面作用:"推动英国发展的强大力量,不是大陆上的政治动荡,而是普遍的商业危机,是威胁着每个人生存的直接的物质打击。"[④]显然,他看到了危机的另一面,而不再是纯粹地将其视为制度崩溃的诅咒。19 世纪 70 年代以后,自由竞争资本主义逐步向垄断资本主义过渡,恩格斯敏锐地捕捉到资本主义生产方式调整,从而进行了危机功能的科学解析。他在《反杜林论》中指出:"我们指出了危机从资本主义生产方式产生的不可避免性以及它作为这一生产方式本身的危机、作为社会变革的强制手段的意义。"[⑤]恩格斯不再用"革命"而转用了"社会变革"一词,说明危机对资本主义制度的影响不是即时性的、一次性的,而是渐进式、累积性的;"强制手段"则揭示危机作为社会变革的必然工具。恩格斯在 1882 年致信伯恩施坦时指出:"危机是政治变革的最强有力的杠杆之一。"[⑥]从社会变革到政治变革,恩格斯看到了危机对资本主义在多方面发挥着积极影响。

无可否认,危机贯穿着 19 世纪的资本主义制度。追求最大剩余价值的资本贪婪地把触角伸向世界的每一个地方,在空间几近饱和的情况下,资本之间的自由竞争必然退出历史舞台,垄断成为资本主义制度发展的新阶段。这一时间节点与《资本论》第一卷正式问世相吻合。也正是在这个时候,马克思恩格斯彻底完成了经济学研究的方法论转向,抛弃了对经济危机单一片面的错误判断,形成了危机蕴含积极和消极两方面因素辩证统一的科学研究,深刻揭露了资本主义

① 马克思恩格斯全集:第 48 卷[M].北京:人民出版社,1985:294.
② 马克思恩格斯全集:第 25 卷(上)[M].北京:人民出版社,1974:287.
③ 马克思恩格斯全集:第 25 卷(上)[M].北京:人民出版社,1974:277-278.
④ 马克思恩格斯全集:第 8 卷[M].北京:人民出版社,1961:230.
⑤ 马克思恩格斯全集:第 20 卷[M].北京:人民出版社,1971:312.
⑥ 马克思恩格斯全集:第 35 卷[M].北京:人民出版社,1971:258.

制度必然产生危机、又不得不借助危机进行自我变革的发展规律。

四、系统性危机的生成逻辑与价值启示

建构在历史唯物主义基础之上的马克思社会形态论表明，资本主义制度无法解决自身痼疾，必然要被更高级的社会形态所取代："资本的垄断成了与这种垄断一起并在这种垄断之下繁盛起来的生产方式的桎梏。生产资料的集中和劳动的社会化，达到了同它们的资本主义外壳不能相容的地步。"[①]进而造成了剥夺者被剥夺的结果，导致这场制度革命的危机是系统性的，这一观点被当代马克思主义学者认同，比如 Eric Olin Wright 提出"综合危机"、Paul Mattick 沿用罗莎·卢森堡的"最后危机"、Jürgen Habermas 提出"全面危机"、林晖和栾文莲提出"总体性危机"等。一种社会形态的更替即便是从某一个特定的领域发起，如果不是系统性变革，那么它还是能在原有的形态之上继续存在，反过来讲，只有经历了系统性变革，新的社会形态才能全面超越旧的社会形态。《共产党宣言》在分析资本主义制度发展趋势的时候指出，资产阶级通过两种方法来克服生产过剩危机：一是破坏现存的大量生产力，二是在不断夺取新市场的同时更加彻底地榨取旧市场。"这究竟是怎样的一种办法呢？这不过是资产阶级在准备更全面更猛烈的危机的一种办法，不过是使防止危机的手段愈来愈少的一种办法。"[②]虽然马克思恩格斯在这里是以生产过剩为出发点的，但此处的"全面"有系统性危机之意。

把握系统性危机的生成逻辑对于研究当代资本主义的新变化具有重要意义。马克思恩格斯虽然没有正面提出系统性危机的概念，但他们多次从系统性危机生成的必要条件——即世界市场扩张上进行了侧面回应。比如马克思在《资本论》中指出："资产阶级生产的一切矛盾，在普遍的世界市场危机中集中地暴露出来，而在局部的（按内容和范围来说是局部的）危机中只是分散地、孤立地、片面地暴露出来。"[③]根据这一论述，系统性危机一定是建立在世界市场形成的基础上才能形成的，而这离不开自由贸易。因为只有在自由贸易的条件下，世界市场才能在真正意义上形成，"由于自由贸易是这种历史演进的自然的、正常的环境，是最迅速地使不可避免的社会革命所必需的条件得以造成的经济培养基，——由于这个原因，而且只是由于这个原因，马克思才宣布赞成自由贸

① 马克思恩格斯全集：第 23 卷[M]. 北京：人民出版社，1972：831.

② 马克思恩格斯全集：第 4 卷[M]. 北京：人民出版社，1958：472.

③ 马克思恩格斯全集：第 26 卷（下）[M]. 北京：人民出版社，1974：610.

易"[①]。因此,为追求价值增殖而打开其他国家的大门需要自由贸易,自由贸易导致了世界市场的形成,世界市场促使了危机从零星碎片走向系统性。"具有日趋严重的破坏性和普遍性的商业危机,这种危机现在已经完全成了世界市场的危机"[②]。而且,从内在逻辑上看,一国内部的商品过剩、资本过剩可以通过开拓海外市场来转移,只有当资本价值增殖在时间和空间上都面临着越来越有限的情况下,系统性危机才有可能出现。

我们认为系统性危机是当代资本主义剩余价值生产、剩余价值实现和剩余价值分配三个方面问题交织的结果。首先是剩余价值生产问题,特别是在当代资本主义条件下,相对剩余价值成为更占主体的方式,资本有机构成不断提高,人工智能、自动化等生产逐渐取代劳动力,失业引起的经济、社会、政治等各种矛盾日益激化,有可能导致危机的全面爆发。在剩余价值生产出来以后,如何才能把商品卖出去以便顺利地实现剩余价值也是个难题。资产阶级在过去尚能通过不断打开他国大门、拓宽世界市场来实现剩余价值,然而到了当代,整个世界已经从过去比较相互独立的国别关系变成了不可分割的"地球村",空间几近饱和,剩余价值无法实现的直接后果就是再生产的中断或者是资本积累的停滞,进而导致危机从经济层面向各个领域蔓延,可能演变为系统性危机。其次,剩余价值分割也埋下了系统性危机的祸根,特别是在金融垄断资本占据主导权的情况下,当代资本主义产业结构空心化,虚拟资本泛滥导致金融危机频发,加上主权货币政治化等,资本诱发的政治危机、社会危机、文化危机相互叠加,形成了难以理清的系统性危机。总结而言,剩余价值生产时空挤压和分配过度失衡是资本主义系统性危机从可能性转化为现实性的两个必要条件。在资本主义主导的世界体系中,只要剩余价值生产还能获得新的时间空间,分配还能存在新的相对平衡,系统性危机就依然处于可能性状态。

秉持理论逻辑、历史逻辑与现实逻辑相统一,本文把系统性危机定义为由制度决定的资本最大程度追求剩余价值对各方利益平衡的全面且难以修复的破坏。因此,依然要从资本主义制度的内在本质来理解系统性危机的动态变化,关键是看资本积累。一方面,资本主义制度平稳发展关键在于资本积累能持续进行,而当代资本主义经济、政治、社会、文化、生态等危机在时间和空间上既有继起性也有并存性,相互交织和渗透,作为系统性危机的组成部分,它们在社会发展的不同阶段表现出来的内容并不一样。另一方面,从资本主义体系内外两个方面探讨资本积累理论视域下资本主义系统性危机的扩散过程,内部体系不同

---

① 马克思恩格斯全集:第21卷[M].北京:人民出版社,1965:416.

② 马克思恩格斯全集:第4卷[M].北京:人民出版社,1958:312.

国家在制度和结构上具有相似性，因此更加容易产生链锁效应；在经济全球化和资本价值观输出影响下，外部体系也会受到系统性危机感染和风险植入。至于系统性危机的内在机理以及经济、政治、社会、文化、生态等相互关系，则有待进一步研究。

[本文选自《经济学家》2019 年第 8 期]

[作者简介] 卢江，经济学博士，浙江大学马克思主义理论研究所教授，硕士生导师。曾获首届洪银兴经济学奖，有中央编译局国家高端智库成员等多项学术兼职。邮编：浙江 杭州 310058

新中国成立以来社会主要矛盾的逻辑演变

段治文

新中国成立70多年来，我国社会主要矛盾经历了一个不断变化的过程，中国共产党人依据我国不同时期的时代特征，适时对社会主要矛盾作出科学判断，成为我们党的优良传统，也是我们党治国理政的一条重要经验。研究我国社会主要矛盾的演变，不仅给予我们历史启示，而且对准确把握新时代社会主要矛盾的转化以及推进新时代中国特色社会主义的发展，都具有重大的战略意义。

一、新中国成立以来社会主要矛盾演变的历史逻辑

社会主要矛盾的演变不是偶然的现象，也不是凭空发生的，它有深厚的历史基础，是在中国共产党人对我国历史发展阶段和社会主义发展实践进行深刻把握基础上形成的。也就是说，历史发展阶段与社会主义发展实践是中国共产党人对社会主要矛盾作出科学判断、推进社会主要矛盾三次演变的两个重要历史依据。

第一，对社会主义建设实践和我国社会发展阶段的初步认识与社会主义建设时期社会主要矛盾的提出。

中国共产党自成立之日起就确定了社会主义和共产主义的目标，为此，中国共产党领导了新民主主义革命。随着新民主主义革命取得胜利，新中国成立标志着反帝反封建的任务完成，帝国主义和中华民族的矛盾、封建主义和人民大众的矛盾不再是社会主要矛盾。历史进入了新民主主义社会，而随着新民主主义改造的完成，新民主主义社会完成了向社会主义的过渡，社会主义制度建立，从此，无产阶级和资产阶级的矛盾也不再是社会的主要矛盾。

社会主义制度建立后，社会主义建设必然要求深入把握我国社会发展状况，提出适应社会主义建设要求的主要矛盾。早在1949年3月党的七届二中全会上，毛泽东就提出了新中国成立以后我们的主要任务是要把我国从落后的农业国建设成为社会主义工业国，展现了对中国社会发展阶段和任务的清醒认识和自觉。1956年在即将完成社会主义过渡时，以毛泽东为代表的中国共产党人面对社会主义制度即将建立，他们认识到当时经济文化落后的状况以及人民对经济文化的迫切需求，正是在此基础上，1956年党的八大在宣告社会主义制度建

立的同时，正式提出了社会主义建设时期的主要矛盾是“人民对于经济文化迅速发展的需要同当前经济文化不能满足人民需要的状况之间的矛盾”。因而，主要任务就是要发展生产力。对我国社会主要矛盾的这一认识无疑是符合社会主义发展要求，也是符合中国社会发展状况的正确结论。

第二，对社会主义建设20年曲折发展的深入反思与改革开放时期社会主要矛盾的确立。

社会主义建设时期主要矛盾提出以后，历史进入了全面建设社会主义的时期。但是，随着社会主义建设事业的全面展开，大量的新情况、新问题、新形势摆在中国共产党人面前，由于刚开始理论准备不足和社会主义建设的经验缺乏，一度用曾经熟悉的群众运动和阶级斗争来指导社会主义的实践，以致认为阶级矛盾仍然是社会主要矛盾。又由于对经济文化落后国家如何建设社会主义认识不足，导致脱离实际，跨越阶段，跑步进入共产主义，由此导致社会主义建设偏离了轨道，甚至走上了“政治挂帅”“穷就是光荣”“贫穷就是社会主义”的错误道路。

20多年社会主义建设的曲折源于对社会主义建设时期社会主要矛盾认识上的偏离，但它也为后来对社会主要矛盾的重新认识提供了教训和基础。20世纪70年代末，历史进入了对社会主义建设进行深入反思的阶段。随着拨乱反正的开展，人们重新认识了经济文化落后国家究竟如何建设社会主义的这一世纪难题，邓小平提出了“贫穷不是社会主义”“社会主义的本质就是要发展生产力”等重要论断。同时看到当时由于长期“政治挂帅”导致中国最大的问题就是物质匮乏。正是在对社会主义建设20年反思基础上，1981年党的十一届六中全会提出了新时期社会主要矛盾是“人民日益增长的物质文化需要同落后的社会生产之间的矛盾”。从此，历史进入了全面改革开放的新时期。

第三，对中国特色社会主义40年实践的深刻思考与新时代社会主要矛盾的把握。

改革开放时期，在对社会主要矛盾正确认识基础上，全社会开始致力于发展生产力，追求物质文化，极大地推进了我国经济的增长。但是，我们不能不看到，在此过程中，由于过于强调“物质文化”，一些新的问题展现出来：经济增长方式上的唯GDP；发展不均衡、不协调；重复建设、低端发展、短期发展现象严重；资源浪费、生态环境恶化、发展难以持续。特别是区域发展不平衡、经济社会发展不协调，人民群众幸福感受到极大限制。

历史进入新时代，以习近平同志为核心的党中央深刻把握现实，在党的十八大上正式提出了全面建成小康社会的目标，全面小康显然不仅仅只是物质上的富裕，而是将追求人民幸福作为国家目标。党的十九大进一步在对中国特色社会主义新时代历史方位进行科学判断基础上，对我国社会主要矛盾变化进行了新的科学把握，提出我国社会主要矛盾是“人民日益增长的美好生活需要和不平衡不充分的发展之间的矛盾”。由此实现了从追求物质文化、物质财富向追求美好生活的转变，从不均衡、不协调的发展向统筹、协调、可持续发展的转变，由此开创了中国特色社会主义发展的新时代。

二、主要矛盾演变的理论逻辑

社会主要矛盾的演变一方面是基于历史发展和社会主义实践的现实推动，另一方面更是中国共产党人深刻领会和运用马克思主义关于社会主义理论，并且与中国实际结合，不断实现理论创新的结果。

首先，是中国共产党人把握马克思主义关于社会主义理论内在要求的必然结果。

马克思主义认为，社会主义有两个重要的基础条件，一是生产力发展，这是社会主义发展的必备基础。生产力不发展，物质财富不丰富，就谈不上按需分配。二是民主保证公正，这是社会主义发展的又一基础。如果没有民主保证公正，有些人要什么有什么，有些人要什么要不到什么，就无法实现社会主义社会的公正和谐。正因此，马克思主义最初认为社会主义要在资本主义最发达的国家首先产生，因为资本主义最发达的国家具备了走向社会主义的这两个基本条件。在马克思主义关于社会发展五个阶段理论中，每一个阶段都是为后一个阶段奠定基础的，也正因此，马克思认为，资本主义发展的过程是为社会主义发展创造条件，也是为自身的未来掘坟墓的过程。

在新中国 70 多年社会主要矛盾的三次逻辑演变中，都深刻地反映了中国共产党人对马克思主义关于社会主义的理论的深刻理解。社会主义建设时期社会主要矛盾的提出就是基于对马克思主义关于发展生产力、建构社会主义生产力发展的这个基础进行的理论把握。在社会主义建设实践中出现弯路以后，改革开放时期实现拨乱反正，再次从实际出发，回到生产力发展的轨道，努力建设社会主义发展的生产力基础。而新时代下社会主要矛盾的提出，不仅要推动生产力发展，同时要实现共建共享、均衡协调、公正和谐，要实现从部分小康向全面小康，从一部分人富裕、一部分地区富裕向共同富裕的跨越，由此达到了对马克思主义理论认识的新高度。

其次，是中国共产党人不断回答时代课题、实现马克思主义中国化的理论创新的结果。

中国共产党在领导中国革命、建设和改革过程中，需要不断地用马克思主义理论解决中国的时代课题，这是马克思主义中国化演进的历史规律。在新中国 70 多年进程中，中国共产党人不断深入地回答了：什么是马克思主义？怎样对待马克思主义？什么是社会主义，怎样建设社会主义？新时代坚持和发展什么样的中国特色社会主义，怎样坚持和发展中国特色社会主义？三次社会主要矛盾的逻辑演变，就是不断回答这三大历史课题实现理论创新的具体体现。

马克思所阐述的社会主义是根据当时欧洲的实际提出的未来高级的社会主义，是建立在资本主义发达基础上的“资本主义后”的社会主义，而中国所开展的社会主义建设是在经济文化落后的情况下展开的，是“资本主义前”的社会主义。在这种时空错位的经济文化落后的中国搞社会主义建设，必须要根据中国社会发展的实际做出马克思主义中国化的理论创新。在确立马克思主义指导的前提下，如何对待马克思主义？必须根据实际出发走马克思主义中国化的道路；究竟什么是社会主义，怎样建设社会主义？必须根据中国实际弥补马克思主义关于社会主义的两大基础；新时代究竟坚持和发展什么样的中国特色社会主义，怎样坚持和发展中国特色社会主义？只有走共建共享的道路，解决现实中存在的不平衡不协调不充分发展的问题，从而实现美好生活的目标。这是中国共产党人运用马克思主义不断回答中国的历史课题得出的正确结论。

再次，也是中国共产党人对社会主义未来思考的理论总结。

习近平指出：“中国共产党是为中国人民谋幸福的政党，也是为人类进步事业而奋斗的政党。中国共产党始终把为人类作出新的更大的贡献作为自己的使命。”[①]这是中国共产党人不忘初心、牢记使命，回到源头，发出的“新共产党宣言”。在新中国70多年发展历程中，三次社会主要矛盾认识的演变，追求经济文化—追求物质文化—追求美好生活，体现的不仅仅是根据中国实际所做出的历史思考，也是对社会主义的未来进行理论思考的结果，最终揭示了社会主义发展美好生活的前景和未来。

马克思曾立足整个人类命运，将共产主义视为人类社会最理想的政治类型。共产主义的崇高性和优越性不仅体现在经济基础上——极大物质财富的积累，更体现在政治维度上——人的自由全面发展。新中国70年社会主要矛盾的演进，从发展生产力进一步推进美好生活实现人的幸福和全面发展，这其中揭示的不仅是社会主义的未来，也是整个人类社会的未来。

三、新中国成立以来社会主要矛盾逻辑演变的时代价值

新中国70多年社会主要矛盾的三次演变，产生了极其重要的影响。第一次演变推动了社会主义经济探索和发展的开端；第二次演变推动了改革开放和中

---

① 中共中央党史和文献研究院.习近平关于“不忘初心，牢记使命”论述摘编[M].北京：党建读物出版社、中央文献出版社，2019：13.

国特色社会主义事业的发展;第三次演变实现了向新时代中国特色社会主义现代化强国的迈进。其中体现了重要的价值蕴含,就是不断深化了对党的执政规律、社会主义建设规律、人类社会发展规律的认识,展现出鲜明的社会主义精神。

第一,深化了对党的执政规律的认识,展现了中国共产党执政为民的精神。

新中国成立后,中国共产党从原来领导革命的党成为了执政党,要实现长期执政,需要深入认识党的执政规律。共产党的执政规律有多方面的内容,其中最主要的包括:理论创新规律、发展生产力的兴国要务规律和体现本质的执政为民规律。新中国70多年进程中,社会主要矛盾实现三次演变,体现的正是这种理论创新规律,也体现了发展生产力和以人民为中心的执政为民规律。

无论是重视经济文化的需要还是追求物质文化的要求,还是走出唯GDP论,倡导实现美好生活的目标,社会主要矛盾的三次演变都包含了对社会主义实践的理论创新;而这种演变背后的目的始终是为实现兴国要务、为发展社会生产力,最终为人民谋幸福。其中贯彻始终的是以广大人民群众的幸福为指向。正如习近平所说:"中国共产党坚持执政为民,人民对美好生活的向往就是我们的奋斗目标。"[①]这其中展现的正是无产阶级政党执政为民的精神。

第二,深化了对社会主义建设规律的认识,展现了社会主义建设共建共享的精神。

社会主义建设在中国是一个前无古人的事业,而社会主义建设规律又是一个复杂的系统。认清社会主义建设规律的根本是正确把握各阶段的社会主要矛盾,而对社会主要矛盾认识的根本又在于对社会主义本质的认识,是对什么是社会主义、怎样建设社会主义这个根本问题的把握。

社会主要矛盾三次演变正是对社会主义建设规律不断深化认识的过程。1956年党的八大正确地总结了当时的社会主要矛盾后,指出社会主义建设主要任务就是要集中力量来解决这个矛盾,把我国尽快地从落后的农业国变为先进的工业国。改革开放时期社会主要矛盾提出的目的就是为了解放和发展生产力,满足人民日益增长的物质文化的需要。新时代社会主要矛盾的认识再次深化,从此,追求公平公正、共建共享的美好生活,成为新时代的发展方向。这其中层层递进,展现的正是对社会主义建设规律的深刻把握。

习近平指出:"我们讲促进社会公平正义,就要从最广大人民根本利益出发,多从社会发展水平、从社会大局、从全体人民的角度看待和处理这个问题。"[②]要

① 中共中央文献研究室.习近平关于全面从严治党论述摘编[M].北京:中央文献出版社,2016:61.

② 中共中央文献研究室.习近平关于社会主义社会建设论述摘编[M].北京:中央文献出版社,2017:28.

通过不断分享发展带来的红利把“共同富裕”由奋斗目标变成现实实践的过程，最终实现社会的公正和谐。其中展现出深刻的共建共享的社会主义精神。

第三，深化了对人类社会发展规律的认识，展现了人类社会发展互利共赢、命运共同的精神。

人类社会发展的一般规律是生产力和生产关系、经济基础和上层建筑的矛盾运动，由此推动社会的前进。新中国成立 70 多年来，社会主要矛盾的三次演变正是沿着马克思主义关于人类社会发展规律推进的。不仅推动了人类社会生产力的发展，而且大力发展社会主义市场经济，从而冲破了计划经济等于社会主义、市场经济等于资本主义的僵化认识，打破了两大阵营对垒造成的资本主义文明与社会主义文明对立的状况，实现了生产力的增长与人的解放的统一。从发展生产力、迅速解决贫困问题，到向美好生活的推进，不仅为人类社会的健康发展提供了可借鉴模式，也为人们认识人类社会发展规律提供了指引。

与此同时，为了解决中国发展中的社会主要矛盾，实现生产力的发展和美好生活，中国积极推动人类社会的共同进步。特别是在新的追求美好生活的主要矛盾认识和实践中，中国不仅要实现本国人民的美好生活，还愿意和其他国家、民族共享中国发展带来的机遇，积极主动地推动人类命运共同体的建设。习近平说：“大家一起发展才是真发展，可持续发展才是好发展。”①其中蕴含的正是倡导人类社会发展互利共赢、命运共同的精神。

[本文选自《人民论坛》2019 年 11 月下]

[作者简介] 段治文，历史学博士，浙江大学马克思主义学院教授、博士生导师、求是特聘教授；有浙江省科学社会主义学会副会长、浙江省中共党史学会副会长、浙江省中国近现代史纲要教学研究会会长等多项学术兼职。邮编：浙江 杭州 310058

① 中共中央文献研究室. 十八大以来重要文献选编[M]. 北京：中央文献出版社，2016：697.

马克思技术二重性批判理论研究①
——基于《资本论》及相关手稿的文本考证

卢　江

技术作为生产力的重要组成因素，不仅直接决定物质生产方式，同时深刻影响社会组织关系，制约人类社会制度变迁的模式和速度，这是已经被历史证明了的事实。从个人发展看，技术在不同发展时期的应用淘汰了大量劳动力，同时又极大地提高了劳动强度，劳动者总体上处于被技术驱动的地位；从企业层面看，技术革新是追求经济效益必然结果，在市场经济竞争中，依靠技术变革可以有效提升企业市场占有能力，从而获得超额利润；从国家视角看，技术作为国家竞争实力的硬指标，既可以促进经济迈向高质量发展，又是推动社会变革有力杠杆。正是基于以上原因，技术范畴便成为马克思创立唯物史观和政治经济学批判的主要内容。尽管马克思并没有留下专门论述技术的文章著作，但他在19世纪50年代阅读了大量技术史的文献，对波佩、贝克曼和尤尔撰写的有关技术著作做了许多札记，在《资本论》及相关手稿中也深刻研究了技术的资本主义生产过程运用结果，并将技术提升为社会形态变迁的诱发因素。这些论述不仅形成马克思主义政治经济学和科学社会主义的重要理论基石，同时对于我们如何理解技术的社会实践应用具有积极的启示价值。

值得注意的是，马克思对技术范畴的研究始终秉持理论逻辑、历史逻辑和现实逻辑的统一，从物质内容和社会形式两个方面展开了二重性批判，并将技术如何影响物质资料生产、如何影响劳动力自由解放科学地内嵌于《资本论》理论体系之中。除此之外，马克思还在手稿中多次强调，一个社会经济发展不能沉迷于技术拜物教，应该要善于驾驭技术，将技术的应用成果惠及全体人民，才能推动社会健康稳定发展。

---

① 国家社科基金青年项目“《资本论》视阈下当代资本主义系统性危机研究（18CKS002）”、国家社会科学基金青年项目“《资本论》及其手稿中的政治哲学思想研究”（项目编号：19CKS001）、教育部人文社会科学研究青年基金项目“《资本论》及其手稿中的社会批判思想及其当代价值研究（18YJC710012）”成果。

一、基于资本积累的技术二重性批判

资本积累即剩余价值再转化为资本，它是企业扩大再生产的前提，包括量的规定和质的规定两方面内涵。根据唯物史观，资本积累为社会发展和人类解放创造了动力源泉。马克思技术二重性批判与资本积累紧密相关，具体可从以下几个方面展开分析，即劳动力的剥削程度、劳动生产力、所使用的资本和所消费的资本之间差额的扩大、预付资本的量等，它们正是资本积累本身的决定因素。在这些因素的共同作用下，资本积累表现为“在一极是财富的积累，同时在另一极，即在把自己的产品作为资本来生产的阶级方面，是贫困、劳动折磨、受奴役、无知、粗野和道德堕落的积累”①。

(一)作为资本积累量的规定的技术批判

财富水平是衡量资本积累速度最直接也是最重要的指标。从社会总资本的运动来看，技术进步加速了资本积累，资本主义社会创造了前所未有的财富，“因此，同劳动力所具有的伸缩性能一样，科学技术的不断进步，也会使资本具有一种在一定范围内不取决于构成该资本的已有财富量的扩张能力”②。但是从单个资本的循环周转来看，技术进步又在一定程度上遏制了资本积累的速度，甚至起到了消极的破坏作用。以劳动生产力影响因素为例，马克思指出：“同一不变资本价值可以体现在更多的生产资料上，即体现在更多的劳动资料、劳动材料和辅助材料上，从而会提供更多的形成产品和价值的要素，或者说，提供更多的吸收劳动的要素。因此，在追加资本的价值不变甚至降低的情况下，积累仍然可以加快。”③这说明技术特别是机器大工业提高了全社会的劳动生产效率，从而推进了资本积累。尽管不同行业的积累速度有较大差异，甚至许多行业资本积累出现停滞衰退现象，但技术革新同时又催生了大量的朝阳产业，对夕阳产业的资本积累进行了修复补偿。实际上，从资本积累的基本概念也能够佐证劳动生产力提高对其有利，既然积累是剩余价值的资本化，那么加速剩余价值量的方法同时也就是加速资本积累的方法。正如前面所述，技术一经与资本相结合投入生产过程，积累就“表现为生产资料和对劳动的支配权的不断增长的积聚”④。在这过程中剩余价值量变产生了质的飞跃。正是由此，关于技术变革对资本积累的加速作用，马克思在《资本论》中进行了直接回答：“简单的积累即总资本的绝

① 马克思恩格斯全集：第23卷[M]. 北京：人民出版社，1972：277.

② 马克思恩格斯全集：第49卷[M]. 北京：人民出版社，1982：234.

③ 马克思恩格斯全集：第23卷[M]. 北京：人民出版社，1972：277.

④ 马克思恩格斯全集：第23卷[M]. 北京：人民出版社，1972：277.

对扩大,伴随有总资本的各个分子的集中。追加资本的技术变革,也伴随有原资本的技术变革。"[①]其实这指的就是由资本的技术构成决定的价值构成,即资本有机构成,它的提高对于增加剩余价值量是不言而喻的。

众所周知,资本积累包括资本积聚和资本集中。"在私有制的统治下,积累就是资本在少数人手中的积聚,只要听任资本的自然趋向,积累一般来说是一种必然的结果;而资本的这种自然使命恰恰是通过竞争来为自己开辟自由的道路的。"[②]既然涉及个别资本之间的竞争,在这个意义上来说,对于那些或被淘汰或被兼并的资本而言,技术革新应用就会遏制积累。少数资本家是如何剥夺多数资本家而实现资本集中的呢?显然,通过抢占采用先进技术的优势,少数资本家能够降低单位商品上所耗费的个别劳动时间,在商品销售市场上获得垄断性质从而获得更多的超额剩余价值。另外,预付资本量的多少也能说明技术革新不利于小资本家的积累,资本最低限额越来越高本身就是由工场手工业的技术性质产生的一个规律。在资本主义生产关系中,大资本家拥有雄厚的资本实力,它们能够经得起资本回流的时间成本,但是对于小资本家而言,缩短资本周转时间是其生存的重要支撑,一旦资本回流不畅,他们则面临破产的威胁。然而,"资本回流较慢——这正是问题的实质——不是流通时间引起的,而是使劳动变为生产劳动的那些条件本身引起的;它属于生产过程的技术条件"[③]。换句话而言,小资本生产过程的技术条件无法与大资本相匹敌,这决定了二者之间竞争的结果必然是大资本吞并小资本。实践一次次证明,大资本家由于掌握了先进技术,又由于通过批量进货来控制成本,他们甚至可以利用恶性竞争来钳制小资本家的积累。

(二)作为资本积累质的规定的技术批判

资本主义制度的形成和发展史表明,"资本积累最初只是表现为资本的量的扩大,但是以上我们看到,它是通过资本构成不断发生质的变化,通过减少资本的可变部分来不断增加资本的不变部分而实现的"[④]。这种建立在技术革新基础上的质的变化表现在诸多方面,其中最重要的有两点:一是使资本主义发展阶段从自由竞争迈向了垄断,二是技术从资本主义制度发展的催化剂变成了资本主义制度灭亡的助推器。

如果说资本偶然通过抢先运用技术来获得垄断权而加速了资本积累,那么

① 马克思恩格斯全集:第23卷[M].北京:人民出版社,1972:277.

② 马克思恩格斯全集:第42卷[M].北京:人民出版社,1979:93.

③ 马克思恩格斯全集:第46卷(b)[M].北京:人民出版社,1980:181.

④ 马克思恩格斯全集:第23卷[M].北京:人民出版社,1972:277.

拥有较快积累速度的大资本则必然要追求绝对的垄断。对于资本主义制度而言，垄断勾勒出了社会总资本运动的远景。自由竞争资本主义指的是资本原始积累尚未完成以前的发达商品经济时期。由于主张国家不干预经济，市场成为资源配置方式的决定性因素，资本积累完全是以市场利润为导向的，但几乎没有壁垒的进入退出机制让行业利润趋近于零。因此获得超额利润的动力源自技术创新，它极大缩短了资本原始积累的时间，顺利实现了向垄断资本主义的过渡。对此，马克思指出："一旦工厂制度达到一定的广度和一定的成熟程度，特别是一旦它自己的技术基础即机器本身也用机器来生产，一旦煤和铁的采掘、金属加工以及交通运输业都发生革命，总之，一旦与大工业相适应的一般生产条件形成起来，这种生产方式就获得一种弹力，一种突然地跳跃式地扩展的能力，只有原料和销售市场才是它的限制。"①尽管马克思本人没有经历垄断资本主义的繁盛时期，但他所说的"弹力""跳跃式地扩展"都被垄断所证实。此外，垄断本身也是由技术推动的分工产物。随着商品经济竞争加剧，资本主义生产方式有了新的特征，"现代工业通过机器、化学过程和其他方法，使工人的职能和劳动过程的社会结合不断地随着生产的技术基础发生变革。这样，它也同样不断地使社会内部的分工发生革命"②。社会内部分工的变革在实践中的一个重要表现就是纵向一体化、垂直性分工日益占据主流，资本规模的急剧扩张已经完全有能力将原材料、商品生产、销售和服务都纳入自己完整的产业链条中。

马克思通过分析资本积累的一般规律指出资本主义制度一定会被更高级的社会形态所取代，这是资本最大程度追求剩余价值而无休止地利用技术的必然结果。不可否认，每一次工业革命的完成都给资本主义制度带来了极为丰富的报酬，技术是其发展的催化剂，但与此同时，技术又造成了商品生产的绝对过剩、劳动工人的绝对贫困、社会矛盾的绝对激化，这就正如恩格斯所言："工厂制度、机器技术进步等等带来的后果，在大陆上和在英国是完全一样的：对大多数人是受压迫和劳累，对极少数人是财富和享乐。"③历史上工人罢工摧毁机器的事情无数次发生，但并不能阻止这样一种趋势，即机器大工业生产的内在规律必然致使技术总是不断地处于创新变革之中。但是资本主义生产方式并不具有完全的弹性，马克思在批评古典自由主义经济学家时就指出："资产阶级生产方式包含着生产力自由发展的界限——在危机中，特别是在作为危机的基本现象的生产

① 马克思恩格斯全集：第23卷[M]. 北京：人民出版社，1972：277.

② 马克思恩格斯全集：第23卷[M]. 北京：人民出版社，1972：277.

③ 马克思恩格斯全集：第42卷[M]. 北京：人民出版社，1979：93.

过剩中暴露出来的界限。”[①]一旦生产力达到界限，资本主义制度所代表的生产关系就会不适应生产力，技术也就成了资本主义制度灭亡的助推器。

无可否认，资本积累具有明显的历史条件和特征，它作为推动资本主义生产方式自我扬弃的手段，既苦于技术的不发展，同时又苦于技术的迅猛发展：技术创造了财富积累的资本主义速度，却又将大多数资本抛向竞争泥潭的深渊；技术缔造了资本主义生产方式新纪元，却又埋下了自我毁灭的火雷。这一基于资本积累的技术二重性批判深刻揭示了资本主义制度发展的内在逻辑和客观规律。

二、基于社会发展的技术二重性批判

马克思对资本主义生产方式的政治经济学批判是建立在唯物史观基础之上的，一方面分析了资本主义制度蕴含的所有社会形态共有的普遍规律，另一方面揭示了资本主义制度专有的特殊规律，并将它们有机融合在一起。这一科学研究方法集中体现在《德意志意识形态》中，作为唯物史观形成并用于经济分析的标志，该书始终坚持生产力与生产关系的辩证统一解剖资本主义经济运行规律。正像有学者指出的那样：“马克思和恩格斯对社会生产进行了‘宏观分析’，确认了生产力是生产的物质内容，而生产关系则构成它的社会形式。”[②]社会生产的一个关键因素是技术，它原本是反映生产力水平的中性范畴，但其一经应用到资本主义生产过程，就被打上了资本主义生产关系的烙印。马克思在《资本论》及其手稿中从物质内容和社会形式两个视角对技术展开了深刻的二重性批判。[③]

（一）作为物质内容的技术批判

当技术作为物质内容成为政治经济学批判的范畴时，它并不是类似于工艺学的纯粹存在，而是与科学一起结晶在机器上，从生产工具视角探究生产力的进步发展。在《资本论》的第一部手稿即《政治经济学批判（1857—1858 年）》中，马克思详细论述了科学技术转变为直接生产力的趋势。比如他将机器与科学、发明、劳动的分工和结合、交通工具的改善、世界市场的开辟等并列看作社会生产力的增长[④]；到了《资本论》第二部手稿即《政治经济学批判（1861—1863 年）》中，

① 马克思恩格斯全集：第 26 卷(b)[M]. 北京：人民出版社，1974：603.

② 维·索·维戈茨基.《资本论》创作史[M]. 周成启，等译. 福州：福建人民出版社，1983：40.

③ 根据《资本论》及其手稿的文本，马克思正面论述技术的笔墨相对于科学的研究要少一些。作为社会科学家，马克思并不是停留在从自然科学视角上来分析科学，而是通过解剖科学转化为技术在生产过程中的应用来探索资本主义生产过程的内在规律。尽管自然科学与技术并不是一回事，但这并不在本文的分析范围之内，在本部分特别是作为物质内容的技术批判内容中，我们总体上视马克思关于科学应用的内容等同为技术。

④ 马克思恩格斯全集：第 46 卷(a)[M]. 北京：人民出版社，1979：268.

马克思更进一步研究了技术是怎样推动生产力发展的，特别指出应用机器的大规模协作才“第一次使自然力，即风、水、蒸汽、电大规模地从属于直接的生产过程，使自然力变成社会劳动的因素”[①]。这说明生产过程成为科学技术应用的现实领域，科学技术成为社会财富积累的工具和手段。有学者研究指出：“随着生产力不断发展，社会财富的创造主要取决于一般科学水平和技术进步。”[②]从18世纪60年代到19世纪中叶，在资产阶级统治下几乎每一个人都在为了获得财富而在从事与科学技术相关的工作。这反映在两个方面，“搞科学的人为了探索科学的实际应用而互相竞争。另一方面，发明成了一种特殊的职业”[③]。各种创造发明使资本主义生产爆发了前所未有的能量，并且形成了正相关循环，即资本主义生产越发展，科学研究应用规模越大；科学研究应用规模越大，资本主义生产也越发展。正是在这个意义上，《共产党宣言》给予了资产阶级统治极高的评价：“资产阶级争得自己的阶级统治地位还不到一百年，它所造成的生产力却比过去世世代代总共造成的生产力还要大，还要多。自然力的征服，机器的采用，化学在工农业中的应用，轮船的行驶，铁路的通行，电报的往返，大陆一洲一洲的垦殖，河川的通航，仿佛用法术从地底下呼唤出来的大量人口，——试问在过去哪一个世纪能够料想到竟有这样大的生产力潜伏在社会劳动里面呢？”[④]

马克思指出资本一旦想要无止境地追求财富，它就在客观上不得不无限地提升生产力，技术既然无法凭空存在而不得不凝结在机器上来提升社会生产力，那么机器生产所呈现的特征理所当然地与技术直接相关。“机器本身体现出：生产的连续性（也就是原材料加工所经历的各阶段的连续性）；自动化（只有在排除偶然故障时才需要人）；运转迅速。由于使用机器，更可以进行同时作业了。”[⑤]其中，使用机器可以同时作业指的是联合化生产，它与自动化生产一起引起了马克思高度关注，也是技术推动生产力发展最重要的两个变化。随着技术在企业生产中应用规模的扩张，自动化生产成了制造业的必由之路。对此，马克思引用尤尔的论述指出自动化生产的优势，首先是机器不用像人一样需要休息，可以日夜不停地为企业主生产，直至折旧完毕[⑥]；其次是自动化机器完成的工作相比较人工劳作而言不仅便宜而且更精准。根据两大部类的定义，机器作为劳动工具

---

① 马克思恩格斯全集：第47卷[M].北京：人民出版社，1979：443.

② 张新春，董长瑞.人工智能技术条件下“人的全面发展”向何处去[J].经济学家，2019(1)：48.

③ 马克思恩格斯全集：第47卷[M].北京：人民出版社，1979：443.

④ 马克思恩格斯全集：第4卷[M].北京：人民出版社，1958：471.

⑤ 马克思恩格斯全集：第47卷[M].北京：人民出版社，1979：443.

⑥ 马克思在《资本论》中特别强调机器在生产过程中是以折旧的形式将其自身价值分多次转移到商品中去，企业应该建立维修基金对机器进行更新补偿，不仅包括实物形式补偿，还包括价值形式补偿。

属于生产资料，它也需要不断地被生产出来，自动化在其中扮演着非常重要的角色，即当自动化被投入到机器制造中，降低了机器本身的生产费用，提高了机器本身的工作性能。对此马克思进行了总结："一旦机器生产成为占统治地位的生产，它的生产资料（它所使用的机器和工具）本身就应当是用机器生产的。"①不同于简单协作下的工人联合劳动，联合化生产是基于商品生产总过程划分为不同环节而言的，在技术作用下，"机器生产体系能够继续发展，把从前是各自独立的生产部门联合起来，例如，在工厂里把纺和织联合起来并形成一个连续不断的体系"②。这种联合将各种互不依赖的复杂操作或是并行不乱地运转，或是将高度关联的环节前后有序地衔接在一起，得益于此，才能发生生产的积聚。在马克思看来，纺纱之所以能和织造形成联合，关键存在一个前提条件，即"这些部门中的每一个部门都已经靠机器生产方法来经营"③。换句话而言，如果技术并没有在不同环节中得以广泛应用，想要在商品生产总过程中实现这一联合化生产是不可能的。

科学技术带来了生产力的持续增长，新的生产关系也必然沿着同样的轨道不断发展，"随着产业资本支配社会的生产，技术和劳动过程的社会组织就会发生变革，从而社会的经济历史类型也会发生变革"④。"手工磨产生的是封建主为首的社会，蒸汽磨产生的是工业资本家为首的社会。"⑤当技术化身为工具区分了不同时代的物质生产力，同时也就将自己植根于社会形式构建起了色彩斑斓的生产关系。

（二）作为社会形式的技术批判

马克思主义政治经济学基本原理认为，生产关系是生产方式的社会形式，包括生产资料归谁所有、生产过程中人与人之间的关系、产品分配形式等主要内容，其中生产资料所有制是最基本的构成，起决定性作用。有学者研究认为："新的生产工具和生产技术的发明，一方面可以提高劳动生产率，增加相对剩余价值，另一方面可以引起对新的物质资源的开发与利用，扩大劳动对象，从而产生新的劳动内容和劳动形式。"⑥通常而言，资本所有者可以较为容易地获得技术，而技术发明者难以成为资本家（以技术专利入股企业的情况除外）。换句话而

① 马克思恩格斯全集：第47卷[M]. 北京：人民出版社，1979：443.

② 马克思恩格斯全集：第47卷[M]. 北京：人民出版社，1979：443.

③ 马克思恩格斯全集：第47卷[M]. 北京：人民出版社，1979：443.

④ 马克思恩格斯全集：第24卷[M]. 北京：人民出版社，1972：66.

⑤ 马克思恩格斯全集：第4卷[M]. 北京：人民出版社，1958：471.

⑥ 谢长安，程恩富. 分工深化论：五次社会大分工与部门内分工探析[J]. 马克思主义研究，2016(12).

言,技术为谁所有、为谁所用成为生产关系有何特征的关键,因此解析作为社会形式的技术批判核心就是要弄清楚技术的最终归属,毕竟从历史上来看,技术的发展是一个自然史过程,为生产关系的演变提供前提条件。正是在这个意义上来说,马克思指出:“机器表现为从资本主义生产方式出发的、使一般生产方式发生革命的起点。”[①]在确证了生产资料所有权后,作为社会形式的技术批判主要体现在劳动过程上。劳动过程包括劳动者、劳动资料和劳动对象三个因素的共同作用,最终结果表现为商品生产。首要的任务是要生产出使用价值。然而对于商品所有者而言,他们想从商品上获得的是交换价值,因此怎样才能最大程度实现交换价值成了资本的中心任务。这就是马克思对资本主义经济制度研究的独创性,即剩余价值理论。劳动过程贯穿着人类社会发展的始终,但资本主义劳动过程却是与之前完全不同的,“资本起初并不关心它所征服的劳动过程的技术性质。起初,它是遇到什么样的劳动过程就采用什么样的劳动过程”[②]。劳动过程是技术发展水平的生动摹写,蕴含了生产关系的多个方面内容。

首先,任何一种劳动过程都离不开特定的劳动组织,劳动组织又受制于技术,“发达的、同资本主义基础上的机器生产相适应的劳动组织,就是工厂制度”[③]。工厂制度作为发达商品经济生产的产物,远非简单协作和以分工为基础的工场手工业所能匹敌的,它的出现具有非常严苛的社会历史条件——以发达的机器体系生产为基础。马克思深刻解析了机器动力的产生、传送和效果等细节,以此论证在技术不断发展的背景下劳动和机器是如何完成“主体—客体”角色互调的。[④] 在以往的劳动过程中,劳动是主体,机器则是被劳动驾驭的客体,而在资本主义劳动过程中,机器成为了主体,劳动只不过是结合在机器上的有意识的附件而已。恩格斯在《卡·马克思“资本论”第一卷提纲》中对此也作了进一步说明:“资本是在一定的技术条件下支配劳动的,最初它并未改变这些条件。因此,如果把生产过程作为劳动过程来看,工人并不把生产资料当做资本,而是把它当做他自己有目的的活动的手段。但是,如果把生产过程作为价值增殖过程来看,情形就不同了。生产资料成了吸取他人劳动的手段。于是,不再是工人使用生产资料,而是生产资料使用工人。”[⑤]正是基于此,马克思在《资本论》手稿

---

① 马克思恩格斯全集:第 47 卷[M]. 北京:人民出版社,1979:443.

② 马克思恩格斯全集:第 23 卷[M]. 北京:人民出版社,1972:277.

③ 马克思恩格斯全集:第 47 卷[M]. 北京:人民出版社,1979:443.

④ 马克思在《资本论》第一卷中特别指明,“资本起初是在历史上既有的技术条件下使劳动服从自己的。因此,它并没有直接改变生产方式”。

⑤ 马克思恩格斯全集:第 16 卷[M]. 北京:人民出版社,1964:305.

中阐明了劳动对资本的形式从属向实际从属的转变①。

其次,剩余劳动成为技术应用的主旨。随着技术革新加速,资本逐利比以往更加地赤裸和肆无忌惮,想方设法地最大程度获得劳动成了必然,一方面在劳动力规模数量上寻找办法,比如"用妇女和儿童的劳动代替成年男工的劳动"②,另一方面在劳动时间上做文章,剩余劳动需要的劳动时间,成了资本主义劳动过程的决定性问题。机器的使用从未否定劳动作为剩余价值的来源,但它通过变革生产方式本身缩短了必要劳动时间从而延长了剩余劳动时间。针对这两方面内容,马克思总结指出,由于使用机器,"剩余价值率和同时被剥削的工人人数之间的比例发生了特殊的变化"③。历史实践证明,技术的每一次进步都是以工人状况倒退为代价的④,特别是在资本主义社会中,机器技术的改进不仅极大地提高了雇佣工人的劳动强度从而增强了剥削,同时还"经常性地使大量工人失业"⑤,一旦被机器排挤,自由得一无所有而只能通过出卖劳动力的工人甚至面临着死亡威胁;对于资本所有者而言,改进机器让他们获得了其中的全部利益。马克思在《人民报》创刊纪念会上的演说中指出"机器具有减少人类劳动和使劳动更有成效的神奇力量,然而却引起了饥饿和过度的疲劳"⑥。因此我们赞同一种观点,即"将科学技术划入生产力,解释了资本主义利用科学技术为剩余价值生产服务的本质"⑦。随之而来的问题便是劳动者为了获得生存繁衍,在机器技术面前不可能坐以待毙,他们行将所废的不是机器技术本身,而是其背后黑暗腐败的生产关系。

最后,资本主义生产方式的终结。追求剩余价值让资本失去了理智,生产过剩和有支付能力的需求不足成了贯穿资本主义生产方式的一对基本矛盾,产生了不可修复的后果。恩格斯在为马克思撰写的《雇佣劳动与资本》导言中就深刻指明技术变革的冲击,"这些日益加速互相排挤的发明和发现,这种每天空前大量增长的人类劳动的生产率,终于造成一种定会使现代资本主义经济陷于灭亡的冲突"⑧。值得注意的是,资本主义生产方式的终结还有一个前提条件,即技术无法维系资本的全球扩张。只要商品销售新市场的开拓、劳动力原材料的掠

① 在《经济学手稿(1861—1863年)》的资本生产过程结尾部分,马克思基于绝对剩余价值生产和相对剩余价值生产划分了劳动对资本的不同从属关系。

② 马克思恩格斯全集:第47卷[M].北京:人民出版社,1979:443.

③ 马克思恩格斯全集:第47卷[M].北京:人民出版社,1979:443.

④ 恩格斯在《英国工人阶级状况》书中以其详实的调查资料得出这一结论。

⑤ 马克思恩格斯全集:第18卷[M].北京:人民出版社,1964:263.

⑥ 马克思恩格斯全集:第12卷[M].北京:人民出版社,1962:4.

⑦ 杨承训,张新宁.论马克思主义科技经济理论的三个高度[J].当代经济研究,2015(6).

⑧ 马克思恩格斯全集:第22卷[M].北京:人民出版社,1972:242.

夺、资本主义生产方式的植入等还有空间，现代大工业就有继续存在的可能。无论是从早期依赖于航海技术的全球贸易版图分割，还是从当前依赖于技术的跨国公司生产经营抑或是互联互通的世界经济一体化，无一不例证了技术在推动资本积累中的重要作用。当然，技术在生产中的应用还培育了资本主义生产方式的掘墓人，大量的劳动者被无情地抛弃到失业群体中，一些有产阶级也逐渐无产化，以至于马克思告诫人们只有全世界无产者联合起来才能敲响私有制的丧钟，才能剥夺那些剥夺者。

综上所述，马克思分别从代表生产力的物质内容方面和代表生产关系的社会形式方面进行了技术二重性批判。这一从历史逻辑、理论逻辑和现实逻辑相统一的视角展开的矛盾分析，不仅揭示了资本主义经济制度运行的内在规律，也与人类社会发展规律高度契合。

三、基于人类解放的技术二重性批判

人类解放贯穿于马克思主义全部理论学说。何谓解放是摆在世人面前的首要问题。诚如恩格斯在《社会主义从空想到科学的发展》中所言，解放标志着人“最终地脱离了动物界，从动物的生存条件进入真正人的生存条件”①。此时人们不再受制于自然条件和历史条件而可以自由结合，并且能够控制“一直统治着历史的客观的异己的力量”②，从而创造属于人类自己的历史，实现由必然王国向自由王国的飞跃。可见，如何实现人类解放是个复杂工程，技术作为众多影响因素之一，在其中既起着积极作用，因为只有建立在物质充足基础之上才有可能谈及更高精神追求；同时又带来了极大的消极后果，技术成为少数人驾驭多数人的工具和手段。正如学界一种观点指出的那样：“资本主义生产方式下的科学技术在加速工人被剥削的过程中客观地加速人类的解放进程。”③

(一)作为实现解放必要条件的技术批判

人类是在逃脱中世纪经院哲学的枷锁之后提出自由解放的，人学理性的回归将人们的精力更多集中在追求国民财富增长上，从而推动了文明进步和发展。与此同时，封建制下神权与王权的结合对大部分人的控制盘剥表面上松懈了，劳动自由成了资产阶级社会资本家们捍卫自己没有剥削的宣言书。但这并不符合实际，正如马克思所指出的：“罗马的奴隶是由锁链，雇佣工人则由看不见的线系

① 马克思恩格斯全集：第19卷[M]．北京：人民出版社，1963：245.

② 马克思恩格斯全集：第19卷[M]．北京：人民出版社，1963：245.

③ 许斗斗．论马克思的生产、技术与生态思想[J]．马克思主义研究，2015(5).

在自己的所有者手里。"[①]是否存在具体形式的镣铐固然是衡量劳动者有无自由的依据,但却绝不是唯一依据,本质上而言,无论是无产阶级所提出的解放还是资产阶级所辩解的解放,它们都离不开基本的物质条件,"当人们还不能使自己的吃喝住穿在质和量方面得到充分保证的时候,人们就根本不能获得解放"[②]。忽视这一点,人类解放理论也就失去了科学性和合理性。历史上存在的各种社会主义和共产主义理论家之所以成了空想主义者,原因就是他们没有意识到"生产力在资产阶级本身的怀抱里尚未发展到足以使人看到解放无产阶级和建立新社会必备的物质条件"[③]。马克思在《论蒲鲁东》的文章中同样提到了"解放的物质条件",这个物质条件到底是指什么呢?它和技术批判又有着怎样的联系?对此我们还需要从无产阶级产生的历史条件和历史使命去研究。

在马克思看来,资本和劳动的关系问题形成资本主义制度的轴心。资本剥削劳动在客观上曾起着历史进步性作用,这就是创造了大量的物质资料,没有这些物质资料,无产阶级本身也不可能得以发展。"只有在工业资产阶级的统治下,它才能创造出现代的生产资料,这种生产资料同时又是它所能用以达到革命解放的手段。只有工业资产阶级的统治才能除掉封建社会的物质根蒂,并且为无产阶级革命铺平它唯一能借以实现的地基。"[④]也就是说,无产阶级企图实现解放的新社会必须依赖现代资产阶级社会建立的庞大的工业体系,这种工业体系提供了以前所有社会都不可能产生的物质前提——由于缺乏这些物质资料,"旧社会则以拯救你们的阶级为借口把整个民族抛回到中世纪的野蛮状态中去!"[⑤]这些物质资料背后的生产力被马克思视为解放劳动的第一个条件。[⑥]因此,无产阶级要想改变自己的命运,从资产阶级生产方式的桎梏中解放出来,"就必须使既得的生产力和现存的社会关系不再继续并存"[⑦]。无论是既得的生产力还是现存的社会关系,技术都有重要影响,比如技术进步加速了机器的更新应用,从而使包括资本之间的竞争、资本与劳动之间的竞争以及劳动之间的竞争都史无前例地激烈起来;再如技术大规模应用促成了较为完整的工业体系,从而使资本主义私有制与以往简单商品经济时期的私有制有了本质区别,技术成了资本最大程度追求剩余价值的跳板和有力杠杆,它对劳动的剥削则扩大了有产阶

① 马克思恩格斯全集:第23卷[M].北京:人民出版社,1972:277.
② 本书编写组.德意志意识形态(节选本)[M].北京:人民出版社,2018:19.
③ 马克思恩格斯全集:第4卷[M].北京:人民出版社,1958:471.
④ 马克思恩格斯全集:第7卷[M].北京:人民出版社,1959:21.
⑤ 马克思恩格斯全集:第6卷[M].北京:人民出版社,1961:230.
⑥ 马克思恩格斯全集:第10卷[M].北京:人民出版社,1962:134.
⑦ 马克思恩格斯全集:第4卷[M].北京:人民出版社,1958:471.

级和无产阶级之间的鸿沟。因此,所谓“无产者则只有通过消灭竞争、私有制和一切阶级差别才能获得解放”[①],关键就在于消灭资本主义生产关系中的技术。换句话来说,无产阶级解放能且只能建立在资产阶级大工业基础之上,因为资产阶级大工业提供了解放的物质前提,而它本身却是技术发展的产物。比如,马克思在《1844年经济学哲学手稿》中指出:“自然科学却通过工业日益在实践上进入人的生活,改造人的生活,并为人的解放作准备,尽管它不得不直接地使非人化充分发展。”[②]又如马克思在《资本论》中指出,“大工业必须掌握它特有的生产资料,即机器本身,必须用机器来生产机器。这样,大工业才建立起与自己相适应的技术基础,才得以自立”[③]。因此,技术批判构成了马克思人类解放思想的重要组成内容。

(二)作为精神道德异己力量的技术批判

如果说物质生存条件是人类解放的前提,那么精神道德则构成了人类解放的核心。而资本主义制度是无产阶级丧失一切合乎人性的社会条件,特别是由不可抗拒的绝对贫困导致的精神道德缺失已经到达了顶点。[④] 因此,“无产阶级能够而且必须自己解放自己。但是,如果它不消灭它本身的生活条件,它就不能解放自己。如果它不消灭集中表现在它本身处境中的现代社会的一切违反人性的生活条件,它就不能消灭它本身的生活条件”[⑤]。刨根问底,现代资产阶级对无产者精神道德的摧残主要体现在异化效应上——由于技术的应用,劳动者的劳动产品成为统治自己的异己力量,劳动者成了机器生产的被动工具,人的主观能动性几乎丧失殆尽并变为技术的奴役,其发展也日益片面化和畸形化,“技术的胜利,似乎是以道德的败坏为代价换来的”[⑥]。劳动者的精神生产是与物质生产紧密相关的,受物质生产决定。既然后者表现为特殊的历史形式,精神生产也必然具有不同的历史特征,对此马克思深刻指出,从物质生产的一定形式可以产生一定的社会结构和人对自然的一定关系,“人们的国家制度和人们的精神方式

---

① 马克思恩格斯全集:第4卷[M].北京:人民出版社,1958:471.

② 马克思.1844年经济学哲学手稿[M].北京:人民出版社,2000:89.

③ 马克思恩格斯全集:第23卷[M].北京:人民出版社,1972:277.

④ 马克思早在《1844年经济学哲学手稿》中就曾经对这个问题进行细致分析,指出在分工扩大和资本积累的条件下,工人的生活只能依赖劳动,然而科学技术在工业生产中的应用导致工人无论是在精神还是在肉体上都被压制,不仅受到商品市场价格的波动影响,甚至还要取决于资本家的个人兴致,而且工人之间的竞争加剧也大幅度降低了他们本已很恶劣的生活状态,特别是在工厂制度下,工人的物质生活和精神生活已经衰败到了顶点。

⑤ 马克思恩格斯全集:第2卷[M].北京:人民出版社,1957:45.

⑥ 马克思恩格斯全集:第12卷[M].北京:人民出版社,1962:4.

由这两者决定，因而人们的精神生产的性质也由这两者决定”①。

精神生活在客观上受时间的约束限制。时间不仅是每个人生命的尺度，同时也是人自由发展的标杆。随着社会生产的进行，资本家不得不面对这样一个难题：“如何降低有机劳动为自身而工作的时间(即，在这段时间之内创造的价值以工资的形式返还给了工人)比例，从而增加从劳动力中榨取剩余价值的可用时间?”②因此，机器这一技术的重要载体被引入了生产中。由于不受道德和身体界限的约束，可以最大化延长剩余劳动时间，上述难题得以破解。在资本主义生产方式中，工人的时间几乎被资本所有者占有，除去必要劳动时间外，“剩余劳动时间成了对工人精神生活和肉体生活的侵占”③。在马克思看来，工人的精神道德生活意味着自由时间，这在资产阶级大工业体系中俨然是难得的奢侈，“社会的自由时间是以通过强制劳动吸收工人的时间为基础的，这样，工人就丧失了精神发展所必需的空间，因为时间就是这种空间”④。没有足够的闲暇自由，精神解放自然也就无从谈起。除了时间这个客观因素以外，技术发展也会致使工人心理预期发生变化，从而对精神道德产生直接影响。马克思将预告资产阶级社会到来的三大技术发明看作是“对精神发展创造必要前提的最强大的杠杆”⑤。但这些技术所要创立的精神世界是资本逐利的世界，是资本家狂欢的舞台，它并不允许劳动者个体有任何精神解放的幻想，甚至对于童工来讲，原本属于童年时期的精神生活就早已被破坏。而且劳动一旦从属于机器技术，除了机械地进行生产操作外，工人没有多余的空间去从事精神生活。不仅如此，机器技术的不断改进是资产阶级生产方式的一般规律，它不断排挤工人，“使他最后失去对明天的信心”⑥。从而出现了道德沦丧、精神涣散的景象。

总结来看，从人类解放视角进行的技术批判包括解放的必要性前提以及解放的基本内容两个方面，这是由资产阶级工业生产体系的历史背景所决定的。在马克思那里，他“不仅把大工业看作是对抗的重要根源，而且也看作是解决这些对抗所必需的物质条件和精神条件的创造者”⑦。技术既提高了劳动强度、延长了剩余劳动时间，又不断排挤劳动从而威胁工人的基本生存。这些都迫使无产阶级必须打破异化劳动的枷锁才能实现解放，因为对资本主义生产方式中的

① 马克思恩格斯全集：第26卷(a)[M].北京：人民出版社，1972：296.
② 罗斯·阿比奈特.现代性之后的马克思主义[M].王维先，等译.南京：江苏人民出版社，2011：80.
③ 马克思恩格斯全集：第47卷[M].北京：人民出版社，1979：443.
④ 马克思恩格斯全集：第47卷[M].北京：人民出版社，1979：443.
⑤ 马克思恩格斯全集：第47卷[M].北京：人民出版社，1979：443.
⑥ 马克思恩格斯全集：第2卷[M].北京：人民出版社，1957：45.
⑦ 马克思恩格斯全集：第32卷[M].北京：人民出版社，1975：528.

劳动者而言,“他在自己的劳动中不是肯定自己,而是否定自己,不是感到幸福,而是感到不幸,不是自由地发挥自己的体力和智力,而是使自己的肉体受折磨、精神遭摧残”[①]。换句话来说,技术革新加剧了异化劳动,这是无产阶级被束缚的重要根源。

四、结语

资本运动是政治经济学批判的核心,而“技术问题是理解资本运动趋势的基础”[②]。从对技术工艺学自身的材料研究到技术的资本主义生产过程应用,马克思始终秉持历史唯物主义和辩证唯物主义方法论,不仅为人们展示了作为资本价值增殖手段的技术,同时也向人们诠释了技术是如何加剧劳动异化的。我们一再强调,技术本身只是商品生产的一个中性因素,但是资本主义生产方式追求剩余价值的本质决定了技术有了更多的属性,它更多地凝结了人与人之间的关系:既有资本家的共谋和决裂,也有劳资之间的依赖和对抗。从人的全面自由发展逻辑来看,技术在历史早期为人类从封建腐朽的旧世界中解放出来提供了物质支撑,它也必然为人类从资本主义制度的牢笼桎梏中解放出来补充丰富给养,随之相伴的是技术给人的精神世界重新上了一把枷锁,特别是,资本积累速度越快,无产阶级的命运变得越糟糕。

值得引起注意的是,如何正确把握技术的二重性——取其所利避其所弊,需要结合时代背景,不能盲目地痴迷于技术创新与应用,而要考虑技术为谁所控为谁所用。唯有如此,方有可能不落入技术拜物教的陷阱,更好地将技术服务于社会发展和人类解放。

[本文选自《经济学家》2019 年第 8 期]

[作者简介] 卢江,经济学博士,浙江大学马克思主义理论研究所教授,硕士生导师。曾获首届洪银兴经济学奖,有中央编译局国家高端智库成员等多项学术兼职。邮编:浙江 杭州 310058

---

① 马克思恩格斯全集:第 42 卷[M]. 北京:人民出版社,1979:443.93.

② 大卫·哈维. 马克思与《资本论》. 周大昕,译. 北京:中信出版社,2018:167.

社会形态、经济的社会形态、社会形式
——马克思社会形态理论的核心概念考辨

刘召峰

作为历史唯物主义的重要内容，马克思的社会形态理论历来是我国马克思主义研究者们关注的核心问题之一。由于对“社会形态”的内涵、划分标准等问题的理解有差别，我国学者对马克思社会形态理论有着旷日持久的争论。学者们的争论产生的一个重要原因是，对“社会形态”(die Gesellschaftsformation)、“经济的社会形态”(die ökonomische Gesellschaftsformation)、“社会形式”(die Gesellschaftsform)等核心概念的理解存在比较大的分歧。鉴于此，本文将悉心考辨这些核心概念，以便为更加深入地研究马克思的社会形态理论奠定坚实的文本基础。

一、马克思的社会观与“社会形态”概念的创制

讨论马克思社会形态理论，要考察马克思是如何理解“社会”的，要追问“马克思为何要创制‘社会形态’这一概念”。

马克思把社会理解为人的活动的产物，并在“关系”中进行把握。我们要从人的感性活动(感性劳动)、从“商业和工业”对“自然”的改造的角度，来理解“现存的感性世界”，从而把人的“周围的感性世界”看作人的活动的产物。① 人的活动是在“关系”中进行的，社会也需要在“关系”中来理解：“社会不是由个人构成，而是表示这些个人彼此发生的那些联系和关系的总和。”②所以，马克思把社会理解为“一切关系在其中同时存在而又互相依存的社会机体”③。

对于由多种要素有机联系而构成的“社会机体”，又可划分为多个层次、进行“层层递进”的剖析：宗教异化根源于世俗异化；经济生活是全部社会生活的基础，“物质生活的生产方式制约着整个社会生活、政治生活和精神生活的过

① 马克思恩格斯文集：第1卷[M]. 北京：人民出版社，2009：529.

② 马克思恩格斯文集：第30卷[M]. 北京：人民出版社，1995：221. 另可参见马克思恩格斯全集：第46卷(上册)[M]. 北京：人民出版社，1980：220.

③ 马克思恩格斯文集：第1卷[M]. 北京：人民出版社，2009：604.

程”[①];而在经济活动中,“生产”是处于支配地位、起主导作用的环节,它决定交换、分配、消费[②];对于“生产”,不仅要考察“生产什么”(生产的物质内容),更重要的是要考察“怎样生产”[③](生产方式、生产过程的社会形式[④])。

社会机体是经常处于变化过程之中的[⑤],社会的变迁会呈现阶段性特征。在《德意志意识形态》中,马克思恩格斯就论述了“所有制的各种不同形式”(部落所有制、古典古代的公社所有制和国家所有制、封建的或等级的所有制、现代的所有制等)[⑥],明确表达了社会发展要分阶段考察的思想。马克思需要创制一个新的概念,用以标示人类社会的发展具有阶段性特征。“社会形态”就是这样的新概念。

在1851年底开始撰写的《路易·波拿巴的雾月十八日》中,马克思使用了“社会形态”概念:“新的社会形态(Die neue Gesellschaftsformation)一形成,远古的巨人连同复活的罗马古董——所有这些布鲁土斯们、格拉古们、普卜利科拉们、护民官们、元老们以及凯撒本人就都消失不见了。”[⑦]研究者们通常认为这是马克思第一次使用“社会形态”概念。[⑧] 不过,我国也有学者对此提出异议,认为马克思早在1847年写作的《哲学的贫困》中就使用了这一概念。[⑨] 其文献依据是《哲学的贫困》中的这样一段话:“在宗法制度、种姓制度、封建制度和行会制度下,整个社会的分工都是按照一定的规则进行的。这些规则是由哪个立法者确定的吗?不是。它们最初来自物质生产条件,过了很久以后才上升为法律,分工的这些不同形式正是这样才成为不同的社会组织形式的基础。至于作坊内部的分工,它在上述一切社会形态中是很不发达的。”[⑩]需要说明的是,《哲学的贫困》原文为法文,上述引文中的“社会形态”的法文原文是formes de la société,其德

---

① 马克思恩格斯文集:第2卷[M].北京:人民出版社,2009:591.

② 马克思恩格斯文集:第30卷[M].北京:人民出版社,1995:40.

③ 马克思恩格斯文集:第5卷[M].北京:人民出版社,2009:210.

④ 马克思恩格斯文集:第7卷[M].北京:人民出版社,2009:924.

⑤ 参见马克思恩格斯文集:第5卷[M].北京:人民出版社,2009:12-13.

⑥ 参见马克思恩格斯文集:第1卷[M].北京:人民出版社,2009:521-523,587.

⑦ 马克思恩格斯文集:第2卷[M].北京:人民出版社,2009:471.德文原文参见Karl Marx, Friedrich Engels. Gesamtausgabe[M]. Berlin: Dietz Verlag. Ⅰ/11.1985:97.

⑧ 需要说明的是,概念的创制与思想的起源是两个不同的问题。在《德意志意识形态》中,马克思恩格斯就论述了几种“所有制形式”(参见马克思恩格斯文集:第1卷[M].北京:人民出版社,2009:521-523.)。这可以视为马克思社会形态理论的雏形。

⑨ 杨木.“五种社会形态”说对马克思“经济的社会形态”的误读[J].甘肃理论学刊,2005(1).

⑩ 马克思恩格斯全集:第4卷[M].北京:人民出版社,1958:165-166;马克思恩格斯选集:第1卷[M].北京:人民出版社,1995:163。

文译文是 Gesellschaftsform[①],而不是 Gesellschaftsformation。其实,就 Gesellschaftsform 一词在马克思著作中的使用而言,起始时间恐怕还要更早——在写于 1845 年的《关于费尔巴哈的提纲》中就有:“因此,费尔巴哈没有看到‘宗教感情’本身是社会的产物,而他所分析的抽象的个人,是属于一定的社会形式(Gesellschaftsform)的。”[②]Gesellschaftsform 在中文中的对应词通常是“社会形式”,Gesellschaftsformation 的对应词通常是“社会形态”。可能出于“译名统一”的考虑,在 2009 年出版的《马克思恩格斯文集》中,《哲学的贫困》中上述引文的最后一句中被改译为:“至于工场内部的分工,它在上述一切社会形式中是很不发达的。”[③]这样,我们就否定了那种认为马克思早在 1847 年的《哲学的贫困》中就使用了“社会形态”概念的看法。

马克思创制 Gesellschaftsformation 概念,可能与他阅读英国农业化学家 James Finlay Weir Johnston 撰著的《农业化学与地质学讲义》一书所受的思想启发有关。1851 年夏天,马克思阅读此书时作了不少摘录。[④] 马克思抄录了 Johnston 论述沉积岩的分类的段落,注意到 Johnston 把 formation 视为比 system(系)更小的地质层单位。[⑤] 日本学者大野节夫认为,我们可以推断马克思的 Gesellschaftsformation 是从地质学中的小单位 formation 或一般的地质系统(geological formation)那里引申出来的,因而,把 Gesellschaftsformation 理解为“社会层”比译为“社会形态”更符合马克思的原意。[⑥]

Gesellschaftsformation 一词是由 Gesellschaft(社会)与 Formation(形态)两个名词合成的,它的涵义是 die Formation der Gesellschaft(社会的形态)——Gesellschaft(社会)是个阴性名词(die Gesellschaft),其第二格是 der Gesellschaft,将其置于被修饰的名词 die Formation 之后,表示事物的所属关系。为了更好地说明 Gesellschaftsformation 的“构造原理”,我们还可以举“古代社会形态”的例子。在给《给维·伊·查苏利奇的复信》(原文为法文)中,马克思两次使用“古代社会形态”(法文:la formation archaïque de la société 或 la formation

① Karl Marx, Friedrich Engels. Werke[M]. Berlin: Dietz Verlag, Band 4, 1977: 151.

② 马克思恩格斯文集:第 1 卷[M]. 北京:人民出版社,2009:501. 德文原文参见 Karl Marx, Friedrich Engels. Werke[M]. Berlin: Dietz Verlag, Band 3, 1978: 7.

③ 马克思恩格斯文集:第 1 卷[M]. 北京:人民出版社,2009:624.

④ 参见 Karl Marx,Friedrich Engels. Gesamtausgabe[M]. Berlin: Dietz Verlag. Ⅳ/9, 1991:276-317.

⑤ 参见 Karl Marx,Friedrich Engels. Gesamtausgabe[M]. Berlin: Dietz Verlag. Ⅳ/9,1991: 292.

⑥ 参见大野节夫. 马克思的社会形态和生产方式的概念[A]. 历史唯物主义论丛(第 5 辑)[C]. 北京:清华大学出版社,1984:293.

archaïque des sociétés，德文：die archaische Formation der Gesellschaft）[①]这一概念，其中，“古代的”是对于“形态”的时段限定。“社会”是对于“形态”的内容限定，因而，它也可以译为“社会的古代形态”。

我们再举一个例子。在《资本论》第三卷，马克思在批判“三位一体的公式”时说：“资本，土地，劳动！但资本不是物，而是一定的、社会的、属于一定历史社会形态的（einer bestimmten historischen Gesellschaftsformation）生产关系，后者体现在一个物上，并赋予这个物以独特的社会性质。”[②]马克思在此强调的是，资本不是物，而是具有历史性特征的（不是永恒的）生产关系。如果把其中的Gesellschaftsformation改写成die Formation der Gesellschaft，我们就能明白：Gesellschaft（社会）是对Formation在内容方面的限定，historisch（历史性的，具有历史性特征的）是对Formation在特征方面的限定。因而，中文译本中的“一定历史社会形态”也可以替换为“具有历史性特征的、特定社会形态”。

除了“社会形态”，马克思还使用了“历史的形态”来标示人类历史发展的阶段性。马克思在《给维·伊·查苏利奇的复信》的第二稿中说：“把所有的原始公社混为一谈是错误的；正像在地质的层系构造（法文：formations géologiques；德文：geologischen Formationen）中一样，在历史的形态（法文：formations historiques；德文：historischen Formationen）中，也有原生类型、次生类型、再次生类型等一系列的类型。”[③]这里的“历史的形态”，与“地质的层系构造”相对，是在人类社会的历史演进与地质构造的累积相类比的意义上来谈的，它其实也就是“社会的形态”（die Formation der Gesellschaft），即社会形态（die Gesellschaftsformation）。

对于马克思“社会形态”概念的涵义，我国学术界有多种不同的理解：（1）生产力与生产关系的统一（不包括上层建筑）；（2）经济基础与上层建筑的统一（不包括生产力）；（3）生产力、经济基础（生产关系的总和）、上层建筑等全部社会要素的有机统一体。本文的考辨表明，马克思创制Gesellschaftsformation（社会形态）概念，是为了标示人类社会发展的不同阶段，或者说，不同发展阶段的人类社

---

① 马克思恩格斯全集：第19卷[M].北京：人民出版社，1963：444，449.法文原文参见Karl Marx，Friedrich Engels. Gesamtausgabe[M]. Berlin：Dietz Verlag. Ⅰ/25. 1985：233，236. 德文译文参见Karl Marx，Friedrich Engels. Werke[M]. Berlin：Dietz Verlag，Band 19. 1987：398，403.

② 马克思恩格斯文集：第7卷[M].北京：人民出版社，2009：922.德文原文参见：Karl Marx，Friedrich Engels. Werke[M]. Berlin：Dietz Verlag，Band 25. 1964：822.

③ 马克思恩格斯文集：第3卷[M].北京：人民出版社，2009：581.法文原文参见Karl Marx，Friedrich Engels. Gesamtausgabe[M]. Berlin：Dietz Verlag. I/25，1985：229. 德文译文参见Karl Marx，Friedrich Engels. Werke[M]. Berlin：Dietz Verlag，Band 19. 1987：386.

会。既然生产力、生产关系(经济基础)、上层建筑都是“社会”的组成部分,而且,生产力发展有阶段性特征(比如石器时代、青铜时代、铁器时代、蒸汽时代、电气时代、信息时代等),占统治地位的生产关系有阶段性更迭(比如原始公有制、奴隶制、农奴制、雇佣劳动制等),上层建筑也有历史变迁(比如中国古代国家经历了“邦国—王国—帝国”这样的阶段和类型①),因而,生产力、经济基础(生产关系的总和)、上层建筑都理应在“社会形态”概念的涵盖之下。也就是说,社会形态是包括生产力、生产关系、上层建筑等全部社会要素在内的、动态发展的统一体。有些学者之所以会对“社会形态”做狭义的理解(把“生产力”或“上层建筑”排除在“社会形态”之外),往往是因为他们混淆了“区分各种社会形态的主要标志”与“社会形态本身的涵盖范围”这两个不同的问题。马克思特别强调经济形态是社会形态的基础,占主导地位的生产关系是区分经济形态(从而区分社会形态)的主要标志,但这并不意味着马克思否认“生产力”或“上层建筑”属于一定发展阶段的人类社会(社会形态)。

二、“经济的社会形态”的翻译与理解问题

在关于马克思社会形态理论的讨论中,被引用次数最多的当属《〈政治经济学批判〉序言》和《资本论》第一卷的第一版序言中关于“社会形态”的两句话了。我们先来回顾这两句话在新中国成立后出版的马克思恩格斯著作中的中译文变迁,再来回应学界在理解“经济的社会形态”时的争论。

苏联外国文书籍出版局1954年出版的两卷本《马克思恩格斯文选》中的译文分别是:“大体说来,亚洲生产方式、古代生产方式、封建生产方式以及现代资产阶级生产方式,可以看成为社会经济形态发展中的几个演进时代。”②“我的观点是在于我把经济社会形态的发展看作一个自然历史过程。”③有意思的是,这里引述的“社会经济形态”和“经济社会形态”两个概念,其德文原词都是der ökonomischen Gesellschaftsformation④。郭大力、王亚南翻译的《资本论》(1953年修订版)中的译文是:“经济的社会形态的发展,从我的立场,是被理解为自然史上的一个过程。”⑤1963年修订版的相关译文又有改动:“我的观点,是把经济

① 王震中.中国文明起源的比较研究(增订本)[M].北京:中国社会科学出版社,2013:8.

② 马克思恩格斯文选:第1卷[M].莫斯科:苏联外国文书籍出版局,1954:341.

③ 马克思恩格斯文选:第1卷[M].莫斯科:苏联外国文书籍出版局,1954:430.

④ 参见Karl Marx, Friedrich Engels. Werke[M]. Berlin: Dietz Verlag, Band 13, 1961: 9. 另可参见Karl Marx, Friedrich Engels. Werke[M]. Berlin: Dietz Verlag, Band 23, 1962: 16.

⑤ 马克思.资本论:第1卷[M].郭大力,王亚南,译.北京:人民出版社,1953:5.

社会形态的发展,理解为一个自然史的过程。"[①]《马克思恩格斯全集》中文第一版第13卷(收录了《〈政治经济学批判〉序言》)和第23卷(《资本论》第一卷)的译文分别是:"大体说来,亚细亚的、古代的、封建的和现代资产阶级的生产方式可以看作是社会经济形态演进的几个时代。"[②]"我的观点是:社会经济形态的发展是一种自然历史过程。"[③]1995年版的《马克思恩格斯选集》的译文有重要改动(把"社会经济形态"改译为"经济的社会形态"):"大体说来,亚细亚的、古代的、封建的和现代资产阶级的生产方式可以看作是经济的社会形态演进的几个时代。"[④]"我的观点是把经济的社会形态的发展理解为一种自然史的过程。"[⑤]对于《〈政治经济学批判〉序言》中的那句话,2009年出版的《马克思恩格斯文集》除了把1995年版《马克思恩格斯选集》中的"古代的"改译为"古希腊罗马的"[⑥]之外,没有其他改动;《马克思恩格斯全集》中文第二版第44卷和《马克思恩格斯文集》第5卷(《资本论》第一卷)则完全沿用了1995年版《马克思恩格斯选集》对《资本论》第一卷第一版序言中那句话的译文。[⑦]

通过以上回顾可知,译文差异的重点在于,der ökonomischen Gesellschaftsformation究竟是译为"社会经济形态",还是"经济的社会形态";其中涉及的核心问题是,"经济"作为限定语的限定对象是"形态"还是"社会形态"。我国学者对于"经济的社会形态"概念的理解大体可分为如下几种类型:一、认为"经济"是"社会形态"的"内容"限定[⑧];二、认为"经济"是考察"社会形态"的"视角"[⑨];三、认为"经济"是"社会形态"的"特征"定位[⑩]。接下来,我们就来回应这一争论。

---

① 马克思.资本论:第1卷[M].郭大力,王亚南,译.北京:人民出版社,1963:Ⅻ.

② 马克思恩格斯全集:第13卷[M].北京:人民出版社,1962:9.

③ 马克思恩格斯全集:第23卷[M].北京:人民出版社,1972:12.

④ 马克思恩格斯选集:第2卷[M].北京:人民出版社,1995:33.

⑤ 马克思恩格斯选集:第2卷[M].北京:人民出版社,1995:101-102.

⑥ 参见马克思恩格斯文集:第2卷[M].北京:人民出版社,2009:592.

⑦ 马克思恩格斯全集:第44卷[M].北京:人民出版社,2001:10;马克思恩格斯文集:第5卷[M].北京:人民出版社,2009:10.

⑧ 参见张亚芹,白津夫.亚细亚生产方式研究的方法论问题[J].学习与探索,1981(1);段忠桥.重释历史唯物主义[M].南京:江苏人民出版社,2009:91-92.

⑨ 参见赵学清."经济的社会形态"的本意与社会主义初级阶段的本质属性[J].南京政治学院学报,2013(4);赵家祥.五种社会形态划分法和三种社会形态划分法的含义及其相互关系[J].观察与思考,2015(2);王静.马克思的社会形态范畴形成史及其当代意义[M].北京:中国社会科学出版社,2017:123.

⑩ 参见张一兵.社会历史发展永远是一个自然历史过程吗?[J].天府新论,1988(1);佘章宝.经济的社会形态概念原相[J].福州大学学报(哲学社会科学版),2001(4);邵腾.马克思的社会形态两阶段论探索[J].学术月刊,2001(10);张凌云.马克思社会形态理论片论——从"巴黎手稿"到"人类学笔记"[J].学术研究,2008(9);徐素华.马克思恩格斯著作在中国的传播——MEGA2视野下的文本、文献、语义学研究[M].北京:中国社会科学出版社,2013:175.

首先，我们来看能否把“经济”视为“社会形态”的“内容”限定。“经济的社会形态”在马克思《〈政治经济学批判〉序言》和《资本论》第一卷德文第一版《序言》中的德文原文都是 der ökonomischen Gesellschaftsformation。① der ökonomischen Gesellschaftsformation 是第二格名词词组，其第一格名词词组是 die ökonomische Gesellschaftsformation，也可以写作：die ökonomische Formation der Gesellschaft。其中，形容词 ökonomisch（经济的）与名词 Gesellschaft（社会）都是 Formation 的限定词，因而，把 die ökonomische Gesellschaftsformation 译为“经济的社会形态”或“社会经济形态”都是可以的，而译为“社会经济形态”更好些，因为“经济”比“社会”所限定的范围更小。在马克思亲自修订过的《资本论》第一卷的法文版的序言中，就使用了 la formation économique de la société（社会经济形态）这一表述。② 由此可知，《〈政治经济学批判〉序言》中的“经济的社会形态”就是“社会的经济形态”即“经济形态”——“亚细亚的、古希腊罗马的、封建的和现代资产阶级的生产方式”说的都是“经济形态”的演进。

马克思和恩格斯都曾直接使用“经济形态”这一概念，来指称经济的发展阶段。1877 年，马克思在《给〈祖国纪事〉杂志编辑部的信》中使用了“在保证社会劳动生产力极高度发展的同时又保证每个生产者个人最全面的发展的这样一种经济形态（法文：à cette formation économique；德文：jener ökonomischen Formation）”③的表述。恩格斯在 1894 年写的《〈论俄国的社会问题〉跋》中说：“每一种特定的经济形态（ökonomische Formation）都应当解决它自己的、从它本身产生的问题；如果要去解决另一种完全不同的经济形态的问题，那是十分荒谬的。”④

其次，我们来看一下“经济”可否理解为考察“社会形态”的“视角”。应该说，马克思确实曾经在这一意义上使用“经济的社会形态”概念。在《资本论》第一卷中，马克思说：“把价值看做只是劳动时间的凝结，只是对象化的劳动，这对于认识价值本身具有决定性的意义，同样，把剩余价值看做只是剩余劳动时间的凝

① 参见 Karl Marx，Friedrich Engels. Werke[M]. Berlin：Dietz Verlag，Band 13. 1961：9. 另可参见 Karl Marx，Friedrich Engels. Werke[M]. Berlin：Dietz Verlag，Band 23. 1962：16.

② 马克思恩格斯全集：第 43 卷[M]. 北京：人民出版社，2016：19. 另可参见马克思. 资本论（根据作者修订的法文版第一卷翻译）[M]. 北京：中国社会科学出版社，1983：4. 法文原文参见 Karl Marx，Friedrich Engels. Gesamtausgabe[M]. Berlin：Dietz Verlag. Ⅱ/7. 1989：14.

③ 马克思恩格斯文集：第 3 卷[M]. 北京：人民出版社，2009：466. 法文原文参见 Karl Marx，Friedrich Engels. Gesamtausgabe[M]. Berlin：Dietz Verlag. Ⅰ/25. 1985：116. 德文译文参见 Karl Marx，Friedrich Engels. Werke[M]. Berlin：Dietz Verlag，Band 19. 1987：111.

④ 马克思恩格斯文集：第 4 卷[M]. 北京：人民出版社，2009：458-459. 德文原文参见 Karl Marx，Friedrich Engels. Werke[M]. Berlin：Dietz Verlag，Band 22. 1977：428.

结，只是对象化的剩余劳动，这对于认识剩余价值也具有决定性的意义。使各种经济的社会形态（die ökonomischen Gesellschaftsformationen）例如奴隶社会和雇佣劳动的社会区别开来的，只是从直接生产者身上，劳动者身上，榨取这种剩余劳动的形式。"[①]马克思的意思是：奴隶社会和雇佣劳动的社会在"榨取剩余劳动的形式"上有区别，正是这一区别才使其成为两种不同的"社会形态"。从"榨取剩余劳动的形式"上区别奴隶社会和雇佣劳动的社会，属于从"经济"的"视角"区分"社会形态"。马克思的这段论述可以视为把"经济"理解为考察"社会形态"的"视角"的直接文本依据。

最后，我们来评析把"经济"看做是"社会形态"的"特征"定位，认为在"经济的社会形态"之外，还有"非经济的社会形态"的观点。持这一观点学者虽然也有分歧，但都认定共产主义社会是"非经济的社会形态"。这些学者区分"经济的社会形态"与"非经济的社会形态"，意在提醒我们：有必要区分"经济的基础地位"与"经济的主导地位"，"经济"并非在一切社会发展阶段都占据"主导地位"。笔者以为，这样的提醒是必要的——马克思也并不认为"经济"在任何时代都起"主要作用"："中世纪不能靠天主教生活，古代世界不能靠政治生活。相反，这两个时代谋生的方式和方法表明，为什么在古代世界政治起着主要作用，而在中世纪天主教起着主要作用。"[②]马克思的意思是，虽然古代世界政治起着主要作用，中世纪天主教起着主要作用，但是，"中世纪不能靠天主教生活，古代世界不能靠政治生活"，古代世界的政治生活、中世纪的宗教生活都建立在"谋生"（经济生活）的基础上，政治在古代世界的"主要作用"、天主教在中世纪的"主要作用"都有赖于从"谋生的方式和方法"这一"经济"层面来说明，也就是说，"经济"在"古代世界"和"中世纪"也起着基础性作用。马克思认为，在共产主义社会中，"经济的基础性地位"也依然存在——必然王国（物质生产领域）是自由王国（作为目的本身的人的发展）的基础。[③] 倘若以"经济的基础地位"作为区分社会形态的标准，并以此来理解"经济的社会形态"，那么，"古代世界""中世纪""资产阶级社会""共产主义社会"都是"经济的社会形态"；倘若以"经济的主导地位"作为区分社会形态的标准，并以此来理解"经济的社会形态"，那么，"古代世界""中世纪""共产主义社会"都不是"经济的社会形态"，"资产阶级社会"才是"经济的社会形态"——

---

① 马克思恩格斯文集：第 5 卷[M]. 北京：人民出版社，2009：251. 其中的"经济的社会形态"，在《马克思恩格斯全集》中文第一版中的译文是"社会经济形态"。（马克思恩格斯全集：第 23 卷[M]. 北京：人民出版社，1972：243-244）德文原文参见 Karl Marx, Friedrich Engels. Werke[M]. Berlin: Dietz Verlag, Band 23. 1962: 231.

② 马克思恩格斯文集：第 5 卷[M]. 北京：人民出版社，2009：100.

③ 马克思恩格斯文集：第 7 卷[M]. 北京：人民出版社，2009：928-929.

总之,无论如何都达不到某些论者想要的理论结论:原始社会、奴隶社会、封建社会、资本主义社会属于"经济的社会形态",共产主义社会是"非经济的社会形态"①。而且,把共产主义社会理解为"非经济的社会形态",与马克思在《资本论》第三卷中的如下一段话是矛盾的:"从一个较高级的经济的社会形态(einer höhern ökonomischen Gesellschaftsformation)的角度来看,个别人对土地的私有权,和一个人对另一个人的私有权一样,是十分荒谬的。"②其中的"较高级的"指的是比资本主义"更高级的",在马克思本人的社会发展序列中,它就是"共产主义的"。如果把"经济的"理解为"社会形态"的"特征"限定,那么,我们可以推知,在马克思看来,共产主义社会依然是"经济的社会形态"。其实,马克思是在谈论资本主义的土地所有权、地租、土地价格时说上面那番话的,其中的"经济的社会形态"就是"经济形态","较高级的经济的社会形态"就是"共产主义的经济形态"。

邵腾先生还将"经济的社会形态"与"非经济的社会形态"的区分,跟马克思自由王国与必然王国的区分相提并论,把它们视为人类社会发展的前后相继的两个阶段。③ 笔者认为,这种理解并不符合马克思的原意。马克思说:"事实上,自由王国只是在必要性和外在目的规定要做的劳动终止的地方才开始。因而按照事物的本性来说,它存在于真正物质生产领域的彼岸。像野蛮人为了满足自己的需要,为了维持和再生产自己的生命,必须与自然搏斗一样,文明人也必须这样做;而且在一切社会形式中,在一切可能的生产方式中,他都必须这样做。这个自然必然性的王国会随着人的发展而扩大,因为需要会扩大,但是,满足这种需要的生产力同时也会扩大。这个领域内的自由只能是社会化的人,联合起来的生产者,将合理地调节他们和自然之间的物质变换,把它置于他们的共同控制之下,而不让它作为一种盲目的力量来统治自己;靠消耗最小的力量,在最无愧于和最适合于他们的人类本性的条件下来进行这种物质变换。但是,这个领域始终是一个必然王国。在这个必然王国的彼岸,作为目的本身的人类能力的发挥,真正的自由王国就开始了。但是,这个自由王国只有建立在必然王国的基础上,才能繁荣起来。工作日的缩短是根本条件。"④很明显,在马克思那里,"在一切社会形式中,在一切可能的生产方式中",人都"必须与自然搏斗",进行"物质生产";必然王国、自由王国是并存的两个"王国/领域"(即物质生产领域与作

① 邵腾.马克思的社会形态两阶段论探索[J].学术月刊,2001(10).

② 马克思恩格斯文集:第7卷[M].北京:人民出版社,2009:878;德文原文参见 Karl Marx, Friedrich Engels. Werke[M]. Berlin: Dietz Verlag, Band 25. 1964: 784.

③ 邵腾.马克思的社会形态两阶段论探索[J].学术月刊,2001(10).

④ 马克思恩格斯文集:第7卷[M].北京:人民出版社,2009:928-929.

为目的本身的人的发展)；前者是后者的"基础"——这也就是说，物质生产的基础性地位，在未来的共产主义社会依然存在。邵腾先生把必然王国与自由王国之间的共存关系错误地理解为后者将"历史地"替代前者的历史继承关系了。①

基于上述辨析，我们可以得知：马克思著作中的"经济的社会形态"有两种用法：一、它是从"经济"这一"视角"来看的"社会形态"；二、它就是"社会的经济形态"或"经济形态"，它是"社会形态"的"经济"方面或部分，因而，它与经济基础、经济结构等属于同一序列的概念，只不过它更加凸显"经济"的"历时态演进特征"(而非"共时态结构特征")。但是，不能把"经济的"理解为"社会形态"的"特征"限定，认为除了"经济的社会形态"，还有"非经济的社会形态"。

三、"社会形态"与"社会形式"

由以上的文本考辨可知，社会形态(die Gesellschaftsformation)概念，是马克思仿照"地质层"(geological formation)概念，把社会(die Gesellschaft)与形态(die Formation)两个名词合成而创制的新概念，以用于标示人类社会发展的不同阶段，或者说，不同发展阶段的人类社会。以社会形态的历史演进来标示人类社会的阶段性发展，这一思路蕴含着马克思的"历史性自觉"。

这种"历史性自觉"并非始于"社会形态"概念的创制。在1846年12月28日给安年科夫的信中，马克思就有了上述"自觉"："在人们的生产力发展的一定状况下，就会有一定的交换[commerce]和消费形式。在生产、交换和消费发展的一定阶段上，就会有相应的社会制度形式、相应的家庭、等级或阶级组织，一句话，就会有相应的市民社会。有一定的市民社会，就会有不过是市民社会的正式表现的相应的政治国家。"②"可见，人们借以进行生产、消费和交换的经济形式是暂时的和历史性的形式。随着新的生产力的获得，人们便改变自己的生产方式，而随着生产方式的改变，他们便改变所有不过是这一特定生产方式的必然关

---

① 当然，把必然王国与自由王国理解为前后相继的两个发展阶段，并非邵腾先生的首创。在《反杜林论》以及后来的《社会主义从空想到科学的发展》中，恩格斯都有"人类从必然王国进入自由王国的飞跃"这样的说法，它用以指称人类从被"异己的力量"统治到"完全自觉地自己创造自己的历史"的历史性进步。(参见马克思恩格斯文集：第9卷[M]. 北京：人民出版社，2009：300；马克思恩格斯文集：第3卷[M]. 北京：人民出版社，2009：564-565.)但恩格斯决没有从"经济的社会形态"向"非经济的社会形态"过渡的思想，也并没有否认人在"自由王国"还要劳动。不过，与恩格斯"从必然王国进入自由王国的飞跃"这一提法有差别的是，马克思认为，必然王国(物质生产领域)内也有"自由"(联合起来的生产者可以把他们和自然之间的物质变换置于他们的共同控制之下)；未来社会的人也"必须与自然搏斗"，进行"物质生产"，因而，也要受"必然"的制约。

② 马克思恩格斯文集：第10卷[M]. 北京：人民出版社，2009：42-43.

系的经济关系。”[①]在此，马克思特别强调了生产、交换和消费发展的阶段性，人们的生产方式、经济关系都具有历史暂时性。在《哲学的贫困》中，马克思更为明确地阐述了如下的看法：人们按照自己的物质生产方式建立的相应的社会关系，以及按照自己的社会关系创造的相应的原理、观念和范畴，都不是永恒的，而是历史的、暂时的产物。[②]

上述“历史性自觉”跟马克思明晰地区分“物”与一定的“社会形式”的独特思维方式有关。马克思说：“机器不是经济范畴，正像拉犁的牛不是经济范畴一样。现代运用机器一事是我们的现代经济制度的关系之一，但是利用机器的方式和机器本身完全是两码事。”[③]我们需要对“机器本身”与“利用机器的方式”进行明晰的区分，正如我们要严格地区分“生产力”与人们“在其中获得一定生产力的那种社会形式(die Gesellschaftsform)”[④]一样。而“缺乏历史知识”的蒲鲁东没有看到，人们在发展其生产力时，也发展着一定的相互关系；这些关系的形式必然随着这些生产力的改变和发展而改变；经济范畴只是这些现实关系的抽象，它们仅仅在这些关系存在的时候才是真实的。因而，蒲鲁东陷入了资产阶级经济学家的错误之中，这些经济学家把这些经济范畴看做永恒的规律，而不是看做历史性的规律——只是适用于一定的历史发展阶段、一定的生产力发展阶段的规律。[⑤] 马克思批判了“经济学家们”的“奇怪的”论证方式：封建制度是人为的，资产阶级制度是天然的；资产阶级生产关系是不受时间影响的自然规律，是应当永远支配社会的永恒规律；以前是有历史的，现在再也没有历史了。[⑥]

除了“社会形态”，马克思还使用“社会形式(die Gesellschaftsform)”[⑦]指称一定的社会发展阶段。《1857—1858年经济学手稿》中关于“三大社会形式”[⑧]的论述就属于这类情况。通过“最初的社会形式”“第二大形式”“第三个阶段”等用语，我们就可以明了：“形式”就是“阶段”，“社会形式”就是“社会发展阶段”，也就

---

① 马克思恩格斯文集：第10卷[M]. 北京：人民出版社，2009：44.

② 马克思恩格斯文集：第1卷[M]. 北京：人民出版社，2009：603.

③ 马克思恩格斯文集：第10卷[M]. 北京：人民出版社，2009：46.

④ 马克思恩格斯文集：第10卷[M]. 北京：人民出版社，2009：43. 德文原文参见 Karl Marx, Friedrich Engels. Werke[M]. Berlin: Dietz Verlag, Band 27. 1963: 452.

⑤ 参见马克思恩格斯文集：第10卷[M]. 北京：人民出版社，2009：47.

⑥ 马克思恩格斯文集：第1卷[M]. 北京：人民出版社，2009：612.

⑦ 有必要说明的是，与“社会形态”概念不同，“社会形式”这个概念并非马克思创制的——蒲鲁东就在《什么是财产》(又译《什么是所有权》)一书中多次使用这个概念，其第5章第2部分的第3节的标题是“第三种社会形式的定义：结论”。(参见蒲鲁东. 什么是所有权[M]. 孙署冰，译. 北京：商务印书馆，1964：75，335，336，342，479；另可参见《马克思恩格斯文集》第1卷第781页的第71个编者注释)

⑧ 马克思恩格斯全集：第30卷[M]. 北京：人民出版社，1995：107-108.

是“社会形态”。

当然，在马克思的著作中，“社会形式”还有内涵异于“社会形态”的另一种用法：“像资本一样，雇佣劳动和土地所有权也是历史规定的社会形式(gesellschaftliche Formen)；一个是劳动的社会形式，另一个是被垄断的土地的社会形式。而且二者都是与资本相适应的、属于同一个经济的社会形态(ökonomischen Gesellschaftsformation)的形式。”[①]在此，马克思同时使用了“社会形式”和“社会形态”两个不同的概念：雇佣劳动是“劳动的社会形式”，资本主义的土地所有权是“土地的社会形式”，它们都属于资本主义这一“经济的社会形态”；“社会形态”是在“一定的社会发展阶段”的意义上使用的，而“劳动的社会形式”“土地的社会形式”中的“社会形式”是在“形式规定性”(die Formbestimmtheit)、“经济的形式规定性”(die ökonomische Formbestimmtheit)、“社会形式规定性”(die gesellschaftliche Formbestimmtheit)[②]意义上来使用的。“形式规定性”是人的活动(劳动)或物在一定的社会关系中获得的(而非“与生俱来的”)、具有历史暂时性的“社会规定性”(die gesellschaftliche Bestimmtheit)[③]。

为什么内涵有异的“社会形态”与“社会形式”，马克思也曾在相同的意义上使用呢？笔者以为，那是因为它们在本质上有相通之处：物、人的劳动在不同的社会关系(特别是生产关系)中获得的特定“社会形式”，就是不同经济发展阶段(经济形态)以及整个社会发展阶段(社会形态)的“标志”。

以上，我们考辨了马克思创制“社会形态”概念的来由、特别是这一概念的“构造原理”，探究了“经济的社会形态”中的“经济”作为限定语的限定对象及涵义，剖析了“社会形态”与“社会形式”的异同，从而为马克思社会形态理论研究奠定了更为坚实的文本基础。

---

① 马克思恩格斯文集：第7卷[M]. 北京：人民出版社，2009：923. 德文原文参见 Karl Marx, Friedrich Engels. Werke[M]. Berlin: Dietz Verlag, Band 25. 1964: 824.

② 参见马克思恩格斯文集：第6卷[M]. 北京：人民出版社，2009：180，186；马克思恩格斯文集：第7卷[M]. 北京：人民出版社，2009：934，987；马克思恩格斯文集：第8卷[M]. 北京：人民出版社，2009：400，528. 德文原文参见 Karl Marx, Friedrich Engels. Werke[M]. Berlin: Dietz Verlag, Band 24. 1963: 162, 167; Karl Marx, Friedrich Engels. Werke[M]. Berlin: Dietz Verlag, Band 25. 1964: 833, 879; Karl Marx, Friedrich Engels. Werke[M]. Berlin: Dietz Verlag, Band 25. 1964: 833, 879; Karl Marx, Friedrich Engels. Werke[M]. Berlin: Dietz Verlag, Band 26-1. 1965: 372; Karl Marx, Friedrich Engels. Gesamtausgabe[M]. Berlin: Dietz Verlag. Ⅱ/4.1. 1988: 115.

③ 马克思恩格斯文集：第8卷[M]. 北京：人民出版社，2009：400. 德文原文参见 Karl Marx, Friedrich Engels. Werke[M]. Berlin: Dietz Verlag, Band 26-1. 1965: 372.

[本文选自《浙江大学学报》(人文社会科学版)2020 年第 4 期]

[作者简介] 刘召峰,哲学博士,浙江大学马克思主义学院副院长、教授、博士生导师。曾获全国高校思想政治理论课教学能手、浙江省第十届高等学校青年教师教学竞赛一等奖等多项荣誉称号。邮编:浙江 杭州 310058

思想政治教育的阶级性及其对本质问题的释疑[①]

——列宁提出“灌输论”的逻辑主线

高　永

在马克思主义理论研究和建设工程重点教材《思想政治教育学原理》(《思想政治教育学原理》第二版，高等教育出版社，2018 版)出版前后，学界关于思想政治教育本质的讨论重新活跃起来。教材把“灌输”定位为思想政治教育的本质，不仅回归了思想政治教育学科设立的“初心”，而且为思想政治教育学理论体系的科学性奠定了坚实的基础。同时，重新确立“灌输论”也在学界引起一些争议，有些学者担心将思想政治教育的本质界定为“灌输”，会把思想政治教育的政治功能和育人功能对立起来，有使思想政治教育狭隘化、单一化、唯政治化的局限性。实际上，坚持“灌输论”不会导致思想政治教育政治功能和育人功能的对立，反而是正确处理二者关系的前提。只有坚持“灌输论”，才能真正扩展思想政治教育学的研究范围和思想政治教育的实践范围，才能有效提高教育效果，也才能实现思想政治教育的阶级性与科学性的统一，将思想政治教育学建立在科学的理论基础之上。之所以对“灌输论”存在诸多质疑，一个重要原因是对思想政治教育的阶级性认识不清。回应对“灌输论”的质疑，首先需要澄清思想政治教育的阶级性质。

一、思想政治教育是具有鲜明阶级性的实践活动

作为一种教育活动，思想政治教育与一般教育活动的主要区别在于其教育内容的特殊性。思想政治教育专注于思想品德和政治意识相关内容的教育，所要解决的主要矛盾是“社会发展所需要的思想政治素质，与人们的思想政治素质状况之间存在的差距”。[②] 学界对这一主要矛盾的争议不大，可以将其作为我们立论的起点。从表述来看，这一矛盾所指的是超越社会制度差别的一般思想政治教育所要解决的主要矛盾。这一表述虽然没有直接指出思想政治教育的阶级

① 本文系教育部人文社会科学研究青年基金项目“多元社会思潮情境中的大学生政治鉴别力培养研究”(项目批准号：15YJC710012)的阶段性研究成果，并受浙江大学文科教师教学科研发展专项资助。

② 郑永廷，等. 思想政治教育学原理[M]. 北京：高等教育出版社，2018：75.

性，但能让我们得出这样一个结论：在存在着阶级对立的社会中，思想政治教育必然具有鲜明的阶级性质。

自原始社会末期出现阶级分化以后，迄今为止，人类社会仍旧是存在着阶级和阶级矛盾的社会。不同的阶级地位决定了人们具有不同的思想观念，不同阶级对思想政治品德提出的要求也不同。“在为阶级矛盾所分裂的社会中，任何时候也不可能有非阶级的或超阶级的意识形态。”[①]因而在存在着阶级对立的社会中，“社会发展的需要”只能是一定社会中的一定阶级，特别是统治阶级为维护统治秩序及相关制度而对思想政治品德提出的要求。因为“统治阶级的思想在每一时代都是占统治地位的思想。这就是说，一个阶级是社会上占统治地位的物质力量，同时也是社会上占统治地位的精神力量。支配着物质生产资料的阶级，同时也支配着精神生产资料，因此，那些没有精神生产资料的人的思想，一般地是隶属于这个阶级的。占统治地位的思想不过是占统治地位的物质关系在观念上的表现，不过是以思想的形式表现出来的占统治地位的物质关系；因而，这就是那些使某一个阶级成为统治阶级的关系在观念上的表现，因而这也就是这个阶级的统治的思想。”[②]在这样的社会中，思想政治教育就是将统治阶级对人们思想政治品德的应然要求转化为社会共同的思想政治品德的实际状况的教育活动。思想政治品德的主体内容就是统治阶级进行统治的思想，是这个阶级的阶级意识或者说意识形态。在各种社会意识中，意识形态是反映人们对一个社会的基本政治、经济制度的观点、主张的总和，是和阶级利益最为相关的社会意识。思想政治教育所要“灌输”的，正是一定阶级的意识形态。因此，思想政治教育所面对的主要矛盾决定了，在阶级社会，思想政治教育具有鲜明的阶级性，总是一定阶级进行意识形态灌输的教育实践活动。

当前，虽然阶级矛盾已经不是我国社会的主要矛盾，但仍旧会长期存在，在一定条件下阶级矛盾还可能激化。近年来香港社会安全形势遇到的挑战表明，在局部地区，这种阶级矛盾激化的可能性是现实存在的。社会思潮总是代表一定阶级、阶层的利益诉求，国内各种社会思潮的交锋说明在思想领域的阶级斗争仍旧十分激烈。国际上的资产阶级仍旧企图颠覆我国的社会主义政权，防止颠覆依旧是人民民主专政的重要任务。在这种阶级形势面前，我国的思想政治教育仍旧需要坚持意识形态的灌输，为维护社会主义根本制度服务。这都需要我们清醒地认识思想政治教育的阶级性以及由这种阶级性所决定的意识形态灌输的重要意义。

---

① 列宁选集：第1卷[M]. 北京：人民出版社，2012：326.

② 马克思恩格斯选集：第1卷[M]. 北京：人民出版社，2012：178.

二、应当区分思想政治教育的本质与阶级性质

学界对思想政治教育的本质争论不休、难以达成共识，一个重要原因是没有对思想政治教育的“本质”和“性质”这两个概念进行区分。事物的本质和现象是有层次的。探讨事物的本质，首先要确定我们是在何种层次上进行讨论。在这里，我们把“思想政治教育的本质”界定为思想政治教育的一般本质，即在思想政治教育与人类其他实践活动相区分的意义上界定思想政治教育的本质。我们把“思想政治教育的性质”界定为由教育主体的阶级性质所规定的思想政治教育的特殊本质，即思想政治教育的阶级性质。这就可以解答关于思想政治教育是否应该有稳定的一般本质的疑问，并为正确理解思想政治教育的历史变化奠定学理基础。

如果说思想政治教育的本质在历史中是变化着的，那么这显然是在不同历史阶段的比较中去认识思想政治教育的本质，而不是在将思想政治教育与其他人类实践活动相区分的层面上来认识。思想政治教育随历史条件的变化而呈现出的不同本质，是思想政治教育的特殊本质。在不同的历史阶段，思想政治教育所具有的特殊本质是由实施思想政治教育的阶级所决定的，是不同历史阶段中思想政治教育的不同的阶级性质。这与思想政治教育的一般本质并不矛盾。

有的学者认为探讨思想政治教育的本质应当“克服脱离社会实践与具体历史来考察思想政治教育本质的倾向”①。这个观点是正确的，但不全面。科学研究应当透过现象认识本质，这就要求对具体的社会实践进行一定的抽象。只有首先抽象掉一些现象层面的、次要的影响因素，才能透过现象把握本质。而且，认识的进程还要求我们再从抽象上升到具体，使对事物本质的认识与具体社会实践统一起来。

一方面，“社会实践和具体历史”不仅指中国共产党诞生以来的历史，也应当指整个的人类历史。把思想政治教育的本质界定为“灌输”——准确地说是“意识形态灌输”，意味着思想政治教育学考察的历史范围可以涵盖自产生阶级分化以来的整个人类历史。在出现了阶级分化，产生维护统治秩序的需要之后，思想政治教育就已经作为一种不自觉的人类实践活动存在了。这样，思想政治教育学可以研究的历史范围就十分广泛，在这方面不可窄化思想政治教育的语义内涵。

另一方面，“社会实践和具体历史”还应该指不同阶级的社会实践的历史，因而还应该从阶级的角度来探讨思想政治教育的性质。作为无产阶级的先锋队，

① 赵义良.思政教育本质的研究方法需要“两个提升”[N].中国社会科学报，2020-04-30(6).

中国共产党领导下进行的思想政治教育具有相对稳定的性质。虽然在不同的历史阶段，我国思想政治教育内容的侧重点不同，但其阶级性质是稳定的，都是为了灌输无产阶级的意识形态，都是为社会主义和共产主义事业培养接班人。我国思想政治教育的育人功能主要是从这个意义上发挥作用。

有的学者认为，把"灌输"作为本质会造成思想政治教育的政治功能和育人功能的对立。思想政治教育的政治功能和育人功能的确不应截然分开，但这两个功能也并非处于同一层次，与思想政治教育本质及性质的关系也是不同的。思想政治教育的育人功能是以政治功能为基础的。教育本身就意味着育人，但思想政治教育所发挥的不是一般的育人功能，而是在思想政治品德这一特殊领域发挥育人功能，专注于教育对象的思想政治品德的培养。现实中的思想政治教育活动十分丰富，包括心理健康教育、社会规范教育、法律意识教育等，但不应当把现象与本质相混淆，试图用本质来涵盖丰富的现象，否则思想政治教育学科相对于其他学科的独特性就无法确立，也就失去了学科的基础。"历史和现实中的思想政治教育本质都是一定的社会意识形态的教化和灌输。其他的学科也从某一个方面涉及'灌输'性质的工作，但是思想政治教育是在正面直接体现和揭示这一本质的学科。"[①]"灌输论"鲜明地表明了思想政治教育的政治性质，并在此基础上发挥政治方面的育人功能。因此，把"灌输"作为思想政治教育的本质能够将育人功能和政治社会化的功能统一起来。

三、列宁提出"灌输论"逻辑的阶级主线

对于思想政治教育的本质，学界有"灌输论""属性论""人学论""社会化论""价值观论"等各种观点，其中"灌输论"作为思想政治教育学科设立之初确立的传统观点，成为后来其他观点商榷的主要对象。要回应这些观点，需要先梳理"灌输论"的论证逻辑。

"灌输论"最初是由列宁提出和论证的。这一逻辑的核心依据是马克思主义的阶级观点和阶级分析方法。在《怎么办?》一文中，列宁指出无产阶级为了求得解放必须进行革命，要革命就必须掌握科学社会主义。但无产阶级群众不能自发地产生科学社会主义意识，这种意识只能从外部灌输进去。列宁正是从现实阶级斗争的角度来论证这些观点的。

1. 列宁从防止资产阶级思想对无产阶级政党的侵蚀的角度提出"灌输论"

列宁撰写《怎么办?》并提出"灌输论"的原因是："现在大多数合法马克思主义者纷纷倒向的伯恩施坦主义和'批评'派，却要……腐蚀社会主义的意识，把马

① 刘书林.思想政治教育学原理专题研究纲要[M].北京：人民出版社，2018：27.

克思主义庸俗化，宣传社会矛盾缓和论，硬说社会革命和无产阶级专政的思想是荒谬的思想，把工人运动和阶级斗争缩小为狭隘的工联主义运动，缩小为争取细小的、渐进的改良的'现实主义'斗争。"①列宁指出，"批评自由"这一口号的实质就是"机会主义派在社会民主党内的自由，就是把社会民主党变为主张改良的民主政党的自由，就是把资产阶级思想和资产阶级因素灌输到社会主义运动中来的自由"②。正因为存在机会主义派别试图"把资产阶级思想和资产阶级因素灌输到社会主义运动中"的问题，也就提出了必须防止资产阶级思想对无产阶级政党的侵蚀的历史任务。由此，列宁指出无产阶级政党的任务是："必须积极地同严重腐蚀人们意识的合法的'批评'作斗争。……积极反对实际运动中的混乱和动摇，要揭穿并且驳斥一切自觉或不自觉地降低我们的纲领和我们的策略的行为。"③要完成这一历史任务就必须依靠科学社会主义意识的"灌输"。

依据列宁的论证逻辑，我们可以得出这样的结论：坚持"灌输论"不会窄化、单一化思想政治教育，恰恰相反，放弃"灌输论"才会使教育者和教育对象的视野变得狭隘。如果说放弃科学社会主义意识的灌输会"把工人运动和阶级斗争缩小为狭隘的工联主义运动，缩小为争取细小的、渐进的改良的'现实主义'斗争"，那么放弃或者弱化"灌输论"，也会使受教育者不能看清现实社会关系的本质，从而弱化和腐蚀科学社会主义意识，妨碍受教育者认识人类历史发展的必然规律。事实上，这正是当前的思想政治教育在树立共产主义理想信念方面发挥的作用不能令人满意的重要原因。教育内容的扩展、教育方法的创新，应当服务于培养共产主义理想这个中心。只有坚持"灌输论"才能统摄思想政治教育的教育内容、方法、手段、环境等要素，使这些要素形成合力，共同为受教育者树立共产主义意识创造条件。

2. 列宁从阶级地位所带来的局限的角度论证了无产阶级不能自发地形成科学社会主义意识，这种意识只能从外部"灌输"进去

列宁指出："工人本来也不可能有社会民主主义的意识。这种意识只能从外面灌输进去，各国的历史都证明：工人阶级单靠自己本身的力量，只能形成工联主义的意识，即确信必须结成工会，必须同厂主斗争，必须向政府争取颁布对工人是必要的某些法律，如此等等。"④无产阶级之所以不能自发地产生社会民主主义意识，这是由无产阶级的阶级地位所决定的。无产阶级处于加工完备的资

---

① 列宁选集：第1卷[M]. 北京：人民出版社，2012：304-305.

② 列宁选集：第1卷[M]. 北京：人民出版社，2012：297.

③ 列宁选集：第1卷[M]. 北京：人民出版社，2012：307.

④ 列宁选集：第1卷[M]. 北京：人民出版社，2012：317.

产阶级意识形态和宣传机器的包围之中，思想上不可能不受资产阶级意识形态的影响。资产阶级意识形态是压迫无产阶级的工具。无产阶级要实现自身的解放，就必须与资产阶级意识形态相对抗，也就必须掌握符合无产阶级利益的科学思想武器。这种思想体系的建立需要大量的研究工作，需要吸收人类全部文明成果，并在此基础上对资产阶级意识形态进行系统的批判。“只有从一切阶级和阶层同国家和政府的关系方面，只有从一切阶级的相互关系方面，才能汲取到这种知识。”①这是忙于生计缺少研究时间，参与社会生活的经验也十分有限的无产阶级所不能具备的条件。

无产阶级既有摆脱被剥削地位，谋求解放的需要，又无法自发形成实现这一目的的理论武器。这一任务就只能由在无产阶级外部而又能够自觉站在无产阶级立场上进行理论创作的知识分子来完成。马克思恩格斯为了获得足够的研究时间，放弃了追求家庭幸福的权利，把毕生精力放在科学研究和领导工人运动上。这才创立了科学社会主义。这一科学理论必须与工人运动结合起来，才能成为无产阶级改造世界的武器。

正因为无产阶级无法自发形成科学社会主义意识，但又需要掌握这一科学理论，那么也就只能从外部将这种意识灌输到无产阶级之中，这就是列宁提出的“灌输论”的含义。列宁的论证逻辑也适用于现在的思想政治教育实践。如果没有马克思主义理论的“灌输”，依靠学生自己是无法形成共产主义意识的。如果在思想政治教育过程中只是充斥着各种五花八门的教育内容，但却弱化甚至取消共产主义的教育，或者教育内容与共产主义背道而驰，都会妨碍共产主义理想信念的形成。这是因为“对社会主义意识形态的任何轻视和任何脱离，都意味着资产阶级意识形态的加强”②。

四、坚持“灌输论”才能实现阶级性与科学性的统一

就目前的社会科学而言，有些学科似乎并不注重探讨本质问题，但都认为自己学科的科学性是不容置疑的，而思想政治教育学的科学性却常常被其他领域的学者所质疑。思想政治教育学领域的某些学者和学生也常常流露出对本学科科学性的不自信，表现出一种“科学性焦虑”。这其中的原因，一是思想政治教育学科设立时间较为晚近，本学科的一些基本概念和学科边界尚在探讨之中，自身有不太成熟的一面。另一方面，更重要的原因是，受马克斯·韦伯的实证主义价值中立论的影响，许多社会科学学者都强调所谓“价值中立”，而思想政治教育学

① 列宁选集：第1卷[M]. 北京：人民出版社，2012：363.

② 列宁选集：第1卷[M]. 北京：人民出版社，2012：327.

科鲜明的政治色彩和阶级立场决定了这个学科难以为标榜“价值中立”的“科学”领域所认可。马克思主义本身同样面临这一问题。马克思曾经指出,“在政治经济学领域内,自由的科学研究遇到的敌人,不只是它在一切其他领域内遇到的敌人。政治经济学所研究的材料的特殊性质,把人们心中最激烈、最卑鄙、最恶劣的感情,把代表私人利益的复仇女神召唤到战场上来反对自由的科学研究”①。在政治经济学领域内如此,在其他社会科学领域也是如此。实际上,就所研究的领域常常和人们的利益存在密切关系而言,在存在阶级矛盾的社会中,社会科学无法避免服务于一定的阶级利益的性质。而且,与实际利益越接近的学科,其阶级性质往往也越明显,尽管这种阶级性常常被以“科学”的名义刻意遮蔽起来。

看起来,似乎问题不在于社会科学是否具有阶级性,而在于是否科学地揭示了事物的本质和规律,但阶级立场往往会影响科学研究。自从资本主义制度确立以后,随着“阶级斗争在实践方面和理论方面采取了日益鲜明的和带有威胁性的形式”,“现在问题不再是这个或那个原理是否正确,而是它对资本有利还是有害,方便还是不方便,违背警章还是不违背警章。无私的研究让位于豢养的文丐的争斗,不偏不倚的科学探讨让位于辩护士的坏心恶意”②。阶级斗争越是激烈,社会科学的阶级性质越是无法遮蔽。马克思主义诞生于资本主义阶级斗争日趋激烈的时期,公开表明自己的无产阶级立场,其阶级性是最为鲜明的。因此,以灌输马克思主义为主要使命的思想政治教育也必然带有鲜明的阶级性。

正是从这种鲜明的阶级立场出发,马克思建立了科学的政治经济学。因为无产阶级要解放自己,就必须正确揭示资本主义的基本矛盾及其运动规律。资产阶级为了自身利益,所建立的社会科学理论都是为了维护资本主义制度,掩盖资本主义生产方式和社会关系的真相,为此目的不惜放弃真正的科学研究。这造成了西方社会科学理论在解释现实和解决现实问题上的乏力,严重损害了理论的科学性。与此相反,马克思主义对资本主义社会矛盾运动规律的揭示和无产阶级的利益是一致的,这种一致性为在无产阶级立场上进行科学研究提供了前提。

阶级性质对思想政治教育学的科学性的塑造同样发挥着关键作用。作为一种人类实践活动,思想政治教育在人类历史上早已存在。自出现阶级分化以后,就产生了使被统治阶级忍受其被压迫地位,认同维持压迫的社会制度的需要,也就出现了思想政治教育活动,但人类社会长期没有建立起进行思想政治教育的自觉理论。即使在现在,西方资本主义国家虽然通过学校教育和媒体宣传进行

① 马克思恩格斯文集:第5卷[M].北京:人民出版社,2009:10.

② 马克思恩格斯文集:第5卷[M].北京:人民出版社,2009:17.

着大量的思想政治教育活动，但仍旧否认这些活动的思想政治教育性质，甚至污蔑和指责社会主义国家进行的思想政治教育。虚假性是剥削阶级意识形态的重要特征，由此决定了剥削阶级所主导的思想政治教育在方法上的特点，例如在内容上掩盖现实矛盾，进行欺骗性的宣传和教育。无产阶级不屑于隐瞒思想政治教育的阶级性质，因为揭示现实中存在的矛盾恰恰是无产阶级的阶级意识走向成熟的前提。所以说，"世界上只有无产阶级政党不屑于隐瞒自己的观点和政治主张，坦率地向全世界宣布一切思想政治教育、包括自己进行的思想政治教育的本质是灌输"①。

在马克思主义诞生以后，马克思主义与工人运动相结合的需要促使人们自觉地研究思想政治教育的规律和方法。在这种实践中才出现了构建思想政治教育学的理论自觉。正是因为无产阶级的思想政治教育实践所具有的为无产阶级和人类解放服务的阶级性质，才为这一学科的科学性奠定了最重要的前提，使得思想政治教育学能够科学地揭示思想政治教育规律，从而能够真正成为科学。思想政治教育学必须立足于自身无可回避的无产阶级立场，才能构建科学的理论体系。如果试图回避思想政治教育的阶级性质，不仅实际上无法实现，而且会陷入"虚假性"的深渊，既无法取得好的教育效果，也背离了学科所追求的科学性。

确立"灌输论"作为思想政治教育的本质，对澄清思想政治教育的阶级性与科学性的关系具有重要意义。探讨事物的本质是一切真正的科学研究所追求的目标。事物的现象与本质并不完全一致，"如果事物的表现形式和事物的本质会直接合而为一，一切科学就都成为多余的了"②。只有透过现象把握本质，才算是真正认识了这一事物。一个学科如果回避对本质问题的研究，必然会损害其科学性。只有把"灌输论"作为思想政治教育的本质，才能在无产阶级的立场上为思想政治教育科学理论的构建奠定坚实的基础，从而实现科学性与阶级性的真正统一。

总之，对"灌输论"的诸般诘难，从思想方法上而言，都与未能认清思想政治教育的阶级性质，未能区分"本质"与"性质"的不同层次有关。列宁所提出的"灌输论"既能将思想政治教育与其他人类实践区分开来，指明思想政治教育是进行意识形态灌输的人类实践活动，又能坚持阶级性和科学性的统一，为在无产阶级的立场上研究思想政治教育的矛盾和规律奠定基础。"灌输论"为自觉的思想政治教育实践进行了最有力的论证，是建立思想政治教育学理论自信的重要基石。

---

① 郑永廷，等．思想政治教育学原理［M］．北京：高等教育出版社，2018：76.

② 马克思恩格斯文集：第7卷［M］．北京：人民出版社，2009：925.

[本文选自《思想理论教育导刊》2020 年第 8 期]

[作者简介] 高永，法学博士，浙江大学马克思主义理论研究所副教授，有中国社会科学院世界社会主义研究中心特邀研究员、中国高等教育学会马克思主义分会理事等多项学术兼职。邮编：浙江 杭州 310058

“数字劳动”平台化的辩证分析[①]

黄　铭　何宛怿

在技术发展、公众需求和资本逐利的多重驱动下，网络在线平台如雨后春笋般不断涌现，平台化已成为当今社会发展的一种新趋势。所谓“平台化”，是指各种在线平台嵌入社会各个部门之中，平台作为连接者、部门作为组成者，使社会的不同领域和不同层次连接成为一个整体。[②] 这种社会结构的平台化直接改变了人们的生活和交往方式，表现为平台使用的大众化。眼下，新兴的数字经济正通过在线平台深刻影响着金融贸易、组织机构和社会交往，并广泛作用于人们的日常生活。考察人们广泛的社交平台使用行为，并将这种行为视为一种广义的劳动，关注的焦点除了技术基础、商业模式和社会制度以外，还要讨论人的生存和发展的新处境，因而平台化条件下广大用户的数字劳动将是一个新课题。

一、数字劳动的“平台化”

“数字劳动”(digital labor)在劳动对象上不同于传统意义上的物质劳动，是生产信息数据而非物质资料的劳动；在劳动主体和劳动制度上也不同于无产阶级的雇佣劳动，而是社会人群在休闲时间及消费领域中的线上活动。尽管广义的数字劳动包括互联网员工的“上班”与一般公众的“上网”，但后者作为当下更为广泛的社会现象引起了普遍的关注。本文考察数字劳动的“平台化”现象，主要指大众的在线平台活动及其所处的经济、社会和文化的深刻影响，虽类似但有别于上世纪西方学者提出的“受众劳动”(audiences labor)概念[③]。因为新世纪随着信息通信技术的快速发展和在线平台的普遍使用，人们已从较为被动的“受众”地位上升到更具主动性的“用户”角色，因而广大平台用户的数字劳动相比以

---

① 本文系国家社会科学基金后期资助项目“现代性的批判和重构：马克思与怀特海的比较及中国意义”(19FKSB055)的拓展性成果。

② José van Dijck, Thomas Poell, Martijn de Waal. The Platform Society: Public Values in a Connective World[M]. Oxford: Oxford University Press, 2018:2.

③ “受众劳动”(audiences labor)系20世纪70年代西方传播政治经济学者达拉斯・斯迈兹(Dallas Smythe)为强调传播体系的经济功能而提出的概念，他认为电视观众收看广告的休闲时间也是一种创造价值的劳动时间，并引出“媒介生产”“受众商品”等观点。

往的受众劳动对于人的存在更有积极的意义，并在社交、购物、出行等平台使用中重塑了当下的日常生活。从数字劳动角度考察一般公众使用在线平台的活动，首先需要了解数字平台的运行机制和数字劳动大众化的常见形式。

（一）用户活动经由平台转化为数字劳动

在线平台使用作为一种广泛的社会现象，不仅改变了商业的运作规律，而且对人们的日常活动产生了不可估量的深远影响。在平台的“数据化”（datafication）、“商品化”（commodification）和“选择”（selection）[①]机制的共同作用下，用户的线上活动被定格为一种特定的数字劳动，服务于数字经济的生产、分配、流通和消费诸环节。

首先，平台的数据化机制使用户活动可归约。“数据化”是指平台将用户的各种活动转化成数据的一种运作。在今天的互联网平台上，用户数据的主要来源已从个体自愿提供的信息转向其使用平台过程中自然生成的信息，大量数据库为平台化数字劳动提供了主要资源。在平台使用条款和隐私政策的默认下，用户的浏览、点赞、评论等行为均可被“捕获”为数据，其在线购物、打车、学习等活动也成为平台追踪的对象。通过算法系统分析和处理，平台可围绕用户特征建立个人档案，为触发和塑造用户未来的特定行为创造条件。于是，用户的一举一动都可被作为劳动原料用于信息产品的生产。

其次，平台的商品化机制使用户活动能买卖。“商品化”是指平台将相关服务和用户活动转化为可交易商品的一种运作。平台化使得个体与个体、客户与服务商、消费者与生产企业之间的大部分联系和交往都需要借助于平台中介，这为平台带来了大量的数据、流量和商业机会。对于用户而言，商品化机制可使其借助平台推销自己多余的物品，如闲置的公寓或自制的视频，从中获得一定收益；但同时用户全部的活动数据也成为平台交易的对象，被精准地提供给广告商和相关企业，以广告投放、商业指导等形式为平台谋利。在商品化机制的作用下，用户的上网时间被对象化，在线活动成为了生产数据商品无时不在、无处不在的“活劳动”。

最后，平台的选择机制使用户活动被定格。“选择”是指平台通过界面和算法来过滤用户活动的一种运作。如今，平台以算法驱动的选择代替了用户的人工选择，根据用户在搜索、关注、分享等活动中与后台编码环境的交互作用，平台

---

① José van Dijck, Thomas Poell, Martijn de Waal. The Platform Society: Public Values in a Connective World[M]. Oxford: Oxford University Press, 2018: 32.

来确定特定的内容、服务及人员在用户界面上的可见性和可用性。① 不难发现，平台“参与式文化”的表象下渗透着有意操纵的价值导向，使用户在“符合”自身观点的信息诱导下持续不断地关注平台动态、追踪公共事件和参与线上交易，久而久之其活动便被定格下来。这是数字劳动较一般雇佣劳动更为隐蔽的、自然的、且无酬的“雇工”机制。

在数据化机制、商品化机制和选择机制协同作用下，用户的在线活动被转化为可量化、可交易、可定格的数字劳动：平台收集和处理用户数据的同时，算法也选择了用户的兴趣、需求和偏好，二者产生的巨大信息流量则与平台公司盈利的直接来源广告投放紧密联系在一起。② 可见，平台的数据化机制和选择机制推动着用户数字劳动的价值生成，商品化机制则使这一价值得以实现。从这种意义上讲，隐藏在平台及用户背后的是不曾停歇的“数字劳动”和无处不在的“社会工厂”。借用马克思劳动二重性概念，生产数据商品的数字劳动不仅是一种形式各异的“具体劳动”，而且是一种将无差别的、一般意义上的“抽象劳动”加以数字化平台呈现的普遍劳动形式，因而劳动范围更为广泛，涉及人类生活的方方面面。

(二)数字劳动在平台上的主要表现形式

平台用户的在线活动作为数字劳动，主要表现为“数据生产”、“众包劳动”和“情感劳动”这几大形式。

其一，“数据生产”是指广大用户使用在线平台时生成搜索记录、浏览记录、交易记录等个人数据的活动。数据是数字经济的关键生产要素，用户生成数据的一切活动都可能渗入生产过程，成为为平台公司、广告商和生产企业创造价值的数字劳动。对此，有西方学者专门提出“玩劳动”(Playbour)的概念，认为人们在社交媒体平台上无时无刻的数据生产使工作时间与娱乐时间难以区分。③ 在平台运行机制之下，原本以休闲、娱乐为目的的活动却被全面纳入资本增殖的生产关系，成为数字劳动的一部分。

其二，“众包劳动”是指平台公司借助新媒体传播技术，将内容生产项目以自由、自愿的方式“外包”给广大用户，依靠用户来推动平台内容的生产和更新。比如，新闻资讯类平台支持用户上传内容，鼓励人人成为“公民记者”；社交类平台

---

① José van Dijck，Thomas Poell，Martijn de Waal. The Platform Society：Public Values in a Connective World[M]. Oxford：Oxford University Press，2018：40.

② José van Dijck，Thomas Poell，Martijn de Waal. The Platform Society：Public Values in a Connective World[M]. Oxford：Oxford University Press，2018：37.

③ Julian Kucklich. Precarious Playbour：Modders and the Digital Games Industry[J]. Fibreculture Journal，2005(5).

通过对用户社会关系的吸纳和重建，吸引人们保持对平台的关注并参与话题互动；问答分享类平台引导用户无偿贡献个人智慧，为平台连续不断地提供智力成果；视频平台则以“自雇佣”的形式获取用户精心制作的视频，让用户变成“线上工人”。[①] 众包劳动形式使各类平台在为用户提供使用价值之余，也积累了巨大的数据商品的价值量。

其三，“情感劳动”是指用户为获得愉悦、满足、充实、激动等主观感受而付诸线上的情感表达活动，粉丝群体是这种劳动形式的重要主体。一些在线平台为粉丝构建了一个与明星互动交往的虚拟场域，将“爱”与“流量”作为双方联结的中介。粉丝向偶像表达爱意的方式是通过“打榜”“氪金”为其做数据，平台将这些数据转化为流量，增加明星在平台上的曝光度、话题度、讨论度，使其更有可能获得商业合约、节目通告、品牌代言，也让粉丝相信自己的付出是有价值的。[②]在“粉丝（爱）—媒介平台（数据）—明星（流量）—资本（盈利）”这一循环中，粉丝群体不断强化自身与偶像之间的情感联结的同时，也不自觉地为平台资本创造了可供攫取的劳动价值。

从“数据生产”、“众包劳动”和“情感劳动”这些平台用户的数字劳动中，我们看到，无论是处理后能够直接交易的商品化数据生产，还是为平台提供内容及流量的众包劳动，以及粉丝群体的情感劳动，在平台的数据化、商品化和选择三大机制的相互作用下，都将成为一种为资本增殖服务的生产性劳动。平台除了满足广大用户日常交往、智力创造和情感表达需求以外，在资本逻辑支配下，也容易让人陷入被剥削和自我异化的境地。因此，面对数字劳动的平台化，既要揭示人的新技术处境和发展前景，也要对之进行“政治经济学批判”。

二、数字劳动平台化的消极效应

谷歌公司有一句口号：“完美的搜索引擎，不作恶。”这句话也被很多互联网企业视为共同的信条。但是，“不作恶”原则像是一把悬挂在头顶的达摩克利斯之剑，随时都可能因为利益而滑落。在资本逐利本性的驱动下，“数据商品”作为平台用户数字劳动的特殊产品为平台公司所无偿占有和交易，广大用户在平台算法规则的塑造下变成自我迷失和缺乏理性的人，这使用户的数字劳动在劳动产品和劳动者的意义上发生双重异化。

（一）数据商品：用户注意力和数据被打包售卖

数字劳动生产的“数据商品”不同于一般普通的商品。所谓“数据商品”并非

① 吴鼎铭.互联网时代的“数字劳工”研究——网络“受众”研究的政治经济学视角[D].武汉：武汉大学，2015：53-54.

② 杨馨.情感劳动的传播政治经济学批判——以L后援会为个案[J].新闻记者，2020(9)：19-20.

实体商品,而是一种信息商品化运作;平台用户也没有在雇佣条件下出卖自己的劳动力,而是不自觉地为平台产生了相关数据信息。尽管单个用户的数据尚不具有价值,但成千上万用户的内容及行为数据被平台大量采集、分析和加工,形成了反映广大用户某些共同特征的"一般数据",便拥有了可交换的商业价值。①

平台用户生产的"数据商品"通常有两种用途:一种用于平台公司与广告商之间的交易,从广告商那里获得"数据商品"的交换价值。不同于大众传媒时代以电视节目等"免费午餐"换取观众收看广告时间的商业模式,如今在线平台帮助其广告客户投放的已不再是无差别的大众广告,而是基于用户"数据商品"的分众广告。例如,Twitter 和 Facebook 最早采用的"Feed 广告"在向用户推荐产品时,会根据用户社交数据显示"你的朋友购买过此产品";用户若想屏蔽广告信息也可点击"不感兴趣"按钮,平台便把该用户剔出产品目标受众范围。表面上,用户在这种分众广告模式中获得了一定的参与感和选择权,但实际上平台反而提高了广告投放的准确率,增加了用户购买行为所创造的剩余价值。另一种用途是作为平台交易的"一般数据",在平台的商业化运用中实现"数据商品"的使用价值。由于"一般数据"基于用户的大规模数据,能够准确反映用户特征并预测市场需要,为平台服务、产品研发和企业投资提供指导,因而可为数字资本再生产提供重要信息。平台还经常以流量引导、数据分析、技术赋能等方式将信息传递给第三方,为自身换取相应的经济利益。

随着人们卷入在线平台的程度日益加深,平台公司与平台用户之间的矛盾也不断凸显。当"数据化"和"商品化"的机制被嵌入资本运作框架中时,广大用户在平台上消耗视力、滑动指尖的时间越久,其被售卖的"数据商品"就越多,为平台公司生产的纯粹剩余价值就越大。并且,在选择机制的作用下,平台公司为用户构建了一个完全个性化、沉浸式的环境,刺激个体持续处于兴奋状态,乐此不疲地为平台进行无意识的数据生产,直至用户的时间和注意力被消耗殆尽。

(二)平台塑身:用户知情意及行为受资本支配

西方传播政治经济学派学者克里斯蒂安·福克斯(Christian Fuchs)认为,当代数字媒体与意识形态的关系呈现出两种截然不同的形式:一种是作为参与式文化和新的民主形式的社交媒体,另一种是隐藏在娱乐外表下的剥削的社交媒体。② 在线平台作为一种社会生产和生活必需的普遍性媒介,不只是简单的技术工具,其背后涉及各种利益纠葛。从平台的算法、商业模式和用户功能设置

---

① 蓝江.数字资本、一般数据与数字异化——数字资本的政治经济学批判导引[J].华中科技大学学报(社会科学版):2018(4):41-42.

② Christian Fuchs. Digital Labour and Karl Marx[M]. New York: Routledge,2013: 122.

加以审视,渗入平台架构中的意识形态和价值导向潜在地决定了平台将形成怎样的用户行为以及为谁的利益而服务。

在资本剥削的逻辑框架下,平台常常采用"刚柔并济"的策略来塑造用户的心理和行为,让人们不自觉地按照平台设计来思考和行动。一方面,平台通过技术设计和文化氛围"柔性"地改变用户的心理。无论用户是否需要,一些内容平台都会在其个人主页上显示"点赞""评论""转发"等数据,引起用户对自我数据的关注以及与他人数据的比较。为了让自己看起来"更受欢迎",用户会选择持续生产内容,并不自觉地依照平台运行逻辑来表达和思考。[①] 另一方面,平台个性化推荐系统又会"刚性"地限制用户行为。如今很大一部分互联网平台视算法为提升用户黏性和赚取流量的"法宝",将平台内容推送与主体欲望生产捆绑在一起,引导用户不停歇地进行线上活动。不仅如此,基于内容偏好的算法推荐还将用户束缚于"信息茧房"中,用户眼前呈现的所有内容、服务和商品都只是平台算法想让他们看到的,而这背后涉及的平台与商家在商品排序方面的交易、平台对于信息内容的特定筛选、平台广告针对不同用户的差异化定价策略等,用户一无所知。久而久之,人们逐渐丧失接受新观点和新事物的意愿,陷入平台建构的"信息孤岛"而不能自拔。

无论是平台"柔性"地改变用户心理,还是其算法"刚性"地限制用户选择,其中折射出的都是人的自我异化征兆,都是平台公司在资本盈利的驱动下有意设计和引导用户数字劳动的结果。用户一旦被平台所支配和控制,便丧失了其应有的主体性,不再以生活中真实的人际交往和个人的实际业绩来确认自我,而是寄托于由数字建构起来的虚幻形象,对外界的认知也在算法规则的制约下不断狭窄化。尽管用户通过平台拥有了一些选择的权利,但平台公司负责开发并控制界面、算法和数据流,无疑是"游戏规则"的制定者,用户在这些规则支配下只能成为难以自我决定的遵从者。所以,平台用户与平台公司之间的关系是极其不对等的,而这种关系使用户的主体性再度被褫夺。

"数据商品"和"平台塑身"描画了数字劳动平台化的消极效应,即广大用户因平台的普遍使用而遭受潜在剥削和自我异化。但需要注意的是,数据化、商品化和选择机制仅仅是平台运行的技术原理,不同平台可以根据技术原理、商业模型和执行策略采取完全不同的运行模式、秉持不同的价值导向。显然,数字劳动平台化所造成的消极效应并非源于技术本身,而是数字技术与资本逻辑、社会制

---

① 卡特琳娜·基瑞特丽·虞格仁、卡特琳娜·L.基隆德.技术的牧领权力:反思数字文化中的异化[A].[瑞典]克里斯蒂安·福克斯,[加]文森特·莫斯可主编.马克思归来(下)[C]."传播驿站"工作坊,译.上海:华东师范大学出版社.重庆:重庆出版社,2017:916.

度和受众心理共同叠加和相互作用的结果。在资本前置的社会中，技术、权力、媒介和个体都必须在资本逻辑中确立自身。① 广大平台用户的数字劳动一旦变成资本牟取暴利、盘剥主体的对象，人便丧失了真实的自我，技术也将表现为资本扩张的一种手段。

三、数字劳动平台化的积极意义

尽管数字劳动在平台化或大众化中存在着上述消极效应，但撇开其背后资本逐利暂且不论，对于劳动者大众即广大平台用户自身而言，这些平台活动也具有显而易见的积极意义，用户的主体性并非全由资本逻辑和平台逐利所能穷尽。比如，广大用户基于平台开展的健康运动和社群活动，在一定程度上预示了人在技术赋权之下个体自我发展和社会自由交往的理想前景。

（一）健康运动：用户在“自我追踪”中积极管理自我

数字技术和在线平台拓展了人类可以测量的生命活动领域，让前所未有的高频率记录成为可能。以健康运动为例，各种追踪和分析个人健康数据的在线平台和可穿戴设备的出现，让不具备医学专业知识的普通人也能够了解自己的活动及身体情况，在“自我追踪”（self-tracking）中积极参与自身的健康管理过程。②

健康类在线平台为用户提供了自我管理的技术条件，增强了其自主能力和行动动力。在传感器设备和数据化机制的技术支持下，在线平台能随时监测和记录个体运动、饮食、睡眠等日常状态，以可视化分析方式将数据反馈给用户并辅助其制订适应身体情况的健康锻炼计划。与主观的经验和感受相比，这些实时监测数据和个性化的健康指导显然更有利于用户准确认识和管理自己的身体状况，而且这也意味着个体的健康管理权正在回归自身，不必再通过医生、营养师等专业人员来了解自己的健康情况，正如一名自我追踪者所说的那样，“自己记录体重和让医生给你测量体重完全是两码事”③。平台为了激励用户持续追踪和改善自我，还会针对个体数据情况不定期地授予其“徽章”“奖牌”等奖励标志，以一种游戏化的方式促使用户更加积极地参与到健康运动当中，体验对自己的身体及生活施加秩序的掌控感和成就感。

---

① 蔡润芳．“积极受众”的价值生产——论传播政治经济学“受众观”与Web2.0“受众劳动论”之争[J]．国际新闻界，2018(3)：128.

② Chris Till. Exercise as Labour：Quantified Self and the Transformation of Exercise into Labour [J]. Societies，2014(3)：447.

③ Tamar Sharon，Dorien Zandbergen. From Data Fetishism to Quantifying Selves：Self-tracking Practices and the Other Values of Data[J]. New Media & Society，2017，19(11)：1702.

尽管健康管理平台对用户日常活动的大规模统计，使个体的自我追踪活动转变成为一种可以提取价值的数据形式，甚至成为一种为数字资本增殖服务的数字劳动，但这种平台活动已经展现出个体技术解放的新潜能。针对“自我追踪”中平台公司侵占个人数据和侵犯个人隐私的现象，目前不少平台用户主动采取了社区集体共享的策略。他们自发建立起小型数据实验室来对抗商业平台的算法权威和数据侵占，使追踪者能够掌握自己数据的所有权和使用权，获取“这些数据所包含的重大见解和意义”①。此外，许多自我追踪者在线上论坛等“社区”中主动分享自我追踪数据，将个体的“小数据”汇总为社区共享、开放的“大数据”，从而让“自我追踪”朝向促进个人健康和社群福祉的公共空间发展。

（二）社群活动：用户由平台连接回归“共同体生活”

平台用户的数字劳动之所以能够创造价值，很大程度上源于其“集体”属性。正是在这一平台用户共同参与的“集体劳动”中，现代性“脱域”造成的传统社区失落正在重建，原子式的个体重新走向社会聚合体，并以一种基于兴趣和情感的认同感以及归属感不断增强的“虚拟共同体”面貌呈现。

社会学家将人类共同的生活方式分为两种：一种是以情感导向为基础的“共同体生活”，这种生活方式是自然的、持久的和有机的；另一种是以市场利益导向为基础的“社会生活”，这种生活方式则是人为的、暂时的和机械的。② 现代工业化和城市化发展切断了传统共同体以地缘、血缘和信仰为纽带的联结，田园牧歌式的共同体生活被迫屈从于现代社会组织的理性化，人与人之间因专业分工、经济利益等“理性计算”而彼此疏远，亲密且充满温情的共同体生活成为现代人的遥远记忆。在这一情境下，互联网平台为当代共同体的重建提供了新的可能性。在线平台作为承载数字化信息、服务和商品的网络空间，也给用户的观点表达、交互交往和情感联结提供了精神场所。在平台的算法选择、信息匹配和用户交互功能的技术支持下，拥有相同兴趣爱好、价值观念和利益诉求的陌生个体得以相互联结，发展出共享的社群精神和社群情感，在现代“大社会”的基础上构建出众多小规模的“虚拟共同体”。从这个意义上讲，平台用户在进行数字劳动的同时也找到了回归共同体生活的线上途径。

与传统的共同体相比，在线平台上的虚拟共同体以一种“流动”的方式存在，并表现出更鲜明的自愿、自由和自治的特点。平台虚拟共同体是用户基于共同需要自愿联合的结果，身份的模糊性给予了用户很大的行动自由度。个体可以

① Deborah Lupton. The Quantified Self: A Sociology of Self-Tracking[M]. Bristol: Policy Press, 2016: 275.

② 斐迪南·滕尼斯. 共同体与社会[M]. 林荣远，译. 北京：商务印书馆，1999:52.

同时参与几个社群、拥有多重身份，也能毫无压力地随时退出社群活动，来去皆由自己决定。虚拟共同体内部的组织和管理也完全由平台用户自主协商决定，即便是平台及其算法也无法干预。面对外部威胁时，社群的成员会紧密团结在一起，为共同的信仰和目标而战斗。正是在这种技术赋能和自主建构中，平台用户的自我效能感在很大程度上得以提升，并在情感上产生了对共同体的认同感和归属感，预示了一种"自由人的联合体"的网络愿景。

因此，如果说"数据商品"和"平台塑身"揭示了平台用户受剥削和自我异化的处境，那么"健康运动"和"社群活动"则展示了其获得技术解放的可能性。毕竟，数字劳动不同于传统意义上的体力劳动和脑力劳动，它借助于平台技术使人的劳动有了新的可能，一旦摆脱了资本逻辑的支配，其偏向脑力并负载情感的劳动特征将促进人的自我实现。在当下实际中，平台化的数字劳动尚未进入一种完善的地步，但可以肯定的是，在不断创新的技术应用上，通过社会制度的改革、媒介文化的重构以及民众素质的提升，数字劳动平台化或大众化有希望趋向人类自由劳动的理想境界，达到其应然状态。当然，这需要依靠社会制度体系的合理建构和社会发展道路的正确选择来实现。

四、数字劳动平台化在中国的发展

"平台化"除了社交网络平台化和平台用户大众化，也可从技术与社会相结合的宏观结构去看：首先，数据、算法、商业模式、用户协议等要素构成了不同的行业平台；然后，众多行业平台围绕着基础设施平台构成平台生态系统；最后，各类在线平台嵌入所在地区的经济、政治和文化背景下的部门结构中，形成一个特定的平台社会。① 这里，平台技术具有普遍性，平台社会则呈现出特殊性。在全球化条件下，考察数字劳动平台化在中国的发展，必须将平台技术的应用与中国的经济体制、社会制度和文化环境相结合，将普遍性融入特殊性之中，审视数字劳动平台化从欧美到中国的不同境遇，这是辩证分析的又一视角。

(一)中国平台用户数字劳动的现状

数据化、商品化和选择机制作为平台运行的底层逻辑是全球数字劳动平台化发展的共同特点，中国的特殊性是在社会主义制度和社会主义市场经济体制下，对互联网平台及其用户的数字劳动进行"合理化制度重构"②，吸收平台经济发展成果的同时有意识地规制其中的资本逻辑，防范平台传播中的意识形态风

① José van Dijck, Thomas Poell, Martijn de Waal. The Platform Society: Public Values in a Connective World[M]. Oxford: Oxford University Press, 2018: 8, 26.

② 谢莉娟，王晓东. 数字化零售的政治经济学分析[J]. 马克思主义研究，2020(2)：108.

险，并推动数字劳动满足人民群众美好生活需要。这可以从基础设施、平台治理和人民生活三个方面略作说明。①

在基础设施方面，不同于欧美国家少数垄断性平台掌握整个平台生态系统的核心权力，中国的平台基础设施及其产品和服务属于国家控制的重要部分，维护了平台生态系统的平衡与稳定。② 中国互联网平台成长于国家引领信息通信技术产业发展的特殊背景中，无论是微信的全面覆盖还是支付宝的普遍使用，都是互联网公司和政府部门共同推动的结果，因而这些平台不仅服务于商业目的，还作为一种国家基础设施在发挥作用。③ 中国互联网平台的基础设施化与国家对信息基础设施的建设相互渗透，在基础设施上有效控制了平台“超级权力”的形成以及平台对用户私权利和政府公权力的侵蚀，规避了平台权力滥用对国家治理和用户活动产生的负面影响。

在平台治理方面，中国社会平台化中政府介入和监管的力度很大，采取了一种“基于用户期望开展治理”④的模式。2015 年，国家网信办正式建立互联网信息内容监管领域的约谈制度，针对平台侵犯用户权益和公共利益的行为及时警示谈话、指出问题，责令整改纠正。2019 年，针对平台经济发展面临的突出问题相继出台多项文件：在用户数据方面严厉打击平台强制授权、超范围采集和违规使用个人信息的行为，要求平台保障用户的知情权、选择权；在用户投诉方面要求平台建立与市场监管部门的信息共享机制，监督平台对消费者权益的保护；在算法推荐方面要求平台建立健全人工干预和用户自主选择机制，以对用户负责的态度引领算法发展。这些措施很大程度上保障了广大用户面对平台的自主权利和使用安全。2020 年底，阿里巴巴等多家互联网巨头因涉嫌泛垄断被立案调查，同样显示出政府规范行业秩序、防止资本无序扩张的力度和决心。此外，政府还通过“限制平台对敏感政治问题相关内容的直接管理权，以其他方式促进意

---

① Jeroen de Kloet, Thomas Poell, Zeng Guohua, Chow Yiu Fai. The Plaformization of Chinese Society: Infrastructure, Governance, and Practice[J]. Chinese Journal of Communication, 2019,12(3): 251.

② José van Dijck, Thomas Poell, Martijn de Waal. The Platform Society: Public Values in a Connective World[M]. Oxford: Oxford University Press,2018: 25.

③ Jean-Christophe Plantin, Gabriele de Seta. WeChat as Infrastructure: The Techno-nationalist Shaping of Chinese Digital Platforms[J]. Chinese Journal of Communication, 2019,12(3):59.

④ Jeroen de Kloet, Thomas Poell, Zeng Guohua, Chow Yiu Fai. The Plaformization of Chinese Society: Infrastructure, Governance, and Practice[J]. Chinese Journal of Communication, 2019,12(3): 253.

义形成过程中的合作和参与"[①]，在尊重民众表达权利的同时有效地控制了网络乱象。

在人民生活方面，政府支持和引导平台化满足人民群众的美好生活需要，推动数字技术发展成果惠及平民百姓。平台＋零售、平台＋餐饮、平台＋医疗、平台＋教育等平台化形式的发展为人民生活带来了前所未有的便利条件，这在本次新冠肺炎疫情防控中尤为凸显。尽管不同平台、不同用户和不同地区之间还存在一定的不平衡性，但通过国家的宏观调控和微观规制，平台化普遍满足了人民群众最广泛的需要。[②] 对于传统的边缘和弱势群体而言，平台的赋能更为显著。农村通信基础设施的健全以及微信等社交媒体平台的普及，将过去边缘化的农民群体连接起来，使其进入广阔的社会网络并赋予其获取各种资源的能力，为农村居民外出务工、学习提升、社会参与、情感交流提供了更多可能性[③]；在政府的大力支持下，许多电商平台为贫困地区的特色产品打通销售渠道，成为当地脱贫攻坚和增收致富的新利器，实现了平台经济效益与社会公共利益的统一。

(二)数字劳动在中国发展的新前景

平台化在发展数字经济、促进社会共享和提升人民生活品质方面作出了很大贡献，但这并不意味着平台用户的数字劳动是一种扬弃了剥削和异化的正义活动。在社会主义初级阶段，我们充分利用数字资本发展生产力和满足人民群众美好生活需要的同时，在价值导向上应积极推动平台用户的数字劳动向善用"数字"技术并超越资本逻辑支配的"劳动"转化，成为一种服务于人的生存和发展的自由活动。为实现这一目标，数字劳动平台化在中国发展除了加强政府的规范和约束外，还需充分发挥平台相互监督和用户自我保护的作用，构建一种"分级治理模式"[④]，具体可分三个层面加以实施。

在宏观层面，政府部门实行平台"法治"。政府要进一步限定平台的权力范围与行为边界，尤其是针对平台大数据的利益分配和平台算法的价值观出台相关法律政策，使平台用户在法理上共享平台数据的所有权和使用权，在实际中作

---

① Jeroen de Kloet, Thomas Poell, Zeng Guohua, Chow Yiu Fai. The Plaformization of Chinese Society: Infrastructure, Governance, and Practice[J]. Chinese Journal of Communication, 2019,12(3): 252.

② Jeroen de Kloet, Thomas Poell, Zeng Guohua, Chow Yiu Fai. The Plaformization of Chinese Society: Infrastructure, Governance, and Practice[J]. Chinese Journal of Communication, 2019,12(3): 254.

③ Wang Yini, J. Sandner. Like a "Frog in a well"? An Ethnographic Study of Chinese Rural Women's Social Media Practices Through the WeChat Platform[J]. Chinese Journal of Communication, 2019,12(3):324.

④ 方兴东，严峰.网络平台"超级权力"的形成与治理[J].人民论坛·学术前沿，2019(14):99-100.

为劳动者参与数据利益分配；在保护平台商业机密的同时提升平台在数据收集、算法、商业模式等方面的透明度，通过制度建设使政府对平台和用户的合理管制和干预变得更加自觉有效。

在中观层面，平台生态系统开展“共治”。基础设施平台积极引导在线平台成立行业组织，通过制定公认的行业准则约束各平台主体行为，对其中违反市场规则、侵犯用户权益等行为加以监督和规范，弥补政府在平台治理上相对滞后的缺陷。

在微观层面，平台用户个人进行“自治”。用户在思维和行动上需变被动为主动，提高对自我数据和个人隐私的保护意识。当自身权益受到侵犯时积极寻求补偿；面对平台算法自觉培养独立思考和理性批判能力，审慎看待数字平台的“赋能”与“负能”。

总之，中国社会平台化展示了不同于西方社会的另一种制度、结构、功能和前景。平台化同市场经济一样，并没有专属于哪一种社会制度之分，但存在为了谁的利益服务的差别。[①] 我们要构建的是具有中国特色的平台经济，探索出一条为广大人民群众服务的平台化发展道路。在这一目标和方向的指引下，广大平台用户的数字劳动将超越数据生产用于交换的“商品逻辑”和服务资本增殖的“生产逻辑”，展现出技术解放人类的可能性，以及与社会主义制度及其价值导向结合起来的新前景。

[本文选自《国外社会科学》2021 年第 2 期]

[作者简介] 黄铭，哲学博士，浙江大学马克思主义理论研究所教授、博士生导师；何宛怿，浙江大学马克思主义学院在读博士研究生。邮编：浙江 杭州 310058

① 陈文旭，徐天意．数字资本主义及其批判[J]．国外理论动态，2020(1)．

作为时代任务的历史唯物主义的“再具体化”①

包大为

今天，历史唯物主义已经被（至少在表面上）承认为一般的研究方法。哲学社会科学领域的大量著作和博士论文都将其奉为“合法的”研究方法、研究思路，并将其“程序化”地表述为历史与逻辑、实践与理论相统一。事实上，历史唯物主义的对象是高度多元、多变和具体的。历史唯物主义的生命力在于“实践发展永无止境，解放思想永无止境”②，其研究对象是“不断发展的”社会基本矛盾，其基本要求是能够随着新的历史条件不断调整生产关系、完善上层建筑。历史唯物主义绝不应被视为某种由于其抽象性而具有普遍性的定论或方法，更不应该成为现代性语境下“不进步也不积累的领域”。③

一、作为问题症结的抽象化

半个世纪以来，国内外学者陆续地进入了重建或重构历史唯物主义的重大命题。姑且不论这些重建或重构是否成功，这一吸引了众多蜚声学界的研究者的命题本身的由来就足以令人疑惑。毕竟，不论是在正统马克思主义，还是在西方马克思主义的话语中，作为马克思主义的构成部分，历史唯物主义的合法性所遭受的质疑并不多，历史唯物主义甚至被视为“体”“用”统一的学问。然而，这种看似“体”“用”统一的研究路径，却在20世纪60年代以来走进了“死胡同”。就“体”而言，历史唯物主义到底是什么？历史是什么？历史的客观规律是否存在？等问题，在立场不一的讨论中显得愈发模糊，以致某些关于历史和政治的讨论开始排斥辩证法，某些历史论题成为了新自由主义的“专属”命题。就“用”而言，问题似乎更为严重，能够让历史唯物主义介入的具体问题和具体领域越来越少，甚至许多关于经济基础、上层建筑、社会意识和意识形态等经典命题的讨论也越发显得“暧昧”，价值预设和道德规范越来越多，客观规律和科学分析越发失语。

---

① 本文系教育部哲学社会科学研究重大课题攻关项目“面向2035我国高校哲学社会科学整体发展战略研究”（18JZD056）阶段性成果。

② 习近平谈治国理政：第1卷[M]. 北京：外文出版社，2018：71.

③ 阿格尼斯·赫勒. 现代性理论[M]. 李瑞华，译. 北京：商务印书馆，2005：61.

第一，抽象为“本本”，即以“死的”文本遮蔽历史唯物主义活的灵魂，复以“死的”写作代替历史唯物主义活的实践。历史唯物主义的言说最终必须回到实践。甚至是被众多学者视为理论富矿的《资本论》，其写作意图和实际效用从未关注引用、评论、再版或版税等知识生产的环节，而是为了通过呈现资本主义的客观历史，将揭示客观规律的认识工具带给工人阶级和全人类。换而言之，历史唯物主义的方法论功能的“最高体现”始终都聚焦于解放全人类的革命实践。[①] 即使是“强字之曰道”意义上的文本载体，也只是将抽象作为研究一般形式的方法，其最终目的却表现为三个具体化的目标，一是让研究者在具体实践中发展理论，二是让实践者在具体条件下检验和实现理论，三是让理论本身在各种复杂意识形态背景下得到快速传播。换而言之，文本中抽象的方法和概念只有在现实的具体条件下、具体斗争中才能够成为撼动历史的疾风骤雨，理论的决心只有走出文本才是具体且真实的。但是，一个多世纪来，将文本作为避难所、护身符、私有地的人并不在少数。表面上时时刻刻捍卫文本的正统价值和一般方法，实际上不过是将文本中活的、开放的方法僵化为死的、私人占有的工具，随时可以快速“套现”为政治的、学术的权威地位乃至物质利益。这产生了大量语义重复的关于历史和现实的“泛论”，“与其说适用于报纸，毋宁说适用于纯学术性的刊物”，绝不是达到马克思主义水准的正确理论。因为“正确的理论必须结合具体情况并根据现存条件加以阐明和发挥”[②]。因此，在针对历史唯物主义的众多诘难中，最为“经久不衰”的自由主义论调之所以能够始终“捕获”一部分读者的立场，就主观方面而言，只会抽象解读“本本”、抽象运用方法的理论工作者要担负一部分责任。例如，卡尔·波普尔认为历史唯物主义是“宿命论的奇特变种”[③]和“乐观的历史主义道德论”[④]，这原本就是缺乏论证、论据模糊的理论污蔑，但是却在20世纪至今的知识界有着一批坚定的拥趸。其中一个不容忽视的原因，与波普尔同时代的知名马克思主义理论工作者——尤其是法兰克福学派对历史唯物主义的离弃或抽象化有关。读者不断收获的是远比经典文本更为复杂、含混的抽象概念，而“依靠抽象的概念性考虑”的理论潮流，注定只能让理论与“任何特定的历史情况”失去联系。[⑤]

第二，抽象为教条，即以“万能”律令代替实事求是的方法，复以绝对正确的

---

① 刘同舫.列宁的辩证唯物主义和历史唯物主义思想及其当代意义[J].马克思主义研究，2010(12).

② 马克思恩格斯全集：第47卷[M].北京：人民出版社，2004：35.

③ Karl Popper. The Poverty of Historicism[M]. New York：Harper & Row，1961：51.

④ Karl Popper. The Poverty of Historicism[M]. New York：Harper & Row，1961：74.

⑤ Joseph McCarney. Social Theory and the Crisis of Marxism[M]. New York：Verso，1990：26.

权威妨碍理论和实践的创新。马克思主义的实践，不论是针对资本主义制度的革命实践，还是围绕社会主义制度和国家治理的建设实践，都是具有开天辟地意义的历史实践。这是对现存实践范式和理论的超越，以及在新的经验中对新理论的"催生"。而已有的马克思主义理论和方法，尤其是历史唯物主义，一方面是向实践者科学呈现已有资本主义的自然历史的特征和规律，另一方面则是不断向实践者和无产阶级提示历史的必然方向。但是，这种呈现和提示并非是教条。在过去一个多世纪中，开放的、具体的历史实践往往能够促成变革性的事件，并由此开启新政治、新文化和新生产关系。而依赖抽象教条的做法则会造成历史的巨大倒退，脱离具体现实的"左""右"冒险将革命成果推向失败的险境，同义反复的词句耗尽了马克思主义对工人阶级的吸引力。对历史唯物主义的教条化不断"推陈出新"，始终具有介入具体理论和具体实践的强烈冲动，其动力是将抽象的、普遍的"真理"作为权威的表征，其方法就是将抽象化的原理言说为时时处处有效的具体方法，其载体就是回避具体问题和具体客观条件的话语。在某种意义上，教条化和抽象化就是一回事情，是以马克思主义为名的历史唯心主义的精巧形态，是悖论性和危害性极为明显却很难在话语中驳倒的诡辩论。作为与唯物主义截然相反的理论和实践方法，教条化的抽象历史唯物主义与唯心主义的共同之处更多。对马克思和恩格斯所揭示的一般原理进行反复宣称的做法，无疑是在重复青年黑格尔派的"壮举"，脱离所在社会和历史阶段的具体现实，只能以思辨和概念的方式谈论人、解放和历史，但是指的"都不是具体的东西，而是抽象的东西，即观念、精神等等"①。在最好的情况下，这些"抽象的东西"至多只能像罗莎·卢森堡批判的那样，以置身事外的方式"替"无产阶级、革命者、实践者去"高明地斥责形而上学的观点和空洞抽象的观点"，但是却无法回答特定时期的特定社会的各种"具体特点"。②

第三，虚假的具体，即以表象和碎片化的具体充当客观具体本身，复以虚假的具体"掩护"抽象教条出场。相较抽象的"简洁"和"灵活"，客观具体则是庞杂、多变和刚性的。尤其在社会科学和实证研究"接管"大多数客观具体的当代，马克思主义者如何把握历史发展过程中的具体，则成为一个尖锐的问题。在马克思和恩格斯的著作中，不乏对具体社会问题和现象的描述性分析。但是这些分析却极具审慎的品格和批判的锋芒，重在从共性把握作为研究对象的客观具体现象，并始终拒绝止步于现象。客观具体是无穷无尽的，因为变动不居的特性为研究者呈现的是近乎于无限可分的现象界，以及在意识形态层面再现的符号界。

---

① 马克思恩格斯文集：第1卷[M].北京：人民出版社，2009：265.

② 列宁全集：第25卷[M].北京：人民出版社，2017：233.

因此，关于客观具体的有效言说只能是某种具有共性的“标本”或对象，并且以规律性的认识来确认和表现这种共性的内容。这无疑克服了“旧唯物主义”的主客二元结构造成的困境，使得理解和改造客观具体得以可能。但是，在当代历史唯物主义的抽象运用中，尤其在与理性多元论的对话（或迎合）中，客观具体的不可知论被“复活”了。阶级社会中具有共性的矛盾被斥为宏大叙事，阶级矛盾在社会现象中的具体表达则被选择性地进行阐释。正如“宣扬专心研究具体的东西、研究现实”的费尔巴哈，一些历史唯物主义的抽象运用者一方面标榜只有作为特性、个人、个案的客观具体，拒绝抓住客观具体的共性并发掘其客观规律；另一方面则“一谈到人们之间纯粹的性关系以外的某种关系，就变成完全抽象的了”。[①]这种试图以不可知的客观具体来替代客观具体本身的做法造成了马克思主义在当代的巨大理论困境。其本质有且只能被理解为两种列宁曾批判的理论“丑闻”，或是“用一些什么也没有说明、只能掩饰自己的贫乏和政治上的惊慌失措的抽象的议论来偷换具体的历史问题”[②]；或是“在社会现象领域……胡乱抽出一些个别事实和玩弄实例”。[③] 这最终导致历史唯物主义被呈现为一个只能用来打水的“竹篮”。汤普森对阿尔都塞的历史科学的理解或许并非忠实于阿尔都塞的写作意图，但是却典型反映了现实中空洞无物、回避具体的理论方法的后果，使得人们认为作为历史科学的马克思主义“是一种封闭性的锻炼，源自智力的恐慌……是对绝对安全的理论空间的向往，是对旧神学思维模式的再现”[④]。当然，如此这般呈现和运用的历史唯物主义为资产阶级所乐见。因为资本主义生产关系的本质矛盾注定只能通过社会性内容（如 LGBT、文化、宗教、身份、族群）得到碎片化的表达，去政治化将成为言说客观具体的基本前提。抑或如伍德所说，马克思主义只能成为一个封闭的、区域性分离的“球体”[⑤]，蜕变为抽象的、封闭的、与资产阶级悄然“合谋”的政治哲学。

历史唯物主义要求改变世界，前提是要从文本走向具体，这是其他理论所不具备的品格。唯心主义的社会理论之所以不能改变世界，是因为其文本和概念构筑了客观现实无法进入思维的藩篱，习惯于置身事外地“远观”客观世界，擅长用哲学行话将想象的“客观世界”呈现为科学和必然的现象，将国家、私有财产等

---

① 马克思恩格斯文集：第 4 卷[M]. 北京：人民出版社，2009：290.

② 列宁全集：第 12 卷[M]. 北京：人民出版社，2017：189.

③ 列宁全集：第 28 卷[M]. 北京：人民出版社，2017：364.

④ E. P. Thompson. The Poverty of Theory or An Orrery of Errors[M]. London: Merlin Press, 1995: 149-150.

⑤ Ellen Meiksins Wood. Democracy Against Capitalism: Renewing Historical Materialism[M]. New York: Cambridge University Press, 1995: 21-22.

“确定的东西”宣布为“自我意识的无限普遍性的对立物”和“微不足道的东西”。[①] 旧唯物主义的社会理论之所以也不能改变世界，是因为其文本和概念拒绝了一切介入客观世界的渠道，将客观性理解为与主观性永恒对立的范畴，虽然承认客观实在的独立性，但是却犬儒地对客观世界中发生的一切显现出“无奈”或“无能”。

二、什么是好的抽象

对历史唯物主义的抽象化解读和作用的批判，并不等于排斥抽象，更不是对抽象本身的否定。抽象是人类思维的一般样态和方法。作为一种理论而不是客观事物或经验，历史唯物主义的形成、发展、理解和阐释都必须依赖抽象的方法。否则，历史唯物主义只能描述特定时空的具体现象，无法回溯资本主义产生和发展的“自然历史”，不能为当代和未来阶级社会的批判工作提供科学方法，更何谈成为在各种历史条件下扬弃阶级社会的革命实践的理论力量。因此，只有科学理解抽象这一方法的本质和特征，才能更好地辨析误解、误用历史唯物主义的那种片面的抽象，为历史唯物主义在当代的具体化提供最为深刻而普遍的理论基础。

一方面，抽象是一切思维的必然环节。从 19 世纪末的心理主义直至当代现象学，思维过程中自我与世界的关系始终不能回避抽象这一环节，马克思主义也不例外。在前康德的认识论中，抽象通常被朴素地还原为某种具体事物所具有的共相。而作为这种共相的表现形式，语言、数学、几何观念则被理解为人类思维通达主客观世界的途径，分别对应了人类言说世界的必然维度，名称、量、广延。但是，这种时而主客二元对立，时而将观念含混于客观性的心物合一显然无法提供现代自然科学所要求的普遍性、明证性。而作为显著地有别于感官经验的思维方法，抽象及其结果被视为最接近纯粹思维的环节，进而成为分析思维可靠性来源的关键。因此，在黑格尔哲学中，一般的共相已经和构成理论的概念区分开了。那种在直觉中的“无条件的共相”，当然是意识的“真正对象”，即人们可以言谈和理解的内容，但是却有待上升为概念。[②] 不同具体事物之间，除了所共享的东西(如颜色、形状、数量、大小等)，就是使得个体是其所是的内容，亦即胡塞尔所说的块片(Stücke)或具体的内容。人们之所以可以言说和思考具体内容或自在自为内容之中的概念，不是因为具体内容本身可以呈现出其属性，而是因

---

① 马克思恩格斯文集:第1卷[M].北京:人民出版社,2019:358.

② 黑格尔.精神现象学:上卷[M].贺麟,王玖兴,译.北京:商务印书馆,2013:99.

为抽象是突出并把握了概念的能力。[①] 历史唯物主义作为一种从现象到本质、具体到规律的思维过程，其抽象思维方法的对象、意图固然与黑格尔、胡塞尔不同，但是毋庸置疑经过了抽象思维的环节。

另一方面，抽象是科学理论的必然形态。科学理论并非是对科学本身的戏仿，而是达到一定客观性的人类思维的表现形式。一个理论是否具有科学性，关键在于能否精确地反映具体对象的属性、本质及其发展规律。这些内容蕴含于具体对象的特性之中，只有抽象方法才能将其把握和表达出来。因此，越是具有普遍性和客观性的理论，越是要通过针对具体对象的抽象"加工"。那种未经抽象思维"加工"的对象，终究只能体现为外在于思维主体的"他物的被动性"。[②] 但是，关于抽象如何扬弃事物的自为性的问题，马克思和黑格尔给出了截然不同的回答。黑格尔认为，"精神是一个不顾其简单性而自身内有区别的东西"，将促使包括自身在内无限多样材料被"自我的普遍性所毒化和理想化"，从而成为精神的定在，进而成为具有普遍性的主观形式，亦即内化了客观性的思维或理论。[③] 在马克思看来，科学理论首先是某种具有普遍性的范畴所构成的客观分析。越是复杂的社会形势，越是具有得到充分发展的简单范畴。故而思考社会化大生产阶段的劳动范畴不应着眼于"作为劳动一般的表象"或作为财富源泉的劳动对象，而是应该分析主体活动及其关系的抽象形式。[④] 进一步讲，在政治经济学批判中，为了发现经济形势中所蕴含的资本主义社会的客观发展规律，"既不能用显微镜，也不能用化学试剂"，而是要用"抽象力"，去分析"劳动产品的商品形式，或者商品的价值形式"。[⑤] 亚当·斯密之所以称得上十分艰难地"大大地前进了一步"的理论家，正是因为他并没有着眼于工业劳动、商业劳动、农业劳动等这种或那种劳动，而是通过抽象的劳动形式，规定了财富对象的一般性。[⑥]

但是，抽象本身毕竟指示思维从现象到本质、从特殊到一般的一个发展环节。如果说停留于具体的思维不过是被特殊性"捕获"的经验和常识，那么停留于抽象的思维则是针对具体和特殊性的单纯否定。尤其在关于历史的考察中，由于历史这个范畴本身就是具有抽象性，"人生不满百，常怀千岁忧"，生命的时空限度使得历史通常呈现为完全超出个体感性和经验的先验性。因而关于历史

① 胡塞尔.纯粹现象学通论 纯粹现象学和现象学哲学的观念：第1卷[M].李幼蒸，译.北京：商务印书馆，1992：322.

② 黑格尔.精神现象学：上卷[M].贺麟，王玖兴，译.北京：商务印书馆，2013：101.

③ 黑格尔.精神哲学[M].杨祖陶，译.北京：人民出版社，2017：14.

④ 马克思恩格斯文集：第8卷[M].北京：人民出版社，2009：27.

⑤ 马克思.资本论：第1卷[M].北京：人民出版社，2004：8.

⑥ 马克思恩格斯文集：第8卷[M].北京：人民出版社，2009：28.

的思考比其他针对特定对象的思考更容易滑向无具体内容的空洞或想象，亦即将零散的具体现象进行主观的联系和拼接。但是，历史的创造者毕竟是具体的、从事物质生产、处于社会交往关系的人，而不是先于人类社会的主观力量，更不是某种实体性的、凌驾于历史本身的理性或神性。因此，关于历史的科学思维既需要关于具体的"实证"环节，又需要探究客观规律的"抽象"功夫，更需要回归历史实践接受检验的落脚点。因此，思考历史这个范畴固然不能避开抽象的环节和方法，但"合法的"抽象环节却不是语词，而是在具体中得到实现和检验的新的历史内容，从而推动历史思维的更新。

首先，实践是检验抽象的唯一现实途径，而实践的对象、条件和方法则是具体的。尽管基于具体和特殊性，抽象并不能宣称自身的有效或"合法"。当思维对象的特殊性被抽象摄取为观念性的普遍内容，这些内容就不得不面对两个证明自身的方向。或是向特殊性"投降"，证明自身只是对具体的机械反映。或是以在对象性活动中，通过对具体的研究、使用、改造证明自身所掌握的联系、规律、属性的有效性。但是，对象性活动，或者实践毕竟不是思维活动，而是具体的主体，在具体时空条件下，针对具体客体(包括主题自身)，以具体方法展开的能动活动。实践必须面对作为"顽强的东西"的事实[①]，既不随自封权威的抽象性而转移，也不接受抽象思维如同儿戏的切割和挑选。实践所遇到的问题，绝不是无法观察、分析、言说其对象，而是与对象的真实属性、运动规律、内在联系存在巨大距离。这种距离表现为"无知"，抽象环节所达成的理论与实践当下的具体对象不符，即特殊和具体对一般和抽象的拒斥。因此，正如新民主主义革命中毛泽东所强调的"在全局问题上要大胆，在具体斗争上要谨慎"，绝不能"重视抽象之敌，小视具体之敌"。[②] 对抽象方法的具体运用是否符合对象，决定了实践主体能否扬弃对象，决定了在实践主客观条件下理论是否具有"合法性"。

其次，抽象实现自身的途径和形式是具体的，从抽象到抽象则是虚假的实现形式。作为思维的环节，抽象试图抓住具体并证明自身。但是客观而又具体的世界既是抽象的家园，又是抽象所旁观、分析、归纳的对象。当抽象无法回到具体，抑或抽象无法找到实现的家园或对象，就会陷入一种虚假的实现形式，即从抽象到抽象。在黑格尔哲学中，作为自我意识和意识的同一的"绝对知识"[③]，之所以能够成为抽象或抽象的意识本身的最终实现方式，一方面当然与黑格尔所继承的观念论和历史主义传统有关，另一方面则与他所处的普鲁士的社会发展

① 列宁全集：第12卷[M].北京：人民出版社，2017：364.

② 毛泽东文集：第4卷[M].北京：人民出版社，1996：331.

③ 马克思恩格斯文集：第1卷[M].北京：人民出版社，2009：204.

阶段紧密相关。当具有否定性的辩证法遭遇了需要对现存制度无限肯定的普鲁士的具体客观条件，抽象的观念本身就不得不“承担”历史发展所呈现的所有阶段的发展动力和形式，即在理性、精神、宗教等阶段中得到诠释的“前绝对知识”的人类精神。而在启蒙政治哲学中，从人类道德行为和社会交往中抽象出来的个人理性及其公共政治身份——公民，则在具体的物质生产中遭遇了私有制对公共政治伦理的必然侵蚀，故而公民这一抽象身份不得不“承担”现实的虚假共同体所不具备的一切价值。因此，从抽象到抽象的实现方式，不过是观念领域的“自我对象化”，是“绝对的否定性”，是被想象出来的活动，是“脱离现实精神和现实自然界的抽象形式、思维形式、逻辑范畴”[①]。而抽象到具体的上升运动，则是思维内外范畴相互转化的过程，是抽象实现自身的必然道路。作为实现形式的具体，既是特定抽象及其观念的终点，又是下一个从具体到抽象、再从抽象到具体的上升运动的环节。[②] 在政治经济学批判中，例如关于人口范畴的分析，如果停留在表象意义上的抽象的人口，则只能得到一个简单的概念和“混沌的表象”。[③] 同理，在政治经济学批判中，如果抽象的公民无法“复归于自身，并且作为个人，在自己的经验生活、自己的个体劳动、自己的个体关系中间，成为类存在物”[④]，人就无法理解自己在阶级社会中的具体位置，从而发现自身具体所固有的社会力量。

最后，抽象与具体统一于人类的对象性活动，但是却并没有取消抽象自身，而是印证了抽象作为主观能动性的重要标准。抽象并不是消极地反映具体、等待具体的检验，而是对具体有着极为苛刻的要求。脱胎于宗教和生产经验的古希腊自然哲学被形而上学和政治哲学所替代的过程，就是抽象逐渐从具体走向普遍的过程。存在、理念、形式等唯心主义概念的出现，体现了人类克服、超越个体狭隘经验的思想努力。这种不断追求普遍性和本原性的抽象思维，鼓舞着人类不断追求更为精巧的城邦社会结构、更为广泛的人类交往、更为客观的世界观，成为物理学、数学、政治学等现代学科化抽象理论的源头。又例如劳动发展史，关于劳动的“最一般的抽象”只能产生于“各种现实劳动组成的一个十分发达的总体”。[⑤] 换而言之，只有到了一切劳动都具有资本化和社会化的形式，由不同劳动对象和劳动工具所划分的特殊劳动才能被抽象为一般的形式加以思考。“劳动一般这个抽象”，究其作为“各种劳动组成的一个具体总体的精神结果”，脱

---

① 毛泽东文集：第 4 卷[M]. 北京：人民出版社，1996：218.

② 孙显元. 马克思主义科学方法论[M]. 北京：人民出版社，1993：485.

③ 马克思恩格斯文集：第 8 卷[M]. 北京：人民出版社，2009：24.

④ 马克思恩格斯文集：第 1 卷[M]. 北京：人民出版社，2009：46.

⑤ 马克思恩格斯文集：第 8 卷[M]. 北京：人民出版社，2009：28.

胎于普遍无产阶级化的具体社会条件，但是却迫使无产阶级进一步反思无差别的失业和雇佣关系的动力。因此，抽象既是一般的思维环节，也是历史唯物主义生成的重要方法。但是"合法的"抽象一定是"历史的抽象"，"在一定的社会经济发展的基础上"[①]产生的抽象，印证了人类不断认识和运用主观能动性的能力，体现了分工和交往水平不断趋向于普遍化的历史进程。

三、"再具体化"的可能路径

历史唯物主义具有抽象和主观的形式，是"关于历史过程的观点"。[②] 但是历史唯物主义的真正价值和发展源泉都是具体的，亦即针对具体社会矛盾的革命实践。单纯在口头上"忠于马克思主义"或"坚持历史唯物主义"是不够的，将历史唯物主义的具体问题推给上世纪的革命者和理论家更是有害的。列宁认为，真正的马克思主义者绝不应当"用空泛的词句来回避对客观情况的分析"，并且深刻认识到"用空泛的词句来回避"具体的客观问题是"不体面的"。[③] 但是，这种"不体面"的现象却广泛存在，对马克思主义的实践和理论阐释造成了巨大的障碍。一是阐释历史的困境。历史的客观发展规律当然重要。但是，如果阐释历史的工作停留于对（尽管是对的）抽象规律的反复宣称，那么不仅无法解释历史生成的新内容，而且会逐渐耗尽历史唯物主义对人民的吸引力。对于真正的马克思主义者而言，甚至是得到了最新的革命实践检验的理论也必须在具体问题面前保持高度的"谦逊"，因为最新的实践的"具体实现的结果与任何人所能想象的不同，它要新奇得多，特殊得多，复杂得多"[④]。二是大众化的困境。历史唯物主义的力量在于作为物质载体的无产阶级，而非抽象的权威。如果没有无产阶级对历史唯物主义的精准把握和坚决贯彻，理论的价值就始终是潜在的。因此，马克思在1862年12月致路德维希·库格曼的信中指出，科学革命化的科学尝试当然"不可能真正通俗易懂"，然而一旦科学的基础得到奠定，"通俗化也就容易了"[⑤]。这既是马克思对《资本论》第一卷叙述方式的反思，也是对后世马克思主义者提出的理论阐释的要求。但是，自满于成为无产阶级中的"知识婆罗门"的阐释者，却不屑于这一项基于历史科学原理的具体化、通俗化和大众化的工作。以致向来对无产阶级运动惶遽不安的"哲学家们"直接断言历史唯物主义

① 马克思恩格斯文集：第10卷[M].北京：人民出版社，2009：158-159.

② 马克思恩格斯文集：第3卷[M].北京：人民出版社，2009：509.

③ 列宁全集：第12卷[M].北京：人民出版社，2017：188.

④ 列宁全集：第29卷[M].北京：人民出版社，2017：138.

⑤ 马克思恩格斯文集：第10卷[M].北京：人民出版社，2009：197.

是自上而下的煽动性的"行动主义"(activism)和独断的历史主义。[①] 三是意识形态的虚化。理论是意识形态的构成部分。特定的理论及其意识形态要忠实于其社会存在的历史属性,就必须从正向反作用于社会存在,并且尽可能减少其他意识形态对社会存在的消极影响。因此,只要不同历史属性的社会存在共存于世上,关于什么是好、什么是对、什么是自由、什么是解放乃至什么是真假的意识形态斗争一定会客观存在。然而,意识形态斗争天天讲、处处讲却未必能够巩固其阵地。因为当代意识形态的话语斗争已经渗透于社会舆论、教育、文化乃至科学应用的各个具体方面。一个脱离具体工作和社会要素的看似强大的意识形态"阵地",势必成为能够被轻易绕过的"马奇诺防线",既不能从正面抵御来自不同社会制度的意识形态进攻,而且极易从后方(即社会的具体方面)被围困乃至瓦解。因此,正如列宁评价布哈林,"没有阶级和阶级社会的概念"是不够具体的。[②] 目前意识形态工作的主要困境就在于忽略了斗争的具体性,许多同志满足于泛泛而谈的口号、姿态和概念,既看不到言说的对象,也无法发现潜在的危险。

因此,历史唯物主义的"再具体化"是一个迫在眉睫的时代任务。只有结合当代的生存经验和现实问题,历史唯物主义才能得到有血有肉的阐释,才能"穿透"资本主义话语的阻隔通向当代无产阶级;只有结合具体的斗争对象和客观条件,历史唯物主义才能得到不折不扣的实践,才能继续作为历史进步的清晰路标。事实上,历史唯物主义的"再具体化"是一个老生常谈的革命命题,在 20 世纪以来的无数次革命实践的正反经验中展示了其举足轻重的意义。但凡以抽象来阐释的历史唯物主义,就一定会失去无产阶级的理解和支持,成为流于学术生产和宗派斗争的理论权威;但凡以教条来实践的历史唯物主义,就一定会造成革命的失败乃至倒退,成为本本主义和教条主义的牺牲品。具体化的总要求,简而言之就是实事求是,亦即列宁在 1916 年 11 月致伊·费·阿尔曼德的信中所说的三个方面:"(α)历史地,(γ)都要同其他原理联系起来,(β)都要同具体的历史经验联系起来加以考察。"[③]结合当代资本主义社会矛盾和意识形态霸权的特征,以及历史唯物主义的基本原理,可以从四个方面思考具体化的路径。

第一,方法论的"再具体化"。作为一种理论,方法论必然以抽象的形成呈现出来。但是,历史唯物主义方法论的革命性就在于扬弃自身的现实性和实践性。

---

① Karl Popper. The Poverty of Historicism[M]. New York: Harper & Row, 1961: 8.

② 列宁全集:第 29 卷[M]. 北京:人民出版社,2017:304.

③ 列宁选集:第 2 卷[M]. 北京:人民出版社,2012:785.

“不在现实中实现哲学，就不能消灭哲学”[①]规定了方法论的总限度，必须从现实出发才能掌握方法论，同时必须回到现实中实现并扬弃方法论。这就意味着历史唯物主义方法论必须“从实在和具体开始，从现实的前提开始”[②]，在真问题和真矛盾中找到方法论具体所指的对象——例如人口、分配、流通、国家、法律制度和意识形态的各个方面，以抽象力为这些具体对象找到一般的本质和联系，为进一步指导现实提供简介和明晰的参照。这同时意味着方法论回到具体时空语境下的实践，例如在列宁关于大工业的国内市场及其在俄国的形成过程的研究中，方法论并没有停留于一般的市场理论，而是回到了俄国资本主义的国内市场问题，作为理论的抽象真理——历史唯物主义方法论“只是起着指导性原理的作用，只是起着分析具体材料的工具的作用”[③]。与之相反的做法，就是将历史唯物主义乃至整个马克思主义理论体系转述为一种方法论，将其悬搁为与所有具体问题脱节的至高无上却一尘不染的“圣物”。这种做法使得历史唯物主义成为单纯由行话和术语构成的概念体系，客观上使之失去了回到实践的革命性，成为了批判者口中的黑格尔主义的变体。毕竟，历史唯物主义方法论所要呈现和解决的是客观矛盾“具体的发展，正如现实中所发生的那样”，而不是“一种概念向另一种概念的表面上的自我发展”[④]。

第二，历史阐释的“再具体化”。历史唯物主义的原初任务就是解答已有历史经验中的客观规律，揭示阶级社会的矛盾运动，组织起具有阶级自觉的工人阶级，并为他们的未来行动提出科学的指导，克服市民社会自发运动的盲目性和自发性。在这其中，关于历史本身的阐释功能却被弱化了。一方面，历史学科替代了“历史科学”。但是在历史学科中唯物史观却只是一种阐释路径。在日趋全球化和市场化的学术生产中，唯物史观的历史阐释日趋式微，以致“五段论”和“三段论”已然被一些学者和学生视为上世纪过时的历史学范畴。另一方面，作为单纯方法论之学的历史唯物主义在哲学运用中难以介入历史史料。一些自我宣称为历史唯物主义专家的学者，甚至对基本历史知识不求甚解，面对具体历史事件和历史人物时“本领恐慌”十分突出，以致在遭遇“以具体的形式歪曲历史”[⑤]的历史虚无主义挑战的情况下，无法为抽象的方法论找到具体的对象和载体。这导致了在具体历史问题的分析上，年鉴学派以及拒斥辩证法的英国马克思主义史学派，为人民提供了更为清晰和直接的“唯物主义”诠释。当然，除了理论方面

---

① 马克思恩格斯文集：第1卷[M].北京：人民出版社，2009：10.

② 马克思恩格斯文集：第8卷[M].北京：人民出版社，2009：24.

③ 列宁全集：第4卷[M].北京：人民出版社，2017：75.

④ 马克思恩格斯文集：第10卷[M].北京：人民出版社，2009：623.

⑤ 列宁全集：第4卷[M].北京：人民出版社，2017：638-639.

的原因，资本主义话语霸权的压力客观上也造成了部分马克思主义者不敢时刻以历史唯物主义阐释历史。当理性多元论、文化保守主义、浪漫主义和价值相对论，夹杂着戏说和野史，在当代形成了声势浩大的历史唯心主义浪潮时，历史唯物主义的出场却并不顺利。因为一些马克思主义始终只是把历史唯物主义当作脱离现实斗争的知识，“一遇到具体的历史事件，具体的历史人物，具体的反历史的思想，就丧失了批判的能力”[①]。要解决这个问题，就必须回到创造历史的主体——人民。在人民群众创造历史过程中，不仅重新发现历史进步的阻碍及其机制，更能够重新拾起历史阐释的理论自信。只有在人民所对美好生活的具体愿景中，历史科学所呈现的进步的方向才不会被遮蔽；只有在人民所承受的阶级社会的具体剥削中，当代资本主义制度的内在矛盾及其生成机制才能被揭示；只有在人民不解放生产力的具体革命实践中，历史进步的必然性才能够得到唯物主义的(而非诗意的)理解。

第三，理解生产关系的“再具体化”。苏联正统马克思主义将经济基础和上层建筑的关系言说成一种“铁律”，使得经济基础、生产力和生产关系成为可以回应任何具体问题的“归根到底意义上的”答案。但是，散落在资本主义全球分工链条的无产阶级个体所面对的问题毕竟是具体和多元的。这种针对“阶级”“人类”“社会”等一般对象的“归根到底意义上的”答案既无法有效地传递给无产阶级，又无法以千篇一律的(甚至同义反复的)理论形态激发起深陷消费主义的阶级意识。然而，相比出于思想惰性的贫乏的“终极答案”，现实却是如此紧迫：金融—技术垄断资本主义加紧布局数字时代的全球霸权，社会科学、公共舆论和文化工业则不停地向工人阶级贩卖“后阶级社会”“历史终结”“人道主义”和“普世主义”的方案。当生产关系和阶级社会理论失语，阶级矛盾遂以身份政治的方式在世界各地爆发，人口、民族、宗教、性别或文化——当代资本主义规训机制允许除了阶级之外的一切要素成为社会冲突的导火索。因此，历史唯物主义的生产关系和阶级社会理论比以往任何时候更应该深入具体问题，为工人阶级提供分析生存困境、辨析公共舆论的科学视角。在这个视角下，移民、族群和民族为争夺生存空间而展开的殊死搏斗就会暴露其真正属性，即转移阶级矛盾的全球性话语霸权。也只有让历史唯物主义的一般原理深入当代具体生产关系的方方面面，抛开构成自身的阶级的族群、种族、民族才会呈现为抽象的范畴[②]，缺乏“历

① 毛泽东文集：第6卷[M].北京：人民出版社，1999：167.

② 例如马克思所强调的“抛开构成人口的阶级，人口就是一个抽象”。参见马克思恩格斯文集：第8卷[M].北京：人民出版社，2009：24.

史观点和具体分析”的民族问题才会暴露为“在一般词句的掩饰下偷运各种私货”[①]，回避具体问题的绝对正确的“科学”理论才会被批判为资本主义社会整体关系的有机部分。[②]

第四，政治的“再具体化”。革命的对象（阶级社会）和动力（资本主义制度的内在矛盾）尚且客观存在，但是革命的历史程序却在新自由主义的话语霸权下被人为取消了。在马克思和恩格斯看来，政治和阶级就是一回事，亦即在人类普遍分化为两个阶级的历史条件下，政治的主要内容就是阶级矛盾的激化或缓和，而政治的终结则意味着阶级社会的结束和共产主义的实现。但是，当代历史唯物主义的抽象政治阐释，却实现了一种回避阶级、回避斗争的犬儒主义的绝对“政治正确”。在话语中，抽象政治诠释者仍然在重复着革命、社会主义、共产主义等语词，但是却丧失了这些语词在现实中所针对的具体内容，或是向当代无产阶级重复着20世纪政治实践业已生成的、作为样板（或教条）的暴力革命的方案，或是劝说当代无产阶级消极等待科技大爆发带来的生产力巨大解放和生产关系的“自动”变革。这种只具有抽象“普遍性”的“左”派政治，在齐泽克看来，完全由于其抽象性实现了与资产阶级统治的“共谋”。[③] 历史唯物主义的辩证性决定了马克思主义的政治将在历史中不断汲取新的内容和策略，绝不会将政治运动“限于某一种固定的斗争形式”：“承认各种各样的斗争形式……对运动进程中自然而然产生的革命阶级的斗争形式加以概括、组织，并使其带有自觉性……同任何抽象公式、任何学理主义方法是绝对不相容的。”[④]毛泽东同志曾经指出：“世界上只有具体的自由，具体的民主，没有抽象的自由，抽象的民主。”[⑤]同样，世界上也只有具体的社会主义和历史进程。历史唯物主义的研究者和实践者如果不能直击权利、自由、法律、治理、行政乃至身份政治等具体问题，并给出马克思主义的科学解答，横亘在无产阶级面前的资本主义话语霸权的障碍就难以被突破，当代形态的阶级政治就难以得到再发明和创新。

历史唯物主义无疑在当前面临着严峻的理论挑战和沉重的实践重任。历史唯物主义的理论阐释和发展比过去任何时候都应该深入具体的客观矛盾、具体的历史经验和具体的意识形态。因为当代资本主义生产方式、治理技艺和话语

---

① 列宁全集：第28卷[M].北京：人民出版社，2017：363.

② Ellen Meiksins Wood. Democracy Against Capitalism: Renewing Historical Materialism[M]. New York: Cambridge University Press, 1995: 53.

③ Warren Breckman. Adventures of the Symbolic: Post-Marxism and Radical Democracy[M]. New York: Columbia University Press, 2016: xiv.

④ 列宁全集：第14卷[M].北京：人民出版社，2017：1-2.

⑤ 毛泽东文集：第7卷[M].北京：人民出版社，1999：208。

霸权的加速发展不会留给教条主义者机会去重新激发出无产阶级的革命力量。对于大多数当代无产阶级而言，长期浸淫于理性多元论和代议制民主历史元叙事的意识形态背景，以及被消费主义合理化的生产生活经验几乎是压倒性的。基于历史唯物主义的各种“归根到底”的抽象答案和绝对正确的普遍诠释，或是在学术刊物和报纸上“重复”完成其近乎完美的逻辑闭环，或是以近乎八股文的公共表达遭到了人民的拒斥。如果说在资本主义历史理论的悖论在于“人权被献祭给了利己主义的统治”[①]，那么抽象化的历史唯物主义诠释的悖论则在于让具体化的活的灵魂献祭给了教条主义的权威。今天，只有在具体的史料和现实问题中，历史唯物主义才能介入长期被资本主义意识形态占据的问题域，才能超越像黑格尔那样只是满足于“为历史的运动找到抽象的、逻辑的、思辨的表达”。[②] 毕竟，“理论是灰色的，而生活之树常青”，当代马克思主义者必须比过去更加重视“生动的实际生活”和“现实的确切事实”，绝不能“抱住昨天的理论不放”，更不能对具体情况不知甚解，满足于粗枝大叶地用一般的概念来“大体上概括实际生活中的复杂情况”。[③]

[本文选自《现代哲学》2021 年第 3 期]

[作者简介] 包大为，哲学博士，浙江大学马克思主义学院副院长，浙江大学“百人计划”研究员、博士生导师，有中国社会科学院世界社会主义研究中心特邀研究员等多项学术兼职。邮编：浙江 杭州 310058

---

① 路易·阿尔都塞。政治与历史：从马基雅维利到马克思[M]. 吴子枫，译. 西安：西北大学出版社，2018：196.

② 马克思恩格斯文集：第 1 卷[M]. 北京：人民出版社，2009：201.

③ 列宁全集：第 29 卷[M]. 北京：人民出版社，2017：138-139.

中国共产党“学哲学、用哲学、并且创造哲学”的百年经验探析[①]

成　龙

学哲学，用哲学，并且创造哲学，其实质就是不断推进马克思主义哲学中国化理论创新。用马克思主义哲学武装全党，这是中国共产党百年思想建党的重要经验。在中国共产党诞辰百年之际，系统总结中国共产党人持续推进马克思主义哲学中国化理论创新的经验，对于我们把握理论创新和学科建设规律，加强党的思想建设，开启全面建设现代化国家新征程，具有十分重要的意义。

一、领袖带头与专家学术引领相结合

政治领袖和学术专家是推进马克思主义哲学中国化理论创新的两个重要主体。[②] 政治领袖更加强调哲学的阶级立场，以及哲学与具体实践的关系，具有强烈的现实性和目的性，追求解决问题的战略性与策略性，而学术专家则更加强调哲学理论的内在逻辑及其体系建构，追求学理的科学性与理想性。政治领袖与学术专家相互补充、相互促进，共同构筑和推进了马克思主义哲学中国化理论创新的历史形态。

一方面，我们党的几代领导人都高度重视马克思主义哲学的学习和研究。不仅带头学习、研究和运用马克思主义哲学，而且部署全党的学习和推进计划，用马克思主义哲学武装全党。中国共产党的早期领导人都曾集中力量钻研和宣传马克思主义哲学，发表和出版了大量论著，为中国共产党的早期建设奠定了坚实理论基础。如李大钊1919年发表《我的马克思主义观》，蔡和森于1921出版《社会进化史》，陈独秀于1922年发表《马克思学说》《马克思的两大精神》，瞿秋白于1923年和1924年先后出版《社会哲学概论》《现代社会学》《社会科学概念》等，都是哲学论著。延安时期，毛泽东带头钻研马克思主义哲学，留下《毛泽东哲学批注集》，同时亲自讲授唯物辩证法，亲自组织成立哲学研究会，亲自组织流动

① 本文为国家社科基金重大招标项目“马克思主义哲学中国化的历史逻辑及原创性贡献研究”(19ZDA016)的阶段成果。

② 此处所说的政治领袖是指在不同时期担任党的主要领导工作的政治家群体及其成员。

图书馆，和朱德、周恩来、彭德怀等其他党的领导同志一起读书，并且写出《实践论》《矛盾论》等哲学论著，形成了毛泽东哲学思想，开辟了具有中国特色的革命道路。新中国成立后，毛泽东运用唯物史观和唯物辩证法，根据中国新暴露出来的问题，结合国际共产主义运动的经验和教训，深入研究中国社会主义建设的重大关系和主要矛盾，写出一大批新的哲学论著。他深有感慨地指出：任何国家的共产党人，一定要注意培养自己的理论家，并且根据新形势的需要，创造新的理论，写出新的著作，单靠老祖宗不行。[①] 十一届三中全会后，邓小平在领导我们党运用马克思主义哲学重新认识国情、重新认识社会主义，提出了一系列带有中国特点的哲学判断。其中最为重要的：一是解放思想与实事求是相统一的世界观；二是一般性与特殊性相统一的中国特色社会主义观；三是“义”和“利”相统一的价值观；四是“东西对话”和“南南合作”相统一的和平发展时代观。邓小平理论使中国真正步入现代化腾飞之路。世纪之交，面对国内外复杂多变的形势，江泽民运用唯物史观分析时代特点，提出“三个代表”重要思想，从代表中国先进生产力发展的要求、代表中国最广大人民的根本利益、代表进步文化的前进方向等三个方面总结执政党建设规律，回答了“建设什么样的党，怎样建设党”的问题，带领中国共产党人走出历史的困局，把中国特色社会主义成功推向 21 世纪。在新世纪的起点上，胡锦涛根据我国发展面临的新问题，从人类现代化发展的一般规律与我国现代化的特殊实际出发，提出科学发展观，从发展的根本价值、根本要求、根本方法三个方面对中国“实现什么样的发展、怎样发展”的问题做了精辟论述，迎来了中国快速发展的新时期。党的十八大之后，习近平总书记曾两次主持中央政治局集体学习历史唯物主义和辩证唯物主义，在纪念马克思诞辰 200 周年时又发表重要讲话，高度评价马克思为人类发展作出的重大贡献，要求坚持马克思主义哲学的实践观、群众观、阶级观、发展观、矛盾观，用马克思主义哲学观察时代、解读时代、引领时代。习近平关于中国所处历史方位的新判断，关于中国社会主要矛盾转变的新概括，关于新时代中国特色社会主义的新体系，关于人类命运共同体的新构想，开辟了马克思主义哲学中国化的新境界。

另一方面，中国共产党人又高度重视专家的学术引领作用。在中国共产党成立前后，大量马克思主义哲学著作经专家之手而被翻译出版介绍到中国来。青年毛泽东正是读了马克思和恩格斯合著的《共产党宣言》、考茨基的《阶级斗争》、英国人柯普卡的《社会主义史》等著作，从唯心主义转向唯物主义。1921 年 1 月 21 日，在致蔡和森的信中，毛泽东表示：“唯物史观是吾党哲学的根据。”[②]延

① 毛泽东文集：第 8 卷[M]. 北京：人民出版社，1999：109.

② 毛泽东书信选集[M]. 北京：人民出版社，1983：15.

安时期，毛泽东十分谦虚地向哲学工作者请教。当时的艾思奇只有27岁，毛泽东在信中写道："你的《哲学与生活》是你的著作中更深刻的书，我读了得益很多，抄录了一些，送请一看是否有抄错的。……今日何时有暇，我来看你。"[①]在一次小型干部会议上，毛泽东说："李达同志给我寄了一本《社会学大纲》，我已经看了10遍。"[②]新中国成立后，在毛泽东的关心和推动下，各大高校相继推出自己的哲学教科书，有人大本、北大本、上海本、吉林本、湖北本、广东本、中央党校本，等等。60年代则出版了由艾思奇主编的《辩证唯物主义历史唯物主义》统编教材。同时，受毛泽东委托，由李达重新编写《马克思主义哲学大纲》。同样，在中国拨乱反正的转折点上，邓小平积极支持理论界关于"实践是检验真理标准"的大讨论，为恢复党的实事求是的思想路线，实现全党工作重心的转移，作出改革开放的重大战略决策，奠定了重要哲学基础。伴随思想解放的步伐，学术界掀起关于异化和人道主义、实践唯物主义、马克思主义人学、主体与客体关系、价值及其价值哲学等方面的大讨论，涌现出一批新的学术研究专家。党的十六大以来，中央政治局坚持集体学习的制度，先后邀请近200位专家到中南海讲课，其中就包括孙正聿、郭湛、韩庆祥等多名哲学家。在一定程度上把领袖带头和专家学术引领的结合制度化了。

回顾马克思主义哲学中国化的百年历史，几乎所有重大理论创新，都是以政治领袖为代表的政治家和学术专家共同努力完成的。从总体上看，二者的合作、交流是十分坦诚密切的，效果是相当显著的。但也留下了一些值得吸取的教训。例如，20世纪五六十年代关于"综合经济基础论"与"单一经济基础论"的争论，关于"思维与存在同一性"的争论，关于"一分为二"与"合二而一"的争论，本来是正常的学术讨论，最后却被当成政治问题来对待，以致上纲上线，给马克思主义哲学乃至社会主义事业造成重大损失。正确处理马克思主义哲学中国化理论创新中的领袖带头作用与专家学术引领作用，关键在于坚持民主原则，营建良好的研究和讨论氛围。学术研究的确直接或间接地与政治问题相联系，但政治和学术之间并非没有差别，绝不能片面地在政治问题和学术研究之间划等号，拿政治标准考量一切学术问题，或者用政治领袖的指示代替学术研究，也不要因学术性而把政治问题排除在学术研究之外，而是要在"百花齐放，百家争鸣"方针下，坚持用学术讲政治，允许不同观点的争论和辨析，在相互学习和借鉴中发展马克思主义哲学。

---

① 毛泽东哲学批注集[M].北京：中央文献出版社，1988：112.

② 郭化若.在毛主席身边工作的片断[N].解放军报，1978-12-28(1).

二、文本研读与实证考察相结合

文本研读和实证考察是理解、丰富和发展马克思主义哲学的两条基本途径。一方面，文本研读是弄清马克思主义哲学基本原理，正确理解马克思主义的基本前提，而与实践相结合，为变革实践提供理论指导，才是文本研读的根本目的；另一方面，只有深入实际，反映实践的诉求，汲取实践的营养，才能不断总结经验，用新的思想不断补充、丰富和发展马克思主义哲学。

我们党从建党之初，就十分重视对马克思主义哲学文本的研读。早在 20 世纪二三十年代，一批马克思主义哲学经典著作就被翻译出版。如陈望道翻译的《共产党宣言》(1920)，杜竹君翻译的《哲学的贫困》(1929)，杜畏之翻译的《自然辩证法》(1932)，笛秋和朱铁笙合译的《唯物主义和经验批判主义》(1930)，吴亮平翻译的《反杜林论》(1930)，等等。在枪林弹雨的战争年代，甚至在艰难跋涉的二万五千里红军长征路上，在重病在身的行军担架上，毛泽东仍然手不释卷地研读马克思主义哲学的经典著作。1932 年 4 月，红军打下福建漳州，没收了一批军事、政治、科学的书送到总政治部，其中有恩格斯的《反杜林论》，列宁的《两个策略》(即《社会民主党在民主革命中的两种策略》)、《“左派”幼稚病》(即《共产主义运动中的“左派”幼稚病》)，毛泽东看到后如获至宝。[①] 1938 年 5 月 5 日，在马克思诞辰 120 周年之际，延安创办“马克思列宁主义学院”，由总书记张闻天亲自挂帅，由王学文、陈昌浩、艾思奇、吴亮平、杨松等担任教学工作，目的是通过马列主义著作的学习和宣传，提高党的理论水平，培养更多理论研究人才，以适应革命斗争的需要。1942 年开展的“延安整风运动”，实质上是中国共产党领导的以反对哲学主观唯心主义、教条主义为主旨的学习运动。正是在这场运动中，毛泽东发表《改造我们的学习》《整顿党的作风》《反对党八股》等著作，深刻剖析主观主义、教条主义的危害及其认识论根源，把马克思主义哲学的根本观点概括为“实事求是”四个大字。他一再告诫全党：主观主义“是共产党的大敌，是工人阶级的大敌，是人民的大敌，是民族的大敌，是党性不纯的一种表现”[②]。为指导全党全面深入理解马克思主义，毛泽东亲自参与、数次推出“干部必读书目”。1943 年 3 月，毛泽东提出中央直属机关干部要读马列著作 40 本。而在之后召开的党的七大上，他则要求干部要读 5 本马列主义的书。1949 年 2 月，党中央重新编审的“干部必读”书目共计 12 本。1963 年，党中央指示党内高级干部要进一步

---

① 参见龚育之，逄行知，石仲泉．毛泽东的读书生活[M]．北京：生活·读书·新知三联书店，1986：22，23．

② 毛泽东选集：第 3 卷[M]．北京：人民出版社，1991：800．

学习马列著作,中央宣传部拟定了“干部选读马恩列斯著作目录”(简称“三十本书”),其中包括马克思著作8部,恩格斯著作3部,列宁著作11部,斯大林著作5部,普列汉诺夫著作3部。[①] 十一届三中全会以后,邓小平号召全党要完整准确理解毛泽东思想。他说:“我们不能够只从个别词句来理解毛泽东思想,而必须从毛泽东思想的整个体系去获得正确的理解。”[②]针对“四人帮”的穷社会主义论,他说:“讲社会主义,首先就要使生产力发展,这是主要的。只有这样,才能表明社会主义的优越性。……空讲社会主义不行,人民不相信。”[③]江泽民要求强调党员干部、特别是高级干部要系统把握马克思主义,多读读《马克思恩格斯选集》、《列宁选集》、《毛泽东选集》和《邓小平文选》这几本书,但对经典著作的研读一定要与改革发展的实际结合起来。他说:“马克思、恩格斯、列宁和毛泽东同志,都善于根据实际情况的发展变化,提出新的思想和理论。”[④]他以恩格斯《一八九一年社会民主党纲领草案批判》、马克思《〈政治经济学批判〉序言》、列宁《帝国主义论》为例,说明马克思主义是与时俱进的学说,研读经典著作决不能将其当作刻板僵化的教条照搬照抄。胡锦涛在党的十七届四中全会上提出:世界在变化,形势在发展,中国特色社会主义实践在深入,全党同志一定要不断学习、善于学习,持续推进马克思主义中国化、时代化、大众化,把建设马克思主义学习型政党作为重大而紧迫的战略任务抓紧抓好。进入新时代,习近平提出更高要求,“共产党人要把读马克思主义经典、悟马克思主义原理当作一种生活习惯、当作一种精神追求,用经典涵养正气、淬炼思想、升华境界、指导实践”[⑤]。要深入学、持久学、刻苦学,带着问题学、联系实际学,做到在继承中坚持、在坚持中发展、在发展中创新。

中国共产党人强调“本本”,但同时坚持把研读“本本”与实证考察结合起来,根据中国实践继承和发展马克思主义哲学。大革命时期,针对党内外对农民运动的一些诬蔑之辞,毛泽东花32天时间,到湘潭、湘乡、衡山、醴陵、长沙五县调查,行走700多公里,写出了著名的《湖南农民运动考察报告》。在《反对本本主义》中,他明确提出:“离开实际调查就要产生唯心的阶级估量和唯心的工作指导,那末,它的结果,不是机会主义,便是盲动主义。”“没有调查,没有发言权。”[⑥]新中国成立后的1956年3、4月间,与国家34个部委的主要负责人进行座谈,听

① 参见王东,陈有进,贾向云.马列著作在中国出版简史[M].福州:福建人民出版社,2009:123.

② 邓小平文选:第2卷[M].北京:人民出版社,1994:43.

③ 邓小平文选:第2卷[M].北京:人民出版社,1994:314.

④ 江泽民文选:第3卷[M].北京:人民出版社,2006:25.

⑤ 习近平.在纪念马克思诞辰200周年大会上的讲话[N].人民日报,2018-05-05(1).

⑥ 毛泽东选集:第3卷[M].北京:人民出版社,1991:112,109.

取汇报，既总结成绩和经验，又了解问题和教训，为党的八大的召开作了重要准备，提供了理论支持。1961年，毛泽东号召全党"搞一个实事求是年"活动，并对不作调查研究、闭门造车，遇事不与群众商量的主观主义、官僚主义发出警告。邓小平同样是一位终生躬行调查研究的典范。20世纪60年代初，正是在他的亲自领导下，通过大量调查研究，制定了工业70条和其他文件。20世纪70年代末，他到全国各地"点火"，为党的十一届三中全会的召开提供了重要准备。1980年6、7月间，邓小平专门到江苏、广东、山东、湖北、东北等几个省了解人民群众生产生活的现状，通过"一个省一个省算账"，认为8亿人口如果能达到"小康水平"，将是"一件很了不起的事情"。1992年春天，针对姓"社"姓"资"的争论，88岁高龄的邓小平，再次南下，深入到改革开放第一线，途经武汉、深圳、珠海、上海等地，在与广大干部、群众的交谈中，切身体会改革的成就和问题，发表著名的"南方谈话"，用具体事实回答了一系列关系全局的重大问题。江泽民著有《没有调查就没有决策权》一文，系统论述调查研究的作用。要求领导干部"每年至少抽出一两个月的时间，深入基层调查研究。所谓深入基层，去农村要到村到户，去工厂要到车间到班组，亲自听取群众呼声，了解群众想什么，盼什么，欢迎什么，反对什么。"①2003年春天，面对非典疫情肆虐蔓延，胡锦涛不顾个人安危，亲自到广东调研，听取战斗在一线的医务人员和专家学者的意见，为战胜疫情作了重要指导。党的十八大以来，习近平总书记一再进山区、访农家，多次与企业家座谈，与党内外人士交流，足迹遍布祖国大江南北，为分析我国新的时代特点，提出新的发展理念，制定新的发展战略，谋划新的发展布局，打下了坚实基础，刷新了中国特色社会主义的总体面貌。

在当下的马克思主义哲学研究中，有两种倾向值得思考。一种倾向专注于文本研读，把马克思主义哲学理论创新等同于简单的文本梳理、文献解读，鄙视实践，目不窥园，满足于寻章摘句，闭门造车，其结果严重脱离现实，与世界发展大势相去甚远，与党和国家的要求格格不入。另一种倾向则认为，马克思主义是自由资本主义时代的产物，其主题在于无产阶级革命。随着全球化、信息化、智能化的发展，由于当代资本主义的新变化，社会主义制度在一些国家的失败，马克思主义实际上"已经过时了""失效了"，即使搞清了文本，也不可能解决实际问题。因而极力主张从"现实"出发，反对进行"文本"研读。习近平总书记认为，在我们的干部队伍中，既有"真经没念好"的问题，也有鼓吹马克思主义"过时论"的问题。这两种倾向都与马克思主义哲学的本义相背离，推行到底就是放弃马克思主义。实践证明，文本研读与实证考察是创新和发展马克思主义哲学的两个

---

① 江泽民文选：第1卷[M]. 北京：人民出版社，2006：308.

不可或缺的基本途径，二者相辅相成，难割难舍。处理好二者的关系，关键在于坚持唯物辩证法，防止将二者一分为二，各自为阵，厚此薄彼。

三、大众化研究与专业化研究相结合

大众化研究与专业化研究是马克思主义哲学理论研究的两种重要形式。一方面，马克思主义哲学只有通过大众化研究，才可能让哲学走出哲学家的课堂，变成人民大众改造世界的锐利武器，实现马克思主义哲学"改变世界"的目的。另一方面，马克思主义哲学只有通过专业化、深度化研究，才可能更加全面准确地理解马克思主义哲学的深刻思想内涵。

大众化研究是比专业化研究难度更大的学问。大众哲学家艾思奇曾经感慨地指出：写通俗文章不仅需要有材料、有内容，而且要讲究写作技术，文字要具体轻松、通俗流畅，"要和现实生活打成一片"。[①] 也就是说，大众化研究是比专业化研究"更上一层楼"的工作。强调马克思主义哲学大众化，这是我们党一贯的方针。我们党的早期领导人李大钊、陈独秀、李达、瞿秋白都是大众哲学家。他们以通俗的作品，利用各种机会向知识分子和其他群众讲解和宣传马克思主义，为中国共产党的创立和早期发展提供了重要哲学基础。艾思奇的《大众哲学》适应时代的要求，仰仗马克思主义真理的力量，以通俗的形式和生活的事例，通过解答人民大众特别是广大青年心灵深处的困惑和疑问，激起无数人心灵的共鸣，引导无数青年走上革命道路。此外，还有李达的《现代社会学》《社会学大纲》，陈唯实的《通俗辩证法讲话》《通俗唯物论讲话》《新哲学世界观》，沈志远的《新人生观讲话》《社会科学基础讲座》《通俗哲学讲话》，以及胡绳的《哲学漫谈》《辩证法唯物论入门》《思想方法》《怎样搞通思想方法》，胡乔木的《中国共产党的三十年》等，都是通俗读物。它们以通俗化的语言、生动的事例，为广大干部讲述马克思主义哲学的基本原理，解答人生困惑，回应理论和现实问题，展望中国未来，为提高广大干部的思维修养，形成中国共产党哲学大众化的优良传统产生了相当广泛的影响。新中国成立后，毛泽东继续持续推进马克思主义哲学大众化的工作，不仅希望通过教材编写提升高校哲学课的教学和科研，而且希望哲学从哲学家的课堂走向普通大众，变为人民群众改造世界的武器。邓小平对马克思主义哲学大众化有着十分深刻的理解。他认为，大众化并不等于简单化、庸俗化，把毛泽东思想说成"老三篇"，鼓吹"顶峰论"，就是庸俗化、教条化的表现。他强调，给群众读的东西要简短一些，"学马列要精，要管用的。长篇的东西是少数搞专业

---

① 艾思奇全书：第1卷[M].北京：人民出版社，2006：602.

的人读的,群众怎么读?要求都读大本子,那是形式主义的,办不到”[①]。习近平总书记认为,深入推进大众化研究在时下中国已经成为一个十分迫切的问题。在一些地方,马克思主义被边缘化、空泛化、标签化,在一些学科中“失语”,在教材中“失踪”,在论坛上“失声”[②]。有的理论工作者依然用“老办法、老调调、老习惯”讲马克思主义,表达方式呆板单调,感染力不强,回应能力不足,时效性、针对性、可读性不强,必须下功夫改进。

大众化研究是以专业化研究为前提的。如果没有专业化研究,大众化就可能成为无源之水,无本之木。正是由于这个原因,中央在不同历史时期相继成立了多种专门的翻译、研究、出版机构,持续不断地对马克思主义哲学经典著作展开多方面的研究工作。1921 年,中国共产党一成立,就在上海成立人民出版社,准备出版《马克思全书》15 种,《列宁全书》14 种、《康民尼斯特丛书》11 种和其他书籍 9 种。1942 年 9 月,毛泽东写信给时任中宣部长凯丰,特别强调了翻译工作的重要性,希望整风结束后,中央成立一个专门的编译部,有二三十人从事编译工作,大批翻译马列经典著作及英法德古典书籍,认为这是一个“功德无量”的工作。[③] 1945 年 4 月 25 日,在中共“七大”所作的口头政治报告第三部分第二个问题,毛泽东再次强调了翻译工作的重要性。他说:我们很多同志都是“土包子”,不懂外语,不能直接阅读马列经典著作,这就需要从事翻译工作的同志下功夫。马列经典著作、各国马克思主义者的东西,以及具有进步意义的民主主义者的东西都要翻译。[④] 新中国成立后,1953 年 1 月,经认真研究和周密考虑,中共中央决定组建中央编译局,作为专门的编译中心,系统地、有计划地翻译马列经典著作。“文革”结束后,《哲学研究》等一批被停办的学术刊物重新复刊,《中国社会科学》等一批新的学术期刊被创办起来。2004 年 1 月,中共中央发出《关于进一步繁荣发展哲学社会科学的意见》,把繁荣发展哲学社会科学与党和国家事业的“发展的全局”“综合国力”相联系,认为建设中国特色社会主义离不开以马克思主义为指导的哲学社会科学的繁荣发展。明确提出要实施“马克思主义理论研究和建设工程”。此后,各高校相继成立“马克思主义学院”或“马克思主义研究院”,中宣部、教育部提出并设立马克思主义理论一级学科。党的十七届四中全会强调,要大力推进马克思主义“中国化、时代化、大众化”。我国马克思主义哲学界先后对真理标准、人道主义和异化问题、主体性与主体性原则、实践唯

① 邓小平文选:第 3 卷[M].北京:人民出版社,1994:382.

② 习近平.在哲学社会科学工作座谈会上的讲话[M].北京:人民出版社,2016:10.

③ 毛泽东书信选集[M].北京:人民出版社,1983:202.

④ 毛泽东在七大的报告和讲话集[M].北京:中央文献出版社,1995:148.

物主义、价值问题、哲学创新等问题进行深入研究，涌现出一大批创新型成果，拓展了对马克思主义哲学中国化的认识视野，给马克思主义哲学中国化理论创新提供了多方面的思想启迪。但创新是没有止境的，新时代又提出许多新的问题。习近平总书记指出，哲学社会科学工作者要在研究上多下功夫，多搞“集成”和“总装”，多搞“自主创新”和“综合创新”，要按照立足中国、借鉴国外，挖掘历史、把握当代，关怀人类、面向未来的思路，着力构建中国特色哲学社会科学，在指导思想、学科体系、学术体系、话语体系等方面充分体现中国特色、中国风格、中国气派。这一论述，为哲学社会科学新的历史条件下的深度化研究指明了方向。

专业化研究与大众化研究是马克思主义哲学中国化的两种创新方式和书写方式。大众化研究反映的是马克思主义哲学研究的广度，专业化研究反映的是马克思主义哲学研究的深度，二者相辅相成、相互促进、不可分割。处理好二者的关系，既要看到专业化研究的基础性、根本性、深刻性，又要看到大众化研究的目的性、前沿性、广泛性。只有在深度和广度两个方面下功夫，马克思主义哲学才可能在更大范围为世人所瞩目。

四、融合传统文化与借鉴现代文明相结合

融合传统文化与借鉴现代文明是马克思主义哲学中国化理论创新的两个重要营养之源。一方面，马克思主义哲学产生于19世纪的欧洲，吸取了古希腊哲学、欧洲中世纪哲学、近代英法经验论和唯理论哲学、特别是德国古典哲学、法国霍尔巴赫唯物主义哲学的精华，代表了人类文明发展的现代性。马克思主义哲学作为开放的体系，本质上要求我们面向世界，不断吸取人类先进文明成果，并将其化作马克思主义哲学新的机体和血肉。另一方面，马克思主义哲学一踏上中国土地，就要接触中国本土文化，用中国百姓喜闻乐见的语言来表达，在与中国传统的融合中向前推进发展。马克思主义哲学中国化的过程，就是融汇中国传统文化及其现代文明而不断综合创新的过程。

中国共产党人始终致力于马克思主义哲学与中国传统文化的融合。毛泽东一生留下大量关于马克思主义与中国传统文化关系的论述。他指出：“我们信奉马克思主义是正确的思想方法，这并不意味着我们忽视中国文化遗产和非马克思主义的外国思想的价值。”①从孔夫子到孙中山，中华民族的祖先创造了灿烂的古代文化，留给我们一份珍贵的遗产，我们应该好好总结。我们的方法是“剔除其封建性的糟粕，吸收其民主性的精华”。不仅懂得希腊，还要懂得中国；不仅懂得中国的今天，还要懂得中国的昨天和前天。同样，第二代领导人邓小平也非

① 毛泽东文集：第3卷[M].北京：人民出版社，1996：191.

常重视对优秀传统文化的继承发展，强调既要继承其中“好东西”，又要变革其迂腐观念。比如，在义利关系问题上，邓小平纠正了传统“重义轻利”的观念，强调社会主义不仅讲“义”，也要讲“利”。“如果只讲牺牲精神，不讲物质利益，那就是唯心论。”[①]在个体与整体的关系上，邓小平纠正了传统的“重整体，轻个体”的观念。他认为，在社会主义制度下，整体利益与个体利益是统一的，但决不能以国家利益的名义取代个人利益。党和国家政治生活中的家长制作风，经济活动中的重农抑商、平均主义、小富即安、因循守旧观念，社会关系中的封建宗法、等级观念，文化生活中的专制主义作风以及轻视科学的思想观念，对外关系中的闭关锁国、夜郎自大思想等，都必须彻底加以肃清。习近平总书记面对世界百年未有之大变局，从解决中国和世界面临的现代化难题出发，对中国传统文化的价值意义作出一系列更为具体的论述。他认为，中国传统文化中最富有时代意义的价值，包括“民惟邦本”人本观，“天人合一”的世界观，“和而不同”的君子观，“天行健，君子以自强不息”的主体观，“天下兴亡，匹夫有责”的天下观，“以德治国、以文化人”的治理观，“君子义以为质”的义利观，“言必信，行必果”的诚信观，“仁者爱人”的人我观，“扶贫济困”的共富观。“像这样的思想和理念，不论过去还是现在，都有其鲜明的民族特色，都有其永不褪色的时代价值。”[②]中国共产党人是马克思主义者，但中国共产党人不是历史虚无主义者，也不是文化虚无主义者。

另一方面，中国共产党人一开始就是一个面向世界的政党。20 世纪二三十年代，李大钊就辩证分析东西文明的不同特点，认为东西文明犹如“车之两轮、鸟之双翼”，二者互补，共同塑造了世界文明。但现在东西文明患上了沉重的弊病，要挽救人类文明，必须采取“东西互补、动静双修”的综合创新之道，创造“第三文明”——社会主义新型文明。1940 年，在《新民主主义论》中，毛泽东指出：“中国应该大量吸收外国的进步文化，作为自己文化食粮的原料。”“凡属我们用得着的东西，都应该吸收。”[③]新中国成立后，毛泽东多次表达了学习和借鉴现代文明成果的思想。1956 年发表的《论十大关系》，其中专门有一节论述“中国与外国的关系”。他认为，一切国家和民族的长处都要学，但要有批判地学，决不能机械照搬照抄，要打倒思想上的“奴隶主义”，独立自主地干中国式的现代化。在与音乐工作者的谈话中，他进一步指出：文艺工作者要吸收外国的好东西，掺杂一些民族的形式，大胆创新，搞出一些“不中不西”“非驴非马”的东西来，两个半瓶醋可以合成一瓶醋。70 年代初，毛泽东和周恩来巧妙运用“乒乓外交”打开中美大

① 邓小平文选：第 2 卷[M]. 北京：人民出版社，1994：146.

② 习近平谈治国理政：第 1 卷[M]. 北京：外文出版社，2018：170.

③ 毛泽东选集：第 2 卷[M]. 北京：人民出版社，1991：706.

门，争取中日邦交正常化，为中国和世界的正常交流奠定坚实基础。十一届三中全会前夕，中央曾派出两个考察团，12 位副总理及副委员长以上的中央领导人，先后 20 次出访 50 多个国家，深入西欧和东亚一带，了解世界现代化发展步伐。邓小平亲自出访日本、新加坡等 8 个国家。为中央做出改革开放的战略决策提供了重要依据。邓小平一再强调：现在的世界是开放的世界，任何一个国家要想离开其他国家而单独发展都不可能。人类文明是没有阶级性的，资本主义可以用，社会主义也可以用。要突破姓“社”姓“资”的僵化框架，大胆吸收资本主义一切先进文明成果，创造相对于资本主义的优势。中国共产党人正是辩证吸收现代西方政治文明的有益成果，积极推进政治体制的制度化、程序化、法治化建设，国外广泛采用的干部退休制度、公务员制度、反腐倡廉制度都先后被我们所采纳；同时，突破苏联僵化模式的教条，实现了公有制和其他多种所有制形式的结合、按劳分配为主体和其他多种分配方式并存的结合，市场决定作用与政府调节作用的结合，肯定非公有制经济的合法地位，国家承认和保护合法的私有财产，等等。党的十八大以来，习近平总书记从更为广阔的视角论述了如何借鉴世界先进文明成果的问题。一方面，对人类社会创造的各种文明，“无论是古代的中华文明、希腊文明、罗马文明、埃及文明、两河文明、印度文明等，还是现在的亚洲文明、非洲文明、欧洲文明、美洲文明、大洋洲文明等，我们都应该采取学习借鉴的态度，都应该积极吸纳其中的有益成分，使人类创造的一切文明中的优秀文化基因与当代文化相适应、与现代社会相协调，把跨越时空、超越国度、富有永恒魅力、具有当代价值的优秀文化精神弘扬起来。”①另一方面，针对西方一些国家所谓“中国威胁论”，习近平总书记指出：人类文明不可能只有一个色调、一个模式。现在世界上共有 2500 多个民族，要求世界每个民族都只穿一种服饰，听一种音乐，这是不可能的。各种文明之间要相互尊重、平等相待、取长补短、相互借鉴。“我们既要让本国文明充满勃勃生机，又要为他国文明发展创造条件，让世界文明百花园群芳竞艳。”②这些论述，表达了中国共产党人学习借鉴人类文明、为人类文明发展作出贡献的决心。

在百年马克思主义哲学中国化的进程中，中国共产党人不断探寻马克思主义哲学与中国传统文化，以及世界先进文明结合的规律，取得了举世瞩目的成就。但在一段时间里，由于思想和认识的偏差，对传统文化和现代世界文明也曾不加分析加以拒斥，给社会主义现代化建设造成巨大损失。我们必须牢记历史

① 习近平．在纪念孔子诞辰 2565 周年国际学术研讨会暨国际儒学联合会第五届会员大会开幕会上的讲话[N]．人民日报，2014-09-25.

② 习近平谈治国理政：第 3 卷[M]．北京：外文出版社，2020：469.

教训，坚持“古为今用，洋为中用”的方针，在马克思主义思想方法的指导下，不断促进中国传统文化与现代世界文明的融合，使之成为理论创新的重要元素和营养，并使二者共同为中国特色社会主义事业服务。

五、国内研究与国外研究相结合

马克思主义哲学中国化不仅有中国国内研究，还存在着国外研究。就国内学者而言，马克思主义哲学是国家意识形态的重要体现，其研究的侧重点在于通过多种途径，探析马克思主义哲学的本义及其在中国创新发展的规律和经验，建构马克思主义哲学中国化新形态。国外研究其侧重点则是通过对马克思主义哲学及其中国化与马克思主义哲学原理的比较，探析中国化马克思主义哲学的思想实质及其特点，呈现出不同的逻辑和特点。

国外从事马克思主义中国化研究的学者群体十分庞杂，他们的研究，或者出于对马克思主义的钦慕以及对社会主义事业的关心，或者为本国利益和战略服务，或者借鉴中国经验，为本国改革提供参考，或者受学科研究转向的影响。他们的研究也从来没有固定不变的主题，总是随中国政治、经济形势的变化而变化。迄今为止，研究主题经历了一个从毛泽东思想、邓小平理论到习近平新时代中国特色社会主义思想的转变过程。绝大多数国外学者高度评价马克思主义哲学在中国的创新发展。早在20世纪30年代，斯诺在《西行漫记》中就指出：“毛泽东是一个认真研究哲学的人。”苏联学者赞扬毛泽东、朱德领导的红军具有“钢铁般的意志”。施拉姆认为，毛泽东并不是一个盲目排斥西方现代化的人。“许多事情说明，当今邓小平的中国和20年前毛泽东的中国有了不同，但是有一件事一点也没改变：即为寻求一条现代化的道路而向西方学习，特别是向马克思主义学习，同时又保留中国自己的特色，他们都以此为目标。”[①]尼克·奈特指出：毛泽东所谓马克思主义哲学中国化，就是“既不抛弃马克思主义的普遍原理，又能够将这种普遍原理应用于一个国家特殊的历史条件和文化环境”[②]。中共十一届三中全会以后所采取的改革开放措施，其理论依据仍然是马列主义的基本原理。迈斯纳认为，与传统社会主义强调“以阶级斗争为纲”的理论相比，以邓小平为代表的中国共产党人，重视生产力发展和改善人民生活水平，这是“新版的

---

① Stuart R. Schram. The Thought of Mao Tse-Tung[M]. New York: Cambridge University Press, 1989:196.

② Colin Mackerras and Nick Knight. Marxism in Asia[M]. New York: St. Martin's Press, 1985: 84.

中国马克思主义理论”,“更加正统的马列主义理论”[①]。季塔连柯认为,在《共产党宣言》的第三章,马克思曾对三种社会主义观展开批判,相比之下,邓小平理论的构想是对苏联式社会主义的批判,“可以作为《共产党宣言》的第3章第4节”[②]。邓小平的改革没有既定的模式,一切都取决于实践效果的检验,“所谓邓小平的实用主义,就是反复试验,在其奏效之前,要想在制度上给予承认是很不容易的”[③]。在这里,所谓“实用主义”实质上是“现实主义”的意思,是对邓小平的赞扬。正如张大卫指出的,邓小平“提出了一条讲求实效的格言:‘实践是检验真理的唯一标准’,这种观点把一切意识形态都置于受其实践效果所检验的地位。”[④]美国纽约大学终身教授熊玠明确提出“习近平时代”的概念,赞扬习近平从毛泽东、邓小平手中接过实现民族伟大复兴的接力棒,在前人的基础上奋力推进。“中国前所未有地接近了实现国家伟大复兴的梦想。”[⑤]特里尔(Ross Terrill)认为,习近平的历史使命就是领导中国完成“三大治理”,即执政党治理、国家治理、全球治理;规避“两大陷阱”,即中等收入陷阱、修昔底德陷阱;实现“一大跨越”,即从发展中国家向发达国家的跨越,进而实现中华民族伟大复兴。[⑥]

在国外研究中,也有人出于立场、观点和方法的不同,对中国化马克思主义哲学思想实质、价值取向提出了一些值得商榷、甚至错误的观点。其中最为突出的:一是“异端论”。这种观点从形而上学思维方式出发,教条化地认为,马克思主义本质上是关于无产阶级革命的学说,而中国的马克思主义者却始终“把农民运动作为革命的阶级基础”,这不但偏离了“以前的马克思主义理论”,而且也偏离了列宁和托洛茨基。它所遵循的只是中国的革命的传统而不是马克思主义的传统,实质上背离了马克思主义[⑦]。二是“民粹主义论”。这种观点不懂得革命的普遍性与特殊性关系的原理,僵化地认为中国马克思主义者力图把“农民身上存在着‘共产主义天性’”作为实现社会主义和共产主义的保证,从根本上来讲陷入乌托邦式的幻想之中,它与马克思以现代化大生产为基础的社会主义截然不同。三是“唯意志论”。中国革命的早期条件极其艰苦,毛泽东一再号召共产党

---

① Maurice Meisner. Mao's China and After: A History of the People's Republic[M]. New York: the Free Press, A Division of Macmillan, Inc., 1986:466.

② 季塔连柯.对毛泽东、邓小平社会主义理论的比较研究[J].中共党史研究,2001(6).

③ 渡边利夫.邓小平的经济思想与改革开放[J].国外中共党史研究动态,1994(6).

④ 张大卫.中流砥柱,各有千秋——周恩来与邓小平[M].北京:中国广播电视出版社,1988:3.

⑤ James C. Hsiung. The Xi Jinping Era: His Comprehensive Strategy Toward of China Dream[M]. Beijing: Beijing Times Chinese Book co., LTD. Press, 2015: 10.

⑥ 新一轮“赶考”,历史关口风高浪急[N].学习时报,2016-09-05.

⑦ John King Fairbank. The United States and China[M]. Cambrige, MA: Harvard University Press,1948: 260 and after.

人要有战胜困难的决心和意志,国外一些学者由此错误地将马克思主义等同于“经济决定论”,将毛泽东划归到“唯意志论者”的行列。认为“在极端唯意志论为特征的毛主义世界观中,在创造历史、实现共产主义理想方面起关键作用的,只是那些富于固有的革命精神和道德观念的人。”[①]四是“实用主义论”。这种观点将中国共产党人所讲的“实事求是论”“实践标准论”“猫论”和“‘三个有利于’论”与英美国家盛行的实用主义相比较,认为进入新时期之后,中国共产党人的意识形态发生了根本变化,本质上就是从一切为我所用出发,过多强调了真理的主观性,与实用主义“有用就是真理”“目的可以证明手段之正确”并没有本质的区别。[②] 五是“变相资本主义论”。这种观点从僵化教条主义的社会主义观出发,认为中国改革所实行的市场经济制度,以及其他方面的改革举措,都具有资本主义的性质,“中国模式”正是“华盛顿共识”的成功范例,中国改革就是走了资本主义道路。六是“民族主义论”。这种观点看不到在当代中国爱国主义与社会主义的一致性,认为中国的社会主义历来带有民族主义特色,而自20世纪80年代末期以来,民族主义变得更加赤裸裸,已经取代马克思主义而成为中国的主流意识形态。七是“新权威主义论”。这种观点认为,新权威主义是发展中国家走向现代化的必经阶段,当代中国的意识形态既不能称为民主主义,也不能称为严格的权威主义,而是一种转型期的“新权威主义”。有“柔性权威主义”“分散化权威主义”“民粹权威主义”“竞争权威主义”“协商权威主义”等不同说法。八是“儒家社会主义论”。这种观点在马克思主义与传统文化之间划上鸿沟,认为中国自古以来就是一个文明型国家,随着中国现代化的发展,中国传统文化对当代中国普通群众和领导者的价值信念、治理方式、政策选择等产生了越来越深的影响,儒家文化已逐渐取代马克思主义。“直到今天,这种传统思想还是了解中国人、中国家庭传统、政府角色、教育体制以及秩序和稳定重要性的根本要素——虽然现在这种儒家思想已经呈现出高度现代化的特征。”[③]

国外学者以旁观者的身份看问题,他们的研究,无疑给我们提供了另外一种思想参照。即使他们提出的挑战性问题,也能启发我们去思考,加深我们对马克思主义哲学的研究。正确看待国外学者的研究,加强国内外学术交流,不仅有助于推动国内马克思主义哲学中国化研究,而且有助于扩大中国马克思主义的世界影响,坚定我们走中国特色社会主义的信念。但国外研究范围广,语言种类繁

---

① Maurice Meisner. Marxism, Maoism, and Utopianism[M]. Madison: University of Wisconsin Press, 1982: 201.

② 成龙.国外中国模式研究评析[M].北京:人民出版社,2018:201-252.

③ Martin Jacques. When China Rules the World: The End of the Western World and the Birth of a New Global Order[M]. New York: The Penguin Press, 2009: 25.

杂,而且往往受到研究立场、观点、方法的限制。这需要我们下功夫进行分析和评判,既吸取其有益成果,又保持头脑清醒。只有这样,我们才可能在正确的方向推进马克思主义哲学中国化研究。

[本文选自《社会科学战线》2021年第4期]

[作者简介] 成龙,哲学博士,浙江大学马克思主义理论研究所教授、博士生导师,有浙江省中国特色社会主义理论体系研究中心浙江大学研究基地首席专家等多项学术兼职。邮编:浙江 杭州 310058

中国共产党伟大建党精神的三重逻辑研究[①]

代玉启

习近平总书记在庆祝中国共产党成立100周年大会上的重要讲话中指出："一百年前，中国共产党的先驱们创建了中国共产党，形成了坚持真理、坚守理想，践行初心、担当使命，不怕牺牲、英勇斗争，对党忠诚、不负人民的伟大建党精神，这是中国共产党的精神之源。"[②]这一论断深刻揭示出百年来中国共产党创造历史伟业和人间奇迹的精神密码。结合中国共产党的百年奋斗历程，深刻认识伟大建党精神的丰富内涵和生成逻辑，是正确理解和把握中国共产党精神之源的关键。走好新时代的赶考之路，应将伟大建党精神转化成共产党员的自觉遵循，为实现中华民族伟大复兴和推动构建人类命运共同体提供强大的精神指引。

一、伟大建党精神的内在逻辑

习近平总书记在浙江工作期间曾指出，"开天辟地、敢为人先的首创精神，坚定理想、百折不挠的奋斗精神，立党为公、忠诚为民的奉献精神"[③]是"红船精神"的深刻内涵，也是中国革命精神之源。从红船精神到伟大建党精神，体现出中国共产党人对自身属性、特质、基因的认识达到历史新高度。"坚持真理、坚守理想，践行初心、担当使命，不怕牺牲、英勇斗争，对党忠诚、不负人民"[④]，这4个要点32个字概括的伟大建党精神，具有丰富的内涵和严密的逻辑关系。

（一）认知层次：坚持真理、坚守理想

中国共产党人坚持的真理、坚守的理想不是一般的主义、理论、主张、目标，而是始终坚持马克思主义指导思想和共产主义远大理想。对这一真理和理想，中国共产党人一经选择，便不曾放弃，并在血与火的淬炼与考验中愈发坚定、矢

---

① 本文系国家社科基金重大项目"马克思主义哲学中国化的历史逻辑及原创性贡献研究"（项目编号：19ZDA016）的成果之一。

② 习近平．在庆祝中国共产党成立100周年大会上的讲话[N]．人民日报，2021-07-02(002).

③ 习近平．干在实处 走在前列——推进浙江新发展的思考与实践[M]．北京：中共中央党校出版社，2006：456.

④ 习近平．在庆祝中国共产党成立100周年大会上的讲话[N]．人民日报，2021-07-02(002).

志不渝，借用李大钊先生的话，可谓“期于必达，勿稍怠荒，月异岁新，与时俱进，页页联缀，永续无穷。”①

坚持马克思主义指导思想，即坚持马克思主义基本立场、观点和方法，这是世界社会主义运动颠扑不灭的真理，也是中国共产党人的思想优势。从以李大钊为代表的早期共产主义者到以习近平为核心党中央，中国共产党人始终站在马克思主义的这一基本立场上。1921 年党的第一次全国代表大会通过的纲领明确规定“推翻资本家阶级的政权”；“承认无产阶级专政，直到阶级斗争结束，即直到消灭社会的阶级区分”②。一百年来，中国共产党人丝毫没有改变这一基本立场，不断坚持和发展马克思主义，让这一“外来之物”在中国落地生根，实现马克思主义化中国和中国化的有机统一。坚持马克思主义基本观点，立足我国实际，从诸如“两个必然”和“两个决不会”等经典论断的坚持中探寻中国方案、开辟中国道路。坚持马克思主义基本方法，就是坚持一切从实际出发，具体问题具体分析，正确认识世界和改造世界等，这些方法已经得到实践验证并将被继续证明其跨越时空的正确性。

中国共产党成立伊始，就把实现共产主义作为自己的最高理想和奋斗目标。对马克思主义的信仰，对社会主义和共产主义的坚守，是中国共产党人经受一切风险挑战的精神支柱。中国共产党领导中国人民进行革命、建设和改革的百年历程，就是与各种错误思想、错误观念、错误路线不断斗争的过程，就是不断解放思想、实事求是、与时俱进、求真务实的过程。中国共产党人自从选择了马克思主义信仰和共产主义理想，便只顾风雨兼程，不断推进马克思主义中国化，带领全国民众探索中国特色的革命道路、建设道路、改革开放道路和强国道路。其道一也，这个“一”就是社会主义和共产主义的道路与理想，这一理想信念和远大目标百年历久弥新。

（二）目标层次：践行初心、担当使命

中国共产党人践行的初心、担当的使命不是一般的责任和使命，而是始终坚持为中国人民谋幸福、为中华民族谋复兴。初心之澄澈、使命之壮阔、愿景之崇高，赋予中国共产党在世界政党之林以超群拔类的政治品格。

社会历史是由人的实践活动构成的，人是社会历史发展的主体。马克思倡导建立的共产主义社会是社会主义的高级阶段，个人的自由全面发展是一切人自由发展的前提，也是社会发展的终极目标。中国共产党自成立以来，“从石库门到天安门，从兴业路到复兴路，我们党近百年来所付出的一切努力、进行的一

① 李大钊文集：第 2 卷[M]. 北京：人民出版社，1999：167.

② 沈云锁，潘强恩. 共产党通史：第 3 卷（上册）[M]. 北京：人民出版社，2011：51.

切斗争、作出的一切牺牲，都是为了人民幸福和民族复兴。”[①]人民幸福、民族复兴是中国共产党一切实践活动的价值旨归和使命担当。从全心全意为人民服务的根本宗旨到“人民对美好生活的向往，就是我们的奋斗目标”，[②]中国共产党始终不变的是初心、使命、目标和精神。作为使命型政党，中国共产党的目标具有层级性、连贯性和战略性，在长远目标统摄下制订具体的目标计划，注重目标与目标之间的协同与递进，并在推进过程中不断自我修正、持续优化精进，确保真正做到“一张蓝图绘到底”“一代接着一代干”，在推进小目标、阶段目标实现的过程中向着远大目标逐渐过渡，兼顾局部利益与整体利益、具体利益与根本利益、短期利益与长期利益。中国共产党团结带领人民进行革命、建设和改革，完成一个又一个“小目标”，迎来了从站起来、富起来到强起来的伟大飞跃，也在不断接近“大目标”，通过接续实现不同历史时期的愿景与使命，给中国人民增信心、涨志气，让老百姓感到“生活有奔头”“未来有希望”。

（三）特质层次：不怕牺牲、英勇奋斗

为有牺牲多壮志，敢教日月换新天。“不怕牺牲、英勇奋斗”是对中国共产党的精神风范和意志品质的高度凝练和集中表达。大无畏的英雄气概、顽强拼搏的意志精神、优良纯洁的革命作风，是中国共产党人的鲜明标识。

中国共产党的百年历史，既是创造辉煌的伟大奇迹史，又是筚路蓝缕的攻坚克难史，绝不是轻轻松松、敲锣打鼓就能实现的，而是一代又一代中国共产党人甘洒热血、砥砺奋进的结果。中国共产党始终把实现社会主义和共产主义作为根本目标，艰巨的历史使命决定了中国共产党人必须进行艰苦卓绝的革命斗争，他们坚信“牺牲永远是成功的代价”，“大凡新命之诞生，新运之创造，必经一番苦痛为之代价”[③]。据统计，在新民主主义革命时期，可查的革命英烈就达 370 多万人。毛泽东对在革命事业中牺牲的烈士给予高度评价：“中国共产党和中国人民并没有被吓倒，被征服，被杀绝，他们从地下爬起来，揩干净身上的血迹，掩埋好同志的尸首，他们又继续战斗了。”[④]“从古以来，中国没有一个集团，像共产党一样，不惜牺牲一切，牺牲多少人，干这样的大事。”[⑤]一百年来，中国共产党不怕困难、不怕牺牲，坚韧不拔、忍辱负重，百折不挠、英勇奋斗，团结带领全体人民有效应对重大风险和挑战，着力做好重大风险挑战防范和化解工作，总体上取得应对风险挑战的胜利，书写了中国共产党的百年伟业，凸显了中国共产党坚定的革

---

① 习近平.在“不忘初心、牢记使命”主题教育总结大会上的讲话[J]，求是，2020(13).

② 习近平谈治国理政：第 1 卷[M].北京：外文出版社，2018：4.

③ 李大钊全集：第 2 卷[M].北京：人民出版社，2013：254.

④ 徐求真，郑志发.井冈山精神与中华民族精神的弘扬与培育[M].北京：人民出版社，2014：44.

⑤ 曲青山.中国共产党百年辉煌[M].北京：人民出版社，2021：16.

命意志和优良的革命作风。习近平总书记指出："一百年来，在应对各种困难挑战中，我们党锤炼了不畏强敌、不惧风险、敢于斗争、勇于胜利的风骨和品质。"①

（四）主体层次：对党忠诚、不负人民

中国共产党人忠诚的对象是中国共产党和人民群众，而非某个人或某个阶层，更非宗教神灵之类的事物。对党的信仰、党的路线、党的方针政策忠诚，始终坚持全心全意为人民服务的根本宗旨，彰显了中国共产党的政治担当和人民立场。

中国共产党是中国特色社会主义事业的领导核心，中国共产党由小到大、由弱到强，始终离不开最广大人民群众的拥护与支持，为了人民、依靠人民、建立最广泛的群众基础是党团结带领中国人民为实现国家富强、民族复兴而取得一个又一个胜利的根本奥秘。中国共产党始终代表最广大人民群众的根本利益，与人民群众休戚与共、生死相依，没有任何自己的特殊利益，也不代表任何利益集团、任何权势团体、任何特权阶层的利益，是人民群众的政党。革命、建设和改革时期，无数英雄人物为民族、国家、人民抛头颅、洒热血，将对党忠诚落实到具体的行动中。习近平总书记指出，"对党忠诚，不是抽象的而是具体的，不是有条件的而是无条件的，必须体现到对党的信仰的忠诚上，必须体现到对党组织的忠诚上，必须体现到对党的理论和路线方针政策的忠诚上"②。作为马克思主义政党，面对危机时刻，只有将最广大人民的根本利益放在第一位，把最广大人民的立场当作根本政治立场，才能赢得人民真心实意的爱戴和拥护，才能最终力挽狂澜、化险为夷、转危为安。在长期的斗争中，我们党确立一切为了群众、一切依靠群众和从群众中来、到群众中去的群众路线，在群众路线的彻底贯彻中、在与人民群众的共同战斗中党不断发展、壮大、成熟。

伟大建党精神思想精辟、意境深远。如前所述，其内涵可分为认知层面、目标层面、特质层面、主体层面。这四个方面既相对独立、各有侧重，依次体现出认知（坚持真理、坚守理想）的科学性、目标（践行初心、担当使命）的坚定性、特质（不怕牺牲、英勇斗争）的鲜明性，主体（对党忠诚、不负人民）的无私性，又层层递进、相互融合：马克思主义的科学真理和共产主义的远大理想（坚持真理、坚守理想）不会推导出狭隘的私利和个人的算计，而是为人民谋幸福、为民族谋复兴践行的如磐初心和崇高使命（践行初心、担当使命），践行这一初心和担当这一使命的过程不可能轻而易举、一蹴而就，它对主体的身体、精神乃至生命提出严峻挑战，要求随时准备为党和人民牺牲一切、永不叛党（不怕牺牲、英勇斗争）。只有

① 习近平.在党史学习教育动员大会上的讲话（单行本）[M].北京：人民出版社，2021：19.

② 新中国70年大事记1949.10.1—2019.10.1（下）[M].北京：人民出版社，2020：1759.

铁骨铮铮的人(对党忠诚、不负人民),发扬不怕牺牲、英勇斗争的精神,才能不忘初心、不辱使命、不辜负理想、不背离真理。作为永不褪色的精神丰碑,伟大建党精神具有理论的引领力、实践的指导力、现实的解释力,充分彰显了中国共产党的先进性和纯洁性,凸显出中国共产党区别于其他政党或团体的显著优势和鲜明特征,展现了身处历史悠久的东方大国的马克思主义执政党的光辉形象。与此同时,伟大建党精神又是开放性的理论体系,随着中国共产党人团结带领全国人民的革命、建设、改革实践进程而不断丰富其内涵,百年来逐渐扩充和发展的中国共产党人精神谱系,就是对伟大建党精神的展开和发扬。以爱国主义为核心的民族精神是伟大建党精神的文化养料,以改革创新为核心的时代精神是伟大建党精神的丰富呈现,它们不断赋予伟大建党精神以丰厚的历史滋养、现实养分和时代色彩。

二、伟大建党精神的生成逻辑

中国共产党伟大建党精神的生成不是偶然的,而是扎根中国大地、立足中国现实的实践产物,既昭示着历史发展的必然,也蕴含着深厚的理论和文化基因。

(一)历史逻辑

伟大的建党精神由中国共产党的建党实践创生出来,全面反映中国共产党建党的完整历史过程。

1840 年鸦片战争失败后,以英、法、美、德等国为代表的帝国主义国家觊觎中华民族广阔的消费市场、原料产地以及数不清的物质财富,对中国发动一系列侵略战争,强迫中国签订丧权辱国的条约。“国家蒙辱、人民蒙难、文明蒙尘,中华民族遭受了前所未有的劫难。”[①]举目四望,“满地兵燹,疮痍弥目,民生凋敝,亦云极矣”[②],莽莽神州,谁救中国?苍茫大地,谁主沉浮?太平天国、戊戌变法、义和团运动、辛亥革命等,这些救亡图存之路均未能成功;改良主义、自由主义、社会达尔文主义、无政府主义、实用主义等,这些理论和学说均未能奏效。“一个个方案都试过了,却又屡屡化为泡影。一条条道路都探寻了,却撞得头破血流。”[③]民国时期,中国以各种名目成立的政党有 300 多个,但这些政党的宗旨大多不是出于“公心”,而是为了满足自己的私利,“今日之所谓政党……盖不过一二野心家借政党名目,以为争权夺利之具也”。[④] 环视四周,毛泽东指出:“国家

① 习近平.在庆祝中国共产党成立 100 周年大会上的讲话[N].人民日报,2021-07-02(002).

② 李大钊全集:第 1 卷[M].北京:人民出版社,2013:9.

③ 宣言:社会主义没有辜负中国[N].人民日报,2021-06-07(001).

④ 王灿.党论[N].说报,1913-06-20.

坏到了极处，人类苦到了极处，社会黑暗到了极处。”[①]恰如习近平总书记在庆祝中国共产党成立100周年大会上的讲话中指出的，“中国迫切需要新的思想引领救亡运动，迫切需要新的组织凝聚革命力量”[②]。

在中华民族危急关头，以李大钊同志为代表的共产主义先驱们接连登上历史舞台。1916年8月15日，在《晨钟报》创刊号上，李大钊吹响“青春中华之创造”的号角，他希望青年能够承担起创造“青春中华”的历史使命，“冲决历史之桎梏，涤荡历史之积秽，新造民族之生命，换回民族之青春者，固莫不惟其青年是望”。[③] 毛泽东同志誓言：“天下者我们的天下，国家者我们的国家，社会者我们的社会，我们不说，谁说？我们不干，谁干？刻不容缓的民众大联合，我们应该积极进行！”[④]1917年，列宁领导的俄国十月社会主义革命的胜利给中国送来了马克思列宁主义。自此，长期处于彷徨和迷茫中的中国人民有了科学理论的指引，看到了解决中国问题的出路和希望。俄国十月革命爆发后，李大钊等人便前瞻性地预见了这是“影响于未来世纪文明之绝大变动”[⑤]，必将改变人类社会发展的进程。1919年，巴黎和会上中国外交的失败直接推动了五四运动的爆发，工人罢工、商人罢市、学生罢课的运动此起彼伏，为了争取中国作为战胜国的合法权益，广大的工人阶级开始登上历史舞台，显示出强大的斗争力量，马克思主义也在中国得到了广泛的传播。

马克思指出：“无产阶级在反对有产阶级联合力量的斗争中，只有把自身组织成为与有产阶级建立的一切旧政党不同、相对立的政党，才能作为一个阶级来行动。”[⑥]中国共产党的建党伟业，不是一时一地一人之功，而是多人多地长期求索的结果。从“为青春中国之再生”的豪情壮志到“根本的一个方法，就是民众的大联合”的果敢坚毅，再到“开创一个人人有饭吃、人人有衣穿的新天地”的希冀追求……无数先进分子举起马克思主义的旗帜，救民族于危亡之际、救万民于水火之中，为实现民族独立、人民解放作出不懈努力。例如，朱德年轻时为了寻找救国救民的道路，从云南找到上海，再找到欧洲，甘愿舍弃自己的职位和前程，一门心思要投入中国共产党的怀抱。一个初创时只有50多名党员的组织，逐渐发展壮大为拥有9500多万名党员、领导着14亿多人口大国、具有重大全球影响力的大党、强党。从一艘红船到巍巍巨轮，伟大建党精神充盈于天地之间，深刻改

① 彭冰冰.红船精神：深刻内涵、精神实质与新时代意义[M].北京：人民出版社，2020：193.
② 习近平.在庆祝中国共产党成立100周年大会上的讲话[N].人民日报，2021-07-02(002).
③ 彭冰冰.红船精神：深刻内涵、精神实质与新时代意义[M].北京：人民出版社，2020：100.
④ 欧阳军喜.马克思主义与近代中国[M].北京：人民出版社，2018：47.
⑤ 李大钊全集：第2卷[M].北京：人民出版社，2013：329.
⑥ 马克思恩格斯选集：第3卷[M].北京：人民出版社，2012：173.

变了中国、也深深影响着世界。

（二）理论逻辑

中国共产党先驱们在20世纪初探索救国救民道路中创造出的伟大建党精神，是马克思主义基本原理与中国具体实际相结合、同中国优秀传统文化相融合形成的宝贵财富。

马克思列宁主义是中国共产党伟大建党精神形成的理论根源。“只有以先进理论为指南的党，才能实现先进战士的作用。”①中国共产党伟大建党精神和中国共产党精神谱系的形成发展，都源自马克思列宁主义的科学指导。习近平总书记指出：“中国共产党为什么能，中国特色社会主义为什么好，归根到底是因为马克思主义行！”②作为马克思主义政党，中国共产党从诞生之日起就内蕴着马克思列宁主义理论的精神特质，在求真务实、怀疑批判、追求崇高、坚定实践等精神的指引下找到一条救国救民的正确道路，在带领中国人民实现民族解放、国家独立、民族复兴、国家富强的历史进程中锻造出日益丰富的精神谱系并将其熔铸于生生不息的中国精神中。马克思列宁主义的精神特质是中国共产党伟大建党精神的形成根源和核心要素。随着马克思主义在中国的进一步传播，中国先进分子不断推动马克思主义中国化进程，推动了伟大建党精神的萌发。在革命、建设和改革时期，中国共产党人坚决把马克思主义基本原理与中国不同阶段的实际结合起来，形成了中国化的马克思主义理论成果，即毛泽东思想、邓小平理论、“三个代表”重要思想、科学发展观和习近平新时代中国特色社会主义思想。中国共产党人对马克思主义的坚守，是中国共产党人铸就伟大建党精神的核心密码，也是中国共产党人百年精神谱系的思想根源。

中华优秀传统文化是伟大建党精神形成的文化土壤。伟大建党精神与中华文化基因一脉相承，同中华民族长期形成的特质禀赋和文化基因一脉相承。中华民族五千多年文明历史孕育出的优秀传统文化是中华民族的精神支柱和力量之源。从古代的崇仁爱、重民本、守诚信、尚和合、求大同等思想到现代的自强不息、艰苦奋斗、敬业乐群、匡扶正义、扶危济困、见义勇为、尊老爱幼等美德，彰显了中华民族独特的精神理念和道德遵循。中国共产党的百年奋斗史就是一部民族精神发育史，中国共产党在革命、建设和改革时期不断继承和发展中华民族优秀传统文化，构筑起中国共产党精神谱系的基本框架。例如，《礼记·儒行》中有“苟利国家生死以，岂因祸福避趋之”的无私奉献；文天祥在《过零丁洋》中“人生自古谁无死，留取丹心照汗青”的舍生取义；曹植在《白马篇》中“捐躯赴国难、视

① 列宁全集：第6卷[M].北京：人民出版社，2013:24.

② 习近平.在庆祝中国共产党成立100周年大会上的讲话[N].人民日报，2021-07-02(002).

死忽如归”的大义凛然；李大钊在《厌世心与自觉心》中“国人无爱国心者，其国恒亡”的忧患意识等，博大精深的中华优秀传统文化，是中国共产党伟大建党精神和中国共产党精神谱系形成的文化沃土和历史根源。

（三）实践逻辑

伟大实践孕育伟大精神，伟大精神引领伟大事业。伟大建党精神的种子，不仅刻录着“从哪里来”的基因，而且镌刻着“向何方去”的路标。中国共产党在百年奋斗历程中确立和传承的伟大建党精神，是中国共产党团结带领中国人民取得革命、建设、改革成果的精神支柱、动力之源和精神归宿。

100年来，中国共产党带领中国人民“振衰微于亡国灭种之际，救万民于水深火热之中，建共和于革故鼎新之时，兴百业于一穷二白之上，倡改革于曲折前行之途，成小康于砥砺奋进之中，煌煌然成复兴之大气象……”①百年风雨苍黄，中国共产党的党员人数、覆盖范围和影响力都发生了巨大的变化。建党之初，中国共产党是散落在全国各地的星星之火，到延安时期已经成为领导全民族抗战的中坚力量，无数仁人志士纷纷入党；新中国成立后，中国共产党走向全面执政的征程，党员遍布全国，覆盖各领域、各行业，以党的先进性引领我国的现代化建设。经过几代人的接续努力，中国共产党从边缘地位走向世界舞台的中央，以非凡的成就向世界展示着中国风格、中国气派、中国韵味。

中国共产党始终坚持“江山就是人民，人民就是江山”②的理念，始终同人民群众想在一起、干在一起，维护最广大人民群众的利益。中国共产党成立伊始，就肩负起实现民族独立、人民解放和国家富强、人民富裕的历史使命，团结带领中国人民取得了革命、建设和改革等各项事业的伟大胜利。新民主主义革命时期，中国共产党团结带领中国人民浴血奋战、百折不挠，推翻了帝国主义、封建主义和官僚资本主义三座大山的压迫，形成了伟大的井冈山精神、长征精神、延安精神、西柏坡精神等。社会主义革命和建设时期，中国人民成为国家的主人，在党的领导下自力更生、艰苦奋斗，确立了社会主义基本制度，孕育了伟大的抗美援朝精神、大庆精神、焦裕禄精神、“两弹一星”精神等。改革开放和社会主义现代化建设时期，党团结带领中国人民解放思想、与时俱进、开拓创新，确立社会主义基本经济制度和分配制度，形成伟大的特区精神、抗洪精神、载人航天精神、抗震救灾精神等。进入中国特色社会主义新时代，党团结带领中国人民开拓创新、奋发图强，推动党和国家各项事业取得历史性进步、发生历史性变革，铸就伟大的探月精神、北斗精神、伟大抗疫精神、脱贫攻坚精神等。中国共产党带领中国

① 任仲平.恢宏史诗的力量之源[N].人民日报，2021-07-20.

② 习近平.在党史学习教育动员大会上的讲话（单行本）[M].北京：人民出版社，2021：15.

人民在百年奋斗历程中形成的这一系列伟大精神，是中国共产党在不同历史时期所取得实践成就的精神提炼和时代精华，是中国共产党伟大建党精神的历史延展。

把握历史逻辑、理论逻辑、实践逻辑，方能形成全面理解和丰富发展伟大建党精神生成的多维视野，从而推动伟大建党精神在不断变化的时代形势中永葆生机。伟大建党精神在中国共产党的建党、兴党、强党历程中产生与发展，在继承和运用马克思主义理论中萌发与丰富、在中华优秀传统文化的土壤中滋养，在推进中华民族伟大复兴的实践进程中落地与成熟。伟大建党精神的形成与发展是理论与实践双向互动的历史过程，历史逻辑反映的是伟大建党精神与中国共产党的发展壮大相生相伴的过程，理论逻辑体现的是伟大建党精神脱胎于马克思主义基本原理、融合于中华民族独特性格和优秀文化的过程，实践逻辑彰显的是在伟大建党精神的引领下中华儿女建功立业、书写华章的过程。

三、伟大建党精神的新时代转化逻辑

回顾中国共产党百年史可以清楚地看到，在许多政党难逃“其兴也勃焉，其亡也忽焉”的结局时，中国共产党凭借强大的自信和气魄带领中国人民在无数艰难险阻中以小胜大、以弱胜强，将中国从一个半殖民地半封建的旧社会形象改写为社会主义新中国形象，创造一个又一个“当惊世界殊”的中国奇迹，这是对伟大建党精神最好的回应和证明。

随着中国特色社会主义进入新时代，国内外环境正在发生广泛而深刻的变化。在推进社会主义现代化强国建设进程中，中国和中国共产党仍然会面临许多前所未有的危险和考验，可谓机遇与挑战并存、希望与风险同在。习近平总书记在庆祝中国共产党成立 100 周年大会上的讲话中鲜明提出，以史为鉴、开创未来，必须做到“九个必须”（即坚持中国共产党坚强领导、团结带领中国人民不断为美好生活而奋斗、继续推进马克思主义中国化、坚持和发展中国特色社会主义、加快国防和军队现代化、不断推动构建人类命运共同体、进行具有许多新的历史特点的伟大斗争、加强中华儿女大团结、不断推进党的建设新的伟大工程）[①]。这“九个必须”，体现的是底线思维，是“以史为鉴、开创未来”须臾不可忘却的原则，是进一步弘扬伟大建党精神的题中之义。李大钊曾说：“我们要晓得一切过去的历史，都是靠我们本身具有的人力创造出来的，不是哪个伟人圣人给我们造的，亦不是上帝赋予我们的。将来的历史，亦还是如此。”[②]走好实现第二

① 习近平. 在庆祝中国共产党成立 100 周年大会上的讲话[N]. 人民日报，2021-07-02(002).

② 李大钊文集：第 3 卷[M]. 北京：人民出版社，1999：321.

个百年奋斗目标的赶考之路，应将伟大建党精神转化成共产党员的自觉遵循、治国理政的基本依据。鉴于此，需要在深化研究阐释伟大建党精神内涵的基础上，不断将伟大建党精神转化为中国共产党人的制度化身份，为实现中华民族伟大复兴的历史使命和推动构建人类命运共同体提供强大的精神指引。

（一）将伟大建党精神转化为中国共产党人的制度化身份

作为“先锋队”和“模范者”，共产党员在新时代的征程中承载着更加重要的使命与担当。为此，需要广大党员更加坚定理想信念、激发奋斗意志、提高实践本领，将内蕴着“从哪儿来、到哪儿去”精神密码的伟大建党精神转化为自身的制度化身份，真正内化于心、外化于行。

中国共产党人的制度化身份，是在中国社会发展演进的过程中不断形成的，已然成为这个群体的集体性共识和实践性遵循。[①] 伟大建党精神凝聚于每个共产党人对马克思主义的坚定信仰、为人民谋幸福和为民族谋复兴的初心与使命，成为每个中国共产党人在前赴后继的革命实践、艰苦卓绝的建设实践、前无古人的改革实践中勇挑大梁、奋勇向前的精神动力与价值遵循。伟大建党精神是中国共产党性质、宗旨、价值、原则的集中体现，是对中国共产党人身份属性的内在规定。基于伟大建党精神的深刻阐述，中国共产党人的身份可理解为“马克思主义者”“民族复兴者”“革命英雄主义者”“人民勤务员”四层意蕴。第一重规定性是马克思主义者，即对马克思主义真理和共产主义理想的坚定信仰。中国共产党人首先是马克思主义者，从入党之日起就誓为共产主义奋斗终身，不断运用马克思主义的世界观和方法论为中国人民乃至世界人民的解放开拓现实道路。第二重规定性是民族复兴者，即为实现中华民族的伟大复兴不懈奋斗。诞生于内忧外患中的中国共产党自觉肩负起救国救民于水火之中、强国富民于世界之林的责任与使命，中国共产党人始终充当着民族复兴征程的排头兵与带头人。第三重规定性是革命英雄主义者，即为了理想信念敢于斗争、勇于牺牲。“革命不是请客吃饭，不是做文章，不是绘画绣花，不能那样雅致，那样从容不迫，文质彬彬，那样温良恭俭让。革命是暴动，是一个阶级推翻一个阶级的暴烈的行动。”[②] 老一辈共产党人在民主主义革命中为建立新中国抛头颅、洒热血，新时代共产党人在新的伟大革命中理应为建成社会主义现代化强国竭尽所能、鞠躬尽瘁、死而后已。第四重规定性是人民勤务员，即忠于人民、服务人民、为民奉献。人民是历史的主体、国家的主人，全心全意为人民服务是中国共产党的根本宗旨，权为

① 项久雨. 制度化的“身份”：初心与使命对中国共产党人身份的内在规定[J]. 教学与研究，2019(9).

② 毛泽东选集：第1卷[M]. 北京：人民出版社，1991：17.

民所用、情为民所系、利为民所谋是中国共产党人始终坚守的原则要求。对于每一个中国共产党党员而言，将伟大建党精神转化为制度化身份，形成与中国共产党的先进性、纯洁性、革命性、人民性相适应的党员身份意识，对于坚持和加强党的领导、推进国家治理体系和治理能力现代化具有重要意义。广大党员应做伟大建党精神的代言人，争做全面建设社会主义现代化强国的探路者、弄潮儿、先行者。在此基础上，影响和带动更多的民众见贤思齐，让建党精神成为有识之士日用而不觉的言行参照。

（二）将伟大建党精神转化为实现中华民族伟大复兴的物质力量

“理论一经掌握群众，也会变成物质力量。理论只要说服人，就能掌握群众；而理论只要彻底，就能说服人。”[①]伟大精神激发伟大力量。伟大建党精神不是一个抽象的命题，而是把全体党员团结凝聚在党中央周围的精神力量，更应在党带领全国各族人民实现站起来、富起来、强起来的具体实际中发挥出巨大的物质力量。当前，世界百年未有之大变局加速演进，国内改革发展稳定任务艰巨繁重，我国正处于实现中华民族伟大复兴的关键时期。新的历史条件下，必须进一步继承和发扬伟大建党精神，为全面建设社会主义现代化强国、实现中华民族伟大复兴提供强大精神动力。

大力弘扬伟大建党精神，必须在理论学习上下功夫。中国共产党能够在一百年的实践探索中创造历史奇迹，最根本的原因在于始终坚持马克思主义理论的指导，并在实践中不断推动马克思主义中国化、时代化、大众化。在新时代长征路上，坚持真理、坚守理想是中国共产党人的第一要务，学懂弄通做实马克思主义是中国共产党人发挥先锋模范作用的前提要求。大力弘扬伟大建党精神，必须在主题教育上制度化。“践行初心、担当使命”，烙印下伟大建党精神的底色，切实推进“不忘初心、牢记使命”制度化、常态化是弘扬伟大建党精神的必然要求。在全党开展生动的党史教育，对广大党员进行深刻的灵魂洗礼，促使党员把初心使命转化为开拓创新、砥砺前行的精气神和埋头苦干、真抓实干的自觉行动。大力弘扬伟大建党精神，必须在群众路线上抓落实。群众路线是党的传家宝和生命线，全面贯彻落实群众路线就是要时刻把群众的安危冷暖放在心上、把群众的急难愁盼彻底解决，唯有如此，方能不负于民。伟大建党精神是百年党史积淀下来的宝贵财富，继承和发扬伟大建党精神，就要做到习近平总书记的号召：“牢记初心使命，坚定理想信念，践行党的宗旨，永远保持同人民群众的血肉联系，始终同人民想在一起、干在一起，风雨同舟、同甘共苦。”[②]

---

① 马克思恩格斯选集：第1卷[M].北京：人民出版社，2012：897.

② 习近平.在庆祝中国共产党成立100周年大会上的讲话[N].人民日报，2021-07-02(002).

（三）将伟大建党精神转化为构建人类命运共同体的历史自觉

伟大建党精神不仅是中国共产党和中国人民的宝贵财富，也是世界人民共同的宝贵财富。继承伟大建党精神意味着高扬马克思主义真理旗帜、坚持以人民为中心的根本立场、弘扬敢于胜利的斗争品格，这是植根于中国共产党光荣而艰辛的建党历程形成的特殊品质，也是符合无产阶级政党执政规律和人类社会发展规律的共同经验。中国共产党的百年实践是人类现代化进程中最壮丽的篇章，对于世界各国尤其是发展中国家破解现代性发展难题具有重要的借鉴和启示意义。

中国共产党不仅是为中国人民谋幸福的政党，而且是为世界人民谋大同的政党。基于对人类发展前途和时代发展趋势的深刻洞察，以习近平为核心的党中央提出构建人类命运共同体的战略思想，从大力推进"一带一路"建设到推动国际抗疫合作，不断为构建人类命运共同体作出积极贡献。在中国共产党百年诞辰之际，应大力推进伟大建党精神的国际传播与宣传展示，让世界各国人民特别是密切关注世界发展和人类命运的有识之士更加理解和认同中国智慧和中国方案，不断将伟大建党精神转化为构建人类命运共同体的历史自觉。

[本文选自《求索》2021 年第 5 期]

[作者简介] 代玉启，法学博士，浙江大学马克思主义学院副院长，博士生导师；有高校思想政治工作队伍培训研修中心（浙江大学）办公室副主任、教育部高校思想政治理论课教学指导委员会委员等多项学术兼职。邮编：浙江 杭州 310058

清末民初马克思主义在中国的早期传播研究(1899—1912)

程早霞　姜华帅

1899 年广学会发行的《大同学》一书对马克思主义有所介绍，这是马克思主义在中国早期传播的起始。1908 年《天义》报第 15 期到 19 期对马克思主义的纲领性文献《共产党宣言》序言和第一章的内容作了较为完整的翻译介绍。此外，《德意志社会革命家小传》《社会主义大家马儿克之学说》等文章对马克思及其在社会主义发展史中的地位和影响也作了较为完整的介绍。

近些年来，国内学者在马克思主义早期传播研究中产生了《回溯历史——马克思主义经济学在中国的传播前史》《马克思主义在中国初期传播史(1918—1922)》等研究成果。特别是近两年《马藏》[①]《马克思主义经典文献传播通考》[②]等典藏资料的出版，为我们研究马克思主义在中国早期传播提供了重要的文献资料。目前，马克思主义在中国早期传播的研究还存在着三个方面的问题：一是在文本的解读上，多是基于历史记载的表征性描述，系统分析和研究还不足。二是对马克思主义术语的跨语境转换和再造缺乏深度分析。三是马克思主义在中国的早期传播对清末民初社会观念的革新和社会变革的推动作用研究不深。总的来看，清末民初马克思主义在中国早期的传播研究散落在各种文献中，通常都是学者研究的一部分甚至是一小部分，还未系统呈现这一时期马克思主义在中国传播的整体脉络。

一、清末民初介绍马克思主义的国内出版机构和报刊爬梳

出版机构和报刊是推动清末民初马克思主义在中国传播的重要物质力量。清末民初商务印书馆、广智书局等出版机构及《东方杂志》《社会世界》《新世界》《民生日报》等报刊都曾参与过马克思主义传播。

---

① 《马藏》中国编共四部。2019 年《马藏》第一部出版，收录的是 1894—1903 年间出版的著作、译著类文献共 28 册，约合 360 万字。

② 《马克思主义经典文献传播通考》收集整理了 1949 年以前在中国翻译出版的马克思、恩格斯、列宁等重要著作中文版本，是国内第一套比较全面、系统地考证马克思主义经典文献传播的大型主题图书。

(一)清末民初参与马克思主义早期传播的出版机构概观

商务印书馆创办于1897年,其在国内的汉口、济南和广州等地成立了多家分馆,除此之外它还通过邮购处来销售图书,较早地建立了遍布全国的图书销售网络。商务印书馆1912年出版的《泰西民法志》用长达20余页的篇幅对马克思作了介绍。另外,其创办的《东方杂志》仅1911至1912年间就有《社会主义神髓》《社会主义商兑》等多篇文章涉及马克思主义介绍。广智书局在1903年出版了《近世社会主义》《社会党》等多部与社会主义有关的著作。《近世社会主义》被称为"近代中国系统介绍马克思主义的第一部译著"[①],该书在第二编《第二期之社会主义》对马克思的生平、主张和其创立的第一国际作了长篇幅介绍。《社会党》中也有多处提及马克思主义,归纳起来主要有两大方面:一是马克思主义对欧洲各国社会党及拉萨尔等人的影响,二是对马克思主义派与无政府主义、村社社会主义等其他社会主义流派的斗争情况也作了介绍。

(二)清末民初参与马克思主义早期传播的主要报刊巡礼

《东方杂志》创刊于1904年,曾连载了高劳[②]翻译的《社会主义神髓》一书。书中第三章称马克思为近世社会主义祖师,认为马克思所言的"一切社会之所以组织,无不以经济上生产及交换方法为根柢"[③]道破了人类社会组织的本质。作者认为《资本论》一书对"如何经过诸种历史之阶级,以达乎所谓'近世工业'之域"[④]作了详细的介绍。作者在文中将剩余价值翻译为剩余价格,称资本家扩大再生产的资本"无非从劳动者掠夺此剩余价格"[⑤]。书中第六章还介绍了《共产党宣言》的发表和第一国际的情况,作者指出,《共产党宣言》详细介绍了阶级斗争的由来和宗旨,使社会主义摆脱了以往的空想,变成了科学的教义。

《社会主义与社会政策》《社会主义》等文章对马克思及其主张也有所介绍。在《社会主义与社会政策》一文中钱智修称马克思为"近世社会主义之开山"[⑥];在《社会主义》中欧阳溥存认为马克思主义是"社会主义一大宗也"[⑦],并指出:"麦克司(马克思)所著资本论……纯用科学为根,极确乎不拔"[⑧],认为马克思的资本论是社会主义的一大进步,在文中他对剩余价值一词的含义也做了解释,称

① 北京大学《马藏》编纂与研究中心.马藏第一部:第2卷[M].北京:科学出版社,2019:287-288.
② 学术界一般认为是杜亚泉的笔名。
③ 幸德秋水.社会主义神髓[J].高劳,译.东方杂志,1912(12).
④ 幸德秋水.社会主义神髓[J].高劳,译.东方杂志,1912(12).
⑤ 幸德秋水.社会主义神髓[J].高劳,译.东方杂志,1912(12).
⑥ 钱智修.社会主义与社会政策[J].东方杂志,1911(6).
⑦ 欧阳溥存.社会主义[J].东方杂志(12).
⑧ 欧阳溥存.社会主义[J].东方杂志(12).

剩余价值为《资本论》一书的“精旨”。

《新世界》在马克思主义的早期传播中颇具贡献，其第1、3、5、6、8期连载翻译了恩格斯的《理想社会主义与实行社会主义》(今译作《社会主义从空想到科学的发展》)。该译文翻译了原著的前两章及第三章的绝大部分内容，是当时较为少见的关于马克思和恩格斯整个著作文本的翻译。文中施仁荣将唯物史观翻译成为“以物质思想观察历史”，将剩余价值学说归纳为“以余利所得维持资本生产行为”，并称马克思这两大发明使社会主义“始克成为一科学”[①]，施仁荣因此也成为国内介绍马克思主义两大核心理论的早期代表人物。不仅如此，施仁荣还在文中多处提及马克思，使马克思呈现在读者面前的人物形象越发饱满。

《社会主义从空想到科学的发展》作为科学社会主义的入门书，能被《新世界》所译介和发表，充分表明了该著作在20世纪初的影响力，也彰显了《新世界》报人群体较高的理论水平。另外，《新世界》第2期还刊发了《社会主义大家马儿克之学说》[②]，该文介绍了马克思主义的生平，对《共产党宣言》和《资本论》两部经典著作也作了介绍。作者认为当时德国社会党势力蓬勃发展、社会主义在全世界范围内盛行的原因在于马克思的思想精密、人格高尚和文词敏妙。在绪论中作者还向中国社会党同志发出号召，希望大家学习马克思历经百难而不改其志的精神。

《社会世界》是中国社会党创办的刊物，旨在鼓吹社会主义。《社会世界》连载了译自日本《社会主义研究》的《万国社会党史》一文。《万国社会党史》在叙论中将资产阶级称为“绅士”，将工人阶级称为“平民”，并引用了《共产党宣言》最后一段中“吾人之目的，一依颠覆现时一切之社会组织而达者，须使权力阶级战栗恐惧于共产的革命之前，盖平民所决者，惟铁锁耳，而所得者，则全世界也”[③]，作为介绍第二国际的引言。文中作者对第二国际及其内部马克思主义派别与无政府主义等派别的斗争也作了介绍。在国内发行的报纸中，《民生日报》是最早完整发表《共产党宣言》第一部分内容的报纸。陈振飞将《共产党宣言》中第一部分资产者和无产者翻译为《绅士与平民阶级之争斗》，《民生日报》分七次连载了该篇文章。与民鸣在《天义》报发表的《共产党宣言》第一部分的译文相比，“陈振飞

---

① 弗勒特立克恩极尔斯.实行社会主义(第二编)：续[J].理想社会主义与实行社会主义.施仁荣，译述.新世界，1912(6)：12-15.

② 此篇文章是由朱执信翻译，煮尘(王缁尘)重新整理后发表的。

③ 万国社会党会史：译日本社会主义之研究[J].社会世界，1912(1)：82-83.此段引文今译为：“共产党人不屑于隐瞒自己的观点和意图。他们公开宣布：他们的目的只有用暴力推翻全部现存的社会制度才能达到。让统治阶级在共产主义革命面前发抖吧。无产者在这个革命中失去的只是锁链。他们获得的将是整个世界。”参见孙应帅，唐辉，杨雨林.共产党宣言在中国[M].太原：山西教育出版社，2018：70.

的译文更准确”①。

（三）清末民初出版物中马克思和恩格斯的译名有几十余个

音译是翻译中常见的形式。马克思主义在中国的早期传播中，马克思和恩格斯名字的翻译并不固定，有多个音译词。马克思有加尔马参、加尔孟古、加陆马陆科斯、加路麦古司、克豆麦鲁克斯、卡尔马格、卡尔马尔克、喀路麦罗古氏、喀路马路古司、楷尔麦克、马儿克、马尔喀、马尔斯、马尔克斯、马克思、玛尔克斯、玫鲁玛培斯、玫鲁玛古斯、麦喀士、麦喀、麦克斯、麦克司、麻克士、埋蛤司等多个音译名。恩格斯有安格尔、弗勒得力淹·格尔、因格尔斯、音盖尔、烟改儿士、烟格尔士、嫣及尔等多个音译名。1899—1912年间仅马克思在中国的音译词就有二十余个，这一方面反映了马克思及其著作在当时知识分子中的影响力；另一方面五花八门的译名也反映了马克思主义在中国初始传播的不易。

二、日本和法国是清末民初马克思主义向国内传播的两个重要渠道

（一）日本是清末民初马克思主义在中国早期传播的中转站

日本明治维新以后，资本主义迅速发展，资本家与工人之间的矛盾和冲突越发频繁，社会主义思潮在日本开始兴起。因地理位置相近，又同属东亚文化圈，日本成为马克思主义传入中国的中转站。1901—1912年间国内译自日文的介绍马克思主义的书籍共16本②，其中资本、阶级和生产力等40多个马克思主义术语源自日本学者的著作。这些术语目前已成为我国现代语言体系的重要组成部分。幸德秋水等社会主义者不仅在日本推动马克思主义的传播，他们还非常关注中国的情况，时常与避难日本的中国政治人物和留学生交流社会主义问题。幸德秋水曾与孙中山就社会主义的实现问题进行多次讨论；堺利彦曾在张继、刘师培等人发起成立的社会主义讲习会中发表演讲，提出要“改革财产私有制度，复为上古共产之制”③来改变当时贫富差距极大、资本家权势日盛等社会问题。

受日本社会主义思潮的影响，在日避难的政治人物和旅日留学生纷纷创办报刊介绍社会主义。这一时期在日本创办的中文刊物《译书汇编》《新民丛报》《浙江潮》《民报》《天义》等中文刊物上发表了《社会主义与进化论比较：附社会党巨子所著书记》《德意志社会革命家小传》《学理：共产党宣言 The communist manifesto，序言》等多篇与马克思主义有关的文章。孙中山、梁启超、马君武、朱

---

① 邱捷．1912年广州《民生日报》刊载的《共产党宣言》译文[J]．中山大学学报（社会科学版），2011(6)．

② 方红．20世纪早期马克思主义在中国的译介传播[J]．外语教学，2020(5)．

③ 万仕国，刘禾．天义·衡报：上[M]．北京：中国人民大学出版社，2016：325．

执信等人当年在日本期间都曾或多或少地谈及马克思主义。清末民初与马克思主义传播有关的文章,多为旅日华人译自日本学者的著作。

在马克思主义从日本向中国的传播过程中也存在着几个方面的问题。一是从日本转译的过程中有的术语已经脱离了原有的意义空间,出现了词义的扩大、缩小,甚至完全改变,这使当时中国的知识精英难以真正地理解原生态的马克思主义。二是当时倾向于宣传马克思主义的日本知识分子,大都信仰基督教,他们更多地是从自由、平等、博爱等伦理道德角度去解读马克思主义,使马克思主义偏离了原有的方向。三是日本社会主义者在讴歌马克思主义、抨击资本主义制度时,忽视了对封建主义的批判,这使当时中国的知识分子在理解和传播社会主义时陷入了"空想"的困境,对未来社会发展的构想脱离了中国实际。

(二)法国亦是清末民初马克思主义向中国传播的重要信息源

1906 年李石曾等人在法国巴黎发起成立了世界社。世界社创办的杂志《新世纪》和出版的著作《近世六十名人》中都有关于马克思主义的介绍。《新世纪》创刊于 1907 年,虽然其以宣传无政府主义为主,但刊中多处涉及马克思及其学说的介绍。在《新世纪》第 40 号《记社会党、无政府党万国公聚会》一文中,作者介绍了当时流行于社会的三大党派:一致之社会党、社会革命党和无政府党,他指出一致之社会党源于马克思,并认为法国的鸠儿斯格斯德和德国的倍倍尔继承了马克思的衣钵。

在《新世纪》第 44 号《国粹之处分》一文中,作者称恩格斯(原文翻译为烟改儿士)为社会党成员,引用其在《家庭、私有制和国家的起源》中"待社会革命之后,此种种者当置诸博物馆与古之纺车、青铜斧并陈之"①的表述来标明其对国粹的态度。在《近世六十名人》一书中,作者对马克思的生平作了介绍,还收录了马克思 1875 年的一张照片,这是中文著作中第一次刊登马克思的照片。以李石曾为代表的巴黎新世纪派尽管对马克思和马克思主义的介绍是零散的、不成系统的,但他们在论述中有很多内容涉及了共产主义的"各尽所能,各取所需"分配原则,这对马克思主义的传播无疑是有益的。

三、清末民初马克思主义在中国早期传播的特征

(一)清末民初马克思主义在中国的早期传播呈现了多样图景

1. 马克思在社会主义发展史中的贡献为不少学者所称赞

在马克思主义的译介和传播中,西方传教士、资产阶级改良派、资产阶级革命派和近代报人群体都曾对马克思有过高度评价。1899 年出版的《大同学》一

① 佚名. 反国粹之处分[J]. 新世纪,1908(44).

书中，李提摩太称马克思为“百工领袖”。1902 年梁启超在《进化论革命者颉德之学说》中称马克思为“社会主义之泰斗也”[①]，在 1903 年《二十世纪之巨灵：托辣斯》一文中梁启超又称马克思为“社会主义之鼻祖”[②]。

资产阶级革命派代表人物赵必振翻译的《近世社会主义》一书是近代最早系统介绍马克思及其学说的著作，书中有一章《加陆马陆科斯（马克思）及其主义》介绍了马克思的生平及其学说（主要围绕《资本论》展开）。该章将近 2 万字，总字数约占整部著作的 1/8 左右。赵必振在文中称马克思为一代伟人，认为马克思“出无二之经典”[③]“创立新社会主义”[④]是德国社会主义的创始人。达识译社翻译的《社会主义神髓》一书在第三章讲述产业制度之进化时，开篇即提到马克思是“社会主义之祖师”[⑤]，并引用马克思有关生产关系的论述作为引言。作为近代报人群体中译介马克思主义的代表人物，胡贻谷曾在《泰西民法志》一书中专门介绍了马克思，称“民法志中之俊爽豪迈，声施烂然者，莫马格司若也”[⑥]。

除书籍外，20 世纪初《民报》《新世界》等报刊上也有许多文章对马克思给予了高度评价。如在《民报》的《德意志社会革命家小传》一文中，朱执信讲述了马克思创立科学社会主义学说后不仅受到了政府的迫害，还受到了一班有势力者的非难，认为马克思要贤于俾斯麦万万倍，其学说“自今日视之，欲不宗师而尸祝之，其安能也”[⑦]。同时作者认为以往的社会主义理论家“言社会主义而攻击资本者亦大有人，然能言其毒害之所由来，与谋所以去之之道何自者，盖未有闻也”[⑧]。

1912 年《新世界》第 2 期刊发的《社会主义大家马儿克之学说》一文指出“马儿克者不啻全世界之造时势者”[⑨]，称其是当时社会主义流行、社会党势力澎湃的造就者。另外，孙中山在《社会主义派别及方法》演讲中将马克思与亚当·斯密进行比较，认为马克思是新经济学派，在分配中注重为多数工人谋幸福，反对资本家坐享其成，指出马克思所提倡的“劳动应得相当报酬之说”[⑩]为世界学者所赞同。

---

① 中国之新民．进化论革命者颉德之学说[J]．新民丛报，1902(18)．

② 中国之新民．二十世纪之巨灵：托辣斯：续前号[J]．新民丛报，1903(42-43)：110-132．

③ 北京大学《马藏》编纂与研究中心．马藏第一部：第 2 卷[M]．北京：科学出版社，2019：492．

④ 北京大学《马藏》编纂与研究中心．马藏第一部：第 2 卷[M]．北京：科学出版社，2019：511．

⑤ 北京大学《马藏》编纂与研究中心．马藏第一部：第 4 卷[M]．北京：科学出版社，2019：17．

⑥ 克卡朴．泰西民法志[M]．胡贻谷，译．上海：上海商务印书馆，1912：78．

⑦ 势伸．德意志社会革命家小传[J]．民报，1906(2)．

⑧ 势伸．德意志社会革命家小传[J]．民报，1906(2)．

⑨ 势伸，煮尘．社会主义大家马儿克之学说[J]．新世界，1912(2)．

⑩ 上海三民公司编．孙中山社会主义谈[M]．上海：上海三民公司，1926：34．

《共产党宣言》在清末民初被多个传播主体译介到国内,并给予了高度评价。《德意志社会革命家小传》一文从禁土地私有、课极端累进税等十个方面介绍了《共产主义宣言》的要旨,并称《共产党宣言》"既颁布,家户诵之"[①]。1908年《天义》报刊发的文章《学理:共产党宣言 The communist manifesto 序言》中指出,虽然马克思在与资产阶级的斗争中败北,其政治理想并未实现,但"马尔克斯之所见洵不谬也"[②]。此篇文章的最后加了记者按,认为"共产党宣言发明阶级斗争说,最有裨于历史"[③],并指出研究社会发展史的学者,应将《共产党宣言》作为入门书目。也有人将《共产党宣言》看作"二十世纪社会革命之引导线,大同太平新世界之原动力"[④],认为其是社会主义从空想走向科学的分水岭。

《资本论》作为一部研究政治经济学的经典著作,被当时不少知识分子所推崇和称赞。赵必振在《近世社会主义》一书中称《资本论》为"社会主义定立确固不拔之学说"[⑤];孙中山认为《资本论》使社会主义从"无条理之学说,遂成为有系统之学理"[⑥];江亢虎则称赞《资本论》"力翻经济学之旧案……拨云见天,其功至伟"[⑦]。

2. 马克思主义在早期传播中也存在着被改写、曲解和诋毁的情况

上文中我们介绍了许多知识分子对马克思及其著作的称赞,但这只是其中一面,马克思主义在早期传播过程中也伴随着被改写、曲解和诋毁等问题。如梁启超尽管对马克思有高度评价,但他在思想上是多变的,他所撰写的文章中也有很多对马克思及其学说的攻击与诋毁。梁启超在《新大陆游记:由加拿大至纽约》一文中对美国社会主义党员有一段评价,认为他们像耶稣教人信奉新旧约那样崇拜马克思的著作,并且他们传播社会主义的方式也跟传教相似,他称"社会主义者一种之迷信也"[⑧]。梁启超在《开明专制论》一文中对民生主义进行了攻击,认为民生主义"摭拾布鲁东、仙士门、麦喀(马克思)等架空理想之唾余"[⑨],即使在贫富差距悬殊的资本主义社会中足以煽动下流,但终不可实现。

刘师培作为当时提倡无政府共产主义的代表性人物,他认为马克思所言的

① 势伸. 德意志社会革命家小传[J]. 民报,1906(2).

② 民鸣. 学理:共产党宣言 The communist manifesto 序言[J]. 天义,1908(15).

③ 民鸣. 学理:共产党宣言 The communist manifesto 序言[J]. 天义,1908(15).

④ 势伸,煮尘. 社会主义大家马儿克之学说[J]. 新世界,1912(2).

⑤ 北京大学《马藏》编纂与研究中心. 马藏第一部:第2卷[M]. 北京:科学出版社,2019:498.

⑥ 上海三民公司编. 孙中山社会主义谈[M]. 上海:上海三民公司,1926:5-6.

⑦ 汪佩伟. 江亢虎卷[M]. 北京:中国人民大学出版社,2015:174.

⑧ 饮冰室主人. 新大陆游记:由加拿大至纽约(续)[J]. 新民丛报,1904.

⑨ 饮冰. 开明专制论:续第74号[J]. 新民丛报,1906(4).

共产不是无政府制的共产，而是民主制的共产，会导致财产最终由国家组织来支配，并指出"由是共产之良法美意亦渐失其真，此马氏学说之弊也"[①]。江亢虎在《社会主义学案》中将马克思和拉萨尔视作国家社会主义的代表，称："其方法重在干涉，而其流弊近于专制。"[②]尽管刘师培和江亢虎曾留学日本，但因19世纪末20世纪初日本和国内都没有系统化地翻译马克思主义经典著作，他们在对马克思主义不甚了解的基础上作出的评价难免有误。

（二）清末民初马克思主义在中国的早期传播历经了从零碎译介到选择性传播的转变

马克思主义伴随着社会主义思潮传入中国。19世纪末中国最早出现的有关马克思主义的零散介绍，并非传播主体的主动选择和规划，而是西方传教士在传播基督教救世学说的过程中夹带而来的。20世纪初的前十几年，资产阶级改良派、资产阶级革命派和无政府主义者开始有意识地撷取马克思主义的一些观点进行传播。资产阶级改良派将马克思主义称为国家社会主义或国家帝国主义为其君主立宪的政治主张助威；资产阶级革命派选择性译介了马克思主义的阶级斗争学说和经济学说，为本党派的革命运动做政治动员，为富民强国的政治理想找寻理论支持；无政府主义者则是引用马克思有关国家消亡的论断来宣扬自己的无政府主张。作为不同社会群体在思想领域的代言人，资产阶级改良派、资产阶级革命派和无政府主义者虽然译介和传播马克思主义的目的不同，但他们使马克思主义从不为人知到一度成为大家争论的话题，无形中形成了传播合力。

尽管有传播者对《共产党宣言》和《资本论》的部分内容作了介绍，但并没有对马克思主义的传播进行系统规划，也没有将马克思主义作为一种道路选择，而仅是从观念上将其作为一种理论借鉴。选择性传播一方面根据中国的国情和文化特点对马克思主义的传播内容进行取舍和选择，增强了传播的针对性和契合度；另一方面选择性传播也引发了马克思主义在中国传播的不同步，阶级斗争学说和政治经济学说被译介的要早一些，马克思主义早期传播中出现了"梯次传播"的现象。另外，有的传播者还故意混淆马克思主义与传播者本人政治主张之间的差别，导致马克思主义在中国早期传播过程中出现了很多误读、偏离和失真现象。从传播的效果上来看，不论是对马克思主义的引用、借鉴抑或是批判、非议，尽管有些内容偏离或者违背了马克思的本意，但各个传播主体在对马克思主义进行翻译、选择和重构的过程中确实推动了马克思主义在中国的传播。

---

① 姜义华.社会主义学说在中国的初期传播[M].上海：复旦大学出版社，1984：432.

② 汪佩伟.江亢虎卷[M].北京：中国人民大学出版社，2015：174.

(三)清末民初马克思主义在中国的早期传播实现了马克思主义部分术语和理念的跨语境转换

在马克思主义早期传播过程中，相关术语的翻译和译文的表达方式有大量的中国传统文化印记。许多传播者在翻译马克思主义术语时，并不是简单地采取音译的方式，而是结合中国传统文化采取了意译的方式。如《大同学》一书将马克思和恩格斯并称为养民学者，将"科学社会主义译为了'养民学'"[①]；在《理想社会主义与实行社会主义》中作者将"唯物主义"译为"格物"；胡贻谷在《泰西民法志》中将资本家翻译为积财者，将工人翻译为劳动者，用通俗的语言"积财者以剋减佣银而日富，劳力者以仅足养生而日贫"[②]来阐释马克思的剩余价值学说。当时中国正处于半殖民地半封建社会，人们对资本主义社会知之甚少，上述这些翻译在表达上贴近了中国的国情，用"养民学""绅士""积财者"这种意译的中文词汇更容易使人们理解和接受。

在语言表达方式上，像《民报》等报刊在介绍马克思主义时主要采用了浅近文言文的表达方式。文言文作为当时通用的书面语言，用它来解读马克思主义，在语言表述方面符合中国传统知识分子的阅读习惯，也使马克思主义在阐释的过程中融入了中国传统文化的特质。另外，1903 年一部跟马克思主义有关的通俗读物《社会主义神髓》传入中国，对当时的社会精英产生了重要影响。该书的作者幸德秋水少年时期曾读过汉学私塾，有较为深厚的中文功底。在文中他引用了不少中国名言警句和诗词典故。尽管此书是日文著作，但字里行间有不少中国传统文化的元素。

马克思主义在中国的早期传播受"西学中源"的影响很大，许多传播者通过附会中国传统文化来解读马克思主义。有的传播者将中国古代的"井田制""王莽改制"等制度视同科学社会主义政策；还有的传播者还将"各尽所能，按需分配"的共产主义分配原则与中国传统的"均贫富"思想划等号，称共产主义为大同社会。这些传播内容虽然是一种误读，但当时"西学中源"的传播方式确实拉近了中西方思想文化之间的距离，更容易让知识分子产生心理上的认同。中国封建社会中"重农抑商"的政策使广大知识分子对资本的功利性有所排斥，在马克思主义的早期传播中有不少对于资本家剥削工人及贫富分化等不公平现象的控诉，解读中充满了对劳苦大众的人文关怀。这种解读比剖析资本主义社会存在的问题更容易引起读者的共鸣，也为马克思主义从知识分子的书房走向劳苦大众的厅堂创造了条件。马克思主义作为一种异域思想文化，在中国很好地实现

---

① 北京大学《马藏》编纂与研究中心. 马藏第一部：第 1 卷[M]. 北京：科学出版社，2019：461.

② 克卡朴. 泰西民法志[M]. 胡贻谷，译. 上海：上海商务印书馆，1912：314.

了跨语境的转换，得益于在传播早期跟中国传统文化的良好融合。

(四)清末民初译介和传播马克思主义的报人群体初步形成

随着出版业的发展，清末民初形成了一个以编辑、出版和发行报刊为职业的新式知识分子群体。中国早期的报人如王韬、蔡尔康等人从事翻译出版事业并非基于个人的兴趣爱好，更多是迫于生计的选择。1905 年科举制度废除以后，考取功名不再是知识分子的最优选择，一大批知识分子开始转向出版行业，通过编书、办报来实现自己的政治抱负，他们围绕着《民报》《天义》《新世界》等报刊形成了多个不同的报人群体。参与马克思主义早期传播的报人群体，有着相同的身份和相近的思想追求，在马克思主义早期传播中发挥了极其重要的作用，马君武、朱执信和王缁尘等人就是其中的典型人物。

马君武是介绍马克思主义经典著作书目的第一人，他在《社会主义与进化论比较——附社会党巨子所著书记》一文中附录了 26 本与社会主义有关的著作书单，其中含《共产党宣言》等 5 本马克思主义著作书单。朱执信被瞿秋白称为"中国第一批的马克思主义者"①，在 1906 年发表的《德意志社会革命家列传》一文中较为详尽地介绍了马克思和恩格斯的生平，他还对《共产党宣言》和《资本论》两部马克思主义经典著作做了选择性的介绍。朱执信是首位摘译《共产党宣言》第二章十大纲领的资产阶级革命派报人，毛泽东和何香凝等人对其在马克思主义传播中的贡献给予了高度的评价。跟马君武和朱执信相比，王缁尘不仅介绍马克思主义，还多次引用马克思的论断来佐证自己的观点。他家里藏有很多马克思恩格斯著作，据他的亲属讲"他信奉共产主义，是全家人都知道的"②。近代报人群体在马克思主义的早期传播中起到了开拓性的作用，上述三位报人只是这一时期报人群体参与马克思主义传播的一个缩影。

四、马克思主义在中国早期传播所产生的影响

(一)一些错误的观点影响着人们正确理解马克思主义

因为当时特殊的历史条件，真正系统性地了解和研究马克思主义的学者极少，有不少人错误地认为马克思是国家社会主义的代表。作新社编译的《万国历史》中将马克思和拉萨尔的主张称为国家社会主义，认为二者"以国家之力，干涉商工等，平分其富，以均之贫民"③。中国社会党也有不少成员认为马克思主张国家社会主义。中国社会党成员的殷仁，1912 年因主张国家社会主义与江亢虎

① 瞿秋白选集[M].北京：人民出版社，1985：340.

② 王炯华.煮尘与民国初年马克思主义的介绍——附煮尘其人[J].浙江学刊，1987(6).

③ 北京大学《马藏》编纂与研究中心.马藏第一部：第 4 卷[M].北京：科学出版社，2019：517.

分道扬镳,后来策划成立平民社会党,他指出"盖本党本经济之哲理……要不背乎国家社会主义家马克斯(马克思)之学说者近是"①。张克恭在中国社会党创办的报纸《新世界》中发表了《孙中山先生社会主义谈》一文,他在按语中指出马克思为"纯粹的国家社会主义"②。华承瀛则强调马克思是国家社会主义的鼻祖,在《维新人物考》中他提到:"今各主张国家社会主义以运动选举为作用纯然立一政党地位者马氏为其元祖。"③从上面的表述来看,相关传播者显然并未了解马克思主义的真谛。因《万国历史》是清政府学部审定的教科书,又加之江亢虎和刘师培等人在当时社会上的影响力,这些误解很大程度上影响了当时知识分子对马克思主义的认知。

在马克思主义的早期传播中既存在着对马克思主义整体把握上的曲解,也存在着对马克思主义某一方面学说的误读。在《大同学》一书中作者虽然介绍了马克思关于资本在全世界的扩张以及资本家与工人之间斗争的内容,但"不得不出自有之权,用以安民救世"④又美化了资本家的统治,偏离了马克思的阶级斗争学说。1912年在中国社会党组织的演讲中,孙中山介绍了马克思的《资本论》,称其主张资本公有。孙中山在演说中将机器视为资本,虽然阐述了机器(资本)应该公有的原因,但他并未深刻理解资本中所蕴藏的生产关系,也并未了解和把握剩余价值学说。欧阳溥存在《社会主义商兑》一文中通过靴子的生产涉及屠夫、锻铁者、耕种者等众多参与者来否定马克思提出的劳动价值论。他认为社会财富不全是劳动者所创造,不应该完全归劳动者所有。这说明欧阳溥存并未把握马克思劳动价值论的真髓,也不懂得生产资料价值的转移,只是简单地将某一工种的劳动作为价值的来源。这些误读给人们正确理解马克思主义带来了困难。

(二)为中国近代社会变革开启了先声

1. 为中国未来的发展提供了一种新的道路选择

马克思主义的早期译介和传播是马克思主义中国化的逻辑前提。《共产党宣言》《社会主义从空想到科学的发展》等文本的部分篇章在20世纪初传入中国,为马克思主义中国化提供了文本准备。清末民初的十余年间(1899—1912)马克思主义术语和核心概念的中国化,是马克思主义后来在中国得以广泛传播的基础,诸如社会、资本和阶级等一系列与马克思主义有关的术语均是在此时期

① 皮明庥.近代中国社会主义思潮觅踪[M].长春:吉林文史出版社,1991:143.

② 克恭.孙中山先生社会主义谈[J].新世界,1912(4).

③ 树清.天津最早介绍马克思的书——《维新人物考》[J].图书馆工作与研究,1983(1).

④ 北京大学《马藏》编纂与研究中心.马藏第一部:第1卷[M].北京:科学出版社,2019:457.

传入中国。从马克思主义术语的翻译来看，近代中国知识分子在译介马克思主义时并不是机械般地套用，而是结合自己的理解，对马克思主义术语和核心概念进行了意译和话语重构，在表达中融入了中国文化的要素。可以说翻译的重构使马克思主义的话语切合中国当时的语境，让马克思主义的一些术语逐渐融入中国思想文化体系，为中国未来发展提供了一种新的道路选择。

2. 促进知识分子的觉醒

马克思主义等西方先进思想的传入和救国图存的现实召唤，推动了中国知识分子从个体觉悟到群体觉醒。清末民初中华民族面临生死存亡的现实危机，传统知识分子因国家主权的沦丧、异域文化的传入等影响，出现了身份认同危机。接触马克思主义的进步人物，从力图改变社会的理想者逐渐变成革命的主体和推动社会发展的领军人物，孙中山、廖仲恺和宋教仁等人纷纷译介与传播马克思的有关著作。据宋庆龄所言，孙中山在19世纪末旅欧过程中对马克思和恩格斯的学说及其活动就有所了解，他还“敦促留学生研究马克思的《资本论》和《共产党宣言》并阅读当时的社会主义书刊”①。

马克思的有关著作和观点经报刊、党派和社团传播后，使知识分子和青年学生的思想得到了启蒙，促进了知识分子主体意识的觉醒和社会变革力量的整合，为中华民族历史命运的改变汇聚了主体力量。《马藏》第一部在评价《社会主义神髓》一书中指出：“《社会主义神髓》一书对李大钊、陈独秀……杨匏安等中国共产的创建者，都产生过巨大影响。”②马克思主义的早期传播既开启了民智又做了革命的政治动员，特别是革命话语的传递起了社会动员作用，助推了清末民初革命浪潮的兴起。

3. 推动社会观念的革新

在马克思主义在中国的早期传播中阶级斗争和经济基础决定上层建筑等内容传入国内，使中国封建社会中“天命论”等唯心史观无法照旧演绎下去。朱执信等人在译介马克思主义阶级斗争学说时，不是简单翻译，还做了较为深刻地剖析。朱执信在《德意志社会革命家小传》和《论社会革命当与政治革命并行》两篇文章中均有涉及阶级斗争学说的介绍。朱执信在《德意志社会革命家小传》一文中指出，马克思在《共产党宣言》中所言“所谓史者，何一非阶级争斗之陈迹乎?”③符合历史发展规律。文中朱执信还将马克思对未来社会的规划归纳为

① 孙应帅，唐辉，杨雨林.共产党宣言在中国[M].太原：山西教育出版社，2018：74.

② 北京大学《马藏》编纂与研究中心.马藏第一部：第4卷[M].北京：科学出版社，2019：68.

③ 势伸.德意志社会革命家小传[J].民报，1906(2).

"禁私有土地而以一切地租充公共事业之用"[①]等十条内容,并称这十条内容体现了马克思力图通过阶级斗争来解救苦难群众。在《论社会革命当与政治革命并行》中朱执信不仅强调阶级斗争的现实性,还认识到了人民群众的重要性,强调革命过程中人民群众的不可或缺。他指出:"今后革命,固不纯恃会党,顾其力亦必不出于豪右,而出于细民,可预言者也。"[②]马克思主义在中国的早期传播成为中国人民反帝反封建思想的重要来源,提高了人们的思想觉悟,推动了革命运动的发展。

马克思主义传播既是一种思想的传播,也是一种文化传播,其思想中蕴藏着自由、平等等观念对改造国民文化观念具有推动作用。在马克思主义在中国的早期传播中,传播者对中国封建文化的陋习进行了批判,并力图借用马克思主义的有关观点构建一种新的以自由和平等为基础的新文化观念。《天义》主要创始人之一何震,是近代女权主义的代表人物,在她的主导下《天义》曾刊发了多篇与妇女解放有关的文章,有的文章还引用马克思主义的观点来佐证自己论述的正确性。1907年《天义》第十三、十四卷合刊刊发的《经济革命与女子革命》一文中,作者指出要实现女子革命,必先要从经济革命开始。作者为了佐证自己的观点还附录了《共产党宣言》中的一部分内容,他认为马克思所言的"资本私有制度消减,则一切公娼、私娼之制自不复存"[③]是探源之论。1908年《天义》刊发的《女子问题研究》通过翻译《家庭、私有制和国家的起源》中的内容再次强调"女子欲求解放,必自经济革命始"[④]。《天义》将马克思主义的传播和女子解放结合在一起,冲击了封建社会的男权主义,推动了人们传统观念的革新。

五、结语

甲午战争以后,清朝的帝国权威丧失殆尽,在思想领域方面的管控和影响已大不如以前。马克思主义在此时传入中国,助推了社会主义学说在中国第一次传播热潮的到来。马克思主义术语作为马克思主义在中国传播的基本单元,已开始融入中国的语言文化体系。资本、阶级和共产主义等几十个马克思主义术语均是这一时期传入中国的。当时的知识精英对这些术语进行了意译和话语重构,在表达中融入了中国文化的要素,为马克思主义在中国的扎根和发展奠定了基础。"其作始也简,其将毕也必巨"[⑤],作为马克思主义在中国传播的起始链

① 势伸.德意志社会革命家小传[J].民报,1906(2).

② 县解.论社会革命当与政治革命并行[J].民报,1906(5).

③ 万仕国,刘禾.天义·衡报:上[M].北京:中国人民大学出版社,2016:205.

④ 万仕国,刘禾.天义·衡报:上[M].北京:中国人民大学出版社,2016:499.

⑤ 董志新.毛泽东品《庄子》[M].沈阳:万卷出版公司,2015:89.

条,清末民初马克思主义在中国的传播尽管影响范围主要在知识分子,但其历史贡献不可磨灭。

[本文选自《浙江工商大学学报》(社科版)2021年第6期]

[作者简介] 程早霞,历史学博士,浙江大学马克思主义学院教授,博士生导师,有央视网特约评论员、《国际安全研究》期刊特约审稿人等多项学术兼职;姜华帅,浙江大学马克思主义学院在读博士研究生。邮编:浙江 杭州 310058

背离还是确证？

——重审卢卡奇对恩格斯自然辩证法的批判

王晓梅　陈敬芝

在《历史与阶级意识》的一个注释中，卢卡奇提出“把这种方法限制在历史和社会领域”，认为历史和社会是辩证法的讨论域，而恩格斯“错误地跟着黑格尔把这种方法也扩大到对自然界的认识上”，[①]将辩证法扩展到了自然领域。因此卢卡奇断定恩格斯的自然辩证法是对马克思辩证法的背离，但他并未对该主张作相关诠释。关于自然辩证法对马克思辩证法背离与否的问题，学界主要存在两种研究进路。第一，审视卢卡奇的“背离说”，他们或探析卢卡奇主张“背离”的可能原因，或沿着的卢卡奇的批判路径，深化“背离说”。以史蒂文·沃格尔(Steven Vogel)、安德鲁·芬伯格(Andrew Feenberg)、保罗·布拉克利奇(Paul Blackledge)等为代表的西方学者认为“西方马克思主义对于自然的批判存在其历史背景和历史渊源”[②]，或“因为卢卡奇将实践分成了两种类型”[③]，或认为卢卡奇的批判略显草率，其前后表述内涵张力，形成了一种制衡的局面[④]，这是导致卢卡奇认为恩格斯自然辩证法与马克思辩证法异轨的主要原因。另有学者沿着卢卡奇的思路阐述自然辩证法与辩证法的偏离[⑤]，甚至有学者在此基础上进一步系统阐述马恩对立论。[⑥] 第二，特雷尔·卡弗(Terrell Carver)、俞吾金等国内外学者则从马克思与恩格斯自然辩证法的关系出发，赞同卢卡奇的“背离”说。他们通过对《反杜林论》《自然辩证法》等经典文本的解读，认为马克思、恩格斯在

---

① Lukács G. History and Class Consciousness: Studies in Marxist Dialectics[M]. Cambridge, MA: MIT Press, 1972: 24.

② Vogel S. For and Against Nature[J]. Rethinking Marxism, 1999, 11(4):103.

③ Feenberg A. A Fresh Look at Lukács: On Steven Vogel's Against Nature[J]. Rethinking Marxism, 1999, 11(4):86.

④ Blackledge P. Engels vs. Marx? Two Hundred Years of Frederick Engels[J]. Monthly Review-an Independent Socialist Magazine, 2020, 72(1):32-33.

⑤ Merleau-Ponty M. Adventures of the Dialectic[M]. Chicago: Northwestern University Press, 1973: 65.

⑥ Levine N. Divergent Paths: Hegel in Marxism and Engelsism[M]. Lexington Books, 2006: 90.

自然辩证法问题上存在分歧,[①]“作为辩证法载体的自然界是与社会历史相分离的。”[②]另一部分学者则认为,马克思恩格斯在自然辩证法问题上并不存在断裂或分离,“《自然辩证法》是马克思理论与实践融合的产物”[③],“马克思思想的特点是倾向于把所有的现实都看作是历史的——不仅是人类社会,而且是自然世界本身。”[④]

以往研究多以单维度的研究模式展开,即要么仅从卢卡奇的辩证法,要么仅从马恩之间的关系着手展开研究,不可避免地会有失偏颇。回到马克思的辩证法,以马克思的辩证法为基点重审卢卡奇对恩格斯自然辩证法的批判,进而消解其与马克思辩证法间的背离关系,不失为马恩自然辩证法的关系研究的一种新进路。

一、卢卡奇“背离说”:外延扩大化和总体性辩证关系空场

卢卡奇在《什么是正统的马克思主义》中认为马克思主义的正统性在于其研究方法即辩证法。在他那里,辩证法被严格限定在社会历史领域,旨在改变社会中的物化状况。总体性的辩证关系是辩证法的核心内容,现实实践即革命性是它的价值旨归。卢卡奇以“正统性”自居的总体性辩证法审视恩格斯的自然辩证法,认为辩证法被恩格斯扩大至自然领域,而其中并不存在总体性辩证关系。继而得出,恩格斯自然辩证法存在外延扩大化和总体性辩证关系“空场”的问题,这与马克思的辩证法产生了背离。

卢卡奇的总体性辩证法将在社会、历史中彼此孤立、简单的现实归结为总体,从而形成对现实的真正认识。这种辩证法通过把握动态的社会历史,揭示出隐藏在人与物关系下的人与人的关系,突出隐藏在人与物关系下的人与人之间的关系是总体性辩证法的实质。在资本主义社会中,人们逐渐认识到人面对的是社会现实,能够意识到人与物之间的关系,而没能发现被掩盖着的人与人之间的关系,无法认识到资产阶级创造出来的力量是导致自身灭亡的原因。卢卡奇宣称无产阶级的出现使得这种力量具有被消解的可能性,它既能够认识到总体的社会现实,又能够认识到其自身具有颠覆现存世界的力量,无产阶级认识自我的同时也是在认识总体的社会历史。如此,作为主客统一体的无产阶级,其阶级

---

① Carver T. Marx, Engels and Dialectics[J]. Political Studies, 1980, 28(3): 353.

② 俞吾金.自然辩证法,还是社会历史辩证法?[J].社会科学战线,2007(4).

③ Kangal K. Friedrich Engels and the Dialectics of Nature[M]. London: Palgrave Macmillan, 2020: 204.

④ Foster J B. The Dialectics of Nature and Marxist Ecology[A]. Dialectics for the New Century[C]. London: Palgrave Macmillan, 2008: 68.

意识一旦被唤醒,理论就具备转变为现实的、实践的革命性力量。

他用总体性辩证法来审视恩格斯的自然辩证法,继而发现恩格斯将限制在社会历史领域的辩证法外延扩大到自然界:辩证法外延扩大化。此外,因为社会历史领域之外的自然辩证法丧失现实的革命性维度,所以自然更不具备总体性辩证关系:总体性辩证关系的空场。这是卢卡奇主张的恩格斯自然辩证法存在的两个问题,他断定恩格斯自然辩证法与马克思辩证法间出现了异轨。

一方面,卢卡奇认为辩证法的外延无法扩大至自然领域。辩证法只有在社会、历史领域中才能够揭示出人与物关系下被遮蔽的人与人的关系,实现理论与实践的统一,从而改变现实世界中由物化所造成的直观。而在自然界中并不存在主体与客体的统一,"将这种方法限制在历史和社会领域,这极为重要……并不存在于我们对自然界的认识中"①。因此辩证法并不适用于自然。不过,卢卡奇并未具体分析和批判扩大到自然领域的恩格斯自然辩证法,只是认为恩格斯将辩证法的适用范围扩大至自然界,从而导致其与马克思辩证法的断裂或分离。

另一方面,卢卡奇主张总体性辩证法只适用于社会历史领域,自然领域缺乏总体性的解释方式,也即自然辩证法存在总体性辩证关系的空场。在总体性的辩证法中,一者行为主体无产者具备自我意识,他们将社会历史当作总体来看待;二者整个阶级的意识存在被唤醒的可能。这么一来,理论一旦被认识并掌握,就会转变为现实的革命性力量。但是,在卢卡奇看来,辩证法的这一本质却被恩格斯忽视了,理论与实践的关系问题不在恩格斯自然辩证法的范围之内。卢卡奇仅承认见物不见人的自在自然,如此,理论不再具备转变为现实物质力量的载体,也就丧失了革命性的维度。只要现实的本质被改变,那么任何能够认识现实的方法都将取代辩证法,辩证法也就成为可以被舍弃的科学方法。然而,辩证法又是现实的、无法被批判的总体性的方法,它指向的是处在动态变化中的社会现实和历史。倘若辩证法可以被批判,那么,这就意味着辩证法本身丧失了自身的革命指向性;而如若辩证法丧失了总体性的维度,那么它作为将理论转变为现实力量的中间环节也就失去了作用,缺乏革命性的本质。正是在这个意义上,卢卡奇认为恩格斯自然辩证法形成了总体性辩证关系的空场,丧失了革命性的维度。

那么是否真如卢卡奇所说,恩格斯辩证法中存在辩证法外延扩大化、总体性辩证关系的空场?恩格斯的辩证法是否真是对马克思辩证法的背离?抑或是因为卢卡奇对马克思辩证法的误解才造成他对恩格斯辩证法的误判?无论是对卢

---

① Lukács G. History and Class Consciousness: Studies in Marxist Dialectics[M]. Cambrige, MA: MIT Press, 1972: 24.

卡奇批判的审视，还是对马恩在自然辩证法关系上的回应，马克思的辩证法是以上问题的归结点，回到马克思，并重审卢卡奇的批判，是一条追本溯源的、可靠的逻辑进路。

二、回到马克思的辩证法：对卢卡奇批判的审视

众所周知，马克思在解构和扬弃黑格尔辩证法后形成了自己对辩证法的认识。马克思也曾明确提出黑格尔的辩证法对其研究的重要意义，"完全由于偶然的机会……我又把黑格尔的《逻辑学》浏览了一遍，这在材料加工的方法上帮了我很大的忙"[①]。当时，马克思正在撰写《资本论》的初稿，这里所说的方法就是黑格尔的辩证法。在重读《逻辑学》时，黑格尔的辩证法依旧能够对《资本论》的叙述结构"帮了大忙"，可见黑格尔辩证法对马克思影响深远。

（一）马克思对黑格尔辩证法的重构理论

早在《巴黎手稿》中，马克思就已深入分析黑格尔的《精神现象学》，评价黑格尔的辩证法，认为"他只是为历史运动找到抽象的、逻辑的、思辨的表达，这种历史并非作为既定主体的人的实际的历史，而只是创造行为的历史，人类起源的历史"。[②] 表面上这是马克思对黑格尔辩证法抽象表达的否定，认为它将历史作为自我意识的对象性活动；实际上这也蕴含了马克思给予的肯定：黑格尔辩证法使得整个历史具备"抽象的、逻辑的、思辨的"表达方式。

马克思对黑格尔的辩证法进行剖析始于《精神现象学》，他指出其辩证法为历史运动找到了一个合乎逻辑的表达，这使整个历史运动有据可循。黑格尔从异化开始对"存在"不断扬弃，于是"存在"处于螺旋式上升的状态。这个辩证运动过程可抽象为，存在（being）以及对存在的否定（not-being）发展为成为（becoming）的过程，存在和不存在是对立统一的，成为（becoming）是存在（being）与不存在（not-being）相互渗透又彼此分离的结果。在这个抽象的逻辑表达中，黑格尔抓住对象化的劳动，这是对对象化的扬弃，最终实现人本质的复归。"他抓住了劳动的本质，把对象性的人、现实的因而是真正的人理解为人自己的劳动结果。"[③]他否定自我与自我意识间的差异，通过实体与主体的合二为一来克服以往德国古典哲学中的二元对立。吸收黑格尔辩证法的抽象表达后，

---

① Marx K, Engels F. Collected Works Vol. 40[M]. New York: International Publishers, 1983: 249.

② Marx K, Engels F. Collected Works Vol. 03[M]. New York: International Publishers, 1975: 329.

③ Marx K, Engels F. Collected Works Vol. 03[M]. New York: International Publishers, 1975: 333.

马克思认识到对象化的劳动可帮助实现人本质的复归。

黑格尔找到了辩证法的抽象、逻辑、思辨的表达，却将其归结为绝对精神。他宣称无论是在思想还是在现实历史的范畴中，都有对立的因素导致看似稳定的事物的瓦解、新的事物的出现，并通过调和现存的对立因素以发展新事物自身的内在张力。在这个辩证发展的过程中，黑格尔将精神和思想归结为辩证发展的内容和动力。“唯有绝对理念是存在(being)，是不消逝的生命，自知的真理并且是全部真理。”[①]黑格尔的辩证法以纯粹的思辨哲学为出发点又以绝对精神为落脚点，他忽视现实的、实在劳动，承认劳动是抽象的、精神劳动，全部存在即为抽象，主体即抽象意识，人即自我意识。黑格尔辩证法中的对象不是现实中的人，而是抽象的人，马克思否定了黑格尔辩证法中的抽象性。

马克思将黑格尔视域中的“绝对精神”的辩证法拉回现实。不过若仅认为现实中蕴含着辩证法，那么辩证法便会成为统摄现实的方法，现实则成为封闭的、既定的结构。一旦现实缺乏开放性，辩证法就容易坠入朴素唯物主义的场域，在既定的现实中遵循无所不包的辩证法的人便会丧失其主体性的维度。辩证法的实践指向，使得辩证法真正具备现实基础，正是基于这一点，马克思完成了对黑格尔辩证法的超越，形成了自己的辩证法思想。他以现实的人为逻辑起点，承认黑格尔辩证法的逻辑表达，认为历史运动呈现为现实的人的对象性活动。于是，辩证法既存在现实基础又具备否定之否定的逻辑表达。马克思辩证法的这一思想形成直接在《巴黎手稿》中得以体现。在《巴黎手稿》完成后的一年，马克思在《关于费尔巴哈的提纲》中指出费尔巴哈“没有把人的活动本身理解为对象性的活动”[②]。如果说《巴黎手稿》还是马克思辩证法的形成时期，那么在1845年的春天，他已经形成一个相对成熟的哲学世界观，指出费尔巴哈思想中存在对象性活动的空场，认为费尔巴哈“只是从客体的或者直观的形式去理解，而不是把它们当作人的感性活动，当作实践去理解，不是从主体方面去理解”[③]。可见马克思既强调辩证法现实的社会历史性，又强调辩证法的主体向度，彰显了辩证法的实践指向。面对不断生成的资本主义世界，只有通过现实革命性的实践，不断地改造现实世界，才能使辩证法真正指向现实。尽管马克思全身心投入到对现实社会的批判之中，却未完成一部专题研究辩证法的著作，也不存在对“辩证法”单

---

① Hegel G W F. Hegel's Science of Logic[M]. Cambridge, MA: Cambridge University Press, 2010: 735.

② Marx K, Engels F. Collected Works Vol. 03[M]. New York: International Publishers, 1975: 3.

③ Marx K, Engels F. Collected Works Vol. 03[M]. New York: International Publishers, 1975: 276.

独的考察,但辩证法的思想实际上已然渗透在他的社会批判以及其他著作当中,成为马克思的精神品质。

(二)回应并审视卢卡奇的批判

经由黑格尔辩证法回到马克思辩证法并重审卢卡奇的批判,恩格斯的自然辩证法是否如卢卡奇所说,沿着黑格尔的错误导向,存在外延扩大化和总体性辩证关系空场而与马克思辩证法异轨的问题?

在马克思辩证法的视域下,卢卡奇沿袭黑格尔的辩证法,将辩证法的场域限定在社会、历史的范围内。马克思的辩证法不存在明显的限定域,而在黑格尔的辩证法中,自然哲学是精神运动的一个环节,是绝对精神的外化,在外化为自然界的过程中并没有涉及自然与意识的关系,从这个层面而言,黑格尔辩证法与自然界的运动过程没有关系。与黑格尔、卢卡奇相反,沿袭马克思辩证法道路的恩格斯坚持认为"辩证法的规律无论对自然界和人类历史的运动,或者对思维的运动,都一定是同样适用的。这样的规律可以在这三个领域的两个中,甚至在所有的三个领域中被认识出来"[①]。与马克思一样,恩格斯借用黑格尔的内在逻辑将辩证法应用于自然,后又以"黑格尔的错误导向"为启发,在唯物主义的背景之下,重新配置逻辑与自然之间的关系,确认了自然界辩证法存在的可能,即自然界中存在人的对象性的活动。人的主体性被纳入自然领域,构筑起人化自然,这是恩格斯自然辩证法的场域,而辩证法被卢卡奇和黑格尔仅限定在社会历史领域。行文至此,卢卡奇提出的自然辩证法外延扩大化的这一问题已被消解。此外,他那种仅承认自在自然,割裂自然与人之间的关系,否定人化自然,继而认为总体性辩证法关系仅在社会历史领域中存在的观点也经不起反驳。从马克思辩证法的视角来看,恩格斯实际上并没有沿着黑格尔的错误导向,反而恰恰是卢卡奇本人沿着黑格尔的导向,将辩证法限定在社会历史领域,误解了恩格斯的自然辩证法。

恩格斯的自然辩证法诉诸自然界中的人的对象性活动,打破了卢卡奇对总体性辩证法的限定。在总体性辩证法中,卢卡奇认为现实存在两个领域:一是实践在其中能够发挥重要作用的社会历史领域;二是现实在其中并不会随着人的实践而发生改变的自然领域。卢卡奇将辩证法从自然中剔除出去而将之限定在社会历史领域。不过,后来他在《关于历史与阶级意识的辩护:尾巴主义和辩证

① Marx K, Engels F. Collected Works Vol. 25[M]. New York: International Publishers, 1987: 545.

法》中写道:“客观辩证法独立于人类现实,在人类出现以前就已经存在。”[①]由此看来,后来他的想法发生了转变,辩证法不再被限定在社会历史领域中。然而,支持马恩对立论的学者一边无视卢卡奇的反思,一边继续用恩格斯所批判的思维来批判恩格斯,这是不可理喻的。

三、重返马克思:辩证法在自然领域的确证

以马克思辩证法消解“背离”问题之后,继续追问马克思辩证法和恩格斯自然辩证法之间的关系,是对恩格斯自然辩证法问题的终极回应。由于马克思没有直接论述辩证法的著作,所以只能从马克思留下的著作、书信中侧面研究马克思有关辩证法、自然的理解。通过追溯马克思的思想历程可以发现无论是其思想的形成时期还是成熟时期,他都从未将自然驱逐出自身理论视野。即使是在他更加关注社会历史领域问题的成熟时期,他也依然延续着早期人化自然的理解方式。恩格斯非但认可马克思人化自然的理解方式,而且继承了马克思辩证法事业。他在马恩关于自然、辩证法共识的基础上,直接论述自然领域的辩证法问题。基于马克思恩格斯对辩证法、自然的共同的理解,自然本就在辩证法的讨论域中,应该说自然辩证法是辩证法在自然领域的确证。在马克思的思想历程中,自然一直在场。在马克思思想形成时期,他显然已经意识到自然与人无法分隔。自然为人的精神世界和物质生活提供质料,它既是艺术创作、科学研究等人的精神活动的对象,又是人现实的生产生活的对象,即“人靠自然界生活”[②]。随着马克思思想走向成熟,他也从未放弃对自然的思考。在这段时期,马克思和恩格斯就自然辩证法问题一直有书信往来,并在书信中表达创作辩证法的意向。1868 年 5 月 9 日,马克思在致约瑟夫・狄慈根的信中写道:“一旦我卸下政治经济学(写作)的负担,我就要写《辩证法》。”[③]在此之前,1867 年 6 月 22 日,马克思在致恩格斯的信中还写道:“在正文中引证了黑格尔所发现的单纯量变转化为质变的规律,并把它看作在历史上和自然科学上都同样有效的规律。”[④]在马克思看来,辩证规律既要对历史有效,也要适用于自然科学。在马克思表达辩证法的

① Lukács G. A Defence of History and Class Consciousness: Tailism and the Dialectic[M]. London: Verso, 2000: 102.

② Marx K, Engels F. Collected Works Vol. 03[M]. New York: International Publishers, 1975: 276.

③ Marx K, Engels F. Collected Works Vol. 43[M]. New York: International Publishers, 1988: 31.

④ Marx K, Engels F. Collected Works Vol. 42[M]. New York: International Publishers, 1987: 385.

写作意愿后，马恩依然会讨论自然领域的问题。1873年5月30日，恩格斯试图揭示出自然物体的运动规律，并向马克思表达他的观点："自然科学只有在物体的相互关系之中，在物体的运动之中观察物体，才能认识物体。"[①]在马克思思想的成熟时期，马克思依旧在思考自然问题，研究自然界的规律。综上，无论是马克思思想的形成时期还是成熟时期，自然从未离场。如此看来，自然不在马克思辩证法视域内的论断显然是不合理的。

马克思关心的是一直在场的自然与人之间的关系，即人化自然。他认为，"全部人类历史的第一个前提无疑是有生命的个人的存在。因此，第一个需要确认的事实就是这些个人的肉体组织以及由此产生的个人跟其他自然的关系。"[②]马克思将人与自然的关系视作对立统一的整体。在这个整体中，人类劳动与自然、物质环境的相互作用是人类历史发展的出发点，自然为人类发展提供物质基础；自然的演进也与人类社会的演进密切关联，人塑造着自然。人类与自然很难完全分隔开来，处于相互关系中的人与自然无法被绝对孤立地看待。随着人类社会的发展，完全无人的自在自然几乎是不存在的，自然或多或少与人类发生着联系而成为人化自然。人在充分发挥主观能动性改造自然的第一前提就是自然为人的生存提供物质基础。人与自然在相互关系之中，人与自然在相互关系中不断生成，人化自然成为马克思辩证法的讨论域。

不过不可否认的是，在其思想成熟时期，他的注意力转移到社会历史领域的问题上来。这一重心的转移或许就是卢卡奇提出"背离说"的重要原因。他仅看到转移后的马克思思想，如果将限定在社会历史领域的辩证法当作正统的马克思主义，那么自然辩证法无疑是对辩证法的背离。卢卡奇这种仅认可成熟时期的马克思对社会历史领域问题的关注，而忽视马克思一直以来对自然的关切的观点，不能排除他有割裂马克思思想的嫌疑。马克思思想的重心转移正是体现理论对现实的关照。在工业革命之后，出于对受压迫的、被奴役的无产阶级的关切，在现实的社会历史领域寻求实现无产阶级的解放路径成为这一时期马克思理论的重心。若因理论在不同时期的现实指向性而使得马克思辩证法的范围受限，则有窄化马克思辩证法的理论视域的倾向。

不同于卢卡奇，恩格斯继承了马克思关于自然的理解，其自然辩证法也关注人化自然。在《自然辩证法》中，关于人与自然其他部分之间关系的叙述，再现了

① Marx K，Engels F. Collected Works Vol. 44[M]. New York：International Publishers，1989：500.

② Marx K，Engels F. Collected Works Vol. 05[M]. New York：International Publishers，1975：31.

马克思有关人化自然的理解,“劳动和自然界在一起才是财富的源泉,自然界为劳动提供材料,劳动把材料转变为财富”[①],人是自然的一部分,自然为人的能动性活动提供物质基础,人的能动性活动在实现人本身发展的同时也为自然的发展创造了条件,人与自然在相互关系中不断生成。此外,马克思辩证法的主体——人在恩格斯的自然辩证法中得到充分的彰显。恩格斯写道:“现代自然科学为这种检验提供了极其丰富的、与日俱增的材料,并从而证明了,自然界的一切归根到底是辩证地而不是形而上学地发生的。”[②]在这个表述中,似乎辩证法主体性维度缺失、脱离了人化自然的场域,但是,实际上科学家即自然辩证法的主体,科学家在科学研究中不断地认识自然、发现自然,科研活动即是人的对象性活动,科学成果即是科学家利用辩证法认识自然的结果。恩格斯《自然辩证法》的全部内容也就是向辩证法主体的一部分——科学家展示另一种自然科学的研究范式,即用辩证的方式研究自然界。自然辩证法即人在自然界中的对象性活动呈现出的逻辑的表达,只不过这种相对科学化、客观化的表达遮蔽了主体的维度,但并不意味着主体维度的缺失。

马恩在自然、辩证法问题上达成了共识:自然辩证法和辩证法并非分离。恩格斯的工作并不是试图解决辩证法在自然界的应用问题[③]——“自然辩证法是对辩证法的应用”,这种理解方式在一开始就默认自然辩证法和辩证法是分离的[④]——而是确证自然界存在辩证法,并使自然辩证法得以出场。自然本身就在辩证法的讨论域中,只是在自然领域中提出辩证法需要具备数学和自然科学知识的人,这个人就是更加迷恋自然科学的恩格斯,他的工作是在自然领域确证辩证法并加以阐述,而非将自然辩证法运用至自然。恩格斯所做的“不在于把辩证法规律硬塞进自然界,而在于从自然界中找出这些规律并从自然界出发加以阐发”[⑤]。

综上所述,恩格斯的自然辩证法与马克思辩证法并没有出现异轨问题。无论是马克思还是恩格斯,都在人的对象性活动中为现实找到一个抽象的、逻辑的表达即辩证法。《自然辩证法》乃恩格斯心血之作,是对马克思主义哲学思想的

---

① Marx K, Engels F. Collected Works Vol. 25[M]. New York: International Publishers, 1987: 452.

② Marx K, Engels F. Collected Works Vol. 25[M]. New York: International Publishers, 1987: 23-24.

③ Kangal K. Engels' Intentions in Dialectics of Nature[J]. Science & Society, 2019, 83(2):237.

④ Royle C. Dialectics, Nature and the Dialectics of Nature[J]. International Socialism, 2014, 141: 112.

⑤ Marx K, Engels F. Collected Works Vol. 25[M]. New York: International Publishers, 1987: 12-13.

继承和发展。任何宣扬马恩对立论的实质、任何对《自然辩证法》的误解和歪曲，都是没有真正读懂马克思和恩格斯。重回马克思，重回马克思的辩证法，这既不是带着对马克思文本原教旨主义式的崇拜，也不是将马克思文本视为拿来主义式的工具，而是在马克思理论的原始语境下，再现马克思思想的深刻内涵。不过，任何的文本解读都跟作者所处的历史时代有关，都会不可避免地遭遇不同的历史条件的限制。正因如此，马克思的理论一直焕发着生机与活力，这也是马克思主义理论的开放性之表现。

[本文选自《自然辩证法研究》2021 年第 6 期]

[作者简介] 王晓梅，哲学博士，牛津大学哲学系访问学者，浙江大学马克思主义理论研究所副教授，硕士生导师；有浙江省之江青年社科学者等多项荣誉称号，邮编：浙江 杭州 310058；陈敬芝，南京大学哲学学院在读博士，邮编：江苏 南京 210008

百年党史逻辑进程与大学生“四个自信”教育[①]

段治文

习近平指出:“要坚持中国特色社会主义道路自信、理论自信、制度自信、文化自信,坚持党的基本路线不动摇,不断把中国特色社会主义伟大事业推向前进。”[②]2021年2月20日,习近平在党史学习教育动员大会上又进一步提出“学史明理,学史增信”的要求。[③] 如何增进“四个自信”?自信源于自觉!中国共产党百年历史进程中蕴含着清晰的“四个自信”的历史线索,无论是中国特色的社会主义发展道路的开辟、马克思主义中国化理论体系的创新、中国特色社会主义政治制度的奠定、中国特色社会主义文化现代化的推进,都能够在百年党史演进中找到清晰的历史脉络。厘清这些历史逻辑线索,探寻历史原脉,实现历史自觉,是坚定“四个自信”的坚实的历史基础,也是党史学习教育活动的时代价值所在。

一、道路自信:五个阶段探索开辟了中国特色社会主义发展道路

道路自信源于道路自觉。中国特色社会主义道路是170多年来中国人民在前进道路上不断探索得来的,在这170多年中,经过了五个阶段的道路探索,给我们以深刻的历史启示,那就是什么时候从实际出发,实事求是,走自己的路,什么时候就成功,什么时候不这么做,什么时候就失败,这是历史的结论。

第一,走(照搬)英美道路与旧民主主义革命的失败。中国古代具有辉煌的文明,曾经很长时间走在世界的前列,中国人对中国古代文明和发展道路有充分的自信。但是曾经从自信到自满,进而走向自闭,从此衰落不可避免。1840年,第一次鸦片战争轰开了中国的大门,把中国轰进了一片历史的“沼泽地”。在这一片半殖民地半封建的历史“沼泽地”里,是难以生存下去的,必须要找到一条出路,走出历史“沼泽地”,实现中华民族独立与富强。中国道路的近代探索从此开

---

① 本文系教育部“2021全国高校‘中国近现代史纲要’教学创新中心”项目的阶段性研究成果。

② 习近平.在庆祝中国共产党成立95周年大会上的讲话[N].人民日报,2016-07-02(002).

③ 党史学习教育领导小组印发通知认真学习贯彻习近平总书记在党史学习教育动员大会上的重要讲话[N].人民日报,2021-02-25(001).

始。然而，由于试图照搬英美的道路，从洋务运动、戊戌变法到辛亥革命，最终因为资产阶级共和国方案脱离中国国情，水土不服，最终以失败告终。

第二，走(照搬)俄国人的路与中国共产党早期的两次失败。“风从东方来”，西方资产阶级道路在中国行不通，十月革命一声炮响，给中国送来了马克思主义。在早期中国共产党人的努力下，开始把马克思主义基本理论与中国工人运动相结合，创建了中国共产党。中国共产党成立以后，开始了对新民主主义革命道路的探索。由于力量弱小和经验不足，我们走了俄国人的路。其时，走俄国人的路是对的，俄国也是帮助我们搞革命的，但是，我们照搬了俄国人的路，出现了把马克思主义关于无产阶级社会主义革命的一般规律理论照搬和运用到半殖民地半封建的中国的错误做法，进而认为中国的新民主主义革命应该与西方一样必须由资产阶级领导，试图通过“二次革命”进入社会主义；“二次革命”论及其实践失败以后，党内又出现了照搬列宁主义和俄国革命的经验的做法，试图实现新民主主义革命和社会主义革命“毕其功于一役”，直接跨入社会主义。两次失败的根本原因就是没有走自己的路。

第三，走自己的路与新民主主义革命的胜利。1927 年大革命失败后，中国共产党认识到，中国革命要想取得成功的话，必须走出一条自己的民主革命道路，换言之，必须把马克思主义理论与中国革命具体实践相结合，将共产国际的政策与中国革命的实际情况以及国情相结合。这其中考验着共产党人的智慧。为此，毛泽东坚定地上井冈山，到农村去，发动群众、壮大力量、巩固政权、准备起义，而不是盲目地在城市里暴动，从此找到了一条农村包围城市的道路。中国革命的最终胜利就是这条农村包围城市道路的胜利。

第四，走(照搬)苏联人的路与社会主义建设道路探索的曲折。1949 年新中国成立后，我们开始探索由新民主主义向社会主义社会过渡和社会主义建设的道路。在这一过程中，我们走了苏联人的路。可以说，当时走苏联的路是对的，苏联也是帮助我们搞建设的，但是，我们照搬了苏联人的路，一方面出现了照搬马克思、恩格斯关于在发达国家建设社会主义的本本和教条，不顾中国生产力发展落后的实际，直接进入建设高级社会主义的阶段；另一方面又出现了照搬苏联的计划经济体制，甚至照搬中国革命时期的经验，大搞阶级斗争和群众运动，从而使得中国社会主义建设出现严重挫折。可以说，把马克思主义对未来高级社会主义的设想以及高度计划的苏联模式照搬到落后的中国实际当中来建设，势必导致脱离实际、跨越阶段、跑步进入共产主义的严重后果，在生产力还不发展、物质财富极其匮乏的情况下实行按需分配，其结果只能是贫穷的社会主义。

第五，走自己的路与中国特色社会主义道路的成功实践。1978 年，邓小平再次回到现实，重新认识社会主义，深刻阐述了社会主义本质首先是要发展生产力；同时重新认识我国社会主义发展阶段，深刻揭示出我国仍然处在社会主义初级阶段。在此基础上，坚定地从实际出发，实事求是，通过40多年的改革开放，推动了中国特色社会主义道路的全面形成，进一步取得了中国特色社会主义实践的伟大成就。

总之，中国特色社会主义道路是中国人民在前进的道路上不断探索得来的，它是中国革命、建设、改革发展的历史的结论。坚定地从实际出发，实事求是，走自己的路，这是中国革命、建设、改革道路探索发展的历史规律所在。这无疑是我们今天坚定中国特色社会主义道路自信的坚实的历史基础。

二、理论自信：五大课题回答实现了马克思主义中国化的五大理论创新

理论自信源于理论自觉。习近平指出：“只有学懂了马克思列宁主义、毛泽东思想、邓小平理论、‘三个代表’重要思想、科学发展观，特别是领会了贯穿其中的马克思主义立场、观点、方法，才能心明眼亮，才能深刻认识和准确把握共产党执政规律、社会主义建设规律、人类社会发展规律，才能始终坚定理想信念，才能在纷繁复杂的形势下坚持科学指导思想和正确前进方向。”[①]毛泽东思想、邓小平理论、“三个代表”重要思想、科学发展观以及习近平新时代中国特色社会主义思想是中国共产党百年进程中对五大课题回答产生的五大马克思主义中国化的理论成果，这是坚定中国特色社会主义理论自信的坚实的理论基础。

第一，在回答“什么是马克思主义，怎样对待马克思主义”这一历史课题中，创造性地形成了马克思主义中国化的第一个理论成果——毛泽东思想。马克思主义传入中国并成为中国共产党人的指导思想时，中国共产党人就必须回答“什么是马克思主义，怎样对待马克思主义”这一课题，因为如果不回答这个课题的话，那么，这个马克思主义就是西方的马克思主义，就是苏联的马克思主义。为了探索中国革命的客观规律，实现民族解放和民主革命的胜利，以毛泽东同志为代表的中国共产党人坚定地高举起了把马克思主义中国化的大旗，创造性地提出了马克思主义中国化的第一个理论成果就是毛泽东思想。正如毛泽东在《反对本本主义》一文中就鲜明地指出的：“马克思主义的‘本本’是要学习的，但是必须同我国的实际相结合。我们需要‘本本’，但是一定要纠正脱离实际情况的本本主义。”[②]正是从实际出发，实事求是，坚决反对本本主义，实现了马克思主义

① 习近平.在中央党校建校80周年庆祝大会暨2013年春季学期开学典礼上的讲话[N].人民日报,2013-03-03(002).

② 毛泽东选集:第1卷[M].北京:人民出版社,1991:111-112.

中国化的第一个理论创新。

第二，在回答“什么是社会主义，怎样建设社会主义”这一历史课题中，创造性地形成了马克思主义中国化的又一理论成果——邓小平理论。新中国成立以后，百废待兴，特别是社会主义制度建立后，究竟什么是社会主义？在落后的中国究竟怎样建设社会主义？成为摆在中国共产党面前的新的历史课题。在回答这一课题过程中，我们曾走了弯路。“文化大革命”结束后，以邓小平同志为代表的中国共产党人提出“实事求是，一切从实际出发，理论联系实际，坚持实践是检验真理的标准”①的思想路线。从而在进一步弄清楚“什么是马克思主义，怎样对待马克思主义”的基础上，深刻揭示了社会主义的本质，全面回答了在中国这个经济文化落后国家怎样建设社会主义这一世纪性难题，实现了马克思主义中国化的再次理论创新。

第三，在回答“建设什么样的党，怎样建设党”这一历史课题中，形成了马克思主义中国化又一个理论成果——“三个代表”重要思想。党的十三届四中全会以后特别是20世纪90年代，新阶段新形势把我们党推到了一个新的历史方位，摆在党面前的新的历史课题，就是要进一步探索党的执政规律和建设规律，重铸党的合法性基础，巩固党的执政地位，也就是要回答好“建设什么样的党，怎样建设党”这一新的历史课题。以江泽民同志为核心的党中央进行了长期的深入思考，系统而科学地揭示了在对外开放和社会主义市场经济发展后，世情、国情、党情发生重大变化情况下，如何保持党的先进性、巩固党的执政地位、推动执政党现代化等一系列重大课题，创造性地提出了“三个代表”重要思想，实现了马克思主义中国化的又一理论创新。

第四，在回答“实现什么样的发展，怎样发展”这一历史课题中，马克思主义中国化的第四个理论成果——科学发展观开始形成。党的十六大以来，改革开放经过二十多年的发展，进入新世纪面临新的挑战，究竟“实现什么样的发展，怎样发展”成为摆在中国共产党面前的新的历史课题。以胡锦涛为总书记的中国共产党人在深入思考这一历史课题基础上，在解决我国经济建设、政治建设、文化建设、社会建设等一系列重大问题过程中，提出了以人为本为核心的科学发展观这一重大的创新理论，对新时期我国社会的发展目的、发展动力、发展模式、发展理念、发展思路、发展主体等一系列问题作了详细解答，从而矫正历史，明确方向，开创了马克思主义中国化的新局面。

第五，在回答“新时代坚持和发展什么样的中国特色社会主义，怎样坚持和发展中国特色社会主义”这一新的历史课题中，形成了马克思主义中国化的最新

---

① 邓小平文选：第3卷[M].北京：人民出版社，1993:278.

理论成果——习近平新时代中国特色社会主义思想。习近平同志在党的十九大报告中指出："十八大以来，国内外形势变化和我国各项事业发展都给我们提出了一个重大时代课题，这就是必须从理论和实践结合上系统回答新时代坚持和发展什么样的中国特色社会主义、怎样坚持和发展中国特色社会主义。"围绕这个重大时代课题，以习近平同志为核心的党中央"坚持辩证唯物主义和历史唯物主义，紧密结合新的时代条件和实践要求，以全新的视野深化对共产党执政规律、社会主义建设规律、人类社会发展规律的认识，进行艰辛理论探索"①，形成了习近平新时代中国特色社会主义思想的重大理论创新，并实现了向中国特色社会主义现代化强国的迈进。

总之，毛泽东思想、邓小平理论、三个代表重要思想、科学发展观、习近平新时代中国特色社会主义思想是中国共产党人运用马克思主义观点、方法，不断解决中国革命、建设、改革过程中出现的历史课题过程中产生出来的，是真正中国化的马克思主义，是决定中国未来方向的根本。在中国，坚持了马克思主义中国化的理论成果，就是坚持了马克思主义。这是我们坚定中国特色社会主义理论自信的坚实的理论基础。

三、制度自信：四个阶段发展奠定了中国特色社会主义政治制度

制度自信的源泉也必然要到制度发展的历史中去获得。习近平同志指出："设计和发展国家政治制度，必须注重历史和现实、理论和实践、形式和内容有机统一。要坚持从国情出发、从实际出发，既要把握长期形成的历史传承，又要把握走过的发展道路、积累的政治经验、形成的政治原则，还要把握现实要求、着眼解决现实问题，不能割断历史，不能想象突然就搬来一座政治制度上的'飞来峰'。"②中国共产党成立百年来，坚持从中国的历史、国情出发，通过新民主主义革命、社会主义建设和社会主义改革的不断实践，创造性地探索到了符合国情的中国特色社会主义政治制度，其中展现出了深刻的不断演进的逻辑进程。

第一，中国共产党早期对民主政治制度的选择与开启。1840 年鸦片战争打开了中国的国门，从此，中国的先进人士开始睁眼看世界，并在实践中探索救亡图存和中国现代化的出路，最早形成了对西方资产阶级民主政治的诉求，然而，这些尝试或失败或幻灭。十月革命后，经过五四新文化运动洗礼的一批进步知识分子开始关注苏俄，关注社会主义运动，关注马克思主义理论，建立一个犹如

① 习近平. 决胜全面建成小康社会，夺取新时代中国特色社会主义伟大胜利——在中国共产党第十九次全国代表大会上的报告[N]. 人民日报，2017-10-27(002).

② 习近平. 在庆祝全国人民代表大会成立六十周年大会上的讲话[N]. 人民日报，2014-09-06(001).

苏维埃俄国般劳动群众当家做主人的政治和社会制度，成为先进分子的理想。早期中国共产党人初步探讨了民主政治的具体内涵和奋斗目标。中共一大党纲提出“承认无产阶级专政”[①]。在中国革命的实践中，中国共产党人逐渐对中国的民主政治进行了自己的思考。1922 年 9 月，《向导》发刊词曾明确指出：“近代民主政治，若不建设在最大多数人的真正民意之上，是没有不崩坏的。”[②]党发布的《中国共产党对时局的主张》公开提出要以“民主政治”代替“军阀政治”。[③] 早期中国共产党人认识到了国家民主和基层民主关系，并且首次实践了人民民主的第一个模式。党在 1922 年就发出了“各民主派举行联席会议并建立民主主义联合战线”的呼吁。1925 年，在党的主张下，中国共产党和中国国民党共同发起了“国民议会促成会”。中国共产党人探索的民主模式从此有了它的萌芽形态。

第二，中国共产党局部执政时期对民主政治制度的探索与培育。土地革命时期，党领导根据地人民开辟了工农革命根据地，建立了中华苏维埃共和国，中国共产党第一次在局部地区执政，进行了新民主主义民主制度建设。工农民主专政的中华苏维埃共和国实际上是新中国政权的雏形。正如毛泽东所说，“苏维埃政权的民主发展到了这样的程度，实在是历史上任何政治制度不曾有的”[④]。抗日战争时期，党的民主制度实践由“工农民主专政的苏维埃共和国”发展为“各革命阶级联合专政的新民主主义共和国”。苏维埃区域的政权建设进入了新的历史阶段——抗日民主政权的阶段，苏维埃工农民主演变为抗日人民民主。中国共产党领导人民在抗日根据地建立了三三制政权的国家民主。正如邓小平指出的“三三制政权的实质是民主问题”，“这不仅是今天敌后抗战的最好政权形式，而且是将来新民主主义共和国所应采取的政权形式”。[⑤] 中国共产党领导下的抗日根据地建立了真正的民主模式，成为当时中国的“民主高地”。

第三，社会主义过渡和建设时期对民主政治制度的奠基与实践。中国共产党人及时总结新民主主义革命实践的经验教训，适时将实践经验升华为相应的制度加以实施，从而在新民主主义的实践中，确立了新民主主义的各项民主制度。新中国实现了人民民主专政，这是我国社会主义民主制度的根本表现和组织形式，也成为中国特色社会主义民主制度的根本基础。在人民民主专政的基础上，具体形成了我国的人民代表大会制度，这是我国的根本政治制度。同时又创造性地建立了中国共产党领导的多党合作和政治协商制度，形成了广泛的基

① 建党以来重要文献选编：第 1 册[M]. 北京：人民出版社，2011：1.

② 中共中央文件选集：第 1 册[M]. 北京：中共中央党校出版社，1989：568.

③ 建党以来重要文献选编：第 1 册[M]. 北京：人民出版社，2011：91.

④ 中央革命根据地史料选编：下册[M]. 南昌：江西人民出版社，1982：309.

⑤ 邓小平文选：第 1 卷[M]. 北京：人民出版社，1994：8.

层民主自治制度，两者共同成为我国的基本政治制度。与此同时，在民族问题上，实行了民族区域自治制度，既使所有少数民族都能享受自治权利，维护本民族的民主权益，真正使各族人民群众都实现当家作主，都能广泛参与国家和本民族内部事务的管理，又保证了中华民族的大团结和国家政治的统一，成为民主实现形式的伟大创造，被称为“史无前例的创举”。

第四，改革开放新时期中国特色社会主义政治制度的成型与创新。十一届三中全会以后，民主运行恢复了正常秩序，党的十三大提出不断推进政治体制改革、发展社会主义民主政治的基本思路。党的十四大进一步完善人民代表大会制度，提出“逐步形成深入了解民情、充分反映民意、广泛集中民智的决策机制”；党的十五大把“建设有中国特色社会主义的政治”作为社会主义初级阶段基本纲领的重要组成部分；党的十六大提出了“实现社会主义民主政治的制度化、规范化和程序化”的要求，并首次提出建设“社会主义政治文明”；党的十七大第一次完整地阐述了“中国特色社会主义政治发展道路”。党的十八大对中国特色社会主义民主进行了崭新的布局，并首次提出“社会主义协商民主制度”。特别是党的十八大以来，以习近平同志为核心的党中央紧紧围绕坚持党的领导、人民当家作主、依法治国有机统一，加快推进社会主义民主政治制度化、规范化、程序化，建设社会主义法制国家，发展更加广泛、更加充分、更加健全的人民民主。党的十九届四中全会通过了《中共中央关于坚持和完善中国特色社会主义制度，推进国家治理体系和治理能力现代化若干重大问题的决定》，进一步实现了中国特色社会主义制度的成熟和定型，其中充分展现了人民立场的坚守和“人民至上”的制度价值。这一切标志着中国特色社会主义政治制度的全面形成和重要创新。

总之，中国共产党成立百年来，通过不屈探索，中国特色社会主义政治道路内涵越来越清晰，目标也越来越坚定。四个阶段不断探索和实践奠定了中国特色社会主义政治制度，成为我们坚定中国特色社会主义制度自信的坚实的历史基础。

四、文化自信：四次历史转变推进了中国特色社会主义文化现代化

文化自信需要文化自觉。习近平同志指出：“中国产生了共产党，这是开天辟地的大事变。这一开天辟地的大事变，深刻改变了近代以后中华民族发展的方向和进程，深刻改变了中国人民和中华民族的前途和命运，深刻改变了世界发展的趋势和格局。”[①]中国共产党领导完成了四次历史性转变，“这是中国共产党人认识世界、改造世界的伟大创举，是根本改变中华民族命运、深刻影响人类历

① 习近平．在庆祝中国共产党成立 95 周年大会上的讲话[N]．人民日报，2016-07-02(002)．

史进程的伟大变革"[①]。推进了中国特色社会主义文化现代化的发展。

第一,20 世纪 40 年代末实现了社会转折,即从原来的半殖民地半封建的动荡的社会到民族独立、主权确立并实现人民当家做主的新社会的历史性转变。1949 年新中国成立,这是中国近代以来的重大变化。从此,中国人民改变了半殖民地半封建的历史状况,民族独立了,人民当家作主了,这无疑是一个巨大的社会转折。换言之,帝国主义殖民中国的历史从此结束了,中国人民从此站立起来了;帝国主义、封建主义、官僚资本主义三座大山压迫中国人民的历史从此结束了,人民当家作主的共和国从此建立起来了;军阀割据、战乱频仍的历史从此结束了,中国集中力量从事现代化建设的机遇从此开始到来了。从此,中国社会发生着根本性的改变,中国人民正式开始向社会主义的社会文明进发。

第二,20 世纪 50 年代完成了制度转变,即从新民主主义革命到社会主义革命和建设的历史性转变。1956 年党的八大的召开,标志着社会主义制度在中国的确立,这是 20 世纪以来又一重大的历史性转变。如果说 1949 年开始完成了前所未有的社会转折,实现了民族独立和人民当家作主,那么,1956 年社会主义制度的建立则是明确了社会主义现代化发展的方向,为中华民族的富强奠定了制度基础,从此开始了社会主义社会的制度文明建设。

第三,20 世纪 70 年代末开始了经济体制转轨,即"从高度集中的计划经济体制到充满活力的社会主义市场经济体制、从封闭半封闭到全方位开放的历史性转变"[②]。20 世纪 70 年代末,以邓小平同志为代表的中国共产党人毅然决然地领导了改革开放,从此开启了 20 世纪来第三次历史性巨变。通过改革开放和社会主义现代化建设,充满活力的社会主义市场经济体制开始确立,从而改变了原来封闭半封闭的政治经济格局,形成了全方位开放的新格局。中国人民从此富起来了,由此奠定了中华民族伟大复兴的坚实的物质基础,也形成了社会主义社会发展的强大的物质文明。

第四,21 世纪以来开始了发展模式转换,即从主要重视经济发展到全面建成小康社会的历史性转变。2002 年党的十六大第一次明确提出全面建设小康社会的目标,这是一个理想社会的目标,是一场以人为本的文化变革,进一步推进了以人为本为核心的科学发展观的形成与实践;2012 年党的十八大提出全面统筹推进"五位一体"的建设,协调推进"四个全面"的战略布局,从此开启了中国

① 中共中央关于加强和改进新形势下党的建设若干重大问题的决定[N].人民日报,2009-09-28(001).

② 中共中央关于加强和改进新形势下党的建设若干重大问题的决定[N].人民日报,2009-09-28(001).

特色社会主义新时代;2015 年党的十八届五中全会制定了在五大发展理念指导下的全面建成小康社会的战略部署。2017 年党的十九大对我国新时代社会主要矛盾进行了科学把握和深刻认识,由此实现了从追求“物质文化”到追求“美好生活”的转变。这是一场涉及经济社会发展模式全方位转换的第四次历史性转变,是一场涉及全面深化改革的文化变革,最终要实现的是现代化的社会整合与社会和谐。

总之,中国共产党成立百年来领导完成了社会转折、制度转变、经济体制转轨和发展模式转换,这四次历史性转变体现了中国特色社会主义文化现代化发展的历史进程和发展规律,展现的是国家、社会、制度以及人的幸福等全方位的文化变革,是对社会主义现代化建设规律认识的深化,是对富强、民主、文明、和谐、美丽的社会主义现代化强国的追求,体现的是对社会主义文化与现代化的充分自信。

综前所述,中国共产党成立百年来,领导中国人民通过五个阶段探索开辟了中国特色社会主义道路,这是我们道路自信的坚实基础;通过五大课题回答实现了中国化马克思主义理论体系的创新,这是我们理论自信的坚实基础;通过四个阶段发展奠定了中国特色社会主义制度,这是我们制度自信的坚实基础;通过四次历史转变推进了中国特色社会主义文化现代化,这是我们文化自信的坚实基础。进一步推进新时代中国特色社会主义伟大事业,必须在这样的历史基础上进行,也只有在坚定的道路自信、理论自信、制度自信、文化自信基础上,才能坚定信念、明确方向、不忘初心、继续前进。当前,党史学习教育融入大学生思想政治理论课,就是要通过把握这样的历史逻辑线索、探寻历史的原脉、揭示其中的历史规律,最终使大学生将中国特色社会主义“四个自信”建立在深厚的历史基础上。

[本文选自《观察与思考》2021 年第 6 期]

[作者简介] 段治文,历史学博士,浙江大学马克思主义学院教授、博士生导师、求是特聘教授;有浙江省科学社会主义学会副会长、浙江省中共党史学会副会长、浙江省中国近现代史纲要教学研究会会长等多项学术兼职。邮编:浙江 杭州 310058

中国共产党百年实践的世界历史意义

代玉启

百年征程波澜壮阔，百年初心历久弥坚，百年使命砥砺奋进。100年来，从开天辟地的红船到领航复兴伟业的巍巍巨轮，由“东亚病夫”到全球第二大经济体，由积贫积弱、几乎被开除“球籍”到日益走近世界舞台中央，中国共产党始终是引领中华民族走向独立自主、繁荣富强的主心骨和顶梁柱。100年来，中国共产党团结带领人民不断开辟社会主义道路新境界，开拓为人民谋幸福的政党发展新格局，开启人类文明发展新路向，取得举世瞩目的辉煌成就，这具有重要的世界历史意义。

一、开辟社会主义道路新境界

社会主义产生已有500多年的历史，实现了从空想到科学、从理论到实践、从一国到多国的发展，深刻改变着世界历史的发展进程。按照马克思恩格斯的最初设想，社会主义革命应该在资本主义得到充分发展的国家率先取得胜利。列宁将马克思恩格斯关于科学社会主义的构想与俄国革命实际相结合并将其运用于俄国社会主义革命实践，建立苏维埃政权，在世界范围内第一次使科学社会主义从理论变为现实，直接论证了跨越“卡夫丁峡谷”理论的可行性。中国共产党自成立之日起就以马克思列宁主义为指导思想，自觉肩负起为人民谋幸福、为民族谋复兴的初心和使命，开启带领中国人民救亡图存的宏阔征程，领导中国人民历史地跨越“卡夫丁峡谷”，建立了中华人民共和国。

近代以来，腐朽落后的清政府实行闭关锁国的政策，阻断了中国与世界的交流，泱泱大国逐步落后于世界潮流，西方列强纷纷将目光瞄准中国，通过坚船利炮叩开中国的大门，迫使软弱的清政府与其签订一系列不平等条约，致使中国逐步沦为半殖民地半封建社会。为实现民族独立和人民解放，从魏源“师夷长技以制夷”，到康有为、梁启超“百日维新”，再到孙中山“辛亥革命”，无数仁人志士为挽救民族危机不断探索救国救民道路。但是，自救之路、维新之路、共和之路都未能完成反帝反封建的历史使命，也未能把中国从半殖民地半封建社会的历史深渊中解救出来。中国共产党的成立为灾难深重的中华民族带来光明和希望，为完成反帝反封建的民主革命任务提供了坚强的力量支撑。在马克思主义理论的科学指引下，中国共产党成功探索出新民主主义革命道路、社会主义革命道路、社会主义建设道路，创造性地开创、坚持和发展了中国特色社会主义道路，深刻改变了中国的面貌、中华民族的面貌、中国人民的面貌。新民主主义革命道路，以五四运动为起点，以实现民族独立、人民解放为目标，以统一战线、武装斗争、党的建设为保障，中国共产党团结带领人民经过28年的浴血奋战推翻帝国主义、封建主义和官僚资本主义"三座大山"，粉碎旧的国家机器，建立新生的社会主义政权。在中国共产党的带领下，社会主义建设和改革道路在曲折中探索、在奋勇中前进，通过改革和完善生产关系和上层建筑领域中不适合生产力和经济基础发展的因素，逐渐确立起公有制为主体、多种所有制经济共同发展和按劳分配为主体、多种分配方式并存等社会主义经济制度。党的十八大以来，中国共产党团结带领人民立足新时代的基本国情，坚定中国特色社会主义道路自信、理论自信、制度自信、文化自信，推动中国特色社会主义建设事业在神州大地如火如荼地展开。习近平总书记指出："当代中国的伟大社会变革，不是简单延续我国历史文化的母版，不是简单套用马克思主义经典作家设想的模板，不是其他国家社会主义实践的再版，也不是国外现代化发展的翻版。"[①]一言以蔽之，中国共产党的百年征程，是对社会主义道路新境界的自主探索和崭新开拓。

中国特色社会主义道路是把马克思主义基本原理与中国实际相结合的道路，既遵循科学社会主义的基本原则，又创新和发展了科学社会主义理论。中国特色社会主义道路探索的成功，使世界社会主义一扫东欧剧变、苏联解体的阴影，重启世界社会主义发展的新篇章，展现马克思主义在21世纪的新风景，成为世界社会主义发展史上极具特色的旗帜引领。正如习近平总书记指出的，"中国特色社会主义进入新时代，意味着近代以来久经磨难的中华民族迎来了从站起来、富起来到强起来的伟大飞跃，迎来了实现中华民族伟大复兴的光明前景；意味着科学社会主义在21世纪的中国焕发出强大生机活力"[②]。社会主义和资本主义两种社会制度虽然在一定历史时期内将继续并存，但无法改变资本主义必然灭亡和社会主义必然胜利的历史结局。中国共产党开辟的社会主义道路为世界社会主义实践提供了中国智慧和中国方案，为世界上那些既希望加快发展又希望保持民族独立性的国家提供了新的选择。

二、开拓为人民谋幸福的政党发展新格局

马克思曾指出，共产党要"在全世界面前树立起可供人们用来衡量党的运动

---

① 习近平谈治国课改：第3卷[M].北京：外文出版社，2020：76.

② 习近平谈治国课改：第3卷[M].北京：外文出版社，2020：8.

水平的里程碑”。[①] “共产党人不是同其他工人政党相对立的特殊政党。他们没有任何同整个无产阶级的利益不同的利益。”[②]为绝大多数人而非为少数人谋利益，是无产阶级政党与历史上其他一切政党里程碑式的区别。在纪念马克思诞辰200周年大会上的讲话中，习近平总书记对马克思主义理论做出高度概括："马克思主义博大精深，归根到底就是一句话，为人类求解放。”[③]诚然，人民性是马克思主义政党最鲜明的品格。

习近平总书记在党史学习教育动员大会上强调：“历史充分证明，江山就是人民，人民就是江山，人心向背关系党的生死存亡。”[④]人民群众是历史的创造者，这是共产党人基于唯物史观的科学认识，也是共产党在理论层面超越于其他政党的集中体现。人民群众是真正的铜墙铁壁，是最值得依靠的力量，只有唤醒群众、团结群众、带领群众，才能不断创造历史伟业，才能摆脱历史兴替的周期律。从石库门到天安门，中国共产党从诞生之日起始终坚守为人民谋幸福的使命。百年来，中国共产党把马克思主义基本原理同中国革命、建设和改革的具体实际结合起来，团结带领人民接力奋斗，依次实现了中华民族从站起来到富起来、再到强起来的伟大飞跃。百年奋斗史，是一部党与人民心连心、同呼吸、共命运的历史，其间充满无数可歌可泣的故事。

为人民谋幸福不是口号，需要久久为功的战略支撑。中国共产党人既是实干家，又是战略派。中华人民共和国成立后，中国共产党肩负着完成民主革命遗留任务、开展社会主义革命、建设和发展社会主义、探索中国现代化道路的重要历史使命。以毛泽东为核心的党的第一代中央领导集体提出实现四个现代化的战略目标，全面实现农业、工业、国防和科学技术现代化。改革开放新时期，邓小平提出“中国式的现代化”战略命题。从党的十三大开始，我们党相继提出现代化建设“三步走”战略、“新三步走”发展战略、“两个一百年”奋斗目标，不断推动社会主义现代化建设进程。进入新时代以来，习近平总书记明确部署，在中国共产党成立100周年时全面建成小康社会，在新中国成立100周年时建成富强民主文明和谐美丽的社会主义现代化强国，赢得中国人民和中华民族更加幸福美好的未来。中国共产党久久为功的实践探索，目的是更好地满足人民群众对美好生活的向往，是不断提升人民群众的获得感和幸福感。

为人民谋幸福不是虚话，需要苦练内功的“强健体格”。西方国家政党由于

---

① 马克思恩格斯选集：第3卷[M].北京：外文出版社，2020：355.

② 马克思恩格斯选集：第3卷[M].北京：外文出版社，2020：3.

③ 习近平.在纪念马克思诞辰200周年大会上的讲话》[M].北京：人民出版社，2018：8.

④ 任理轩.站稳“江山就是人民，人民就是江山”的根本立场[N].人民日报，2021-6-23(06).

组织繁多、资本本性使然,政党之间、政党内部的腐败现象暗流涌动,黑金政治等丑陋现象时有爆发。中国共产党是中国工人阶级的先锋队,是中国人民和中华民族的先锋队。真正做到为人民谋幸福,需要政党与时俱进,具备多方面的综合能力以应对国内外的风险危机,顺应人民群众日益增长的美好生活需求,更需要"刀口向内"的综合改革,把自身建成战斗的堡垒。毛泽东明确指出:"因为我们是为人民服务的,所以,我们如果有缺点,就不怕别人批评指出。不管是什么人,谁向我们指出都行。只要你说得对,我们就改正。你说的办法对人民有好处,我们就照你的办。"①中国共产党自建党伊始就始终坚持严的总基调,从毛泽东提出"不拿群众一针一线"到习近平总书记强力推动反腐败斗争,中国共产党一直在认真履行管党治党的政治责任。我们党始终保持"赶考"的清醒和"答卷"的自觉,保持对"腐蚀""围猎"的警觉,以系统施治、标本兼治的理念正风肃纪,不断增强自我净化、自我完善、自我革新、自我提高能力,保持党的先进性和纯洁性,为其他国家的政党做出了榜样和表率。

三、开启人类文明发展的新路向

近代社会以来,机器化大生产和资本的国际输出使人类从封建主义过渡为资本主义这一形态。生产社会化和生产资料资本主义私人占有之间的矛盾是贯穿于资本主义社会的基本矛盾。作为"社会的、集体的所有制的对立物"的私有制是异化产生的根源,劳动异化、资本异化等产生的根本原因就在于私有制。同时,私有制背景下的劳动和资本的分离也造成雇佣劳动者和资本家之间的贫富悬殊。资本主义推动社会生产力的发展,超越了封建主义及之前社会形态的局限性,也造成人的物化和异化,形成人与人之间的奴役和剥夺。针对资本主义标榜的"文明中心论""文明冲突论",马克思主义理论予以猛烈地批评,恰如《共产党宣言》描绘的那样:"代替那存在着阶级和阶级对立的资产阶级旧社会的,将是这样一个联合体,在那里,每个人的自由发展是一切人的自由发展的条件。"②这极大推进了人类文明进程,至今依然是具有重大国际影响的思想体系和话语体系。

中华民族拥有悠久的历史和灿烂的文明,但近代以后历经血与火的多重磨难。新中国成立后,社会主义制度的确立奠定了中华民族发展进步、实现民族复兴的坚实基础。但是,制度优势并不必然转化为发展优势、文明优势。面对社会主义探索中的曲折,邓小平深刻认识到"搞社会主义,一定要使生产力发达,贫穷

---

① 毛泽东选集:第3卷[M].北京:人民出版社,1991:1004.

② 马克思恩格斯选集:第1卷[M].北京:人民出版社,2012:422.

不是社会主义”。他提出:“我们要在建设高度物质文明的同时,提高全民族的科学文化水平,发展高尚的丰富多彩的文化生活,建设高度的社会主义精神文明。”[①]中国共产党必须满足人民群众的物质文明和精神文明需求,才能赢得人民群众[②]的信任和拥护。在此基础上,江泽民提出“三个代表”重要思想,即中国共产党始终代表中国先进生产力的发展要求,代表中国先进文化的前进方向,代表中国最广大人民的根本利益,构建物质文明、政治文明、精神文明于一体的发展体系。进入本世纪以后,胡锦涛从我国社会主义建设事业的全局出发,提出科学发展观,即“坚持以人为本,树立全面、协调、可持续的发展观,促进经济社会和人的全面发展”。党的十九大报告提出“树立和践行绿水青山就是金山银山的理念”,实现人与自然和谐共生,体现了中国共产党引领中华民族永续发展的执政理念,是顺应时代发展要求的伟大理论创新,也是对自然规律和人类文明演进规律的深刻总结。至此,物质文明、政治文明、精神文明、社会文明、生态文明于一体的社会主义文明建设体系初步确立。

作为世界上最大的政党,中国共产党不仅致力于为中国人民谋幸福、为中华民族谋复兴,也致力于为人类谋和平与发展。把中国的事情做好,这本身是对构建人类命运共同体和推进人类文明进程的贡献。在此基础上,通过推动中国发展给世界创造更多机遇,通过深化自身实践探索人类社会发展规律,通过同世界各国人民和各国政党开展对话和交流合作,能够为世界文明交流互鉴做出积极贡献。从根本意义上看,中国共产党百年实践开创的道路是对西方资本主义道路的超越,必将在马克思主义理论的指导下,不断走向人类文明发展新阶段。

回顾历史,壮怀激越。与时俱进的中国共产党,不忘初心,牢记使命,团结带领中国人民奋发图强,取得世所罕见的发展成就,中华大地发生沧海桑田的历史巨变,中华民族伟大复兴的时代篇章正在亿万人民手中谱写。展望未来,激情澎湃。千锤百炼的中国共产党,立足中国,胸怀世界,团结带领中国人民,必将继续创造令世人刮目相看的中国奇迹,为人类文明进步作出新的更大贡献。

[本文选自《中国社会科学报》特刊版 2021 年 6 月 24 日]

[作者简介] 代玉启,法学博士,浙江大学马克思主义学院副院长,博士生导师;有高校思想政治工作队伍培训研修中心(浙江大学)办公室副主任、教育部高校思想政治理论课教学指导委员会委员等多项学术兼职。邮编:浙江 杭州 310058

① 邓小平文选:第 3 卷[M].北京:人民出版社,1993:225.

② 邓小平文选:第 2 卷[M].北京:人民出版社,1994:208.

在新文科建设中强化价值引领

黄　铭　何宛怿

文科又称人文社会科学，与数理化等自然科学和医工农等工程科学相对，既包括文、史、哲等经典人文学科，也包括政、经、法等社会科学。进入现代社会，随着人类知识生产的专业化和学科分类的精细化，整体性视野的功能和价值也愈发凸显。“新文科”作为贯通学科发展的新理念，不仅主张打通文史哲，跨越人文学科与社会科学的界限，而且尝试更广泛地渗入理工农医等其他学科领域，孕育一批新兴的交叉学科群落。在新时代全国高等学校本科教育工作会议上，教育部党组书记、部长陈宝生明确提出了“加强文科教育创新发展”的要求，强调“充分发挥马克思主义在文科教育中的领航和指导作用，培育新时代中国特色、中国风格、中国气派的哲学社会科学，培养新时代的哲学社会科学家，形成哲学社会科学的中国学派”①。在马克思主义理论的指导下，新文科将获得实践导向、学科融合和人才培养三大方面的新内涵。

新文科建设应有鲜明的实践导向性

马克思主义具有鲜明的实践品格，不仅致力于科学“解释世界”，而且致力于积极“改变世界”。相较于“解释世界”，“改变世界”更具根本性，因此，新文科建设应有鲜明的实践导向性。

1. 新文科建设不止于“解释世界”

人类作为思维的能动主体，生产知识、建构理论和在观念中呈现世界是其不同于动物的特有存在方式。传统的文史哲等人文学科倾向于将世界理解为人的世界，聚焦于抽象地“解释世界”；哲学家们也习惯于“把理论的活动看作是真正人的活动”，不重视“革命的”“实践批判的”活动的意义。马克思反对这样抽象的人性论和沉思式的“解释世界”，主张以实践的方式介入现实并从社会关系去理解人的本质。马克思认为，人的思维的真理性只能在实践中证明，一切知识、理

① 陈宝生.在新时代全国高等学校本科教育工作会议上的讲话[J].中国高等教育，2018(15/16)：9.

论和观念都必须在人的实践中以及对这种实践的理解中得到合理的解决。因此，文科的发展不能只停留于抽象的理论思辨，而要关注处于社会生活中的现实的人或实践的人，对社会现状保持必要的敏感和关切。

2. 新文科建设应致力于"改变世界"

当代经济社会的快速发展引起了人们生活诸多方面的改变，人们不同的生活方式和价值观念又折射出各种社会存在及其发展规律。由此，人文学科关注某一时代人们思想观念和精神价值时，必须透视这一时代的社会存在；社会科学所研究的制度设计、法律保障、公共政策诸问题也需充满人文关怀。新文科"改变世界"的方式表现为基于人的美好生活需要来改造社会，致力于解决人的存在与社会发展的各种问题，尤其是回答时代重大问题、社会发展难题和人民关切问题，为推进国家治理体系和治理能力现代化提供知识储备并制定理论方案。其中，人文学科要重在保护、发掘和利用中华优秀传统文化资源，重塑新时代的人文精神；社会科学则需加强政策咨询和智库建设，将学科发展与社会治理相结合，推动理论创新和实践创新的交融互动。

3. 新文科建设要突出问题导向

学科的问题意识源于人类实践，学科存在的合法性在于作为解决问题之道。由于各门学科具有相对独立的知识体系，因而通常专注于解决各自领域的专业问题。[①] 然而，人的生活是具体的，社会发展是整体的，人文社会科学所要解决的人与社会的问题是综合的。当代人类实践面临的重大问题，如现代化问题、国际关系问题、城乡一体化问题、生态环境问题等，远不是传统的单一学科"单打独斗"所能把握和解决的。所以，新文科建设必须具有跨学科的眼界和综合性的思维，以问题导向和学科整合来应对时代需求。在这一过程中，采取什么价值立场以及如何发挥学术功能也是新文科建设必须思考的问题。新文科在解决新时代的理论和现实问题时必须具有明确的价值立场和高度的社会责任，坚持以马克思主义为指导，坚持科学性与革命性、政治性与学理性相统一的原则，在探索世界的真善美中推动社会进步和人类解放。

新文科建设要着力促进学科融合

在马克思主义理论指导下，新文科的学科性质和学术功能应实现从"解释世

① 王学典. 何谓"新文科"？[N]. 中华读书报，2020-6-3(5).

界”到“改变世界”、从思辨活动到社会改造的转变。这要求新文科建设打破旧的学科框架,超越已有学科壁垒,实现真正的学科融合。

马克思主义理论作为统一人与自然的宏大社会理论,在两方面对新文科建设的学科融合提供了启示:一方面,人文学科所研究的人的观念、解析的人性或人的本质,在马克思那里,“不是单个人所固有的抽象物,在其现实性上,它是一切社会关系的总和”。[①] 所以,新文科建设必须由人延展至社会,实现人文学科与社会科学的融通。另一方面,现实的自然是人的本质力量对象化的产物,经过自然的漫长进化和人类的实践发展,人类社会及其历史已成为自然史的一个现实部分,所以“自然科学往后将包括关于人的科学,正像关于人的科学包括自然科学一样:这将是一门科学”。[②] 因此,人文社会科学还要与自然科学实现更广泛而深刻的学科融合,即基于人与自然统一的世界观,将“人的科学”与“自然科学”融合成为“一门科学”,这既是学科融合的完整谱系,也是新文科建设的远大目标。

在新文科建设中着力促进学科融合是应对当代社会的复杂性问题和进行综合性实践的现实需要。一个国家的发展水平,既取决于自然科学发展水平,也取决于哲学社会科学发展水平。[③] 如果说探究“世界是什么”是自然科学的职责,那么对“世界应当如何”作出合理解释并进行价值引领则是人文社会科学的使命。当前,新科技和产业革命浪潮奔腾而至,社会问题日益综合化复杂化,应对新变化、解决复杂问题亟需跨学科专业的知识整合,推动融合发展是新文科建设的必然选择。新文科建设要主动打破学科边界,扩展研究视野,在人文、社会和科技的学科融合中寻找新的机遇和发展方向。在新文科建设中,人文社会科学要学习自然科学的严谨精神,充分利用新技术手段,提高科学水平,更新研究方法。

新文科建设强调学科融合,不仅满足了哲学社会科学发展的需要,也是自然科学的价值所归。早在19世纪,马克思就指出,自然科学凭借技术和工业“日益在实践上进入人的生活,改造人的生活,并为人的解放作准备”。[④] 如今,人工智能、区块链、基因工程、虚拟技术等新兴技术全面渗透进人的生活,影响并塑造人的生活诸领域,这要求自然科学回归“科技以人为本”的原初命题,规范科技使用,应对人类社会所面临的复杂挑战。因此,自然科学研究必须加强对人与社会

---

① 马克思恩格斯文集:第1卷[M].北京:人民出版社,2009:501.

② 马克思恩格斯文集:第1卷[M].北京:人民出版社,2009:194.

③ 习近平.在哲学社会科学工作座谈会上的讲话[M].北京:人民出版社,2016:2.

④ 马克思恩格斯文集:第3卷[M].北京:人民出版社,2009:307.

的关怀，提升科学技术的人文价值与社会福祉；此外，科技和人文工作者应携手推进“人类命运共同体”的建构，以科技指引人文关注时代前沿问题，以人文规定科技的价值尺度和伦理底线，共同承担起创造美好未来的时代使命。[①]

从实践角度来看，自近代以来，在人类改造世界和认识世界的实践活动中，人文科学、社会科学、自然科学及工程科学等学科门类基于工业生产各有分工。但进入信息时代以后，这种分门别类的学科设置已不能完全胜任人类解决复杂性问题和指导综合性实践的需要，学科融合由此成为必要和可能。

基于从问题到实践的需要，新文科建设的学科融合应坚持综合性、跨学科和融通性的原则。综合性是指思考和解决问题依靠学科系统而非单一学科，把握事物全貌而非某一局部。这需要超越各个专深而狭窄的学科专业，围绕解决理论和现实问题的需要开展创新性研究。跨学科则是跨越不同学科边界，打破既定的学科壁垒，本着解决复杂性问题的宗旨，实行学科总动员。从综合性需要出发，经由跨学科途径，融通性的学科融合最终得以完成。新文科的学科融合可以在多个层面上进行，比较狭义的是在传统的人文学科内部打通文史哲等学科，拓展开去的是实现人文学科与社会科学的联盟，更广范围的则是将人文社会科学与医学、生物科学、信息科学、计算机科学等自然科学和工程科学交叉产生新型学科。

在新文科建设中落实立德树人根本任务

新文科建设为新时代培养新型人才，应以立德为根本、以树人为核心，充分发挥文科在中国特色社会主义建设中夯实价值根基、搭建文化桥梁、彰显大国担当等重要作用，努力培养立足中国国情又适应全球化时代的领导人才、传播人才和应用人才。

1. 培养既有家国情怀又有全球视野的领导人才

新文科育人不仅强调培育大学生的家国情怀，还要引导大学生形成兼济天下和共谋福祉的“人类关怀”，将其培养为担当民族复兴大任、推动人类进步事业发展的未来领导人才。

高校课程思政是牢牢把握文科教育价值导向、提升学生思想政治素养的重要途径，新文科育人要用好课程思政，将价值引领有机地融入知识传授和能力培养之中。首先，要溯源中华优秀传统文化，在寻根中增强学生的文化自信。中华

① 陈鹏.“新文科”要培养什么样的人才[N].光明日报，2019-5-20(8).

优秀传统文化是中国人文社会科学的“精神基因”，为新文科人才培养提供了深厚基础和宝贵资源。其次，要深挖文科教育天然的价值塑造作用，找准专业知识与思政元素的融贯点。在传授知识理论时，坚定学生的理想信念和人民立场，激励学生练就过硬本领，投身民族复兴伟业。最后，要拓展专业领域的国际比较和对话，引导学生在保持高度文化自觉和坚定文化自信的同时，建立广阔的全球视野和深厚的人类关怀，夯实人类命运共同体的人文根基。

2. 培养讲好中国故事、传播好中国声音的传播人才

新文科建设对于国家的重要意义之一就在于提高文化软实力，向世界讲述中国故事、传播中国声音、形成中国话语。因此，新文科要加强传播人才的培养，让世界了解人类命运共同体的内涵与意义。

一方面，要以培育未来的哲学社会科学家为目标培养一批学术型文科人才。哲学社会科学中国学派的形成是一个持续推进过程，需要新文科在人才培养中激发学生的原创意识和创新能力，为创造性阐释中国道路和中国实践孕育新生力量。面对“中国故事”的丰富素材，可引导学生以现实关怀为底色、以解决问题为导向，跨越学科和专业之间壁垒，探究其背后的内在逻辑与思想内涵。

另一方面，围绕新闻传播、对外汉语、影视艺术等领域培养一批专业型文科人才。“讲好中国故事”本质上是一种跨文化传播，除了遵循一般的传播规律，还必须掌握跨文化传播的规律和策略。为了让中国故事更易于理解和接受，可尝试探索“传播＋国别研究”“＋动画传统文化”等专业人才培养模式，通过分析研究不同文化背景受众的习惯和心理，积极探寻中外共通的情感内核和审美共性，使中国故事的传播潜移默化、润物无声。

3. 培养适应国际竞争、参与全球治理的应用人才

新文科肩负着增强国家综合国力和提升国际话语权的使命，要致力于培育一批具有宽广国际视野、过硬专业能力、适应全球新格局的高素质应用人才，如国际经贸人才、涉外法律人才等，为我国参与和引领全球治理提供人才支持。

一是培养学生“一专多能”的综合素养。国际化应用人才既要熟悉中国国情，又要通晓国际规则；既要掌握扎实的专业理论，又要了解国际政治、文化等相关知识。这需要新文科搭建跨学科、跨院系、跨专业的协同育人培养平台，在国际应用人才的培养模式、课程设置和教学内容方面积极探索。

二是加强专业人才外语能力的培养。新文科建设应聚焦国家对外开放新格局和“一带一路”建设，以服务国家需要为导向，有针对性地加强专业人才的英语或其他语种能力的培养，尽快补齐外向型应用人才的缺口。

三是搭建国际化合作交流平台。深化国际合作是人才走向世界舞台的重要

条件,新文科建设可将“引进来”和“送出去”相结合,在依托学科布局和专业特色吸纳国外优质教学资源的同时,为学生提供更丰富多元的海外学习和实习锻炼机会,在实践中培养真正具有全球竞争力的应用人才。

[本文选自《中国高等教育》2021 年第 7 期]

[作者简介] 黄铭,哲学博士,浙江大学马克思主义理论研究所教授、博士生导师;何宛怿,浙江大学马克思主义学院在读博士研究生。邮编:浙江 杭州 310058

[纪念集专题之二]

研究所成立30周年公开出版著述选辑

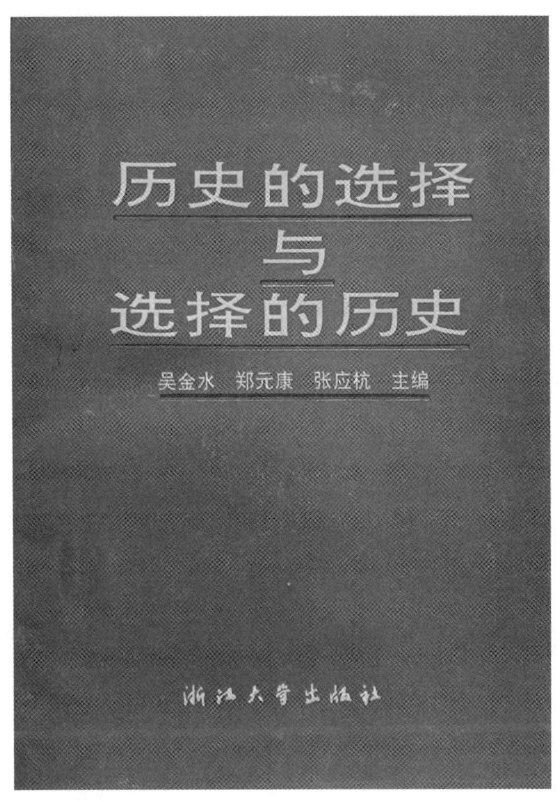

书名:《历史的选择与选择的历史》

作者:吴金水等主编

出版信息:浙江大学出版社 1992 年版

内容简介:

本书是浙江大学成立马克思主义理论研究所之后的首秀之作,由时任浙江大学党委副书记吴金水领衔主编,郑元康、张应杭、段治文、郭汾阳、卫鸿初、吴炳海、余潇枫等参编。

本书的写作背景是 20 世纪最后 10 年出现了苏联解体、东欧剧变、西方政客宣称资本主义对社会主义“不战而胜”的严峻格局。为了回应师生对诸如中国还能否坚持社会主义道路、中国是否要补资本主义的课之类的疑惑,本书作者通过对中国近现代史的回顾,深刻阐明了旧中国为什么没有选择资本主义,而是选择了社会主义的历史必然性。在这一历史必然性的基础上,进一步阐述了中国社会主义制度所特有的优越性和它的自我完善能力,从而为坚定走中国特色社会主义道路的信心提供了历史必然性和学理逻辑的支撑。

书名:《困惑与思考:马克思主义原理课疑难问题探讨》

作者:万斌等主编

出版信息:浙江大学出版社 1992 年版

内容简介:

本书系浙江大学牵头,汇集了浙江省高校从事马克思主义原理课的共 28 位教师对来自课堂上学生的思想困惑进行学理层面的答疑解惑之作。

本书依托浙江省马克思主义原理教学研究会,在全省高校征集了 48 个来自学生的颇具代表性的困惑问题,经过讨论和分工,由学有所长的教师予以理论和方法的解答。作者们坚信,学生们来自现实的困惑问题一定可以通过理论的指引而得出明晰的答案。这就正如马克思在《〈黑格尔法哲学批判〉导言》中所言:“理论只要说服人,就能掌握群众,而理论只要彻底,就能说服人。”应邀为本书做序的浙江大学党委书记,同时兼任浙江大学马克思主义理论研究所所长的梁树德教授曾这样写道:“当初学校决定成立马克思主义理论与思想政治教育研究所,其宗旨就是试图把高校马克思主义理论课的教学、研究与学生思想工作相结合。近两年来的实践证明这一结合是必要的,也是可能的,而且也初见成效。摆在我面前的这部《困惑与思考》的书稿,可以说这是这一结合的成果之一。”

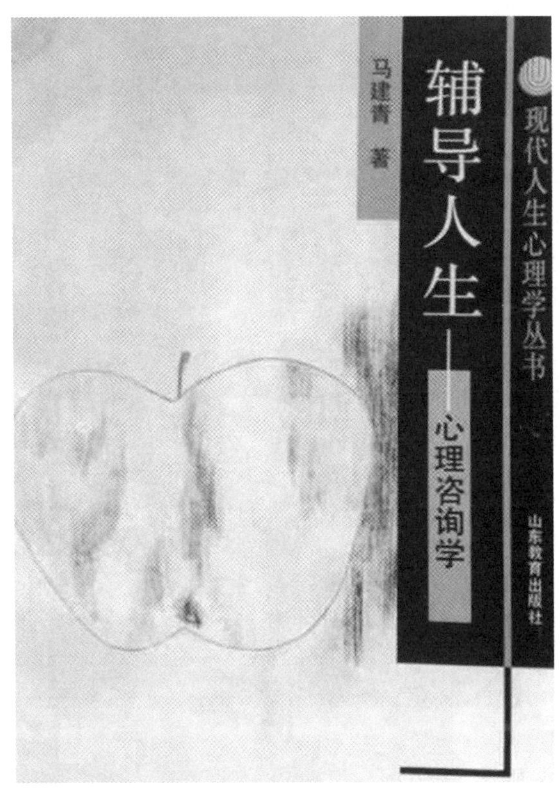

书名:《辅导人生——心理咨询学》

作者:马建青

出版信息:山东教育出版社 1992 年版

内容简介:

本书是国内最早出版的心理咨询专著之一,也是把西方心理咨询理论与中国文化和民众心理行为特点紧密结合、融入了作者心理咨询研究和实践成果的专著。书中建构了具有中国特色的心理咨询框架,特别强调心理咨询的发展性特点,强调心理咨询关系和态度的重要性,这些不仅引领了中国心理咨询的发展方向,而且为实现心理咨询、心理健康教育与思想政治教育的有机结合奠定了基础。本书不仅对心理咨询工作产生了积极的影响,也为广大的教育工作者特别是思想政治教育者提供了有益的参考资料。

1994 年台湾新雨出版社出版该书的中文繁体文版。2008 年安徽人民出版社以《辅导人生:心理咨询实务》为名重印了本书的修订本。

书名:《大学生人格发展》

作者:John M. Whiteley

朱深潮、余潇枫、马建青、王勤、张应杭编译

出版信息:浙江大学出版社 1993 年版

内容简介:

本书是朱深潮教授 1990 年应邀访美时与美国加州大学欧文分校社会生态学学院的 John M. Whiteley 教授的交流成果之一。

John M. Whiteley 自 1975 年开始对大学生的人格发展和人格教育,尤其是对大学生的道德教育进行了数十年的系统研究,不仅提出了诸多新颖的理论观点,而且还建构了独具一格的以德育为核心的人格教育模型。这些研究成果无疑对中国高校的大学生人格教育有相当的借鉴意义。这一点就正如 John M. Whiteley 在其中文版序言"致中国读者"中提及的那样:"我们当今的社会,面临着来自个人、职业、公民社会和国际组织的不同层次的前所未有的道德挑战。教育是能够提高道德推理水平的这一发现,给了我们极大的希望。"

书名:《青年社会学》

作者:余潇枫

出版信息:中国国际广播出版社 1993 年版

内容简介:

这是作者对青年问题从社会学的角度予以学理和方法的探新之作。

青年问题是个无论从学界还是普罗大众那里均耳熟能详的词汇。但正如黑格尔说的那样,"熟知并非真知"。事实上,正如作者在本书的绪论里追问的那样:青年是什么?它显然不仅仅是一个特定的年龄段的存在,也不是一个生理上充满荷尔蒙的生命体存在,更不是一个被描写为意气风发的、充满憧憬的、心怀梦想的,或叛逆的、迷茫的、颓废的、怀疑的等亚文化的存在。作者从社会学的研究视阈把青年定义为:最具能动性的社会实体,它不仅代表未来,更是创造现在的生命有机体存在。

有了青年,自然会有青年问题。本书作者以社会学的视阈,并结合人类学、文化学、发生学、生物学、系统科学等诸多学科来聚焦青年问题,并对这些问题给出了学理和方法论层面的解决路径。尤其值得一提的是,作者通过青年群体、青春期、青年代际、青年结构、青年功能、青年发展、青年本质、青年人格、青年社会化等一系列基本范式的学理演绎,构建起较为缜密的青年社会学学科体系。

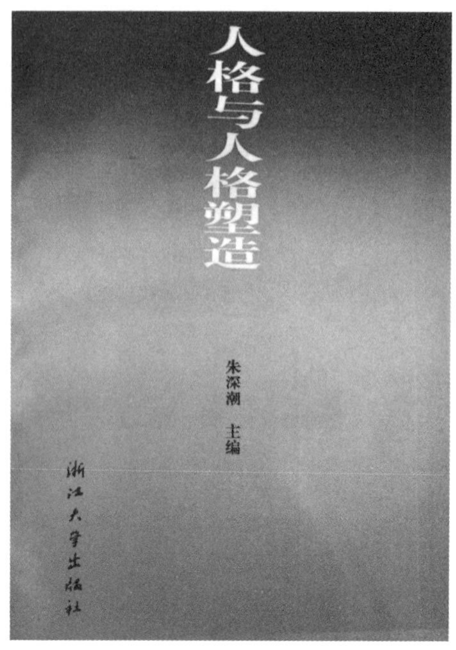

书名:《人格与人格塑造》

作者:朱深潮主编

出版信息:浙江大学出版社 1995 年版

内容简介:

这是浙江大学马克思主义理论研究所联袂浙江大学人格研究中心推出的一本论文集。由时任浙江大学党委副书记的朱深潮任主编。本书作者既有从事马克思主义政治理论课的教师,也有哲学系、中文系、外文系、体育教研部的专业课教师,还包括了党委宣传部、党委学生工作部、电教中心等处于学生思想工作第一线的诸多作者。

本书作者的一个基本共识是:高等学校既是一个有目的、有计划地进行知识和文化传播的场所,更是一个在认知和文化的基础上,通过对学生进行理想、信仰、情感、意志品性塑造来造就理想人格的摇篮。这也恰是高校政治理论课的一个重要使命之所在。现代化的核心是人格的现代化。作者们以多学科、多视阈、多层次地对人格塑造问题进行了系统研究,并将这一研究的实践指归确立为探索 21 世纪适应中国特色社会主义现代化之新型人格的造就,尤其是积极探索高校政治理论课和高校德育如何为这一崇高使命的实现提供新理论、新途径、新模型、新范式和新方法。

书名:《学习建设有中国特色社会主义理论与党章》

作者:梁树德主编

出版信息:浙江大学出版社 1996 年版

内容简介:

本书由时任浙江大学党委书记的梁树德主编,主要参编人员为任少波、王玉芝、郑元康、段治文、王勤、张继昌、张国清、张应杭、张丽东等人。

本书编写的时代背景是:为适应新的时代要求,党的十四届四中全会提出用三年时间在广大党员中组织学习建设有中国特色社会主义理论与党章。中共中央宣传部为此专门编写出版了《邓小平同志建设有中国特色社会主义理论学习纲要》。本书正是为了贯彻落实党中央提出的要求,以浙江大学马克主义理论研究所的骨干教师为主体编写而成。时任中共浙江省委副书记刘枫在序言中高度肯定了本书的出版价值,他认为这是一本非常有特色的学习读本。本书不仅成为了浙江大学理论学习讲师团使用的宣讲教材,而且也为广大师生员工深入系统地学习邓小平建设有中国特色社会主义理论起到了很好的辅导作用。

书名:《哲学人格》

作者:余潇枫

出版信息:吉林教育出版社 1998 年版

内容简介:

本书系吉林教育出版社"当代人学与文化论丛"之一种。

作者认为,人格作为人之为人的价值规定,涉及人的存在的意义与理想境界的追求与实现。处于转型时期的中国,人的存在与发展问题十分严峻,反映在人格上就具体呈现出传统人格失效、现实人格失范、理想人格失落之类的危机现象。作者以马克思主义哲学中关于人学的基本思想为学理和方法依据,对人格问题做了多维度、多层次的理论探究,最后以审美人格的理论建构与实践追求结束了全书的探讨。本书的意义不仅为现实社会中诸多人格问题的解决提供了世界观和价值观的指引,不仅为现代化的中国构建了现代人格的基本范式,而且它正如高清海教授在本书序言中提及的那样,为马克思主义哲学摆脱过度关注物质世界而忽视了人自身的问题做了极为可贵的努力。

书名:《人生哲学论》

作者:张应杭

出版信息:浙江大学出版社 2000 年版

内容简介:

本书系作者真善美人生系列丛书之一。古希腊最早的一批哲人把哲学定义为“爱智慧”。哲学的这一爱智慧的本性可以指向自然、指向社会,但更多的则是指向人类自身的存在。这也许就是为什么老子要说:“知人者智,自知者明”的道理之所在。重要的还在于,在客观世界所呈现的自然界、人类社会和自我人生这三大存在项中,马克思主义的创始人虽然均有着超越前人的诸多创新性成就,但相比于自然辩证法和唯物史观,马克思主义的人生哲学一直没有被充分地关注、研究和传播。

有鉴于此,本书构建了自我认识论、自我实现论和自我超越论这三大模块共计九章的马克思主义人生哲学理论框架。这一理论的逻辑起点是自我原欲的认知,经过人性的生成、德性的造就、自由与真爱的追寻、痛苦与欢乐的体验、失败与成功的历练,其逻辑终点是自我生命对死亡的超越,即不朽之境的实现。

书名:《思想政治教育学新论》

作者:王勤

出版信息:浙江大学出版社 2003 年版

内容简介:

思想政治教育作为一项实践活动,贯彻于人类阶级社会的全部历史,在社会发展和人类文明进程中发挥着重要而独特的作用。思想政治教育学作为一门独立的学科,还十分年轻并处于不断生长、发展之中。世纪之交,国际风云变幻,全球化、信息化浪潮席卷而来;改革开放和市场经济的发展,带来了社会的深刻变革和人们思想观念的巨大变化。无论是思想政治教育实践,还是思想政治教育学科建设,都面临许多新的挑战和课题。

本书作为浙江省哲学社会科学"十五"规划重点课题成果,以"超越"为自我要求,以较宽阔的学术视野和较扎实的研究基础,集中阐述了新时期思想政治教育面临的基本理论问题和现实课题,努力在扬弃传统、直面现实、把握趋势上体现"新论"之新,从而为思想政治教育学科建设作出积极贡献。

书名:《万斌文集》(第1~4卷)

作者:万斌

出版信息:杭州出版社2004年版

内容简介:

本文集是作者近40年在马克思主义基本原理相关领域里积淀的主要学术成果的汇编。

文集共分四卷:第一卷主要收录了其论著《民主哲学》以及相关的研究论文;第二卷主要收录了其法哲学论著《法理学》及相关的研究论文;第三卷主要收录了其论著《历史哲学》及相关的论文;第四卷主要收录了其论著《政治哲学》及相关的研究论文。文集的总字数达160多万字。文集作者万斌教授作为知名的马克思主义理论研究者,在其一生的研究历程中曾获得诸多的学术荣誉,文集里收录的论著从一个侧面反映了作者曾经获得过诸多的奖项,比如《法理学》获浙江省第四届哲学社会科学优秀成果二等奖;《民主哲学》获浙江省第七届哲学社会科学优秀成果二等奖;《政治哲学》获浙江省第八届哲学社会科学优秀成果一等奖;《历史哲学》获浙江省第十五届哲学社会科学优秀成果一等奖。

书名：《伦理学新论》(修订版)

作者：黄应杭

出版信息：浙江大学出版社 2004 年版

内容简介：

本书系作者真善美人生系列丛书之二。对于伦理道德之于人生的意义问题，古往今来的哲人有过诸多的论述。培根曾经说过，善的德性是人类一切精神品性中最伟大的品性。作者认为这种说法在某种意义上是异常深刻的。如果撇开自然和社会的领域不谈，仅就自我人生而言，那么甚至可以说，“善”对于人生具有最重要的意义。因为在人生真、善、美的诸品性中，“真”仅仅指的是真实的存在，这种存在(譬如饮食男女之类的天性)并未把人和动物区别开来，而唯有“善”才使人和动物分道扬镳了。人类正是以“善”的规范实现对自我人性的节制、引导和提升，从而造就理想人性的。“美”无非是“真”和“善”的感性显现。人生因为“真”和“善”的充盈，才流漾着“美”的风范。可见，“善”的自觉规范对人生实践有无比的重要性。这也可以说是本书最根本的理论价值和实践意义之所在。

书名:《毛泽东与刘少奇社会主义观比较研究》

作者:张继昌

出版信息:新星出版社 2004 年版

内容简介:

在中国共产党为中华民族伟大复兴的奋斗历程中,有无数杰出的领袖人物横空出世。这其中毛泽东与刘少奇无疑是最具代表性的两位。在漫长的新民主主义革命斗争进程中,他们密切合作、相得益彰,共同谱写了绚丽的胜利篇章。但在革命取得胜利之后在建立什么样的社会主义和怎样建设社会主义的问题上发生了严重的分歧。这些分歧主要体现为对农业合作化道路、对社会主义主要矛盾的判断、对 1958 年以后国内形势的估计、对社会主义教育运动如何搞、对文化大革命的评价等一系列问题上。特别值得指出的是,毛泽东与刘少奇社会主义观比较研究既可以为我们展示中国共产党人对社会主义探索的艰辛与曲折历程,更可以史为鉴,为新时代中国特色社会主义现代化建设提供有益的历史启迪。

书名:《生命伦理学与生命法学》

作者:万慧进

出版信息:浙江大学出版社 2004 年版

内容简介:

面对 20 世纪六七十年代生命科学的飞速发展,尤其是分子生物学和计算机科学的巨大进步,人类不仅可以破译生命的遗传密码,而且还有能力通过生物芯片技术、胚胎干细胞技术、克隆技术、转基因技术等手段,使人类的生命现象呈现出太多的"技术主义成就"。这些成就在带给人类生命诸多的崭新可能性前景的同时,也对人类的道德和法律提出了极为严峻的挑战。

本书正是对这一挑战的回应。作者通过对科学上的可能与伦理上的应该、法律上的允许是一种什么关系、生命科学中什么样的科学实验是被禁止的、在生命科学进程中伦理学的"在场"为什么是不够的,以及法律的"缺位"会导致什么样的后果等问题的探究,构建起了一个生命伦理学与生命法学的大致学理框架。特别值得一提的是,作者作为从事《思想道德修养与法律基础》课的资深教师,在书中探讨了大量当下高校青年学生必须予以关注和思考的生命伦理和生命法学问题。它不仅为高校政治理论课教师如何履行好教书育人的使命提供了新的视阈,而且也使本书成为由高校政治理论课"思想道德修养与法律基础"所衍生的非常值得向学生推荐的理论读物。

书名:《德育人文关怀论》

作者:王东莉

出版信息:中国社会科学出版社 2005 年版

内容简介:

本书系作者主持完成的国家社会科学基金规划课题“学校德育的人文关怀价值研究”的最终成果。

德育作为人格培育、人性提升和精神建构的一种社会教育实践活动,其内容蕴藉着丰富的人文精神,其实践活动正是人文关怀精神的体现。就德育的本质而言,作为“使人向善”的教育活动,它始终追求着一种“应然”理想,创造着一种“可能”的生活。本书以马克思主义的人学思想为指导,以我国社会发展的现实为背景,以人的全面发展为指归,深入剖析了传统德育中存在的种种问题,揭示了德育要真正深入人心,发挥其应有的建设人本身、促进人的全面发展的作用,必须确立德育人文关怀价值的核心地位。为此,本书通过对德育人文关怀的理念、内容、主体、方法等方面的探讨,建构了一个较完整的德育人文关怀的理论框架。

书名:《审美的自我》

作者:张应杭

出版信息:山东教育出版社 2007 年版

内容简介:

本书系山东教育出版社“名课精讲”系列丛书之一种。

作为作者真善美人生系列丛书之三,本书探究了审美的人生存在方式。人类最可骄傲和自豪的地方是能够不断地以理性探寻去确立自己在自然和社会中的土体地位,从而赋予自我以深沉的真、善、美品性,按照美的规律来造就美的生活、美的生命和美的自我。但对究竟什么才是审美自我的问题,古往今来哲人们见仁见智。如果立足于马克思的人学立场,那么我们就可以认为自我与他人、与社会集体建立一种和谐而愉悦的关系是审美自我最重要的规定。马克思在创立自己的理论时,提出了如下一个著名的理论命题:“只有在集体中,个人才能获得全面发展其才能的手段。”这即是说审美的自我首先必须是社会集体中的自我。这种自我之所以具备审美的形态是因为它能够置身这样一种境界:既能保持自己独特的充满个性魅力的品格,又能走出自我狭小的天地,为他者以及诸多他者集合而成的社会集体所悦纳。审美的自我人生正是由此而生成的。

书名:《马克思主义:当代理论与实践》

作者:吕有志、潘于旭等

出版信息:浙江大学出版社 2008 年版

内容简介:

反观当下高校的政治理论课,无法回避的一个基本事实是,我们的课程教学常常被一些学生视之为说教。学校有关部门对政治理论课也一再提出了提升课程抬头率的问题。造成这一不尽如意现状的原因固然很多,但我们认为其中很重要的一个原因是:我们一些教师在课堂上所传授的理论尚缺乏征服人心的理论力度。马克思在创立自己理论学说时曾以自己的自信与豪迈留下过这样一句名言:“理论只要深刻就能征服人。”马克思主义的学说尔后在全世界范围内迅速传播充分证明了这一名言的真理性。

马克思这一说法给予我们的现实启迪就是,我们必须提升高校政治理论课的高度、深度与广度,从而使这个理论具有真正打动人心的魅力。本书正是基于这一现实语境,组织起诸多浙江大学从事政治理论课的一线教师,围绕马克思主义的基本理论和方法进行深入的学理探究和现实问题剖析,以期提升政治理论课的理论征服力。

书名:《吉登斯生活政治范式研究》

作者:许丽萍

出版信息:人民出版社 2008 年版

内容简介:

西方社会学界曾把 20 世纪 80 年代以来的社会学称之为吉登斯时代。吉登斯通过对马克思、涂尔干、韦伯等经典社会学思想和方法的反思,建构了其博大精致的理论体系。

本书选取了吉登斯的生活政治范式为研究视阈,对其理论体系进行了颇具创见的建构性解读。全书梳理和阐释了吉登斯生活政治的社会历史背景、学理内涵、主要观点,从而清晰地展现了吉登斯既超越了解放政治又超越了后现代政治的生活政治框架体系。特别值得一提的是,本书立足于马克思主义的基本立场和方法,既深刻揭示了吉登斯"乌托邦现实主义"的理论实质,又发掘了其对于当下社会过分注重实利、日益走向偏狭的无奈现实的超越意义。

书名:《中国特色社会主义理论研究》

作者:张继昌、宇正香

出版信息:浙江大学出版社 2011 年版

内容简介:

本书是浙江大学马克思主义理论研究所组织相关教师面向本专业研究生编写的系列教材之一。

中国特色社会主义理论是中国共产党人领导中国人民在现代化建设的过程中形成的伟大理论成果。这一理论的形成和系统化,标志着中国共产党人对科学社会主义的认识达到了一个新的水平。中国特色社会主义理论科学回答了在中国具体历史条件下如何建设社会主义、发展社会主义的一系列根本问题。中国自改革开放以来的历史证明,只有坚持在中国特色社会主义基本理论指导下的实践,才能不断地巩固社会主义和发展社会主义。在中国特色社会主义这一伟大事业砥砺前行的历史征程中,我们比任何时候都需要伟大的理论来指导这一伟大的实践。因此,结合建设中国特色社会主义的具体实践,不断总结新的经验,以丰富和完善中国特色社会主义理论,是历史和时代赋予中国共产党人的神圣使命。更值得一提的是,本书对于我们学习和领悟习近平新时代中国特色社会主义理论提供了很好的历史语境和学理阐释。

书名:《价值排序与伦理风险》

作者:张彦

出版信息:人民出版社 2011 年版

内容简介:

本书系中国伦理学会会长万俊人教授任主编的"伦理学基础理论探究"系列丛书之一种。

本书作者对价值排序和伦理风险这一当前伦理学研究的新兴热点和前沿问题做了基础理论的学理探究。本书从伦理风险的角度展开对价值排序的研究,从风险的视角探索价值排序问题在伦理学研究中的地位和作用。全书通过对企业伦理、科技伦理、生命伦理、家庭伦理等重大专门领域的深入分析,展现了当代伦理学关注价值排序、关注道德冲突、应对伦理风险的理论品格;凸显了对道德现场情境分析的高度重视,描绘了在达成道德共识、规范价值原则过程中不同伦理思潮学派和价值诉求的作用;提炼了当今价值排序的总体架构以及基本的伦理原则,并在汲取和借鉴国内外成果的基础上,提出了对伦理风险解决的基本方案。尤其值得一提的是,该书作为一部严格意义上的学术专著,却以晓畅的语言和颇显亲和力的写作风格成为一本极好的伦理字理论读本。

书名:《马克思的解放哲学》

作者:刘同舫

出版信息:中山大学出版社 2015 年版

内容简介:

人的解放是马克思哲学的指归之所在。本书作者全景式地梳理和探究了马克思主义哲学关于人的解放理论。

本书通过对马克思文本中关于人类解放的思想史与原问题的研究与仰望,来揭示马克思学说的原初意义。在全书中,作者全面阐述了马克思人类解放思想的深度背景与历史前提;重点探讨了马克思人类解放思想的类型划分、实现条件、依靠力量、演进历程;从动态上分析了马克思对人类解放的理论前提、解放道路、解放主题等问题认识上所发生的深刻思想转变;全面论证人类解放的必要性、阶段性、整体性与可能性;最后剖析了马克思人类解放思想的后续效应,即西方学者的理论阐释与回应。

书名:《德育人文关怀实践论》

作者:王东莉等

出版信息:浙江大学出版社 2015 年版

内容简介:

本书系作者主持的浙江省哲学社会科学基金重点课题"思想政治教育人文关怀的实践研究"和教育部人文社会科学基金课题"思想政治教育人文关怀的实践载体与实施途径"的最终成果。

本书以马克思主义的人学思想、中国文化中的人文精神、西方文化中的人文思想为理论基础,从工具理性与价值理性协调、个体价值与社会价值一致、现实价值与理想价值统一、科学价值与伦理价值与审美价值融合几个维度,充分探讨了德育人文关怀的价值取向。在此基础上,重点探讨了德育人文关怀的几种实践载体和实施途径。本书认为,时下在学校开展的生命教育、人格教育、幸福教育等能够成为实现德育人文关怀的有效载体,而交往对话、情感体验、审美渗透和心理辅导等则是实践德育人文关怀的有效途径。通过对这些载体和途径的深入研究,本书建构了一个较为系统的德育人文关怀实践体系框架,并提供了实践德育人文关怀切实可行的操作方法,这为进一步提高德育的实效性,充分实现德育人文关怀价值提供了有益的理论与方法借鉴。

书名:《创新驱动发展与资本逻辑》

作者:潘恩荣

出版信息:浙江大学出版社 2016 年版

内容简介:

马克思主义作为一种与时俱进的理论学说,其永葆真理和道义魅力的奥秘正在于其不断回应和解答了新时代带来的新问题。“创新驱动发展战略”无疑给马克思主义研究带来了新挑战。该战略与“资本逻辑”之间存在着显而易见的冲突。

本书采用工程设计哲学的“二元框架转换方法”,在传统研究基础上引入“技术逻辑”,推动创新驱动发展战略与资本逻辑之间实现合作。本书力图发展一种新的马克思主义创新驱动发展战略研究进路,回应高科技伦理与科学家的道德困境问题,为实施“创新驱动发展战略”与打造“四个全面”战略布局提供前瞻性与建设性的理论与方法资源。因此,本书也可被视为一个马克思主义理论的研究者关注当下现实问题的积极尝试。

书名:《大学生心理危机干预的理论与实务》

作者:马建青等

出版信息:杭州出版社 2011 年版

内容简介:

本书是教育部人文社会科学规划课题项目“大学生心理危机干预的理论与实践研究”的最终成果。

本书结合作者对全国大学生心理危机及其干预状况的实证调查,结合中外心理危机及其干预的理论和经验,特别是结合作者多年来对大学生心理危机干预的研究和实践成果,从理论建构到实证研究,从工作体系构建到危机案例干预,均有深入细致的分析和详细的操作,并提出了有创新性的预防、预警和干预心理危机的理论框架和操作方案,为构建具有中国特色的大学生心理危机干预体系和工作模式作出了积极的贡献,受到心理健康教育工作者和思想政治教育工作者的欢迎和好评。

书名:《中国特色社会主义民主新论》

作者:段治文等著

出版信息:浙江大学出版社 2016 年版

内容简介:

民主与自由一样是西方政客、学者用以攻击或抹黑中国的常用范畴。其实,从政治学的基本常识就可得知民主形式不是唯一的,它有多样性特点。因而西方自由主义语境下的民主不应该也不可能是世界各国民主的唯一形式。

本书认为,中国特色社会主义民主是在马克思主义世界观和方法论指导下,基于中国历史文化和现实国情的考量中形成,并沿着特定的政治发展道路演进的。揭示中国特色社会主义民主的逻辑形成、逻辑进程、逻辑构成和逻辑影响,是系统把握中国特色社会主义民主体系的学理钥匙。尤其值得一提的是,本书对于我们深刻领会习近平总书记提出的“民主不是哪个国家的专利,而是各国人民的权利”的精辟论断,具有重要的学理价值和实践意义。

书名:《雪域谍云——美国的西藏政策及其秘密行动》

作者:程早霞

出版信息:哈尔滨工程大学出版社 2016 年版

内容简介:

本书为国家社科基金项目"美国情报机构与中国西藏"的成果。

本书不是一时的即兴之作,而是作者十余年来在这一领域研究成果的第一部学术专著。为完成这一研究,作者曾三度赴美到美国国家档案馆、战后诸位美国卸任总统图书馆及相关大学图书馆搜集资料。部分研究成果在《历史研究》《中共党史研究》《中国藏学》等权威学术期刊发表,《新华文摘》也有全文转载。其中对 1949 年前后美国中情局谍员秘密入藏的探析、对《十七条协议》签订前后美国秘密策动达赖集团出逃的历史考证对于我们深入认识中美关系的历史与现实具有重要的理论意义与现实意义,因而其研究成果得到了学界及中央有关部门的高度重视。全书围绕"美国的西藏政策及其秘密行动",全面而系统地剖析了美国西藏政策的演变,揭示了美国政府通过其情报机构秘密插手中国西藏事务,煽动、鼓励、支持乃至资助达赖集团分裂活动的来龙去脉,具有重要的学术价值,是对大学生进行历史教育、形势与政策教育的鲜活教材。

书名:《自主概念的理论研究》

作者:王晓梅

出版信息:光明日报出版社 2016 年版

内容简介:

本书是作者在其博士论文的基础上修改和完善而成。

作者在本书中主要围绕个体自主、个体自主与社会关系、道德与自主这三个方面的问题进行了系统的学理阐述。这一学理阐述一方面深入分析了传统自主理论各自的缺陷以及它们之间的不相容性,另一方面,作者也积极汲取了以往自主理论研究中的积极成果,并在此基础上尝试建立一个兼容以往各种理论的优点,又能避免它们的局限的、逻辑一贯且较为全面系统的替代方案。尤其值得一提的是,本书在研究视角的扩展、研究对象的转变、采用社会化建构方法探讨自主理论诸方面体现了理论和方法的创新性。

书名:《力量的形而上学:马克思创造性生存理论的现代维度》

作者:吴旭平

出版信息:浙江大学出版社 2016 年版

内容简介:

本书作者认为,古希腊社会的神话、艺术、诗歌等文化样态表现出来的一种关于力量(POWER)的形而上学一直以潜隐的方式贯穿于整个西方哲学史。它根植于希腊思想的源头,是一种原初性的对待周围世界和生命的方式。无论理性主义发展到如何显耀的地步,西方哲学传统中仍然保持着这一份厚实的带有非理性主义色彩的力量形而上学思潮。它与以理性的思想为主要形式,通过创制概念、逻辑推论和综合演绎的柏拉图主义不同,它更主张意志和生命力的张扬与超越。比如尼采以天才的直觉来道说了强力意志的本质,海德格尔将存在者标识为"苍劲者",马克思首次将劳动力、生产力当作社会发展的基础。这里彰显的无一不是力量形而上学的本性。因而本书也可以被看作尼采、海德格尔和马克思等哲学思想在力量形而上学向度的发展。

特别值得一提的是,作者以力量形而上学的视阈阐释了马克思的创造性生存理论,并指出这一理论包含了能动的自由、现实的劳动力量、生机主义、历史主义四大理论特征。这呈现出了马克思主义哲学在整体理性主义构架内的意志主义、生命哲学的成分。

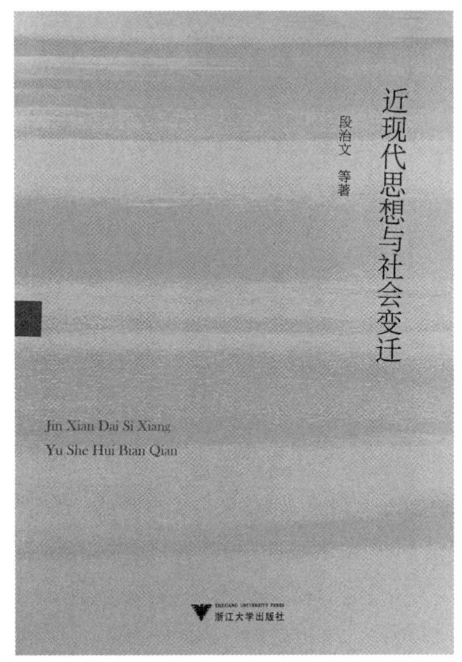

书名:《近现代思想与社会变迁》

作者:段治文等

出版信息:浙江大学出版社 2016 年版

内容简介:

鸦片战争之后的中国面临的问题是“中国向何处去”。对近代中国而言,这是一个经历了血与火的严峻考验之后如何救亡图强的问题。

正是基于这一严酷的历史语境,近代中国思想界围绕这一时代主题开展了思想救亡运动。这一思想运动发展的主要成果集中体现为民主和科学两股思潮的兴起。正是思想文化领域里这一民主和科学两股思潮汇聚,成为中国近现代探索现代化的大潮。在这个现代化探索的大潮中,最亮丽的一道文化风景线就是中国人民在中国共产党的领导下找到了马克思主义,并以马克思主义为指导实现了中国新民主主义革命和社会主义革命的伟大胜利,最终找到中国特色社会主义现代化道路,实现了中国社会的整体变迁。特别有意义的是回望这一段历史,无疑有助于我们在谋求中华民族伟大复兴的过程中学史明理、学史增信、学史崇德、学史力行。

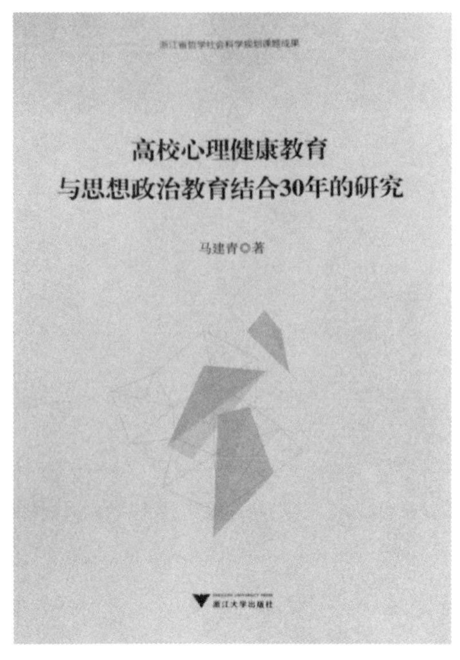

书名:《高校心理健康教育与思想政治教育结合 30 年的研究》

作者:马建青

出版信息:浙江大学出版社 2017 年版

内容简介:

本书是浙江省哲学社会科学规划项目“高校心理健康教育与思想政治教育的互动与结合”、教育部人文社科项目“高校心理健康教育与思想政治教育结合 30 年得失研究”的最终成果。该书作为作者 30 年来系统探讨高校心理健康教育与思想政治教育结合的成果结晶,以学理的方式回应了高校心理健康教育与思想政治教育的关系这一备受教育部、学界和工作者关注的问题。该书不仅从理论上,而且通过跨时间段的三次全国调查、个别深入访谈以及典型经验呈现,系统回答了心理健康教育与思想政治教育的关系及其结合中的理论问题和实践问题。

该书被全国大学生心理咨询专业委员会评为唯一的一项“大学生心理健康教育优秀成果特等奖”。此外,还于 2020 年获教育部“第八届高等学校科学研究优秀成果奖(人文社会科学)二等奖”。

书名:《价值排序与核心价值观》

作者:张彦

出版信息:浙江大学出版社 2017 年

内容简介:

本书为作者主持的国家社科基金课题项目“文化多元化情景下的价值排序与核心价值观的研究”的最终成果。

本书作者认为,基于价值排序的研究视角,社会主义核心价值观的建构必须关注和重视以下四个向度的考量:主导性,应对文化思潮的多元化;认同性,应对利益格局的差异化;稳定性,应对信息社会的视窗化;建设性,应对世界形势的复杂化。从核心价值观的建设原则来看:核心价值观的建设路径必须是全面的、全方位和多领域的;核心价值观建设必须具有选择性和多维度;社会主义核心价值观建设具有差异性和层次性;核心价值观的建设必须具有现实性、可行性。从核心价值观的建设路径来看:可以从党的建设、意识形态建设和公民道德建设三个层面加强社会主义核心价值观建设。

书名:《国外中国模式研究评析》

作者:成龙

出版信息:人民出版社 2018 年版

内容简介:

本书为国家社科基金 2016 年度专项工程项目“十八大以来党中央治国理政新理念新思想新战略的理论体系研究”的成果之一。

本书运用唯物史观的基本原理和方法,采取“三步走”的研究步骤和“五个结合”的研究方法,以评析国外关于中国模式的研究为主线,对中国模式的逻辑合法性、历史进程、成功因由、性质特点、哲学基础、世界意义、未来发展、独特创新等问题进行深入研究,既回应了国内外的诸多挑战和问题,澄清对中国模式的种种误读、误解和歪曲,又进一步从更为广阔的范围总结了发展经验和发展规律,明晰中国发展历史方位,为加强国内外学术交流,打造马克思主义中国化研究新品牌,全面推进习近平新时代中国特色社会主义思想提供了新的思想借鉴和启迪参考。

值得充分肯定推荐的是,对国外中国模式研究进行梳理和评析不只是个学术问题,而且还是一个意识形态问题,作者在这一点上始终有非常坚定的马克思主义立场。

书名:《跨行政区域协作共建美丽中国的浙江样本》

作者:崔浩

出版信息:浙江大学出版社 2018 版

内容简介:

城市群作为城市化进程的必然产物,催生了环境、生态、流域等一系列问题。这是美丽中国建设中必须直面的现实问题。

进入新世纪以来,浙江省委省政府在这一问题上的治理理念和实践成效可圈可点。本书以美丽浙江建设实践,如流域跨界水环境污染协作治理等为案例,借鉴靠前外跨行政区域合作的优选经验,探索突破行政区划束缚、加强跨区域经济合作的有效形式和途径,以实现共建美丽中国之目标。这其中尤其值得肯定的是,该书对跨行政区域协作共建的信息共享机制、利益共享机制、行为约束机制、政策协调和协商沟通机制等方向的具体探究,为美丽中国的建设提供了具有典型意义的浙江样本。

书名:《面向资本论——马克思政治经济学批判的逻辑线索释义》

作者:付文军

出版信息:人民出版社 2018 版

内容简介:

本书面向政治经济学批判最重要的文本世界——《资本论》,力图回到马克思的言说语境中去把握我们常见的社会经济范畴,继而深掘马克思运用唯物史观的基本原理分析现实的社会经济问题的方法与策略。

具体说来,本书旨在通过对分工、商品、货币、劳动和资本等范畴的政治经济学批判,完成以下几项研究工作:一是呈现政治经济学批判语境中的分工、商品、货币、劳动、资本和时间空间等范畴的基本涵义;二是阐述与这些社会经济范畴相关的政治经济学基础理论;三是展现资本主义社会的真实境况。值得一提的是,本书对于我的深刻理解马克思是如何具体进行了政治经济学的批判问题颇有裨益。它帮助我们从马克思进行了政治经济学批判这一抽象事实提升到了马克思是如何进行这个批判的具体事实,从而为我们更好地理解马克思政治经济学批判的历史与现实意义提供了文本基础。

书名:《学科贯通视野中的马克思主义基本原理研究——从抽象上升到具体的一种解读》

作者:刘召峰

出版信息:浙江大学出版社 2018 版

内容简介:

作者以学科贯通为视野对马克思主义基本原理的整体性做了可贵的学理探究。

本书的上篇以“从抽象上升到具体”的逻辑对马克思主义基本原理进行了新的解读:具体解读了马克思的“人的解放”思想、《资本论》的哲学意蕴、马克思的劳动价值论、科学社会主义的具体化与马克思主义基本原理的过程统一性。中篇力图在马克思主义基本原理的整体性视野中重新审视社会形态理论及相关争论。下篇则展示了马克思主义的学科贯通视野之于研究具体理论问题的重要意义,比如以《资本论》及其手稿中的相关论述为主要理论依据,对李大钊《我的马克思主义观》进行了新的评析;对毛泽东对社会主义商品生产的论述的贡献进行了新的概括。

书名:《马克思人类解放思想史》

作者:刘同舫

出版信息:人民出版社 2019 年版

内容简介:

人类解放是马克思全部学说的逻辑终点和实践指归。马克思在批判、吸收了前人丰厚思想营养的基础上,创立了科学的人类解放理论。市民社会与政治国家的纠结关系及其开解构成了解放理论的逻辑基础与逻辑起点;多维度解放与人类解放的张力构成了解放理论的逻辑主线;人的自由全面发展的境界构成了解放理论的逻辑归宿。西方学者基于各自理论背景和时代现实进行了不同的阐释与反思,其理论立场与观点可视为马克思人类解放理论的思想延伸与现实追问。

当代中国所开创的新时代中国特色社会主义道路,正是对人类解放进行理论与实践双重探索的具有世界历史意义的伟大举措。

书名:《美国传统主流媒体与中国西藏》

作者:程早霞著

出版信息:中国社会科学出版社 2019 年版

内容简介:

本书为国家社科基金项目“美国传统主流媒体与中国西藏”的成果。

“西藏问题”是中美关系问题中一个重要的敏感问题。本书重点分析了辛亥革命前后、第二次世界大战前后、新中国成立前后、西藏和平解放前后、达赖叛逃前后及冷战结束前后等重要历史时期及重大历史事件中美国传统主流媒体——《纽约时报》《华盛顿邮报》《洛杉矶时报》《芝加哥论坛报》对中国西藏的报道。

一般认为,美国媒体是独立于美国政府之外的民众声音的客观表达,但从其对中国“西藏问题”的报道上我们看到,美国媒体对中国西藏报道的政治基调与美国政府的西藏政策演变是一脉相承的。虽然新闻报道的客观性是美国媒体的生存之本,但当新闻报道遭遇国家利益驱动、尤其是大国在西藏有利益角逐时,美国媒体对中国西藏的报道在某种程度上就成了一个“任人打扮的小姑娘”,这在几个重大的历史事件中表现得尤为突出。

新时代青年文化
景观研究

Research on Youth Culture in the New Era

代玉启 等著

浙江大学出版社

书名:《新时代青年文化景观研究》

作者:代玉启等著

出版信息:浙江大学出版社 2019 版

内容简介:

青年代表着未来,是中华民族伟大复兴的生力军。本书的意义就在于以理性的学理剖析和科学方法论指引,以期助力新时代的青年展现立大志、明大德、成大才、担大任的新气象。

本书立足于青年文化的发展轨迹与现实境遇,紧扣青年、青年文化、新时代这三个关键词,通过梳理和分析现阶段青年文化在诸如爱国观、道德观、爱情观、独立观、自我观等的整体景观,研判青年文化发展的时代方位以及存在的若干典型问题,阐明了青年文化的时代特征、发展动向与态势。本书特别值得推荐给从事青年政治思想教育工作者阅读,因为它可以帮助他们从更宏大更贴近青年生活实践的青年文化层面描述新时代青年的整体景观。

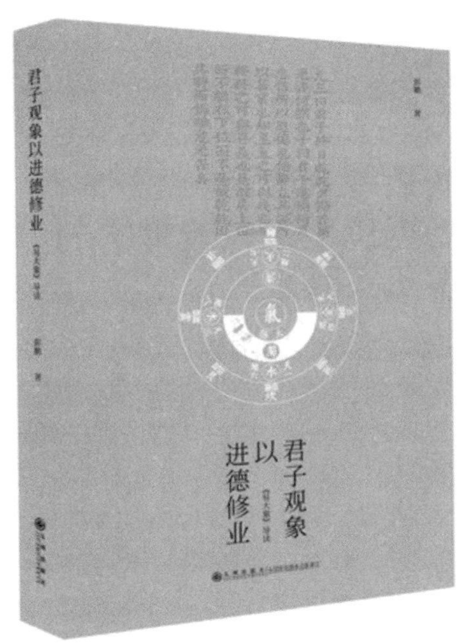

书名:《君子观象以进德修业:〈易大象〉导读》

作者:彭鹏

出版信息:九州出版社 2019 年版

内容简介:

有“群经之首”之誉的《周易》,对于中华民族内在精神品格的塑造起了极为重要的作用。《周易》一书由“经”和“传”两部分组成,其中《易传》包括《象传》在内。《象传》又分为《大象传》和《小象传》两部分。但关于《大象传》的作者、成书时间、分篇及其与《易经》其他诸篇之间的关系等关键问题,学界至今仍众说纷纭,尚无定论。本书作者集历代注疏文献与出土文献新证于一体,杂采众家之长,以君子观象进德修业为核心诠释理念,对于《大象传》进行了独到的阐释。

《大象传》以推天道以明人事作为其思想旨归,内容简捷明了,又意蕴深奥,昭示了中国古代先贤对于理想人格涵养的方法路径。《大象传》主要是从卦象来阐释卦辞的社会伦理道德意义,即天道;然后措之于人事,即所谓“以物象明人事”,即人道。就思维方式而言,《大象传》反映的是古代“天人合一”的法象思维。《大象传》诸如“天行健,君子以自强不息”“地势坤,君子以厚道载物”之类的文辞,在当今社会,对于激励国民修身成德,仍然有着极重要的提升鼓舞作用。

从启蒙到解放：
马克思主义政治哲学的
多元实践研究

From Enlightenment to Liberation:
On Multiple Practices of Marxist Political Philosophy

包大为 著

书名:《从启蒙到解放:马克思主义政治哲学的多元实践研究》

作者:包大为

出版信息:上海社会科学院出版社 2020 年版

内容简介:

政治哲学是对人类政治经验的总结和提炼,为人类建构理想社会的实践提供着理念和方法。如果说古典政治哲人,尤其是柏拉图始终需要面临理论与现实的巨大鸿沟,那么启蒙以来的政治哲人则一次又一次地将理论意图转化为资产阶级的革命实践与治理实践。但是,作为一种意识形态,他们的政治哲学不可避免地忠实于阶级性的元结构。不论自由和正义等概念呈现出何种实体性的符号特征,都无法克服阶级政治的实在属性。

因此,马克思主义的政治哲学就在这一语境下出场了。基于“消灭哲学”这一前提,作为一种政治哲学的马克思主义,其所指向的政治哲学不仅体现历史科学的理论特征,更提示了直接“介入/改变”阶级性元结构的实践意图。

书名:《新时代中国特色社会主义的思想逻辑研究》

作者:成龙

出版信息:人民出版社 2020 年版

内容简介:

本书是作者任首席专家的国家社科基金 2016 年重大专项工程项目“十八大以来党中央治国理政新理念新思想新战略的理论体系研究”以及中央高校重点支持项目的最终成果。

本书从唯物史观的基本原理出发,立足世界历史和中国历史的大背景,采取跨学科研究的方法,在新的诠释框架和理论建构中展示了习近平新时代中国特色社会主义思想理论体系的基本构成及其内在逻辑关系。本书认为,对历史方位的最新判断构成这一理论体系的逻辑起点;对价值取向的新定位、对辩证方法的新运用、对战略目标的新调整、对思想主题的新审视、对发展理念的新思考、对发展布局新谋划、对发展环境的新部署、对世界未来的新构想构成这一理论体系的逻辑骨架;对政治保证的强调构成这一理论体系的逻辑归宿点。本书为我们更好地学习和理解习近平中国特色社会主义思想提供了一个颇具启发意义的读本。

书名:《马克思主义的时代表达》

作者:刘同舫

出版信息:中国人民大学出版社 2021 年版

内容简介:

本书系中国人民大学出版社推出的"马克思主义理论研究与当代中国"系列论丛之一种。

马克思主义的时代表达是马克思主义实践品格的理论表征,探究马克思主义如何在时代变迁中实现中国化具有极为重要的意义。围绕这一主题,本书从改革开放进入新时代、新时代践行新使命、马克思主义的解放主题、马克思主义的创新发展、马克思主义内化为信仰、理论研究的原则与方法、学科建设的理念与思路以及指导思想与大国战"疫"等方面进行了多维度阐释,以点带面地实现了理论分析与实践回应相结合,旨在以哲学的方式参与和推进时代发展的伟大征程。

书名:《清代战争全史·农民反清战争》

作者:张立程

出版信息:中山大学出版社 2021 年版

内容简介:

本丛书由国内清史学家李治亭、杨东梁领衔主编,作者承担农民反清战争卷。

鉴于学史的重要性,中山大学出版社策划了有关清代战争全史丛书。本书作为之一,为国内首部全面系统研究清代农民战争历程、探究战争规律、战争利弊得失的力作。本书作者通过对农民反清战争史的全景回顾,深刻阐述农民起义和农民战争的规律。在这一历史规律的基础上,进一步阐述了农民战争从古代到近代的转变,从而感悟战争的魅力,记取战争的智慧,吸取战争的教训,避免战争的重现。特别值得一提的是,本书作者作为《中国近现代史纲要》的青年教师,通过对农民反清战争的全景性描述以及对其中规律性的深刻揭示,为学生学习中国近现代史纲要课程提供了很好历史背景的铺垫,也为从事这门课教学的教师提供了有益的史料支撑。

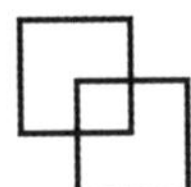

[纪念集专题之三]

纪念研究所成立30周年应征论文选登

论群众路线的三大要义与工作中要处理好的三大关系

郑元康

我们党开展以“为民、务实、清廉”为主题的群众路线教育实践活动。这既是一次深化对党的群众观点和群众路线认识的过程，也是一次探索在新的历史条件下构建新型党群关系的重要举措，更是贯彻落实习近平总书记“江山就是人民，人民就是江山”[①]重要思想的伟大党建工程。为此，本文拟就马克思主义群众路线的三大要义与工作中贯彻群众路线必须要处理好的三大关系问题，做一点学理探究。

一

要真正坚持好马克思主义的群众路线，从社会认识论的层面看，作为对执政规律的主观探究和把握，认真学习和牢固确立群众路线的如下三大要义是一个重要的认知前提。

1. 党的群众路线是党的生命线

群众路线是党的根本政治路线、组织路线、工作路线。所谓“根本”是相对于党的其他特定路线而言，即在不同历史时期因不同历史任务、不同工作内容所制定的具体路线。而群众路线是在一切历史时期实现一切历史任务和进行一切工作都必须实行的路线，即党的一切组织在一切工作中必须始终贯彻执行党的群众路线。

毛泽东曾在1942年首次对什么是群众路线作了明确阐述：“在我党的一切实际工作中，凡属是正确的领导，必须是从群众中来，到群众中去，这就是说，将群众的意见（分散的、无系统的意见）集中起来（经过研究，化为集中的、系统的意见），又到群众中去宣传解释，化为群众的意见，使群众坚持下去，见之于行动，并在群众行动中考验这些意见是否正确，然后再从群众中集中起来，再到群众中坚

① 习近平.在党史学习教育动员大会上的讲话[J].求是，2021(7).

持下去。如此无限循环,一次比一次地更正确、更生动、更丰富。这就是马克思主义的认识论。"①这是从领导方法、如何保持正确领导的角度诠释群众路线,界定工作路线,实质是通过保持党与群众的血肉联系,把党的正确主张贯彻到群众中去。后来在党的"七大"报告中把密切联系群众与理论联系实际、批评和自我批评统称为党的三大作风。

在党的"七大"关于党章修改报告中刘少奇对这一思想又作了进一步发挥,他说:"群众路线是党的根本政治路线、组织路线,党的一切组织,一切工作必须密切地与群众相结合,指出我们党与人民群众关系与一切剥削阶级对待人民群众观点和人民群众关系是根本不同的。作为先锋队的共产党必须在政治上代表人民利益,用正确的态度对待群众,用正确的方法去领导群众,才能成为先锋队组织。"②

中国共产党之所以必须有彻底而明确的群众路线,这是由党的性质和宗旨所决定的。"一切为了群众,一切相信群众,一切依靠群众。"以人民利益为最高利益的先锋队组织,密切联系群众是党的基本特征和本质要求,是区别于其他任何政党的一个显著标志。相信人民群众的创造力,信任群众和人民群众打成一片,是克服任何困难,压倒任何敌人的必然选择。它的真谛、要义就是正确对待群众,正确处理党与群众的关系,正确地处理党的领导机关和领导人与被领导者的关系。党内、党外都有一个实行群众路线的问题,如果离开它,就将失去自己的立足点,工作中就难免要犯主观主义、官僚主义、形式主义等各种形式的错误,并直接关系到党的事业的成败。所以说,党的群众路线是党的生命线。

特别值得指出的是,现时代作为执政党的中国共产党脱离群众的危险依然存在。群众路线是个讲了几十年的老问题,但又是任何时候都必须讲的新问题。革命战争年代,对于脱离群众的现象,若不纠正,党就无法生存。党执政后,对脱离群众的现象若不纠正,就可能丧失政权,"我们党的最大政治优势是密切联系群众,党执政后的最大危险是脱离群众"。③ 当前,我们党内出现的官僚主义、形式主义、主观主义、个人主义、以权谋私等脱离群众的现象已比较严重,引起群众不满。所以中央再三指出,脱离群众是我们党面临的四种危险之一。也就是说,群众路线要常讲常新,"警钟长鸣,不可懈怠"。我们要始终保持清醒的头脑,与一切脱离群众的现象作斗争,真正做到:与群众同呼吸,共命运,鱼水相依,生死与共。

---

① 毛泽东选集:第3卷[M].北京:人民出版社,1991:899.

② 刘少奇.关于修改党章的报告[R].延安:新华日报 1945-05-14.

③ 中国共产党第十九次全国代表大会文件汇编[G].北京:人民出版社,2017.

2. 马克思主义群众观点是党的群众路线的思想理论渊源

众所周知,马克思主义群众观点就是历史唯物主义的群众观。它从根本上回答了谁是历史的主人、历史的创造者、历史进步发展的决定力量。

马克思、恩格斯指出:历史活动是群众事业,历史上活动和思想都是群众的思想和活动,人民群众能够而且必须自己解放自己。列宁也说过,全人类首要的生产力就是工人、劳动者;共产党员如果认为单靠革命家的手就能完成革命事业,那是他们最大的、最危险的错误之一;生气勃勃的创造性的社会主义是由人民群众创立,一切鼓吹英雄创造历史,否认人民群众历史主体作用的唯心主义历史观是完全错误的。可见,在马克思主义的经典作家那里,人民群众从来就是历史的主人和历史运动的主要推动者。毛泽东在1945年中国共产党第七次全国代表大会的开幕词中,在总结了抗日战争八年的历史经验和抗日解放区建设经验后,说道:"人民,只有人民,才是创造世界历史的动力。"①

可见,马克思主义的人民观、群众观是我们党的群众路线的理论依据。新的历史条件下要坚持党的群众路线必须弄懂什么是马克思主义群众观点,以此来指导群众路线的贯彻。

我们尤其需要清醒地意识到,党的群众路线是马克思主义群众观点的生动体现。理论是行动的指南,我们党根据马列主义的群众观点和我党实践经验,不断深化对群众观点和群众路线的认识和实践。刘少奇在党的"七大"会上,根据马列论述把群众观点归纳为:一切为了群众,全心全意为人民服务;一切向人民群众负责;相信群众自己解放自己;向人民群众学习这四个方面。

我们党在身份历史性地转换为执政党后,更加注重群众路线的坚守。1990年,十三届六中全会通过的《关于加强党同人民群众联系的决定》,结合新的实践,进而把党的群众路线归纳为:人民群众是历史的创造者;向人民群众学习;全心全意为人民服务;干部的权利是人民赋予的;对党负责与对人民负责相一致;党要依靠群众又要教育引导群众前进等六个方面,这无疑进一步拓宽和发展了我们党对群众观点和群众路线的认识。党的十八大进一步强化了对群众观点和群众路线的认识,并做出了在全党深入开展以"为民务实清廉"为主要内容的党的群众路线教育实践活动,旨在加强在新的历史条件下党与人民群众的联系。

3. 为人民服务是党的群众观点和群众路线的集中体现,是共产党人的核心价值观

毛泽东把马克思主义关于人民群众是历史创造者的思想理论和党的群众路

---

① 毛泽东选集:第3卷[M].北京:人民出版社,1991:1031.

线的精髓，言简意赅地概括为“为人民服务”。在1945年的中共七大上，毛泽东讲了一段至理名言：“我们共产党人区别于其他任何政党的又一个显著的标志，就是和最广大的人民群众取得最密切的联系。全心全意地为人民服务，一刻也不脱离群众；一切从人民的利益出发，而不是从个人或小集团的利益出发；向人民负责和向党的领导机关负责的一致性；这些就是我们的出发点。”[①]共产党人的一切言论和行动，必须以合乎最广大人民群众的最大利益，为最广大人民群众所拥护为最高标准。新中国成立后，毛泽东又说，共产党就是要全心全意为人民服务，品德就是忠实为人民服务，鞠躬尽瘁，死而后已；我们是共产党，是要帮助人民的，如果不帮助人民，就是背叛马克思主义，没有人民，就会垮台。1956年，邓小平在会见国际友人时也明确指出：“中国共产党员的含意或任务，如果用概括的语言来说，只有两句话：全心全意为人民服务，一切以人民利益作为每一个党员的最高准绳。”[②]改革开放新时期，他又强调把“人民拥护不拥护，赞成不赞成，高兴不高兴，答应不答应”[③]作为党考虑一切问题的出发点和制定重大决策时必须遵循的准则。为此，我们党把“全心全意为人民服务”作为党的根本宗旨写进党章总纲，列为党的建设必须坚决实现的四项基本要求之一，把“必须全心全意为人民服务，不牺牲个人一切，为实现共产主义奋斗终身”作为共产党员的必备条件。

这也就是说，用什么态度对待人民群众是最大的政治问题，是否全心全意为人民服务是最根本的立场问题。习近平在十八大后的第一次中央政治局集体学习会上更是强调指出：“一个政党，一个政权，其前途命运最终取决于人心向背。如果我们脱离群众，失去人民拥护支持，最终也会走向失败。”[④]从这个意义上说，为人民服务的根本意义就在于取得民心。今天要解决的核心问题也就是能否忠实地践行全心全意为人民服务的根本宗旨。

无数的事实证明：只有树立为人民服务的世界观，才会有正确的人生观（为人民谋利益而活，无私奉献是人生最大意义和幸福）；才会有正确的权力观（权为民所赋，善用权，不滥用权，不谋私利，造福人民）；才会有正确的事业观（有利于人民的事去做且做好，不利于人民的事坚决不做，坚持真理），才会有正确的政绩观（扎实为人民办好事的真政绩，不做沽名钓誉、有害的政绩观），才会有正确的荣辱观（严于律己，勤于修身）。

---

① 毛泽东．论联合政府[M]．北京：人民出版社，2004：5-6．

② 邓小平文选：第1卷[M]．北京：人民出版社，1994：257．

③ 邓小平文选：第3卷[M]．北京：人民出版社，1993：45．

④ 谢国明．对重大执政问题的科学回答——学习习近平总书记系列重要讲话精神的体会[J]．求是，2014(13)．

正是因此我们说,为人民服务是共产党人安身立命之本,是至高无上的政治价值取向,是共产党人的核心价值观。无论世情、国情、党情怎么变,与人民同呼吸共命运的立场不能变,全心全意为人民服务的宗旨不能变,代表最广大人民根本利益的原则不能变,共产党人是社会公仆,人民勤务员的角色不能变。

4. 一切为了人民必须明确的两个关系

如果做一个通俗化的解释,那么我们可以说群众观点说到底是告诉我们"为什么必须为人民服务",群众路线说到底是告诉我们"怎样为人民服务"。或者说,前者告诉我们"为了谁",后者要求我们"依靠谁"。两者出发点和归宿点都是为人民服务这一根本宗旨。

需要进一步指出和强调的是,在明确了"为了谁"和"依靠谁"之后,广大党员干部还要进一步明确"我是谁"。对此,我们从思想到行动要摆正两个关系:一是党员干部和人民群众究竟谁是主人、谁是公仆?虽然原则早已明确,但还必须用严格有效的制度防止公仆变主人;二是党和人民究竟谁是谁的工具?这一点,党的"八大"党章修改报告也已作了明确回答,那就是:共产党是人民群众"在特定历史时期为完成特定历史任务的一种工具"。只有这两个基本关系在认知上清晰而自觉了,才会有行动上的主动性和积极性;反过来说只有在行动上自觉做到了,也才证明认知上是真正自觉了。可见,坚持党为人民服务的根本宗旨是永葆党的先进性和代表最广大人民利益的根本基石。

二

我们党的一大优良传统就是理论联系实际,用毛泽东在《实践论》中概括的就是知与行的一致性。[①] 在将群众观点和群众路线的认识转化为实践,将认知转化为行动的过程中,有如下三个重要问题需要认真地予以解决。

1. 必须切实转变作风,防止"密切联系"变味

如果做点逻辑归纳,在"联系"问题上,大致有四种情况,即:群众联系群众,群众联系干部,干部联系干部,干部联系群众。群众联系群众是亲朋好友、同事邻里,多为自然、单纯的交往。众所周知,群众个体势单力薄,能力有限,于是便出现了群众联系干部的现象,这是为了办事或者所谓的"感情投资"。因为干部拥有大大小小的权力和资源、话语权,老百姓要想办成事,就不能不联系干部。

---

① 毛泽东选集:第1卷[M].北京:人民出版社,1991:297.

而“感情投资”目的是为谋取自身利益铺路搭桥，为此目的，有的贿赂干部，或投其所好，甚至走上犯罪道路。这是当下最最影响党的形象的不正之风。

与此同时，另外一种现象也值得关注，即干部联系干部，甚至编织成干部间的“互联网”，实质是为了互留“方便之门”，达到“官官相护”以公权互相照应，彼此护短，甚至包庇纵容，形成维护特权的利益共同体之目的。其结果必然是脱离群众，损害群众利益，损害党和政府的公信力，最终失去群众，走向失败。可见，这也是极其危险的腐败之风。

这次党的群众路线实践教育活动一个重要方面就是要根本转变作风，树立干部必须密切联系群众，把人民群众放在心中最高地位，想群众所想，急群众所急，树群众观点，走群众路线，把全心全意、完全彻底为人民服务作为干部的座右铭，并贯彻到一切工作与行动中去。这才是“密切联系”的正道、正念和正行。

2. 必须准确把握新时期人民群众需求的新变化

中央要求提高做好新时期群众工作的能力，首先解决人民群众反映强烈的实际问题，为此，就必须深入群众，了解并准确把握人民群众需求新变化、新特点。

在这个工作过程中尤其要看到时代背景、历史条件的变化。信息化、网络化、高新科技正在改变人们的思想观念、生活方式，社会结构、社会成员也发生了深刻变化。人民成公民，公民身份、公民意识增强，呈现出利益诉求多样化、矛盾交织复杂化、信息交流迅捷化的新特点。公民意识增强反映在权利意识、自主意识、参与意识不断增强上。也反映在权利的捍卫和争取上更加积极主动。也呈现出社会群体与阶层的分化，社会矛盾日常化、利益多元化凸显的社会现象。

要把好人民群众需求新变化的“脉搏”。比如：需求对象——非物质需求日益突出；需求层次——高层次需求日益突出；需求构成——综合性需求日益突出；需求属性——社会性需求日益突出；需求主体——个性化需求日益突出；需求发展水平——不平衡日益突出等。在这个过程中，要更加注重解决好人民群众不断出现的新需求。一是对精神文化的需求，二是对公共产品和公共服务的需求，三是对生态文明的需求。

3. 必须构建新型党群关系，要以制度新政来呵护党的生命线

党的群众路线是党的传家宝、看家本领，是党永恒的生命线。在革命战争年代，密切联系群众、依靠群众开展群众运动，曾显示强大生命力，成为党最主要的对敌斗争的活动方式，成为落实群众路线和发挥党的群众工作优势的有效形式。党执政后，群众运动能否继续成为有效形式呢？执政实践，尤其是文革教训说明“此路不通”。如果不用扎扎实实稳步前进的办法去解决现行制度的改革和新制

度建立问题，而继续采用依靠群众运动的办法是不成功的。

因此，要探索构建新型党群关系，探索新形势下党的群众路线的理性的实现形式和制度安排，走出一条不依靠群众运动而是靠制度安排的新路，呵护好群众路线这个党的生命线，保证党的干部不敢、不能、不想脱离群众，正确处理好执政党和各阶层人民群众的互动关系，更好地提高党执政的科学化水平，维护党和国家长治久安。这也是我们必须面对和解决的一个新课题。

这种新型的互动关系培育成长过程一定是伴随着党的领导、人民当家作主，与依法治国三者之间的良性互动关系的成长过程，一定是伴随着提高执政党建设科学化水平，使我们党做到科学执政、民主执政、依法执政并不断实现中国社会领导方式科学化的过程。

把群众路线和民主政治建设结合起来应该是建立新型党群关系的必然要求。这两者一致的地方是：尊重群众，听取群众意见，体现的正是现代民主精神。不同之处则在于角度不同、内涵不同。群众路线是从领导角度而言，以领导者为主体，是领导活动。它化为三个环节："来""代""去"。群众处于被动地位，如果领导者思想路线正确，领导水平、决策能力强，能体察民意，虚心听取群众意见，加上领导机关民主集中制执行得好，能做出正确决策，群众接受、理解就能贯彻。如某一环节出问题，不正常，工作就会受损，特别是"代"这一环节，就会出现失误。这就要求我们党把群众路线与民主政治建设结合起来，就从制度和机制上，保障群众能够最大限度地参与其中。特别值得指出的是，中国特色的民主政治，是在党领导下由人民当家作主，人民通过代表管理国家、社会、基层事务行使权力，包括制定法律法规，做出决策，对领导者进行监督。邓小平说，党的工作核心是支持和领导人民当家作主。整个国家是这样，各级党组织也是这样。[①] 人民在党领导和支持下，行使当家作主权利，行使过程也是党贯彻群众路线的过程，把二者结合起来，三个环节实施，尤其是"代"的环节，人民以主人翁态度参与其中，在健全的民主政治生活中解决各类问题。人民代表大会制度就是把群众路线和民主政治建设相结合的一种有效的制度安排。

有必要强调的是，对于现在的年轻干部来说，群众观点的确立，群众路线的把握，不是靠书本，也不是靠嘴上说说，而是在唯物史观指引下，在长期做群众工作实践中去实现。过去老前辈有与群众同甘共苦经历，与群众建立深厚感情，真正是鱼水关系。而现在的干部，虽然文化层次高，知识面广，有许多优点、长处，但缺乏与群众同甘共苦的经历，缺乏对群众的了解，也缺乏对群众的感情，更不善于做群众工作，有的还热衷于表现、突出自己，不尊重民主原则。这是建立新

---

① 邓小平文选：第3卷[M]. 北京：人民出版社，1993：206.

型党群关系必须要解决的突出问题。

可见,我们要把毛泽东曾经提到的民主新路变成为科学的制度安排,就要构建新型的适合时代要求的党群关系,形成执政党与社会良性互动的长效机制,不断培育造就优良的时代新风。

[**作者简介**] 郑元康,浙江大学公共管理学院教授,曾任马克思主义理论研究所常务副所长、浙江大学马列教研室主任、浙江大学党委宣传部部长。现为浙江大学关工委求是宣讲团成员。邮编:浙江 杭州 310058

论美与善的统一及其对思政课教学的实践启迪

张应杭

车尔尼雪夫斯基曾把美定义为“美是生活”[①]。显然，在对美的诸多定义中，这一言简意赅的阐释显示了美最本质的东西：美是人在自己的生活实践中展露出来的。正是基于这一实践美学的立场，苏联哲学家A.费齐认为：“美即我们向往的那种生活。”[②]这一定义彻底颠覆了形式主义美学纠结于诸如对称还是不对称为美之类的无谓争论，而是将美与人的生活直接相勾连。它昭示了一个基本的实践逻辑，即在对生活的向往和追求中，能激起我们对美好生活的渴求。因此，美与善（好）便内在地统一了，甚至美就是对善（好）的生活的向往和追求，人生的审美理想在这个意义上也就可归结为道德理想。这一美善统一的理念对高校思政课教学内蕴着重要的实践启迪。

一

从西方思想史上的考察我们得知，在伦理学的创始人亚里士多德那里，他就是把美与善相提并论的，他在其《政治学》中明确认为：“美是一种善，其所以引起快感正因为它是善。”[③]这一思想无疑是深刻的，它表明人生中那些真正可以称之为美的东西总是因为有了善的内在规定才是可能的。

美与善的统一更是中华民族的文化传统。在儒家的传统思想中，“仁”构成其学说的核心。因而，这种传统文化中体现出来的美学思想必然深深打上道德伦理的烙印。所以孔子称：“里仁为美。”（《论语·里仁》）这里所说的美，实际上是指行为上的善。而且，孔子也是从这样的一个美与善统一的角度来评价一个事物的，“韶，尽美也，又尽善也。”（《论语·八佾》）我们知道，“韶”是一种舞曲，这

---

① 车尔尼雪夫斯基. 车尔尼雪夫斯基选集（上）[M]. 周扬，等译. 北京：生活·读书·新知三联书店，1958：6.

② 费齐. 美的启迪[M]. 张婕，译. 北京：社会科学文献出版社，1986：5.

③ 转引自李翔德. 美的哲学[M]. 太原：山西人民出版社，1982：41.

个舞曲是表现贤明的帝王舜的政绩的。孔子对此十分赞赏。因为在他看来，这个舞曲由于是善的，所以才是美的；同样，由于是美的，才是善的，即达到了尽善尽美的境界。故孔子还说："君子成人之美，不成人之恶。"（《论语·颜渊》）孟子继承了孔子的这一思想，更把美和人格联系起来，提出了如下一个著名的命题："充实之谓美。"（《孟子·尽心》）什么是"充实"呢？从根本上讲，充实就是美德的充实，一个充满着美德的人也就是美的人。故在孟子看来，"充实善信，使之不虚，是为美人，美德之人也"（《孟子·尽心》）。孔子和孟子的这一思想对传统文化的影响极大。把美与善并提，指出美的人就是一个充满着高尚道德情操的人，这无疑是我们的文化传统中极有价值的一个思想。

正是基于思想史的考察，我们可以发现在哲人们的观念中美与善是统一的。这个统一性正如法国思想家狄德罗所说的那样："真善美是些十分相近的品质，在前面的两种品质之上加以一些难得出色的情状，真就显得美，善也显得美。"[①]或者说，在我们的人格中，因为有真与善的充实才显得美。这也即是黑格尔说的"美是理念感性显现"的本质含义。因为有了内在的真与善的理念，我们才会在感性显现中展示了美的风采。这正是一种美与善的同构与统一。

正是基于这样的理解，我们认为当美学的创始人鲍姆嘉登把美学定义为Aesthetic[②]时，他忽视了一个最根本的东西，即美是一种善。也即是说，美是因善而在人那里形成的一种悦人的情感体验。因此，动物也有感觉，但动物没有审美体验。而人因为有善的欲求和因这个欲求而制定的善的规范，所以人有合目的性（即"善"）的愉悦体验，这就是美。事实上，人类的德性之美即美德，最典型地体现了美与善统一的这种本质。

二

对美与善统一性仅有思想史的考察是不够的，我们显然还应有学理逻辑上的论证。按照马克思主义的实践美学立场，我们认为美与善的一致性是源于它们的最终目的的一致性，即美与善都是为着实际的人生，为了让人造就理想人格这个目的而充当手段的。在我们所置身的现实社会里，道德的最终目的是要让每个人在道德修养中成为一个德行高尚的人，从而使自己的生活变得更有价值、更美好。而审美具有同样的目的。我们提倡美育，希望提高自己的审美能力，培

① 北京大学哲学系外国哲学史教研室.西方美学家论美和美感[M].北京：商务印书馆，1982：57.

② Aesthetic的原意指感性、感觉、形象。

养青年高尚的健康的审美情趣，也是为社会为人生服务，为了让人生活得更美好。所以从这一点上来看，作为著名的马克思主义理论家车尔尼雪夫斯基"美是生活"的命题是异常深刻的，他说："任何事物，凡是我们在那里面看得见依照我们的理解应当如此的生活，那就是美的；任何东西，凡是显示出生活或使我们想起生活的，那就是美的。"[①]因此，善和美同是为造就完善的人格，为着人生的幸福美好生活实现而服务的。

所以，美与善虽然其性质以及在社会上产生作用的方式不同，但是它们却有着根本的共同之处，它们都是为着人类更好地生存和发展。因而道德的高尚或低下，在很大意义上与美丑十分相关。也正是由于这种相关，我们把拥有美德的人称为崇高或高尚的人。据此，我们可以把美与善的统一性从以下几个方面来理解。

其一，善是美的题中应有之义。从最一般意义上考察，在善和美产生之初，人类生活在远古的大自然怀抱中，面对着洪水、猛兽、酷暑、干旱、风暴和雷雨，为了争取生存和发展，境遇是艰难危险的，因而必须勇敢，才能战胜和猎获野兽；必须勤劳，才能耕种和得到收成；必须顽强和坚毅，才能够忍受和战胜苦难和贫乏。正是这些精神品行帮助人类战胜自然，走出了黑暗而又漫长的年代。于是，这种勇敢、智慧、热情、勤劳、坚强，就被认为是人类优秀的道德品质。与此同时，在产生这种德性的同时，人类逐渐地也具有了"感受形式美的眼睛"以及"欣赏音乐的耳朵"，美也就产生了。显然，这种感受形式美的能力以及形式美的产生，最初是与人类征服自然的过程中的善的功利分不开的。那光滑的尖角石器不仅仅是因其锋利可以打击猛兽，而且也是人类自身勤劳、勇敢的标志，才使人感受到美。这就正如车尔尼雪夫斯基说的那样，在我们祖先那里，审美价值的产生，晚于功利价值，它是从功利价值中分化出来的。因此，当美形成以后，它仍然带有善的功利，也就是说人类的审美理想包含有道德的意蕴。

美所包含的道德意蕴在艺术美中表现得尤其明显。黑格尔曾经这样谈到艺术美的内涵问题，他说："遇到一件艺术作品，我们首先见到的是它直接呈现给我们的东西，然后再追究它的意蕴或内容。前一个因素——即外在的因素——对于我们之所以有价值，并非由于它所直接呈现的；我们假定它里面还有一种内在的东西，即一种意蕴，一种灌注生气于外在形状的意蕴。那外在形状的用处就在指引到这意蕴。"[②]黑格尔的这一论述表明，美是以善为内在意蕴的。可见，当我

① 车尔尼雪夫斯基.车尔尼雪夫斯基选集(上)[M].周扬，等译.北京：生活·读书·新知三联书店，1958：6.

② 黑格尔.美学：第1卷[M].朱光潜，译.北京：商务印书馆，1979：22.

们欣赏一件艺术品，虽然首先接触的是形式，却不会仅仅停留于形式，还要从形式到达内在的意蕴。而这内在的意蕴往往与人类的“善”的价值不可分。

因而，在我国艺术的传统中就要求把艺术作为善的教育工具。我国最早的一部关于音乐教育的书《乐记》就记载有这样的话：“乐者，道伦理者也。”“乐者，德之华也。”唐代韩愈提倡的“古文运动”，其中主要的一点就是“文以载道”，“道”在这里的含义虽然十分广泛，而其中道德无疑是最重要的内涵之一。在西方，虽然不如我国那样强调艺术所隐寓的道德内涵，但我们仍然可以看到优秀艺术作品所包含的崇高的道德品质。比如古希腊著名悲剧《被缚的普罗米修斯》，写英雄普罗米修斯违反天界最大的神——宙斯的意志，盗取火种送给人间，造福人类，因而被钉在高加索山上，忍受着巨大痛苦。这个悲剧英雄数千年来一直激励着不同时代的人们。因此，从艺术美所塑造的形象来看，其激励人心的内在东西往往是以道德上的善为根基的。

不仅艺术美是这样，其他形态的美也是这样。即使形式美中纯粹抽象的线条或色彩组合，也往往有某种善的寓意。比如我们喜爱荷花，荷花本身的色彩与造形是美的，这是一个方面；但更重要的方面还在于人们喜爱荷花的象征意义，即所谓的出污泥而不染，这就与人的清廉正直、洁身自好等道德观念联系起来了。所以，我们认为在那些纯粹的自然美中，也常常包涵着善，并且因善而美。

人对人自身的审美活动也是如此。人的肉体存在是外表，精神品性则是内在的东西，而道德就是内在的精神品性中最重要的组成部分。一个完美的人应该是肉体与精神的统一，也即是不仅要有外表的美，而且要有内在品性的美。但是，在现实生活中上述这两者往往会有矛盾，外表美丽的人可能心灵丑恶、品格低下。因此，倘若两者发生矛盾时，人类道德实践经验表明，人们更注重的是内在的德性之美。这亦即是说，人的心灵美、德行美其重要性远胜于外貌之美。所以托尔斯泰说：“人并不是因为美丽而可爱，而是因为可爱才美丽。”也因此，我们才特别强调必须高度重视自身美德的修养，从而造就自身心灵的美丽。

其二，善的道德情感通常也就是审美所获得的美感。我们知道，善是一种行为规范，是用以处理人们之间的相互关系，并作为评价某种行为的是与非、善与恶的依据。因此，对于人们认为善的和正义的行为，必然为之同情和颂扬；对于人们认为恶的和非正义的行为，则必然厌恶和加以谴责，这就是道德情感的反映。所以，有了这种道德情感，道德就不只是一种不得不遵守的道义的约束，而是一种自觉的行动：以遵守道德规范为荣，以不遵守道德规范为耻；以遵守道德规范为美，以不遵守道德规范为丑。

这样，道德情感就转化为审美情感。也只有在这时，道德才具有一种震撼人心的力量，从而产生道德意志和道德行为。因而我们对于一个人的行为所进行的审美评价，从根本上来说就是对其行为的道德善恶的一种鉴别。也正因为这样，美和艺术总要表现善，而道德教育也往往与激发审美情感分不开。很多时候，我们唤起了美的情感，也就唤醒了善的觉悟，从而也就会自觉地去追求一切美好的东西。

其三，善的行为本身也具有审美的意义。善的行为必须有其外在表现形式，这种形式就是指动作、姿态、表情等，只要是善的行为都必然具有一种美学意义。正因为如此，我们才在提倡心灵美的同时，还要求语言美和行为美。

从上面的分析我们可以清楚地知道，道德的高尚、完美与否直接关系到我们人格的美与丑。因而，我们要把自己对美的追求的强烈愿望化为精心塑造自己美德的动力，只有这样，我们才能成为表里如一、内秀外美的人。

三

可以肯定地说，不仅伦理学、美学甚至是全部物质文明和精神文明的最终目的都是以人为目的，即以人在社会关系中的生存和发展的完美理想实现为目的。因此，在人的内心世界中，美德的造就成为具有最主要意义的人生实践形式之一。因为德性是人格的基石，人的智力、情感、意志等人格要素都有赖于德性上的美与善的特性才显示出意义和价值。

因此，依照美的规律陶冶自我德性之美就是人生理想要求的一个重要内容。这个塑造当然体现着活动主体个性的差异。但这种个性差异并不意味着我们不能探讨这其中最基本的教育原则。按照我们的理解，这一美与善统一的理念对高校思政课教学所内蕴的实践启迪至少有如下几点。

其一，美德是真与善的统一。真与善反映在人类的社会生活中，就是指人生既要符合社会的发展规律和历史发展的必然趋势，又要有助于社会的发展和历史的进步。美德的修养就是人在这种合规律性和合目的性的活动中所表现出来的积极的动人的感性形象。凡美的德性都是真和善的统一。真是美德的基础，这亦即是说，我们只有按照真的要求选择人生道路，树立人生理想，培养生活情趣，才可能有正确的人生道路、崇高的理想和高尚的情趣。因此，只有合于真的人生才是美的，背离真的人生则是丑的。真到极处，便是美的极处；假到极处，便是丑的极处。

但是，在思政课教学实践中我们必须充分意识到，人生仅仅合于真还不能称为完整意义上的美的人生，它还必须合于善。这正如人类的生活实践已表明的那样，事实上美与善是统一的，美本身以善作为根基，离开了善的基石，美也就不再有悦人的属性。因而,善是美的社会存在的基础。人的美德是通过他的与人为善、舍己救人、先公后私等具体的德性而体现出来的。因此,人生只有在心理、态度和行为上既合于真又合于善时才是美的。所以,美德必须是真和善的统一。

其二,美德是创造与享受的统一。美德是人在创造性劳动中所表现出来的积极感人的形象。从抽象理论上分析,这种创造与享受相统一的形象之所以是美的,一是因为人类赖以生存的物质财富和精神财富都是社会化的个人创造性劳动的结果;二是因为创造性劳动使人的本质力量现实化,把人的智慧、勇敢、灵巧、个性等人生美的特性物化于劳动产品之中,在对象中确证自我的德性美。这正如马克思所说:"随着对象性的现实在社会中对人来说到处成为人的本质力量的现实……一切对象对他来说也就成为他自身的对象化,成为确证和实现他的个性的对象,成为他的对象,这就是说,对象成为他自身。……因此,人不仅通过思维,而且以全部感觉在对象世界中肯定自己。"①创造性劳动的这种特点使之成为自我人生美德生成的源泉,而在创造性劳动中所表现出来的肯定人的目的、彰显人的价值的生活形象则构成美德的标志。

所以,人类德性的这种创造品格也使我们可以理解为什么要把爱劳动列为美德的基本规范。而高尔基则更是把劳动本身理解为人的最基本的审美活动之一。但是,在思政课教学实践中我们要告诉青年学生,正如人的价值是个人对社会的贡献和社会对个人需求的满足的统一那样,美德也是创造与享受的统一。这是因为:一是创造的最终目的是为了享受生活,这是合乎人的存在的目的性的;二是当创造和享受不仅在社会中而且在个人中得到统一时,享受是对创造的一种肯定。和谐、完美的人生应该是两者的统一。只享受不创造是不美的,只创造而无享受也与美德的追求相悖。所以,获而不劳与劳而不获都无美可言。在社会主义社会,由于实现生产资料公有制,实行"多劳多得,少劳少得,不劳动者不得食"的原则,从根本上就把创造与享受统一了起来,为个人塑造人生的美德提供了最基本的内在动力,并开辟了广阔的途径。

当然,我们想提出的是,享受成为美德的一个方面是有具体的善的规范的。首先,它是个人创造的结果,这是享受的前提;其次,它是物质享受与精神享受的统一,这是享受不可分的两个内容;最后,在享受中应表现出健康的生活情趣,进取向上的生活目标,这是享受生活中有否美德的重要标志。我们认为这三个条件融为一体,缺一不可,否则,我们的德性美在享受自身劳动成果的过程中会走向反面。

其三,美德表现在个体的身上就是内在美与外在美的统一。可以肯定地说,

---

① 马克思.1844年经济学哲学手稿[M].北京:人民出版社,2018:111.

人的外在美，或者形式美，作为视觉审美具有一定的意义，但作为评价人生美丑的因素则非常次要。因为外表美是一种自然美，是先天的，是个人无法后天选择的。由于它不是个人创造性劳动的结果，所以外表美不表现个人的主观能动性和本质力量。所以，哲人们要说："身体的美，若不与聪明才智相结合，是某种动物性的东西。"[①]

在我们的生活实践中，倘若以长相论人生美丑就是否认了美德生成的充分必要性和价值。我们之所以断言"漂亮即美"的观点是错误的，其理由正在于此。显然，外在美与内在美之所以能在人类的身上得到完美的统一，恰恰是我们刻意追求内在美的结果。因此我们也许可以说，内美外丑还不失其人生的审美价值，外美内丑在人生美的评价上却没有任何价值可言。所以，我们可以发现，人生美就是人在生活中所表现出来的"诚于中而形于外"的人生形象。只有内在美通过外在美表现出来或外在美反映了一个人的内在美，这样的人生才是美的，这样的人生形象也才是美的。因此，追求人生的美应当注重外在美与内在美(即美德)的统一。这同样是在思政课教学实践中我们必须强调的一个基本立场。

不仅如此，我们还想特别指出的是，人生的真与善、创造与享受、内在美与外在美存在着有机的联系。真与善的统一是美德的基础，创造与享受的统一是美德的内容，内在美与外在美的统一是美德的感性标志。人生之美就是在创造与享受中体现了真与善的要求，反映了一个人内在美与外在美的统一。因此，德性之美是对人生价值的一种重要肯定和确证。美德对人生美学意境追求的所有意义也就寓于其中了。

[作者简介] 张应杭，浙江大学马克思主义学院教授，曾任浙江大学马克思主义理论研究所副所长。邮编：浙江 杭州 310058

① 北京大学哲学系外国哲学史教研室.西方美学家论美和美感[M].北京：商务印书馆，1982：16.

以马恩经典著作研读培育大学生的理论认同[①]

汪建达

为了提升"马克思主义基本原理"课(简称"原理"课)的实效性,让当代大学生接触更为鲜活的马克思主义经典文本,拥有更为扎实的马克思主义理论功底,我们尝试在"原理"课上推广马恩经典著作的研读。通过设计更为具体的课堂教学活动方案,开展实实在在的诵读活动,我们进一步梳理了研读活动在培育大学生社会主义理论认同方面的作用,努力总结可以推广的教学模式,以切实提升学生对马克思主义理论的认同。

一、开展马恩经典著作研读的必要性

从中央到地方,全国上下都非常重视高校思想政治理论课的建设,教师们也在努力开展各类教改活动,比如开展专题教学、案例教学、情景式教学、视频教学等,并积极探索集聚网上教育资源,推进线上线下教学模式,但由于"原理"课的理论性和抽象性强,与专业课的关联度弱,理论体系牵涉面广,其教学改革的实施难度也很大。部分学生对马克思主义理论认识模糊,对马恩经典著作一知半解,根本不了解其背后复杂的历史语境和理论交锋。社会大环境也在一定程度上助长了这种轻视理论著作阅读的风气。[②]

当今中国面临错综复杂的意识形态的挑战,在文化软实力的竞争中,国外的众多势力想方设法来诋毁中国特色社会主义的实践,来否定马克思主义基本原理。他们攻击马克思主义已经教条化了,过时了,马恩著作也不值得重视。很多大学生直至毕业,可能都没有好好看过一篇马恩的经典文献。国内外不少非议马克思主义的人士,对马恩原著一知半解的居多。就像西方左翼学者大卫·哈维 2016 年在南京大学做主题演讲中提到的,很多人没有仔细阅读马克思的著作就人云亦云。他认为这不是一个学者和理论家该有的态度。

---

① 本文为浙江省教育厅 2016 年"全省高校优秀中青年思想政治理论课教师择优资助计划"项目的阶段性成果。

② 2014 年 2 月 18 日的人民日报刊登了《看"经典"何以引来"好奇"目光》,其中作者提到在上下班路上的地铁里,多数年轻人都在把玩手机,而他拿出本《马列主义经典著作选编》翻看,不时有人在旁边指指点点。

其实，各种文化传统对经典论著都是相当重视。像西方哲学的研究传统中，一直重视对柏拉图、亚里斯多德等人的经典论著的注释和研读，在政治理论的研究传统中，对近现代的霍布斯、洛克、卢梭等人的经典著作始终抱有高度的解读热情。在基督教、伊斯兰教、佛教、印度教等宗教传统中，对经典著作的诵读、研究一直绵延不绝。

好在党和国家领导人已经高度认识到学习理论和研读马恩经典的重要性。比如习近平总书记在2013年8月全国宣传思想工作会议上明确指出："要把系统掌握马克思主义基本理论作为看家本领，老老实实、原原本本学习马克思列宁主义、毛泽东思想特别是邓小平理论、'三个代表'重要思想、科学发展观。"[①]要做到这个"老老实实、原原本本"，其中不可或缺的根本环节是要学习马克思主义经典著作。这就正如恩格斯在致约瑟夫·布洛赫的信中就所提出并反复强调的，"我请您根据原著来研究这个理论，而不要根据第二手的材料来进行研究"[②]。我国马克思主义理论界的学者也越来越重视对马恩原著的研读，不少教师也结合经典阅读开展相关的教改活动。[③]

二、踏踏实实开展马恩经典著作研读活动

马恩经典著作是我们进行理论研究和宣传的源头活水，通过扎实开展原著研读活动，活跃并丰富了具体的课堂教学环节，可以让同学们对马克思主义理论有更多的亲近感。

第一，通过在大学生中推进马恩经典原著的研读，加强了课堂教学与原著阅读的有机联系，为掌握较为抽象的马克思主义原理找到源头活水。

互联网时代的大学生有较为便捷的知识获取渠道，对世界现状和价值观的多元性有更为直观的了解，对世界的认识更趋图片化和碎片化，一定程度上会忽视理论，对马克思主义原理的认识既有畏难的情绪，也有轻视的倾向，容易视之为一种高大上的教条体系。而通过原著的研读，会发现看似简单的几条马克思

① 习近平.习近平谈治国理政[M].北京：外语出版社，2014：154.

② 马克思恩格斯选集：第4卷[M].北京：人民出版社，2012：606.

③ 像王伟光、仝华等学者都大力提倡原原本本地研读马恩经典著作。南方医科大学罗海滢介绍了以"经典著作阅读"为载体开展课内实践教学活动，广西大学元晋秋强调在"原理"课教学过程中引导学生阅读经典著作，华侨大学林怀艺探讨了如何从多维度加强马克思主义基本原理与马克思主义经典原著的结合，北京科技大学李晓光研究了把马克思主义经典著作的研习贯通到"原理"课教学中的有效实现路径，郑州大学谢海军探究了马克思主义经典著作"三位一体"教学方法，广东海洋大学周良武探析了如何运用经典著作提高"原理"课堂教学效果。这不少都是以结合马恩经典著作阅读展开教学改革的立项课题成果。2013年12月，教育部社科司在浙江举办了全国高校思政理论课中青年骨干教师经典著作研读培训班，《思想理论教育导刊》出专辑选登了部分教师的心得体会。

主义基本原理,都是论出有据、阐述精微。探索马恩思想的源头,学生们会有知其所以然的精神满足。

在具体授课过程中,努力做好以马恩经典著作的研读配合相关基本原理的讲解。比如,在绪论中,我们会结合恩格斯的《在马克思墓前的讲话》,彰显马克思的伟大人格魅力。通过对《共产党宣言》的写作背景的介绍,说明马克思主义产生的具体历史语境和阶级背景。在讲解"社会生活本质上是实践的"(第一章)、"实践在认识过程中的决定作用"(第二章)这些基本观点时,可以结合《关于费尔巴哈的提纲》,阐释马克思与费尔巴哈的区别和联系,突出马克思在实践观上的重要突破。在第三章唯物史观的教学过程中,马克思的《政治经济学批判》序言则更是不可不读,其篇幅虽然不长,但其中有马克思对自己研究政治经济学经过的介绍,更有其对唯物史观的经典表述。为了更具体展示马恩唯物史观的创立过程,还可结合《德意志意识形态》等论著的讲解。在讲授第四章资本主义的产生和基本矛盾时,可以选用《资本论》(第一卷)当中的某些章节作为经典的学习资料。

第二,在教学环节中,建立起原原本本的原著诵读环节,让理论以具体鲜活的语言从学生的口中流出。

由于中学阶段的积累,当代大学生对马克思主义基本观点有一定的认识,但他们普遍地缺乏对马克思主义思想背景的认识,缺乏直接阅读马恩经典的勇气。通过具体介绍经典著作的写作背景,特别是剖析其背后的思想交锋,可以彰显其问题意识,领会其思想的独特魅力,包括踏实严谨的学风、生动活泼的修辞风格。

我们在"原理"课上设立5分钟左右的马恩经典著作诵读环节。这里的诵读不是简单地背诵一些段落,而是通过设计一定的历史场景和仪式场景,让学生感受经典的修辞的、思想的魅力,让马恩的话语体系作为一种朗朗上口的言语,同他们的学习成长和生活记忆关联起来。我们把学生的研究性学习、课程小论文、期末考试的论述题与马恩经典的研读密切结合起来,甄选其中优秀的读书报告,把他们汇编成集并编辑出版,这也是以不同方式反馈和强化经典阅读的效果。这可以让学生在青年时代也有研读马恩著作的故事值得回忆。我们的理论认识固然重要,但如果学生能亲口来诵读经典段落,会让他们有更强的感同身受,理论的话语不仅仅是干巴巴的词条,而是活生生的话语,这样深刻的认识就像是从人们的内心流出。①

从具体开展诵读的过程看,大学生对原著的诵读抱有较高的参与热情。学

① 当然我们在开展诵读的过程中也要注意不要陷入形式主义和情感主义。就像恩格斯在《伍珀河谷来信》中提到的虔信主义者竭力用动人的朗诵去麻痹工人。这显然不可取。

生们在原著诵读环节的设计上，也充分地发挥各自的能动性。有同学将原著的诵读与马克思的生活情节结合起来，编成供小组展示用的微型情景剧。有同学将中文、英文、德文的段落对比朗读，让人感受别有风味的语言魅力。有同学在参观义乌陈望道故居的时候，在庭院里诵读中文第一版《共产党宣言》，感受中国共产党人追求真理的味道。

从事后的部分学生反馈来看，对原著诵读也给予了很好的评价。这里简短选取几条："我对于经典诵读环节十分感兴趣，觉得每组展示都有其新意，可以让我对原理著作产生焕然一新的感受。""我觉得以生动的短剧、诵读来调动课堂气氛这个模式是成功的，并且我很喜欢，因为在一定程度上可以看到同学们的创意和智慧之处，总有让你会心一笑的亮点存在。""经典原著诵读环节……使得想要了解马克思主义的同学节省了时间，因为同学上台朗诵的都是精心挑选过的；也使得课堂的内容更加丰富、有趣，还给了同学们展示自我的机会。"

第三，更加自觉地把原著研读与培育大学生理论认同密切结合起来。

在这个被称为"思想贫乏"的时代，我国大学生在未来要引领风气之先，必须在哲人之思的基础上训练理论思维，在马恩具体生动的理论创作和思想交锋的基础上建立理论思维的厚度，在马恩寻求人类解放、自由共享、全面发展的社会理想中建立理论思维的洞见。在此基础上培育学生的理论认同，并与中国特色社会主义实践密切结合，成长为优秀的富强、民主、文明、和谐的现代化国家的建设者。

尤其是在这个全球化和逆全球化并存的时代，大学生们思维更为活跃，个性更加鲜明，他们的自我认同也面临更为复杂的境遇，如果没有对马克思主义的理论认同，那么要真正建立起健康的自我认同显然困难重重。而要建立起理论认同，如果没有一定经典著作的研读，为基础，那么这种理论认同也是脆弱短暂的。通过经典著作的研读，我们建立理论认同就会有更为深厚的文化基础。通过细致阅读马恩经典，可以让学生领会马克思主义是全球进步思想的源泉和旗帜，其文本中体现的对资本主义种种弊端的揭示，对其他小资产阶级温情、虚无主义思潮等的无情批判，让学生认识到马克思主义才是先进文化的代表，也是我们文化认同的核心组成部分。另外，在这个互联互通的时代，我们要更多关心人类命运共同体的前途，我们的学生也是全球公共生活的积极参与者，需要有更大的理论自信为全人类的未来作出贡献，这种理论自信也要建立在科学的理论认同之上。通过研读马恩经典，能更好更深刻地认识其中的微言大义，体会马恩的宏大视野，看到他们对德国古典哲学、经典政治经济学、空想社会主义等其他文化成果的批判继承，辨析有关平等、正义、人的全面发展等理念，建立起忠诚于社会主义事业的理论认同。

三、开展马恩经典著作研读面临的主要挑战

我们鼓励学生通过马恩经典诵读环节，引发其对其他哲学经典的兴趣，开阔学生的理论视野。我们鼓励学生运用马恩经典著作中所体现的分析社会问题的方法和洞见，来进一步剖析当今中国和世界所面临挑战，对现代资本主义社会的现状和困境有更为清醒的认识，对马克思主义有更坚实的理论认同。当然，在具体实践过程中，确实还有不少需要克服的挑战。

第一，如何为本科生选择合适的马恩经典著作文本？

马恩经典著作卷帙浩繁，不说动辄几十卷的全集，即便是《马克思恩格斯文集》也有600多万字。大多数学生都有自己繁重的专业课学习任务，太庞杂的经典著作阅读要求，只会使他们望而却步。我们将遵循邓小平相关论述的精神："学马列要精，要管用的。长篇的东西是少数搞专业的人读的，群众怎么读？要求都读大本子，那是形式主义的，办不到。"[①]从本科生的实际出发，为他们精选原著的篇目，主要是让青年学生通过接触经典著作，培养他们进一步学习的兴趣和爱好。我们初步规定的阅读书目有：《共产党宣言》、《关于费尔巴哈的提纲》、《政治经济学批判》序言、《资本论》第一卷、《德意志意识形态》、《在马克思墓前的讲话》、《1844年经济学哲学手稿》、《反杜林论》等，并采取必读和选读相结合的模式，其中前3篇为必读，其他为选读。

第二，如何让经典走入不同学科背景学生的内心，让他们对马恩经典的阅读成为身心愉悦的认识之旅？

学生的专业背景有很大的区别，如何在原著研读的引导上给与区别，这也是教师所要面临的巨大挑战。比如对于理工科背景的学生，应该更多地展示马恩唯物主义的基本立场，辩证的思维方式思维等；对于人文社科背景的学生，更多地教给他们马恩深刻的历史意识，对社会、人性、历史发展趋势的独特洞见。事实上，如何通过正确引导，包括设计与原著阅读相关联的一些小型舞台剧、小型辩论会，让他们在原著的阅读中体会到更多乐趣，这其中确实有不少值得探索的地方。

第三，如何评估经典阅读对培养学生理论认同的有效性？

大学生研读马恩原著的成果在他们的作业、考试中都会有所体现，但如何评估研读活动对其世界观和方法论的改造，特别是其理论认同的培养，还是有不少困难之处。也就是说，如何更好地度量，通过马恩经典著作的研读，学生提升了对马克思主义的信心，能更灵活有效地分析现实问题了。而且，我们还可以进一

---

① 邓小平文选：第3卷[M].北京：人民出版社，1993：382.

步关注和追踪,这些青年学子会不会把部分马恩经典书目列入自己私人藏书目录,会不会在朋友圈分享相关的理论文章。这些问题显然都还有待于我们作进一步地探索与研究。

[作者简介] 汪建达,哲学博士,浙江大学马克思主义理论研究所副教授,硕士生导师,曾任浙江大学马克思主义学院马克思主义基本原理概论教研中心主任等职。邮编:浙江 杭州 310058

论马克思主义哲学视阈下的新闻事实

徐　洲

近年来屡屡见诸报刊和新媒体平台的虚假新闻，不仅严重影响了中国新闻业的传播力、引导力、影响力和公信力，而且也对人民群众的正常生产与生活秩序产生了严重的干扰。一方面，包括专业的新闻媒体从业者和广大的媒体受众在内都充分意识到了虚假新闻的危害性，另一方面，主管部门对这一已经日益突出的社会问题的治理力度也在不断加大。因此，问题的关键便被归结于如何切实地寻找到治理这一乱象的有效路径。

可以肯定的是，这一治理路径应该是多维并举的综合治理。当下新闻学界议论较多的诸如新闻立法的改进和完善、职业伦理和操守的培植和坚守、媒体平台的自我监管和投诉机制的畅通等，这一切无疑都是必要的举措。但同样可以肯定的是，加强辩证唯物主义世界观与方法论的学养，提升以这一世界观和方法论为指导去观察、把控和传播新闻事实的实践能力，也是一个不容忽视且非常重要的路径。

一

我们之所以强调哲学世界观和方法论的重要性，是基于新闻事实与客观事实的不同一性。从新闻学的角度看，所谓的新闻事实其实是指被媒体从业者选择过的、以一定方式传播出来的事实。可见，新闻事实是脱离了事实的自然形态，带有主体知情意加工痕迹，伴有传播者内心特定的价值认知立场和价值选择倾向性。也就是说，新闻事实相对于客观事实而言，不仅是通常所指的具有新闻价值的事实，而且更是指带有传播者主体倾向性且通过大众传播媒介报道的事实。新闻事实理所当然应当是客观事实的准确反映，但由于作为主体的传播者认知和方法上的局限、对新闻事实背后的价值属性把握的不当，以及情感上的倾向性，它们二者之间会出现变形乃至背离的现象。

有必要指出的是，从辩证唯物主义认识论的立场来看，这种新闻事实与客观事实的不同一性具有某种必然性。这一必然性借用恩格斯的话说是由人的认识能力的非至上性决定了的:"世界体系的每一个思想映像,总是在客观上受到历史状况的限制,在主观上受到得出该思想映像的人的肉体状况和精神状况的限制。"[①]这就意味着,一方面,不仅作为认识客体的新闻事件本身有着多方面性和多层次性,而且这一多方面性和多层次性的事件本身还是时刻发生变化的。另一方面,作为认识主体的新闻媒体从业者因肉体感官的局限性,以及受个人认知能力、情感偏好、意志力、思维方式等诸多主观因素的局限,要完全把握客观事实的本来面目,揭示事件背后的绝对真理,几乎是不可能完成的任务。但辩证唯物主义不承认不可知论的立场,它并不因为人的认识能力的非至上性而放弃对客观世界的真理性探究。因为人的认识能力如恩格斯说的那样,它还有至上性的一面。[②] 这又意味着让新闻事实尽可能地接近客观事实是完全可能的。事实上,正是因为人类认识的这一至上性特性,使得马克思主义的新闻学理论把新闻事实的真实性视为第一性原则。也是因此,我们才会说真实是新闻的生命,坚持新闻真实性是新闻从业者的第一职业操守,也是传媒传播力、引导力、影响力和公信力的根基之所在。

毋庸置疑的是,为某种私利而故意制造虚假新闻这类行径不仅被广大受众所鄙视,而且也是我们的媒体从业者所不耻的。从 2002 年开始,《新闻记者》期刊每年推出年度十大假新闻的专稿(2013 年后改为年度虚假新闻研究报告),其目的在于通过对上一年具有典型性、且影响广泛的虚假新闻案例进行梳理,在引以为鉴的基础上思考和探究如何避免此类事件的发生。依据相关数据的统计,这其中刻意杜撰的虚假新闻为数极少,更多的虚假新闻属于因失察而失实或失误。

于是,问题便被归结为我们的新闻报道从业者如何才能够尽可能地避免失察。有必要指出的是,由于人的认识能力的非至上性,在新闻报道中要彻底杜绝失察的发生几乎不可能。但大量已有的新闻报道实践经验证明,借助于科学的世界观和方法论,能够使我们的从业者做到尽可能地减少失察。这正是马克思的辩证唯物主义哲学世界观和方法论的出场语境。

二

如果以马克思的辩证唯物主义哲学世界观和方法论为学理依据和研究视

① 马克思恩格斯选集:第 3 卷[M].北京:人民出版社,1995:376.

② 马克思恩格斯选集:第 3 卷[M].北京:人民出版社,1995:427.

阈，对于如何科学地观察客观事实，以最客观、最本真、最深刻的方式报道和传播新闻事件的问题，我们尝试性地提出客观事实转换为新闻事实的如下五个认知向度。

其一，实证的事实而非推理的事实。马克思曾经称自己的唯物主义是“实践唯物主义”，他明确主张：“人的思维是否具有客观的真理性，这不是一个理论的问题，而是一个实践的问题。人应该在实践中证明自己思维的真理性。”[①]这也就意味着马克思主义哲学为人的认识是否具有客观性或真理性找到了一个最根本的检验标准：实践。因此我们的新闻事实是否真实地还原了客观事实，唯有实践才是检验的唯一尺度。在这个过程中，哪怕是最严谨、最符合形式逻辑的推论，都仅仅属于主观的预设，其结果必须要付诸实践予以实证。否则，新闻事实与客观事实的偏离或背离现象就必然会发生。

如果我们以推理的事实代替实证的事实，那从世界观和方法论而言就陷入了唯心论的泥潭。这一唯心论的立场以及由此决定的认知模式往往便成为虚假新闻的认知根源。比如曾颇为轰动的某晨报刊发的《垃圾场惊现儿童残肢，凶手极度残忍》的假新闻就是这样出场的。无论是采写新闻的记者，还是发稿前审稿的编辑部主任，他们在事后的说明和道歉中不约而同地解释了这其中的推理逻辑：临床医院或医学院实验室的残肢一定是依据规范流程处置的，出现在垃圾场里的残肢自然一定不可能是医院或实验室，所以它一定是凶手遗弃的。这里的失察就在于，推理的逻辑虽然不错，但事实却不是依据推理来展开的。后经警方查明，两截儿童人体残肢系甘肃某医学院实验室制作标本后的残留物。原本准备于次日依据规范流程处理它。始料未及的是，学院清洁工清扫卫生时却误将此当作生活垃圾清理了。于是，当它惊现于垃圾场时，在貌似严谨的推理逻辑支配下，实证的跟进便被有意识地忽视了，一则虚假新闻就这样被制作出来。这则虚假的新闻不仅极大地浪费了包括警力在内的公共资源，而且因其内容极为耸人听闻，产生了较为恶劣的社会影响。

类似的案例还不少。如曾经被广为转发的高考后离婚率飙升的虚假新闻，也是因为先有逻辑推理后再拼凑事实而犯的错。其推理逻辑是：父母怕影响孩子高考，故虽感情破裂但却选择隐忍真相。推理逻辑固然是自洽的，但事实的真相却并未见离婚率飙升。

其二，普遍的事实而非特殊的事实。在普遍与特殊的关系问题上，辩证唯物主义认识论认为：一方面，那些称之为普遍规律的东西一定是对许许多多特殊性存在的抽象与概括，否则普遍性变成了无源之水、无本之木；另一方面，那些作为

---

① 马克思恩格斯选集：第1卷[M].北京：人民出版社，1995：55.

特殊性存在的个别事物又必须体现着普遍性，否则这一个别的存在就只是偶然与暂时的现象。正是因此，列宁在《辩证法的要素》一文中说："每个事物（现象等等）的关系不仅是多种多样的，并且是一般的、普遍的。"[①]就方法论而言，它事实上揭示了人对客观事物认识必然要通过个别而走向普遍的认知规律。

因此，新闻事实面对的固然是一桩桩特殊的、个别的事件，但这个特殊的、个别的存在背后必须是体现普遍的、一般的规律性和真理性的存在。这恰恰是新闻事实报道和传播的深刻性之所在。比如针对媒体热议的所谓996话题[②]，某互联网企业巨头在内部交流活动上喊话说："996是修来的福报！"这一观点经某公众号发出，随即引起了巨大的质疑。为了回应这些质疑，某新媒体平台播发了一篇新闻稿，号称采访了最有代表性的几大互联网行业，绝大多数年轻人均认同并接受996。几位有名有姓的受访者几乎异口同声地告诉记者：没有996，哪来的豪车大宅，哪来的国外旅游度假，哪来的财务自由，云云。有网民一针见血地留言："真实的虚假新闻！"这场关于996的新闻风波，甚至催生了《人民日报》一篇题为《崇尚奋斗，不等于强制996》的评论文章。我们承认这一新闻事件中这几位受访者及其对996发表的感想是客观真实的。但它之所以被网民讥讽为"真实的虚假新闻"是因为这一新闻事实属于特殊的事实而非普遍的事实。且不说996与国家《劳动法》的相关规定格格不入，即便就事论事，我们也可发现这个996只是高速发展的某些互联网行业的特殊现象，它甚至都算不上是所有互联网行业的普遍现象。这样一个离开了普遍性的特殊事实，因为只是偶然和暂时的事实，因而并不值得新闻媒体去正面报道和传播。

事实上，诸如此类不代表普遍事实的特殊事实在新闻报道中被诟病的案例还不少。如刚刚生完孩子拖着虚弱身体投入工作的年轻妈妈、高烧不止打着吊瓶坚持上课的老师、两天两夜没有合眼坚持在高速上运送抗疫物资的司机，等等。这些人和事固然是真实的，但却违背了人身心发展的普遍性，也不符合人道主义立场。

其三，整体的事实而非部分的事实。辩证唯物主义的世界观非常强调对相互联系的部分之间的整体把握。这就正如恩格斯说的那样："当我们通过思维来考察自然界或人类历史或我们自己的精神活动的时候，首先呈现在我们眼前的是一幅由种种联系和相互作用无穷无尽地交织起来的画面。"[③]这一世界观转化为方法论，就必然要求我们的新闻事实在还原客观事实的画面时，要有整体的思

---

① 列宁选集：第2卷[M]. 北京：人民出版社，1995：411.

② 此为网络用语，意指早上9点上班、晚上9点下班，基本没有午休，且一周工作6天的工作制度。

③ 马克思恩格斯选集：第3卷[M]. 北京：人民出版社，1995：359.

维能力，力求把握整体的事实而非部分的事实。借助列宁的表述就是要做到“分析和综合的结合，——各个部分的分解和这些部分的总和、总计”①。这是一个由部分事实的分析走向整体事实的综合过程。

如果我们对这些年来诸多的虚假新闻案例进行剖析，便可发现其中一个很重要的认知缘由在于没能够完成由部分事实的分析走向整体事实的综合。比如南方某知名新闻类期刊编发的《涉嫌性侵未成年女儿三年，揭开这位总裁父亲的“画皮”》一文，就存在这样的思维偏差。该新闻报道讲述了48岁的山东烟台某跨国企业高管、业内知名海归法务专家鲍某某以收养为名，从“养女”韩某某14岁时就对其持续多年性侵的故事。这一耸人听闻的新闻故事自然掀起舆论的轩然大波。一时间，社会各界在对鲍某某骂声一片的同时，也纷纷质疑当地警方的不作为。但也有细心的业内人士及读者质疑报道中只有“养女”韩某某的陈述及事实追溯，却不见对另一方当事人鲍某某以及最初受理案件的当地派出所、提供检查报告的医院等第三方的采访报道。正是记者的这一严重失察，结果导致了这一新闻事件的反转。最高人民检察院、公安部联合督导组的最终调查结论是：韩某某为改善生活条件，在网上看到鲍某某发布的“收养”信息后，主动与鲍某某联系，两人以“收养”名义开始交往并自愿发展为两性关系。

事实上，因执念于部分事实而忽视或无视整体事实的失察和失误，在新闻报道中还时有所见。如曾经被包括国际在线，@人民日报等各大媒体官微、新闻客户端、新闻网站广为传播的“外国小伙扶摔倒中年女子疑遭讹诈”的失实图文报道，就源自作者仅仅对外国小伙支付了医药费进行了事实核实便匆忙发稿。而事实的真相是：中年女子经过人行横道线时，被一无证驾驶摩托的外籍男子撞倒，多处轻微擦伤。经处置民警协调，肇事者自愿支付了医药费。

其四，本质的事实而非现象的事实。就本质与现象的关系而言，辩证唯物主义固然承认不存在不表现为现象的本质和不表现为本质的现象。但毕竟因为一方面本质是深藏于事物内部的，不易被感觉直接感知，而另一方面本质通过现象表现出来的方式有真象和假象的区分。因而人类的认知就必须借助理性的思考和探究，不仅善于透过现象抓住本质，而且要意识到对本质认知有一个不断深化的过程。这就如列宁说的那样：“从现象到本质、从不甚深刻的本质到更深刻的本质。”②这也就是说，新闻事实在被采访和报道时，一定有一个从现象事实深化为本质事实的认知提升过程。

我们的新闻报道如果仅仅囿于现象的事实，那么出现虚假新闻就不可避免

① 列宁选集：第2卷[M].北京：人民出版社，1995：411.

② 列宁选集：第2卷[M].北京：人民出版社，1995：412.

地会成为大概率事件。比如曾经被网民认定为年度十大虚假新闻之一的《长春老人因脑梗塞摔倒,白衣女子坚守救护》一文,其失察、失误的缘由就在于以现象的事实代替了本质的事实。事件的起因是,有记者接到报料说在长春市某大厦2楼的市场里,一位老人突发脑梗塞摔倒在地。监控视频显示这期间共有178人从老人身上跨过,仅有1名路过的白衣女子蹲守在老人身边安慰他,直到急救人员赶到才悄然离开。记者调看录像后迅速报道了"这冷漠和温暖交织的一幕"。冷漠与温暖的比例居然是178:1! 此文引发了海量的网民留言,纷纷感慨世风日下、人情冷漠。可事实的真相却是,第一时间打了120急救电话的摊主,根据急救中心工作人员的指令要求不可搬动老人以免造成二次伤害。因为事发地点为一狭窄的过道,路人停下反而会堵塞施救通道,故除那位热心的白衣女子外的人们只好从老人身上跨过去。

可见,在新闻报道中,有时候有图未必有真相。因为作为现象的事实可能是真象,也可能是假象。这些年在新闻圈里屡屡出现的诸如纸馅包子、注水西瓜、鸭子灭蝗虫之类的假新闻均属于囿于现象的事实而放弃了理性思考而导致的失察、失误。

其五,必然的事实而非偶然的事实。在辩证唯物主义哲学看来,所谓的必然是指确定无疑、一定会成为现实性的趋势,所谓的偶然则表现为可能发生,也可能不发生的不确定趋势。作为德国古典哲学家中最负盛名的辩证法大师,黑格尔固然强调了必然与偶然的辩证统一性,但他同时也区分了必然与偶然在成为现实性过程中的差异性。比如对绝对精神的演进,黑格尔就给出了偶然性、相对必然性、绝对必然性、现实性这样几个相互关联,且由低到高的不同范式。[①] 这就如恩格斯解读的那样:"黑格尔提出了前所未闻的命题:偶然的东西正因为是偶然的,所以有某种根据;而且偶然的东西正因为是偶然的,所以它也就没有根据。"[②]这也就是说,我们在承认偶然的东西也有某种存在根据的同时,更应该意识到它毕竟缺乏必然性作为其存在和发展的根据。

正是由此,我们强调新闻报道过程中要关注必然的事实,绝不可被偶然的事实所干扰和误导。比如在新冠病毒肆虐的时候,某国家级的权威通讯社在其视点栏目发布消息称,记者从中国科学院上海药物所获悉,该所和武汉病毒所联合研究初步发现中成药双黄连口服液可抑制新型冠状病毒。这一新闻的报道和传播直接导致了许多民众疯抢双黄连口服液的事件发生,甚至有人因外出抢购这一口服液而不幸被感染新冠病毒。由于这一新闻受到广泛的质疑,尤其是来自

---

① 黑格尔.逻辑学:下卷[M].北京:商务印书馆,1985:203.

② 恩格斯.自然辩证法[M].北京:人民出版社,1984:92.

科学界的质疑，最后的结果是由另一家权威媒体《人民日报》发布消息称："抑制并不等于预防和治疗，特别提醒：请勿抢购和自行服用双黄连口服液。"其实，在这个案例中，所谓的体外研究有效和临床实验有疗效只是一种极为偶然的关联性。事实上，绝大部分在体外研究有效的药在临床上却几乎都是失败的。

以偶然的事实替代必然的事实而导致的新闻失实事件，这些年来也颇为多见。比如在双黄连口服液新闻事件之后的几个月后，又有"钟南山院士认定复方板蓝根对新冠病毒有效"的消息冲上微博热搜。最后钟南山不得不出来澄清事实真相："复方板蓝根在实验室的确有抗新冠病毒作用，但这离体内有效还很远，还很不确定。"钟南山这里讲的"不确定"与偶然性是同质的范畴。正是因此，我们强调新闻事实必须是必然的事实而非偶然的事实。

三

习近平总书记主持中共中央政治局第二十次集体学习的主题就是马克思的辩证唯物主义哲学。他强调指出：在实现中华民族伟大复兴的进程中，我们必须不断接受马克思主义哲学智慧的滋养，更加自觉地坚持和运用辩证唯物主义世界观和方法论，增强辩证思维、战略思维能力，努力提高解决我国改革发展基本问题的本领。① 新闻传播及其打造的"舆论场"是国家意识形态领域的重要组成部分。因此，以新闻报道特有的传播力、引导力、影响力和公信力助推国家软实力的提升，无疑是当代新闻从业者的重要使命和担当。为了履行好这一使命和担当，我们固然需要丰富的知识储备、对新闻事件敏锐的判断力、精准的文字表达能力、娴熟地运用新媒体工具等等，但我们同样需要自觉地学习和领悟辩证唯物主义世界观和方法论的基本原理，并在此基础上更加自觉地将其作为职业生涯的最重要学养，以"铁肩担道义，妙手著文章"的敬业精神做好自己的本职工作。

特别有意义的还在于，马克思的辩证唯物主义世界观和方法论可以为我们厘清伴随西学东渐而来的某些西方新闻理论带来的负面影响，重归新闻事实报道和传播的正道。西方新闻理论对我们影响颇大的观点就有所谓的客观主义解构论。这一理论强调客观性原则的不可能性，认为新闻一定是思想和情感的产物。比如法国新闻学者贝尔纳·瓦耶纳在其《当代新闻学》中就断言："要做到客

① 习近平在中共中央政治局第二十次集体学习时强调坚持运用辩证唯物主义世界观方法论提高解决我国改革发展基本问题本领[J].党建，2015(2).

观性是很难的，也是自相矛盾的，因为从根本上说来，人们要报道什么事情，这本身就是思想的产物，必然会有报道者智力的介入，因而也就必然包含个人的系数在内。报道者不可避免地会把自己摆到他所描述的情景之中，不仅表现在他自己的参与上，尤其表现在他对事实事物的连续性的剪裁上和他所采用的形式上。”①

众所周知，马克思创立的唯物主义与以往的朴素唯物主义、形而上学(机械)唯物主义的一个最大区别就是其基于实践基础上的主体性原则的彰显。马克思在创立自己哲学理论之初就曾这样阐明过自己的立场：“从前的一切唯物主义(包括费尔巴哈的唯物主义)的主要缺点是：对对象、现实、感性，只是从客体的或者直观的形式去理解，而不是把他们当作感性的人的活动，当作实践去理解，不是从主体方面去理解。”②正是这一新唯物主义的立场，昭示我们必须承认新闻事实报道和传播中主观性和客观性、主体性选择和客观事实遵从的辩证统一。但是，在马克思主义哲学的视阈里，这种主观性、主体性不仅需要建立在客观性、客体事实的基础之上，而且其本身也受制于客观性和客体呈现的基本事实。倘若我们离开了对客观性和客体事实的敬畏、尊重和遵循，主观性和主体性的发挥就会沦为自说自话、自以为是的任性。事实上，只要对我们的各种新闻媒体在新闻事实把控和传播方面的失察、失误甚至失败的诸多案例做一梳理和反思，那么就可以发现，其共同的根源恰恰就是因为离开了事实客体的客观性，把主观能动性和主体性的选择变成了一种任性：或以推理的事实代替了客观的事实；或以特殊的事实代替了普遍的事实；或以部分的事实代替了整体的事实；或以现象的事实代替了本质的事实；或以偶然的事实代替了必然的事实，如此等等。

列宁在《哲学笔记》中曾经言简意赅地表述过辩证唯物主义认识论的客观性原则：“考察的客观性(不是实例，不是枝节之论，而是自在之物本身)。”③这即是说，从新闻报道来看作为“自在之物”的客观事实是第一性的，作为“为我之物”的新闻事实是第二性的。虚假新闻固然是因失察而失实、失误。但究其失察的缘由恰在于违背了列宁说的“考察的客观性”要求，颠倒了客观事实与新闻事实本来的关系，或主观地选择某些个别的、部分的实例，或注目于现象的、偶然的枝节之论。这样的主体性选择，显然是我们的新闻从业者需要予以摒弃的。

不仅如此。辩证唯物主义世界观和方法论也为我们当下的新闻从业者如何应对迅速变化着的新闻业态提供了不变的基本立场。英国学者安德鲁·查德维

① 贝尔纳·瓦耶纳. 当代新闻学[M]. 丁雪英，译. 北京：新华出版社，1986：34.

② 马克思恩格斯选集(第1卷)[M]. 北京：人民出版社，1995：54.

③ 列宁选集：第2卷[M]. 北京：人民出版社，1995：411.

克曾将当今世界新闻业态变化描述为混合型媒介系统(the hybrid media system)的横空出世。[①] 这其中特别突出的是普通用户对新闻传播的参与,使新闻从一种专业活动变成了混合有普通民众参与的社会化活动。而且,不仅是媒介系统、行动者的混合,社交媒体上的信息流甚至将事实、观点、情感等也混合在一起。于是,新闻事实当中混杂了已经发生的事实、可能发生的事实、希望发生的事实,如此等等。一时间,我们仿佛进入了“乱花渐欲迷人眼”的多元多姿语境之中,我们的一些新闻从业者面对这个变局似乎有些不知所措了。其实,只要我们坚守马克思主义哲学的世界观和方法论的基本立场,就可做到处变不惊。也就是说,无论新闻业态怎么变,其“考察的客观性”(列宁语)原则是不变的;无论新闻媒介的主体多么多元化发展,新闻事实的客观性、真理性是一元的客观事实是不可能被改变的;无论信息流时代流量为王的口号多么时尚,但信息流本身的客观真实性具有第一性的原则也是不可能改变的。

可见,谨守和敬畏客观性原则,并善于在客观性呈现出来的特殊与普遍、部分与整体、现象与本质、偶然与必然交织的事实中呈现出最客观的新闻事实,这永远是我们新闻从业者不变的立场。这正是现时代马克思主义哲学世界观和方法论所给予我们新闻从业者的定力之所在。

[作者简介]徐洲,浙江舟山广播电视总台,主任记者。主要研究方向:马克思主义新闻传播理论、大众传播媒介、媒体融合。邮编:浙江 舟山 316021

① 转引自《2020年传媒伦理问题研究报告》[J].新闻记者,2021(1).

推进马克思主义同优秀传统文化相结合的当下语境与现实意义[①]

朱晓虹

1. 问题的提出

在庆祝中国共产党成立100周年大会的重要讲话中,习近平总书记明确提出"坚持把马克思主义基本原理同中国具体实际相结合、同中华优秀传统文化相结合"[②]这一重大命题。这不仅为新时代继续推进马克思主义中国化指明了方向,而且为这一中国化的进程开辟了具体的路径。这也就是说,我们要以马克思主义世界观和方法论为指导,着力推进对优秀传统文化的批判性继承与创新性发展。要做好这一马克思主义同中华优秀传统文化相结合的推进工作,肯定是一项系统的国家意识形态工程,但从社会认识论的层面而言,阐释好这一重大命题提出的当下语境与现实意义,无疑也是充分必要的。

2. 马克思主义同中华优秀传统文化相结合的当下语境

我们把文化自信的构筑理解为这一命题提出的最重要语境。事实上,文化自信的构筑堪称近年来当代中国马克思主义理论研究中的重要论题和实践工程。习近平总书记高度重视文化自信问题。他在庆祝中国共产党成立95周年大会上的讲话专门就文化自信做出了一系列深刻阐述。而且,他进而认为:"文化自信是更基础、更广泛、更深厚的自信。"[③]事实上,当今中国增强文化自信、建设文化强国已然是国家层面的战略任务。

对于文化自信与中华优秀传统文化的关联性,习近平总书记指出:"要讲清楚中华优秀传统文化的历史渊源、发展脉络、基本走向,增强文化自信。"[④]他认为中国正处于现代化征程中,必须以厚实的文化底蕴为支撑,这就需要不忘中国文化之源。事实上,习近平总书记在多个场合强调"不忘本来",要求对古代文化

---

① 本文系浙江大学中国特色社会主义研究中心资助立项的重点课题"新时代中国共产党对优秀传统文化的继承创新"的阶段成果之一。

② 习近平.在庆祝中国共产党成立100周年大会上的讲话[J].求是,2021(14):13.

③ 习近平.在庆祝中国共产党成立95周年大会上的讲话[N].人民日报,2016-07-02(002).

④ 习近平.习近平在中共中央政治局第十三次集体学习时强调把培育和弘扬社会主义核心价值观作为凝魂聚气强基固本的基础工程[N].人民日报,2014-02-26(002).

古为今用、返本开新。他认为要梳理这条继往开来的文化线索，离不开“先秦诸子百家争鸣、两汉经学兴盛、魏晋南北朝玄学流行、隋唐儒释道并立、宋明理学发展等几个历史时期”。[①] 他强调：“我们不是历史虚无主义者，也不是文化虚无主义者，不能数典忘祖、妄自菲薄。”[②]

然而，不可否认的是当今中国人正处于市场、资本的深度介入和影响中。人们对财富、商品、效率、价格、价值和消费等词汇已经没有了任何陌生感，更不会如改革开放初期时那样强烈排斥。由此带来的是商业文明迅速在中华大地蔓延与形成气候，与此相关联，文化也已然表现出更为深度的现代性转向。现代主义、后现代主义的理和事在经济急速增长的带领下被催生、被唤醒或者被引入。于是，人们突然发现当代中国也面临着资本逻辑、资本意识形态对人的生活方式的支配，以及对人的自主性和个性的僭越。这其中尤其是物欲主义、消费主义、利己主义、享乐主义等思潮对当代中国人的影响力不可忽视。人在崇拜“物”的五光十色的外表的同时，不再关注内心的安宁、和谐与幸福。另外，中国在全球化的世界浪潮中及时调整身姿，不断打开国门与世界深度融合。在这个过程中，中国的文化发展面临着更为复杂的环境。

于是，作为当代中国文化源头和基础部分的中国传统文化该如何在新的场域中发出自己的声音，去回应资本的全球化这些问题呢？事实上，在近代以来的中西大论战中传统文化的优与劣问题就曾屡屡被论及。自 20 世纪 80 年代以来，“国学复兴”“传统文化热”也曾引领过不小的社会风尚。在当下，文化自信作为中国共产党治国理政的重要理念，更是促使传统文化的发掘、传授、研修走入了大众生活，对优秀传统文化的继承与创新已成为了当下中国文化领域里的一道异常亮丽的风景线。

但是，毋庸讳言的一个基本事实是，至今人们对于传统文化的态度依然是非常复杂的。无论是民众，还是学界；无论是东方，还是西方，对中华传统文化的评价显然充满着不同立场、不同观点的争议。有学者认为，当代中国所面临的文化矛盾，主要包括“‘中国模式’中的文化主体分化”“马克思主义的建构与解构”“与社会主义市场经济的内在冲突”等。[③] 这里，即便传统与现代之间的矛盾不再显示为当今社会的主要文化矛盾，但这一矛盾始终潜隐地存在着。然后，一个不可否认的事实是，传统文化在当代中国人的文化血脉和基因里起着不可估量的影

---

① 习近平．在纪念孔子诞辰 2565 周年国际学术研讨会暨国际儒学联合会第五届会员大会开幕会上的讲话[N]．人民日报，2014-09-25(002).

② 习近平．习近平在中共中央政治局第十八次集体学习时强调牢记历史经验历史教训历史警示为国家治理能力现代化提供有益借鉴[N]．人民日报，2014-10-14(002).

③ 黄力之．后革命语境中的中国文化矛盾[M]．上海：上海三联书店，2016：46-153.

响作用，以海外新儒家为主要代表在世界范围掀起的中国传统文化热，一定程度上表明了人们已然站在现时代的角度思索中国传统文化的时代价值。重要的还在于，这事实上正凸显了文明的现代危机和中国传统文化具有超越这一危机的内在潜力。

但同样毋庸讳言的是，传统文化无法不经批判与转换就彰显其现代价值。马克思主义以其对人类生存关切的内在逻辑而在超越传统与现代的对立中衍生了可贵的文化批判精神。而且，这一文化批判精神直接被以法兰克福学派为主要代表的西方马克思主义阵营所继承和弘扬。事实上，西方马克思主义者在对西方启蒙时代以来的文化批判和反思可谓成就斐然。当代中国的马克思主义者显然可以从中汲取诸多理论与方法的启迪。

可见，在马克思主义文化批判理论视阈下对中国传统文化现代价值进行发掘、传承与转换不仅有着充分的必要性，而且也有了现实的可能性。这正是推进马克思主义基本原理同中华优秀传统文化相结合的当下语境。

3. 马克思主义同中华优秀传统文化相结合的意义

传统文化在当代社会既不是完全无用的，也不是像文化复古主义者所主张的那样是不需要批判就可以直接拿来嫁接于现代社会的。它需要现代转化与重新开掘才能适应并应用于现代人的生活世界。推进马克思主义同中华优秀传统文化相结合，从马克思主义文化批判理论的视阈下去探寻中国传统文化的现代意义，至少将凸显出以下的理论意义。

一是可以从马克思主义文化批判的角度来全面审视中国传统文化的时代价值与创造性转换的可能性。在以往对马克思主义中国化的研究中，在文化层面上比较多地关注了马克思主义与争取民族独立解放年代形成的革命文化和社会主义建设时期产生的先进文化的关联性，对马克思主义与中国传统文化的关联性，尤其在思想细节的展开方面仍有很大研究空间可以拓展。比如，在马克思主义中国化进程中作出颇为重要理论贡献的冯契先生就认为，20 世纪初在“主义的论战”中，中国为什么选择了马克思主义而不是别的主义，这其中就有一个问题很值得研究。这个问题就是：马克思主义在诸如人我（群己）之辩、义利之辩问题上具有诸多与中国传统文化（尤其是儒家的道统）相契合的精神气质。① 依据这样的思路，我们显然可以为当今马克思主义中国化找到一条与传统文化相结合的新的、具体的发展路径。

二是以传统文化为切入点，可以为构建中国特色哲学社会科学体系提供理

① 杨海燕.智慧的回望——纪念冯契先生百年诞辰访谈录[M].桂林：广西师范大学出版社，2015：131.

论和方法的参考。2016 年 5 月，习近平总书记在哲学社会科学工作座谈会上讲话时，曾经提出加快构建中国特色哲学社会科学的理论体系和话语体系的要求。也就是说，他希望哲学社会科学工作者要从对西方理论和话语体系的过度推崇甚至迷信中走出来。在论及打造中国特色的话语体系时，习近平总书记主张“要善于提炼标识性概念，打造易于为国际社会所理解和接受的新概念、新范畴、新表述，引导国际学术界展开研究和讨论”[①]。事实上，我们从中国文化的天人合一、人我合一、身心合一等概念中显然可以读出鲜明的中国特色、中国风格、中国气派。这些中国文化的标识性概念，经过创造性的转换一定可以凸显出其特有的智慧，它对哲学社会科学工作者深入研究关系国计民生的重大课题和积极探索关系人类前途命运的重大问题均有着重要的智慧启迪。

三是可以为当前构筑文化自信、建设文化强国提供重要的学理支撑。在着力推进马克思主义同中华优秀传统文化相结合的进程中，尤其就文化自信与中华优秀传统文化价值开掘的关联性为楔子，以马克思的历史唯物主义理论为指导，借助中西文化的比较研究方法，梳理和概括出若干条凸显中华民族文化特性的基本价值原则，可以为构筑文化自信提供若干来自思想史的智慧启迪。特别值得指出的是，因为这个学理支撑是源自我们的传统，因而它对中国人而言也许更具亲切感和认同感。毋庸讳言的是，自鸦片战争以来因为屡战屡败之后的痛定思痛，我们一方面对西方文化产生了敬仰之情，另一方面则对传统文化产生了诸多偏激乃至否定的情绪。于是，中华民族的文化自信就这样渐渐地丢失了。事实上，传统文化的意义正如习近平总书记说的那样，它“体现着中华民族世世代代在生产生活中形成和传承的世界观、人生观、价值观、审美观等，其中最核心的内容已经成为中华民族最基本的文化基因。这些最基本的文化基因，是中华民族和中国人民在修齐治平、尊时守位、知常达变、开物成务、建功立业过程中逐渐形成的有别于其他民族的独特标识”[②]。今天当我们不再偏激而是能够心平气和地看待传统文化时，便可发现它具有许多优秀成分。我们将这些中华优秀传统文化具有的现代性做若干具体的展示，不仅可以为中国特色社会主义文化建设提供重要的思想史资源，也可以为“构筑中国精神、中国价值、中国力量，为人民提供精神指引”提供智慧启迪。

近代以来，中国人民在中国共产党的带领下以马克思主义为指导对中国传统文化进行了深度的反思与剖析，也取得了诸多创造性转化的积极成果。比如

① 习近平谈治国理政：第 2 卷[M]. 北京：外文出版社，2017：346.

② 习近平. 在纪念孔子诞辰 2565 周年国际学术研讨会暨国际儒学联合会第五届会员大会开幕会上的讲话[N]. 人民日报，2014-09-25(002).

毛泽东在《新民主主义论》中提出的"以共产主义思想为指导的、民族的、科学的、大众的文化"这一新民主主义文化纲领就曾被认为是对中国近代思想史上一直悬而未决的古今、中西之争的一个积极成果。① 它既凸显了民族性又彰显了现代性，为新民主主义革命的胜利奠定了思想文化层面的根本基础。"而今迈步从头越。"在进入新时代之后的中国，我们同样需要从马克思主义文化批判的角度来审视传统文化的现代转化与价值创新问题，并致力于将这一转化和创新成果融入到当代中国文化自信的建构过程之中。

不仅如此。从现实意义角度来考察，大力推进马克思主义基本原理同中华优秀传统文化相结合，还将有着以下两个向度的实践价值：

一是从中西马文化研究的角度综合分析传统文化的现代价值与价值创新的可能性及路径，从而有助于推进国家文化软实力的建构。当今中国虽然在包括文化在内的各个领域都取得了举世瞩目的成就，但不容否认的是，文化大国并不等于文化强国，我国文化软实力的表现尚跟不上国家硬实力前进的脚步。因此，提升文化软实力便成为了国家战略高度的问题。实施这一国家战略当然是个庞大的系统工程，但这其中从历史源头着手构筑文化自信，让中华优秀文化既走进国民的内心，又以自觉自信自豪的姿态走向世界，肯定是很重要的一个环节。正如"欲人勿疑，必先自信"格言所阐述的道理那样，对自己的文化我们要构筑起坚定的自信，从中国文化的源头出发，并大力推动中国文化走出去，向世界传递中国好声音，让中国智慧、中国方案、中国道路充满自信地亮相全球，不仅可以为中国影响力的全球扩展提供有效的"软保护"，构筑有利于中国长期发展的"软环境"，更可以为我们的强国之路提供强大精神力量。

二是通过具体分析中国共产党对传统文化创造性转化和创新性发展的理论与实践，可以引领人们对中华优秀传统文化有一个整体而清晰的把握，在创造吸收中实现传统文化与现代生活方式的有机融合。事实上，已经有越来越多的事实证明，中西马文化的百年争论以当今中国现代化发展为基础终于有了一个相对合理的解决方式。只是这种解决方式在意识形态的表达方面还需要对传统文化有一个现代转化与价值创新的跟进。也就是说，对中国传统文化现代价值的讨论我们要走出"空对空"的理论抽象，要在面对现实生活世界及其伦理难题的过程中将其核心价值转变为积极的方法和生活理念。事实上，在人与自然、人与社会、人与自身的关系上，现代性的发展确实带来了诸多难题，传统文化只有在积极回应并解答这些难题的过程中才能够真正彰显其现代性价值，发挥其对现代社会"以文化人""以文育人"的影响作用。正是由此，我们断言：传统文化虽然

① 杨焕章.毛泽东哲学思想研究概述[M].天津：天津教育出版社，1988:309.

产生于以小农经济和宗法等级制为前提的社会中，但从文明进化和累积的角度考察，它显然有着诸多普遍性的价值可以用于解决现代人类生活中的诸如物欲主义、消费主义、享乐主义、个人主义、利己主义以及价值虚无、精神涣散等问题。这不仅对社会主义和谐社会以及社会主义核心价值观构建大有裨益，而且这些经过了现代转化与价值创新的传统文化的优秀成分，其本身就是中国特色社会主义现代化进程中"中国特色"之语境的重要涵义之一。

4. 余论

特别值得一提的是，中华民族的这些优秀传统文化正日益彰显出其全球性的价值。比如，就人与自然关系而论，中华传统文化推崇的天人合一之道以及顺天、慎取、节用等民族精神，为克服西方文化长期以来存在的自然与人类二元对立提供了可贵的中国立场。这一立场的最终目标是在敬畏自然的基础上构建起天人和谐的理想境界。又比如，就我与他人关系而论，中华传统文化推崇的人我合一之道以及孝亲、贵和、崇义等民族精神，为克服西方文化中因为视他者为异己而导致的利己主义现代性危机提供了解决问题的中国方案。这一方案的核心理念是通过诸如"和而不同""美美与共"之类的路径构建起"我"与"他者"的和合关系。还比如，就人与自身关系而论，中华传统文化推崇的欲理合一之道以及知耻、克己、尚俭等民族精神，它为克服西方的消费主义、享乐主义提供了中国主张。这一主张的核心是以道德理性来主导和制约消费的本能，从而营造出身与心、欲与理的平和状态。

这就正如习近平总书记在全国宣传思想工作会议上强调的那样："中华优秀传统文化是中华民族的文化根脉，其蕴含的思想观念、人文精神、道德规范，不仅是我们中国人思想和精神的内核，对解决人类问题也有重要价值。要把优秀传统文化的精神标识提炼出来、展示出来，把优秀传统文化中具有当代价值、世界意义的文化精髓提炼出来、展示出来。"我们在深刻洞察马克思主义基本原理同中华优秀传统文化相结合的现实语境和现实意义的基础上，无疑可以更加自觉更加系统也更加自信地向世界传递这些中国声音、中国智慧、中国方案。

[作者简介] 朱晓虹，法学博士，丽水学院马克思主义学院马克思主义基本原理教研室主任，副教授。邮编：浙江 丽水 323000

中国共产党人对中华优秀传统文化的现实定位与继承创新[①]

官依群

中国共产党的十九届六中全会公报指出：以习近平同志为主要代表的中国共产党人，坚持把马克思主义基本原理同中国具体实际相结合、同中华优秀传统文化相结合，坚持毛泽东思想、邓小平理论、“三个代表”重要思想、科学发展观，深刻总结并充分运用党成立以来的历史经验，从新的实际出发，创立了习近平新时代中国特色社会主义思想。《公报》中这一“两个结合”的概括中后面一个结合，即坚持把马克思主义基本原理同中华优秀传统文化相结合，绝非仅是一个新的提法，事实上它把新时代中国共产党人的一个重要的文化使命彰显出来了。它对于我们坚定文化自信，建设中国特色社会主义文化强国具有着重要的理论阐释和实践指引意义。

1. 文化、传统文化和优秀传统文化

对文化的概念学界虽有不同的解读和界定，但有一个基本的共识，即文化是人类的创造物。它既指观念形态的创造物如意识形态、伦理、审美、宗教，也指这些观念的物化形态如制度、器皿、建筑、名胜古迹等。一般而论，学者们倾向于认为全球有三大文化圈，即基督教文化圈、伊斯兰教文化圈和儒家文化圈。基督教文化圈主要分布在欧洲、美洲、澳洲等地，伊斯兰教文化圈主要分布在亚洲西部、南部和北非等地，儒家文化圈主要分布在东亚等地。

相比于文化的整体概念，传统文化无疑是其中的一个部分。无论哪个民族的文化，一定既有历史上传承下来的传统文化，也有当下社会生活实践创造的现实文化，还会有域外传入的外来文化。在传统文化、现实文化和外来文化中，传统文化一般被视为一个民族原发性和基础性的文化。比如在中国，以儒道佛为主要代表的传统文化就是这样一个原发性和基础性的本土文化。

优秀传统文化则是传统文化中那些具有现代性价值，能够通过创造性转化和创新性发展而获得新生的传统文化。比如，习近平总书记在 2014 年 9 月 24

---

① 本文系浙江大学中国特色社会主义研究中心资助立项的重点课题“新时代中国共产党对优秀传统文化的继承创新”的阶段成果之一。

日纪念孔子诞辰2565周年国际学术研讨会暨国际儒学联合会第五次会员大会上的讲话中曾将儒家文化中的优秀成分概况为：天下为公、厚德载物、以民为本、为政以德、经世致用、知行合一、仁者爱人、以德立人、以诚待人、讲信修睦、勤勉奉公、俭约自守、和而不同等。这就是对儒家文化中那些优秀成分的学理概述和现代阐释。

2. 中华优秀传统文化的现实定位

习近平总书记立足坚持和发展中国特色社会主义、实现中华民族伟大复兴和构筑文化自信的战略全局，对传承与发展中华优秀传统文化做出了一系列重要论述。把中华优秀传统文化定位为中华民族的根和魂，就是这其中的一个重要论述："泱泱中华，历史悠久，文明博大。中华民族在几千年历史中创造和延续的中华优秀传统文化，是中华民族的根和魂。"①

中华优秀传统文化之所以是中华民族的根之所系，是因为它是我们民族生存和发展的精神源头。从上古时期女娲造人、夸父追日的神话传说，到春秋战国百家争鸣的出现；从汉唐雄风的横空出世，到近代鸦片战争开始的救亡图存；从先秦的《诗经》《离骚》诸子散文，到汉赋唐诗宋词元曲明清小说……千百年来，中华优秀传统文化既是中华民族大一统发展形态的文化基石和维系民族凝聚力、向心力的精神纽带，也是我们民族虽历经磨难却总能自强不息、浴火重生的原动力。正是它使中华文明成为全球四大古文明中唯一没有中断的文明形态。

"万物有所生，而独知守其根。"（《淮南子·原道训》）因此，抛弃中华优秀传统文化，中华民族的精神必将成为无源之水、无本之木。这就正如习近平总书记谆谆告诫的那样："抛弃传统、丢掉根本，就等于割断了自己的精神命脉。"②"历史和现实都表明，一个抛弃了或者背叛了自己历史文化的民族，不仅不可能发展起来，而且很可能上演一场历史悲剧。"③

中华优秀传统文化之所以是中华民族的魂之所在，是因为它是我们民族精神得以熔铸并辉煌绽放的精神内核。在中华文明的历史长河中，源远流长、博大精深的中华优秀传统文化，以其和合共生、天下大同的发展理念，求同存异、兼容并包的处事方法，不畏艰险、图强奋进的爱国情怀，惠民利民、安民富民的人文精神，崇德向善、见贤思齐的人格境界，孝悌忠信、礼义廉耻的荣辱观念，里仁为美、

---

① 习近平. 在庆祝澳门回归祖国15周年大会暨澳门特别行政区第四届政府就职典礼上的讲话[N]. 人民日报，2014-12-20(002).

② 习近平. 在中共中央政治局第十三次集体学习时强调把培育和弘扬社会主义核心价值观作为凝魂聚气强基固本的基础工程[N]. 人民日报，2014-02-26(001).

③ 习近平. 在中共中央政治局第十三次集体学习时强调把培育和弘扬社会主义核心价值观作为凝魂聚气强基固本的基础工程[N]. 人民日报，2014-02-26(001).

美美与共的审美情怀等，不仅成为滋养一代代中国人精神世界的源头活水，而且因为它积淀和承载着中华民族千百年来最深沉、最博大、最悠久的民族精神，故成为我们民族特有的精神基因，是我们不同于世界上其他民族的精神标识和文化识别码。为此，习近平总书记明确提出了“我们要坚守中华文化立场、传承中华文化基因，展现中华审美风范”①的要求。

特别值得一提的是，习近平总书记认为，这些构成中华民族根与魂的优秀传统文化正日益彰显出其全球性的现代价值：“中华文化既是历史的、也是当代的，既是民族的、也是世界的。”②“让中华文明同各国人民创造的多彩文明一道，为人类提供正确精神指引。”③比如，就人与自然关系而论，中华传统文化推崇的天人合一之道以及顺天、慎取、节用等民族精神，为克服西方文化长期以来存在的自然与人类二元对立提供了可贵的中国立场。又比如，就我与他人关系而论，中华传统文化推崇的人我合一之道以及孝亲、贵和、崇义等民族精神，为克服西方文化中因为视他者为异己而导致的利己主义现代性危机提供了解决问题的中国路径。还比如，就人与自身关系而论，中华传统文化推崇的欲理合一之道以及知耻、克己、尚俭等民族精神，为克服西方文化中的消费主义、享乐主义提供了中国主张。

我们有理由相信，中华优秀传统文化不仅可以为我们在全球化时代彰显国家的软实力提供深厚的理论基础，更可充满自信地走出国门，为全球问题的切实解决提供来自中国的启示。

3. 推动中华优秀传统文化的创造性转化和创新性发展

既然中华优秀传统文化是中华民族的根和魂，那么如何才能使其在实现中华民族伟大复兴的当下，充分展示其磅礴的影响力？这就需要我们以马克思主义的立场和方法为指引，积极推动其创造性转化和创新性发展。就如习近平总书记说的那样：“要坚持古为今用、以古鉴今，坚持有鉴别的对待、有扬弃的继承，而不能搞厚古薄今、以古非今，努力实现传统文化的创造性转化、创新性发展，使之与现实文化相融相通，共同服务以文化人的时代任务。”④

首先，要推动中华优秀传统文化创造性转化和创新性发展，我们就要系统地发掘、考辨和梳理已有的传统文化资源。

---

① 习近平. 在文艺工作座谈会上的讲话[N]. 人民日报，2015-10-15(002).

② 习近平. 在中国文联十大、中国作协九大开幕式上的讲话[N]. 人民日报，2016-11-30(002).

③ 习近平. 在哲学社会科学工作座谈会上的讲话[N]. 人民日报，2016-05-17(002).

④ 习近平. 在纪念孔子诞辰 2565 周年国际学术研讨会暨国际儒学联合会第五届会员大会开幕会上的讲话[N]. 人民日报，2014-09-24(002).

习近平总书记在党的十九大报告中指出："文化是一个国家、一个民族的灵魂。文化兴国运兴，文化强民族强。"①在文化建设中，传统文化具有源头性和基础性的地位，对其进行系统的发掘、考辨和梳理无疑是我们推动优秀传统文化创造性转化和创新性发展的认知前提。离开了这一前提，我们的工作就会成为没有根基的空中楼阁。中华传统文化不仅内容博大精深，而且其表现形式也多姿多彩。这其中有观念形态的学术思想、伦理观念、人文精神，又有体现这一思想观念的典章、器物、地方戏曲、民间习俗、名胜古迹等。我们要以客观、科学、礼敬的态度认真对待这些中华民族在几千年历史长河中创造和延续下来的文化遗产。以习近平总书记的话说就是"要系统梳理传统文化资源，让收藏在禁宫里的文物、陈列在广阔大地上的遗产、书写在古籍里的文字都活起来"②。只有做好这项基础性的工作，我们才可能把这其中优秀的东西提炼和展示出来，并使其成为我们在世界性的多元文化激荡中保持定力和底气的不竭源泉。

其次，要推动中华优秀传统文化创造性转化和创新性发展，我们也要以当今中国特色社会主义现代化建设的伟大实践为标准，做好对传统文化"取其精华、去其糟粕"的萃取工作。

习近平总书记在论及这一问题时曾这样指出："传统文化在其形成和发展过程中，不可避免会受到当时人们的认识水平、时代条件、社会制度的局限性的制约和影响，因而也不可避免会存在陈旧过时或已成为糟粕性的东西。这就要求人们在学习、研究、应用传统文化时坚持古为今用、推陈出新，结合新的实践和时代要求进行正确取舍，而不能一股脑儿都拿到今天来照套照用。"③中国共产党人不是复古主义者，我们清醒地意识到要以社会实践为标准对传统文化进行辩证的取舍，通过批判性的继承和萃取，从而使其升华为有利于解决现实问题的新文化，有利于助推社会发展的新文化，有利于培育时代精神和提升文明素养的新文化。这其中尤其要对那些经过实践充分检验，得到了广大人民群众高度认可的传统文化传播形式，如《百家讲坛》《中国诗词大会》《国家宝藏》《经典咏流传》等给予充分的认可、积极的推广和形式更加多样的深度发掘。在这方面以习近平总书记为杰出代表的中国共产党人，立足当今中国和世界现代化进程的实践，从古代的天人合一理念中发展出两山理论，从儒家的天下观及其大同理念中开

① 习近平.决胜全面建成小康社会夺取新时代中国特色社会主义伟大胜利[M].北京：人民出版社，2017:40-41.

② 习近平.在中共中央政治局第十二次集体学习时强调建设社会主义文化强国着力提高国家文化软实力[N].人民日报，2014-01-01(001).

③ 习近平.在纪念孔子诞辰2565周年国际学术研讨会暨国际儒学联合会第五届会员大会开幕会上的讲话[N].人民日报，2014-09-24(002).

掘出了命运共同体的构想，从古代的丝绸之路中创新出一带一路战略布局等，堪称对传统文化进行创造性转化和创新性发展的新时代典范。

再次，为了更好地推动中华优秀传统文化创造性转化和创新性发展，我们还要在与外来文化交流与互鉴中不断提升中华文化的全球影响力。

习近平在接受金砖国家媒体联合采访时说："中国人自古就主张和而不同。我们希望，国与国之间、不同文明之间能够平等交流、相互借鉴、共同进步，各国人民都能够共享世界经济科技发展的成果，各国人民的意愿都能够得到尊重，各国能够齐心协力推动建设持久和平、共同繁荣的和谐世界。"①事实上，中国传统文化在自己的发展历程中，从不抱残守缺、夜郎自大，而总是能以非凡的包容和会通精神通过与外来文化的交流与互鉴从而丰富和完善自己。因此，我们必须旗帜鲜明地反对盲目排外，以复兴传统文化之名贬抑外来优秀文化的错误倾向。只有这样，我们才能切实传承好民族的文化基因，从而推动中华优秀传统文化以日新日成、继往开来的姿态走向世界。

4. 结语

"一个国家、一个民族的强盛，总是以文化兴盛为支撑的，中华民族伟大复兴需要以中华文化发展繁荣为条件。"②中华民族的伟大复兴需要民族文化的复兴作为序曲。我们有理由期待，在这个百年未遇之风云激荡的历史征程中，中华优秀传统文化作为中华民族的根和魂，在为中华儿女固根铸魂，提供精神滋养的过程中，其自身也将在创造性转化和创新性发展中完成凤凰涅槃式的新生。

而且，我们坚信这一经过创造性转化和创新性发展的中华优秀传统文化，正如它曾经对世界文化与文明发展作出过巨大贡献那样，在21世纪全球化的进程中必将以诸如中国理念、中国智慧、中国方案、中国道路等全方位的方式，继续推进全人类可持续的发展与进步。

[作者简介] 官依群，浙江大学马克思主义学院2020级在读硕士研究生。邮编：浙江 杭州 310058

① 习近平. 接受金砖国家媒体联合采访[N]. 人民日报，2013-03-20(001).

② 习近平. 在山东考察时强调认真贯彻党的十八届三中全会精神汇聚起全面深化改革的强大正能量[N]. 人民日报，2013-11-29(001).

“敬畏”与“洒落”的圆融之境
——论王阳明对中国传统休闲审美哲学的独特贡献①

邱　涵

陈寅恪先生曾言:“中国自秦以后,迄于今日,其思想之演变历程,至繁至久。要之,只为一大事因缘,即新儒学之产生及其传衍而已。”②宋明理学作为新儒学是先秦原始儒学历千载而演进的新发展形态,它以先秦儒家伦理哲学为主干,融摄了道家和佛家的理论与方法智慧,综合重建了儒家宇宙本体论和心性修养论,这其中尤以明代王阳明创立的心学对后学的影响最为深刻。事实上,它也深刻地影响了中国传统的休闲审美哲学和人生境界理论。

一、宋明理学在“敬畏”与“洒落”之间的分野

先秦儒家自孔子起普遍崇尚“曾点之乐”③,宋明理学继承了这一传统。理学家们曾反复让自己的弟子体会其“乐在何处”以及如何进入这种“乐”的境界。当然,宋明理学代表人物对此的功夫和方式有所不同,甚至迥然相反,由此形成了宋明理学两种代表性人生风范:一种是如周敦颐的无欲故静、陈白沙的自然之乐、程颢的放开心胸,被视为追求“洒落”的境界;另一种是程伊川和朱熹式的庄整齐肃,被看作属于“敬畏”的境界。前者重本体自由呈现,后者重功夫规范落实。事实上,在儒家的休闲审美哲学中,生命的自由体验与生存的合理规范始终成为其内在的张力。孔子的“从心所欲不逾矩”④已蕴含着这种张力,到宋明时期则形成了“敬畏”与“洒落”两种并存乃至对立的休闲审美境界观。王阳明的心学以一体两面的本体功夫论精致地解决了“敬畏”与“洒落”的矛盾或内在张力,体现了独特的休闲审美智慧和“无往而不自得”的人生境界。

---

① 基金项目:2020年度国家社科基金重大项目“宋明理学与中国美学话语体系建构研究”,项目批准号:20&ZD048.

② 陈寅恪.陈寅恪集·金明馆丛稿二编[M].北京:生活·读书·新知三联书店,2001:282.

③ 《论语·先进》记载,孔子让弟子们各言其志,曾点对曰:“莫(暮)春者,春服既成,冠者五六人,童子六七人,浴乎沂,风乎舞雩,咏而归。”夫子喟然叹曰:“吾与点也!”

④ 朱熹.论语集注[M].北京:商务印书馆,2018:91.

休闲与审美在本质上相通。自在、自由、自得是其共通的特征。[①] 而生命体验的自由感，更是其关键所在。在儒家休闲审美哲学视阈中，这种生命体验呈现为“从心所欲不逾矩”的境界。这里涉及自由作为生命体验的两个向度，即“从心所欲”和“不逾矩”。以阳明心学的术语，可以说前者是“洒落”，后者是“敬畏”；按现代哲学的话语，可以说前者是“合目的”的自由，后者是“合规律”的自由。总体而言，相对于道家，传统儒家更注重自由的规范，即生活的“从心所欲”必须建立在恰如其分“不逾矩”的道德基础上，不然就可能人欲横流，偏离天理。然而，传统儒家也认为，“不逾矩”毕竟只是一种功夫，不是最终目的，最终目的是进入天人合一，也即与万物浑然一体的境界。对于这一境界，王阳明这句话说得最明白：“洒落为吾心之体，敬畏为洒落之功。”[②]在王阳明以前，儒家的休闲审美哲学往往或者强调“敬畏”的约束与规范，或者追求“洒落”的自在与自然，两者之间似乎总是存在着不可圆融的矛盾张力。至阳明心学创立，方以其一体两面本体功夫论，深刻而辩证地解决了两者的矛盾张力。这可被视为对中国传统休闲审美哲学的独特贡献。

二、王阳明在“敬畏”与“洒落”张力间的心路历程

1. “敬畏”的循而终越

王阳明家学深厚，他 11 岁时就能作诗。与传统儒学弟子一样，王阳明“搜取诸经子史读之，多至夜分”[③]，期间虽年少桀骜而短暂沉溺于任侠、骑射之习，但在父母的训诫与立志成圣的目标指引下，转为遵照朱熹的格物之说，专心修习理学的穷理与敬畏的功夫。

朱熹所提倡的“敬畏”是集中精神克制多余欲望的警觉和自律，是一种不需要对象存在的独立的主体道德功夫。朱熹曾言：“秦汉以来，诸儒皆不识敬字，只有程子方说得亲切。”[④]的确，是宋代理学家程颐首创了“主敬”之功夫学说。程颐通过对先秦儒家经典系统性的注释和阐述，将“敬”阐释为不指向任何对象也因而不受外在对象制约的修养活动，敬是内心的一种严肃、笃恭的态度，即便在不接触外物的情况下主体依旧可以能动地适用而辅以之修身，“居敬则心中无物”[⑤]。程颐的“主敬”说，一方面克服了纷扰烦思，另一方面因不否定对象、不逃

① 潘立勇. 审美与休闲——自在生命的自由体验[J]. 浙江大学学报(人文社会科学版)，2005(6).

② 王守仁. 王阳明全集：第 5 卷[M]. 上海：上海古籍出版社，2011：211.

③ 王守仁. 王阳明全集：第 33 卷[M]. 上海：上海古籍出版社，2011：1348.

④ 朱熹. 朱子语类：第 12 卷[M]. 清同治壬申年元书院刊本.

⑤ 程颐. 二程集：第 18 卷[M]. 北京：中华书局，1981.

避外物而促发了道德实践活动，即通过“敬”来体认天理，通过“穷理”来恢复至善之性，要言之，“涵养须用敬，进学则在致知”[①]，进而达到“己与理一”的天人合一的境界。朱熹在吸取程颐思想的基础上以“畏”释“敬”，阐发“然敬有甚物，只如畏字相似，不是块然兀坐，耳无闻目无见，全不省事之谓，只收敛身心，整齐纯一，不恁地放纵，便是敬”[②]，进一步赋予“敬”以自律收敛的内涵。程朱理学论“敬”，是先秦儒家在“天命靡常”（《诗经·大雅·文王》）、“惟德是辅”（《尚书·蔡仲之命》）观念下的政治伦理与德性伦理的实践结晶，它强调日常践行庄正齐肃的“主敬”修养功夫，由此自律地形成“戒慎敬畏”的人生风范。

这一修养功夫对休闲学的意蕴在于规定了其实践理性的基本立场。中国古汉语中“闲”写作“閑”，具有“栏”的意味，通常引申用作范围，多指道德法度，如《论语·子张》称：“大德不逾闲”；其次有限制、约束之意，指适度的防范，《易·家人》“闲有家”即此之谓也。“闲”亦通“娴”，具有娴静、纯洁与安雅的意思，尤指一种内在的德性。“休闲”二字的词意组合，表明其含有特定的文化内涵，它不同于一般的“闲暇”“空闲”“消闲”，而是“从心所欲不逾矩”的自由自在与超越自得。“敬畏”这个概念，正是在这个涵义上被引入休闲哲学，它着重体现为进入休闲境界所需要的人生态度和修为功夫。“敬畏”的内涵在于生命层面上通过内在的把持而达到理性的自觉，不但于心性上遵从自己内心给自己制定的法则（即“己与理一”），更在于功夫上“彻上彻下”打破外在条件的桎梏，达到和融的理想休闲状态，将其引申到人生美学则体现为道德自律对审美自由的内在规定。

然而，过度的“敬畏”，有可能使心灵不能摆脱束缚感而以自由活泼的心境发挥主体的潜能。[③] 作为一种道德存在，人类需要不断追求理性本质，而单方面强调“敬畏”的道德合理性而贬低感性欲望，崇拜思想而抑制身体，久之则可能导致身心的二元对立，即人心与道心的分裂，天理与人欲的紧张。

从理学体系本身来看，朱熹在究明理法的穷理（即知的工夫），与修养心性的存养（即行的工夫）之间的关系上主张“知先行后”，具有知行分离的倾向。这与他一方面以理气、理心为一体，另一方面又强调理先气后、理先心后，无疑出于同一立场。实际上，分离是知的要求，即以知的工夫为主，知行未能内在合一、一元同步，进而各有偏重，乃至具有对立的倾向，因而难免显出被后人指责的如下弊端：哲学思想体系复杂而格物功夫支离烦琐，过度地规矩于“敬畏”，未能建立起一个较为完善的认识论体系，难以使求学之人从外物之理中获得指导自己生活

① 程颐.二程集：第18卷[M].北京：中华书局，1981.

② 朱熹.朱子语类：第12卷[M].清同治壬申年元书院刊本.

③ 陈来.有无之境——王阳明哲学的精神[M].北京：生活·读书·新知三联书店，2009：276.

实践的原则。[①] 事实上，正是这一弊端导致青年王阳明从尊朱始，以别朱终，经由“格竹”之验失败，始悟朱子格物之学之误，就此与其分道扬镳，另辟心学之路。其弟子曾这样记载过王阳明的这一心路历程：“五年壬子，先生二十一岁，在越。……是年为宋儒格物之学。先生始侍龙山公于京师，遍求考亭遗书读之，一日思先儒谓众物必有表里精粗，一草一木，皆涵至理。官署中多竹，即取竹格之，深思其理不得，遂遇疾；先生自委圣贤有分，乃随世就辞章之学。”[②]

王阳明怀着敬畏之心遵循朱子理学去格竹之理而终究导致失败。此时的他虽尚未直接明析“物理吾心终若判而为二”[③]的理学“敬畏”之弊，但格竹失败的王阳明在困惑与怀疑中再次转而倾向“遍求百家”“出入佛老”，无论在求学路径还是人生风范上，都呈现出对朱子的敬畏范式始循终越。如果在功夫论上，阳明对朱熹的始循终越是缘于对其析理心为二路子的不满，那么在本体功夫论上，阳明对“敬畏”的超越是缘于其对“乐为心之本体……悦则本体渐复矣”的体认[④]。他甚至强调“常快活便是功夫”[⑤]，“圣人之学，不是这等捆缚苦楚的”[⑥]。尽管此时的王阳明尚未形成清晰的批判程朱理学的自觉意识，但其活泼充溢的生命情怀和直觉照鉴的体认方式，必然不再满足程朱“敬畏”说的单向规范。

2. “洒落”的超而返本

与强调通过敬畏的功夫追求天地万物的绝对准则，敬重而严谨地践行“功夫熟后，自然和乐”的朱子理学[⑦]不同，同时期的道家与佛家则呈现出通过个体自性的内在觉悟和自在挥洒来直接体悟本体的趋向，其内涵的遁世主义和自然主义对部分失意儒者产生了别具一格的影响。

就“洒落”的内涵和境界而言，尽管庄子所崇尚的“逍遥游”已是“洒落”之境，但“洒落”的美学内涵更为集中地体现在魏晋南北朝时期士人普遍追求的风物和人物的无拘束状态。在那个时代，有关“洒落”的推崇性描述俯拾即是，如“人物繁富，山川洒落”（马咸《遂宁好》）、“庭树槭以洒落兮”（潘岳《秋兴赋》）、“飘扬洒落”（卫夫人《笔阵图》）、“陵令无人事，毫墨时洒落”（鲍照《蜀四贤咏》）、“子显风神洒落”（李延寿《南史・萧子显传》）等。这个时代曾被宗白华先生称之为“极自由、极解放，最富于智慧、最浓于激情的一个时代”，“魏晋人生活上人格上的自然

---

① 薛富兴. 阳明格竹：中国古代认识论史上的一桩公案[J]. 社会科学，2015(2).

② 王守仁. 王阳明全集：第 33 卷[M]. 上海：上海古籍出版社，2011：1348.

③ 王守仁. 王阳明全集：第 33 卷[M]. 上海：上海古籍出版社，2011：1350.

④ 王守仁. 王阳明全集：第 5 卷[M]. 上海：上海古籍出版社，2011：216.

⑤ 王守仁. 王阳明全集：第 3 卷[M]. 上海：上海古籍出版社，2011：107.

⑥ 王守仁. 王阳明全集：第 3 卷[M]. 上海：上海古籍出版社，2011：118.

⑦ 陈来. 有无之境——王阳明哲学的精神[M]. 北京：生活・读书・新知三联书店，2009：9.

主义和个性主义，解脱了汉代儒教统治下的礼法束缚”，其最突出的特征是“精神上的大解放、人格上的大自由”。[①] 宋代理学作为经由魏晋玄道勃兴、唐代三教合流后对儒家道统的重新确立形态，尽管在社会伦理和人生修为功夫方面大体是以程朱的居敬路子和敬畏规范为主，但在内在的人格境界追求上，却普遍地向往“洒落”。宋儒喜欢用“气象”“胸次”“胸襟”等词形容人格，其理想境界则大体是“洒落”，表示洒脱飘逸、无所拘谨的雅致不俗，如言陶公“胸次洒落”（陈模《怀古录》卷上）、春陵周茂叔“胸中洒落”（黄庭坚《濂溪诗序》），形容贤者高士“洒落自胸次”（刘过《寄竹隐先生孙应时》）、“洒落真意趣”（方回《次韵王起宗勉为高子明绘松岩图》）、“洒落胸襟不受尘”（张道洽《梅花七律其三》）等。

王阳明就其先天自性，更契合“洒落”的风范。钱穆先生曾对阳明的早年生活作过一番激情洋溢的写照：“阳明是一个有多方面趣味的人，在他的内心，充满着一种不可言喻的热烈的追求，一毫不放松地往前赶着。他像有一种不可抑遏的自我扩展的理想憧憬。他的内心深处，隐隐地驱策他奋发努力。他似乎是精力过剩，而一时没有找到发泄的出路。他一方极执着，一方又极跳动，遂以形成他早年的生活。”[②]

从相关文献记载来看，王阳明的确是一位兴趣爱好广泛的人。他的生命中似乎有一种不可遏止的翻滚力量，鼓舞他执着地追求性情所至的每一件事。在格竹失败后，他感到成为圣贤须有某种特殊天分，不是己辈能及，于是他便转换兴趣，先去研究词章文学。然而，王阳明的生命旨趣，到底不在词章文学，终究不能以舞文弄墨为满足。他认识到“辞章艺能不足以通至道”[③]，于是，他生性磅礴的兴趣又发生了转向。同时，疾贤妒能的社会时弊，也使阳明的满腔抱负、无尽才华得不到施展。由此，他又产生了出世求仙、悟心求禅的念头。[④]

在明代崇道尚佛的思想氛围影响下，自小体弱“常经月卧病不出”[⑤]的王阳明将求“道”探“佛”视为一种休闲养性活动，如九华山访道、筑室阳明洞修炼养生术等即是明证。事实上，格竹求圣失败后他甚至曾有过出世的想法，只是心中对亲人的思念使他踌躇不忍，最终孝道伦常和社会责任感使其放弃了这一念头，终而“复思用世”[⑥]，顿悟道：“此念生于孩提。此念可去，是断灭种性矣。”[⑦]由此，王

---

① 宗白华. 天光云影[M]. 北京：北京大学出版社，2005：49-51.
② 钱穆. 王守仁[M]. 台北：台湾商务印书馆，1984：36.
③ 王守仁. 王阳明全集：第 33 卷[M]. 上海：上海古籍出版社，2011：1349.
④ 潘立勇. 一体万化——阳明心学的美学智慧[M]. 北京：北京大学出版社，2010：69.
⑤ 王守仁. 王阳明全集：第 21 卷[M]. 上海：上海古籍出版社，2011：887.
⑥ 王守仁. 王阳明全集：第 33 卷[M]. 上海：上海古籍出版社，2011：1351.
⑦ 王守仁. 王阳明全集：第 33 卷[M]. 上海：上海古籍出版社，2011：1351.

阳明悟出了佛道两家过度“洒落”的一大弊病在于其“断灭种性”，即抛弃家庭和社会的道德责任。为此，他领悟到人的孝心是上天赋予人的天性。人一旦断绝孝心，就几乎等于断绝了最本真的人性。仙禅所提倡与追求的境界实际上缺乏人性的根基，不仅难以帮助人达到所谓的圣人境界，而且对社会有诸多害处。王阳明后来曾这样反省道：“世之高亢通脱之士，捐富贵，轻利害，弃爵禄，决然长往而不顾者，亦皆有之。彼其或从好于外道诡异之说，投情于诗酒山水技艺之乐，又或奋发于意气，感激于愤悱，牵溺于嗜好，有待于物以相胜，是以去彼取此而后能。及其所之既倦，意衡心郁，情随事移，则忧愁悲苦随之而作。果能捐富贵，轻利害，弃爵禄，快然终身，无入而不自得已乎？”①

在现代学者看来，“过度的洒落，是对道德规范性的瓦解，是淡化社会的责任感”②。也就是说，看似洒脱地“投情于诗酒山水技艺之乐”或“牵溺于嗜好”，只是“有待于物以相胜”的自我麻痹，通过舍弃外物来换取短暂的内心平静；单向而过度的“洒落”并不能使本心宁静自在，一旦“情随事迁”，则可能走向其初衷的反面，“忧愁悲苦随之而作”。可见，这并非生命存在真正的“洒落”。王阳明意识到了这一点，因此，他在一度单向地“洒落”后最终返归心之本然，开始追求“敬畏”与“洒落”的统一。

3. “三变”的悟道成熟

黄宗羲将王阳明人生历程和哲学思想的形成与发展变化概述为前、后“三变”：“先生之学，始泛滥于词章，继而遍读考亭之书，循序格物，顾物理吾心，终判为二，无所得入，于是出入于佛、老者久之。及至居夷处困，动心忍性，因念圣人处此，更有何道？忽悟格物致知之旨，圣人之道，吾性自足，不假外求。其学凡三变而始得其门。自此以后，尽去枝叶，一意本原，以默坐澄心为学的……江右以后，专提致良知三字，默不假坐，心不待澄，不习不滤，出之自有天则……居越以后，所操益熟，所得益化，时时知是知非，时时无是无非，开口即得本心，更无假借凑泊，如赤日当空而万象毕照。是学成之后又有此三变也。”③

王学的“前三变”和“后三变”不同，相比于同质性理论逐步深化的“后三变”，而以“龙场悟道”为分水岭的“前三变”（又称“学之三变”）是异质性的转变：由辞章转向朱学为一变，由朱学而出入佛老为二变，由佛老转向圣人之学为三变。这正是由修行“敬畏”“洒落”的二分到统一的转化。王阳明的休闲审美哲学正是在“前三变”的过程中逐渐成熟的。王阳明早期的哲学探索和思想变迁与他独特的

① 王守仁. 王阳明全集：第5卷[M]. 上海：上海古籍出版社，2011：2101.

② 陈来. 有无之境——王阳明哲学的精神[M]. 北京：生活·读书·新知三联书店，2009：276.

③ 黄宗羲. 明儒学案：第10卷[M]. 杭州：浙江古籍出版社，2005：200.

生活经历和屡遭挫折息息相关。王阳明于明武宗正德元年(1506 年)因反对宦官刘瑾,被廷杖四十,谪贬至贵州龙场当驿丞,在赴谪途中历经苦难。据《王阳明年谱》记载:"(明正德)三年戊辰,先生三十七岁,在贵阳。春,至龙场。先生始悟格物致知。龙场在贵州西北万山丛棘中,蛇虺魍魉,蛊毒瘴疠,与居夷人鴃舌难语,可通语者,皆中土亡命。"[①]

关于龙场悟道,学界一直存在以见之于黄绾[②]、钱德洪[③]之记录的顿悟说,和徐爱[④]、王龙溪[⑤]之论述的渐悟说。前者更具有神秘性,而后者更为强调从渐悟到顿悟的过程,更加逻辑性。[⑥] 我们还是看王阳明自己的总结:"守仁早岁业举,溺志词章之习,既乃稍知从事正学,而苦于众说之纷绕疲苶,茫无可入,因求诸老、释,欣然有会于心,以为圣人之学在此矣。然于孔子之教,间相出入,而措之日用,往往缺漏无归;依违往返,且信且疑。其后谪官龙场,居夷处困,动心忍性之余,恍若有悟,体验探求,再更寒暑,证诸五经、四子,沛然若决江河而放诸海也。然后叹圣人之道坦如大路。"[⑦]

王阳明的生死历练促成了他的为学宗旨的确立,于龙场悟出"心即理也"、"万事万物之理不外于吾心""圣人之道,吾性自足,向之求理于事物者误也"[⑧]。这是阳明心学成熟的标志。与此密不可分的是,王阳明的休闲审美哲学也在此时达到前所未有的高度。

在王阳明看来,"圣人之道,吾性自足",这就意味着成圣之道无需外求,只是需要通过"洒落"和"敬畏"的工夫将本体的心性显露出来。王阳明自此以"敬畏"与"洒落"合一为中介点,将出世和入世的两端打通为一体。这方面在其诗作上体现得尤为明显。比如,在龙场悟道之前他的诗作或抒发怀才不遇感慨年华流逝,或意气轩昂爽朗豪迈,或求仙问佛低沉避世,往往情绪落差跌宕时有霄壤之别,而稍显乖张支离。在龙场悟道之后则表现为:一是心态的从容与心境的平和使其写出了较之前期更为空灵悠闲的作品;二是良知超然物外的情怀形成了其诗歌创作的幽默戏谑风格;三是对心灵的重视使其山水咏物诗具有了突出的主

① 王守仁. 王阳明全集:第 33 卷[M]. 上海:上海古籍出版社,2011:1354.

② 王守仁. 王阳明全集:第 38 卷[M]. 上海:上海古籍出版社,2011:1557.

③ 王守仁. 王阳明全集:第 37 卷[M]. 上海:上海古籍出版社,2011:1500.

④ 徐爱言:"不知先生居夷三载,处困养静,精一之功固已超入圣域,粹然大中至正之归矣。"参见《传习录》上,王阳明全集:第 1 卷[M]. 上海:上海古籍出版社,2011:1.

⑤ 王畿言:"及居夷三载,动忍增益,始超然有悟于良知之旨,无内外,无精粗,一体浑然,是即所谓未发之中也。"见王畿集[M]. 吴震,编校. 香港:凤凰出版社,2007:340.

⑥ 陈来. 有无之境——王阳明哲学的精神[M]. 北京:人民出版社,1991:412-413.

⑦ 王守仁. 王阳明全集:第 3 卷[M]. 上海:上海古籍出版社,2011:144.

⑧ 王守仁. 王阳明全集:第 33 卷[M]. 上海:上海古籍出版社,2011:1351.

观色彩；四是其圣贤人格与高尚境界使其抒情诗具有了爽朗的格调与豪迈的气势。[①] 由此不难看出，王阳明于悟道后在整体上充盈自由与愉悦的“曾点之乐”的休闲审美境界。

王阳明在悟道后所作的《君子亭记》，通过赞美环亭以植的竹子来抒发君子之道。在他看来，虚而有节的竹子亦可以用来比拟“敬畏”与“洒落”合一的辩证关系：竹子“中虚而静”的“洒落”利于容纳新鲜事物和自身的自由生长，同时其“外节而直”，坚硬的外壳知道生长的边界在哪里，又是“敬畏”之道的践行，分寸知止而“出入无所不宜”“遇屯而不慑，处困而能亨”[②]，由此“洒落”与“敬畏”的辩证统一即成为“从心所欲不逾矩”的人生之境。这是儒道兼综、孔庄并重的人生之境，是世人向往的洒落悠然又敬畏知止的自得境界。在王阳明的心学视阈里，“洒落”与“敬畏”并不截然割裂或者互相否定排斥，而是辩证的一体两面，二者相辅相成，有内在统一性，是谓“洒落为吾心之体，敬畏为洒落之功”[③]。“洒落”在一定程度上代表了休闲审美的自由与愉悦，而“敬畏”在一定程度上代表了休闲审美的道德要求和准则，“洒落”与“敬畏”的统一使主体兼具道德理性与情感自由，由此达到“敬畏”与“洒落”合一的休闲审美境界。

三、阳明心学对“敬畏”与“洒落”圆融之境的构建

“敬畏”与“洒落”两分困境的产生有其必然性，因为它在人的本质追求中似乎是一个难以避免的两难境遇。这也就是说，人一方面是个体的存在物，“洒落”是其天性的自然流露；另一方面个体的人又有其社会性的本质存在，“敬畏”自我个体之外的诸多他者及其必然产生的道德规范又是充分必要的。事实上，这一“敬畏”与“洒落”两分困境恰恰决定了休闲哲学在这一问题上的一体两面。我们在西方语源学的考证中，便可以看到相似的隐喻：美国学者葛拉齐亚考证英语中的休闲“leisure”来自古法语“leisir”，其源自词意为“许可、被允许”的拉丁语“licere”。可见，在西方哲人看来休闲自始就内蕴有许可、守法和美德方面的含义。但同时，其相同词根“lic-”的同源词“license”却又在“许可”的含义外另有一层“放肆、(滥用)自由”的内涵。[④] 这似乎也是在暗示休闲需要同时把握社会性的许可(“敬畏”)与个人自由的张扬(“洒落”)。

值得特别指出的是，在“洒落”与“敬畏”二者的辩证关系上，王阳明并不认为

① 左东岭.龙场悟道与王阳明诗歌体貌的转变[J].文学评论，2013(2).

② 王守仁.王阳明全集：第23卷[M].上海：上海古籍出版社，2011：982.

③ 王守仁.王阳明全集：第5卷[M].上海：上海古籍出版社，2011：212.

④ Sebastian de Grazia. Of Time, Work and Leisure[M]. New York: Twentieth Century Fund, 1962: 405.

“洒落”会被“敬畏”所消解。王阳明在知天命之年对其曾做过这样的解答:“夫君子之所谓敬畏者,非有所恐惧忧患之谓也,乃戒慎不睹恐惧不闻之谓耳。”①可见,在王阳明看来“敬畏”不应是惶恐谨慎的必恭敬止,或过分多虑地束缚主体自由进而影响“洒落”的切实体验。为此,他曾对“敬”作了进一步的学理深化,他汲取佛家之“净”与道家之“静”,使“敬畏”实现了外在规范与内在心性的统一、社会化道德和人格化主体的融通,调和了这个中国传统哲学与伦理学的核心范畴的紧张性。于是,道德规则不是僵硬的框架,而是恰如其分的尺度:“无善无恶是心之体,有善有恶是意之动,知善知恶是良知,为善去恶是格物。”②这即是说,当一个人既已明晰和分辨出善恶是非,就应该在事上磨练,格物致知,为善去恶,让心从偏颇失控的不正常的状态,回归到不偏不倚的敬畏之境。换言之,如果说“洒落”是休闲审美的自由,那么“敬畏”是对达到自由的规律的把握。“敬畏”的目的是为了达到“洒落”,所以作为进入休闲的一种功夫,对个体来说,“破心中贼”③,即破除心中的贪念、邪恶、嫉妒,摆脱声色利货的占有欲和以自我为中心的意识,时时放下,时时自得。这即是主体思想行为和天理良知的统一。此时自然心安而坦荡,由此践行真正的“洒落”,使良知变得饱满圆融、至善至诚。显然,这既是个人修行“敬畏”的更高层次的需求,又是休闲审美的内在要义。

王阳明心学主张的“以敬畏求洒落”是以“礼”达“乐”、以“敬”求“自然”的休闲审美境界的修炼过程。“我们可能无法绝对地左右物质世界,但我们可以通对心灵的自由调节获得自由的心灵空间,进入理想的人生境界。”④因此,在圆成生命境界方面,即使困境也无法阻止主体休闲自在的精神体验与生活理想境界的实现。对于这一点,王阳明的人生境遇即是最好的诠释。他为国为民,投荒万里,缴寇平藩,却换来小人嫉恨馋妒,削罚并加,罪谪龙场,命运偃蹇困顿,仆人随从皆苦闷病倒,而他则于困境之中洒落自得。尤其是当家仆随从皆因不适应贵州的恶劣环境而病倒,王阳明却能舒朗率性处之,不仅写作、旅游等平日热爱的休闲审美活动一个不少,而且坦然地亲自析薪取水,作廉为饲照顾服侍起生病的仆人,还用诙谐的方式教导仆人唱诗吟诗来用愉悦休闲的心境驱散抑郁,“处之旬月,安而乐之,求其所谓甚陋者而莫得”⑤。此外,王阳明还通过歌唱和手语的方式与语言不通的夷族交友,乃至“亦忘予之夷居也”⑥。在这种境界下,主体与

① 王守仁.王阳明全集:第5卷[M].上海:上海古籍出版社,2011:211.
② 王守仁.王阳明全集:第3卷[M].上海:上海古籍出版社,2011:133.
③ 王守仁.王阳明全集:第4卷[M].上海:上海古籍出版社,2011:188.
④ 潘立勇.审美与休闲——自在生命的自由体验[J].浙江大学学报(人文社科版),2005(6).
⑤ 钱穆.阳明学述要[M].北京:九州出版社,2010:44.
⑥ 王守仁.王阳明全集:第23卷[M].上海:上海古籍出版社,2011:981.

当下的行为、环境融为一体，呈现出一种自然和乐的状态。这种对生命的解放并不是无视和虚化现实中的忧与苦，而是一种借助平衡心境、通过向内求而得的功夫从而实现对人生困境的自由超越，因而越是苦难却越能坚定地拥抱生活、真实地面向自我生命，与外物同化，与事理同一，以达到天人合一的自由体验。这堪称传统儒学独特休闲智慧的经典展示。

尤其值得一提的是，在王阳明龙场悟道得出“圣人之道”是吾性之本性所完全具备的结论中，其所言的“吾性”之“性”，亦可以作“本心”来解。尽管当时王阳明还未将“性”或“本心”称为“良知”，但实际上它即是阳明心学后来提出的“良知”。在王阳明看来，对于本心上根者，本体便是工夫，只需“洒落”进入本然之心便可进入本真的状态，是为顿悟之学；对于中根以下者，须用为善去恶工夫，以渐复其本体，通过“格物”从中介入，是为渐悟之学。王阳明由此以其本体与功夫合一的理论智慧很好地解决了先秦以来儒家休闲审美哲学中“从心所欲”与“不逾矩”这一二元对立的问题，最终建立“敬畏”与“洒落”统一的圆融的辩证休闲审美哲学观。

王阳明以自在圆融的心态，不再将休闲审美局限于富裕的物质生活或是隐逸的山水自然，而是“洒落为吾心之体，敬畏为洒落之功”①，“动容周旋而中礼，从心所欲而不逾”②，以呈现心之本体的方式消解了主体对外物的依赖，即超然之乐。不难看出，他基于“敬畏”与“洒落”之统一的休闲审美思想确实比朱熹更精致辩证，也更易被后世学者所接受。王阳明在“敬畏”与“洒落”的处理上，既具有道德主体的理性意志，同时也具有其情感、意志的能动维系，是认知、情感、意志的圆融与合一。这样的圆融与合一既不会使道德主体被外在规则所奴役，也不会因过度的自由沦为意志主义的任性从而丧失其本质。“阳明一人，直续孔颜心脉。”③在休闲审美哲学的功夫与本体维度上，阳明心学内蕴的“敬畏”与“洒落”的辩证统一同样诠释了自孔子以来儒学“从心所欲而不逾矩”的人生境界追求。

可以说，阳明心学会通儒道释三家，在休闲审美道德价值上归本儒学立场，在休闲审美旨趣上深契佛道理想人格，融合成了中国古代休闲审美思想史上的“独一个”。事实上，“敬畏”只揭示了阳明休闲审美哲学修为功夫的一面，他的修为功夫还有“乐”的功夫，即“洒落”“常快活”④的化育功夫等。王阳明通过“敬畏”与“洒落”的辩证统一不但深化了阳明心学的知识体系与实践工夫，而且复建

---

①② 王守仁. 王阳明全集：第 5 卷[M]. 上海：上海古籍出版社，2011：212.

③ 冈田武彦. 王阳明与明末儒学[M]. 上海：上海古籍出版社，2000：8.

④ 王守仁. 王阳明全集：第 3 卷[M]. 上海：上海古籍出版社，2011：107.

了儒家的休闲审美哲学，表现了一种完全不同于宋儒的本体功夫论取向，形成了阳明心学辩证而圆融的休闲审美哲学观。这正是阳明心学对中国传统休闲审美哲学的独特贡献。梳理、探究和领悟阳明心学的这一思想遗产，对于我们更好地理解当下美好生活的真实内涵无疑将大有裨益。

［作者简介］邱涵，本科就读于浙江大学法学院，硕士就读于浙江大学马克思主义学院，现为浙江大学哲学学院休闲学专业2018级在读博士研究生。邮编：浙江 杭州 310028

唯物史观对墨子兼爱平等思想的超越及其现实启迪

蓝叶昊

墨子的"兼爱"思想自提出以来影响颇深，战国时即有"天下之言，不归杨，则归墨"(《孟子·滕文公下》)之说。在等级制度剥削下的社会转型期，"兼爱"思想背后是对平等人格的追求。但随着社会的发展，墨子的"兼爱"思想逐渐衰落，归根结底是因为其内在伦理的缺陷使得墨子的"兼爱"思想及其影响力渐渐消失于历史发展的长河中。马克思主义理论中有与"兼爱"思想具有相同内核的平等思想，又实现了对"兼爱"思想以及其他平等思想的超越与对人这一最终目的的复归。正是有缘于此，墨子作为小生产者提出的"兼爱"思想，固然有其特有的研究价值，我们今天从马克思唯物史观的视角去分析墨子平等思想的合理性以及超越其固有的缺陷，在推动实现共同富裕的今天，不仅有利于我们更好地理解马克思平等思想的实质，而且可以更好地推动中国特色社会主义理论的建构和实践的开展。

1. 兼爱论及其平等观的内在缺陷

"兼相爱，交相利"(《墨子·兼爱下》)命题简明地表达了墨子的主张。墨子"兼爱"理论的出发点是"利"。小生产者的出身使得墨子首先看到的就是现世的物质利益，因此需要"兴天下之利，除天下之害"(《墨子·节用下》)来达到个人和社会的最大利益。在这样的前提下，墨子所追求的"兼爱"实质上作为一种平等观念，是通过呼吁人们从利他的"爱"出发，以人们人格的平等为中介来消除现世的不公达到"天下之利"这个社会福祉的最终指向。通过"兼爱"论，墨子的思想中的平等观直接地与社会福祉联系在了一起。从政治哲学的层面，墨子的这一兼爱与平等思想实质上体现的是对统治阶级的剥削阻碍了社会生产发展的事实批判。

和当时的孔子一样，墨子同样注意到个人情感所包含的自私与争斗的自然倾向会导致社会的混乱与无序，即所谓的"子自爱，不爱父，故亏父而自利；弟自爱，不爱兄，故亏兄而自利；臣自爱，不爱君，故亏君而自利"(《墨子·兼爱下》)。因此必须对自私自利的情感加以约束。问题就被归结为：上到统治者，下到平民百姓，如何对个人的情感进行约束，从而达成社会的秩序？墨子构建了一个理想的"兼爱"模型，在一个大的人类共同体中，个人的差别被抹去，自然而然爱自己的家人和爱他人没有什么区别,因为大家都是作为抽象的人存在。而每个人以爱他人为前提,就能达到每个个体以及整个社会的利益最大化。[①]

但是相比于儒家的"亲亲"思想,墨子的"兼爱"思想却缺少了可行的路径依赖。在墨子建构的模型里,固然描述了能够达到社会利益与个人利益最大化的统一的理想境界,但是在现实社会中如何确保正确地予以实施,是墨子始终未能够解决的问题。事实上,人性的弱点决定了人首先是作为不绝对理性的人生活在社会中,哪怕知道爱别人可以对自己有利,有利于整个社会的福祉,但在这个心理的博弈中,人是现实的人,利己优先于利他。这必然会导致整个兼爱和平等模型的瓦解,从而最终导致事实上的不平等。正是因为这样的缘故,在追求人与人内部实施"兼爱"的情感可能性变得不可能以后,墨子只能寻求外在的天志、鬼神等神秘主义的路径来达成对人自私自利之心的外部震慑。

相比而言,儒家的"亲亲"思想似乎更加符合人们的情感直观。在通过外部"礼"的规范和内部"仁"的自觉,将这份情感由爱己而爱父母爱兄弟姐妹,进而爱陌生人,即所谓的孝悌忠信,最后达到"四海之内皆兄弟也"(《论语·颜渊》)。这是一个自我直观推及他人,由己及人,达成一种有差等的爱以及这份爱带来的社会稳定的过程。这一理论在孟子那里达到了较为完备的形态。孟子通过先验的性善可能,使得"仁"有了从人内心的真正发端处和实施路径。这正是墨子"兼爱"以无差别的平等理论所缺少的。

但也不能全然说墨子的"兼爱"思想毫无根据。墨子身为小生产者,恰是看到了儒家"亲亲"制度的弊端。在以"亲亲"为核心的周礼中,最终能够达到"己欲立而立人,己欲达而达人"(《论语·雍也》)的情形确实寥寥无几,现实生活中往往存在着的是有等级、有差别的剥削,"亲亲"最后反而沦为了维护等级制度的工具。孟子固然为人心赋予了根本上向善的可能,但现实中利己而损人的客观事实使得儒家的这一理想同样陷入了空想。相反,墨子追求由利他到利己的"兼爱"及平等观,也许正是看到了儒家的空想主义色彩。从这一点来讲,墨子的主张可以被视为底层百姓对改变不平等现实呼声的理论代言。而且,正如许多学者指出的那样,墨家的兼爱强调人与人之间、国与国之间的相互平等,是在当时社会动荡的时代,作为小生产者阶层的墨家学派极力主张取得人格平等的要求的理论反映。[②]

---

① 王雅,谭功哲.对经验的超越与对情感的约束:C.维尔戈对墨子"兼爱"思想的探讨[J].世界哲学,2021(5).

② 陈来,李存山,陈卫平,秦彦士,杨武金.儒墨关系的现代诠释(笔谈)[J].文史哲,2021(4).

2. 唯物史观对墨子"兼爱"平等思想的超越

马克思在《关于费尔巴哈的提纲》的第六条中指出："人的本质是一切社会关系的总和。"[①]正是在这个层面上，马克思超越了墨子兼爱及其平等思想中的思想缺陷。概括地说，我们可以从经济与发展这两个维度来理解它是如何超越了以往包括墨子在内所有平等观念的根本缺陷。

首先是经济之维的超越。在彰显人的本质的诸多社会关系中，经济关系是马克思历史唯物主义最为重视，被认为是最决定人之本质的一种关系。

无论是儒家从内到外的爱，还是墨子从外到内的爱，都是为了追求一种伦理上的平等。但马克思之前的思想家们所追求的这些平等最终无疑都是一种抽象的平等，这是他们理论的根本缺陷。也就是说，墨家、儒家等以往思想家呼吁平等是为了从伦理上给予现实中的不平等以改变。但他们这种平等的实施依靠的往往是道德的纯粹自律。正如马克思主义经典作家指出的那样，自从有阶级对立以来，道德从来是统治阶级的道德，平等也从来都是统治阶级内部的平等，最终决定平等的从来都是经济的利益。

所以恩格斯说："自从资本主义生产方式在历史上出现以来，由社会占有全部生产资料，常常作为未来的理想隐隐约约地浮现在个别人物和整个派别的头脑中。但是，这种占有只有在实现它的物质条件已经具备的时候，才能成为可能，才能成为历史的必然性。正如其他一切社会进步一样，这种占有之所以能够实现，并不是由于人们认识到阶级的存在同正义、平等等等相矛盾，也不是仅仅由于人们希望废除阶级，而是由于具备了一定的新的经济条件。"[②]在这里，恩格斯明确地指出：平等的实现有赖于作为基础的经济发展以及私有制、阶级对立的废除。事实上，哪怕是在共产主义社会中，平等的实现也是要依赖经济的发展、物质的富裕才可以真正得以实现的。

其次是发展之维的超越。唯物史观认为，彰显人的本质的诸多社会关系又是处于发展之中的。事实上，渊源于唯物辩证法中的发展观使得马克思主义必然对任何事物都立足于运动、变化、发展的立场去看待。在平等问题上，唯物史观必然要主张从发展之维去追求平等的社会关系的真正实现。

从资产阶级革命时期乃至今日资本的全球化蔓延，资本主义思想家所宣扬的具有普世、永恒价值的平等观迎来了一次次破产。起初，在经历了数不清的对不平等的封建制度的抗争与革命后，在新的制度建立后人们却发现资产阶级许诺的所谓平等只是资产阶级内部的平等，不过是资产阶级"赋予自己的思想以普

① 马克思恩格斯选集：第1卷[M]. 北京：人民出版社 2012：60.

② 马克思恩格斯选集：第3卷[M]. 北京：人民出版社，2012：668-669.

遍性的形式，把它们描绘成唯一合乎理性的、有普遍意义的思想”[①]而已。

马克思主义认为，人们对平等的诉求是当下的，但平等的实现是发展的。在完全消灭私有制之前，人们所追求的平等不外乎是乌托邦式的幻想抑或统治阶级的甜言蜜语，在现实中只能追求适应社会经济基础的相对平等。“真正的自由和真正的平等只有在共产主义制度下才能实现。”[②]

到了共产主义社会中，马克思恩格斯也将共产主义分为了第一阶段和高级阶段，对应着经济分配方式从按劳分配到按需分配的发展。在第一阶段，社会分配只能以劳动为尺度，实质上到达的仍是相对平等。这种平等和资产阶级社会的平等类似，但又是不可避免的。事实上，当今中国的历史语境是依然处于社会主义的初级阶段。也就是说，从马克思主义经典作家的理解来看，我们尚处于共产主义第一阶段的初级阶段。这就决定了这一阶段的社会对平等的实现方式必然带有很多不完善之处。尤其是按劳分配和按资分配并行的分配制度，更是带给这一阶段的平等实现离真正发达社会主义的目标有较大差距。

也正因为这个道理，我们要坚定共产主义信念。以不断发展的努力来保持共产党人的初心。一旦发展到了共产主义的高级阶段，在社会的物质水平和精神水平达到了高度发达的情况下，按需分配也就真正实现。到这时候，摆脱了物质依赖的人们才有可能实现实质意义上的平等，做到真正的自由而全面的发展。这无疑是共产党人不懈努力、砥砺前行的坚定目标。

3. 对新时代中国特色社会主义平等思想建构与实践的现实启示

中国共产党为什么能，中国特色社会主义为什么好，归根到底是因为马克思主义行。因此，要想真正实现平等就必须要坚持马克思主义的唯物史观。在唯物史观的视域中，实质平等只有在生产力高度发展的情况下才能真正实现，所以必须坚持发展生产力这一根本的社会发展决定要素。我国正处于社会主义的初级阶段，坚持发展生产力就意味着我们必须坚持按劳分配为主体、多种分配方式并存的分配制度。从中国古代农民起义的“均贫富”到新中国成立初期的“大锅饭”，我们一直不缺乏一种乌托邦幻想式的平均主义思想。但平均主义在现阶段最终只会损害到劳动者的积极性从而损害到平等的真正实现。我们承认，这种平等是经济机会上的相对平等，而不是结果上的实质平等，它必然存在着传统西方市场经济中面临的强者恒强的问题。但它的确是我们通向实质平等的必由之路。

但是，在当今中国坚持马克思主义的基本立场就意味着我们在坚持效率作

① 马克思恩格斯文集：第1卷[M]. 北京：人民出版社，2009：552.

② 马克思恩格斯全集：第1卷[M]. 北京：人民出版社，1957：582.

为平等达成手段的同时，更要看到平等的核心价值目标——公平所面临的问题。这就是在改革开放 40 多年来，我们的经济建设取得了巨大的成就，但是发展不平衡、不充分的问题仍然突出。它同样凸显在平等问题上。事实上，人民群众在现阶段对平等的诉求是现实的合理诉求，执政的中国共产党人不能视而不见。习近平总书记之所以要强调指出："江山就是人民，人民就是江山"①，其深刻的现实意义也正在于此。我们必须始终坚信人民群众是社会进步的决定力量，是历史的创造者，发展经济尤其需要依靠群众，需要调动人民的积极性。因此，发挥好社会主义市场经济特有的体制优势，特别是在保护合法劳动所得之外，以再分配为手段，建立起服务于人民的更完善的社会保障体系，使得人民能够享受到整个社会发展的红利，从而解决贫富分化与悬殊问题，更是现阶段追求平等的应有之义。

总之，社会主义初级阶段的平等只能是容忍差距的平等，我们旗帜鲜明地反对平均主义。同时，我们又是社会主义国家，实现共同富裕和社会平等是我们不变的价值追求。正是因此我们说，以实现公平、平等为借口而要求在目前消除一切差距、实行平均主义的企图，是无视现实条件而痴人说梦的异想天开；以我国的社会主义还处于初级阶段为借口而一任贫富差距和阶级分化不断扩大，是不顾未来发展而盲人骑瞎马的近视行为。尤其值得指出的是，在回望传统以增强文化自信的过程中，我们必须警惕复古主义的沉渣泛起。比如墨子兼爱论及其平等思想中描绘的人人为我、我为人人的社会固然美好，但它终究是一种不切实际的乌托邦。脚踏实地、实事求是，以人民福祉为根本导向，坚持历史唯物主义的方法论去追求平等，为实现实质的平等奠定坚实的物质基础和制度保障，这才是马克思主义平等观的根本立场。

[作者简介] 蓝叶昊，浙江大学马克思主义学院 2021 级在读硕士研究生。邮编：浙江 杭州 310058

① 习近平在党史学习教育动员大会上发表重要讲话[N]. 人民日报，2021-02-20(001).

国内医学院校思想政治教育的困境与发展路径

李婷婷

对于严谨、细致的理论或应用学科而言，思想政治教育对其的重要性不言而喻，但国内高校往往因为侧重于专业教学而导致思想政治教育成效性降低。尤其在国内医学院校内，医学生的医学专业课程学习紧张而繁重，在面对相对单调刻板的思政课时就更加会感觉兴味索然。但是，思想政治教育是培养学生社会主义核心价值观的关键手段，不仅是培养学生健全思想品格与职业道德的保证，也是为社会培养合格医学专业人才的德性基础。因此，医学院校要克服当前思想政治教育工作中的困境，结合专业特点寻求新的发展路径来提高医学院校的思想政治教育工作实效性。

1. 国内医学院校思想政治教育的困境

习近平总书记指出，教育要培养德智体美全面发展的社会主义建设者和接班人。人才培养一定是育人和育才相统一的过程，而育人是本，育人的根本在于立德，要把立德树人的成效作为检验学校一切工作的根本标准。[①] 但实际上在医学院校的教学过程中，因为教学时间紧张、教学任务繁重，思想政治教育工作在现实开展过程中会遇到一些共有的困境。

（1）在医学院校教育课程中，思想政治课程相比医学专业课较不受重视。目前，在医学院校开设的高校思想政治理论课，主要以“毛泽东思想和中国特色社会主义理论体系概论”“马克思主义基本原理”“思想道德修养与法律基础”“中国近现代史”这四门思想政治理论课为主展开教学，任务是使学生培养起正确的人生价值观，使其能够运用思想政治理论的学养和方法来面对和解决现实生活中的各种问题。由于医学类专业的特殊性，需要学习的专业课程多，且医学类专业学制长，学业任务繁重，医学院校的学生在专业课程的学业压力下，对学习思想政治理论课的积极性普遍不高，再加之医学院校的思想政治课程也不受一些专业教师的重视。于是，学生往往仅在考试或者测验前进行突击式的应付，以获取这一必修课的学分。[②] 另外，思想政治理论课没有跟专业课融合发展，导致思政

---

① 习近平. 在北京大学师生座谈会上的讲话[N]. 人民日报，2018-05-02(002).

② 张超. 医学院校学生思想政治教育工作实效性探索[J]. 课程教育研究，2017(31)：75-76.

内容与医学生所学专业知识关联性不强，也是医学生难以对思想政治理论的学习产生兴趣的原因之一。此外，国内绝大部分医学生都是以理科生身份考入医学院校的。但思想政治理论课的内容理论性强，文科性质彰显，而且它对学生的语言文字表达能力要求高，这更是导致思政课的课程内容对于医学生来说会觉得枯燥而难学。

（2）在医学院校教师队伍建设中，教师的思想政治教育能力有待提升。在医学院校内，思想政治理论课教师和辅导员承担着大学生思想政治课的全部教学工作。这是一支专职队伍。但仅靠这支队伍无疑是不够的，它需要各部门、各课程的协同努力。但遗憾的是，很多医学专业课教师缺乏对思想政治理论课重要性的认识，没有认识到专业课教育和思想政治教育并举的重要性。当下热议的"课程思政"正是为了解决这一问题而提出的思路。[①] 它表明，对大学生进行思想政治教育要求教育工作者全员具有较高的政治素养和道德意识，尤其是专业课教师虽不是严格意义上的思想政治教育者，然而他们同样负有思想政治教育的育人之责。然而，现实情况是严峻的。医学院校的专业课教师科研压力大、教学任务重，对于思想政治理论的学习不够充分，甚至在一些教师那里还被严重忽视。在专业课教师的思想政治素养不够的情况下，教授专业课过程中是不可能有机融入思政教育内容的。再加上，医学院校的专业课教师大多数重视对学生进行专业知识技能的考核，极易忽视医学生在专业课程学习过程中的思想道德素养考核，这无疑大大降低了思想政治教育的实效性。与此同时，医学院校的专业课教师有一部分属于来去匆匆的医院临床医生，医院与学校的时空隔阂，也限制了专业课教师与医学生的交流互动，导致专业课教师缺乏对医学生日常思想、心理状况的了解。

（3）在医学院校教育体系中，思想政治教育体系缺乏层次性。由于医学生培养过程的特殊性，国内医学院校的思想政治理论课主要集中在医学生本科基础阶段，也就是安排在本科前两年的基础教育过程中。有些医学院校除了设置四门思政课程，对医学生的思想政治教育上还设置了与医学相关的课程，比如医学心理学、医学伦理学、卫生法学等。这些举措虽然在内容上充实了医学生的思想政治教育内容，但也仅仅重点安排在本科起始阶段的培养中，且课程课时明显偏少，涉及医学人文教育内容也较少。医学生进入本科三年级、四年级后，学习的主要课程便是专业课程。尤其是医学生进入了临床见习阶段，需要学校和医院统筹安排相关教学工作。这自然使得思政类教育课程和有关医学人文的课程更

---

① 李奎刚，韦珂，王晨艳．高校专业课教育融入思想政治教育探索[J]．成都中医药大学学报（教育科学版），2018，20(2)：73-74+95．

加难以被有效植入。事实上，一个非常普遍的现象就是，医学生进入临床实习后，无论是本科生还是研究生，他们依据所学专业具体被分配到各个医院内的不同科室进行临床实习和从事相关科研。在这种场域下，思政教育工作要有效地开展可谓难度相当大。也就是说，思想政治教育在医学院校培养教育医学生的这一过程中普遍有断层现象，呈现出"由强到弱"这一不尽如人意的趋势。

2. 化解困境的要务在于确立起清晰的医学院校思想政治教育总原则

思想政治教育原则既是思想政治教育的客观规律的体现，也是思想政治教育实践经验的总结，对思想政治教育的全过程起指导作用。[①] 思想政治教育是一项复杂的社会实践活动，要取得预期的社会效果，必须坚持科学的指导原则。思想政治教育原则就是根据思想政治教育实践中的所要解决的实际矛盾，与思想政治教育的客观规律而制定出来的。

大学生思想政治教育是高校教育工作的首要任务。在新时期"三全育人"的理念下，如何把思想政治教育融入医学教育教学全过程，充分发挥课堂育人的主渠道作用，首先要清晰地确立起医学院校思想政治教育的总原则。习近平总书记在全国高校思想政治工作会议上的重要讲话是指导新形势下高校思想政治工作的重要纲领。在学习和领悟这一重要纲领的基础上，我们认为针对医学院医学生的思想政治教育应该把握以下几条总体教育原则。

(1)坚持马克思主义理论为指引的原则。马克思主义理论作为医学生思想政治教育的引领原则，可以引导医学生确立起正确的世界观和人生观。这其中尤其要将马克思主义的人生观理论作为最基本的理论指引。古往今来，对人为什么活着、人应该怎样活着这一人生观的最高问题与最根本问题从来存在着科学人生观和非科学人生观的尖锐对立。马克思主义的唯物史观认为，人的本质是社会关系的总和。没有完全脱离社会的人，人们总是在一定的社会关系中生活着、劳动着的，个人、小团体的存在和发展，与整个社会主义国家及其伟大事业必然是相通的。因此，个人、小团体存在和发展的主观要求，务必服从社会主义国家的整体利益要求。也就是说，只有社会主义国家繁荣兴盛了，个人、小团体才会有美好的未来。我们也正是从中引伸出集体主义道德观和共产主义人生观的。

(2)强化医学人文主义立场的培育原则。医学生思想政治教育的实效性很大程度上取决于对医学专业特殊性的关注。医学自古以来就是以人为本的，病人是被研究的主体，医生则是进行研究的主体，二者均为现实的"人"。它要求我

① 张耀灿，郑永廷，吴潜涛，骆郁廷．现代思想政治教育学[M]．北京：人民出版社，2006：367．

们正确处理好这两类人之间的关系，这就是医学人文主义的基本体现。[①] 人文主义立场和精神的培育在医学生培养过程中格外重要，那是因为随着现代医学技术的不断发展，医学研究有时会误将疾病作为研究的主体，这就会导致忽视病人的感受，从而丧失医学的人文关怀。正是因此，我们强调医学院校的思想政治教育要把握好以人为本的原则，要将人文主义的立场牢牢坚守。这样，我们的医学生才会自觉地将治病先治人的职业操守贯彻于职业生涯的始终。

(3)探索医学生思政教育阶段性特色的原则。相对别的专业，医学专业学生培养周期长，还要面对在学校学习、医院见习和社会实践等多种环境的改变，这就需要对医学思想政治教育内容作出相应的调整。这一调整的重要思路就是把握好教育的阶段性特色。譬如，在学校中学习与实验室做科研时，医学生思想政治教育着重在于课堂的相关思想政治理论的系统教育，重点可以是医学生优良学风培育、心理健康教育和社会主义核心价值观教育等方面。在临床工作阶段则要突出临床实践教育，强调医学生医德教育，树立爱岗、敬业、诚信、友善、敢当风险等医德观念。尤其值得一提的是，对古代优秀的医德传统的学习与借鉴。譬如“凡为医者，性存温雅，志必谦恭，动须礼节，举乃和亲，无自妄尊，不可骄饰”；“疾小不可云大，事易不可云难，贫富用心皆一，贵贱用药无别。”古人的这些医德警句至今乃不失其对医学生的德育意义。

3. 国内医学院校思想政治教育具体发展的路径探索

医学院校在开展思想政治教育工作时，在总的教育原则指导下，如何提升思想政治教育的实效性，从而实现立德树人的教育目标仍是当下医学院校思政工作者要集中攻关的课题。思想政治教育总的宏观内容要与时俱进，不同教育对象的微观内容也要做有针对性的调整。也就是说，为了让医学生更好地修医德、行仁术，担负起推进我国医疗卫生事业向前发展的历史使命，我们必须坚持改革的思路，探索出适合培养优秀医学生的发展路径。

(1)创新思想政治教育课程模式，强调思想政治教育课程在医学院校教育课程中的重要性。就思想政治理论课的创新而言做好如下两项工作是重要的。

第一，做好医学院校的课程改革，突出思想政治教育的重要性。在课程建设方面，高校四门思政必修课程内容要增加实例性。譬如在“毛泽东思想和中国特色社会主义理论体系概论”课程内容中，要与时俱进，将最新的抗疫精神融入教育内容中；“思想道德修养与法律基础”这门课程可以结合中国传统医德展开专题性的教育。思政课程增加实例性、专题性，体现理论和实践的紧密相结合，可以让医学生直观地理解到选择正确价值观的重要性，从而激发医学生对思想政

① 闵存云，耿庆山，刘贵浩. 中国传统医学中的人文精神[J]. 中国医学人文，2021，7(3).

治理论课的学习兴趣。另外,要增加医史教育、医学人文教育和哲学社会科学类课程的比例和课时;同时编纂与专业课知识结合紧密的思政课案例教材,不仅将思政教育案例教材与其他必修专业课程进行深度融合和渗透,而且其他授课内容必须含有正确的思想政治理论的引导。这就如有学者形象描述的那样:"其他各门课都要守好一段渠、种好责任田,使各类课程与思想政治理论课同向同行,形成协同效应。"①

第二,医学院校的思想政治教育,也要利用好新媒体平台。传统的思想政治教育模式只局限于课堂或者讲座,不够贴近医学生个人生活,容易造成课堂与生活实践的脱节。医学院校的思想政治要对教育载体作出创新,充分利用好新媒体,利用丰富的网络教育平台和公众讯息发布平台,宣传好德技双馨医生的感人事迹,打造网络平台让医德医技优秀的意见领袖来引导医学生的选择和作为等。同时,还要利用好新媒体,将跨学科知识内容进行专门的传播,尤其是哲学类、伦理类、人文社科类等蕴含的人文主义立场的宣讲与灌输,让医学生的知识体系不止只培植医学专业知识,而是具有更宽的人文知识面、更深的人文情怀。

(2)拓宽思想政治教育教师的培育口径,发挥好教学医院指导医生的带教作用。这里大致有两方面相互有关联性的工作要开展。

第一,医学院校的思想政治理论教师队伍要增加医学人文教师的比例,以有效改变"人文素质教育是社科教师职责"这一传统观念。由于医学人文课程是医学与人文社会科学的交叉,这就需要授课教师本身不仅在知识结构层面具有人文社会科学知识,而且也要具有一定的医学背景知识。② 一方面,医学人文教师要更加了解医学知识;另一方面,医学人文教师要具有良好的思想政治理论学养和扎实的人文社会科学知识基础。这样的双重知识背景,显然有利于将思想政治理论灌输于教学和科研工作中,从而达到思想政治教育融于医学教育的目的。当然,还可以培养医学专业和思想政治教育专业双学位人才,鼓励他们以各种方式加入医学院校的思想政治教育教师队伍。

第二,发挥好专业授课教师和临床带教老师在思想政治教育工作中的独特作用。医学院校的学生,与专业课教师和临床带教老师的接触时间和范围较专职思想政治理论教师要多要宽。这就决定了专业授课教师和临床带教老师的德行和观念对医学生影响很大。为此,可以考虑建立合理、完善的新的教学评价机制,一方面要考核这些教师的专业授课水平,另一方面则要考核这些教师的思想

① 张烁.把思想政治工作贯穿教育教学全过程开创我国高等教育事业发展新局面[N].人民日报,2016-12-09(001).

② 马晓玲,夏承伯.现代医学模式视野下的人文课程探析[J].学校党建与思想教育,2013(10).

政治教育水平。为了实现这一目标，可定期举办思想政治教育方面的专题讲座或学习交流会，以此来提升专业教师的思想政治理论水平。尤其是针对临床带教老师的培养，医院单位的党组织要做好主动的引领作用，科教办要做好具体的教学指导工作。尤其要注意不把社会上送红包、收礼金、拿回扣等歪风邪气带进临床教学工作中。医学院对教学医院带实习的医生要进行必要的师德师风考核，从而强化他们言传身教，以身作则，在教授知识的同时，将好医德和好医风展示给医学生的自觉性。

(3)衔接课堂与临床的思想政治教育过程，建构完整的医学院校思想教育体系。大学生活有明显的阶段性。一般说来，大学生需经历大学适应期、稳定发展期和职业生活准备期。[①] 这就提示我们医学院校的思想政治教育也要有阶段性。

第一，建立针对医学生适应期的思想政治教育体系。医学生适应期是指大学生一年级到二年级的阶段，该阶段的特点是适应专业、适应学校，这一时期的医学院校思想政治教育就要针对以上两点开展。譬如，部分医学生在高考填报志愿前对医学专业认识不足，没有做出完整的职业规划，容易出现前途迷茫、思想动摇的情绪。针对这类现象，可以通过新生教育讲座、学兄学姐分享会等方式对医学新生进行专业思想教育，让医学生首先通过了解专业来巩固其专业思想。再譬如，国内大部分医学院校学科单一，学生群体专业集中，不像综合类大学拥有多门学科，校园内学科文化交融，校园生活和人际交往也更加丰富、宽广。当部分医学生因对大学校园文化生活有过高期待从而心理产生落差，甚至开始抱怨医学生学习是高中繁重的学业生活的再延续。针对这部分学生，就要有针对性的思想教育和一定的心理健康教育，以引导学生正确认识医学院校的校园生活和处理好校园人际关系。

第二，建立针对医学生稳定发展期的思想政治教育体系。随着大学教学环节的深入，医学生的思想又将出现新的变化。多数大学新生经过较短的适应期后，专业思想不断巩固，学习兴趣不断提高，学习积极性高涨，很快进入稳定发展期。在稳定发展期，即大学生三年级到四年级阶段，医学院思想政治教育的主要任务是巩固专业思想、加强医德教育和就业指导。在巩固专业思想方面，思想政治教育要符合医学生从专业课程衔接临床见习的情况，积极引导医学生将书本理论知识结合到实践动手能力中，且要激发医学生的科研兴趣。譬如可开展医学生临床技能大赛、医学生实验创新大赛和开展医技展示专题讲座等。在加强

① 曾玉华，何国平，胡小平．加强和改进医学院校大学生思想政治教育工作方法的几点思考[J]．中国高等医学教育，2005(6)．

医德教育方面，思想政治教育可以通过问询、调查或者考核的方式，时刻了解医学生德育方面综合判断能力，尤其避免出现在高年级段容易发生的忽视“重专业，轻德育”情况。在就业指导方面，医学院要调查了解医学生的就业意愿。尤其是近几年医学生考研人数逐渐上升，医学院校要针对实际情况提供相应的指导教育，一方面让医学生避免盲目跟风考研，告诉他们在乡村、在边远地区也是大有作为的；另一方面帮助决定考研的医学生全面了解医学专业人才的社会需求。这是思想政治教育接地气、入心入脑的很好时机。

第三，建立针对医学生职业生活准备期的思想政治教育体系。医学生职业生活准备期是指大学五年级和研究生学习期。这段时期是医学生以临床工作学习为主，思想政治教育的主要场所是在实习医院。这就需要各个教学医院承担起医学生的思想政治教育这一重任。这时期的思想政治教育的主要内容是培养医学生职业道德精神和增强实践能力。教学医院在指导医学生临床学习的同时，要定期进行思想政治理论学习交流会，要有专题的医德医风教育，从而使医学生在临床工作中体现医学内蕴的职业操守和人文情怀。医学院校也要主动、及时地跟踪和了解离开校园身处教学医院的学生思想动态，并对出现的思想问题及时予以解决。此外，临床工作是一项实践性和技能性极强的工作，要增强医学生的实践能力，引导医学生从课堂到社会的角色转换的自觉性和主动性。这个过程的思想政治教育就要注重强调医学生实践创新能力的培养，增强医学生在实践岗位上的责任感和担当意识。思想政治教育方式可以采用将社会实践能力纳入医学生考核，或者开展优秀实习生考评等，从而激发医学生的实践创新能力，提高他们的临床操作能力。

4. 结语

有效的思想政治教育是培养高水平医学人才的关键环节。探讨国内医学院校如何将思想政治教育融入医学专业教学，是实现习近平总书记要求的立德树人教育目标的重要途径。因此，尽管当下的医学院校思想政治教育存在的诸多现实问题依然严峻，但是面对困境，我们唯有知难而上，才能不辜负新时代赋予我们思想政治教育工作者的崇高使命。如果我们通过不断的探索与改革，能够统一好课程、教师、学生三个向度，从而建立起科学的医学生思想政治教育模式，那无疑将会大大提升医学人才培养的实践成效。

[作者简介] 李婷婷，浙江大学马克思主义学院 2021 级在读硕士研究生。邮编：浙江 杭州 310058

论文化自信语境下国学经典的出版价值

黄伊宁

1. 问题的缘起

相比于汉译名著的出版与普及，国学经典的出版显然相形见绌。这自然是因为1840年以来我们痛定思痛向西方学习以解决亡国灭种之危机的缘故。但是，历经了百年磨难的中国，在解决了站起来、富起来的问题之后如何强起来便作为一个时代问题摆在了新时代的中国共产党人面前。为了应对这一时代问题，以习近平同志为核心的党中央进行了一系列的战略部署。而构筑文化自信、打造文化强国，为中华民族的伟大复兴提供精神动力和信仰力量，正是这其中相当重要的一个部分。习近平总书记在党的十九大报告中曾这样指出："文化是一个国家、一个民族的灵魂。文化兴国运兴，文化强民族强。"①在论及传统文化的现代意义时，习近平总书记认为："泱泱中华，历史悠久，文明博大。中华民族在几千年历史中创造和延续的中华优秀传统文化，是中华民族的根和魂。"②

可以肯定的是，文化自信的构筑不仅仅指对优秀传统文化的继承与创新，也还包括对血与火的革命年代积淀的红色文化、鼓足干劲的建设年代形成的社会主义先进文化的继承与弘扬，但中华优秀传统文化在这其中无疑是源头性的、基础性的。这正构成我们将讨论的国学经典的出场语境。因为作为中华优秀传统文化最重要的载体之一，国学经典沉淀的正是几千年薪火相传的中华传统文化。

2. 国学经典的出版价值

中国古代的国学经典博大精深，源远流长。它在长期发展的过程中，经过思想家们的概括提炼，逐渐形成了一系列优秀的、具有鲜明的中国文化特质的理性原则、价值观念和审美旨趣，它对于中国社会的文明进步，对于中华民族的成长壮大有着不可替代的促进作用。这正是国学经典出版价值的客观依据之所在。如果要对这一价值做些具体展开，我们也许可以说，国学经典所体现的理性原

---

① 习近平. 决胜全面建成小康社会夺取新时代中国特色社会主义伟大胜利[M]. 北京：人民出版社，2017：40-41.

② 习近平. 在庆祝澳门回归祖国15周年大会暨澳门特别行政区第四届政府就职典礼上的讲话[N]. 人民日报，2014-12-20(002).

则、价值观念和审美旨趣决定了作为现代人的我们有了整理、出版国学经典的当代价值。

其一，国学经典特别推崇"天人和谐"的思想，这为解决现代社会天人关系的冲突提供了世界观指引。中西文化的基本差异之一就是在人与自然的关系问题上：中国文化比较重视人与自然的和谐统一，而西方文化则强调人要征服自然、改造自然，才能求得自己的生存和发展。诚然，中国古代如荀子也有过"明于天人之分"和"人能胜乎天"(《荀子·天论》)的思想，但这种思想并未占主导地位。中国古代思想家一般都反对把天和人割裂、对立起来的观念与做法，而是竭力主张天人协调，天人合一。在我国先哲们看来，天与人、天道与人道、天理与人性是相类相通的，因而完全可以达到天人和谐统一的境界。

按照中国哲学史家张岱年先生的划分，在天人关系问题上中国古代思想家主要有三种学说：一是道家的"任自然"之说，即庄子认为的"不以人助天"(《庄子·大宗师》)；二是荀子的改造自然之说，"大天而思之，孰与物畜而制之？从天而颂之，孰与制天命而用之？"(《荀子·天论》)；三是儒家的"辅相天地"之说，"天地交泰，后以裁成天地之道，辅相天地之宜，以左右民"(《周易大传》)。[①] 由于儒道互补构成中国传统文化的主导方面，因而道家和儒家对天人关系的基本观点是一致的，即强调天人和谐。道家称"法天""忘己入天"，儒家称"畏天""天人合一"。作为儒家经典的《周易大传》对天人和谐的基本内涵曾作了如下的概括："夫大人者，与天地合其德，与日月合其时，与四时合其序，与鬼神合其吉凶。先天而弗违，后天而奉天时。"这亦即是说，人应遵循不违天的天人和谐原则。

显然，中国国学经典文化把人生处世的理想目标立为"天人和谐"，其积极意义是很明显的。近代西方尤其是16世纪开始发展起来的自然观，在"人定胜天""征服自然"等理念的支配下，一方面取得了巨大的物质文明成就，但另一方面，随着工业文明的发达，生态平衡、环境污染、能源危机等令人忧虑的社会问题迭起，这无疑是破坏"天人和谐"的结果。也因此，当代西方许多学者对中国传统文化中"天人和谐""天人合一"的思想开始表现出极大的关注和向往。英国哲学家汤因比甚至断言：人类未来的文明如果不以此作为范式的话，人类的前途将是可悲的。

其二，国学经典主张以德性修养为安身立命之本，这对于解决现代社会个人主义盛行而带来的道德虚无主义之类的弊端有价值观的清明指引。在中华民族传统的安身立命观念中，最注重的是个人的自我德性修养。而儒家的自我修养理论则影响最为深远。在孔子看来，要变"天下无道"为"天下有道"，就要求志士

① 张岱年.中国哲学大纲[M].北京：中国社会科学出版社，1982：181.

仁人在德性修养方面达到仁、智、勇的“三达德”境界。一旦一个人达到了这一德性修养的境界，就能做到“知(智)者不惑，仁者不忧，勇者不惧”(《论语·子罕》)。孔子自己的人生实践无疑就是孜孜追求这一德性充实于内心的一生。

朱熹提出了“居敬察省”的德性修养理论，可以说是古代修养理论的集大成。所谓“居敬”，就是念念之间存一个郑重而不苟且的态度，对人、对事、对学问、对根本的义理，都郑重其事；所谓“察省”就是做到时时反省检查自己。正是鉴于德性修养对于一个人安身立命的重要性，他把《礼记》中的一篇《大学》单独抽取出来，列为“四书”之首。而《大学》之所以如此被看重，原因就在于它强调了自我修养的八个步骤，并以天下太平和谐为其终极目的。这一修养功夫最初的两个步骤是诚意、正心，这说的是立志；其次两个步骤是格物、致知，目的在于了解世界；接下来的一个步骤是前面四个步骤的总括，即修身，其目的在于使自身变得完美，以便使个人能担负起社会历史责任；最后三个步骤是齐家、治国、平天下，其目的是完善自己的德行，在治国安邦的社会活动中实现一个人最终的生命价值。在古代，《大学》是每个文化人接触的第一本经典，具有发凡启蒙和确定人生宗旨的作用。可以说，后来整个中国文化关于修养方面的论述无一不是以它为主导的。

中国传统修养理论讲诚意、正心、格物、致知、修身、齐家、治国、平天下，其中心环节是修身。因为诚意、正心、格物、致知是功夫，目的是为了修身；齐家、治国、平天下是修身的必然结果，身“修”好了，自然就会家齐、国治、天下太平。所以说，修身是立身之道，也是立国之道。传统文化中的德性修养理论，强调了个人道德修养对社会生活的重要作用，这显然是非常合理的。这一德性修养传统的积极结果是在历史上造就了无数个像范仲淹那样的“先天下之忧而忧，后天下之乐而乐”(《岳阳楼记》)的志士仁人，他们身上所体现的崇高德性已成为我们民族的道德理想人格追求。民族精神中的这一道德理想人格对中华民族的历史与现实产生了积极而深远的影响。

其三，国学经典以中庸为基本处世之道，这对于解决现代社会激进主义带来的诸多社会问题有方法论的引领作用。中庸之道作为儒家最推崇的为人处世之道，一直贯穿于整个中国古代的传统观念之中。按照孔子以及后世儒家的解释，“中庸”的“中”，有中正、中和、不偏不倚等含义；“庸”字是“用”的意思，“中庸”即“中用”之意。可见，中庸意即把两个极端统一起来，采取适度的中间立场，既不能过，也不能不及。

从历史上看，中正平和的思想在孔子之前就有人提倡了。尧在让位于舜时就强调治理社会要公正、执中。《周易》中也体现了“尚中”的观点，由此，它的中爻的爻辞大多是吉利的，亦即是说只要不走极端是不太会有不利之局面出现的。

春秋时期，中正平和的思想进一步扩展到其他领域。如晏子就认为，食物、色彩、声音等，以能使人们心平德和为善。

孔子及以后的儒者则在上述基础上，对中庸思想作了广泛的发挥：在政治上，依照中庸之道的原则，既不能一味宽容、宽厚，采取无为的态度，也不能使政策过于刚猛，刑罚过重，二者要相互协调，相互补充，以中和的态度处理政治问题。在经济上，依照中庸之道的原则，要给予百姓实惠，但不能浪费；要使百姓勤于劳作，但不能过度压榨，使他们产生怨恨；要允许各种欲望得到满足，但不能鼓励贪婪，没有限度。在伦理道德上，中庸更是被视为最高的道德原则。只有遵循中庸原则的人，才能成为君子；行为过激的人，只能被看作小人。譬如孔子就曾评论他的两个学生说，子张放肆过了头，子夏则过于拘谨，他们都没有做到中庸。在日常行为方面，依中庸之道来看，做事只考虑实际的质朴以致忽视了文采，就会显得粗野；而只考虑外表的文采以致忽视了质朴，又会显得虚浮。在处世态度方面，主观、武断而不留余地，自我中心，固执己见都不符合中庸之道。在审美欣赏上，依照中庸之道的原则，可以追求美的享受，但不能沉溺于其中；可以有各种忧思悲哀，但要适度，不能伤害身体，如此等等。

中庸之道还被后世儒家进一步概括为世界的普遍规律，学者们认为它不但体现了事物发展的运行规律，也构成人们实践所必须遵循的普遍原则。所以，中庸之道成为社会教化的重要内容，被视为做人所必须达到的一种境界。《礼记·中庸》把这种境界称为“极高明而道中庸”。至于如何达到这一境界，《中庸》认为有五个步骤：“博学之，审问之，慎思之，明辨之，笃行之。”这一思想对我国古代知识分子安身立命与为人处事的实践产生了极其重要的影响。

在民族精神中，作为一种根本的处世之道，中庸之道使人们普遍认识到自己的行为态度要适度，应避免过激行为的出现，这使得中国社会有着某种特殊的稳定性。而且，它对于我们解决诸如各种各样的激进主义带来的社会问题特别具有针对性的价值观引领，这是其积极的一面。激进主义曾经被美国学者弗莱德·R.多迈尔认定为“现代化困境”的特征之一，他甚至忧心忡忡地预言如果在文化交流中激进主义盛行，那么文明、文化、种族、意识形态等等的冲突就不可避免。[①] 但是，正如有新儒家学者指出的那样，以《中庸》经典中呈现的智慧来看，就可以解释为什么中国人总显得包容、汇通，就可找到中华文明呈现出如此多姿多彩的奥秘之所在。当今世界地区冲突不断，现代人显然需要构建起中庸、平和、包容的心态。[②]

---

① 弗莱德.主体性的黄昏[M].万俊人，译.桂林：广西师范大学出版社，2013：305.

② 李明辉.当代儒学之自我转化[M].台北：文史研究所出版社，2013：305.

其四，国学经典中强调以义利合一为基本价值追求，这对于解决市场经济内蕴的利润最大化法则带来的弊病有清晰的厘清功效。追求义利合一是中国传统文化与民族精神中基本的价值命题，它是在古代思想家们漫长的义利之辩的争论中逐步形成的。这里所说的“义”是指道义，而“利”则指利益，一般多指物质利益。从先秦开始，中国古代思想家们就纷纷对义与利的关系问题发表自己的看法。以孔孟为代表的儒家主张重义轻利。如孔子就说“君子喻于义，小人喻于利”(《论语·里仁》)。孔子虽然并没有否定“利”，但他反对见利忘义，主张君子要“义以为上”(《论语·阳货》)、“见利思义”(《论语·宪问》)。孟子继承了孔子的思想，但更强调义与利的对峙。他说“何必曰利，亦有仁义而已”(《孟子·梁惠王上》)，并以“为利”还是“为义”作为区别小人与君子的唯一价值标准。荀子则认为任何人不可能不考虑个人利益，然而应该使个人利益的考虑服从道义原则的指导。用他的话来说就是“义与利者，人之所两有也”(《荀子·大略》)。所以荀子认为虽尧舜不能排除民之欲利，虽桀纣不能去民之好义。因此，荀子主张处理义利关系的基本原则是“见利思义”。这与孔子的思想也是基本一致的，只不过他更承认人有好利之心这一基本事实。

到了汉代，董仲舒提出了“正其谊不谋其利，明其道不计其功”(《汉书·董仲舒传》)的著名命题，以尚义反利的观点片面发展了先秦儒家的重义轻利的价值观。而后来清初的启蒙学者颜元针锋相对地提出“正其谊以谋其利，明其道而计其功”(《四书正误》)的相反命题。他认为“义中之利君子所贵也”，主张把义与利相互结合起来。颜元在古代思想史上第一次对董仲舒以来的道义论价值观作了可贵的纠正。

在义利统一问题上，中国传统文化由于正统儒家思想一直占主导地位，所以重义轻利甚至是尚义反利的思想也一直是一个传统。这一传统维持了中国古代社会的稳定和延续，塑造了中国人以义为上，重气节、重人品、重道义的民族性格。众所周知，在市场经济普遍被确立的现代社会，义与利的冲突可谓随处可见。由于缺乏对传统价值观的坚守，我们看到了太多因见利忘义、唯利是图而带来的悲剧。因此，重回国学经典的立场，重新确立《论语》中主张的“义以为上”“见利思义”的为人处世原则，就显得非常必要了。

3. 国学经典出版遵循的基本原则

可以肯定的是，我们主张出版国学经典，主张在读经典的过程中感悟圣贤教诲，决不是复古主义，而是坚持以现代人的生活实践为依据，对国学经典所体现的思想进行批判性地继承和创新。正是遵循着这一批判继承的原则，我们借助于思维的抽象，可以对国学经典的思想内容作不同的甄别与归类，然后在这个基础上提出国学经典出版应该遵循的基本原则。

其一，在发掘经典智慧的过程中，对国学经典中的封建糟粕应持彻底批判与摈弃的态度。在传统文化的发展中，一个基本事实是绵延了几千年的封建主义文化始终占据着主导地位，因而对传统文化中具有封建文化性质的观念形态，以及反映这些观念形态的一切“物化”了的种种事物，我们必须持彻底的批判态度。我们必须清醒地意识到，在道德伦理、秩序制度、价值观念、风俗习惯、民族心理、思维方式等方面，封建主义影响的痕迹几乎随处可见：大如专制制度、等级观念、宗法思想、人治传统之类，小如待人接物的礼教规范和为人处世的“不敢为天下先”的保守原则等。对于这些传统文化中遗留于现实社会的沉渣和糟粕，应当坚决予以抛弃。此外，还有一些虽然不为封建文化所独有，但反映了一般农业文明的局限的东西，诸如重农轻商的观念，狭隘短浅的目光，听天由命、求稳怕乱的思想，抱残守缺、不求进取的心态，等等，也应随着时代的进步而将它们彻底淘汰。

其二，在发掘经典智慧的过程中，对国学经典中那些糟粕与精华并存的成分则要善于辩证地扬弃，要以时代发展的要求为内在依据，批判地予以继承。由于传统文化并不仅仅只是封建文化，其中有一些东西，在我们民族的诞生阶段就开始形成，在我们民族的整个发展过程中也始终存在。这些文化观念或风俗习惯已成为我们民族文化最基本的一些规范与原则。对传统文化中的这一类成分，我们应当在批判与改造的基础上予以继承。而我们之所以要批判地继承，是因为这方面内容往往是精华与糟粕并存的，因而在开掘其现代意义的过程中，我们必须特别注重取其精华去其糟粕。譬如，我们今天出于抵制工业文明的负面效应，不再重蹈西方国家重物质、轻精神，重人类、轻自然之覆辙的需要，会自然地重温“天人合一”“义利合一”以及“仁、义、礼、智、信”“礼、义、廉、耻”“忠孝”等传统文化观念。但我们在重新评价和继承这一些传统观念时，一定要赋予它们崭新的时代内容。譬如，把那种极端的、以单方面绝对服从为基础的旧式“孝道”转化为以相互理解、相互尊重为本质的新式“孝道”；从“礼”的观念中剔除等级名分的封建成分，使之转化为人与人之间的真诚相待、文明礼貌；从“耻”的观念中去掉虚伪的、不正常的“面子”意识及落后于时代的“耻言利”思想，而代之以现代人的新式道德观、荣辱观、义利观，如此等等。

其三，在发掘国学经典智慧的过程中，对国学经典文化中的优秀遗产则是我们必须着意继承并深入挖掘的。在中国传统文化中还有一部分是不为封建社会形态所特有而与我们中华民族的整个历史共存的积极成分。这些积极成分作为传统文化中的优秀遗产无疑应该被保留和发扬光大。譬如，中华民族自古以来就有悠久的爱国主义传统，有注重人际关系和谐的传统，有一贯尊重事实的求实精神，有强烈的民族自尊心、自信心，有勤奋、勇敢、吃苦耐劳的美德，有百折不挠、愈挫愈奋的抗争与自强精神。这些传统并不仅仅与农业文明同始终，还是我们民族过去、现在和将来始终需要的永恒精神;这些精神也并不与近代工业文明的优点和长处发生冲突,相反,却往往有匡补时弊之功效。因而,传统文化中的这些积极成分过去哺育了我们的祖先成长,今后也将伴随着我们的后代走向未来,它无疑是我们民族文化中应当主动继承和弘扬的文化遗产。

有专家认为,中国传统文化中具有积极意义和恒久价值、应当深入开掘和发扬光大的,主要有以下两个方面的内容:一是体现和表达民族精神的内容。如"天下兴亡,匹夫有责"的忧患意识和爱国主义精神;"兴利除弊"的改革精神;"民为贵,君为轻"的重民贵民的民本思想;"自强不息",不畏强暴,不怕困难的独立自主、自力更生、吃苦耐劳精神;注重和谐的"会通"精神,等等。二是扬善抑恶,注重人格和道德修养的伦理精神和人生价值观念。如"己所不欲,勿施于人"的"仁爱"精神;"勿以恶小而为之,勿以善小而不为"的律己观念;"三军可夺帅,匹夫不可夺志"的人格正气;"杀身成仁""舍生取义""天下为公"的重气节和大公无私的人生价值观念,等等。①

需要指出的是,即便是对于传统文化中的这一部分内容,我们也应该在立足于继承的同时,注意清除其中的封建主义痕迹,而代之以具有时代精神的先进内容。譬如:从爱国主义传统中清除掉忠君思想、大汉族主义思想、狭隘民族主义思想,而加入必要的国际主义内容,做到爱国主义与国际主义的统一;从注重人际关系和谐的"群体观念"中剔除互相牵制和过分依赖的成分,而吸收、补充近代工业文明中注重发挥个人作用和自我实现的内容,等等。

4. 结语

对于传统文化的现代意义问题,人类学家早就提出过这样的观点:传统文化是保存先人的成就,并使继起的后代适应社会的一种既定存在形态;若没有传统文化,现代人决不会比类人猿更高明。因为生物学意义上的遗传最多只能使我们在生理构造方面比类人猿更精细一些,只有传统文化的世代承袭才使我们成为真正的人。也就是说,从最一般的意义上讲,传统文化对现代人不可能没有意义,它既是我们赖以生存和发展的理性工具,更是我们现代人证诸过去、印证现在、指向未来的一种智慧积淀。可见,传统文化是我们成为文化人的主要依据,每个人都借着传统文化在现实社会里成长。传统文化究竟是导致社会的进步还是退步,实际上完全取决于我们自己。也因此,在建设走向新世纪的新文化过程中,我们最大的问题并不在于要不要传统文化,而在于能否辩证地看待传统文化,能否把传统文化的现代意义充分发掘出来,从而创造出一种既适应于现代化建设又能够积极推动精神文明进步的新文化。

---

① 张应杭.中国传统文化概论[M].2版.杭州:浙江大学出版社,2016:22.

这正是我们主张像出版汉译名著那样系统地整理出版国学经典，助力国民重读经典的最根本理由。因为我们亟需在倾听国学经典且仁且智的教诲中，开心智、明事理、学做人。

[作者简介] 黄伊宁，于浙江理工大学获得文学学士学位后留学意大利并取得艺术学硕士学位，现为浙江大学出版社数字出版中心编辑。邮编：浙江 杭州 310058

基层党组织党员档案管理规范化研究[①]

林依蓉　胡莎莎

1. 规范党员档案管理的意义

党员档案作为党员的主要人事档案，记录了每位党员的发展阶段，是证明党员身份的重要载体。习近平总书记对新形势下发展党员及党员管理工作提出了更高要求，要求党组织对发展党员工作严格把关，提高发展党员质量，丰富党员管理方式，健全流动党员管理机制等。因此要重视党员档案管理工作，做细、做实、做好党员档案管理工作，切实提高党员管理工作水平。[②]

（1）以统一标准来规范党员档案有助于提高工作效率。对党员档案收录的材料及各类入党材料的填写格式进行统一，可避免党员党组织关系转接时由于各基层党组织对党员材料要求不一而造成转接流程滞缓。另一方面，以信息化建设为平台，充分整合资源，推进党员档案规范管理的电子化，以创新党员档案的载体的方式提升管理绩效。同时电子档案便于日常工作中查阅、核实党员的信息。

（2）规范党员档案管理助推党建工作全面开展。一方面，规范党员档案中材料的填写及统一入党材料的归档内容，有助于党员档案规范化管理，便于各单位在党员组织关系转接时开展“六问一必查”工作；另一方面，对党员档案进行规范化管理，有助于增强党员进一步理解《中国共产党发展党员工作细则》等文件精神，尤其是帮助新发展的党员同志了解自己所需的入党材料，认真严肃对待材料书写，从而提升党建工作实效。

2. 党员档案管理现状分析

2014 年 5 月 28 日由中共中央办公厅印发《中国共产党发展党员工作细则》。《细则》对发展党员工作提出“控制总量、优化结构、提高质量、发挥作用”的总要求。本文以 2014 年 5 月为时间节点，调研 2014 年 5 月之后入职浙江大学医学院附属儿童医院，且入党年份在此节点之后的党员档案，对档案的材料组

---

① 本文系浙江大学 2020 年党建研究课题综合类项目“基层党组织党员档案管理规范化研究”（课题编号 100000-11219/119）的结题成果，受浙江大学党建研究中心资助。

② 覃燕春. 加强党员档案管理工作的思考[J]. 档案管理，2020(3).

成、档案内容填写等进行调研。核查党员档案时对《中国共产党入党志愿书》、入党申请书、政治审查材料、《入党积极分子和发展对象培养考察登记表》、转正申请书、培养教育考察材料、个人自传等入党材料进行核查。检查材料是否齐全，并对填写内容进行审查。此次调研样本共有 139 名党员，除去 17 名在医院发展的党员，共有 122 名调研对象，分别来自 18 个省(自治区、直辖市)和新疆生产建设兵团，由 46 所不同的学校、单位进行党员档案的内容归档。在此次党员档案调研中发现在党员档案的材料归档及材料填写中存在如下一些共性的问题。

(1)党员档案的材料有待进一步规范。一是收录材料不一致。《中国共产党发展党员工作细则》指出，预备党员转正后，应由负责发展该预备党员的党支部将其《中国共产党入党志愿书》、入党申请书、政治审查材料、转正申请书和培养教育考察材料统一交由党委存入其人事档案。但由于每个省份、各党组织对于发展党员所需要的材料有不同的标准，我们查档结果发现，除了《中国共产党入党志愿书》，其余的入党材料都存在不同程度的缺漏。其中 1 位党员的档案中不含入党申请书、111 位党员的政审材料不完整(38.52%的党员档案中含有政治审查表但未含有直系亲属函调材料；59.84%的党员档案中含有直系亲属函调材料但未含有政治审查总结性材料；1.64%的党员档案中不含政审材料)、1.64%的党员档案中不含转正申请书。对于未在《中国共产党发展党员工作细则》中指出的《入党积极分子和发展对象培养考察登记表》(2019 年改版，2019 年前为《入党积极分子培养考察登记表》)、个人自传等材料，1.64%党员档案中未含有《入党积极分子和发展对象培养考察登记表》，13.93%的党员档案中不含个人自传。二是填写规范不统一。在《中国共产党入党志愿书》中，“学历”处应“填写接受相应教育的最高学历”，30 位党员在学历处填写错误(14.75%的党员错写成正在攻读的学历，4.1%的党员混淆了学历和学位的概念，错把学位信息填在了学历处，1.64%的党员错写成读书年级等)。

(2)党员档案管理方式有待进一步优化。一是缺乏专业的管理人员。许多负责管理党员档案的人员没有经过专业的培训，对材料填写内容理解不一，导致党员填写内容出现偏差；一些基层党组织对党员材料没有集中统一保管，因此在核查党员档案时出现以往的发展材料缺失等情况。二是党员档案管理制度缺乏统一的标准。由于没有统一的管理标准，管理人员在整理党员档案时，对需要归档的入党材料理解不一导致党员档案所含的材料不一致。① 三是党员档案管理信息化程度有待提升。目前党员的档案载体是纸质档案，虽然各省份均在使用党员信息管理系统，但各省份使用的党员信息系统不同，无法进行党员信息的转

① 方肖荷.浅析党员档案管理工作发展趋势[J].长江丛刊,2016(20).

接。省外党员组织关系的转入以及党员组织关系转出到外省，目前只能采用开具纸质介绍信的方式。省外党员组织关系转入时，需要管理员采用手工录入系统的方式进行登记，党员在原先基层党组织的信息不能通过互联网进行转移，没有实现真正意义上的信息化。此外，在党员信息管理系统使用过程中存在操作人员对线下录入的党员个人信息的填写出现错误的情况，同时对于新转入党员信息的采集、录入和转出党员信息的转移不及时，导致党员信息管理系统的作用没有充分发挥。

(3)党员档案管理规范有待进一步统一。一是缺乏规范填写的指导性文件。对于党员档案管理、党员信息管理的规定性文件较少，各省份、各单位、各高校对于党员档案书写、归档方式不一。中共中央组织部在2004年出台关于印制、使用《中国共产党入党志愿书》(2004年制)的通知，规范了《中国共产党入党志愿书》的填写，对于《入党积极分子培养考察表》暂未出台统一的填写规范。二是缺乏政策支撑。目前有关部门尚未出台明确规定党员档案内容的文件。

3. 加强党员档案管理规范化的建议

正是基于对目前党员档案管理中出现的诸多不规范的现状研判，我们提出了加强党员档案管理规范化的如下一些建议。

(1)加强制度建设，促进党员档案管理规范化。一是依据法律法规，制定党员档案管理的制度，进一步规范档案管理模式。二是推进各省份党员归档材料的统一标准，尤其需要出台权威的指导性意见规范党员档案中需要存档内容。三是统一入党材料的填写标准，对材料填写内容的标准进一步细化，同时也能让发展对象在填写材料时进一步明确发展党员的流程以及入党的相关政策。

(2)加强队伍建设，实现党员档案管理专业化。一是对管理党员档案人员开展定期的培训课程，包括入职培训、年度业务培训、各单位间的交流学习等，大范围开展技能竞赛等活动；二是加强对各党支部书记、支委的党建业务培训，把规范党员档案的管理工作列为支部党建工作的重要内容，并将党员档案规范化管理列为年底支部考核的重要条目，把提升党员档案管理水平融入支部党建工作中。①

(3)加强"互联网+"建设，推进党员档案管理信息化。一是在全国范围推广中组部出台的全国党员信息管理系统的使用，打破省市之间的数据壁垒，促进各省份党员组织关系转接时的信息融入与整合。二是规范全国党员信息管理系统的使用，定期对管理员进行操作培训，规范基层党组织对党员信息的录入、组织

---

① 王婷，黄昀超. 基于SWOT模型的公立医院党员档案管理的现状分析及对策研究——以昆明市某公立医院为例[J]. 中小企业管理与科技(上旬刊)，2019(5).

关系接转、党费收缴和发展党员全过程管理等操作流程，推进党员档案的信息化管理。

(4)加强党员教育，确保党员档案管理高效化。将规范党员档案材料填写列入入党申请人、入党积极分子、发展对象及预备党员的培训中，教育和引导党员准确地填写档案，强化党员档案意识，提高规范填写档案的能力，做到严肃对待党员档案撰写工作；加强对支部书记、支部委员的业务培训，不断提高党务工作者对党员档案的管理能力。同时，上级党委的专职组织员要不定期抽查党员档案，将党员档案管理工作作为考核支部工作的标准之一。

[作者简介] 林依蓉，法学硕士，浙江大学医学院附属儿童医院党建工作办公室干事，九级职员；胡莎莎，医学硕士，浙江大学医学院附属儿童医院党建工作办公室主任，六级职员。邮编：浙江 杭州 323500

后　记

在为编辑本文集而查阅相关资料的过程中，我们不经意地看到了《社会科学报》的特约通讯员当初在报道浙江大学成立马克思主义理论研究所时，有这么一段评论性的文字："正如马克思的一句名言所昭示的那样，理论只要彻底就能说服人。我们期待作为重点高校的浙江大学在马克思主义理论的研究，以及如何有效地将其转化为大学生的思想政治觉悟方面探索出一条新路来。"（参见该报1991年2月7日）

桃李不言，下自成蹊。展示在本文集中的这些论文和著述便是30年探索成果的汇集。为了做好这项工作，我们先后通过不同的途径和方式向在职及退休的同仁征集他们公开发表的最具代表性的相关研究成果。我们的征文倡议得到了许多同仁的积极回应。一位退休多年的老同志将誊抄得工工整整的原稿交付我们时，那一种庄重感让我们备受感动。为此，我们要由衷地感谢为本文集提供论文和著述的作者对我们工作的热忱支持。

我们也要感谢为纪念研究所成立30周年征文积极撰稿的诸位作者。作者们将没有公开发表的论文提供给我们，这不仅是对本文集的一种信任，更彰显的是浙大马院人"铁肩担道义，妙手著文章"的情怀。尤其是好几位作者在浙大马院毕业之后已在别的领域工作，却依然对马克思主义理论研究有着初心不改的热忱。这使作为编者的我们备受鼓舞。

我们还要特别感谢责任编辑李海燕同道一如既往的鼎力支持。从研究所2003年开始出版第一本论文集起，李海燕就是文集的责任编辑。寒来暑往，一年一辑的节奏背后离不开她辛勤的付出。值得一提的是，将最后这一辑以致敬马院人30年笔耕为主题，也源于她的建议。

春色正好，前景可期。愿我们浙江大学马克思主义理论研究所在未来的日子里取得更多更好的研究成果，从而为立德树人这一根本任务的实现提供更坚实的理论武装和更科学的方法论指引。

编委会

2022年3月30日